人本法治

中国现代法治精神的文化追问

鄢晓实 著

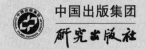

中国出版集团

研究出版社

图书在版编目 (CIP) 数据

人本法治：中国现代法治精神的文化追问 / 鄢晓实
著. –– 北京：研究出版社, 2022.6
ISBN 978-7-5199-1254-3

Ⅰ.①人… Ⅱ.①鄢… Ⅲ.①社会主义法治 – 研究 –
中国Ⅳ.①D920.0

中国版本图书馆CIP数据核字(2022)第098587号

出 品 人：赵卜慧
出版统筹：张高里　丁　波
责任编辑：刘春雨

人本法治：中国现代法治精神的文化追问
RENBEN FAZHI：ZHONGGUO XIANDAI FAZHI JINGSHEN DE WENHUA ZHUIWEN

鄢晓实　著

研究出版社 出版发行

（100006　北京市东城区灯市口大街 100 号华腾商务楼）

北京云浩印刷有限责任公司　新华书店经销
2022 年 6 月第 1 版　2022 年 6 月第 1 次印刷
开本：710 毫米 ×1000 毫米　1/16　印张：34
字数：569 千字
ISBN 978-7-5199-1254-3　定价：89.00 元
电话（010）64217619　64217612（发行部）

绪 言

法治乃是当今世界国家治理模式之大趋势，也是中国现代国家治理确立的理想目标。法治的基本含义是"依法而治"，而"法治精神"是支撑法治必要性、正当性的道义基础，也是赋予法治深刻内涵并指引现实法治进程的价值准则。法治精神作为决定法治属性的价值标准和评判标准，其终极渊源在于文化。纵观古今中外诸多从文化高度解读法治精神的学术研究成果，对平等、人权、民主、契约、秩序、自由、正义等当今世界学术通论中所认同的主要法治精神之认知，还存在诸多因为不同文化类型的本质差异所导致的重大理论争议，必须予以厘清。法治精神事关法治根本，如何对其内涵进行界定、如何对其义理进行阐释、如何对其文化渊源进行追溯，以及中国现代社会如何确立其文化根基，对中国现代法治建设皆具有重大理论和实践意义。这就是对中国现代法治精神进行文化追问之主旨。

源于对"法律"一词内涵的混淆理解，"法治"一词可以指代具有本质性差异的不同内涵。"法律"是"法"与"律"的合成词汇，"法"在最终极的意义上指代宇宙的终极法则和永恒法则，人居于宇宙之中并作为宇宙这一整体时空的一部分存在，"律"则是人类在追求和实现"法"的过程中所制定的行为规范。因此通常所言之"法治"实际上可以指代"人定法律主治"和"永恒法则主治"，即古今中外国家治理中几乎从未缺席的"律治"，以及在统摄范畴和所处层面远远高于"律治"的"法治"。而"律治"应该作为今日笼统所称"法治"的基本内涵，即律治就是依法而治。今日学界流行抛开"依法而治"这一法治的基本含义，而直接以"法律至上"和"法律主治"作为法治与否的判断标准，使高维的"法治"演变为单一的"律治"。同时，目前所流行的以西方之"法则主治"意义上的"法治"作为研究对象，而理论研究的现实落脚点却又指向了中国现代社会的"律治"，则出现了要么西方的"法则主治"与中国现代社会无法产生文化契合而无实践意义；要么通过推崇西方的"法则主治"而将中国现代社会的文化推向西方文化寻找归依而导致文化自卑等结果。此类问题的终极根源与解决方式在于要明确："永恒法则"是一个文化问题，需要放在中国特色社会主义文化的研究范畴内予以解决，不应该对西方文化中的"永恒法则"采取"拿来主义"，更不应该在并不明晰中国特色社会主义应该遵从的"永恒法则"是什么的情况下就错将律治等同于法治，也不应该不去分析明确中国特色社会主义所探求的"永恒法则"之文化来源或者组成部分到底是什么。

学界目前多以西方式"法则主治"或者西方式"律治主治"为标准而否定中国传统社会在事实上存在的法治与律治；或者依据"法治、德治"二分法这一二元对立思维中的理论构建方式，将中国传统的国家治理模式定论为"德治"。同时，学界惯于将中国数千年对于主宰宇宙的永恒法则的追求和研究成果，即中国传统文化最高成果，几乎完全排斥在了法治的研究范畴之外，因而定论中国传统社会没有"法治"。而实际上，中国传统社会一直都有"律治"，更有"法治"；仅因中国传统社会将宇宙永恒法则命名为"道"，而非汉字"法"，西文"rule of law""law"翻译为汉字"法治""法"，就定论西方有"法治传统"而中国没有"法治传统"，甚为不妥。顺承中国传统社会没有"法治"这一错误观念，中国传统社会自然就被定论为少有法治精神的存在。特别是当自由、民主、人权、正义等近代以来西方传入中国的词汇作为法治精神的通论，而中国传统文化中并不采用同样的词汇表达相应文化精神的情况下，认为中国传统社会没有法治且没有法治精神的观念就流行起来了。同时，西方中心主义文化观是近代以来流行全世界的一种通行观念。在此种大背景之下，西方中心主义法治文化观的盛行也就再正常不过了，认为法治和法治精神在历史上是西方的发明和专属也就颇具市场。在此种观念颇为流行的学术研究氛围中，学界往往倾向于将"法治"的发明权、所有权、解释权、话语权归于西方文化，而对于中国传统法治文化的种种曲解和误读更导致了这一局面的加剧。

实际上，在西方由神本文化向人本文化转变的这一个大的历史过程中，各种类型的西方"法治"不仅不能构成一幅西方具有悠久"法治传统"之一脉相承的历史图景，反而昭示的是西方"法治文化"的不断演进、严重撕裂以及现实对立。西方自古希腊、古罗马开始，历经欧洲中世纪、西方近代直至现代的2000

余年的各类"法治"文化，是其各自历史阶段信仰的表现形式，同时以各阶段的国家政治运行作为现实载体。大体来说，西方古希腊和古罗马的古典法治是"由神本以求人文"的法治；西方中世纪的基督教法治是"由上帝本位以求人文"的法治；西方近代启蒙运动开启的法治是"由人本以求人文"和"空谈人本，但乏人文"的法治；发展到现代西方形成保守主义法治和自由主义法治的两极对立。而与西方"法治文化"对等意义上的"中国传统法治文化"，即中国"道统"文化下的"德政"，则是一以贯之的法治的展现，其中以人文精神和人本文化作为历史主线。"道"与"德"在今人之现代道德概念中已经失真，或者退化为现代的道德观念。而真正的中国传统"道德文化"是超越了西方哲学、宗教、科学的，是对宇宙本真和人生至理的终极认知、至高圣境、超级智慧。通常认为发端于西方古典、兴起于西方近代、彰显于现代的"现代法治精神"，实际上其真正的文化根源恰恰在于中国传统文化。得出这样的结论，需要以对中国传统法治文化的再认识以及对中西法治文化进行对等性比较研究为前提。同时，如果对16—18 世纪儒学西传促成欧洲启蒙运动的历史予以考察，我们就会更加明了中国传统文化是现代法治精神的真正文化渊源。

今日中国所言"法治信仰"问题，如不从文化层面考察西方法治精神真正的信仰根源，则中国现代法治精神之确立实际上可能就会演化为追随西方法治精神背后的文化信仰作为方向。这里势必涉及信仰有别而法治必然有别的问题，这是造成西方法治文化在中国"水土不服"的真正原因。而在中国传统社会中深入发掘并重新认知"中国传统法治文化"，则为中国现代法治精神的解读提供了一个本土资源的视角。以儒、释、道为代表的中国传统文化最为核心的精神是人文精神，是最为彻底的人本文化。例如，作为中国传统法治代表的儒家德政是"求人文，立人本"的法治。而诸如中国法家法治是"权力本位，抛弃人文"的法治，是中国传统法治的末流和旁支。而深入研究并重塑人文精神和人本文化，才是中国现代法治精神的文化方向所在。中国现代法治可以划分为"法治"与"律治"两个层面，而人文的本体，即人人与生俱来之良知便是"道"，就是让中国现代法治与律治实现完美同一的最高的"人心法则"，因为"法"发端于人心、止乎于至善。

总而言之，本书要义有四：一是破除西方式法治的乌托邦幻想，回归到人文、人本来研究法治精神；二是破除西方法治中心主义幻象，阐明西方法治精神内在的无解矛盾，明确西方法治精神之文化信仰根基与中国不相适应；三是研究儒学西传欧洲引发启蒙运动等历史脉络，找到西方法治精神的中国传统文化渊源；四是用中国传统文化阐释中国现代法治精神，进而以中国传统文化为根基，重塑中国现代的人文精神，并且将中国现代法治精神之确立纳入中国现代人文精神弘扬体系之中。法治是治国安邦之良策，文化是治国安邦之灵魂，依据文化之"法"制定安邦之"律"，确立"文化主治"和文化本位下的法治理论研究路径。本书最终结论是：中国现代法治精神理应是中国传统文化精神的延续和承继，即人文法治精神，并且中国特色社会主义制度更有利于人文法治精神的弘扬。我们应该以人文精神来解读中国现代法治精神的文化义理，以人本法治来确定中国现代法治进程的现实路径，以中国现代法治的人文特征和人本路径来凸显中国特色社会主义法治的中国属性和人民属性，以中国特色社会主义法治文化的人文回归来树立法治领域的中国法治文化自信。

目　录

第二章　西方法治精神之文化解析

第三章　中国传统法治精神之文化解析

第六章　中国现代法治精神的文化真谛与中国现代法治文化自信

引　言

中国现代法治精神的文化追问之缘起

在本书的引言部分，主要内容包括：1.选题依据与原因，在于说明开展本研究的可行性、正当性和必要性；2.梳理国内外学术界对本话题的学术研究成果，作为笔者对该论题研究的前期准备工作的展示；3.说明本研究的研究目的以及研究成果的理论意义和实践意义；4.明确本研究工作所应该坚守的原则；5.写明本研究工作所具体采用的研究方法；6.概括本研究工作的学术创新要点；7.省察本研究工作目前存在的不足之处，并指出不足之处与暂时无法完善的原因，以便在今后的研究工作中予以加强和完善。

一、选题依据与原因

（一）选题依据

1997 年，党的十五大报告[1]提出将依法治国作为党领导人民治理国家的基本方略；1999 年，"中华人民共和国实行依法治国、建设社会主义法治国家"写入《中华人民共和国宪法》；2014 年，中国共产党十八届四中全会通过《中共中央关于全面推进依法治国若干重大问题的决定》，其中进一步明确："全面推进依法治国，总目标是建设中国特色社会主义法治体系，建设社会主义法治国家。"以上法治演进历程表明，法治问题在中国现代国家治理中被赋予了越来越高的地位，各界人士亦对中国现代法治寄予了越来越高的期望。而法治精神的确立和正确解读，正是引领法治实践和检验法治成败的关键问题。这是本书选择以"中国现代法治精神"为研究起点的现实依据。另外，如何看待中国传统文化以及如何弘扬中华优秀传统文化，也是当前备受关注的大问题，是一个关乎中国特色社会主义文化自信的大问题。"坚定文化自信，是事关国运兴衰、事关文化安全、事关民族精神独立的大问题。习近平总书记强调，文化自信，是更基础、更广泛、更深厚的自信，是更基本、更深沉、更持久的力量。党的十九大将中国特色社会主义文化同中国特色社会主义道路、理论、制度一道，作为中国特色社会主义的重要组成部分，强调要增强'四个自信'，这反映了我们党对文化地位和作用认识的极大深化，充分体现了我们党高度的文化自觉和文化担当。坚定中国特色社会主义道路自信、理论自信、制度自信，说到底就是坚持文化自信。"[2]大力弘扬中华优秀传统文化，已经越来越成为社会各界的共识，这是现代中国崛起和现代中国人再次觉醒的必然结果。因为"在几千年的历史流变中，世世代代的中华儿

---

[1]《高举邓小平理论伟大旗帜，把建设有中国特色社会主义事业全面推向二十一世纪》。

[2] 中共中央宣传部编：《习近平新时代中国特色社会主义思想三十讲》，学习出版社 2018 年版，第 194—195 页。

女培育和发展了独具特色、博大精深的中华文化，为中华民族克服困难、生生不息提供了强大精神支撑。历史和现实反复表明，一个国家、一个民族只有对自身文化理想、文化价值充满信心，对自身文化生命力、创造力充满信心，才能有坚持坚守的定力、奋起奋发的勇气、创新创造的活力。一个抛弃或者背叛了自己历史文化的民族，不仅不可能发展起来，而且很可能上演一幕幕历史悲剧"。[1]因此，在中国现代社会，一方面需要大力弘扬中华优秀传统文化，另一方面需要全面推进法治建设，那么势必就需要厘清文化与法治的关系、中华优秀传统文化与中国现代法治的关系。而对中国现代法治精神进行文化追问，就是一个分析、澄清此种关系的一个极好的视角和一个必须面对的课题。这就是本书选择以"文化追问"为落脚点的现实依据，如此才能最终确立中国特色社会主义法治文化自信的依据。

（二）选题原因

确立此选题的原因在于：目前国内外学界对现代法治精神的研究普遍是以西方法哲学为基础进行的，而中国传统文化在现代法治精神的研究中几乎是缺席的，因此中国传统文化与现代法治精神之间的关系未能被充分发掘并真正厘清。尤其是当下对西方法治精神存在种种误读、对中国传统法治精神存在种种曲解，导致目前对中国现代法治精神及其背后的文化根基的研究处于混乱局面。这种混乱局面，不仅表现在法治理论层面上的诸多理论困惑，更主要的是导致了法治实践中"有法无治""律高于法"的困境难以破解。而作为研究法治精神的主要学科之一的法理学，应该拓宽研究范畴、进行中西对等意义上的法治精神比较研究，再进一步深入发掘中西文化在法治精神与法治实践中的灵魂地位，进而在更为广阔的视野中对中国传统文化和西方文化对中国现代法治精神的影响和意义予以研究。笔者认为，唯有通过法理学的拓展性研究，才能澄清并解决法治理论研究中的诸多谜题。这就是笔者在法理学专业论文中选择"中国现代法治精神的文化追问"为题的原因。这也是现代人文社会学科实现更大范围的互通、实现由专业性研究向领域性研究转变的一个尝试。法理学作为一门专业学科，其所涉及

---

[1] 中共中央宣传部编：《习近平新时代中国特色社会主义思想三十讲》，学习出版社2018年版，第195页。

的领域应该涵盖传统意义上的法学，同时应该涵盖文化学、历史学、政治学、哲学、宗教学、社会学等。而所有这些领域性研究，最终需要抓住一个文化根本作为学术研究的根基和归宿。笔者认为，人文精神是这一切的根基和归宿。而本书的选题，实则是将中国传统人文精神作为中国现代法治精神之文化根基的学术研究尝试。

二、相关研究之成果

（一）学术成果梳理之视角

此处的学术成果梳理，主要是当代国内学界对于与"中国现代法治精神的文化追问"主题相关的研究成果的梳理。亦即本书学术成果梳理的视角，一是当代人的研究成果，二是国内的研究成果。如果从国外研究者视角出发，研究中国现代法治精神的文化追问，其研究成果一是较少，二是其文化追问之落脚点也基本上是西方文化。而且，中国现代人对于自身传统文化的误解尚且极其深重，勿论隶属于不同文化体系的西方人对中国传统文化之理解。因此，在此处学术成果梳理部分，对西方学者研究中国现代法治精神的文化追问之成果不予展开列举。笔者认为，中国现代法治精神的文化追问之研究成果，需要立足于中国自身视角进行，中国当代人首先研究明白了自己需要研究的问题，这才是一个关键的起点和立足点。在西方文化中心主义和西方法治中心主义已经流行上百年的世界大时代背景之下，以西方部分学人对中国现代法治精神之认同为增强中国自信心的筹码也是大可不必的，自我认同才是自我主体地位确立的起点，才是一切发展成败的根本。因此，本书在学术研究成果梳理部分，只列举国内的相关学术成果。本书将中西方通用的主要的现代法治精神界定为平等、人权、民主、契约、秩序、自由、正义等关键词，对这些关键词进行体系化论述，并且在体系化论述中寻找其背后的文化根基。本书的要义在于对"法治精神"的"文化渊源"进行追问并做出"文化选择"，主线为中西法治精神及各自文化根基之比较以及法治和文化的互通问题研究。国内对于法治精神的研究成果丰硕，其中与本书论题——对中国现代法治精神进行文化角度的追根溯源——高度相关的论文和专著梳理如下文所述。当然，由于笔者研究能力和视野所限，很多学界前辈和同仁的研究成果或许没能发现并列入其中。

（二）著作类学术研究成果

国内学界以法治精神为论题的著作和文章颇丰，而且对法治精神的理解也呈百家争鸣之态势。例如，柯卫老师在《社会主义和谐社会与法治精神研究》[1]一书中将法治精神界定为"善治精神、民主精神、人权精神、公正精神、理性精神、和谐精神"。段秋关老师在《中国现代法治及其历史根基》[2]一书中以"法治的理念"之称谓将法治精神界定为"法律至上、人权神圣、维护正义、控制权力"。而有的研究成果则将法治本身定义为一种精神。[3]由于本书将"依法而治"作为法治的基本含义，因此本书不将法治本身作为一种精神。实际上，目前国内法学界关于法律文化、法文化、法的价值、法治文化、法治精神的专著或者文集，都是与本书论题相关的研究。例如，胡水君老师的《内圣外王：中国法治的人文道路》，[4]袁瑜珺老师的《中国传统法律文化十二讲：一场基于正义与秩序维度的考量》，[5]卓泽渊老师的《法的价值论》[6]《法治国家论》[7]和《法政治学研究》，[8]张文显老师主编的《良法善治：民主法治与国家治理》，[9]谷春德老师的《中国特色社会主义法治理论与实践问题研究》，[10]郭星华老师的《现代法治建设与传统文化变迁》，[11]李龙老师的《中国特色社会主义法治理论体系纲要》，[12]范忠信老师主编的《法治中国化研究》，[13]范忠信老师的《中西法文化的暗合与差异》，[14]李林老师主编的《中国特色社会主义法治发展道路》，[15]张中秋老师的《中

[1] 柯卫：《社会主义和谐社会与法治精神研究》，法律出版社 2012 年版。
[2] 段秋关：《中国现代法治及其历史根基》，商务印书馆 2018 年版。
[3] 高振强、孟德楷：《法治精神要论》，法律出版社 2013 年版。
[4] 胡水君：《内圣外王：中国法治的人文道路》，华东师范大学出版社 2013 年版。
[5] 袁瑜珺：《中国传统法律文化十二讲：一场基于正义与秩序维度的考量》，北京大学出版社 2020年版。
[6] 卓泽渊：《法的价值论》（第三版），法律出版社 2017 年版。
[7] 卓泽渊：《法治国家论》（第四版），法律出版社 2018 年版。
[8] 卓泽渊：《法政治学研究》（第三版），法律出版社 2018 年版。
[9] 张文显主编：《良法善治：民主法治与国家治理》，法律出版社 2014 年版。
[10] 谷春德：《中国特色社会主义法治理论与实践问题研究》，中国人民大学出版社 2017 年版。
[11] 郭星华：《现代法治建设与传统文化变迁》，中国人民大学出版社 2018 年版。
[12] 李龙：《中国特色社会主义法治理论体系纲要》，武汉大学出版社 2012 年版。
[13] 范忠信主编：《法治中国化研究》，中国政法大学出版社 2013 年版。
[14] 范忠信：《中西法文化的暗合与差异》，中国政法大学出版社 2001 年版。
[15] 李林主编：《中国特色社会主义法治发展道路》，中国法制出版社 2017 年版。

西法律文化比较研究》，[1]崔永东老师的《中西法律文化比较》，[2]刘哲昕老师的
《文明与法治：寻找一条通往未来的路》[3]等。上述著作中，各位老师都提出了自
己对法治精神的理解，并且很多都是以法治精神为纽带展开专题学术研究。上述
各位老师的观点在中国现代学界比较具有代表性。此外还有非常多的该类专著，
不再一一列举。

（三）论文类学术研究成果

与本书主题高度相关的论文亦非常多，笔者梳理出来的主要包括：唐国育
《中西法治文化差异——从〈家庭、私有制和国家的起源〉谈起》，[4]李萍《论
法治文化与法律信仰之构建——以中西法治文化渊源对比为视角》，[5]陈阁、李
春华、李文颖《中西法治文化差异探源——以恩格斯的"两种生产原理"为视
角》，[6]石春金《宗教信仰对中西法治文化的影响》，[7]刘建宁《中国特色社会主义
法治文化建设研究》，[8]汪洋《论中国式国家治理体系现代化的法治维度》，[9]汪火
良《党领导法治中国建设的逻辑进路研究》，[10]杨方圆《中国特色社会主义法治政
府建设研究》，[11]陈福胜《法治的人性基础》，[12]于语和《中国礼治与西方法治之比
较研究》，[13]李刚《道治主义政治文化及实践》，[14]钟佩霖、曾波《从邓小平法治思
想论法治中国的构建》，[15]段凡《中国特色社会主义法治文化研究》，[16]龚廷泰《法

---

[1] 张中秋：《中西法律文化比较研究》（第五版），法律出版社 2019 年版。

[2] 崔永东：《中西法律文化比较》，北京大学出版社 2004 年版。

[3] 刘哲昕：《文明与法治：寻找一条通往未来的路》，法律出版社 2013 年版。

[4] 载《法制与社会》2018 年第 31 期。

[5] 载《福建法学》2015 年第 4 期。

[6] 载《唯实》2011 年第 3 期。

[7] 载《学习月刊》2010 年第 7 期下半月（总第 462 期）。

[8] 兰州大学 2018 年博士学位论文。

[9] 湖南大学 2016 年博士学位论文。

[10] 武汉大学 2016 年博士学位论文。

[11] 东北师范大学 2016 年博士学位论文。

[12] 黑龙江大学 2004 年博士学位论文。

[13] 天津师范大学 2001 年博士学位论文。

[14] 西北大学 2001 年博士学位论文。

[15] 载《四川师范大学学报（哲学社会科学版）》2014 年第 6 期。

[16] 载《科学社会主义》2014 年第 4 期。

治文化的认同：概念、意义、机理与路径》，[1]孙育玮《中国特色社会主义法治文化的理论与实践》，[2]杨昌宇《对抗、继承与生成：对中国法治文化根基的现代性反省》，[3]魏建国《法治文化：特质、功能及培育机理分析》，[4]蔡玉霞、杨永波《试论中国特色社会主义法治建设对世界法治文化的贡献》，[5]李林《中国语境下的文化与法治文化概念》，[6]李林《社会主义法治文化建设的六大基本问题》，[7]闫弘宇、吉丽努尔·麦麦提江《作为文化的法治》，[8]蒋先福《法治的文化伦理基础及其构建》，[9]蒋淑波《论德治与法治的良性互动及其实现条件》，[10]黄东东《论德治—法治文化中国化》，[11]黄东东《论法治的文化基础》，[12]李春明《当代中国的法治社会化：缺失与构建》，[13]庄伟光、曾龙霞《法治文化与和谐社会》，[14]付春杨《和谐与法治——传统与现代的视角》，[15]卓泽渊《世界视野中的中华法文化》，[16]杨震《法治秩序的司法文化基础》，[17]周叶中、祝捷《论中国特色社会主义法治文化》，[18]王渊、康建辉《和谐社会建设中法治文化基本问题研究》，[19]陈士福、李文《法治视野下的中华民族精神培育》，[20]王晓广《法治文化大众化制约因素分析——以中国传统法律文化为视角》，[21]缪蒂生《论中国特色社会主义法治文

[1] 载《法制与社会发展》2014 年第 4 期。
[2] 载《学习与探索》2014 年第 4 期。
[3] 载《学习与探索》2012 年第 7 期。
[4] 载《社会科学战线》2012 年第 6 期。
[5] 载《河北法学》2012 年第 7 期。
[6] 载《新视野》2012 年第 3 期。
[7] 载《哈尔滨工业大学学报（社会科学版）》2012 年第 5 期。
[8] 载《社会科学战线》2010 年第 11 期。
[9] 载《法律科学》1997 年第 6 期。
[10] 载《理论探讨》2001 年第 4 期。
[11] 载《河北学刊》2003 年第 1 期。
[12] 载《河北学刊》2004 年第 1 期。
[13] 载《齐鲁学刊》2004 年第 6 期。
[14] 载《广东社会科学》2005 年第 3 期。
[15] 载《求索》2007 年第 11 期。
[16] 载《学习与探索》2008 年第 3 期。
[17] 载《法制与社会发展》2008 年第 4 期。
[18] 载《武汉大学学报（哲学社会科学版）》2008 年第 7 期。
[19] 载《西北大学学报（哲学社会科学版）》2009 年第 4 期。
[20] 载《开发研究》2009 年第 4 期。
[21] 载《理论前沿》2009 年第 14 期。

化》，[1]李春明《"和而不同"思想与法治的文化认同》，[2]李春明《市民社会视角下当代中国法治文化认同》[3]等。

上述列举的这些著作或文章，都以法治精神或者法治文化为主要研究对象，其中包含了很多对本书所界定的法治精神的体系化以及文化分析的研究成果。这些对法治精神进行体系化研究的成果，就是与本书高度一致的论题。而本书侧重于论述西方法治精神的内部差异性，西方法治精神背后的文化根基与中国现代法治精神的文化诉求不相适应；论证中国传统社会具有一以贯之的法治和传承至今的法治精神，明确中国传统法治文化应该作为中国现代法治精神的文化根基；落脚点在于明确论述中国现代法治精神的话语权，作为构建中国特色社会主义法治话语体系组成部分的问题。这都与上述成果的逻辑思路和侧重点有诸多差异，因此具备一定的研究特色，具有进行专题研究之必要性。

三、研究目的与意义

（一）研究目的

法治精神及其文化渊源、文化选择问题，皆事关中华民族的当下和未来，可以说事关每一个当代中国人的福祉。例如，是以功利主义学说还是以良知学说奠基法治精神，就会造成现实中极大的法治实践差别，造成人们处于不同的社会氛围和人文环境之中。而在中国现代法治理论的研究中，当前累积了太多的困惑；在中国传统文化的问题上，当前同样累积了太多的困惑；而在中国传统文化与中国现代法治关系的问题上，自然就出现了问题叠加造成的更大、更多困惑。例如，法治以及法治精神是不是西方的专属或者发端于西方？中国有无传统法治、有无传统法治精神？对法治精神的解读是否必须基于西方法治精神的研究作为前提和基础？中国现代法治精神是对西方法治精神的延续和改造，还是对中国传统人文精神的传承和弘扬？抑或是中国现代社会内生？法治精神与人是什么关系？是否可以矮化人的主体地位、虚置出一个"人格化"的法治主体——作为"国王"的法律，然后将人的精神异化为法治精神？法治精神是一种外在于且独立于

---

[1] 载《中共中央党校学报》2009 年第 4 期。

[2] 载《太平洋学报》2009 年第 9 期。

[3] 载《山东大学学报（哲学社会科学版）》2009 年第 6 期。

人的存在而来教化世人吗？这些都是目前未能定论且颇具争议和迷惑性的根本问题。笔者认为，法律和法治永远是附属于人的，不能将人的主体地位矮化、虚无化，这就是人本。法治精神发端于人文精神，是人文精神的表现，法治精神通过法治实践再反过来推动人文精神的弘扬，这才是一个正确的逻辑关系。通过理论研究，最大限度地解决这些类似的困惑，进而在解决困惑的基础上弘扬人文法治精神、推动中国特色社会主义法治进程和法治话语体系构建，进而树立现代中国法治文化自信，就是本书的研究目的。

（二）研究意义

本书的理论意义如下：通过对于古希腊、古罗马、基督教、启蒙运动、激进主义、保守主义、自由主义等西方文化之下的法治精神的种种内在矛盾和困惑的研究发现，如若认为中国现代法治精神必须在西方上述法治精神和文化中寻找终极归宿，那么我们显然对自己的智慧不具备信心，这种不自信来源于对中国传统文化和西方文化的双重误解。而从中国传统文化寻求法治智慧源泉的努力从未间断过，但是显然还未取得大范围社会共识，这就是今日仍然需要继续在此理论方向上前行的原因。本书的理论意义恰恰在于：抛开那些曾经作为指引的各种西方理论的束缚，真正用智慧的方式来思考中国现代法治精神应该如何解读。是单一地追随西方的历史步伐，还是可以走出一条中国自己的法治精神研究之路？是应该与中国的传统法治文化告别，还是应该重新在中国的传统文化中寻求法治智慧？如果说以时代之进步性性作为社会发展的特征，其进步性一方面应该体现在对过去的超越，另一方面应该体现在对传统宝贵智慧的坚守。显然，如果认为今人可以抛开中国传统文化基础而建立一种全新的精神和文化基石，这是不现实的盲目自大。将中国传统文化纳入中国现代法治精神的研究范畴，重新认识中国传统文化对中国现代法治的指引价值，进而才能进一步完善中国特色社会主义法治话语体系；只有明晰中国现代法治精神的文化基石，明晰中国现代法治精神形成背后的文化脉络和历史路径，才能真正建立中国现代法治文化自信，这是本书的理论意义。

本书的实践意义为：还原历史，才能把握现在、看清未来。对比法治精神的中国传统样态与西方历史样态，绝对不应简单地定论为：西方拥有法治传统而中国并没有法治传统，然后将西方法治精神作为中国现代法治精神的样板。也不是以西方之"思想"对应中国历史上之"负面事实"就可以定论优劣。真正的文化自信不需要有目的地对哪个目标傲慢夸大或者刻意贬低，而应实事求是地研究问题、独立进行思考，做出公允判断，这是学术研究必须做到的，这样才能真正还原历史。所谓"温故而知新"，只有对过往的历史熟悉之后产生深刻的见地，才能找到其中的必然因果定律；掌握了必然因果定律，映照中国当下的现实，就可以依据规律解决当下法治难题进而展望未来走向。在法治建设中，同样要对中西历史上真实的法治精神及其客观影响予以清晰、全面展示，这样才能有利于中国当下以及未来的法治建设。因此，本书的实践意义在于力求"温故而知新"——温中西法治历史之"故"而知现代中国未来法治之"新"。

四、本研究的主要原则

（一）古为今用

古为今用，系指充分发掘中国历史与传统的相关因素对当代中国的价值，发掘中国传统法治精神及其所根植的中国传统文化对中国现代法治精神及其所根植的中国特色社会主义文化的价值。历史代表着已经逝去的时空，传统代表着贯穿在那段逝去的时空之中的正统传承，然而历史与现代无法截然割裂，传统却可以与现代呈现断裂。历史和传统，既可以成为现代的智慧源泉和骄傲资本，也可以成为现代的思想包袱和批判对象。无论如何看待历史与传统，其最终都会起到对现代的指引作用和借鉴意义，即扬长避短、以史为鉴、留存精华、剔除糟粕，亦即古为今用。然而，因为历史与传统的多面性，如若因为偏执一隅而将整个历史皆涂抹为一个单一的底色，则历史就成为被人为幻化的历史，要么成为今人避之不及的梦魇，要么成为今人渴望回归的世外桃源，如此的视角最终极易演变为"为了否定而否定"或者"为了肯定而肯定"。那么，我们就无法实现"古为今用"的研究目的。因此，严谨复原历史的真实，以时代意见和历史意见进行综合评价，是古为今用的必然要求。古为今用需要避免以时代意见代替历史意见来评判历史，亦即以贬低古代而衬托现代之进步；古为今用亦非所谓的"托古""复古"，以幻化出一个古人的理想世界作为乌托邦用以批评当下。古之所以为古，因其已经逝去；今之所以为今，因其正在发生。今日之一切发展，主动权与决定权在于今人，而古为今用则考验着、体现着今人的智慧。找到中国传统文化的根本，抛开形式化的束缚和遮蔽，体现着真正的智慧。亦即习近平总书记所言："要坚持古为今用、以古鉴今，坚持有鉴别的对待、有扬弃的继承，而不能搞厚古薄今、以古非今，努力实现传统文化的创造性转化、创新性发展，使之实现与现实文化相融相通，共同服务以文化人的时代任务。"[1]

（二）洋为中用

洋为中用，系指充分发掘与中国存在不同文化、不同信仰、不同民族、不同国家属性差异的域外世界的相关因素对当代中国的价值。正如在看待中国传统文化的当代价值上形成的极端认知，看待西方文化亦出现了极端认知的现状。笔者认为，对中国传统文化的过分扭曲与对待西方文化的过分神化皆系当今中国在法治文化研究领域的突出问题。同时，在对中国传统文化的推崇过程中，则又容易出现对西方文化的全面贬低倾向。研究中国传统文化的法治价值，与研究西方文化的法治价值一样，其最终皆是为了当代中国法治建设的长足发展，而不以评判中西文化之优劣为终极目的。因此，洋为中用就显得具有更加重要的意义：一是确立当代中国作为本位，而不是让当代中国成为一个追随者或者附庸，避免将中国的历史甚至中国当代排除在"国际"之外，然后以域外特别是西方作为"国际标准"，再来追求中国的"国际化"，这实际上是自我矮化并失去自我，最终不仅不能实现所谓的"国际化"，反而会实实在在地成为"国际附庸"；二是在确立现代中国本位的前提下，避免以一种优劣评判心态看待西方文化，特别是避免将西方文化进程中的负面现象渲染为其全貌。既不无原则地神化，又不狭隘地丑化，而是公允评判西方的法治文化，才会实现洋为中用的目的。所谓"中学为体、西学为用"，所谓"坚守传统"，所谓"全盘西化"，皆系以现实的中西之学严重、根本对立为思想参照系而生成之流派，而实际上人类的学问总是"体用无二"。而解决此种对立思维，其根本在于区分"道"与"术"之关系，中西之学皆系"根本之道"与"经世之术"存乎一体，不惑于"术"而明了"道"，才能实现"洋为中用"。

---

[1]《习近平谈治国理政》(第二卷)，外文出版社 2017 年版，第 313 页。

（三）统筹兼顾

统筹兼顾，系指基于当代中国的法治建设与具体国情，兼顾中西法治的理论与实践，兼顾中国传统智慧和西方智慧，将中国传统法治、西方法治作为中国现代法治的镜鉴来源。古为今用、洋为中用，二者皆系以当代中国为主体的智慧源泉，而不是当代中国的模仿对象。纵向来看，历史之所以是历史，乃时代差异；横向来看，西方之所以是西方，乃文化差异。因此，它们必然有与现代中国不同之处，同时亦具备与现代中国共通之处。以西方经验排斥中国历史经验，或者以中国历史经验排斥西方经验，都极易走向现代中国主体地位的迷失。此时，一是会更多地出现法治的文化属性抑或意识形态的归属之争，亦即认为看重西方经验而排斥传统即是西化，或者看重传统而排斥西方即是保守，此间隐含着一个现代中国自我主体无法确立的问题；二是如若不确立现代中国的主体地位，不以现代中国为研究的出发点和归宿，我们则无法看清历史经验和西方经验之间的异同，现代中国与自身历史的时代异同、中国文化与西方文化等的异同，更无法从此种种异同中找到规律，更无法将规律应用于现代中国之法治实践。因此，统筹兼顾的主体是以现代中国作为主体，兼顾历史经验、西方经验，统筹应用于现代中国，此即谓之统筹兼顾。

（四）以人为本

以人为本，系指研究的发端与研究的目的是以人为本位的，而其中最关键的问题是以什么人为本位，而人又应该以什么为本位。古往今来，人类不停地探求着生命的真相，不停地思索着人生的意义，圣贤智者们不断地教化世人，希望世人活成他们心目中"理想的人"。而"理想的人"应该是什么状态？每个人都首先需要以"自我"的存在为前提来思考，每一个思考着的人类个体，都无法去真正假定"自我"不存在的世界是什么样貌，因为"假定自我不存在"的事实前提是"自我的存在"。正因如此，每个人都是一个以"自我"为中心的存在，而且是无法区分"客观存在"与"主观存在"的一种状态，形成以"自我"为中心的宇宙。这种"自我"成为一切的出发点和归宿的状态，即是每个人"以我为本"的状态，亦即人类个体皆是一种"以人为本"的存在状态，但这是一种"小我"意义上的"以人为本"。如果说一切人都是为了"小我"的利益而存在，而且视众多"自我"之外的、外在于己的"小我"为对立的关系，那么这就是一种纯粹功利意义上的、代表"以我为本"之"以人为本"。而圣贤智者几乎都是从"大我"的境界来体悟存乎一体的宇宙整体，此种"大我"亦可以理解为"无小我"之"无我"境界。此种"无我"境界中，如佛家所言之"众生平等"，如儒家所言之众生皆应"爱人如己"，如此境界则为道家之"合道"；儒、释、道三者之主张，其根本在于人类之"明心见性"，如此人类才能真正体悟人类生命的本真，才算是真正实现了"以人为本"。因此，本书研究原则之"以人为本"，除了通常所言之以人为出发点和目的外，更系关乎所有人共通之本质、探求人类生命真相之究竟，探求"人之所以为人"所可及之最高境界意义和指向上的"以人为本"。所谓"君子务本，本立而道生"，[1]"以人为本"即是确立理论研究的根本，即人的"根本"所在。

五、本研究的主要方法

（一）比较研究法

比较研究法是贯穿本书的主要方法之一。由于表达法治精神的诸多概念主要来自西方，但是在西方不同的历史阶段上、不同的国度中、不同的文化下不同的信仰并存，不同的民族和种族、不同的信仰群体、不同的经济利益主体、不同的政治主体等必然对其进行不同的理解和定义，因此首先需要比较并厘清西方社会内部对法治精神及其所依附的文化信仰的异同。同时，既然是将法治精神溯源至文化层面，那么从文化意义上而言，必须对中国传统法治精神及其依附的中国传统文化，与西方法治精神及其所依附的西方文化进行中西比较。例如，笔者确立了中西法治研究对等比较体系，即"道与上帝""道与西方之法""西方法治与儒家德政"等对等比较对象。因此，本书实际上是以现代法治精神的解读为切入点展开的中西文化之比较，而研究的目的在于全面解读、深入理解中国现代法治精神。这样能够将中西法治精神比较研究之结果丰富到中国现代法治精神的弘扬之中，而更主要的目的是将中国现代法治精神的诠释融入中国特色社会主义文化体系之中。本书的最终目的在于从中西文化和中西法治精神比较研究的视角来完善党领导的、以马克思主义为文化引领的中国现代法治精神研究，这更要求通过比

---

[1]《论语·学而》。

较研究而得出令人信服的研究结论。

（二）文献研究法

本书亦将文献研究法作为主要研究方法之一。文献研究，主要是指对中国传统文化经典文献、马克思主义经典文献和西方经典文献的研究，同时包括当今国内外学术界的重要学术研究成果，其中视阈限定为与法治精神高度相关的部分。无论是中国传统文献还是西方文献，都存在一个二次理解的问题：中国传统文献的文言文形式要求具备一定的古文功底；马克思主义经典文献的相关著作存在一个深入理解、参透原意的问题；西方文献由于经过翻译转化为译著，需要深入研究翻译中可能出现的一些偏离原意的问题。因此，本书对文献的研究秉承以下思路：中国传统文献需要读原文进行理解并参照学术大家的解读；马克思主义经典文献在阅读原著的同时，需要参照专业权威的学术著作；西方文献尽量参照权威译本以及综合参考不同译本，以便尽量找寻到相关观点的本意。文献研究的要义在于尽量避免人云亦云，对众多问题的学界观点进行再次深入思考。尤其是当学界的通论存在诸多值得商榷的疑问后，文献研究就更加具有不可替代的作用。本书有诸多与目前学界通论不同的观点和结论，就是基于文献研究法而得出的。例如，学界通论认为亚里士多德赞成"法治应当优于一人之治"，而笔者认为亚氏是批判这一观点的；笔者认为"柏拉图从早年的人治观转变为晚年的法治观"是没有事实依据的；笔者认为中国传统社会的主流法治是儒家"德政"，而中国历史上不存在今人所言的"德治"；笔者认为先秦儒家是反对人治、避免人治之害的良方，而非推崇人治；笔者认为中国传统的"道与德"是超越了西方哲学、宗教、科学的终极智慧和终极至理。

（三）综合研究法

中西古典学问都是综合治学，以一个根本问题作为根底和中心轴线展开研究，这种通才型、圣贤型的学问模式，在近代之后演变为分科治学的模式。任何一种学问，如若偏执于一个角度进行研究，就可能出现"一叶障目，不见泰山"的缺陷。因此，如若以分科治学之思维理解古典学问成果，则难免失之偏颇甚至南辕北辙；如果今日试图以综合治学之模式研究问题，又存在一己之力无法胜任的研究能力问题。因此，本书以分科治学的视角为出发点，尽量融合相关的各个学科所研究的问题范畴，力求恢复中西古典法治精神、古典文化的真实面貌；力求避免分科治学之单一视角造成的狭隘和不必要的理论纷争。具体来说，历史学、文化学、哲学、宗教学、政治学、法学、社会学这些高度相关、本无可分的、法治精神之文化溯源研究必须涉足的学科范畴和视角，是必不可少的。但是，当笔者试图避免"片面的深刻"的时候，似乎又陷入了一种"全面的平庸"，也就是可能被评价为似乎无所不包又似乎无所包容。然而，对于全面展示一个思考的过程而言，以此种"综合研究"的方式示人在本书的主题下又是无法避免的。

六、本研究的创新思考

（一）求恒常之道乃创新之本

宇宙万有共存于一个时空整体之中，宇宙万有以及人类自身皆基于一个终极法则而产生、发展，且彼此之间断无可分，此乃人类共识。只是人们对于宇宙以及人类的产生所依据法则的具体内容见仁见智，被定论为必然性或者偶然性。但是，在人类视角的偶然其实在宇宙整体即是一种必然。如果说宇宙三千大千世界的所有时空作为一个整体，其有一个恒常之道贯穿始终，那么这个恒常之道以及其自带的最高法则只能是有待发现而非人为发明，更无可能被创新出来。因为凡夫俗子之个体生命相对宇宙而言实在是太渺小短暂了。但是，提倡创新是对学术著作写作的一个基本要求，因为完全拼凑或者重复别人说过的话的学术著作是没有学术价值的，可能更适合作为读书心得或者学习笔记。因此，本书也需要论及创新之处。但是实际上，就笔者所认同的"道义"而言，道义终极之理在中西方的智者和圣人处，早已清晰地告知世人，笔者无真正的"新"可创造。此处所谓的创新，可能更多的是一种思考方式上的创新，以及因为此种思考方式得出了一些与他人可能不同的"读圣贤书之心得"而已。因此，本书的创新，实际上是将自己的思考过程和结论展现于众人，更多的是笔者理解和追求宇宙、人世的恒常之道的一些个人体会，唯希望笔者的这些个人体会能够记录自己的心路历程，甚至期望其中有些观点能够起到"抛砖引玉"之功效。超此界限，即为奢望。

（二）研究范畴与思路之创新

将中国传统文化的核心精神作为中国现代法治精神的研究范畴，并将中国传统的文化核心精神与西方的文化核心精神作为对等范畴，进而发觉各自寓于其中的法治精神的文化义理和文化根基，是本书研究范畴与比较研究之思路的创新。儒、释、道作为中国传统文化的代表，其真理意义与入世价值在当今时代一直是处于被广泛误读、被严重曲解的状态中。本书通过抓住儒、释、道的根本与终极指向，以儒、释、道作为研究现代法治精神的文化根基，在此基础上研究各家各派的理论学说，将人类自古一以贯之的终极追求作为研究、评判、构建理论学说的根本和指导。这与通常流行的将西学作为现代法治精神研究的蓝本的研究方式不同。引入儒、释、道来研究现代法治精神，在学界的研究中也是不常见的。具体而言，对法治精神进行文化意义上的溯源，是本书的立足点；而对文化进行精准界定，是本书的重要特征；将文化归宗于人文，是本书的主旨；将人文归宗于中国传统文化，是本书的落脚点。因此，与流行观念中将西方的法治精神作为中国现代法治精神的主要来源和主要参照的思路有所差别，本书主要是通过中西文化比较研究的方式，向中国传统文化追寻中国现代法治精神的来源。其中根基在于引入并着重研究两个通常容易被学界忽视的重要方向：一是建立中西之间法理学和法哲学中对等比较的概念体系，摈弃中国传统中有律学无法学的不当结论。[1]"在中国与日本保留至今的三百余部中国古代律学著作，足以使中国古代没有法学的观点不攻自破……关注法的最终价值的实现正是中国传统法的典型特征。"[2]我们应该以中国传统的道学对应西方的法学。二是注重发掘从儒学西传

---

[1] 例如，日本学者滋贺秀三提出如下观点："为什么法学在西方如此发达而在中国却不能？为什么中国传统的法律学术不像西方法学那样被称为法学而谓之律学？中西法律学术到底有什么不同？"［张中秋：《中西法律文化比较研究》（第五版），法律出版社 2019 年版，第 251 页。］滋贺秀三的问题，源于其对中国传统文化的认知偏差。而这样的观点实质是源于以下认知并形成以下结论："中国传统的法律学术一般通称为'律学'，与西方的'法学'形成对极。"［张中秋：《中西法律文化比较研究》（第五版），法律出版社 2019 年版，第 250 页。］而此类中西法（律）文化比较研究，实际上是选错了中西法（律）文化的比较对象，也是对中西法（律）文化认知的偏颇和狭隘。说中国古代有发达的律学而无发达的法学，是一个逻辑混淆、望文生义的错误认知，笔者将在后文对此问题详细论述。

[2] 曾宪义、马小红主编：《礼与法：中国传统法律文化总论》，中国人民大学出版社 2010 年版，第 16 页。

到西学东渐这样一个完整的历史路径，将西方启蒙运动的人文精神和人本主义的中国来源予以明晰。在此基础上才能够得出一个结论：现代法治精神应该从中国传统文化处溯源，并且溯源之正当性确立之后，以中国传统文化解读现代法治精神，使当下对中国现代法治精神的理解更为妥当、更为丰富，甚至是可以为解决秉承西学思维则无法解决的种种法治理论内生矛盾和无解难题奠定一定基础。

（三）研究视角与目标之创新

关注并在理论上解决中国现代法治的文化正统性问题，是本书着力的创新视角与目标。本书将"平等、人权、民主、契约、秩序、自由、正义"等概念作为法治精神的主要研究对象，而实际上这并非定论，而是笔者认为涵盖了学界公认的法治精神的主要研究对象的一家之言。在国内外关于法治精神的研究中，从中国传统文化角度解读现代法治精神者甚少；认为现代法治精神唯独源于西方且中国传统文化与之相悖者甚众。中华民族之民族性与共同体之凝结，除生物基因、血缘联结、地域聚居、政治主权等因素外，更主要有赖于民族精神之存在与延续、弘扬。现代法治精神与民族精神之关系，不仅事关国家治理之手段方式，更事关人心向背、民族认同、国家认同、国家安全、法治认同、法治实效等。当下流行的"法治西来说"作为近代以来西方文化中心主义的自然延续，加之中国并无法治传统之谬说，法治乃当今世界人类文明进步之象征，种种看似定论、通论之说法，其背后往往实乃现代中国在某种程度上仍然延续着近代以来"文化自卑"之现状的表现。近代以来，梁启超等学人已经开启了就法治话题争取民族文化自信的先河，严复等以引进西学而闻名之学人最终亦对当时西方近代殖民者"利己杀人，寡廉鲜耻"之状况深感震惊、愤慨。然直至今日，中国人在看待传统文化问题上之自卑心理却似乎呈现愈演愈烈之趋势，这是不得不深入体察的事实。法治话题中的自卑感尤甚，在谈及法治的历史时，包括谈及法治文化、法治思想、法治实践时，对法治进行追根溯源时"言必称希腊"[1]已经不再是西方人

---

[1] 毛泽东在《改造我们的学习》中提到"言必称希腊"，是指"不论是近百年的和古代的中国史，在许多党员的心目中还是漆黑一团。许多马克思列宁主义的学者也是言必称希腊，对于自己的祖宗，则对不住，忘记了"。[毛泽东：《毛泽东选集（第三卷）》（第二版），人民出版社1991年版，第797页。]本书所指"言必称希腊"，是指受西方文化中心主义的影响，很多人认为法治起源于古希腊，因而在研究法治历史的时候，习惯于向古希腊追根溯源的现象。

的专属。上述状况之症结何在？症结在于中国传统人文精神之失落、近代以来的世界政治格局之强烈冲击、现代中国出现的突出社会矛盾等因素共同作用使然。人类的天性就是希望在精神上找到一个方向和依靠，当这种精神希望出现之时，又极易在意识中将其完美化，被认为西方启蒙世界的所谓[1]现代法治精神就是一个扮演这种角色的"精神希望"。这种经过主观完美化处理的精神希望往往固化为一种理论模型，希望用于纠正现实社会中的弊病，同时，这种针对社会现实不满而产生的理论模型，无论与古今中外的任何历史阶段、任何社会类型、任何具体国别的事实进行对照，都会产生批判效果，这就是理论的乌托邦色彩。而从古至今之任何类型文化中的法治精神，在今日对其寄予全部希望者眼中无疑都被神圣化了。因此，需要从文化追问的视角研究法治精神，着眼于法治精神背后的文化困境的解决，这是本书的一个创新思路。

（四）研究结论可能创新之处

笔者通过对中国现代法治精神之文化渊源的研究，形成本书之创新结论如下：一是破除了长期以来中西学术界对法治精神西化、僵化的定论，从人文、人本的角度研究人类法治精神演进过程，并寻找支撑各国法治精神的不同文化根基；二是提出了儒学西传欧洲引发启蒙运动，进而找到西方法治精神的中国传统文化渊源的新观点；三是提出了中国现代法治精神理应是中国传统文化精神的延续和承继的鲜明主张；四是通过对中西法治精神的文化渊源进行较为全面的梳理和追问，突破了国内外学术界对现代法治精神之文化渊源的现有结论或视阈，寻找能支撑中国现代法治精神的中国传统文化基因，为我国依法治国实践提供新的理论支持。如此一来，将中国现代法治精神渊源于、根植于中华优秀传统文化之关系进行厘定，亦为中国特色社会主义文化自信、法治文化自信提供了理论支持。

具体而言，对于种种现代法治精神，无论其表述形式如何变化，究其生命力的根源而言，其实都是"换汤不换药"而已，只是很多人无法察觉或者不愿承认。现代法治无不以"律治"为基础甚至终极目标，在"律"之上寻求"法"，

---

[1] 此处之所以用词为"所谓"，因为本书的核心主题之一在于说明：现代法治精神不是西方文化的原创，更不是西方文化对世界的所谓启蒙。

是从求真的角度让"律"合乎"法"，也是从务实的角度让变化的"律"依附于一个永恒不变的"法"，找到了永恒的"法"，让"律"符合永恒的"法"的要求，就可以确立"法治与律治"的一致性和正当性。而现代法治精神的所有精神希望最终依据在于人文、在于自心、在于心性。人类几千年来无非就是在人性善恶之相较、义利取舍之论辩、精神皈依之追寻、现实利益之分配中延续着历史进程，而不论社会的生产生活方式如何改变、科学技术如何进步、社会制度和政治制度如何演变，以及信仰是神本还是人本，等等。因此，笔者以人性的深入论述为基础，将人文精神作为人类历史的不变主线，将现代法治精神回归人文视阈进行阐释，推动构建中国现代的人文法治精神，实现中国传统文化精神与中国现代法治精神的一体化的理论研究方向。而对于现代中国而言，法治需要实现"人与法"的完美融合，中国传统文化的启迪让"人与法"可以实现完美的融合。最终极的"法"在于人心、人性、人文，因此最终极的法在于全体人民的至善追求，这和中国现代法治的人民属性是一致的，也和中国特色社会主义文化对法治的引领实现了一致。以人文精神为"法"、以人类良知为"体"的中国现代法治，是人文之法与人文之律完美结合的、以人文之法指引人文之律的、以人文之律求人文之法的、法治与律治完美结合的"法治"，这是本书研究结论上的创新要旨。

七、本研究的不足之处

（一）研究视角偏执一隅

本研究之不足处甚多，这是笔者清醒认识到的。此处择其要旨予以自我反思，以免笔者的一家之言误导他人之认知。学术研究需要摒弃先立观点转而求证的方法，都要求"客观"研究问题，殊不知这种"客观"永远无法逃离其"主观"的本质。研究者的关注点、视野、主观感情、个体感悟都是让研究结论蒙上"主观"色彩的要素。大部分人其实都是在片面地认识着这个世界，因此理论的"思辨"取代了实有的境界和真实体悟，这是笔者反对的却又恰恰是本书最大的问题。另外，由于"法治是法律主治与法律至上""法治起源于古希腊并全盛于西方发达资本主义国家""中国没有法治传统而只有人治或德治传统"等观念甚为流行，并且研究成果颇多，因此本书在秉持实事求是研究原则的基础上，更加侧重了对于上述"流行观念"之"片面性"的反思，由于这种反思将侧重点集中于"反流行"方面，因此实际上自己也就陷入了"片面性"。特别是，本书很多时候采取了"先驳论再立论"的写作方式，此种方法本身并无大碍，毕竟"君子和而不同，小人同而不和"。因为被驳的研究者们大抵"君子坦荡荡"，所以笔者亦可以"知无不言，言无不尽"。但是，笔者在驳论时往往只能引用其他论者的只言片语，而不能将他们的理论体系之全貌予以展示。因此，"驳他人之论"可能实际上往往是"驳自己对他人之理论片面理解之后的自己的偏见之论"，但是在阅读者的理解中，可能会误以为被引用的观点就是被驳的论者观点的全貌，这对于诸位被驳之论者是有失公允的。因此，允执厥中者，非空有之说辞，乃实有之境界；笔者写作中所犯的种种偏执，是需要自我检讨的，如有曲解和误读他人观点之处，恳请批评指正。冯友兰先生将人生分为四重境界：自然境界、功利境界、道德境界、天地境界。[1]笔者身为一个还在功利境界与道德境界之间徘徊的凡夫俗子，是不可能生出大智慧境界而看清一切的，因此所阐发之思考犹如坐井观天、盲人摸象，可能往往会在思考问题中产生偏执而导致了过犹不及的结果。因此，评判所看到的别人的片面，实际上可能正是源于自己的片面。笔者视角的确偏于一隅甚至偏执和偏激，因此也确实只是一家之言。"其实真有学问的人总是通达无碍的，对于拥有群众的各学派教派均能洞察其得失，各给予适当位置。若拒斥千里之外，只是自小而已，欠通而已。"[2]笔者之学问远远未通达，从本书之行文风格中来看一眼便知，这是无法掩饰的，还请阅读者宽容以待并不吝赐教。

（二）笔者未达智慧境界

有道是"所谓闻道者，在自得耳。读尽天下书，说尽天下理，无自得入头处，终是闲也"。[3]一个人可以将文化的义理谈得头头是道，但是若不亲修实证、遵道而行，那么文化还在自心之外而不属于自己，也就是志于求道、幸而闻道、勤于修道才能真正悟道。文化直抵的智慧境界是一种真实的体悟，描述智慧境界的义理则表现为学说。没有真实体悟而解读学说，则为空谈义理。打个比方，圣

---

[1] 冯友兰：《新原人》，北京大学出版社 2014 年版，第 61 页。

[2] 梁漱溟：《人生至理的追寻：国学宗师读书心得》，当代中国出版社 2008 年版，第 100 页。

[3] 《明儒学案·卷六》。转引自劳承万：《中西文化交汇中近百年理论难题》，中国社会科学出版社 2018 年版，"本书阅读提示与思考"部分第 1 页。

人品饮甘泉之后知晓了甘甜之味，然后向世人描述甘泉之美并且告诉世人通过什么方法可以找到甘泉；笔者并未找到甘泉并体味甘甜，只是在空谈甘泉与甘甜。类似因惰性惯于饮用井底之水而高谈山泉之美，未曾实际走出井底半步。古代圣贤皆是因悟道而传道，而对于笔者这样的受教者而言，绝无悟道之功夫，空有义理之讨论，甚至连"见地"都称不上，与"心生智慧"的境界更相去甚远。因此，笔者对于本书所涉及的中西方的形而上之"道"也只能是"空谈"。人生修行必然经历"活下去、活得好、活明白"之过程，而"见山是山，见水是水；见山不是山，见水不是水；见山还是山，见水还是水"，实则是一个漫长而艰辛的过程。因此，学术研究成果在一种"分别心"强烈、"执着心"未除的情况下，能稍许领悟圣人之境界已经难得。而且作为一个在中西文化与历史之整体中寻找现代法治精神的论题，由于笔者学识浅薄导致行文中出现知识性错误可能在所难免，定会贻笑大方。当遵循一个理论路径前行的时候，有人可能看到了迈出第一步的效果，而看不到迈出第二步的效果，勿论预知终点的风景，这就是高瞻远瞩和功利短视的区别。笔者的研究可能真的只是因为看到了第一步，而未能看得更加深远；路漫漫其修远兮，吾将上下而求索。特别是本书涉及对中西方经典著作和文化核心精神的解读，确实只能是一种见识有限的感悟，绝不敢说已经贯通中西、悟得真意。因此对他人的解读和评判，可能也是自己误读之后树立了一个假靶子作为目标，或者可能是树立了一个虚幻的理想去追寻。此种对他人评判之有失公允，实则是加固了自己的偏执，而偏离了中庸之道。这应该是源于笔者自身原因造成的本书最根本的不足，也是笔者今后应该继续加强学习、不断反思的原因和动力。历史上，神秀悟道之偈语是："身是菩提树，心如明镜台，时时勤拂拭，勿使惹尘埃。"六祖慧能则说："菩提本无树，明镜亦非台，原本无一物，何处惹尘埃？"希望已经悟得"空"境的学界前辈与同仁，对笔者指点迷津、不吝赐教，助笔者不再纠结或执着于"尘埃"之"有"。这或许才是笔者对于未来的一个期盼。同时笔者预判并坚信，对于本书中所呈现的诸多"破时俗之论"，在不久的将来即20年左右，将成为学术研究与社会观念的"通识"。

在党和国家全面推进依法治国以及大力弘扬中华优秀传统文化双重时代背景之下，探求中国现代法治精神与中国传统文化之关系具有重要的理论意义和实践意义。针对当前国内外学界普遍认为中国传统文化与中国现代法治精神存在重大背离，而同时普遍认为中国现代法治精神源自西方文化的学术研究现状，笔者秉承古为今用、洋为中用、统筹兼顾、以人为本的原则，采用中西比较研究、文献研究、学科综合研究等方法，最终将得出创新性研究结论：中国现代法治精神是在中国传统文化的当代承继基础上的时代创新发展，而并非对西方文化的遵从。此研究结论有助于促进弘扬中华优秀传统文化与全面推进依法治国的高度融合，有助于构建和推动完善中国特色社会主义法治理据与法治文化自信。

第一章

中国现代法治精神的
文化追问之考量

本章共分为五节内容，着重研究以下问题：1.说明中国现代法治精神的文化追问之研究次第；2.中国现代法治精神的文化追问所涉及的基础概念之内涵的厘定，包括法、律、法律、法治、律治、法治精神、文化、文化追问等概念的内涵厘定；3.概略解读平等、人权、民主、契约、秩序、自由、正义等诸项现代法治精神的内涵，分析诸项现代法治精神的概念应该形成何种逻辑体系；4.分析并指出现代法治精神的理论困惑和困惑焦点，分析对现代法治精神进行文化追问的必要性；5.分析并厘定中国现代法治精神的文化追问之研究范畴。

第一节　中国现代法治精神的文化追问之研究次第

研究次第，即是研究由表及里、步步深入、以求本质的顺序。开宗明义，此处先对法治精神研究次第的逻辑推演路径予以表述：法治的基本含义应该确立为"依法而治"；法治精神就是人们为基本含义意义上的法治设定的价值标准；法治精神作为价值标准依附于、根植于不同的文化基础，法治精神是人类信仰的产物；而被赋予普世价值意义的现代法治精神，从某个角度可以看作当今国际社会以政治话语权为目标的文化竞争。在构建中国特色社会主义法治话语体系的进程中，弘扬以中华优秀传统文化为底蕴的中国现代法治精神，是走中国特色社会主义法治道路的现实要求和必然路径。

一、法治的基本含义是依法而治

（一）以依法治国为实践指向

法治的基本含义，事关对依法治国这一党和国家的基本治国方略之深入理解。1997 年，中共十五大报告提出了"依法治国，建设社会主义法治国家"的政治主张；1999 年，"中华人民共和国实行依法治国，建设社会主义法治国家"以宪法修正案方式正式载入宪法；2014 年，中共十八届四中全会做出了《中共中央关于全面推进依法治国若干重大问题的决定》，进一步提出了实现法治国家、法治政府和法治社会三位一体的宏伟法治目标。在这样的时代背景下，更需要准确理解"依法治国"和"法治"的内涵及其相互关系，这是一个具有重大理论意义和重要实践意义的时代课题。坚持党的领导、人民当家作主与依法治国三者有机统一，是本书对中国现代法治精神进行学术研究必然坚持的事实前提、理论前提和政治方向前提，本书所坚持的研究原则和最终的研究目的在于从学理角度为中国共产党领导全体中国人民进行的依法治国伟大事业提供理论支持。

（二）以现代中国为时代背景

从学理角度和就现代汉语语义上而言，依法治国一般就是指"依据法律治理国家"；[1] 依法治国之预期目标或理想结果称为"法治"。这是中国现代法治的基本含义，也是深入研究法治的观念前提。对法治基本含义的其他界定方式，是需要明辨慎思的。例如，多年来流行的西方之所谓的"在法治国家，法律是国王"[2] 之类的说法，实际上是一种严重的理论误导。中国的法律是党和政府乃至全体社会成员的行为底线或者基本准则，例如我们断然不能说，做到了刑法要求的不得杀人或者民法要求的公平交易就是对人的最高要求了。各类法律主体之间的法律关系，或曰权利义务关系，是法律主体之间关系的一个侧面，而权利义务关系是法律主体之间的关系底线，人与人之间、国家与个体之间的权利义务关系绝非最高层级关系，而是底线层级的关系。仁爱关系、和谐关系才是各类法律主体超越法律层级的最高级的关系。法律是针对行为的规则体系，应该如何和可能获得万众信仰之至高荣耀？法律作为人的创造物，应该服从于人的至上地位，而人的至上地位之正当性以其坚守法律底线为基本要求。法律权威不能等同于法律至上，反而是法律因为其行为底线属性而必须具有权威。西方历史上那些真正想成为"国王"的"法治引领者"通过推崇虚置的"法律国王"掩盖着真正的利益主导者，这在当时可能是一种不得已而为之的做法，至少是一种理论宣传的谋略，这种状况在西方具有普遍性。但是我们无须醉心于这些说法，"徒法不足以自行"才是一个永远不变的真理。时至今日中国甚至西方社会自身，这种西方法治理论传播谋略已经失去了其赖以存在的必要动因。而诸如英国历史上著名的"王在法下"所开启的西方"限权法治"历史，其本意是指国王的地位在所有臣民之上，只有上帝赐予的律法可以约束国王，根本不是今人所认为之"国家的法律高于国王"这种以讹传讹之误读。因此，"法律王国"之类的西方历史遗留物，实际上不宜被确立为现代中国的法治起点。而将法治的基本含义确立为"依法而治"对现代中国是适宜的。

---

[1]《中国大百科全书》(第二版简明版)，中国大百科全书出版社 2011 年版，第 2—460 页。

[2]"在专制政府中，国王便是法律。同样，在自由国家中，法律更应该成为国王，而不应该有其他的情况。"《潘恩选集》，商务印书馆 1981 年版，第 147 页。

（三）确立法治研究理论起点

在这样一般意义的理解上，依法治国和法治是一个动态过程和预期结果的关系，也就是国家治理方式和国家治理理想目标之关系，也就是通过"依法而治"实现法律体系预设的法治秩序和法治价值目标。确立法治的基本含义为依法而治，也是意在将所有法治类型都纳入研究的视野，特别是在各种法治类型的比较研究中，有助于我们看清各种类型法治本身的利弊，有助于区分历史上和当下不同的法治类型及其生成和适用条件，有助于总结所有类型法治的成败原因并发现真正的法治规律，更有助于在近代伊始的西方文化中心主义思潮中秉持中国法治的社会主义特色，防止将某一种所谓的"法治样板"僵化理解、人云亦云地模仿。何况西方这些所谓的"法治样板"，本身弊病丛生且早已昭然若揭。同时，这种一般意义上的理解显然只是学理研究的基准点，因为必须"依法而治"是现代社会的国家治理中的通常做法和普遍经验；同时，单纯表述"由依法而治实现法治"并不能体现出法治的价值取向和价值标准，而价值标准是决定法治作为国家治理模式之目的性是否合乎民心、顺应民意的决定要素。因此，我们就需要进一步探讨法治的价值标准问题。

二、法治精神是法治的价值标准

（一）法治精神贯穿法治全过程

依法而治是法治的基本含义，其中包含了科学立法、严格执法、公正司法、全民守法等基本实践要求。其中如何体现科学、严格、公正等要求？如何让全民发自内心地认同法律并自觉守法？在此，我们必须为法治确立一套价值标准，人们为法治所确立的价值标准就是我们通常所说的法治精神。法治精神确立之后，就可以用来界定法治的理想样态，例如通常所表述的"良法善治"。而良法的标准和目标、善治的过程和结果，都应该以法治精神为准则。法治精神作为法治的价值标准，可以对现实的法治进程予以指引，也可以对过往的法治成败予以评判，还可以对未来的法治结果予以预测。可以说，法治精神的弘扬贯穿了人类法治的全部历史过程，只是不同历史阶段、不同国度对于法治精神的界定和解读可能往往是不同的，甚至存在本质差别。

（二）现代法治精神的通用表达

就当今世界而言，各主要法治国家几乎形成了一种通用的法治语言，例如平等、人权、民主、契约、秩序、自由、正义等，这些表述可以称之为法治精神。就现代中国而言，上述法治精神已经被官方和广大民众认同，例如中国的社会主义核心价值观[1]中就包含了"民主、自由、平等、公正、法治"的表述。社会主义核心价值观中"法治"与"民主、自由、平等、公正"并列表述，表明"法治"本身就是一种价值观，此处之"法治"显然是采取了"依法而治"这样的一个法治基本含义。这似乎和学理研究中将平等、自由、民主之类的价值作为法治所蕴含的价值有所差异。但实际上，这更加表明了"民主、自由、平等、公正"与法治之价值追求的和谐一致，并且这些价值并非法治领域独有。换言之，"民主、自由、平等、公正"并非法治本身的创造物，而是法治的价值目标。

就学术研究而言，在中国学界对中国现代法治精神的研究中，对"法治精神"有着不同的称谓。"法治精神"在政治哲学研究和法理学研究中比较集中，例如在法理学研究中关于"法的价值"或者"法律价值"的理论就集中表述了法治精神相关问题。例如，法学学科中以"法的价值论"作为法治精神研究的命题，如卓泽渊老师的《法的价值论》一书集中论述了法治精神的诸多问题，其中关于"法的价值目标"即定位为"生命、自由、平等、人权、秩序、公正、人的全面发展。"[2]政治学学科中以"政治哲学"作为法治精神研究的命题，如张凤阳等老师所著的《政治哲学关键词》[3]一书就将"人权、自由、民主、契约"等作为研究对象。这与本书所定义的法治精神的研究对象都是同一的。由于本书是就中西法治精神进行比较进而追溯法治精神的文化渊源，因此本着便于比较研究之目的，将上述几种价值观解读为法治精神。但法治精神却绝非法治领域或政治领域的专属，而是一种社会总体价值追求。依据国内外的学术研究成果与中国现实的针对性指向，本书在法治精神的诸多概念中主要择取以下几个予以重点研究：平等、人权、民主、契约、秩序、自由、正义。

---

[1] 社会主义核心价值观的基本内容是：富强、民主、文明、和谐，自由、平等、公正、法治，爱国、敬业、诚信、友善。

[2] 卓泽渊：《法的价值论》(第三版)，法律出版社 2017 年版。

[3] 张凤阳等：《政治哲学关键词》，江苏人民出版社 2014 年版。

（三）法治精神并非义理之终极

纵观古今中外之学说，法治精神之究竟处最终要么指向神，要么指向人，即所谓的神本文化和人本文化，没有脱离文化之神本类型或者人本类型而单独存在的"法治精神"。因此，法治精神并非义理的终极，而是需要在文化根基上进行溯源。由于极权政治、专制统治、等级秩序之类的目标也可以或者必须通过"依法而治"的"法治"来实现，因此为法治注入特定的法治精神是不可或缺的。当然，作为将人类一切美好愿望、理想、价值都纳入法治框架并同时希望将一切丑恶都通过法治来遏制的"法治主义者"来说，为了防止诸如"极权法治"——如希特勒推行的法治、中国法家法治等对"法治"的"污名化"，干脆以某种标准和理由将其排除在"法治"之外。这种理论研究方法并无绝对的是非对错之分，但是笔者认为这是"模型化法治研究"的一种方法，并不应该成为绝对和唯一的标准。事实上，不同的时代、不同的国家，法治的价值标准可能有质的差异，而这种存在本质差异的情况可能都可以用同一个词语予以表达，这是无法改变的历史事实，也是无法阻挡的现实观念，因此大可不必停留于"纯粹法治"的层面去选择性定义法治。例如，西方的"法治鼻祖"亚里士多德认为奴隶制的存在是天经地义的，因此公民和奴隶在人格和地位上的不平等是符合"正义"精神的，而这种观念在今天看来一定是严重违背了现代人所认同的"正义"。这种类似的情况从古至今从未缺席过，导致了法治精神之各个价值标准在事实上呈现出极大差异，甚至一套法治精神之中的各个价值标准之间也存在不可调和的内在矛盾和严重冲突。因此，法治精神并没有穷尽法治的终极标准，对法治精神的终极解读必须再进一步深入，而法治精神的终极标准在于文化，也可以表述为宗教、哲学，或者说信仰。当我们真正深入文化本真来研究法治精神的时候，就会发现，"纯粹法治"的理念和方法不仅没有必要坚守，而且其可能会成为妨碍对法治进行文化溯源、文化评判与文化解读的障碍。

三、文化是法治精神的终极根源

（一）以马克思主义为研究基准

各国、各历史阶段的法治精神虽然具有共通性，但是因为其各自所依附的文化根基不同，法治精神的内涵可能具有本质差异。因为法治精神的终极根源是文化，文化是国家治理之根本问题。谈到文化问题，坚持马克思主义文化方向是本书的一个研究前提。本书对文化问题的探讨，秉承之思路是马克思主义进一步中国化的原则，同时更是要对中国化的马克思主义的文化真谛进行深入探寻。所以，本书主旨在于用中国传统人文精神解读中国现代法治精神，这也是马克思主义中国化的研究方法，也是中国化的马克思主义研究的题中应有之义。"正像马克思主义的发展离不开全人类的文化资源一样，马克思主义中国化也离不开几千年中国文明丰厚的思想资源。当代的中国马克思主义，实际上就是马克思主义在与中华优秀传统文化相互影响和互动中形成的中国新文化的主流。"[1]有这样的学界声音作为本书研究的学术趋势背景，笔者将中国传统文化与中国现代法治精神之关系的研究作为本书的一个重点方向，学界前辈和同仁提供了诸多研究成果可资借鉴。

（二）确立文化为法治研究灵魂

古今中外各种法治理论都或隐或显地附着在一个文化根基之上，只有洞穿各种理论的表象，找到其文化之源泉，才能真正解读各种法治理论及其所倡导的法治精神。例如，对"欲灭一国，先灭其文化"这句话的理解，在二三十年前的中国哲学课教学中，通常是要求评判这句话代表的是"唯物主义"还是"唯心主义"，而实际上这句话与唯物、唯心无甚对应关系，而是指明了文化是一个国家的灵魂。又如，近代中国的屈辱史告诉我们："列强入侵的方式可以是平和的商品，也可以是惨烈的战争，但最终的目的无一例外都是要用自己的文化取代其他民族的文化，因为，对一个民族的消灭不是简单的消灭它的肉体，而是要消灭其固有的或者传统的文化。"[2]在世界格局和国内形势充满危机和挑战的今天，如果我们还不能从整个人类历史，特别是对政治兴替规律的深刻领悟中坚信这是最富有智慧的洞见，还不能明确意识到文化问题是一个国家、一个民族乃至每个个体的"生存、生命和灵魂"问题，那么我们就真的会完全错失国家和民族固本强基的精神引领。同时，在"文化"一词甚为泛滥之当下，如何定义和理解文化，这是本书中一个根本性的问题，必须对其进行精准定义。"欲知大道，必先为史。

[1]张允熠：《中国文化与马克思主义》，人民出版社2015年版，第385页。

[2]姜小川：《司法的理论、改革及史鉴》，法律出版社2018年版，第108页。

灭人之国，必先去其史。"[1] 历史虚无主义就是一个足以涣散人心的利器。文化与历史之重要性如同生命之源泉，那么"文化史"更是举足轻重、关乎国之命脉。而在现代法治精神这一话题上，显然我们的"文化史"失去了其本应有的发言权。

（三）重思法治成败的历史经验

文化是对人的塑造，法治在根本上也要服从于对人的塑造这一主题。对人的定位和塑造的失败，是无法带来成功的法治的。文化之溃败必然导致社会秩序的全面坍塌，这应该成为一个常识。就法治话题进一步以法家法治为例以便说明：如果说今日中国有人公然提倡效仿中国古代的"法家法治"，则此人肯定会遭到普遍的反对，因为法家法治虽然能够迅速实现一种统治者预设的法律秩序，却也让秦朝的"强大"以"无道之治"的标签著称，并且加剧了其迅速败亡的历史结局。而法家的法治学说是以"人性本恶""好利恶害"为基本信念和终极依据的。因此，法家法治落实到现实的政治统治中，是以充分利用、放大、激发人性之恶作为统治权谋的，这是其"法、术、势"落败的根本原因。这就是法家法治对"人文"彻底抛弃产生的致命病根。至于说法家法治"不限制王权"则是一种鲜有依据的臆想。例如，因为如果认为作为拥有最高立法权的秦始皇，虽有统一六国之政治智慧和政治才能，却独独在是否遵守自己制定的法律问题上因不识大体而"带头乱法"，而认识不到这是对自己政治权威和君王形象的致命破坏，那的确是今人对当时政治统治的臆想。如果不正视商鞅、慎到、韩非子等法家代表人物都明确提出了"立公弃私""禁胜于身"等"君王首先要成为守法的楷模"的政治主张，即"令行于民"的前提是"禁胜于身"，只有"置法以自治，立仪以自正"才是"有道之君"等，[2] 那么我们还将继续这种"法家法治理论中不限制王权"的主观臆断。这种臆想只是在"三人成虎"的氛围中被当成历史事实。法家法治是因为背离了人文和道义而失败，而并非因为是否限制王权而与西方法治产生异同，是一个法治的负面典型。

---

[1]（清）龚自珍：《古史钩沉论二》。
[2] 段秋关：《中国现代法治及其历史根基》，商务印书馆 2018 年版，第 357—361 页。

（四）以史为鉴的中国现代法治

可是我们是否意识到，中国当下流行的以"法治"批判"德治"进而推崇"法律至上"和"法律主治"的流行思维，将"法律"这一对社会成员的"行为底线"要求推上神坛，甚至以抛弃"人文化育"、推崇"人性本恶"而虚构出一个"人本主义"的西方社会契约论之类的"去人文化"理论为基础，打造了一个以"法律理念主义"和"规则中心主义"为名头的法治乌托邦幻想，其实际效果是否可能在理论上引导中国走向一条机械化法治甚至法家法治的道路？而且此种幻想最大的问题就在于将法治的目标结果作为法治理论的立论前提，而缺少现实的人文路径。这实际上是一种"律治"理论构建，而非真正的"法治"追求。例如如下逻辑：认为法治必然要求法律具有最高权威和至上地位，如果大家对此认同并做到了，则这个社会就好起来了；现在的种种社会问题之所以存在，就是因为法治的要求没有得到大家的遵奉，因此必须要厉行法治。但是，大家为什么要遵奉法律？通过什么路径让大家共同遵奉法律？我们要去寻找答案。而实际上，法律的稳定权威是法治的结果，而不是一种道义要求；即使转化为道义要求，也是毫无强制力的号召，而这种号召需要人心认同方可有效，这就又回到了人心问题。不研究人心问题，就无法回答大家为什么遵奉法律和如何让大家遵奉法律的问题。因此，在法治精神背后确立以人心为根本指向的、作为法治精神根基的文化基石，是法治成功的关键。

四、法治精神关乎法治话语权力

（一）普世价值背后实为政治话语权

在当今的世界格局中，话语权实际上是实力与势力的较量，法治话题亦不例外。简单地说，法治精神背后的文化问题，可以称之为法治文化。法治文化研究的视角很丰富，而法治的自我话语权就是关键之一。法治精神在当下与"普世价值"[1] 高度契合。"普世价值"一词，原本并非西方人提出，而是针对西方人普遍

---

[1] 对于"普世价值"这一提法，有不同的观点，有观点认为不应该承认普世价值的存在；有观点认为应该遵循普世价值的要求；有观点认为应该辩证地看待普世价值。笔者认为，既然事实上存在这样一个说法，就应该直接面对它。其关键问题是：既然是"普世"，亦即"普适"，是否真的"普适"，如人饮水，冷暖自知；从民族或者国家的角度而言，作为世界上不可或缺的一个重要国际主

认同的"基督教"之"非普世性"等原因，由中国人在"二战"之后联合国制定《世界人权宣言》的时候提出的，其中以儒家精神之"普世性"为全人类之共同价值奠定文化底蕴。被誉为"普世价值的提出者，世界人权的设计师"的张彭春先生功不可没，在联合国的材料档案中也有明确的记载。[1] 后来，提起普世价值的时候，为何形成一种"普世价值西来说"的标签和氛围，则有着复杂的原因。"20世纪90年代后期，国际上兴起一股研制'全球伦理'规则和制定'全人类普遍价值'的热潮……例如2008年下半年开始的'普世价值'之争，表面看来，争论是围绕'究竟有没有普世价值''哪些是普世价值'和'能否以西方价值为普世价值'展开的，实际的焦点却是：谁有权认定和解释普世价值"？[2] 而实际上，什么是普世价值？它应该是全人类基于人的本性出发共同认可的价值标准，是抛开了宗教信仰、政治信仰、军事霸权、经济实力这些因素，在全人类达成最大价值标准共识的意愿，而不是将部分人的信仰以及背后的利益诉求强加于人的产物。中国自古就有"普世价值"的追求，孔子追求的"天下大同"以及儒家"修身、齐家、治国"之后的"平天下"，都是以特定的"普世价值"为基础的。只是目前，普世价值似乎成为西方文化的专属，而且"普世价值"之"定义权行使"显然已经背离了其原意，成为一种世界政治格局的附属品，成为有话语权力者以"启蒙"之名行"霸权"之实的武器。在"普世价值"甚嚣尘上的今日世界，法治理论的话语权几乎与普世价值的话语权相重合或者同一。一旦失去了话语权，也就相应地失去了辨识能力，就会出现盲从和狂热。如此一来，我们就根本无法实现自己对自己命运的主宰。

（二）法治精神关乎中国法治话语权

中国的法治，需要中国人独立自主地进行推进，而首要的问题是：我们不能以臣服的心态去神化西方标准，不能缺乏独立思考的能力。如果说今日中国有

体，我们当然具有对其进行解释的权力和能力。那种抛开自己国家和民族的文化根基而去"国际化"并"与国际接轨"的提法，才隐藏着以"国际"之名变相放弃话语权的风险。

[1] 关于此方面的研究成果，笔者目前能够查阅到的资料并不多。可资参考的文献有，孙平华：《张彭春：世界人权体系的重要设计师》，社会科学文献出版社2017年版；（美）玛丽安葛兰顿：《美丽新世界——〈世界人权宣言〉诞生记》，刘轶圣译，中国政法大学出版社2016年版。

[2] 李德顺：《法治文化论：创造理性文明的生活方式》，黑龙江教育出版社2018年版，第227页。

人否定以法国卢梭的"社会契约论"学说和英国洛克"三权分立"学说为基础的西方自由主义法治，那么此人一定会招致诸多反对意见，因为他们的学说已经在某种程度上被神圣化了，以此为基础的西方法治标准往往被认为是全世界法治的当然标准。西方自由主义法治以"平等、人权、民主、自由、正义"这些"普世价值"而著称，而这些普世价值也就是现代世界通用的法治精神的同义语。普世价值作为一个"毋庸置疑"的前提，因此也就成为政治、学术等各个领域奉为真理性前提的既成事实。但是实际上，社会契约论以及"理性"学说作为西方自由主义法治的理论根基，是完全站不住脚的。例如，社会契约论描述的人类"自然状态"实际上是将人类"拟动物化"，因而抛弃了作为人类特质的"人文"；近现代"理性"这种对人类的"同质性"假设被历史和现实反复证明是一个极其错误的立论前提。[1]但是，在缺失话语权的时候，这些错误的西方理论假设却大行其道，这于当下中国而言不仅无法带来真正的进步，反而会让社会陷入抛弃"人文"而实际上无法确立"人本"，法治则会不伦不类。笔者认为弘扬中国传统文化是根治当下社会通病的最佳良方，但是在中国传统文化与现代中国严重断裂的时代背景下，这是较难实现的目标。因此，在中国传统文化精神和中国现代法治精神之间寻找一座历史上真实存在的桥梁，至为关键。这应该是现代中国"文化自信"的题中应有之义，也就是让中国传统文化与中国现代法治精神实现高度相融并推进其一体化的理论尝试。

（三）中国现代法治之文化正统性

由于"法治"一词是舶来品，因此对于中国传统社会有无与西方之"法治"相对应的中国传统法治，进而定论有无与西方法治精神相对应的中国传统法治精神，就成为中国法治话语体系构建的突出问题。因为这决定着中国现代法治精神是来自西方文化，还是来自中国传统文化，抑或是中国现代社会内生？中国社会对中国现代法治精神的解释需要遵从西方文化还是中国自身的文化传统？中国现代社会对中国现代法治精神的接受是基于西方文化的"启蒙"还是中国传统文化塑造的中华民族精神的必然结果？多年来，中国各界人士已经充分意识到构建中

---

[1] 笔者将在后文详细地分析论证。

国法治话语体系的重要性和必要性。[1]中国法治话语体系的要义在于独立自主和求真务实。西方中心主义文化观之下的西方中心主义法治观，让中国现代法治研究始终缺乏一种独立性和自主性，将西方法治理论作为中国法治的研究起点甚至必然逻辑，用西方法治话语研究中国现代法治问题，用西方法治的文化与制度标准来衡量和评判中国现代法治的是非。我们实际上未能真正确立一个属于自己的法治话语体系的文化根基。本书通过对现代法治精神的研究，找到每一种法治精神体系背后的文化根基，再行对它们进行分析和比较的基础上，能够产生一个结论：中国现代法治精神是对中国传统文化的当代承继；就西方而言，现代法治精神是中国传统文化的传播推动西方启蒙运动而在西方产生的，然后才以西方"原创"的面貌回到了近代中国；而现代中国对于现代法治精神的接受，主要是基于自身几千年的传统文化基因。那么，对于中国现代法治精神的理解和解释，需要跨越近代中西文化碰撞的历史樊篱，回溯到中国传统文化来研究中国现代法治精神。这是构建中国法治话语体系至为关键和至为根本的一个研究思路。

第二节　法治相关概念的语义分析

我们通常所言的法治是法律之治，但是法、律、法律、法治、律治等在中西方文化中存在诸多不同理解，需要一一厘清。此后才能明白法治精神之所指，才能理解法治精神是附着于特定文化体系和文化信仰的产物。

一、中西之法的语义分析

今日之世界，可谓一个特殊的人类大时代。说其特殊，一方面是因为这似乎的确是一个人心不古的"末法时代"；另一方面却由于信息高度互通、文化多元格局、信仰趋于理智形成整体文化多元化时代，因而无法形成一种可以具有天然垄断地位的"法"的定义权。无论国别、信仰、文化的差异，这个大时代中的人

---

[1] 此类研究成果非常多，例如，李龙：《中国特色社会主义法治理论体系纲要》，武汉大学出版社2012年版；李林主编：《中国特色社会主义法治发展道路》，中国法制出版社2017年版；段秋关：《中国现代法治及其历史根基》，商务印书馆2018年版；谷春德：《中国特色社会主义法治理论与法治实践》，中国人民大学出版社2017年版。

们都在各自寻找着终极的"法"。对于我们来说，唯有找到终极的"法"，才能够让自己立于不败之地。

（一）法治之"治"释义

法治精神释义，应该包含了法治之"法"释义、法治之"治"释义、"法治"释义和"法治精神"释义，这是四个步骤。本书将"法"作为释义重点，由"法"而理解"治"，不同内涵的"法"必然对应不同内涵的"治"。此处不做过多文字学考证，如类似许慎在《说文解字》中认为"治"是"水名"[1]的考证。此处只需首先将中西文的"治"和"rule"做一个简单解释。中国的"治"可以对应英文的"rule"，而如果将法治理解为属于一种政治模式和政治行为、结果，则"治"从总体上可以理解为一个治理、统治、规范的过程，如"国家治理"；也可以理解为此过程之结果，如"天下大治"。而中国古代流行的"有治人，无治法""自古明君治国先治吏""修身、齐家、治国、平天下"，这里的"治"并非单纯的统治或者治理之意，而同时包含"通过治理使其完善"之意。中国汉语中的"治"也有"秩序安定"之意，如长治久安、天下大治、安定太平。

而西方的"rule"，通常被翻译为"统治""治理""规则"等，以表达人对人的治理之意。但是，西文的"rule"从更多的意义上是指"天行有常""终极因果法则"，是指"主宰一切"，包括主宰宇宙万有和人类社会。例如被我们翻译为"法治"的"rule of law"，[2]就是指人类社会和整个宇宙都被统摄在一种终极法则之下，例如上帝创立的宇宙法则；作为人类，当然可能背反上帝设定的正向法则，背反的结果就是接受终极法则设定的因果报应，例如接受下地狱的惩罚。无神论者自然不相信地狱的真实存在，但是上帝的信徒却对此坚信不疑，因此也发自内心认同并遵守这一终极法则，也就是说终极法则在通过人心的认同发挥着作用。因此，认为西方的"rule of law"是指世俗法律主治，这只是近代以来才成立

---

[1] "从东莱郡曲成县阳丘山流出，向南注入大海。"引自（汉）许慎：《说文解字》，宇枫编，中国华侨出版社 2018 年版，第 650 页。

[2] "17 世纪期间，isonmy（表意为：法律对各种各样的人的平等性）这个词仍在继续使用，直到 rule of law（翻译为：法治）等词汇逐步地将它取代。"引自（英）哈耶克：《自由宪章》，杨玉生等译，中国社会科学出版社 2012 年版，第 239 页。由此可见，"rule of law"这个词是在 17 世纪才出现的。

的一个概念，而且其认同者在西方也只是执着于政治视角如限权法治的部分西方人，因此其确切含义更应该被翻译为"天行有常，不为尧存，不为桀亡"较为恰当。这个前提明确之后，就可以重点关注"法"和"law"的内涵了。

（二）西文之"法"释义

西文之"法"字，包括 law，justice 等单词。西方 2500 多年的法治之"法"，一直都是指宇宙最高法则，此最高法则统摄宇宙和人间的一切，世俗的、国家的、现实的法律只能服从于宇宙最高法则，但是人的智识能力的局限导致"实在法""人定法"只能无限接近宇宙最高法则的要求；在西方历史上，认为世俗法律之上不需要一个更高的宇宙法则指引的法治，其实是将最高权力作为最高法则。由于西文的"law"被翻译为汉语的"法"，汉语的"法"在法学界一般指代今日中国语境下的"法律"。所以，笼统地将"law"等同于中国汉语中的"法律"，造成理论研究中出现了诸多误区，特别是在法治话题上。西文的"law"至少包含了"宇宙运行法则""宗教戒律或律法""国家制定法"三个主要含义。对此，有论者认为：西方历史上的法律观并不完全等同于我们现在对法律的一般理解；"法律"最早并持之以恒的一个特殊含义是正义；西方"法律"的第二个特殊含义是事物的"规则"或"法则"；西方"法律"一词的另一个特殊含义是"权利"或"自由"；西方法律具有二元性，如客观法与主观法、自然法与制定法、应然法与实然法等。[1] 而不同的使用者，可能采取其中之一个或两个或三个含义，不甚相同。由于西文之"法"，是一个远远丰富于中国现代汉语意义上的"法律"的字眼，因此需要多费些笔墨予以解析。对西文之"法"进行的解读，实际上是在对应解读多个中国汉语词汇。

第一，西文之"法"首先等同于宇宙运行法则。西方的宇宙终极法则（justice，law）一般被我们翻译为"法"或者"法律"，并且往往在观念中将其等同于中国现代语义上的"法律"之内涵。这是造成今日中国"法治"话题中诸多困惑的一个语言根源。在西方法学研究领域，诸如神法、永恒法、自然法等概念中所表述的"法"都是远远超出中国语境中"法律"概念的"法则"之意，这种法则无论来自宙斯、上帝还是"自然神"，都是指整个宇宙——当然包括人类社

---

[1] 严存生：《西方法律思想史》（第三版），法律出版社 2015 年版，第 5 页。

会在内的最高法则，是无法背反的宇宙整体和终极的规律、规则，这就是西方"rule of law"的真实含义。或者说，这种意义上的法则等同于宇宙的终极规律。这种法则既包括了有形的物理世界的规律，也包括了无形的因果法则，而无形的因果法则是至为关键的一个研究领域。中国将此表述为"形而上者谓之道，形而下者谓之器"。[1] 这种意义上的"法"和我们认为的"法律"完全不是一回事。"宇宙法则统治宇宙"，这句话完全正确；但什么是"宇宙法则"，其学说依赖于人的发现和认识，所以，以"宇宙法则"名义出现的"法治"，未必体现真正的"宇宙法则"。

国内关于西方法律思想的研究通常依据西方古代、近代、现代三个时期及其中包含的各个法学流派进行分类研究。古代部分包括古希腊、古罗马、欧洲中世纪；近代部分包括了古典自然法学派、哲理法学派、历史法学派、功利主义法学派、分析法学派等；现代部分则包括社会法学派、现代分析法学派、现代自然法学派、自由主义法学派、经济分析法学派等。"古希腊三贤"[2] 都虔敬神，都执着于对灵魂的研究，都曾发表过关于如何追求至善的各种设想。因此，他们心目中最高的律法当然是神制定的，人制定的法律需要尽量与神制定的律法实现一致性，而唯有通过灵魂问题的探求和至善的修行才能真正明白神制定的律法是什么。因此，苏格拉底就表达了这样的意思：违反了神制定的律法必然是要受责罚的，而违反了人制定的律法，有些人却可以躲避暴力责罚。[3] 苏格拉底同样认为：人制定的律法可能是非正义的，神制定的律法才一定是正义的，因此遵守神制定的、必然正义的律法，才谓之守法并等同于正义。[4] 这种意义上的"法即正义"，对于脱离了对神的真正信仰而存在的人间制定法，在"古希腊三贤"眼中当然可能具有"非正义"的属性；甚至不信仰神，本身就绝对是"非正义"。因此，包括亚里士多德的法治观，其真正意义上是指神的律法统治一切、主宰一切。而亚里士多德所提到的"如果轮番统治就是法律，可以推导出法治应当优于一人之治""邦国虽有良法，也要普遍服从才行"之法治经典定义，根本不是其认同的

---

[1]《周易系辞上》。

[2] 本书的"古希腊三贤"系指苏格拉底、柏拉图和亚里士多德。

[3]（古希腊）色诺芬、（古希腊）柏拉图：《读懂古希腊哲学的第一本书：苏格拉底》，黄颖译，中国华侨出版社 2017 年版，第 153 页。

[4]（古希腊）色诺芬、（古希腊）柏拉图：《读懂古希腊哲学的第一本书：苏格拉底》，黄颖译，中国华侨出版社 2017 年版，第 154 页。

最终极"法的统治"，只是翻译成汉语体现了"法治"这样一个字眼而已。[1]所以，国内学术界通常也只能引用这两点来论证亚里士多德是法治鼻祖，因为排除这种翻译过来的字面符合今人"法治观"之处，其他的观点从根本上讲是无法论证今日法治之正当性的，反而可以充分论证今人追求之法治的绝对"非正义性"。古罗马时期的能够统治一切的"法"、能够作为人间制定法的终极依据的法，普遍也是指宇宙终极法则、神制定的律法或者法则。如西塞罗认为理性是宇宙的最高统治力量，理性派生出了自然法，自然法是人定法的依据和终极来源。[2]近代自然法学派，如格劳秀斯的自然法定义，其"法"也是指宇宙法则，如格劳秀斯认为："广义自然法适用于一切事物，它使一切事物按照其本性运动，连创造了它们的上帝也不能改变这一点。"[3]哲理法学派的康德和黑格尔，其讨论的"法"也是宇宙法则，国家制定法只是"法"的一个小的组成部分和自然衍生物。如黑格尔在《法哲学原理》一书中认为："意志是自由的，所以自由就构成法的实体和规定性。"[4]而"善就是被实现了的自由，世界的绝对终极目的"。[5]

西方从西塞罗开始就出现了对"自然法"的研究，而他所言的自然法，实际上是非人格化的神或者法则作为宇宙最高主宰，其中都少不了神的身影，这都是神本文化的理论产物。但是，古罗马的自然法、近代格劳秀斯等人的自然法、现代自然法学的自然法，虽然翻译成汉语都称为"自然法"，实际上他们可能根本不是一回事，因为他们似乎都没有明确指出"自然法"究竟是什么，只是做了一个语言上的定义。如西塞罗认为理性是包括神和人在内的整个宇宙的最高主宰；格劳秀斯认为"自然法"是位居上帝之上的、是最高的主宰；他们所言的"法"的含义相当于《老子》中的"道"，而绝对不是今日中国汉语语境中所理解的"法律"。[6]现代自由主义的集大成者德沃金的新自然法学中，虽然也需要找到一

---

[1]（古希腊）亚里士多德：《政治学》，吴寿彭译，商务印书馆1965年版，第171、202页。关于亚里士多德之法治观的研究，笔者将在后文详细展开。

[2] 严存生：《西方法律思想史》（第三版），法律出版社2015年版，第50、51页。

[3] 严存生：《西方法律思想史》（第三版），法律出版社2015年版，第102页。

[4]（德）黑格尔：《法哲学原理》，邓安庆译，人民出版社2016年版，第34页。

[5]（德）黑格尔：《法哲学原理》，邓安庆译，人民出版社2016年版，第235、236页。

[6] 西塞罗认为："世界是神灵和人类共有的社会，神灵和人类共同拥有理性，因而在他们之间存在法的共同性。这样就存在两种法律：神灵的或永恒的法和人民通过的法。就根本而言，'法源于自然'，而自然是理性的，或者说，理性是宇宙万物的统治力量，从而法与理性是不可分离的……作为统治宇宙万物的法律，自然法即是正确理性的体现。"[严存生：《西方法律思想史》（第三版），

个最高主宰来作为理论基础，但是德沃金在《没有上帝的宗教》一书中试图从学术上对有神论者和无神论者进行居间调和，找到二者观念统一的基础，也就是试图发现和理解其中"神或上帝的身影可有可无"的"宇宙最高主宰"。[1] 总之，西方主流的"法治"基本上是以"宇宙最高法则"作为其"法"的终极指向的，而不是世俗法律这一"律"的层面。在西方近代以前，但凡在国家制定法之上没有更高的宇宙法则作为终极依据的学说，大抵在今人眼中都是反法治的；但是即使是主张宇宙法则意义上的"法治"，理论的落脚点也往往是推导出应该由能够"代表神的人"来依据法律实行统治，其实也是人治，只是名义上依据了"至上的神法"。

只有发展到近代，类似英国法学家奥斯丁"法是主权者的命令"这样的结论，才开始强调国家制定法的至上性和主治地位，而这种强调意在表明和论证拥有最高权力的人才是至高无上的。[2] 无论类似学说的理论中是否承认上帝法则的存在，还是在西方教权、王权之争中维护一方的地位，都是有其真正的实践指向的。因此，西方法学思想中将"法"只等同于国家制定法的思想观念，在今人所追求的法治中，实际上也可能是一种违背今日时代潮流的"人治观"。而现代人强调世俗法律之外没有更高的法存在，却是希望走入反对权力不受限制之任性的法治时代。因此，西方近代以前的"法治"总体来说是无法为今人提供当今"法治"的正当性理据的。而将"法"单纯当成"法律"研究的西方法学，其学说目的又出现了为统治者权力服务和以权利对抗政治权力的本质差别。

所以，为什么我们研究西方法治话题的时候发现，西方的哲学家、宗教家、法学家、政治学家都在研究"法"的问题？就是因为西方的"法"是指宇宙的法

法律出版社 2015 年版，第 50 页。] 格劳秀斯认为："广义上的自然法或一级自然法适用于一切事物，它使一切事物按照其本性运动，连创造了它们的上帝也不能改变这一点。"[严存生：《西方法律思想史》(第三版)，法律出版社 2015 年版，第 102 页。]

[1] "德沃金指出，有神论者和无神论者在认知宇宙之美问题上趋于统一。宗教无神论者依靠物理学和宇宙哲学，而非神学来发现宇宙知识，但是对于'宇宙之美'的信念本身并非科学；无论物理学带给我们何种知识，宗教的问题依然存在，对于宇宙之美的宗教信仰超过了科学所能解释的范畴。在这个意义上，有神论和无神论虽然方式不同，但都是凭借信仰。"(美) 德沃金：《没有上帝的宗教》，於兴中译，中国民主法制出版社 2015 年版，"自由主义者的宗教问题"部分第 34 页。

[2] "奥斯丁的理论按照哈特的概括包括：法律命令说，即法律是主权者发布的以制裁为后盾的命令；法律与道德分离……就是后人所说的'恶法亦法'论；法理学的研究范围限定于'法律的实然'。"严存生：《西方法律思想史》(第三版)，法律出版社 2015 年版，第 217 页。

则，相当于《老子》所讲的"道"，是宇宙中的终极法则，这是西方哲学、宗教、科学共同致力于研究的宇宙终极问题。因此，这和我们在中国汉语语境中理解的"法律"完全不在一个层级上，根本不是同一个指代，因此绝对不可作为"法律"的对等概念来理解。总之，在西方法学思想中的"法治"，只有不信仰上帝、（人格）神、自然神的学说的"法治"是指国家制定法，这与今日中国的"法律"系对等概念，其余的则根本不是法律，而是应该直接翻译为"宇宙终极法则"比较恰当。余英时先生曾经说过一句话："我可以负责任地说一句：20世纪以来，中国学人有关中国学术的著作，其最有价值的都是最少以西方观念作比附的。"[1] 此言在很大程度上是成立的。为什么？从笔者这部分文字关于中西方"法"的内涵的研究结论就可以看出，法学研究的"以西方观念作比附"是一个很普遍的现象，也是一种主流现象，为什么研究成果中太多出现令人费解甚至完全错误的结论？"以西方观念作比附"是一个主要原因。因此，有论者说得很对，"用西方人的话儿来说中国人的心事，正如以鸟语来论人界的事一样不知其所云……我们早就应该结束以西方哲学词汇来论述中国哲学的仿袭历史了"。[2] 这种总结对法学研究亦意义重大。

第二，西文之"法"在很长的历史阶段中指向了现实中的宗教律法。在西方几千年的宗教历史背景下，西文的"law, justice"被翻译为汉语的"法"，实际上也包括宗教律法。因为宗教律法是神法和宇宙法则的直接表现形式。例如，摩西十诫以及基督教戒律等，虽然可能以世俗政权认可的方式推行，或者以教权推行，或者由信众自觉遵守，或者转化为世俗法律的形式存在，但本质上都是基于宗教信仰而由神或者上帝对人提出的规范性要求。这种宗教律法具有义务性，但是在宗教信徒中认为这种义务是其符合神和上帝要求的必然选择，因此此种义务不会被看作一种束缚，而是看作其进入天国、得到神和上帝庇佑以实现更大的"权利和善报"的阶梯。西方的宗教戒律被翻译为汉语的"法"，因此在国内的学术研究中，就看到了此种意义上的"法治"，而且此种意义上的"法治"在西方

---

[1] 余英时：《现代儒学的回顾与展望》，生活·读书·新知三联书店2012年版，第418页。转引自劳承万：《中西文化交汇中近百年理论难题》，中国社会科学出版社2018年版，"本书阅读提示与思考"部分第3页。

[2] 劳承万：《中西文化交汇中近百年理论难题》，中国社会科学出版社2018年版，"本书阅读提示与思考"部分第1页。

漫长的宗教信仰主导的历史上、在当今西方国家宗教信仰甚众的当今社会，都是"法治"的重要表现形式和社会基础、道德基础、人心基础。宗教律法的长期存在，大多表现为宗教的戒律，而且此种宗教戒律都是一种义务性要求而非权利性质，因此西方才产生了法的演进过程中所谓的"由义务法向权利法"的转变。法律最初就是一种义务要求，而非权利赋予。只是在近代以来反对宗教教权或者世俗王权统治的过程中，才为了反对教权或者王权而出现了权利法的要求。这与中国历史上鲜有教权统治是完全不同的历史背景。因此，说中国古代的法是权利法还是义务法，这往往是一个伪命题，因为中国传统社会没有这样一个教权作为人权的障碍。同时，西方的宗教戒律这种律法存在形式，是以"宇宙法则"为依据而落实于现实层面的对人的直接要求。因此，宗教戒律是宇宙法则在人身上的要求，而且其存在不能脱离对宇宙法则的承认。如果让一个不信仰宗教的人持戒律，在现代人看来是侵犯其权利；但是如果怂恿一个对宗教具有虔诚信仰的人不能持戒律，则在宗教时代却是对其"权利"的最大侵犯。

第三，西文之"法"更加包含了国家制定法。西方的世俗法律一般又被称为实在法、现实的法、人定法、国家制定法等。西方的法的二分法一般是在神本信仰之下才具有针对性的。西方世俗法律可以从两种意义上来理解：一种是上帝之法或者宇宙法则的自然延伸，可以称之为神本文化之下的世俗法律；另一种是完全脱离了上帝之法或者宇宙法则之信仰、信念的纯粹世俗法律，可以称之为人本文化之中的世俗法律。例如，在古希腊时期，几乎所有人对诸神的信仰都是坚定不移的，因此城邦的世俗法律当然应该体现神对人的要求；在西方现代信奉自由主义思想的人眼中，由于上帝的存在是无法证明的，因此基于人本和人的理性来遵守人为人制定的世俗法律，这种世俗法律就完全脱离了对神和上帝的信仰。出于为既定利益代言的需要，这种观念在西方并不鲜见，如上文提及的英国分析实证法学代表人物奥斯丁所主张的"法是主权者的命令""法律与道德相分离的纯粹法学"。这种观念的实质是确立政治统治者的绝对权威。无论是以神的法律为前提的世俗法律，还是不以神的法律为前提的国家制定法，都存在一种现实的国家制定法作为载体和表现形式，这和我们通常理解的国家制定法具备共同外在属性和特征类似。但是在近代以前，西方文化认为实在法永远是低于宇宙法则的，实在法只能无限接近宇宙法则的要求，而不能尽善尽美。而认为实在法无须在宇宙法则统摄之下的观念，在今日之西方社会意味着对其上帝信仰的抛弃，或者就是法律与宗教的分离。

（三）中国之"法"释义

第一，我们需要首先解读中国现代汉语中"法律"之内涵。在中国现代语境中，"法律"很多时候被简称为"法"，中国各个法典的命名也都称为"某某法"。法律的定义难以绝对化，例如有论者说："根据马克思主义经典作家对法的概念的阐释，吸收国内外法学研究的成果，我国法学界把法定义为：法是由国家制定或认可并由国家强制力保障实施的，反映由特定社会物质生活条件所决定的（在阶级对立社会中）统治阶级意志或（在社会主义社会中）人民意志，以权利和义务为内容，以确认、保护和发展对统治阶级或人民有利的社会关系、社会秩序和社会发展目标为目的的行为规范体系。"[1] 又如有论者认为："多数国家及法律学者对于现代法的界定也达成为共识，即现代法是指具有公共强制效力的，以公民的权利为主要内容的社会行为规范。"[2] 国内学界关于"法律"的定义分歧，可能集中于是否需要体现"阶级"要素；是否需要强调权利本位；如何依据立法主体区分广义法律和狭义法律；如何区分观念中的法、制度中的法、现实中的法；[3] 诸如此类。但是每一个论者具体的法律定义却很难是"十全十美"的。法律之定义虽然众说纷纭、见仁见智，但是其"基本"指代却是没有过多争议的，即一般是指国家制定法。学界努力的方向实质上就是让观念中的法、制度中的法与现实中的法实现最大限度的一致。

但是，中国是何时开始使用"法律"一词的？在中国传统文化中，"法"与"律"是两个词语，而并没有"法律"这个词语，"法律"一词的使用是在近代西方文化随着政治扩张进入中国之后的产物。在清末变法修律、西法东渐的历史背景下，将"法"与"律"合成一个独立的词语"法律"，应该是取"以法为律"之意，先有"法"而后"依据法来律人"。有论者指出"在汉语词汇史上，法律这个双音词是一个年轻的外来词汇，借用日语（日语又是由英语单词 law 意译而来）"。[4] 这种概括应该是不会错的。有论者对此过程研究后说：古代汉语中

---

[1] 张文显：《法理学》(第五版)，高等教育出版社 2018 年版，第 83 页。
[2] 段秋关：《中国现代法治及其历史根基》，商务印书馆 2018 年版，第 9 页。
[3] 卓泽渊：《法的价值论》(第三版)，法律出版社 2017 年版，总序第 2—3 页。
[4] 张玉梅：《从汉字看古代"法""律"的文化内涵》，载《汉字文化》2002 年第 3 期。

"法""律"都有自己特殊的含义，与今义相去甚远，以至汉字"法""律"虽有两千年以上的历史，但作为独立合成词的"法律"却是近代由日本输入的，[1]其历史不过百年。[2]如果我们以今人对"法律"之理解去审视古代的"法""律"，则可能会产生误解，因此必须严加考证古人的"法""律"真意。至于有论者指出中国古代"法"与"律"很早就连在一起使用，如认为"完全可以肯定'法律'是汉语固有的词语，此词始见于战国晚期的文献"，[3]从本书视角看，该论者从文字学的视角认定的"法律一词为汉语固有"是没有任何问题的，但是与本书考察"西法东渐"对"法律"一词的"文化影响"无涉，笔者不再详细论述。在考察现代法治精神及其中西文化渊源这一话题上，不能止步于中国现代汉语语境中对"法律"的词义理解。

　　第二，我们接下来就需要解读中国古代之"法"与"律"的内涵。中国古代的"法"是什么含义？法学界耳熟能详的就是许慎在《说文解字》中的论述：瀍者刑也，"氵"乃"平之如水"，"廌"乃"神兽"，"去"乃"所以触不直者去之"。[4]因此，法学界广为认同的就是许慎所言"法即刑也"，认为中国古代的"法"与"刑律"是同义语。梁启超经过广博的"释其文以求其义"后认为"吾国古代关于法之概念，可以推见焉曰：法也者，均平中正，固定不变，能为最高之标准以节度事物者也"。[5]梁启超的考证和最终结论揭示的含义其实就是"法即中庸之道"或者西方式的表述"法即正义"。梁启超当时的"法"字论证，并不是为了削足适履来贴靠西方文化，而是为了在西方文化入侵的时候树立一种当时的"文化自信"。包括其提出的"德治主义"[6]亦是为了抗衡西方的"法治观"，绝不是近代西方文化中心主义思维之中所流行的意在"以非我（中国传统文化、治理理念）来是他（西方法治文化、理念）进而建立自我（中国近代法治）"。

　　在笔者看来，中国古代对于"法"字有着多种不同的用法和含义表达，但是绝对不是今日之"法律"之狭窄含义，更不是"刑律"这一更为狭窄的含义。如

---

[1] 该论者注释为："参见实藤惠秀：《中国人留学日本史》第七章第十三节，生活·读书·新知三联书店1983年版。"
[2] 参见梁治平《"法"辩》一文。《梁治平自选集》，广西师范大学出版社1997年版，第25页。
[3] 余延：《"法律"词源商》，载《汉字文化》2003年第2期。
[4] 武树臣：《中国法律思想史》(第二版)，法律出版社2017年版，第16页。
[5]《梁启超论中国法制史》，商务印书馆2012年版，第14—18页。
[6] "德治主义"的提出，参见梁启超：《先秦政治思想史》，商务印书馆2014年版，第78—79页。

"道法自然"之"法"乃是"遵循"之意；"佛法"之"法"乃是"方法""法则"和"定律"之意。但是，中国古代的"法"和西方的"法"绝非一种简单对应关系。所以思想家、翻译学鼻祖严复在当年明确指出：西文"法"字，于中文有理、礼、法、制四者之异译，学者审之。[1] 因此，以中国古代"法"与西方"法"的字义考证、厘定为基础和前提，进而在"法治"问题上比较中西之异同、优劣，并不可取。例如，将西方的"法学"对比中国传统的"律学"就是一个非对等意义上的比较，而将西方古典的"法学"与中国传统的"理学""道学""儒学"等相对比，才是对等比较。总之，如若理解中国传统中的"法"，须回归到中国传统文化的根本处，亦即"心内求法"之"法"、"道法自然"之"法"二者中"法"的含义，此二者颇具代表性地表达了"法"作为一种终极法则而且必须遵循之意。从这个意义上定位的"法"，才与西方"法治"中的"法"的最广义理解相对等，也才具有一致性。否则，所有的比较研究、理解要么不对等，要么完全将中国传统中"法"的核心和根基剥离掉了，那么我们只有以今人认同之"法律"意义上去理解"法"了，那么这已经完全不是中国传统中的"法"了。如是，就不必冠以"传统"之名来解读了。

同时，中国古代的"律"字，同样有多种解读，"刑律"之"律"乃取"均布、约束"之意，"律也者，平均正确，固定不变，而可以为一切事物之标准者也"。[2] 而中国古代在律之上，有着一种高于"律"的规范指引和精神指引，这种规范指引就是"礼"，这就是今日我们熟知的"礼法传统"。这种精神指引就是文化，而文化则以"道统"为主。在中国的宗教中，"律"是"戒律"的意思，这是落实于人的、具有惩戒性的"法律""律法"的最初含义。因此，"法律"之"律"，可以理解为"用以约束"的含义。因此，中国传统文化中的"法"与"律"之合成"法律"，其本应指以终极的"法"为依据来"律"人之意。而终极的"法"必然体现、延伸至国家制定法，国家制定法作为"法律"，必须符合终极的"法"的要求方为恒久之道。那么这个终极的"法"是什么？这才是问题的关键。因此，中西方历史上的圣贤与思想大家关于"法律"的研究，在本质上和逻辑体系上是一致的，只是内容有别。中国传统文化系"心内求法"，西方系

---

[1] 段秋关：《中国现代法治及其历史根基》，商务印书馆 2018 年版，序一第 7 页。

[2]《梁启超论中国法制史》，商务印书馆 2012 年版，第 15—16 页。

"心外求法"，这种方法性的差异，导致了种种千变万化的具体差别。这种根本差别的明确，才是中西法治精神比较研究的起点。

（四）中西"法"的对应

根据上文的考证，笔者得出一个倾向性的结论：中国现代汉语的"法律"一词，既不是完全承继了古代汉语的"法"，也不是承继了古代汉语的"律"，更没有加入与西方之"法"含义等同的中国传统文化的一些范畴，如"道"。而是在中西近代军事冲突、文化碰撞的大背景下，取西方世俗法律尤其是西方部门法划分观念之后的一个近代中西法文化碰撞的产物。因此，此处有必要对中西的"法"做一个简要的概括，就是中西之间"法"的对应关系。由于中国几千年道统文化中的"道"既指代宇宙本体，又指代宇宙终极运行法则和人类社会终极因果法则，因此"道"与西方"宇宙法则"意义上的"法"是对等的同级概念；西方的宗教律法，在中国的宗教中一般称之为宗教戒律，如佛家的五戒，因此西方"宗教律法"意义上的"法"可以等同于中国"宗教戒律"意义上的"法"，而中国如佛法、道法中的"法"除了戒律之外，又可以指代个体的修行方法、成佛修道之义理等，因此又超出了西方宗教戒律的含义。而西方世俗法律在神本作为前提这一意义上，与中国古代道统之下的国家制定法具有对等关系；西方世俗法律在不以神本作为前提的意义上，与中国现代的国家制定法具有对等关系。因此，此处只能笼统总结出中西之"法"的对应或者对等关系：道与法、戒律与律法、世俗法律与国家制定法可以大体上视为对等或者等同关系。

（五）"十三字箴言"道尽古今中西之"法与律"

在此，笔者预先提出一个"十三字箴言"的问题，此问题既是此处对古今中西的"法与律"问题的总结，亦是对后面全文展开相关论述的一个基调概括和思路展示。笔者所言的十三字箴言，即是《老子》中所言的"道生一，一生二，二生三，三生万物"。[1]由于古人行文并非以标点符号来断句，因此有颇有见地的论者曾认为此十三字应该做如下断句："道，生一一，生二二，生三三"，并提出了自己的解读。笔者此前亦附会了一种理解："一一，二二，三三"是否可以理解为

---

[1]《老子》。

易经所指的阳爻和阴爻，后来未再深入细究。此处只是想表明，对于"一、二、三"的理解并非一家之言可以定论。笔者也曾参阅了诸多大家对于"一、二、三"的理解，也曾一度认为"三"指"众多"之意，今日再次思考时，笔者认为选取"法则"作为理解视角，应该是有一定道理的，而且以"法则"视角来理解，则此十三字箴言即可概括古今中西一切"法学"或者以宗教、哲学、科学、文化学、理学、心学等一切学问的究竟处和经纬。

笔者认为，"道生一，一生二，二生三，三生万物"中，"一、二、三"是确切的数字表达，此语应该理解为：道自身自有一个"一的法则"，"一的法则"派生出"二的法则"，"二的法则"派生出"三的法则"，此三者的关系是：一是二之本，二是三之本，三是万物之本；而反过来，万物宗于三，三宗于二，二宗于一；上下层级是一种体用关系，而且是完全无法分割的一体关系。"一的法则"是指整个宇宙最统一的法则，我们试想，爱因斯坦曾经试图建立的"宇宙统一场理论"，就可以更好地理解此处的"一"。当然，爱因斯坦系研究"物之理"，与真正的宇宙的"一的法则"完全不可同日而语。换言之，"一的法则"是统摄所有一切、所有法则的最高法则、最终极宇宙法则。那么"二的法则"则是指阴阳法则、善恶法则等对立的法则，而此种对立的法则最终是统一于"一的法则"的，以人们熟知的、马克思所言的"对立统一规律"来进行感性理解，可能更为妥当。而"三的法则"是什么？并不如"一的法则"与"二的法则"一样具有较大的公认性的理解，这是各家各派的理解分歧所在。笔者认为，借用佛家的学说，可能可以更好地理解"三的法则"，进而理解并理顺为何"三生万物"。佛家尝言宇宙万有皆在于一个"成、住、坏、空"的循环往复之中，此处是"四的法则"；但是就道家而言，应该是将生成、壮大、稳定、式微、消亡这样一个"四的法则"过程浓缩为三个符号：生成、存在、灭亡，亦可简称为"生、住、灭"，那么，"生、住、灭"就是"三的法则"。如此一来，我们就理解了"三生万物"的意思，那就是万物都宗于"三的法则"，即是万物或曰万有皆依据一个"生、住、灭"的法则在宇宙时空之全体中循环往复。

理解、界定了"三种法则"的基本内涵之后，我们就可以进一步分析三者的关系，最终去理解古今中外以各种学科意义的分别视角所研究的"法"，今人称之为"法学"。"三的法则"指向宇宙万物的总规律，因此大多数时候都是以一种"有形有相"的方式示人；此处之"形"是指有形形态，而"相"的含义等同于易经所言的"相、数、理"三次第中的"相"。而"二的法则"偏重于"无形有相"的意味，例如，"善、恶"之"二的法则"即是"无形有相"的，因为我们难以看到善念、恶念示人以"形"，但是我们不能否认善念、恶念之"相"的存在，类似我们不能因为无法看见手机信号就否认手机信号的存在一样。而"一的法则"则是进入了一种"无形无相"的层级，类似于王阳明所讲的"心无体，以天地万物感应之是非为体""心即理"之理解。如若执着于"三的法则"，那么大抵会在"二的法则"之层面产生迷惘，就难以明晰"一的法则"。这类似于执着于财富的拥有，那么就会产生贪念；财富与肉体遵循着"生、住、灭"的法则，不是永恒的存在，因此执着于"生、住、灭"，则在"贪、嗔、痴"之"善恶"选择上就容易迷惘。因此，超脱了"三的法则"，才会在"二的法则"上精进、收获。而"二的法则"并不是终极的，善恶并非终极，因此"天地不仁，以万物为刍狗"。[1]只是"善"指向"消除分别心"之"仁"，"恶"指向"增强分别心"之"不仁"。因此，"二的法则"之认知，选择"善还是恶"决定了是否能够回归"一的法则"。而"一的法则"即是最终极的，例如，类似于王阳明所言"无善无恶心之体"、佛家所言"明心见性"、柏拉图所言"认识你自己"等境界。"一的法则"派生了"二的法则"和"三的法则"，而"一的法则"其自身直接来源于"道"，而"道"为什么有这样一个"一的法则"统摄宇宙全体？这个"一的法则"是"道"自然拥有的、本来如此的、不可再追问的"宇宙终极法则"，此即"道法自然"。

根据上文，我们可以得出一个小结论："三的法则"是偏重"物世界"的物理观，"二的法则"是偏重"心世界"的心性观，由此确立"人际观"；"一的法则"则是贯通全体时空之整体的"宇宙观"。此几种"观"以"心性观"为核心和枢纽，形成一张"观"的一体化的"网络"，牵一发而动全身。此时，如果我们以此视角来看待"一的法则""二的法则""三的法则"的内涵，那么我们在对照古今中西的"法学"的时候，就会发现：所有的"法学"，无论是否以"法学"之名示人，皆是在围绕着上述三种法则进行研究，概莫能外。而此三种法则被人们认识、认同、确认、维护，就在现实中产生了各种各样的"律"。因此，围绕

---

[1]《老子》。

着"三种法则"的"法的追求"，催生了现实中"律的存在"。以上就是"道生一，一生二，二生三，三生万物"可以在本书中作为研究古今中西一切"法律之学"的最为清晰的经纬线，因此笔者认为这是"十三字箴言"。最后再用《老子》的话来明确一下，为什么古今中外所有的学问和人类实践在终极处都是在追求"一的法则"？因为"昔之得一者：天得一以清，地得一以宁，神得一以灵，谷得一以盈，侯王得一以为天下正"。[1]这就是原因，同时这也告诉我们：道、道法自然、一的法则，是涵盖一切的法则，是实有的法则，是实有的存在，是实有的境界，支配着宇宙万有在此法则下成为宇宙自身。

正是因为宇宙万有皆无法逃离"三种法则"的统摄和主宰，因此我们才要去研究"三种法则"，才要去研究"道"。掌握了"三种法则"组成的"必然规律"，那么我们就完全实现了对必然的掌控，那就实现了绝对的自由。我们经常听说"离经叛道""背道而驰"之类的话语，其中的"道"是指"二的法则"而不是"三的法则"或者"一的法则"，如果有什么能够逃离"一的法则"，那么"道"就不可能是"常道"了。因此，才有了针对那些越来越远离体悟"一的法则"的行为的教化，因此我们也能够理解人世间如此多的罪恶的存在也是"三种法则"的作用，只不过是"反者道之动"[2]而已；因此我们也才能够理解"天地不仁，以万物为刍狗"[3]的真谛。圣人行教化，亦无非是让更多的人能够认知"一的法则"，因此才可以"离苦得乐"不再迷惘而已。因此，一切都在"一的法则"之下，如果最终整个世界都看轻了"三的法则"的本质、正确选择"二的法则"、回归了"一的法则"，那么就是"天下大治"了。这就是中国传统文化最真正的亦是整个宇宙最终极的"法治"。整个西方法治的历史，无非亦是在研究这个问题，只是它们从来没有真的研究明白而已。因此，如果能够依据"三种法则"为政，那么就是"辅万物之自然而不敢为"[4]了，如此一来，让宇宙万有皆依据作为其本性最为核心的"一的法则"而运行，那么就天下大治了，此时就是"无为而治"了，因为我们这个时候的为政"没有人为添乱"，而是让为政合乎"一的法则"。但是，现实中为政的能力必然有局限，是一个动态的过程，因此我们人

---

[1]《老子》。
[2]《老子》。
[3]《老子》。
[4]《老子》。

为制定的"律"几乎不可能完全回归"一的法则"之规律性运行，就是在"二的法则"层面的"有为而治"的"律治"了。因此，我们才需要区分法治与律治的概念；笔者在此为本书奠定一个行为与分析研究问题的经纬线；同时，更重要的是，我们此时就完全可以破除"中国传统中没有法学""中国传统没有法治"等不当结论了，而是可以理直气壮地依据箴言"道法自然"来首先定位中国传统法治的存在并还原其本来面貌、体悟其高深境界的存在了。接下来，就进入"法治的定义及其层级"这个具体的话题。

二、法治的定义及其层级

（一）法治定义之梳理

如若厘清法治的属性，需要先参照诸位学人对法治的定义。有论者对法治所做的定义是："当法治被作为一个政治概念使用时，它常常指的是法律即法律制度在政治制度中的地位，并强调法律在政治和社会制度的排序中至高无上。法治国家和宪政国家强调的首要价值就是法律至上。从政治角度来看，法治意味着限制政府的权力，视法律为最高最终极权威，任何政党或社会团体都不能把自己置于法律之上。当法治作为一个法律概念时，它意味着政府应在法律框架内运作，而每个人都在法律约束之下。"[1]该论者还分析了法治的属性："法治不仅仅是一个概念、一种理想、若干原则或制度，而是一种文明秩序，可以称之为法律文明秩序。"[2]联合国的法治概念是："法治是指一个治理原则，在这个原则下所有个人、机构和单位、公有和私有，包括国家本身都对法律负责，该法律公开颁布，平等实施和独立裁决，符合国际人权规范和标准。而且它要求采取措施确保坚持以下原则，即法律至上、法律面前人人平等、对法律负责、适用法律公平、权力分立、参与决策、法律的确定性、避免独断专行以及程序和司法透明等等。"[3]以上的法治概念，首先要求"良法"并表明了"良法"的特征；其次表明了"良法"的地位，即"至上地位"。这里面就有一个问题出现：谁来制定良法？谁来判断法律是否为良法？如果说法律至上才能保证所有法律主体都尊崇法律，法律

---

[1] 於兴中：《法治东西》，法律出版社 2014 年版，第 13 页。

[2] 於兴中：《法治东西》，法律出版社 2014 年版，前言第 1 页。

[3] 於兴中：《法治东西》，法律出版社 2014 年版，第 15 页。

至上才是法治的话，那么法律不被论证为、不被认为应该"至上"的国家，法律就可以被违背吗？遵守法律是任何一个国家所有法律主体的底线，这是由法律的属性决定的，而不是由其是否至上决定的。同时，法律的制定权在于国家，那么国家在制定法律的时候，事无巨细地用事先制定好的法律规定好一切，才能够保障自己在法律之外没有过多空间，而这个主动权又在于国家，那么国家如果想不受法律过多的约束，只需将法律对自己的规定和约束减少即可，何必事无巨细？没有一个社会的法律是事无巨细的，那么谁又来判定一个国家法律严密程度是否标准？谁来制定这个标准？这些都是以上法治定义没有给出答案的问题。这就是一个抽象的"国家"概念以及纷繁复杂的政治和利益群体、利益阶层无法完备出现在法治定义里面的结果，这也是将一个动态的国家治理过程固化为一种"法治理想状态"必然出现的问题。

此外，法学界对于法治的定义很多，此处列举一些具有代表性的观点。有论者认为："法治（rule of law，或 supremacy of law 或 rule according to law）的字面含义为法律的规则、法律的统治。在德语国家以法治国家（Rechtsstaat）一词表达相同的含义。最早提出法治含义的是亚里士多德。亚氏认为法治有两层含义：已成立的法律获得普遍的服从，而大家所服从的法律又应该是本身制定得良好的法律。简单地说，法治就是普遍守法原则与良法原则的结合，前者称为形式法治，后者称为实质法治。"[1] 这里面还是上述的那个问题：谁来制定良法和判断法律是否为良法，以及大家为什么要发自内心普遍地遵守法律。亚氏的法治二要素没有任何问题，问题在于如何进一步理解二要素和定位二要素。有论者也以美国的"布什诉戈尔案"为范例认为："这个案子告诉我们，所有人都得服从法律，政治在法律之下，而法律是什么由法官说了算，这就是法治。"[2] 此处亦有值得商榷的问题出现：法律的产生和形成是最初政治的结果，例如美国三权分立制度的设定以及美国联邦最高法院在最初通过"艰苦卓绝"的政治权力争夺过程才造就了司法的地位；[3] 同时，最高法院的大法官们也并非坚守同一原则，而是代表了不

---

[1] 周永坤:《法理学: 全球视野》(第四版)，法律出版社 2016 年版，第 149 页。
[2] 周永坤:《法理学: 全球视野》(第四版)，法律出版社 2016 年版，第 149 页。
[3] 美国三权分立中所包含的政治斗争或者政治较量，其纷繁复杂程度绝非外在所认为这是一个当然无人可以撼动的框架，而是在这个框架的维系、被维系的框架内的斗争过程中进行派别和利益的较量的，这是一个斗争平台，而不是一种道义准则。相关研究成果很多，例如可以参看（美）杰夫·谢索:《至高权力: 罗斯福总统与最高法院的较量》，文汇出版社 2019 年版。

同的党派在最高法院这个平台上角力；再有就是，美国最高法院是"法官造法"，这个被造出来的"法"取决于法官，而不是事先明确的成文法，何况即使在成文法国家，法律的解释权和对于"事实—法律"的理解也是多变的，因此最终还是"人"说了算；所以，最终是这样的一个逻辑：法律由人来制定，人制定法律是一个政治过程，因此表面看来的"法律统治"实际上是"人的统治"，表面看起来政治在法律之下，实际上是一种"政治"在另一种"掌控法律的政治"之下。所以，笔者认为这样理解的法治还是不周延的，更不是一个普适的法治定义。

此外，有论者认为："法治，在现代，即法的统治，相当于英文中的 rule of law，是以民主为前提和目标，以法律至上为原则，以严格依法办事为核心，以制约权力为关键的国家治理方式、社会管理机制、社会活动方式和社会秩序状态。"[1]有论者认为："法治是现代社会的运行方式或国家体制，指现代国家依照体现公民权利的法律运行。"[2]有论者认为："法治是以制约权力、保障自由和权利为核心的价值取向，以法律制度为主导调控形式，以普遍法律规则为根本行为尺度及生活准则的国家——社会治理方式、运行机制和秩序形态。"[3]有论者认为："法治，也即通常说的依法治国。法治在英文中的对应词是 rule of law，相近的术语还有 rule by law、government by law、government through law 等，在德文中的相应词是 Rechtsstaat（法治国）。"[4]还有论者认为："在最广泛的意义上，可以说法治是一种社会组织形式、一种秩序类型。作为秩序类型的法治，有两个基本特征：一是法的普遍性，二是法的至上性。"[5]该论者同时认为："法治不仅是法律的，而且是政治的、社会的和文化的。"[6]学界关于法治的定义众多，不再一一列举。以上所引用的学界观点，都突出了法治的关键点和目标指向以及终极目的，笔者亦十分赞同这些定义的实际指向和目标理想。只是对于其中涉及的一些具体理论，例如如何看待"法律至上"、如何理解"rule of law"等，笔者有不同意见，在后文详述。

综上可以看出，法治之定义实难统一，其内涵理解也是见仁见智。这源于

[1] 卓泽渊：《法理学》（第二版），法律出版社 2016 年版，第 292 页。
[2] 段秋关：《中国现代法治及其历史根基》，商务印书馆 2018 年版，第 14 页。
[3] 马长山主编：《法理学导论》，北京大学出版社 2014 年版，第 143 页。
[4] 孙国华、朱景文主编：《法理学》（第四版），中国人民大学出版社 2014 年版，第 247 页。
[5] 梁治平：《法辨：法律文化论文集》，广西师范大学出版社 2015 年版，第 215—216 页。
[6] 梁治平：《法辨：法律文化论文集》，广西师范大学出版社 2015 年版，第 223 页。

"法治"概念并非凭空产生，而是针对特定的目标问题。而此目标问题又因为时代、国别、文化之差异，因为其中社会主要矛盾的差异，因为定义者对社会主要矛盾观察分析之结论的差异，定义者关注点的差异，上述种种差异并存，导致了法治的定义并不一致。实际上，法治不可能有统一的定义，也不必要有统一的定义。但是，"良法善治"或者"良法原则、普遍遵守原则"具有一般概括性。法治定义者的定义，基本上也是围绕着丰富、充实这样的普适框架而展开。因此，本书此处从属性或曰内涵角度将法治进行层级区分：法律意义的法治，即依据法律治理国家的问题；制度意义的法治，即法律通过何种制度设计来治理国家的问题；政治意义的法治，即法律如何确立不同政治主体之关系以及利益指向的问题；文化意义的法治，即法治所体现的文化根基以及文化目标问题。

（二）法治与律治之辨

有论者曾经提出："法是确定的、公认的理想，而非我们通常所称的长官意志或者个人灵机一动的狂想。法高于法律。"对此，有论者评价说："法高于法律，这是一个很重要的思想。"[1]本书此处首先也需要厘定法治与律治的概念和内涵。通观中西方的"法""律""法律"之种种界说，"法律"的内涵可以界定为：以法为律、循法而制律，以律弘法、秉律即遵法。"法"是人类追寻的宇宙终极法则，"律"是人类在政治实践中制定的行为准则；现实的"律"必须寻找理想和精神中的"法"作为依据和指引；"律"只能无限接近"法"而无法等同于"法"。当人们认为"律"之上不存在更高的"法"，就是"遵律为法"；或者认为"律"已经完美地符合了最高的"法"，就是"奉律即遵法"；二者都实现了"法"与"律"的完全一致性，可以称之为"法律"。而这两种极端情况实际上都很难存在，因此"律"是一个追寻和实现"法"的动态过程，这就是今日世界之"法律"的本真：以不断变化的"律"来追寻永恒不变的"法"。因此，西方的"法"实际上包括了"法和律"两个部分，学理研究中所谓的神法、上帝法、永恒法、自然法是"法"，而所谓的西方世俗法律、制定法、人定法、实在法，其实是"律"。所以，西方的"法治"其实分为"法治和律治"，例如，西塞罗的神本法治是在描述法治，而亚里士多德的经典法治定义是在描述律治；中国传统的

---

[1] 梁治平：《法辨：法律文化论文集》，广西师范大学出版社 2015 年版，第 212 页。

"法治"也分为"法治"和"律治"，例如，儒家德政就包含法治与律治，而法家几乎是纯粹的律治。现在我们将西方的法治和律治混同了，统称为法治；将中国传统的法治掩盖了，将中国传统的律治当作唯一的法治；今人在现代中国实际上是在研究律治，但是却以西方的法治和律治为蓝本。这是造成目前学理研究中关于法治话题所有迷惘局面的一个根源。而且，西方历史上的"法治和律治"有一致的一面，更有分离的一面；而中国传统的"法治和律治"更多体现的是一致与和谐。这个根源其实不难昭然于世，只是出于研究者的研究考量而有意无意将其混淆起来而已。

今日中国"依法而治"是此种意义上的律治，而大家所在努力找寻的，是律治背后的之上的法治，这本质上就是在寻找文化，这才是中国现代法治研究的核心和灵魂。但是，由于"法治、律治"之二分法学说在学界并不流行，因此本书接下来探讨的法治概念，遵循通用方法但是在论证中予以区分：界定并区分为法则主治和法律主治。国内外学界在学术研究中虽然都用"法治"一词，但是不同的人所表达的"法治"内涵可能千差万别，甚至存在本质差异。"普适型"法治定义、"类型化"法治定义、"模型化"法治定义比较普遍。消除使用"法治"一词的迷离状态，建立一个同频的探讨架构，非常必要。根据上文对中西方的法治之"法"的释义，此处就可以总结出"法治"的不同所指，也就是法治的四重内涵。下文所述之四重意义的法治，其中法律意义、制度意义和政治意义上的法治是以"律治"为基调的，而文化意义上的法治才是位于顶端的"法治"。文化意义上的法治，才能让我们看清为什么要法治，也就是法治的终极目的。

三、法治的四重属性分析

无论如何看待或者定论西方漫长的"法治历史"，亦无论如何看待中国传统社会的国家治理历史，如何定论中国传统社会治理系法治抑或人治，如何看待或定论中西之间国家治理的种种异同，西方的"法治"之理论、实践、制度、精神、文化之方方面面，于中国社会产生重大影响乃近代以来形成之事实，近代以前的西方"法治史"对中国社会并未产生过实质的影响和根本性的触动。而西方"法治史"于近代以来影响中国，与近代以来西方之文化对中国之影响乃一个一体的历史进程，西方法治之中国影响寓于西方文化之中国影响之中，寓于那段近代因政治、军事、经济、文化冲突的大历史之中。学界较为认同梁启超当年所划定的中国思想演变"三阶段论"。梁启超在《五十年中国进化概论》(1923)中，曾列举出近代中国有一个从器物到制度再到文化的由浅入深的迭次变革过程，与这三个阶段依次相对应的近代事件即是洋务运动、戊戌维新运动与五四新文化运动。[1]梁启超先生所作的西方器物、制度、文化影响中国三阶段论，在法治话题中同样适用，因为今日中国之法治观感，亦秉承着近代的历史逻辑。因此，区分法律意义之法治、制度意义之法治、政治意义之法治、文化意义之法治，十分必要。如此视角，才是在中西文化交融之今日，在进行中西法治文化比较的过程中，由法治精神而递进探讨文化根基的必然路径和当然要求。

（一）法律意义之法治

法律意义上之法治，即是依法而治，通过法律进行国家治理，实际上主要是指"律治"。律治一般是一个普适型的法治定义，例如亚里士多德的经典法治定义，就是一个普适型的法治定义的表达，突出"良法"和"善治"这两个特征。当然其在当时的实际所指并不具有普适性，因为每个人都可能定义着不同的标准来衡量"良善"，亚氏的标准乃今人之反面典型，后文详述。法律意义上的法治，就是依法而治这样一个基本含义，在此基础之上才能衍生各种类型化的法治，例如美国的民主自由型法治、法家的严苛型法治、希特勒的极权型法治等。在这样的意义上，法治几乎是所有时代的政治国家所必须遵循、采用的一个国家治理方式。为什么必须强调这样一个法治的基本含义？是因为"法"的含义不同，导致了"法治"的内涵存在重大甚至本质性差异。然而，在现代中国，如果说法治之法采用了西方"上帝法则"的含义，则显然不是我们应该追求的法治，因为这关乎一个信仰问题。但是如果不在学理上明确法律意义上的法治，则模型化法治理论中就会出现诸如将基督教法治的文化义理移植到中国现代法治中来的情况，这种偷换概念、移花接木式的理论构建，表面看似是自治的，但是却没有实际的应用意义。再如，学理中对法治的正当性的论述中经常采用"法即正义、法即权利"的西方概念来作为立论前提，但是实际上我们都知道法律有良法和恶法之分，何来法即正义？否则我们就不必突出强调追求"良法之善治"了。"法即正

---

[1] 杨念群：《五四的另一面："社会"观念的形成与新型组织的诞生》，上海人民出版社 2018 年版，第 86 页。

义"的"法"是指宇宙法则、神的法则或者上帝法则、自然法则，与我们所误解的"法律即正义"完全不是一回事。这样的理论构建不是一种适用于中国场景的有效理论构建，因此，如果以西方的观念生搬硬套到中国现代法治精神的理论构建中来，这样的论证实际上是无法成立的。我们再看中国现代的法治，其"法"只能是指法律，而并没有上文已述的中国传统或者西方近现代以前"法"所表达的含义。因此，其必然是甚至只能是一种法律之治，而在此法律之治的语境下，法律至上与法律主治是完全无法成立的结论。法律是中国现代社会所有法律主体的行为底线、法律是最低限度的道德要求，如果法律真的是一种至高要求，那么我们无论如何也不能要求违法必究，因为最高要求必然是大家无法同步做到的，达不到是情有可原的。所以，如何论证出法律应该具备至上地位？如何论证出法律应当获得主治地位？这是不偷换概念的场景下根本无法完成的论证任务。如果将法律至上和法律主治明确为树立法律权威这样的说法，倒是完全成立的。而法律的权威性的树立恰恰是因为其义务性、底线属性。这才是合理的法治理论逻辑框架。因此，法律意义上的法治是必须突出强调的、适于中国现代法治精神确立的一个基本点。但是，法律之治意义上的法治完全可以表现为多种类型：法家是法律之治，儒家也是法律之治；希特勒和斯大林是法律之治，当今美国也是法律之治；当今中国也是法律之治。所以，我们才有必要集齐所有真实的法治样态，然后再来探讨法治精神及其文化意蕴。

（二）制度意义之法治

制度意义上的法治，即是依法而治所依托的制度设计及二者的有机结合，也就是以何种制度承载和体现法治。制度意义的法治，一般会被偏颇地理解为只有符合某种制度设计，才叫法治。例如，现在西方认为只有三权分立的制度设计才符合法治的标准，而这一点其实是不成立的。这就是思考制度意义的法治首先要明确的。法律是制度的一部分，而且是最重要的组成部分。法律是以强制性维护着制度的确立和实际贯彻。因此，法治必然需要从制度意义上进行探讨。法治当然包含非制度化的众多因素，但是制度化是法治的鲜明特征和核心优势。西方制度意义上的法治包括代议制、两党或者多党轮流执政、全民普选等诸多制度。这些就是西方制度意义上的法治的主要内容。这些内容往往被传播者以理念为前提捆绑在一起，造成一种观感，那就是只有实行这些制度才算是符合法治理念。这也是目前法治话题中最具误导性、西方政客进行捆绑销售的一个模式。这种情况又被从意识形态和国家安全的角度予以解读，因此法治研究就与政治安全高度相关了。但是笔者认为，只要在学理上能够予以澄清，就可以消除学理研究中所带来的负面担心，而且只有更加深入研究才能更加兼听则明，而不必心生杯弓蛇影之隐忧。

举例言之，当美国的民主选举轰轰烈烈进行时，这被很多人认为是最为重要的制度法治之优势，殊不知这实质上只是富人的政治与金钱游戏。当美国民众对政府高度不满的时候，可以合法进行大规模的游行示威等抗议活动，这种抗议活动亦可能伴随着打砸抢以及不同观点的民众之间的暴力冲突。这种现象被称为"民主"现象，是民主社会的骄傲。反观中国是否存在这种"民主"现象？很多人认为没有，但是实际上并不缺乏，只是这种情况在中国往往被称为"群体性事件"。当群体性事件出现的时候，往往会让人联想到权力的不正当行使，因此要进行法律问责、政治问责并及时有效地解决源头问题；而当美国的游行示威或者欧洲的大规模罢工出现的时候，却往往被与民主直接等同。这就是一个非常有意思的现象，这也是一种观念的反映。如果在中国社会上出现了如西方国家般两种势均力敌的民众意见阵营，我们的第一反应可能是这是社会撕裂的表现，是需要弥合的。而当美国两党长期以不同的理念去代表各自的"人民"的时候，这又被认为是两党制的优势而非一种大规模的社会撕裂。这都是值得深思的地方。

上述对制度意义上的法治的列举，并无褒贬与高下之评判，只是在制度设计和制度的实际执行中，其往往必然有利有弊，并无当然的绝对优劣之分。而且对于中国特色社会主义制度的主体组成部分：中国共产党的领导制度、政治协商制度、人民代表大会制度、一府一委两院制度等，本身就是一种具有制度优势的制度设计。在此种制度设计之下进行法治建设，以此种制度承载制度意义上的法治，是无须以西方式政治制度设计承载法治为蓝本和标准的。以西方某个国家法治所具备的一切特征来定义法治，然后论证其他国家也必须具备所有这一切特征，否则就不是法治，这是典型的方法论错误，也是一个不言自明的道理。这就犹如：有人认为亚里士多德是一个思想家，然后将亚里士多德的一切特征都定义为思想家的必备特征，包括其赞同奴隶制、包括其喜欢穿什么衣服；而孔子由于不赞同奴隶制、衣着特征与亚里士多德不相符合，因此孔子虽然悟得了天地大道，但其不是思想家。这就是"白马非马"甚至"指鹿为马"

的典型逻辑。由于本书更多地从文化意义上探求法治精神，因此制度法治部分的论述不过多展开。

（三）政治意义之法治

政治意义上的法治，是法律意义的法治、制度意义的法治所凸显的政治利益诉求的固定化或者指向，其中突出强调此法治精神的政治属性。而此种政治意义之法治，往往又是一种意识形态及其工具。如此种法治代表了哪个阶层的利益或者成为哪几个阶层政治博弈的工具。这种政治属性充满了政治力量博弈的属性，实际上往往充当着政治斗争的工具理论。一般都以模型化法治定义的形式出现，例如限权法治的政治属性是权利对抗权力、民主自由型法治的政治属性是以民主追求自由。模型化法治定义一般会设定一套逻辑和界定一些概念，进而在自己的逻辑设定下展开法治模型的设计，而且一定具有针对性的目标和实际利益所指。但是模型化法治定义完全不具备普适性，会因为时代和国别以及具体情况失去适应性。消除模型化法治定义的僵化教条理解，才能发现真正的法治规律。在别人设定的框架里面照猫画虎，一定会事与愿违，这是首先要明确的。自从国家产生以来，包括城邦之类的国家诞生伊始，就出现了政治的问题。所谓政治，包罗万象，然其主旨就是一个人类社会内部之统治与被统治的问题，或者是治理与被治理的问题，目的在于人类社会之有序运行。西方法治的吸引力，特别是近现代法治的吸引力，主要在于其政治属性。如果说古希腊的法治是为了敬神、基督教法治是为了尊崇上帝，那么近现代的法治则主要在于如何"对付"国家和政府。这最初是一种在西方中世纪黑暗政治下的一种极端反抗的历史产物，后来是资本主义自由市场理论的配套理论产物，至今当然在西方仍然具有其特定的积极意义。

从政治意义和立场上讲，西方近代以前的法治，是为了维护权力主体的政治统治的产物。例如古希腊的法治是为贵族服务的；欧洲中世纪的法治是为教权或者王权服务的；近代法治的开端，是为封建主对抗国王服务的。而西方近现代的法治，则更多的是体现了如何制约权力，其本质是为资本服务的。西方近代意义上的法治，一方面是对权力主体的反抗，其实另一方面也是对另一个权力主体的维护或者一个新兴阶层的利益服务。例如，霍布斯的利维坦之类的理论，就是为统治者服务的："1640 年英国资产阶级革命爆发，霍布斯站在新贵族的立场支持革命，但前后态度又有变化……前期由于其本人所处地位以及与贵族上层人士关系亲密，因而公开反对革命中的激进情绪，发表文章拥护王权……1651 年出版《利维坦》激怒了流亡的王党公子和法国天主教会，因此逃回英国；复辟期间，他又倾向保守，将《利维坦》做了修改……"[1]而孟德斯鸠主张共和制度，其实是为教权、王权之外的资产阶级利益服务的："共和政体的性质是全体人民或若干家族执掌最高权力；君主政体的性质是君主执掌最高权力，但依据确定的法律行使权力；专制政体的性质是单独一人随心所欲，朝令夕改地治理国家。"[2]我们需要看到的是其理论中的"全体人民"在理论指引下落实为"哪一部分人"，才能明白这一点。而后来法国大革命的惨烈，似乎确实是民众主导的，但是却以乌合之众的方式登场了，留下的是旷世纪之争论。资产阶级在政治权力格局的斗争中所提出来"三权分立"等作为一种政治主张，事实上是构建了一种资产阶级代言人政府。后来的现代法治，成为派别之争的平台，这个平台的优点亦是缺点在于，不同派别东西风互相竞争，而未能形成一个统合。法治更有难以启齿的历史，那就是希特勒法治之类；更加难以启齿的是，西方法治国家在近代以来以世界性的掠夺作为殖民扩张的目的。法治不仅没有优化人的道德观念，反而成为一个新兴资产阶级控制政治和政府、通过战争开展资本的世界性殖民扩张和财富掠夺的手段。[3]

目前，对于冠名为限权型法治、民主型法治或自由主义法治的研究，是西方法治最具有迷惑性的但却是唯一能够在理念上具有合理性的理论资源。在中国现代社会，对于权力未能受到法律约束的腐败现象和政治权力滥用现象，恰恰应对了以上法治的理念目标，因此才更加具有市场。而应对这些问题并非西方法治理论的启蒙结果，而是任何一个政治国家都必须自身做好的问题。因此，西方的政治意义上的法治具有借鉴意义，但是绝对不具有启蒙意义。具体到民主型法治，民主如果以一种方式、制度作为其畅销的理念，则西方法治中的民主有大量可以借鉴的经验，同样有诸多教训必须吸取。如果说民主是一种政治制度意义上的民主，则对中国不具备启蒙意义，因为中国的政治制度设计恰恰就是全体人民的民主，无须以西方为蓝本。总之，从政治意义上讲，法治既可以是一群人统治另一群人的工具，也可以是一群人反抗另一群人统治的工具，也可以是不同人群争夺

[1] 严存生：《西方法律思想史》（第三版），法律出版社 2015 年版，第 107—108 页。
[2]（法）孟德斯鸠：《论法的精神（上卷）》，许明龙译，商务印书馆 2012 年版，第 30、31 页。
[3] 对此观点，笔者将在后文予以分析论证。

权力的工具，还可以是在不同人群中达成最大公约数、实现动态平衡的工具。法治的政治属性，虽然在理论中可以进行道义包装予以美化，然而其真实属性是可变的。关键是话语权掌握在谁的手里，而掌握话语权的人之初心是否出于道义，以及设计的政治方案的可行性与实际效果至关重要。如果社会全体成员[1]的利益达到了高度的和谐一致、仁爱之心与道德水准达到了极高程度，则西方的政治意义之法治就失去了意义。因为中国的法治追求的是和谐，而不是西方基于人性恶为基础的"法治斗争"。这是西方政治意义上的法治带给我们的一个思考结论。

（四）文化意义之法治

文化意义上的法治，是指法治所依附的文化体系或者其文化指向、文化目标。其中"法"可以包含宇宙和人世间的最高、最终极的法则，主宰宇宙一切、人类社会运行和国家政治运作意义上的"法治"。例如，西方的"rule of law"，如果其中的"law"指代宇宙法则或者上帝之法，如若以此为教条实际上就是文化上的认同，无文化认同就无法成立。文化意义上的法治，主要就是涉及对"法"的不同理解。前文已述，国内很多论者认为，"法治"对应的英语词汇应该是"rule of law"，将其翻译为"法律的统治"或者"法律主治"。但是实际上，"rule of law"应该翻译为"天行有常，不为尧存，不为桀亡"比较恰当。因为此处的"law"不是现代汉语意义上的"法律"，而是指宇宙和人间运行的"终极法则"，此处的"rule"也不是拟人化的"统治、治理"之意思，而是统摄和主宰一切的意思。因此，不同的文化与信仰之中，"法"分别代表着最终极的文化或者信仰所要求的宇宙、人世间的终极法则，这是文化意义上的法治的要旨。

国内学界一直流行一种以"法律（的确定性）"代替"人（的随意性）"来实行统治的法治理解和法治主张，这种主张是不成立的，因为"徒法不足以自行"是一个再浅显不过的常识性道理，任何"政治统治"都是以"人"作为主体来进行的；而国外的"法（律）的统治"之所以将"人"排除在外，是因为此处的"法"是可以完全排除"人"之作用发挥的宇宙恒常法则，不以人的意志为转移、人力无法改变，因此应该翻译为"天行有常"，例如一个西方政治家无论如何也改变不了日月星辰运行法则和人世间的因果报应法则。至于是否遵守了上帝

---

[1] 政府与政府公职人员也是社会成员的组成部分，而不是脱离于社会成员身份之外的存在。

制定的法则就决定了一个人是上天堂还是下地狱，而不是是否顺从一个政治家的意志，这个观念只有在神本文化之下才能成立，在人本文化中无法成立。因此，西方人从来没有天真地认为可以制造出一种脱离了人而存在的"世俗法律"的抽象政治统治，这只不过是国内学界的演绎而已。徒法不足以自行，这是一个永远不变的真理，这也是人存在的意义。因此，亚里士多德才批判了"无异于说唯有神祇和理性才可以施行统治的法律统治学说"。[1]至于西方自由主义所推崇的"世俗法律统治"之说法，亦不是排除了人的作用，反而是更加重视人的作用，否则今日西方之"法治国家"还需要轰轰烈烈的民主和选举吗？为"民"成为"主"奠定合法性基础的，恰恰是对"民"的"理性人"假设，而不是排除了人的作用。至于那些鼓吹"法律是国王"的声音，无非是隐藏了背后那些可以充分利用法律规则来自称"代表民意"的真正主体而已。一种"世俗法律是国王"的政治理念设计，实际上身处其中的人已经没有了人生的意义，只是一个理论设计者眼中的机器人而已，例如福山眼中的最后的人"布尔乔亚"不需要甚至没资格思考人生的意义，他只是一个政治中的玩偶，他的人生由别人设定的规则来做主。[2]推崇这些理论，将充满生气的人生转化为僵化且冷冰冰的规则，这种理论在方向上着实走偏了。试图将自己发明出来的一套规则，作为所有人人生的最高准则，拥有这种想法的人比"上帝"还"自信"。由此看来，"上帝"永远不会消失，只是"上帝"这个岗位现在也实行了"竞争上岗"而已。难怪有论者曾经做出如下评论："我最近读到美国有一位先生针对东欧事件写了一篇题目是《历史的终结》的论文。此公居然认为，东欧事件表明，人类社会的演进进程将终止于资本主义社会形态。自兹以后，世界中只有政治而不再有历史。我很少读过比这更傲慢、更浅薄的理论。"[3]这段话值得思考并有助于我们看清很多问题的本质。

---

[1] 亚里士多德批判而非赞同"法治优于一人之治"，笔者将在后文论证。

[2] "在这个意义上，就算历史达到了'终结'，但人性中或许有一个部分，永恒地渴望成为'历史'的一部分，而不是历史'终结'之后布尔乔亚式'最后的人'。'历史'意味着矛盾，矛盾意味着冲突，冲突激发人的力量、英勇和意志，而'历史的终结'则意味着在前人所开拓的道路上，根据他人制定的交通规则做一个规规矩矩的行人。"（美）福山：《历史的终结与最后的人》，陈高华译，广西师范大学出版社2014年版，导读第Ⅹ页。

[3] 何新：《何新经济学讲义》，现代出版社2020年版，第332页。（此段话原载1990年12月11日《人民日报》。）

四、法治概念的中西对应

（一）法律意义之对应概念

从法律意义上的法治而言，法律意义上的法治即是律治，中国古代从来不缺乏，中华法系的法律发达程度是有目共睹的，历朝历代的法律体系是比较完备的，那种认为"儒家不重视法律"的观点是曲解儒家所致，而"儒法传统"是一个学界容易忽略的问题，立儒家思想为正统与建立完备的律治体系，不仅在政治实践中并无冲突，在理论上也不存在"重视律治就是违反儒家思想"的理念冲突。如果我们立足于中国现代法治视角，认为"法"就是国家制定法意义上的法律，此种意义的"法律主治"就是我们的目标，如果在法律之上还有更高的文化、道义准则就不是法治，继而认为以这样的标准就可以否定中国历史上曾经存在过法治，因为中国历史上几乎都是"道统"之下的"律治"，那么继续以此种标准看西方，我们发现西方除了现代的自由主义法治，也几乎没有法治存在于历史上了。因为希特勒式的法治可以对应法家法治而被认定为"非法治"，除此之外从来都不是西方世俗法律或者中国的国家制定法意义上的法律因至上而主治。这种思考模式也是很多人将西方自由主义法治作为中国现代法治的唯一标杆的原因。而实际上，以国家制定法应该具有至上地位和主治地位定位法治，其原初又来自自由主义法治，这样就形成一次大的循环论证。依据这样的思维方式，我们就没有横跨古今中西进行比较研究的必要了。

（二）制度意义之对应概念

就制度意义上的法治而言，在律治作为基本模式的基础上，中西方都具备一套成型的制度体系承载法治运行。中国传统法治与西方法治不具备优劣的可比性，例如我们不能说中国传统社会的大一统模式承载的法治与西方中世纪的封建社会承载的法治，其制度孰优孰劣，因为制度法治是政治力量对比、历史和文化因素共同作用所产生的结果，而不是法治的制度前提。例如，以美国式的三权分立这样一个政治、历史和文化因素形成的西方法治结果[1]作为中国现代的法治蓝本来构建理论和制度设计，是不符合中国现实的。具体例如美国三权分立中的司

---

[1] 实际上是一个政治架构问题。

法独立，以"法院的绝对权威"为特征，因此美国的辛普森杀妻案，[1]民众虽有不满，但是却不会引发社会抗议；此案件如若放在中国，作为一个冤假错案，民众会服判吗？大规模的社会抗议和上访一定是必然结果。这就是中西方的司法理念所根植的文化观念所决定的差异，这也是研究中国现代法治的中国特色的原因所在。再如，以"法治乌托邦"理论来构建中国的"制度决定论"式的法治理论，会忽略了法治中最关键的"人"的因素，忽视了道德和文化的关键和基础作用，这都是不符合法治实际规律的药方。任何一种制度，其设计者可能都会拿出一个完美的理论方案，但是关键是现实中的贯彻问题。如果以此制度在现实中未能贯彻好的一面比照彼制度在现实中表现良好的一面，就会忽略了真正让制度发挥作用的关键——人的意义。在法治话题中，中国特色社会主义制度本就应该具有十足的自信，而发挥制度优势之关键就是依靠人的信念力量。因此，中西制度意义上的法治，并不具备制度本身的对应性，唯一对应的就是：每一种法治都是依托在一整套自治的政治制度之中的，每种政治制度都可以承载法治。

（三）政治意义之对应概念

就政治意义上的法治而言，需要考虑的就是在政治制度结构中，法治的角色是促进不同政治力量和利益群体之间的和谐还是扮演着让他们彼此对抗的角色。政治意义上的法治，如果以讲求政治力量对抗为特征，那么中国古代的极端化方式就是改朝换代，往往表现为农民起义。而西方历经欧洲特色的奴隶制社会、封建制社会，封建社会中教权得以统治分散林立的国家和封建主。而中国传统社会是中央集权社会，因此必然缺乏这种教权掌握政权的机会。因此，中国传统社会与西方古典法治的对应，与西方近代法治的对应，从政治意义上看是无法建立起等同的对等关系的。例如，中国传统社会就不会出现以对抗教权为指向的法治理论。而且与西方相比较而言，中国缺乏一个资本主义兴起的时代，因此中国传统社会就没有与西方近代法治相对应的对象，也就不会出现为资产阶级代言的法治理论。西方现代法治是西方近代法治和资产阶级胜利的历史成果，因此在中国也必然没有一个对应的对象，也就不会出现以反对资产阶级为目标的法治理论。

因此，我们更多地需要思考的就是中国现代法治应该从西方现代法治中借鉴

---

[1] 美国的辛普森杀妻案，是一件轰动巨大的案件，法学界耳熟能详，本书不再具体引证。

什么、避免什么的问题。例如，激进主义法治和自由主义法治完全是由制度意义上的法治而推动政治意义上的法治，也就是通过制度意义的法治实现不同政治力量之间的利益争夺和利益分配。只不过激进主义法治是希望这个对抗过程的结果马上就会实现理想中的圆满结局，如轰轰烈烈的法国大革命以及随之而建立的新政权；而历史事实告诉我们，希望通过一个新制度的制定就顺理成章地实现了法治精神所表达的社会理想，实际上是绝不可能的。自由主义法治设计的则是一种动态的、无休止的政治对抗过程，亦即权利与权力一直处于对抗的张力之中。而激进主义法治和自由主义法治的政治设计，一是其视角过于单一，完全囿于权力、权利之对抗意义上；二是其实则是一种政治进程中政治对抗的设计表达，而不是一种结果状态。此两种政治对抗的过程均缺失文化的指引，并且其各种现实要素参与其中，是完全超出了设计者的预见能力的，是其理论设计所无法覆盖的。因此，我们必须思考此种意义上的"法治"到底会带来什么结果。而且此种法治实际上背后是没有一种文化类型或者信仰意义上的文化作为根基和支撑的。对于一个处于非对抗状态、平稳秩序的社会来说，权力有边界、权力守法，这是一个底线要求，而不是对抗型法治模式所认为的一个社会的至上要求。如果我们依据这种智慧不足、文化缺失的法治模型设计来理解政治意义上的法治，其结果一定是悲观的。这也是本书后续将重点论述的内容。

（四）文化意义之对应概念

如果就文化意义上的法治而言，文化意义上的西方法治，对应中国传统社会的"道统"与"德政"。如果以宇宙法则意义上的"至高无上的、绝对正确的法"来定义所有的"法治"并论证法治的必然性和合理性，再切换到中国语境中将宇宙法则替换为"国家制定的法律"来提出"法律至上和法律主治"的正当性和必然性；而中国语境中的国家制定法之上有无更高的存在？是西方意义上的绝对正确的宇宙法则，还是中国传统观念中至高无上的"道"，抑或是不需要也不应该再有更高的存在？如果没有，那么国家制定法是基于什么制定出来的？先于法律、高于法律的准则如果不存在，那么法律就是单纯依据立法权而产生就可以至高无上？如果这样论证，那么立法权就可以具有随意性了，这显然是不对的。此处就涉及法律至上与法律权威的关系：法律应该具有权威，是任何一个国家的应然，如果将这种权威理解为至上，没有问题；但是如果说在法律之上没有更高的精神依托和文化依托，或者说更高的精神和文化依托需要完全依靠法律和法治，而没有其他载体，这就有问题了。

"法律至上"这一说法出现的原因，一是因为没有更高的文化可以依托，二是希望通过法律至上来营造一个法治的目标。法治是政治的过程，法治的实现也是政治的结果，而法治绝不是政治的前提。观念中的法治目标，是以理论的形式描述着理想状态，推动现实向着这种理想目标前进，而绝不是法治的前提条件。因此，即使以"法律至上"为目标，也需要人的参与和认同，而这其实还是一个文化过程，只是以"法律至上"掩盖了文化的存在和作用。法律之上应该有一个更高的准则，那就是道义准则，道义准则是依据人心而来的。所以，人心是中国法律的终极渊源，通过立法权的形式予以表达，这就是人民意志。而空泛的人民意志说不能取代和忽视人民的品质，人民的品质就是理想人格，理想人格的培养在于人文。这才是一条正确的追根溯源、赋予法治正当性和必要性的推演路径。不能虚构出一个具有至上性的法律来代替具有至上性的人。人的至上性需要研究的问题是人为什么具有至上性，那就是文化。因此，无论是西方的宇宙法则至上，还是中国的"人的至上"，都是一个文化问题，中西方在文化意义上具有对应的法治。

（五）法治概念对比之结论

前文对法治的四重含义的解读，主要是从西方法治的角度切入，因为从知识性概念的角度而言，法治确实就是一个舶来品。而中国现代意义的法治，不仅是法律意义的法治，还必然包含了制度意义的法治、政治意义的法治、文化意义的法治。但是法律意义之外的制度意义、政治意义、文化意义却无法照搬西方上述意义上的法治。这也是本书研究之后最终做出的结论。因此，后文中，以中国传统文化与西方上述意义上的"法治"真正对等来进行中国传统法治精神与西方法治精神的对比，之后才能就中国现代法治精神问题进行文化溯源。不能囫囵吞枣似的将西方的法治作为一个传统进行拼凑，择取其中的一部分内容使之逻辑自洽以代表西方法治的全貌，不能以一个侧面的完整性代表其整体的断裂性，不能以其理念的曼妙性代替对其现实中利弊并存的观察。如果将四种意义上的法治混同起来，则我们连什么是"法治"都无法确定，一定会造成法治理论研究的混乱局面，也就会在确定中国现代法治理据的问题上迷惘彷徨。因此，后文将着重论述中国现代语境中，什么是最终极的"法"，然后再来探寻如何以"律"来尊崇最终极的"法"，以律治实现法治。总而言之，中国现代法治必须走自己的路，这种自己的路与本民族的历史、民族文化、现实政治制度、具体国情、法治的实际目标问题高度相关，上述因素共同决定了中国现代法治的现实法治规律和应然法治道路。

第三节　现代法治精神的概念及概念体系

根据前文的论述，我们完全可以看出，应该对现代法治精神的概念体系进行严谨的梳理，并在诸多概念之间建立一个体系化逻辑关系。否则，大家不在同一个话语体系中谈问题，那么就会产生诸多不必要的纷争。本节是依据现代人的一般性理解，对世界通用的现代法治精神所涉概念的语义理解和内涵分析进行概括性梳理，找寻法治精神概念体系中的困惑和问题，为后面行文奠定基础，而非着重于论证现代法治精神的国别差异和时代差异。

一、法治精神及研究逻辑

（一）法治精神的内涵界定

本书所论述的表述法治精神的诸多词汇：平等、人权、民主、契约、秩序、自由、正义，其必然都是早于法律而出现的，例如绝不可能是人们在文化上不认同平等的情况下而制定了体现平等的法律，或者用法律来创立平等观念，或者用法律来确认和维护平等观念；也不可能是人们在不知何为正义的情况下就制定了"正义的法律"或者"维护正义的法律"。一定是人类先认知了平等、自由，然后才出现了法律上的平等和自由，其他法治精神与法律的关系皆是如此。因此，法治精神早于法律并催生了符合法治精神的法律。那么法治精神也就并非法律或者政治领域的专属，其本质上是人的专属。法治精神更不是学科或者学问的专属，因为对于学科或学问意义上的法治、政治、文化而言，一定是先有了人类的行为以及贯穿于其中的法治精神，才有了相应的学科或者学问。因此，法治精神的诸多词汇是与人类行为共存、作为人类灵魂的一部分之存在。对于法治而言，不是法治理论和法治实践创造了法治精神，而是法治精神催生了法治理论和法治实践。因此，法治精神只是在法治领域叫作"法治的精神"，而此种法治精神是贯穿人类的一切生活的灵魂准则表达。那么，如何定义法治精神？法治精神就是法治这一行为过程、制度设计、政治运作和结果理想状态所遵循的灵魂准则以及目标指向的概括表达。法治精神就是法治所遵循的道义、原则和目的。本书对于法治精神的研究，依托于法律和制度，也着眼于法治实践，然其范畴限定于"精神"这一无形层面。本书对法治精神的探讨，虽然起点在于法律意义上的法治，也就是现实的律治，但是更主要着眼于文化意义上的法治，也就是寻找法治精神的文化根源、文化依据和文化义理。而制度意义、法律意义和政治意义中的法治，当然是论证的必然要件，是论据的一部分而不是论题。而对法治精神的中西比较研究部分，当然是依据法治的中西对应概念进行的。因此，法治精神可以定义为：人类对于包括人类社会法律运行在内的整个宇宙运行所应遵循的终极法则的理论概括。本书最终的结论是，法治以人类良知为道义准则和终极目标，法治精神就是人类良知在法治领域的具体体现和集中概括。

（二）法治精神的属性定位

法治精神的归属是一个非常重要的问题。究竟是法治精神为人塑造了寻求人生至理的前提，还是人生至理本身的存在作为前提催生了法治精神的出现？或者说，法治精神是发乎人的自心，还是法治精神塑造了人的自心？这是一个大问题。真理从来都不是发明出来的，而只能是发现，此亦可谓之"道法自然"。包括法治精神的研究，也只是在宇宙和人类社会中，人类认识世界、探索规律过程中，发现了这是人类需要遵从的规律，符合人生终极意义的要求。当一部分人发现了这一本就发自人心的真理之后，以启迪的方式让其更加深入人心，通过启迪的方式来改变世界，让世界按照其本应如此的方式运行和发展，这才是法治精神的要旨。法治精神归属于特定的制度，法治精神属于法治领域的自有、独有、专有，还是法治精神归属于广义上的文化而非属于文化的一个视角或组成部分？这都是需要回答的问题。无论是西方古典的神本文化下的理性和至善、基督教文化中的平等和博爱，还是近现代的人本文化中的民主和自由，其于人类社会的落脚点都是人文，而对于中国传统社会道统文化中的人本文化，其核心更加是人文。因此，法治精神无论在中西方，本质上都属于人文的范畴。人文是文化的核心领域，因此法治精神的研究必然属于文化的一部分，即使有论者将其判定为文化的主导，其依然是文化的一部分。人类文化源远流长、与生俱来，因此是文化作为母体诞生了法治精神。我们纵然不能说，没有"法治精神"引领的人生，一定是一个不完满的人生。即使在今日，很多论者将法治作为人类社会政治生活的最佳选择，将法治理解为人类最先进的治理模式，我们也不能说法治精神代表着、代替了人生的全部。人生实在是一个十分复杂的综合体，如果从一个单一的视角来对人生设定标准和准则，则一定是偏于一隅的狭隘之见。法治精神发端于人生，依附于人生；发端于人心，止乎于人心。总之，法治精神归属于文化，文化即是人心，人心可合道心，道心即是终极宇宙法则。

（三）法治精神的研究逻辑

本书对于法治精神的研究逻辑，首先是择取了其中具体的法治精神作为现代法治精神的代表或者主体部分；然后依据现代通常观念对现代法治精神的理解，去寻找西方历史和当下对现代法治精神的理解；然后回溯到中国传统文化中如何理解、如何对应这些西方语言中的法治精神概念；通过对中国传统文化和西方文化中对于现代法治精神对应的文化解读，来放眼现代中国，找出现代中国除了国别和时代原因之外，应该以何种姿态和观念看待中国传统文化和西方文化中对现代主要法治精神的解读。此后根据解读结果，再结合中国现代社会的国别、时代、国情等众多因素，来完成对中国现代法治精神的合理解读。在此过程中不仅完成中国现代法治精神的文化溯源任务，也就是寻求中国现代法治精神的历史源头到底在哪里，同时也完成对中国现代法治精神在文化层面上进行解读的任务。这就是本书的现代法治精神研究逻辑：表达中国现代法治精神的词汇之内涵，在中国传统文化中存在，在西方社会的历史上和当下也存在；研究在西方的历史和当下如何理解这些词汇所指代之内涵；研究在中国传统社会如何理解这些词汇所指代之内涵；在前述基础上进行中西法治精神比较，找出中国现代法治精神的文化渊源、明确中国现代社会的文化特征、以文化选择的方式解读中国现代法治精神。

二、现代法治精神概略解读

中国现代法治精神，当然主要是秉承了西方近代传来之词汇的文字表达，这一点是无须回避的。但是，中国现代法治与中国传统法治、西方各个历史阶段和各种类型的法治，在精神上必然有共性又独具特色。对于共性的研究可以找寻法治的必然规律而不至于背反，对于个性的研究可以找到针对性目标和现实规律。如果不能确立中国现代法治的相对独立性，则目前西方文化中心论状况无法改变。下面就是关于现代法治精神通常所说的平等、人权、民主、契约、秩序、自由、正义的一般性解读。此种一般性解读，一是只做具有概括性的解释，二是对概略性解释过程中的不明确之处提出疑问，然后后文再重点阐释各个历史阶段的中西方文化对这些疑问的理解。

（一）平等精神

平等精神是现代法治精神的理论起点，也是一个理论的准则和奋斗目标。现代法治精神中的平等，通常所采取的认知是认为平等观念源于启蒙运动中所言的人人平等，即"人人生而平等"，或者是基督教所言的"平等、博爱"之"平等"。平等是现代法治精神的道义基础和终极目标。离开了平等这一基础，则现代的人权、民主、契约、秩序、自由、正义等都失去了基础依托，这是不言而喻的。但是，在现实的人类生活中，人人都是生而不平等的，无论是从出生那一刻所决定的生理条件、家庭出身、地域条件、财富拥有、智识聪慧、个人秉性等任何一个方面来看待，人类也从来都没有实现过绝对平等，或者说从来都无法找到一个绝对的标准来判定何者为平等。人和社会都是一个综合体，而平等的标准一旦被设定，也只能是在多面体中抽取了一部分内容作为平等的标准，如政治地位平等、财产平等、人格平等。但是笼统的、大而化之的"人人平等"，符合了一个标准的平等要求，必然在另一个标准上破坏了平等、带来了另外的不平等。这是人类目前根本无法解决的问题。现在所有的理论家都不过是让大家更多地认同自己提供的平等标准而已，而绝没有能力提供出一种放之四海而皆准的平等标准。实际上，近代以来法治精神的平等观，主要是基于人格平等扩展到政治身份平等。通俗地说，大家都是一样的人，没有人是生来就命定做神权的奴隶、贵族的奴隶、封建主的附属，或者命定作为政治中的被统治者而任由权力摆布和奴役。

但是，此种泛泛的平等观又有很多无解的问题，例如一个恶贯满盈的人与一个悲天悯人的人如果是平等的，那么他们共同作为民主主体符合正义要求吗？如果在民主选举中这个恶人会将选票投给一个阻止其作恶的善人还是纵容其作恶的恶人？或者说一群自私自利、损人利己的人，主张民主符合正义吗？其民主的结果是不是形成一个弱肉强食的丛林社会？任何一个智识正常的人都会给出正确答案。因此，我们看到古今所有平等理论都会做出一个人与人之间具备"同质性"的前提假设，如性善论、性恶论、理性论、上帝子民论、社会契约论、共同信仰论、阶级论、种族论、民族论、国家论、血缘论、人民论、群众论、选民论、功利论等，并以此来确立一种"平等"的道义基础和精神认同纽带。然而，当我们真的仔细研究形形色色的共同体理论的时候就会发现，这里面大多数的"平等"之道义基础是否能够成立是值得深入研究的，很多都是在遵循一种制造和吸引"乌合之众"的思路，在所有人或者一个群体内部的精神世界中构建一种"被操控的、想象的共同体"。[1]

现代法治精神所言之平等，应该建立在哪种义理之上？这是一个绝对无法回避的问题。空泛地依据"人人生而平等"这样的说辞，是无法明晰平等的义理的。这也是当今世界上几乎所有的平等理论都无法回避的一个问题。因此，首先需要界定，理论家们所言"平等"的"人"，这个"人"应该如何理解，是本能地趋利避害的生物学意义上的人，还是拥有理想人格的人？西方启蒙运动采取的解决办法，就是在理论中赋予每个人以同样的"理性"。而发展至现代，这就成为西方自由主义和保守主义争论的焦点：人只有在道德层面上才能实现平等还是脱离道德层面也可以实现平等。因此，谈论平等精神，要回归到人自身来进一步研究。

---

[1] "想象的共同体"一词，取意美国学者本尼迪克特·安德森的著作《想象的共同体：民族主义的起源与散布（增订本）》，吴叡人译，上海人民出版社2016年版。该著作从民族感情与文化根源的角度来探讨不同民族属性的、全球各地的"想象的共同体"，认为这些"想象的共同体"的崛起主要取决于以下因素：宗教信仰的领土化、古典王朝家族的衰微、时间观念的改变、资本主义与印刷术之间的交互作用、国家方言的发展等（该段文字引自该书封底）。欧洲近代以来兴起的"民族国家"的概念，实质上对基督教信仰、伊斯兰教信仰、中国的儒家信仰皆造成强力冲击。此种冲击表现为，西方的宗教信仰与儒家信仰一样，皆是一种"天下观"的文化形式凝聚人群的认同，而民族国家的观念改变着"天下观"式的"文化认同"，形成以民族为纽带的"国家认同"。对"民族国家"的论理，决定着"民族国家"的本质和凝聚力，此种论理如若并不实际成立，则围绕在"民族国家"这一精神纽带中心的人群，可以被称为"想象的共同体"。简言之，本书此处"想象的共同体"是指失去了文化凝聚力和文化同质性的人群认同错位。

（二）人权精神

既然人人都是平等的，所以接下来就必然人人都应该具备人权了，而且人权是平等的必然要求和实际体现。如果没有同样的人权，那么平等就彻底成为一种空洞的口号而已。如果人和人是不平等的，那么人权就必然差异极大，就不需要人权这个概念了，而是可以直接用阶层权力、权利取而代之。人权是什么？不考察人权的对立面，则人权的概念就失去了存在的意义。人权有三个障碍，或者说是三个针对目标：第一个障碍是在神本文化之下，人是神的奴隶或者神的子民，在教权代表着神统治人的时候，实际上是教权掌控者以神的名义实行人对人的统治，一旦教权之统治超越了公认的教理教义，实际上就剥夺了人的权利，实质是自称神的代表的人侵犯了其他的人，这就是人权概念产生的第一层含义。人权的第二个障碍是现实的政治统治，这种政治统治无论是混杂着宗教因素还是单纯的世俗的政治统治，都可能会成为人权的障碍。一方面是政治权力本身压迫公民权利，例如高税收或者限制思想和行动的基本自由，实行极权专制；另一方面就是反其道而行之的，例如在一个犯罪率极高的国家，社会成员基本的人身与财产安全时刻受到来自普通刑事犯罪的威胁，公权力无法保障基本的社会秩序，当然也就无法保障人权。因此，就政治权力而言，其成为人权的针对对象具有双重性。人权的第三个障碍来自人自身，也就是人的智识、能力、德行不足以驾驭其本身作为正常人格之人应该拥有的权利，或者说此种情况下，其已经无法作为一个社会学意义上的人，而只是生物学意义上的人之躯体，甚至欲壑难填的行尸走肉，这是每个人自身对人权的障碍。此时，例如高喊人权的人，让权力不要介入私人领域，无须承担教化之责，看似一种大而化之的人权口号，实际上是在剥夺大家真正的人权，是一种伪善和罪恶。

因此，人权的目标在于处理与神权、政权以及人自身的关系。没有一种事物是以某个人所订立的一个绝对原则和标准可以衡量的，切莫充当圣人是那些思维狭隘的极端人权主义者应该自省的。因为人权虽然是一个好概念，但是经常被偏执者解读成危害人权之道义性的概念，这就是所谓的极端人权主义者。例如一个重症传染病人，一旦没有采取防护措施进入公共场所，势必传染公众而造成巨大社会危害。但是极端人权主义者往往强调极端的人权概念，认为必须不干涉其无防护措施进入公共场所的人权。再如对于一个极端凶残冷酷的变态杀人狂，视人命如草芥而杀人无数，有人权主义者主张不能对其施以死刑以保障"天赋的生命权"，但是大众却往往无法接受此类说辞。矛盾在于，强调人权，首先还是需要对"人"做出一个完整合理的界定才行。很多情况，看似是在弘扬人权，实质上是在侵犯公众的人权，而对公众人权的侵犯又是以多个个体的具体人权被侵犯以及大众心理恐慌为现实表现形式的，因此也会导致公众对人权概念失去好感，反而危害了人权理念。尤其是人权被当作政治工具的时候，就会发生以人权为借口的政治较量，而这种政治较量本质上已经完全偏离了人权问题。人权的具体内容就涵盖了多方面，我们可以划分为政治权利、信仰权利、经济权利、社会权利等无所不包的各项具体内容。总之，谈论人权，首先还是要对人做出一个界定：此处的人是生物学意义上的人即可，还是社会学意义上的人即可抑或人文意义上的人才行？人权问题，首先还是要回归到人自身来进行进一步的研究。

（三）民主精神

什么是民？什么是主？什么是民主？因为人人都是生而平等的，所以人人都拥有了人权，因为平等并且拥有人权，所以才能够、才应该民主。所以，因平等而人权，因人权而民主，这是一个应然的逻辑路径。在近代以前，民主在西方几乎一直是恶的象征；在近现代，民主其实也不是一个纯粹的好的象征。民主是在西方近代政治意义上开始广泛认同的一个词语，并且席卷了全世界。然而，民主在今日虽然是一个鲜有政治家公开反对的词汇，因为反对民主就意味着失去了对"民"的操控机会，也就失去了支持者，因此在西方国家政治权力必然高喊民主；但是民主的历史和现实一直都伴随着"多数人暴政"或者"乌合之众"的身影。然而，当我们看到教权或者政治权力对大众无度盘剥的时候，却又发现唯有民主是一个可以震慑、改变残暴统治的好办法。因此，在不同的历史场景下，民主往往具有多面性和不同的属性、意义。

在西方文化中，民主也有三个障碍：一是神权；二是政治权力；三是人民自身。在神权观念下，人是神的创造物和附庸，因此人从终极意义上无法为自己做主，因此就没有文化意义上的民主，只有在人本文化之下，人才能实现主体地位的觉醒，才能够真正有机会成为自己的主人。民主的第二个障碍就是古今中外广为关注的政治民主，政治民主一方面要厘清国家的主人是谁，是统治者还是全体人民。二是要厘清人民作为主人的具体实现方式问题，例如选举制度、直接参政议政等。民主的第三个障碍就是自身是否具备民主的能力。理想的民主首先需要的是，一个人自己可以成为自己的主人，不让自己的欲望牵引自己，例如一个吸食毒品的瘾君子就完全被欲望控制了自己；例如一个满脑子功利主义的投机者，认为索取和占有是人生的全部意义和成功的唯一标志。不被外界的迷惑扰乱自心是一个基本要求，一个人如果连自己的良知都掌控不好，指望其在政治意义和文化意义上成为主人，那是不现实的。这是民主的大历史留给我们的最基本的经验。

如果不从如何塑造人心出发来谈论政治民主或者文化意义上的民主，则所有的民主理论都是没有切实根基的。例如，以功利主义定位人性进而谈论民主，还是以良心自由定位人性来谈论民主？这是一个无法回避的问题，而前者只能造就一种被操控、被利用的假民主局面；后者才是一种真正赋予民主以生命意义的真民主。那些隐藏或者抛弃对于人自身的关怀和研究而高喊民主者，要么是智识局限的问题，例如幻想出一个法治乌托邦；要么是发端不纯的问题，比如想制造一群追随自己的乌合之众用以操控和利用；要么是出于激情的盲从，在现实中完全找不到方向而带来乱局。因此，如何打造真正的民主，那就是需要有一个文化路径，这还是需要回归到人自身来进行进一步的研究。

（四）契约精神

人人平等、皆备人权、民为己主，而后大家才有资格来谈平等主体之间的"契约"。而所谓的契约精神，在西方经历了三个阶段，目前存在三个意义上的契约精神。一是犹太教中犹太民族与上帝订立的契约这一宗教教义；二是卢梭所提出的社会全体成员彼此订立的"社会契约"这一理论假说；三是指西方在商业活动中遵守商业约定、言而有信之意的契约。这三种契约的共同特点，用通俗语言说就是"说话要算话"，不能对上帝失信、不能对社会其他成员失信、不能对商业伙伴失信。无须在理论研究中人为地拔高契约精神的实质内涵或者让其神秘化。言而有信，这是中国普通老百姓的日常行为准则，几千年来从来没有变过，言而无信则是被大众所唾弃和鄙视的小人行径。所以，当我们在《理想国》中看到苏格拉底还需要为"欠债不还钱是否合乎正义"而对他人进行"开示"时，[1]

---

[1]（古希腊）柏拉图：《理想国》，忠洁译，红旗出版社 2017 年版，第 4—5 页。

而中国人一向都知道"欠债还钱、天经地义"。所以，我们也断然可以判定，中国古代言而有信的"契约精神"的出现和普及是早于西方的。

但是，人为什么要言而有信？这就体现了中西方的文化差异。上帝契约是一种纯粹的宗教信仰使然，犹太民族认为自己是上帝选民，能够有幸被上帝选中，当然需要珍视这一荣耀；同时，如果背反了与上帝之契约，是要受到严厉的惩罚的，这种恐惧感也让信众无法不奉行此种意义上的契约精神。到了近代卢梭的时期，西方依然是宗教信仰占据主流的时期，但是在信仰上帝的前提下，人的主体地位被进一步凸显了。例如，卢梭虽然也身处教派中拥有信徒身份，但是上帝信仰已经对其内心没有真正的约束或者指引了，这在卢梭的内心痛苦和迷茫中完全可以看得出来，他并没有向上帝寻求慰藉。[1] 因此这个时候卢梭就提出了"社会契约论"，这种社会契约论是对"上帝契约"的一种改造，立约的主体中没有了上帝的身影，只有人类自己。卢梭的社会契约之基础是功利主义学说，主要意思就是人类在"自然状态"下彼此互害，必须组建政府来防止此种类似兽类的动物世界规则，因此全体社会成员订立了一份社会契约。从卢梭的学说来说，人类在最初都不是好人，但是订立了社会契约就会让大家有机会成为好人，因此西方的社会契约论不仅无法体现高尚，而且实际上是对人的一种矮化和污蔑。至于西方所说的商业契约，其前提是对弱肉强食的丛林法则的抛弃，然后在频繁的商业活动中信守商业契约，这样的商业活动才能够健康持续，否则就会进入一种商业互害模式，这不仅违背了商业中的长远战略要求，也有违法律和良心。

传统社会的中国人有没有契约精神？商业意义上的契约精神当然有，自不待言。可以说，商业上的契约精神是现代企业长久发展的关键，而商业契约精神是发源于文化的。例如，现代全世界商业界都非常推崇的一位人物——日本的稻盛和夫，其所有商业成功恰恰源于对人心的把握和自心的修养，而综观稻盛和夫的诸多著作，不过是对中国传统文化的一个个人实践心得和学习体会。[2] 反观现代中国商业契约精神的退步或者缺失，不仅不是传统文化中没有契约精神造成的，

---

[1]（英）罗素：《西方哲学史（下卷）》，马元德译，商务印书馆 1976 年版，第 245—251 页。

[2] 例如如下两本著作：（日）稻盛和夫：《心法：稻盛和夫的哲学（口袋升级版）》，曹岫云译，东方出版社 2018 年版；（日）稻盛和夫：《活法（口袋升级版）》，曹岫云译，东方出版社 2018 年版。读后便知，这就是中国传统文化的读书心得，此种读书心得体现的人生境界，呈现的是稻盛和夫成为商界精神领袖的文化底蕴。

反而恰恰是传统文化核心精神没落的表现。而上帝契约和社会契约意义上的契约精神在中国传统文化中是没有的。这种缺失是一种悲哀还是一种荣耀？只有深入中国传统文化中才能找到答案。笔者预先给出答案：这是一种荣耀，因为中国传统文化中，中国人互相之间订立的是"良知契约"，良知契约不是出于对神的惩罚的恐惧，也不是出于拟动物化看待人类而生成的。良知让人能够"顶天立地"，而且这是弘扬人性光辉的必然要求。所以，对契约精神的解读，还是需要回归到人心才能明白。对人心与人性之不同前提设定和追求，导致了对"契约精神"的不同理解。因此，谈论契约精神，还是需要回归到对人自身的进一步研究。

（五）秩序精神

由于"契约"的存在，大家又发自内心遵守契约，则一种秩序就得以形成。秩序是什么？就是一切安定有序进行，而这种有序符合人的理想预期并且能够保障人的实际利益。但是在现实中，并非所有人的理想预期都是一致的，这其中就源于并非所有人的利益都是一致的。因此，秩序要符合谁的理想？也就是谁来安排一种秩序设计、秩序设计能否得到大多数人的认同、该种秩序设计能否实现等问题必然需要予以探讨。例如，交通法规规定右侧通行，这就保障了交通秩序，大家只要遵从就会全部受益，而少数违反者受到制裁也符合了所有人的利益。在西方左侧通行，但是与中国的右侧通行在保障秩序的效果上是一致的，因此左和右本身无关正义与否，保障有序就是正义。到了更广泛的领域，却很难达成该种一致，因此每个秩序设定者都号称自己设定的秩序是符合大多数人利益、符合道义的。但是实际上，实际存在的秩序却未必是符合道义的。

为此，设定理想秩序的理论家们纷纷找出了其背后的依据，或者是此种秩序乃上帝之要求，或者是此种秩序符合自然法则，或者是此种秩序符合大众的福祉，或者是此种秩序符合社会共同体的运行要求等不一而足。因此，谈论秩序问题，并不是一种僵化的规则遵守问题，而是在这种秩序中，所有人都能够发自内心地认同秩序带来了大多数人的福祉。因此，秩序的设计和现实运行最终还是要依据人心的认同。当我们看历史上法家法治的时候，或者看希特勒这种依托民主的法治的时候，就会发现，一种表面上井然有序的法治秩序，背后却蕴含着巨大的社会危机，表面的安然有序掩盖着人们内心的暗流涌动，在压抑太久之后就会在沉默中爆发，造成巨大的破坏力和伤害。而当我们看儒家所强调的一种伦理秩序、家国情怀、仁爱秩序的时候，就会发现这样的秩序会出现超强的稳定性，这也是儒家的伦理秩序能够在中国维持 2000 多年的原因。所以，归根结底，秩序应该是一种符合人心要求的秩序，是人心的秩序。而历史上对于秩序的设定，也无外乎两种大的类型：一种是充分调动、激发、宣扬人性之恶来形成一种人性恶义理下的秩序；另一种就是充分调动、激发、弘扬人性之善来形成一种人性善义理下的秩序。哪种秩序精神更加高明？哪种秩序精神更加符合人性的需求？这都需要回归到人自身来进行进一步研究。

（六）自由精神

自由不是无限度的，而是有着一个边界的，因此在契约之下的秩序就是自由了。而自由的内涵是什么？自由是腰缠万贯的财务自由？但是社会现实告诉我们，富有的人并不一定比普通人更有幸福感和自由感，对财富的无限度追求往往是苦乐参半，西方几百年来的逐利文明已经被深刻反思并力求纠正。自由是行动无阻碍的行为自由？是法律确权之后的政治自由？是精神上无拘无束甚至可以"独与天地精神往来"的灵魂自由？是可以支配一切还是免受一切支配才是绝对的自由？这都是谈论自由问题的时候需要回答的问题。又如自由的边界问题，西方常常说一个人自由的边界是以不侵犯他人同样的自由为前提的，这和儒家所说的"己所不欲，勿施于人"这个西方人眼中的"金规则"[1]一样吗？还是自由的界定需要像电脑编程一样不容任何差错？这些都是谈论自由的时候需要回答但是却难以简单回答的问题。

界定自由，最好的办法是首先理解什么是不自由，以及造成这些"不自由"的原因是什么，以及依靠什么办法解决。还有就是各种自由之间的关系问题。目前法治精神中对于自由的理解和关注，通常主要是从政治自由角度进行分析和理解。笔者认为自由是对必然规律的把握，以及对违背道义之强制的抗争。因此，自由分为灵魂自由和政治自由。但是灵魂自由和政治自由是无可分的，心灵不自由即无法获得政治自由，政治自由是追求心灵自由的必然要求和结果。就政治自由而言，西方社会所流行的无政府主义、市民社会理论等，无不是视政治权力为

---

[1]"己所不欲，勿施于人"被西方学者视为"Golden Rule"，"Golden Rule"翻译为汉语是：金规则、黄金法则、金科玉律、金箴、金律等。（英）阿姆斯特朗：《轴心时代》，孙艳燕、白彦兵译，海南出版社 2010 年版，前言第 4 页。

自由的威胁、束缚和羁绊，因此要求政府限制权力的空间和范围，权力不能无孔不入，甚至要求权力彻底消失。这些理论着眼于两个方面，一是认为大众有能力掌控好自己的生活，二是认为政府权力会威胁大众对自己生活的自由掌控。归根结底，就是自己的生活"如人饮水，冷暖自知"，政治权力只需在公共服务和管理的必要领域以适度的方式出现即可。这种自由理念，更多地被应用于自由主义法治的场景。但是，当我们观察现实的世界的时候发现，政治自由的设计者的理论前提是每个人都有"理性"去管理好自己并善待他人，而实际上既管理不好自己又不能善待他人的"政治自由者"比比皆是。因此，这个时候就不得不回到文化意义上的自由来探讨人心的问题。所以，自由是人心的自由和政治自由的完美结合，单纯纠结于权利、权力对抗模型来谈论自由，是无法定义一个全面和真正的自由的。因此，对于自由精神，我们必须首先回归到人自身来进行进一步的研究。

（七）正义精神

人人都获得了应有的自由，那么这就是一种正义了。然而，正义却是一个大箩筐，什么都可以往里面装，正义往往是强势者定义的一个词语，这种情况下，为民造福和杀人越货都可以被论证为是正义的；或者正义是智者定义的一个词语，例如人类自古以来的所有圣贤都是在告诉人们什么是正义，虽然流传下来的词汇可能不同，例如中庸、仁政、平等、信仰上帝，实际上都是在表达着何谓正义。学界对法治中正义问题的研究，流行引用西方所谓的"法即正义"来论证法治的正当性。而此处的"法"当然不是"法律"，否则这个世界上就没有"恶法"存在了。此处的"法"是指宇宙终极法则，在西方通常理解为"神的法则""宗教律法""自然法则"等，抛开了宇宙终极法则意义谈论"法即正义"就永远不会成立，因为这等同于立法者的所思所想就是正义，或者现实法律所代表的思考者和利益者就是正义。其最佳结果也就是社会最大公约数，但是却并不能等同于正义，因为这个最大公约数永远是飘忽不定的。而现实的法律，永远是人群中政治力量对比的一个政治结果，例如统治者想最大限度搜刮民脂民膏，但是也要考虑到老百姓的可承受度以防造反；例如统治者想无为而治，也要考虑到现实的状况是否符合人心皆"清静无为"之大同世界的要求。因此，如果说法律即正义，就等同于说认可了现实的政治力量对比之结果永远是正义的，那么这个世界上就永远没有非正义的存在了。

当我们回到宇宙法则的意义上来谈论"法即正义"，这就涉及人们是否有能力来发现这个宇宙终极法则的能力问题了。当我们抛开宇宙法则谈正义的时候，又会发现问题，那就是，人最终依据什么来确定正义的标准？正义最终是需要得到人心的认同的，才能称之为正义；人心皆不认同的不可称之为正义。即使有人说他宣扬的是上帝的法则，人们也不禁要问：你是否能代表上帝？如何理解上帝的法则？这还是需要人心的认同。人心应该认同什么是正义，人如何才能认知正义？古人云，公道自在人心，同理，正义自在人心。不是别人为自己订立正义标准让自己去无条件奉行，正义需要每个人内化于心、外化于行。因此，定义正义的时候，就又回到人的问题上了，我们还是应该首先研究人自身的问题，继而才能研究明白正义的问题。

三、主要法治精神的概念体系与困惑

（一）法治精神的概念体系之内在逻辑

主要法治精神之间的逻辑关系明确是建立其逻辑体系的前提。秩序是现代法治精神的基础追求和终极标志，是法治的一种目标或者是法治的一种结果。在政治统治者或者政治统治的反对者眼中，对法治精神首要的和基本的需求是秩序。只是前者注重的是其构建起来的政治秩序的稳定，而后者试图破坏现有政治秩序而建立一种新的政治秩序。无论何种学派或者何种思潮，秩序当然是法治的首要精神和基本精神。如果没有了秩序，那么法治也就失去了意义。当我们看到西方的民主运动对既定秩序的否定和破坏的时候，似乎感觉秩序并非法治的首要精神，破坏秩序成为法治的标配。但是实际上，此时的法治无非是在追求另外一种秩序而已，或者某甲眼中的无序在某乙眼中是有序，如世界大战这种导致民不聊生、生灵涂炭、哀鸿遍野的社会失序状态，在野心家和政客眼中正是他们希望看到的"动态秩序"，其最终走向自己希望看到的权力争夺结果，再由自己掌控秩序，归根结底还是秩序。而上述情况至多会发展为自由主义者眼中的"动态平衡秩序"。为了达到各自心目中对既定政治秩序的维护，或者对既定政治秩序的改良，或者构建推动新的政治秩序，才有了各种法治精神的理论论证逻辑体系。如果我们看到的始终是一种无序状态，那么这种所谓法治一定没有成功。现代法治精神追求的是一种什么秩序？这是一个事关法治根本的问题。

在这样一种整体的秩序设想中，平等、人权、民主、契约、自由、正义这六种精神存乎其中。从一种充满积极意义的法治精神逻辑体系来说，也就是排除伪善和操控意义上的法治精神的虚假之说，那么平等是一切法治精神的理念前提，不认同并追求平等则不是现代法治精神；人权是保障平等、体现平等的必然要求，是保障人从生存满足到生活良好再到自我价值实现的必需品；民主是所有平等个体主体地位的体现，以及群体智慧的发扬途径，以及防止被少数人摆布命运的一种方式方法；契约是贯穿于每一个人内心和行为的个人品质以及集体美德；自由是一切法治精神的终极目标，也就是要实现一切人的全面自由，其中包含政治自由和精神自由；正义是一切法治精神的准绳和尺度，所有的法治精神都需要合乎正义标准。上述就是现代法治精神体系的一个概略逻辑关系。

（二）法治精神困惑的焦点之归纳总结

通过对上述主要现代法治精神的逐一分析可以知晓，法治精神的困惑，其焦点在于两个方面：一是诸多法治精神之间存在不可调和的矛盾，包括每一种自成体系的法治理论中的法治精神之间也不可避免地存在内生的冲突；二是法治精神体系的预设前提是否经得起检验，如依赖于上帝的法治精神体系，我们是否需要证明上帝的存在？比如依托人的"理性"构建起来的西方近现代法治精神体系，人的"理性"是否经得起检验？而这两大方面的问题，需要从哪里着手才能够予以解决？才能够抛掉虚幻而求得真实？这些都是必须解决的理论困惑。

首先看法治精神体系的内在矛盾问题。法治精神体系中的各种法治精神之间，存在着一致性，但是也存在着彼此的矛盾。当充满生机的人类生活被这些"原则"整齐划一地概括出来的时候，就必然出现矛盾，因为生活本身不是规则化的，而法治精神却出现了规则化的理解倾向。例如，提倡无须政府介入的个体自由的时候，在市场经济中必然出现贫富分化，这种贫富分化就会造成人们在财富拥有和支配上以及社会地位上的越来越不平等。此时如果依据平等主义者的设计，均贫富以实现社会公正，那么又一定会压抑具有超越常人的财富创造能力的人发挥才能，这又是另一种不平等。又如，西方以高赋税为基础的福利国家制度养了很多不思进取的懒汉，这就带来了人权和正义之间的矛盾。再如，一群精致的利己主义者与一群胸怀天下的人享有同样的民主权利，这就带来了平等和民主之间的矛盾。其他的法治精神之间，也同样都存在着不可回避的矛盾，如秩序和自由、人权和正义等。这在学界的研究中，已经达成共识。也就是说，当我们用正反事例去评判每一种法治精神的时候，都会出现无解的矛盾；当我们将法治精神两两配对的时候，也会发现它们互相之间都存在无解的矛盾，此处不再赘述。而所有这些法治精神之间的内生矛盾，都是源于对"人"的定义、法治中的"人"的典型化描述出现了问题。在对人的画像中，理论家们往往抛开了现实中的人的多面性和复杂性，采取了单一化的描述状态以进行理论构建。特别是这种对人的素描往往是一种静止状态的观感，而无法去描述一个"法治人"样板是一个不断成长、变化的样态。那么，我们应该依据什么使"法治中的人"朝着某种理想样态去迈进，这就是一个关键问题。而这种"法治中的人"的理想状态，如果不在道德和人格层面进行研究，就永远无法解决理论中的矛盾。这是大家都能够看到的，只是在理论中是否予以关注；关注一方面可能带来了原有理论构建出的理论大厦的崩塌，另一方面可能无法实现理论构建者的真正目的。但是，作为一种负责任的理论研究，其目的不在于一争高下或者干脆掩人耳目，而是要求真务实。所谓求真务实，首先就是需要回归到真实的人，而不是模型化的虚拟人，如"理性人""经济人""政治人""法治人"等。

对于第二个大方面，例如神本文化之下的法治精神，西方历来在争论上帝是否存在、上帝以何种形式存在、上帝的存在是否需要证明、上帝的存在能否被证明等一系列问题。西方人分为两个大的派别：一个派别认为上帝的存在不需要证明并且无法证明；另一个派别认为上帝的存在需要被证明而且可以被证明。然而，人们观念中的上帝又分为人格化的上帝、无形无相的上帝、自然神上帝、等同于中国的"道"的上帝等。因此，以神本文化下的法治精神的上帝观念作为前提，是存疑的。而到了西方人本文化下的法治精神，要么认为上帝不存在，例如信奉达尔文的生物进化论的人们就不相信上帝的存在；要么虽然不否定上帝的存在，却认为人的"理性"可以树立人的本体地位。但是，理性学说在近代以来一直都是备受诟病，并且理性学说自身的缺陷和现实的无情，已经导致了其只能作为一种理论构建中的"虚说"而存在。这些都是在研究西方法治精神的过程中从未解决的问题或困惑。

所有的困惑，都在于对于"人"的定义不同，因而出现了无限的疑惑和无休止的理论纷争。回归到以"人"为中心的、人和自身的关系、[1]人和他人的关系、[2]人和宇宙的关系，[3]也就是从文化的三向度来理解法治精神，是一个必然要求，也是解决法治精神诸多困惑的理论起点和终点。因此，法治精神必须回到文化视野中来研究，回归到对于人的理想人格的探求中来。要承认现实中每个人之人格差异、与理想人格的现实距离之存在，然后让法治精神符合于并趋向于塑造理想人格。本书后面就是分别从西方法治精神和中国传统法治精神两个大的方面进行细化研究，其中贯穿的就是对"人"这个主体与"法"之间的关系的研究。

第四节 文化内涵的厘定及"现代法治精神的文化追问"之必要性

一、文化内涵的厘定

（一）文化的中国传统界说

1. 文化一词的词源考证

无论在中国还是在西方，文化的定义皆众说纷纭，难以形成一个权威而统一的学理定义。就西方而言，"仅美国人类学家克鲁伯和克莱德·克拉克洪写于1952年的《文化——关于概念和定义的述评》一书中便列举了自1871年以来西方学者关于文化的定义164种。而从那以后，各种新的定义有增无已，竟有人称已达万条之多"。[4]限于本书主题，此处对西方文化定义不做重点探讨。而中国从古至今对文化的定义更是难以进行一个完整的学术梳理。但是，现代汉语中"文化"一词的源头可以追溯到《易经》，[5]应该是没有过多争议的，因此，此处着重对文化一词的源头进行考证和理解。"刚柔交错，天文也。文明以止，人

---

[1] 即人生观，或曰心性观。

[2] 即价值观，或曰人际观。

[3] 即世界观，或曰宇宙观。

[4] 徐行言：《中西文化比较》，北京大学出版社2004年版，第8页。

[5] 本书对《易经》的文字引用部分，参照的是《周易》，扬天才、张善文译注，中华书局2011年版。该书对于现存的《易经》七种十篇的相关问题进行了学术梳理和学术译注，可资参考。由于《易经》博大精深，对其精准理解完全超出了笔者的学术研究能力，因此本书在"文化"的词语溯源部分只能在引用原文的基础上做出自己的肤浅理解。

文也。观乎天文，以察时变；观乎人文，以化成天下。"[1] 此处虽然未将"文"与"化"连接起来作为一个独立词汇使用，却表达了中国传统社会中"文化"的本真，此处的关键是如何理解"文"和"化"的内涵。笔者浅见认为，"文"可以理解为"本性"之意，而"化"可以理解为"化育"之意。以此理解为基础，则《易经》该段文字可以解读为：天的本性是刚柔交错，对天的本性的探求止于对人的本性之探求；理解了天的本性就可以理解永不停息的各种变化，而理解了人的本性就可以据此化育天下众生；由天的本性所决定的永不停息的变化是"天自有之"而不可违背的，因此无须化育只可体悟，而人的本性所决定的人生之种种变化需要人自身去探查，因此需要开悟的圣贤们依据自己的悟道的体会去化育众生。因此，文化系指依据对人的本性的明了来化育天下众生，所以文化可以理解为"人文化育"。而作为天的本性和人的本性的天文和人文究竟指什么？这又是见仁见智的问题。"《易》之为书也，广大悉备。有天道焉，有人道焉，有地道焉。兼三才而两之，故六。六者非它也，三才之道也。"[2] 这里就提出了"天、地、人"乃"三才"的表达，而"文"亦可同于"道"。"昔者圣人之作《易》也，将以顺性命之理。是以立天之道曰阴与阳，立地之道曰柔与刚，立人之道曰仁与义。"[3]《周易说卦》提供的解读中，作为"三才"的"天、地、人"的本性就分别被表述出来了：阴阳、柔刚和仁义。据此，文化就可以理解为"人之道"的弘扬，而其核心在于人本性中的"仁、义"。综上，作为"文化"一词之源头的《易经》，其所表达的文化的要义可以总结为：文化即是发现与践行人之道，即圣贤以仁义作为人的本性来化育天下众生的过程和结果。由于《易经》被公认为是中华文化的源头，而且《易经》在中国传统文化中一直被奉为"群经之首"，因此中国几千年的传统文化中对于"文化"的理解主要是秉承着《易经》中的内涵，这是应该可以推断出来的一个结论。[4] 中国自先秦儒家至近代以前的主流文化皆以"仁义"作为人文追求，而儒家创始人孔子"祖述尧舜、宪章文武"，儒家所追求的"仁义"发端于中华文化之三代时期。因此，从事实上看，说中华传

---

[1]《周易·贲·彖辞》。
[2]《周易系辞下》。
[3]《周易说卦》。
[4] 限于本书的主题和篇幅，更主要是笔者的研究能力，不再对历朝历代圣贤们对文化的界定——考证。

统文化中"文化"是以人之"仁义"本性的追求作为践行"人之道"的文化实践，也是一个可以判断出来的结论。因此，当代工具书中对文化的一个定义是"中国古代封建王朝所施的文治和教化的总称"。[1]其中"文治和教化"的主流内核应该就是儒家所言的"仁义"。至于在政治实践中"仁义"被"异化"则是另外一个问题。

2. 文化一词的多样理解

近代伊始，随着中西方文化的互通和碰撞、时代状况的变化和发展，中国学界对文化内涵的理解已经大大超出了中国传统文化，出现了多样化的趋势，其中既有对中国传统文化界说的肯定和发展，亦有对中国传统文化界说的否定和冲击。此种现象的出现，并非可以简单归之于时代进步或者人心不古，而是各种因素交互作用的综合结果。此处列举一些学者对文化的理解以便对文化一词进行更加全面的解读。梁启超先生认为：文化者，人类心灵所能开释出来之有价值的共业也。[2]此种文化定义表达着双重含义：一是文化基于人类之心灵，即文化以人心为发端甚或本体；二是文化属于人类之全体，即文化可以超越民族、种族、国别甚至时代之差异而具有共通性甚至同一性。钱穆先生认为，文化只是"人生"，只是人类的"生活"，文化指的是"时空凝合的某一大群的生活之各部门、各方面的整一全体。""每一个人的生活，也可说是人生，却不可说是文化。"[3]此种表达，似乎并非是为文化下一个学理定义，而是指出文化完全融在了个体人生的方方面面、每时每刻、须臾不离；同时表达了文化一定是"大群"的集合属性。钱穆先生同时将人生全体区分为三大类：物质的（又称为自然的）人生、社会的（又称为政治的）人生和精神的（又称为心灵的）人生。这就是文化的三阶层：第一阶层面对的是"物世界"，第二阶层面对的是"人世界"，第三阶层面对的是"心世界"。[4]梁漱溟先生认为：文化，就是吾人生活所依靠之一切。[5]此种表达表明了文化可以具备个体属性。梁漱溟先生同时也将文化概括为三方面：精神生活方面、社会生活方面和物质生活方面。[6]两位先生将文化所做的阶层或者方面

[1] 夏征农、陈至立主编：《辞海》（第六版缩印版），上海辞书出版社 2010 年版，第 1975 页。
[2] 徐行言：《中西文化比较》，北京大学出版社 2004 年版，第 14 页。
[3] 钱穆：《文化学大义》，九州出版社 2017 年版，第 4 页。
[4] 钱穆：《文化学大义》，九州出版社 2017 年版，第 8—11 页。
[5] 徐行言：《中西文化比较》，北京大学出版社 2004 年版，第 12 页。
[6] 徐行言：《中西文化比较》，北京大学出版社 2004 年版，第 12 页。

的划分，涉及的是人如何面对物质世界、人如何处理与他人和社会关系、人如何看待自心的问题。而面对物质世界、处理与他人关系、面对和审视自心，对每个个体而言，都是发端于自心的，却又是外化为自身之外在表现。因此，文化的根本或曰本体在于人的自心，离开人心则可能是虚谈文化；文化表现形式为对物、对人、对己，不考察外在则可能是空谈心性。因此，文化是以人的心性为体，以心性的外在表现为用，体用合一即是文化的全貌。

（二）笔者对文化内涵的理解

1. 对与文化相近的概念之思辨

本书在对文化内涵进行本书视角的限定之前，需要对其中相近或者容易混淆的概念予以厘清。本书的文化概念不等同于宽泛定位的文化概念，如日常生活中所言的酒桌文化、茶文化、建筑文化、亚文化等，其实并未能体现出直指文化本体的特征，因此不作为本书定义文化的范畴。在此基础上，笔者认为应该着重区分文化与文明的概念，因为二者在近代以来经常混同使用，但是笔者认为文明不等同于文化。文明本是一个中国固有词汇，其本意可以理解为对"文"的"明了"。如果对"文"作同一含义的解读，则文化表明了一个以"文"化育众生的过程，文明则表明了对"文"已经"明了"的结果状态，即为"明心见性"。《辞海》载明：文明一词出自《易·乾》"见龙在田，天下文明"，表意为"光明，有文采"；文明也可以理解为"文治教化"；又可以理解为与"野蛮"相对的"社会进步，有文化的状态"。[1]近代以来对文明一词的使用和理解，已经具备了多样化的内涵。例如，学界将文明划分为游牧文明、农耕文明、商业文明，或者当代人探讨物质文明和精神文明之关系，与本书所言的以人之心性为文化本体并不直接等同，因为此种用法上的文明并不等同于人的心性之"进步"，也可能包含人的心性之"堕落"，甚至与人的心性无涉而只关乎人的知识或者智识、生产生活方式以及技术进步等。又如，文明可以如下使用："当今世界存在西方文明、中国文明、日本文明、伊斯兰文明、印度教文明、东正教文明、拉丁美洲文明、非洲文明，这些文明之间的冲突与合作成为冷战后的全球政治格局。"[2]因此，笔

---

[1] 夏征农、陈至立主编：《辞海》(第六版缩印版)，上海辞书出版社 2010 年版，第 1977 页。

[2] 夏征农、陈至立主编：《辞海》(第六版缩印版)，上海辞书出版社 2010 年版，第 1977 页。

者认为，今日之文明概念，更多体现的是一个历史的时代区分或者不同文化族群之概念，而文化是一个可以超越时间、空间和知识、技术等方面差异的概念。文化也不直接等同于知识，例如，当今人们说"学文化"往往表达的是"学知识"的意思。知识本身是人类智识的成果，代表着认识世界能力的提高，因此知识本身是文化的载体和必备要件。但是，如果将知识等同于文化，则会出现一种人们所不愿意看到却并非个例的情况，那就是拥有广博知识的人却不具备人们期许的理想人格，甚至知识成为作恶的工具和伪善的道具。由于知识与人格不具备对等关系或者正相关关系，而笔者认为文化的使命之一是对理想人格的塑造，因此，本书对文化与知识进行了概念上的区分。当然，对于词语的理解和使用是一个视角的问题，而并非绝对的正误问题或者是非问题。笔者的此番概念区分，更主要是为了建立一个自己对文化概念的理解和限定，在此基础上展开全书的研究工作，避免因为对概念的不同理解而产生不必要的争议和误解，而不是为了"是我而非他""以非他来是我"，更不是认为自己找到了一个对文化概念的终极理解。

2. 本书文化内涵限定及考量

鉴于本书的主题包含了良知文化与法治文化关系问题的研究，更主要源于笔者对中国传统文化界说的认同，本书确立"文化本体"的内涵即是追求心性本体之"仁义"。"形而上者谓之道，形而下者谓之器"，[1] 本书对于文化是"心性本体""仁义"之界定，是属于"无形无相"的"形而上之道"，而"形而上之道"却是寓于"有形有相"的"形而下之器"之中的。所以，秉承"心物一元"的"无对思维"，[2]"形而上之道"与"形而下之器"存乎一体，并无分离。因此，将文化区分为器物文化、制度文化和观念文化三个层级也是一种文化向度的表达。器物和制度是不是文化的范畴？笔者认为二者是文化的范畴、是文化的应用，但并不是文化的本体。例如，一位高度敬业的理发师，通过精湛的技术为客人理出优美的发型，为客户带来的美的体验就是理发师的快乐；一名敬业的厨师，以自己烹饪的美味为食客带来味觉享受而快乐和自豪；一名城市规划设计师为了整座城市人群安居乐业而交出了一份优秀的设计方案；立法者出于公平正义和秩序安定的考量，制定出了完善的法律体系；军人为了保家卫国而苦练军事技能以免同

---

[1]《周易系辞上》。

[2] "无对思维"是相对于"有对思维"而言的，"无对"讲求和谐与统一，"有对"讲求对立与分别。

胞受战争之苦等。当我们无限延伸下去思考会发现，器物和制度、全部生活与职业、全部的政治运行和社会运行可能都是文化的应用，而且通过此种文化的应用才能完成文化的使命。如果一个社会中所有的人皆出于仁义之心工作和生活，形成一种人人为我、我为人人的良好和谐局面，那么就是文化之大作为。我们绝不能因为每个人在器物创造和制度设计运行中包含着对自身利益的考量而否定其仁义之出发点的可贵和存在。因此，器物文化和制度文化的说法并无问题。但是，当我们抛开其中所体现的"人之心性"，而去静态或者割裂式地看待器物本身或者制度本身的时候，则器物与制度本身不可称其为文化。为了避免在文化概念中误认为存在着抛开人之心性而独立存在的"文化"，就需要强调文化本体意义上的文化概念。因此，辜鸿铭先生在《春秋大义》一书中认为：文化不是房子，不是道路，不是器具，不是制度，不是科学，不是艺术，而是人格。[1]这样的文化定义，突出强调了文化最根本处、最终需要体现在对人的塑造，而人格就是对人的塑造的一种集中表达，因此辜鸿铭先生的文化定义是极具画龙点睛之意蕴的。笔者认为，文化的终极境界是"道"而不是"术"，文化的终极意义和至高境界在于"悟道"。而"悟道"当然不是局限于个体之"心世界"之内省，必然涉及对"人世界"之态度，也涉及对"物世界"之理的探索。笔者认为文化包括心性观、人际观、宇宙观，此处之所以用宇宙观代替"物世界"，是因为宇宙表达的是一个所有时间与空间之整体的概念，其中不仅包括"物世界"，更是包括与"物世界"存乎一体的"心世界"，而这个"心世界"之状况决定了如何确定"人世界"的观念。因此，文化包含的三方面，即心性观、人际观、宇宙观，而三者是一个由个体而至整体的次第，本书所言文化即是探求三者的同一性以及同一性法则。总之，文化是以"文"化育"人"之过程，人的心性本体是文化的原点，心性本体的"仁义"是心体的本性，人格是心体之仁义形成之结果，此以"文"化育"人"的过程需要探求心性观、人际观、宇宙观并使三者达成一致，该过程贯穿每个人的全部人生和整个社会、宇宙运行之全部，此过程是人生最为根本的意义，此过程就是求道与悟道之过程。简言之，本书界定文化定义为：人类追求心体之仁义本性的过程，其理想结果为"明心见性"，即文明。

---

[1] 陈序经：《文化学概观》，岳麓书社 2010 年版，第 20 页。

（三）文化内涵厘定的意义

文化一词，被广泛使用且被宽泛定义是常态。文化更是常常被等同于知识。但是当人们看到知识广博者以知识饰其伪、凭知识行其恶的时候，往往会对文化失望。实际上，文化与知识是不同的层次，文化是"道"，知识是"术"，知识可以有利于悟道，也可以成为反其道而行之的工具。因此，今日之文化概念，在日常宽泛定义的基础上，应该着重强调其最根本处的含义，文化即是"道"本身，是求道、修道、悟道的终极所指。人们经常对文化做出分类，例如器物文化、制度文化、精神文化等。实际上，器物和制度以及通常所言的精神，都可以是文化的一个载体或者结果，但是绝对不是文化本身。"文化"一词表达的是以"文"来化育"人"的过程、方法、结果，其核心和本体在于"文"。而在中国传统文化中，文化是指天文与人文，文化具体包括人文、[1] 人与人之关系、[2] 人的宇宙观。[3] 而所有的"文"是同源同质的、一通百通的，因此仁心感通天地，人文即是天文、人之仁心即是道心。这是一种实有状态的描述，而非一种单纯停留在语言文字上的说辞。而对于每个个体和人类全体而言，抓住自心的体悟和修行，就是一个"文"的发掘过程、自己的觉悟过程；而圣贤对世人的教化，是以"文"来"化育"世人的一种方式，因此是用"文"之本体来进行"化"的一个过程。所以，一切文化最核心的考量是人心，一切文化的本体就是人心，脱离人心的所谓"文化"是空中楼阁、镜花水月，并不是真正的文化。我们通常所言的科学、哲学、宗教、文化学等，其实就是发掘宇宙的终极奥秘的方法，而其最终是否达到使人觉悟的效果，在于其是否真正地认识到了"人文"。因此，不以"人"为出发点和终极目的，不以"文"为核心和本体，皆非文化之本真。而文化的意义在于，文化就是人生的意义，文化就是人生，它是每个个体亲自体悟、顺随着时间流逝而逐步深入的一个过程。因此，无人可以设定一套规则来代替他人的人生体悟，这套规则的正义性在于保障他人依据正确的仪轨完成文化体悟，这就是每个个体的文化人生。而文化的最终本质是让人们认识到一种自心之性与他人之心性等同，因此文化最终的结果是人人具备利他之心，利他即是自利。所以，文化

---

[1] 个体心性本体之人文。

[2] 爱人如己、视人与自己无分别，即为"仁"。

[3] 宇宙观即为"天文"。

最终的结果是人类的和谐、人类的高尚情怀、人类的人性光辉得以完满结合在一起。自己与他人等同，爱人如己，这样的文化结果就是"仁"。[1] 因此，文化最终可以定义为：以"文"来"化"人，而达"仁"。而人人皆无"分别心"，达到了"仁"的境界，就是天下大同，这才是孔子所描述的大同理想的真谛，也是今人应该对文化真谛进行界定的一个思考方式。因此，本书之文化定义，既不同于以知识定论文化，也不同于宽泛定义文化，更不同于将文化庸俗化理解，而是回归心性本体和道这一本体论层面定义文化。文化就是人生，文化无所不在，但是脱离了心性本体和道之事物皆非文化本真。这种文化内涵之界定，是本书的"文化追问"之"文化"本意，后文还将围绕本书界定之"文化"内涵详细探讨相关问题，此处概略表述即止。

二、"现代法治精神的文化追问"之必要性

（一）文化追问的内涵

现代法治精神所表述的诸项内容，可以依附于不同的文化体系，在不同的文化体系中其内涵千差万别。如不从文化高度着眼，则法治精神之理解定会千差万别甚至矛盾混乱。本书所谓的文化追问，一是指需要深入文化层面来研究法治精神，厘清法治精神的文化内涵；二是指探寻法治精神的文化渊源，即中国现代法治精神从何处来、从何种文化中来；三是在中国现代社会文化多元的格局下，法治精神研究中如何进行文化根基的选择。具体来说，一是对中国现代法治精神必须从文化处进行解读和阐释，而不是从远离文化的"理论构建"角度来理解。例如作为近现代西方法治精神研究中普遍基础的"理性"和"理性人"假设，就是一种脱离了文化而构建出来的概念。因为"理性"既不是对现实普遍观察的规律总结，也不是中国式修行的"明心见性"之实证结果，其只是欧洲启蒙运动中人权对神权的反抗的理论武器，在中国不具备实证基础和针对指向。而这个概念牵着诸多理论的鼻子走了几百年，虽然我们都知道现实中复杂的政治、鲜活的生活、人心之种种变化从来都难以用"理性"来描述、概括。将具有生命力的现实世界用一个固化、僵化的"理性人"假设予以替代，实质上是在构筑一个乌托邦式的主观世界而已。而文化，是真正的"人学"。因此，从"人学"角度来解读

---

[1] "人"，"二"，合成为"仁"，表达着任何两个人类个体之间没有"分别心"之意。

法治精神，这是"文化渊源"的第一层含义，也就是精神发端于人心，而人心之"体、用"才是文化。二是对中国现代法治精神之历史渊源，从文化上进行追根溯源。例如，中国现代法治精神是人类从古至今之天性使然，还是中国传统文化孕育，还是来自西方的启蒙和输入，还是在现代中国自我发生，这都是文化渊源的重要命题。三是在中国特色社会主义文化体系之中，法治精神如何能够以中国特色社会主义文化为引领？二者如何构建出一种自洽、完美的理论关联并一体化？例如，我们讲"人民至上""以人民为中心"，那么法治精神是来自作为主体、中心、至上地位的人民，还是来自一种外在于人民和人心的"法"？"法"的来源是内在于人心还是外在于人心等诸多理论问题，唯有在文化类型、文化倾向和文化根基之间进行选择之后方能定论。以上这些都是需要进行深层次文化追问的问题。

（二）文化追问的意义

文化追问并不是一个简单地对中国现代法治精神进行义理阐释的问题，也不是单纯地找到中国现代法治精神的文化来源的问题。其更为重要的意义在于通过对中国现代法治精神的文化追问，找到厘清中国现代文化与中国传统文化、中国现代文化与西方文化之历史渊源关系的钥匙。因此，法治精神的文化追问事关对中国现代文化的深刻认知，事关法治进程中如何看待中国传统文化、西方文化和近现代以来的中国文化的问题。可以说，谈到法治精神与文化的话题，今人有着太多的思想迷惑需要澄清。例如，我们谈论人们最为重视的自由问题的时候，有论者研究西方的保守主义时指出："只有保守自由与自由传统的主义，才称得上是保守主义。"[1] 而"有人说，欧美有自由的传统，所以它们可以'保守'，在中国传统里似乎很难找到自由的踪影，我们如何去保守自由的传统呢"？[2] 面对这样的不同观点，我们势必要弄清楚，什么是自由？中国到底有没有自由传统？而西方所谓的自由传统又应该如何解读？这关乎中国现代法治精神的"自由"追求是哪里来的。中国几千年的传统文化真的竟不知自由为何物吗？自由精神是西方近代以来的世界性殖民掠夺过程中带给中国的"启蒙"吗？西方近代的殖民掠夺就

---

[1] 刘军宁：《保守主义》，东方出版社 2014 年版，序第 2 页。
[2] 刘军宁：《保守主义》，东方出版社 2014 年版，序第 2 页。

是其"自由传统"的产物吗？中国现代社会所倡导的自由如若包含精神自由和政治自由，对于其历史来源和文化来源，我们需要在西方传统中寻找精神自由的终极归宿还是在中国传统文化中寻找？我们对政治自由的理解和建设是需要秉承西方近代以来的实践路径还是有着中国社会自有的特征？这些只是列举的几个小问题。从整体而言，大的方面和根本性问题甚多，法治精神的文化追问就显得更加具有至关重要的意义。对于中国现代的法治精神，必须进行一个客观而有效的、经得起理论和实践检验的、经得起历史和良知评判的文化追问！

第五节 中国现代法治精神的文化追问之研究范畴

目前国内外关于法治精神的研究，基本上是依据西方法治精神研究的历史和基本理论框架而展开的，与西方相对应的中国传统法治精神作为一种人文智慧的结晶，是被严重误读甚至被视而不见的。西方关于法治精神的研究充盈着西方法哲学的研究范畴；而中国传统社会中关于法治精神的研究，则归属于中国传统文化学的研究范畴。也就是说，对于法治精神的研究领域，与西方法哲学最为对应的领域是中国传统文化学。故而，在此需要对国内外关于法治精神的研究做出清晰的梳理。通过梳理就可以发现，以西方法哲学研究范畴作为基本参照而搭建的中国现代法理学研究框架，缺失了一块重要内容作为研究范畴，那就是中国传统文化学。所以，西方法哲学与中国传统文化学皆应作为现代法治精神的研究范畴，在中国现代法理学中予以研究，尤其是在法治精神的研究课题中。因此，中国现代法治精神在文化追问的时候，需要西方法治精神与中国传统法治精神作为研究范畴，亦即中国现代法治精神的西方镜鉴与历史镜鉴。

一、确立研究范畴的基本原则

对中国现代法治精神的西方镜鉴与历史镜鉴需要进行比较研究，进而完成中国现代法治精神的文化追问。因此，西方法治精神与中国传统法治精神皆应成为中国现代法治精神之文化追问的研究范畴。而针对当下法治精神研究之常见方法性弊病，笔者确立了本书的三个中西法治精神比较的研究原则，即同质比较原则、实事求是原则和求真务实原则。这三个原则的确立，系恰当厘定中国现代法治精神之文化追问的研究范畴的方法前提，且其效果在于将本书"为了创新而创新"之功利性诉求降到最低限度，进而寻求法治智慧的生成。在中西法治精神比较研究中，首先是对中西方选取同质问题进行比较，保证比较对象选取的恰当性；在此基础上，对中西方各自的研究对象都需要以实事求是的姿态进行分别研究，不先入为主地预设研究结论，避免对研究对象进行刻意美化、神化或者刻意丑化、扭曲，以求呈现中西法治精神各自的真面貌；在此基础上进行中西比较研究，就可以达到求得中西方法治精神之本真的目的，总结其异同以及发现原因，进而以求得的理论成果之"真"来务中国现代法治建设之"实"，此即"求真务实"。

（一）同质比较

区分"观念"与"事实"是同质比较原则的要义，以此观念与彼事实进行比较研究而评判优劣，是需要纠正的。"法治西来说"在当下中国是一个观念上的既成事实，因此延伸出来"法治精神西来说"也就顺理成章。以西方的法治"观念、思想"对比中国传统社会的"负面政治实践"，是造成今日人们幻想、拼凑出一部宏大而美好的"西方法治史"，同时定论中国传统的政治实践中缺少了西方法治的"宏大与美好"，进而得出中国现代法治应该全面学习甚至应该从文化根本处学习西方法治之结论的研究手法。而以此观念对照彼事实再评论优劣也的的确确是法治精神研究中的一大方法论弊病。

在西方近2500年的"法治实践"历史上，"法治"在现实中的主要属性和动力就是作为政治统治和政治斗争的工具而存在的；而法治精神的相关理论和各类言说，一方面是扮演着追求真理的角色，另一方面是扮演着对参与政治斗争一方利益进行维护的角色。例如，当我们只考察古希腊观念中的奴隶制度之正当性，以及西方的奴隶制度延伸到近现代的历史事实；欧洲中世纪教权对人性的压抑、教权的黑暗政治统治；欧洲的国王和封建领主对大众的盘剥和奴役；马克思所揭示的西方资本主义在原始积累过程中的种种贪婪和残忍；西方近代以来在世界性的殖民扩张过程中伴随的烧杀抢掠，两次世界大战的人类惨剧可谓惨绝人寰；甚至西方现代社会中的种种撕裂，如美国当下大选过程中发生的选民暴力冲突展现的深度社会撕裂……如果依照这样的视角看待西方从古希腊伊始的"法治实践"历史，我们断然不能说这是一部值得向往的人类历史。如果说这样一部历史是近乎"人役于物"的欲望史和金钱史、人类的互相残杀和战争史，似乎也不为过。而当我们回看中国秦朝以来的"封建社会"中所展现的种种政治黑暗和制度弊病，当我们回首中国历史上平均两三百年就会发生的大规模战争，或者王朝更替中伴随的大规模社会动荡和百姓的流离失所，可能也会理解有些历史家所言"中国的二十四史是一部相斫史"，或者王亚南在《中国官僚政治研究》中所说的"又实是一部贪污史"。[1]如果我们如此悲观地去看待历史，则无论西方这部宏大的"法治史"还是中国传统社会的这部悠久的、通论所言的所谓"德治史"都让人心有戚戚焉，甚至久久无法释怀。而且，中西方的"法治理论"和"德治学说"在这样的大历史过程中，并非纯粹充当着"匡扶正义"的角色，很多时候却是在"火上浇油"。但是，显然这样的历史回眸只是中西方人类历史的一个侧面而绝非全部。

当我们换一个视角，抛开其现实目的而"单纯"地关注各种理论言说本身的精神指向，例如醉心于古希腊三贤所探讨的灵魂世界、理想国、正义和理性；当我们审视基督教的天国理想以及倡导的"平等、博爱"；当我们研读马克斯·韦伯在《新教伦理与资本主义精神》中所展现的清教徒创造财富时的宗教精神指引；当我们深入研究近代欧洲启蒙运动所高喊的天赋人权、主权在民、平等、自由；当我们对西方现代法治国家倡导的民主、自由理念予以正向解读……当我们回望中国传统社会的孔孟之道所倡导的人性本善、仁政与德政、"大道之行也，天下为公"；当我们领悟"舍生取义，杀身成仁"之儒家殉道精神；当我们向往庄子"独与天地精神往来"的精神境界；当我们明了古代圣贤和士人志于"为天地立心，为生民立命，为往圣继绝学，为万世开太平""天下兴亡、匹夫有责"；当我们明了"内圣外王"实为"修身、齐家、治国、平天下"等。这些人类精神世界的追求所展示的人性之伟大光辉，又无不让我们向往并激动不已。但是，显然这种精神世界的理想在现实世界中只能部分转化为现实。

因此，当我们用观念比照事实的时候，例如以西方的精神创造与中国传统的片面史实相比较，就会出现"万事不如人"之类的全盘西化倾向；当我们以中国传统的精神世界来比照片面抽取的西方负面历史事实的时候，自然会产生"中国的保守主义"。然而，这样的"观念——事实"比较违背了"同质比较原则"。在

[1] 王亚南：《中国官僚政治研究》，商务印书馆 2010 年版，第 116 页。

本书法治精神的研究中，需要避免这样的比较方法，也就是通常所流行的：先预设一个主观上的结论，为了论证这个结论的真理性而寻找相关事实材料作为论据，将一方全部予以黑暗描述，而另一方全部赋予光明意义。这样的研究是难以得出对当下中国法治建设具有真正参考价值的结论的。而本书更侧重于对中西方的法治"观念"，即法治领域的精神创造，进行比较研究。

（二）实事求是

通过曲解历史或者神化、美化历史来进行理论研究，也是造成今日法治精神研究的理论成果有失偏颇的一个重要原因。这种有失偏颇，对当下的法治建设会形成不必要的误导。例如，有论者认为中国传统法律文化应该以"无讼"作为特征，"无讼"被曲解为不重视法律之作用甚至不需要法律，[1]更勿论法律至上与法律主治这些"法治的基本特征"之存在。而实际上，"无讼"原文乃"听讼，吾犹人也，也必使无讼乎"。[2]这是孔子在表达：司法审判的最高境界是使双方矛盾化解、再无纷争之意。就是在今天，这也是司法审判的最高境界和理想结果，这与"不重视法律、不需要法律"完全扯不上一点关系，反而完全是非常重视法律的高深见解，却被普遍用以论证中国传统社会不重视法律，尤以儒家为甚。这就不是一个实事求是的研究结论。因此，如果说"无讼"是中国传统法治的特征，应该将"无讼"等同于现代语言的"社会和谐"，这才符合中国传统法治文化的本意。这也是中国传统文化及其法治文化之"和谐理念"与西方文化及其法

---

[1] 例如，如下观点："'听讼，吾犹人也，也必使无讼乎！'无讼的字面意思是没有或者不需要诉讼，引申为一个社会因没有纷争和犯罪而不需要法律或虽有法律而搁置不用，亦即所谓的'刑措'。"〔张中秋：《中西法律文化比较研究》(第五版)，法律出版社2019年版，第353页。〕该段文字的解读系对"无讼"的误读。孔子之言的本意是：作为审判官审理案件，我和其他人是一样的，最终是要解决双方的纠纷；圣人只是通过"吾犹人也"表明审判目的为化解矛盾这样一个常识。"诉讼"一词，"诉"乃"告诉"，"讼"乃"争讼"；孔子所言"无讼"是一种审判效果，其前提是有人"告诉"而引发审判官"听讼"，而"听讼"之后的裁判当然是依据"法律"，因此完全无法推断出"不需要法律、虽有法律而搁置不用"这种该论者所言的"引申理解"；至于说该论者假设的"一个社会没有纷争和犯罪"这个条件，那是孔子在描述"大同理想"的时候的题中应有之义，而不是在这句话中作出了前提假设。此类推论或者"引申"理解，不仅不符合历史事实，也不符合圣人之言的基本含义，以此为基础来理解中国传统法治文化甚至比较中西法律文化不甚妥当。类似的误读和曲解现象，在今人的学术研究中并不鲜见，甚至比较普遍。

[2]《论语·颜渊》。

治文化之"斗争思维"最根本处之不同的体现。而孔子所言之"为政以德"被理解为今人定义的"儒家德治";孔子所言之"为政在人"被等同于今人所反对之"人治",更是通行于今日的学术研究中。[1] 这些论点的最终指向和目的可能没有任何问题,但是将儒家的智慧错解并作为一个对立的靶子,是不成立的。而实际上,文化对人的塑造之路径与法治的理想目标之实现路径,不仅应该并行不悖,而且应该相得益彰。对儒家的此类推论之严重谬误笔者将在后文详述。这都是不依据实事求是原则进行研究而得出的结论,这些结论是站不住脚的,但是往往被当作当然正确而成为流行的学术观点。

同时,将西方的本质为"神治"和"人治"的理论,理解为冠以法治之名的"法律统治""法律至上""法即正义",即是对西方法治理论的曲解。例如,亚里士多德所言的"法即正义""让法律统治国家比让任何公民更合适",实际上这里的"法"是指其信仰的"神"所制定的"宇宙法则",与我们通常理解的"法律"完全不是一个概念,亚里士多德实际上表达的是"人应该服从神的统治"之"神治"以及"服从代表神来统治人间的神的代言人的统治"之"人治"。[2] 大概是顺承西方法治理论的思路,有论者认为"法治"就应该理解为"法律至上""法的统治"或"法律主治"。[3] 但是这里就出现了矛盾:如果以中国现代汉语语境中的法律内涵为出发点,法律至上和法律主治的社会,一定是出现在一种集体道德严重滑坡、人与人之间极度自私冷漠甚至必须依附于极权专制的政治架构之下才能成立的,而且这种成立只能是在理论上成立,而并不能在现实中实现。否

---

[1] 例如,如下观点:"儒家在政治哲学上提出了贤人政治的人治主张。在儒家看来,为政在人,'人存政举,人亡政息',只要把政权交给尧舜那样的贤人来执掌,就会确保国家兴旺发达,社会安定团结,人民繁荣富强……儒家还强调掌权者的榜样作用,甚至认为榜样的力量无穷。在他们看来,掌权者'其身正,不令而行',只要掌权者成为道德的楷模,民众就会像'众星拱之如北斗'那样,模仿他们的行为,服膺他们的领导,听从他们的指挥……从性善论出发,儒家重视精神文明,而不重视制度构建。因此,他们许多良好的愿望难以落实。例如,'为政以德'的德治主张和'民贵君轻'的民本思想,虽然动机良好,但缺乏相应的制度保障,显得苍白无力,最终流于一种劝善的空洞说教。"高鸿钧:《法治漫笔》,译林出版社 2017 年版,第 3 页。
[2] 此处的具体引文,笔者将在后文相关部分予以详细引证和分析。
[3] 例如,如下观点:"各个社会都探索并尝试了治理社会的治道,其中最典型的治道有四种,即神治、人治、德治和法治。治道不同,权威的模式也不同。一般来说,实行神治则神灵至上,实行人治则精英至上,实行德治则道德至上,实行法治则法律至上。"高鸿钧:《法治漫笔》,译林出版社 2017 年版,第 7 页。"法治的根本原则是法律至上。只有法律至上才可能实现法治,实现法的统治。"张文显主编:《法理学》(第五版),高等教育出版社 2018 年版,第 366 页。

则，既然法律是社会成员的行为底线，如何确立其拥有主治和至上地位的正当性？一个社会将行为底线要求的实现作为最高的理想，这是说不通的。这就会出现一种最大的担忧："一个完全建立在智性和法律之上的社会，也就是一个法治社会，只能造就一大堆现世主义者，却孕育不出秉性健全的人来。"[1] 而且在历史上，法家法治和希特勒法治就是法律至上和法律主治的典型代表，而其实质则是掌控法律的最高权力拥有者主治。如果认为现代英美法治国家是法律至上和法律主治，那么这也彻底是一种误解。在现代西方法治国家，宗教信仰拥有社会至上地位并担负着主治之责，实则是文化主治，而绝不是它们所称谓的"世俗法律"来主治。如果因为西方法治推崇"法律至上"，就认为中国一定要"法律至上"才是法治的话，那么笔者认为，这是一种只有通过移花接木、偷换概念的方式才能完成的理论论证，因为西方所言的至上的"法律"与我们所言的"法律"根本不是一回事。中国现代法治理论中强调"法律至上"的论者们，实际上是在强调"法律不容任何权力行为和其他规范与其背反"，这类观点实际上应该直接表述为"法律的绝对权威"更为恰当。中国现代社会强调的"法律至上"的理由，与西方所强调"法律至上"是建立不起来必然联系的，因为它们根本不是一回事，而通过论述西方的"法律至上"来凸显中国现代的"法律至上"的应然性，即可谓之不实事求是。而此类误读、曲解已经左右了中国法治理论的研究思维。

这种非实事求是的研究方法形成的研究结论，一方面是方法的问题、视角的问题，另一方面却展现了思维观念的固化。此种思维观念的固化，很多又是源于人类的一个难以避免的特性，那就是习惯于在心目中树立一种完美的理想并且力求在精神世界和现实世界中去寻找一种符合圆满理想的原型或者未来目标，特别是希望找到一种可以避免"人治弱点"而一劳永逸的"无偏私的法律之治"。而一旦理想世界的现实原型出现了坍塌，则意味着自我的精神世界一定会受到严重冲击，而此种冲击往往是精神世界中难以承受的理想幻灭。因此，人们往往出于精神世界的自我保护需求，而选择性地观察这个世界。当人们因选择性观察而肯定、保护式抵抗而否定，就会形成观念的阵营和现实中的人群撕裂和对立，这个完满的精神世界因为现实世界中的撕裂和对立，就只能永远处于幻想之中了。笔者认为，当前人们对法治的激情无论如何高昂都不为过，但是我们当下也因为过

---

[1] 於兴中：《法治东西》，法律出版社 2015 年版，第 70 页。

高的期许而出现了一个大问题，那就是一个"法治神话"已经被杜撰出来了，从西方社会幻想出来一个"法治神话的模板"，并且将中国未来的法治理想以观念中的"法治神话"为目标而进行理论构建。而很多理论在现实中是完全无法实现的，因为我们将法治大厦的地基建立在了一个多彩的气泡之上，悬浮于空中很美丽，但是却经不起重压和实锤。笔者这样的观点，并非是在摧毁人们关于法治的信念，而是希望避免乌托邦式的狂热发生。在一种法治神话形成的洪流中，笔者认为需要这样的声音来平静一下人们的心绪，这样才能更好地推进法治。确立法治、推动法治，都是依靠"人"来进行的，抛开对人的塑造而去谈法治，是完全不切实际的。而这恰恰是当下这个"法治神话"最大的短板。而人们如果能够完全冲破自我精神束缚，则是已经向圣贤迈进了，对于大多数人而言，实难做到。坦白地说，人们无论是在历史上的理论家们那里，还是在人类政治实践的历史中，去寻找一个完美的法治理论灯塔或者法治实践灯塔，都是徒劳。"从人类科学理性来看，不仅过去和现在，即使将来，人类亦不存在绝对、纯粹的法治，因为法不可能完全平等地体现每一个人的意志……这亦决定了绝对纯粹的法治只能是人类的一种理想设计和追求。"[1]历史留给我们的只是启示，而不可能是模板和标杆，路在脚下，法在自心。在理论研究中，实事求是非常必要，实事求是即为理论研究的中庸之道。

（三）求真务实

　　由表及里方能求真务实，不流于表面看问题，是理论研究的研究功夫问题；不隐藏真实研究目的而公开表达真实用意，是理论研究的研究态度问题。这就是由表及里的推演方法。例如，研究法治精神需要明确其内涵是什么、义理是什么、制度依托是什么、实现路径是什么，等等。如此才能求真，求真才能务实，为了务实就必须求真，而不能以没有依据的理论假说作为立论前提。针对不同人士和流派对于法治精神的不同理解，非常有必要明了其如此般理解法治精神的原因，也就是法治精神的义理基础。例如平等精神，我们首先要了解大家所说的平等指什么，然后再探求这种平等的义理依据是什么，然后再评判此种义理是否站得住脚，而不能盲目认同其作为理论前提的假说。例如，有人说"人人生而平

---

[1] 张中秋：《中西法律文化比较研究》（第五版），法律出版社 2019 年版，第 330—331 页。

等"，以此为前提展开理论构建，但是如果不深入研究其"人人生而平等"的义理是否正确，那么就会在"人人生而不平等"的社会现实观察面前，因未能求真而无法务实。

此处列举在确立法治精神的终极依据问题上，当下流行以西方之"理性"概念作为法治精神确立的根基之潮流，而且往往是认为理性是高于心性、智性之类的研究结论甚多。其实，无论是古希腊时代的"理性"概念，还是近现代以来的"理性"概念，其最终一定是落实到人心处的"心性"，否则，理性与善恶就无法区分，你可以"理性"地去从善，也可以"理性"地去作恶，还可以"理性"地善恶不分。[1]"知识之多，适以行其恶""闻见之博，适以行其辩""辞章之富，适以饰其伪。"[2]这是任何时代、任何国度都普遍存在的弊病，只是程度有别、形式有异而已。而纠正此通病的根本在于人之心性。人之心性，名为"心性"；心性之理，亘古未变；无心性义理之探求和修炼之方法，无以名为"人文社会科学"。现代流行将每种学问冠以"科学"之名以表达其先进性与真理性，但实际上恰恰是这种近代以来的"科学思维"使得人类自上古以来一以贯之的真正智慧被抛弃了，例如，"不科学"的"心学"。因此，若不从人之心性这一根本处探求、确立法治精神的根基，则一切学说最终一定会沦落为一种文字游戏而已，这与西方近代以来流行的虚拟式理论"构建论"并无二致，需要警惕。当我们真正品读浩如烟海的中国传统古籍的时候发现，对于心性之阐释、对于天道之体悟、对于智慧之求索、对于入世之智慧，岂是"古代科学尚不发达，古人思想原始朴素"这样的臆想所可以定论？而今人依据"科学思维"和"科学方法"之"科学成就"对于宇宙终极规律之把握，可以说是远远逊色于古人的。特别是在关乎人生至理的心性方面，今人推崇之种种学说深受近现代以来西方学说的影响，已经几乎失掉了对心性问题的真正智慧。"知人者智，自知者明"，在知人与自知的问题上，我们根本无法超越古人的智慧。心性就是求真的结果，因此就可以达到务实之功效；而理性现在已经沦落为一种地地道道的理论假说或者纯粹概念思辨，由于其并非求真因而往往无法务实。

推而广之，今人并未能在文化根本处树立现代学说的文化根基，因为抛弃了

---

[1] 关于"理性"这一概念，笔者将在后文严谨考证、详加论证。应该说，现在学界关于理性的论证和认知，非常混乱，由概念到概念是一个鲜明特征。

[2]（明）王阳明：《传习录》。

中国传统的文化根基，进而只有在西学之根基上建立自己的理论大厦，而西学之"心性"根基于近现代已然败落不堪，这是很少有人体察的事实。因此，确立心性作为法治精神的根基，是一个必然要求，无须隐藏，也无法存而不论。笔者认为，将中国现代法治精神之人文基础确立为中国自古推崇并深入中国人骨子里的"良知论"是完全优于引入一个西方之"理性"概念的。如果说今日抛弃"良知论"而推崇"理性论"以作"启蒙"或"开启民智"之用，毋宁说百年前的所谓"启蒙"应该转化、提升为今日中国之"重新觉醒"——中国现代人应继续以良知立天下。良知与理性之理论抉择，是一个大问题。而良知之极致，即为"致良知"，"致良知"则包含了通常所说的良心与必然升起的大智慧。而良心与智慧，才是人的精神世界的究竟处。那么法治精神的研究，势必需要回归到良知问题。这就是本书所讲的求真务实的一个例证，我们往往在求真的时候饰伪，在去伪的时候失真。关于实有的心性与玄虚的理性之间的理论抉择，就是求真务实的一个抉择，仅举此例在此处表意即止。

二、法治精神研究贯穿西方法哲学

（一）法治模式是法治精神末端

法治模式在理论中可以被称为法治模型，其理论框架之确立可以称之为模型化法治研究。模型化法治研究，是当下非常流行的研究方法。很多法治理论的研究者都会设定一种自己高度认同的法治模型来推进现实的法治进程。就影响广泛的西方法治模型研究而言，於兴中老师在《法治东西》一书中总结了以"法治"字眼构建法治理论的西方思想家们提出的"法治模式"：亚里士多德模式、戴雪—哈耶克模式、富勒的模式、拉兹的模式、罗尔斯和德沃金等自由主义者的模式等。[1] 就法治研究而言，这些思想家都提出了某种法治模式，也就是"理论化模型"的法治研究，却不足以代表法治研究的全部；从法治精神的角度而言，这些更是远远小于法治精神的研究范畴，因为法治精神的实质是文化。其实，这些所谓的"法治模式"，是一种设计者根据自己的政治目的、依据对社会现实的观察而设立的一种"律治"政治结构。这些政治结构的设计不具有放之四海而皆准的普适意义，一是其政治目的原因，二是其所针对的现实社会不同，三是时代

---

[1] 於兴中：《法治东西》，法律出版社 2015 年版，"导论：走向并超越法治"部分第 2 页。

差异原因，四是设计者的智识和能力原因。我们应该首先研究明白什么是"法"，其次研究与"法"相合的"律"，最后再有针对性地设计"律治模式"，这才是一个正当的理论路径。另外，如果我们仅是将"法治"字眼的明确出现作为法治精神研究的学术史范畴，实则大大缩减了法治精神学术史的关注范围。法治模式的研究，是法治精神研究的一个理论成果表现、现实政治制度设计和末端应用部分，而并非本源或发源，法治精神与法治模式系体用关系。总之，法治精神带动创造法治模式，而法治精神是法治模式的目的，法治模式是法治精神的载体和实现手段。但是，法治精神所涵盖的内容远远超越法治模式的视阈和研究范畴。因此，法治精神的研究范畴不应受到模型化法治研究相关理论的限定。例如，自由是法治精神，但是自由是人类的最高追求，绝不是仅仅属于法治范畴，更不是仅仅由模型化法治理论予以研究。研究法治就应该研究"自由"，而研究"自由"不一定是在研究"法治"，更不是理论研究中必须具备"法治"这个字眼才算是研究法治精神。如此，才能合理划定西方法治精神的研究范畴。

（二）西方法治精神的研究范畴

如若想理解国外的思想家们关于法治精神的研究，[1]应该首先明确这些思想家们心目中的"法"是什么，然后再研究他们认为其心目中的"法"如何"治"以及"治什么"。西方广义的"法"与中国现代汉语中的"法律"不是同等概念，而是一个文化概念，因此应该着眼于整个文化精神角度予以梳理，而不能单纯囿于国内所认为的纯粹的"法律主治"般的"法治精神"展开研究。主要是因为，在国内学界，"法哲学"一词与"法理学"一词经常被混用。"哲学"一词代表着对人生意义和世界本源的终极追问，而中国传统的"理学"或者"道学"也代表着对人生和宇宙的终极追问，从这个意义上，法哲学与法理学分别代表了从"法"的视角研究世界终极问题的西式表述和中式表述。在中西文化交流会通数百年而至今的当下中国，两种表述代表着同一内涵并无问题。哲学在西方被称为"爱智慧"，实质上哲学并不应该是一种单纯的"思想"或者"思辨"，而应该是一种对宇宙和人生至理的实际探求，其结果并不是在观念中"构建"出一套"理

---

[1] 此处主要是指目前西方发达资本主义国家的学术历史脉络，其中当然包括对作为它们文化发源地的古希腊、古罗马以及欧洲的法治精神的研究成果。

论"，而是一种实际的体悟与真实的获得。因此，西方的"法哲学"之"法"绝不是限于我们观念中的"法律"所依附的"理论构建"，而是包含人生与人类社会、物理自然在内的宇宙整体运行所依据的法则，其中包含着有形的物理法则和无形的因果法则。因此，在西方世界，无论是苏格拉底探讨灵魂问题还是虔敬神灵、无论托马斯·阿奎那将"法"分为人法和神法、无论边沁如何定义功利主义等，其实都是"法哲学"。只是他们所认同的"法"的实质内涵千差万别，所以他们所理解的"法治"之内涵也是见仁见智。因此，国外对法治精神的研究成果颇丰，而且其法治精神与其文化是一种一体化关系，也就是西方的"法学"与西方的"文化"、哲学、神学、宗教信仰是同一问题或者同一层级的问题。无论今人以何种标准界定每一个学科的研究领域，都无法以"分科治学"之思维理解"学不分科"之古典时代的学问要旨，那就是所有学问的要旨最终的指向或者最终的依托都必然是宇宙的终极真理，围绕着终极真理问题而展开分支研究，因此西方的哲学作为终极真理研究的代名词，才成为今人观念中的终极学科。而西方的哲学，在中国古代称之为道学或者理学，今日统称之为文化。因此，如果不从一个整体文化观的高度和深度去研究西方的法治精神，那么我们将无法理解法治精神在西方为何如是存在。

在国外，通论认为法治起源于古希腊，奠基于基督教，历经欧洲中世纪黑暗政治的异化，嬗变于西方近代启蒙运动，由近代逐步发展至现代形成激进主义、保守主义和自由主义三大派别。就当下现状而言，西方自由主义、保守主义和激进主义三方争论不休，而且三种主义的区分也并非一种泾渭分明的关系，实则是"剪不断、理还乱"。但是，就整个历史脉络而言，西方古典法治、西方基督教法治、西方近代法治、西方现代法治四者之间在传承之外，更多体现出的是一种彼此间甚至内部的割裂和矛盾。毋庸讳言，西方2500多年的"法治传统"，更多是国内外的学界"拼凑"出来的一种说辞。古希腊信仰的最高主宰是宙斯、基督教信仰上帝、启蒙运动信仰人的理性、激进主义信仰人的功利性、自由主义信仰财富创造与自由市场理念，这其中的本质性差别一目了然，每个时期的"法治"都是服从于、服务于其信仰的必然要求，各种"法治"的内涵有着根本性的、质的差异，"传统"一词应该被理解为"一脉传承之正统"，那么何来西方法治"传统"一说？抑或以"权利对抗权力、法律之至上性和主治地位"来界定法治之传统，更是站不住脚的观点，后文将详述。但是总体而言，西方的各阶段、各类型法治都是在一个"法治"之名义下进行的，因此将西方的"法治精神"从古典时期开始梳理至当代也是一个必然要求。

（三）西方法治精神的研究成果

本书论及的国外学术史的理论成果，主要是指西方主要法治国家的法治精神学术成果。而这部学术史，实际上又是整个一部西方文化史，这着实是一件宏大的叙事。西方早期基本是宗教之法统治人们，因此需要研究其从宗教到世俗的历史演进；西方早期几乎是神法的时代，因此需要研究其从神本文化到人本文化的历程；西方的神学和宗教学说又与西方哲学紧密相连甚至一体，因此需要梳理法治从哲学高度到政治视角的历程。同时，这种西方文化史研究梳理，即使以主要的代表人物，即各个思想大家为主线，就已经超越了一己之力；何况西方这些思想大家的研究家和研究者又是一支更加壮观的队伍。因此，笔者在此处力所能及进行梗概的梳理。国内的法理学或西方法律思想史研究习惯于将西方法学分为各大法学流派，每一个法学流派虽然可能未必有着关于"法治"的专题研究，但是其中一定是贯穿着"法治精神"作为主线的。学界通常认为的古希腊法学、古罗马法学、中世纪法学、近现代法学，其实都是在研究"法治"问题，尤其是"法治精神"。近现代以前的西方古典法学的研究主要是以哲学、神学、宗教学的名义进行；近现代包括古典自然法学派、哲理法学派、历史法学派、功利主义法学派、早期分析法学派、社会法学派、现代分析法学派、现代自然法学派等，其中都必然包括今人认同之平等、人权、民主、契约、秩序、自由、正义等法治精神，甚至以法治精神为主或者作为其学说灵魂。因此，本书主要以西方知名思想家、理论家及其著作为主线进行梳理。

就西方古典时期的古希腊和古罗马而言，古希腊法治精神研究首推苏格拉底的相关思想和学说，柏拉图的《理想国》《政治家》《法律篇》，亚里士多德的《政治学》《尼各马可伦理学》，西塞罗的《论法律》等。当然，古希腊对法治精神的研究，还包括其他诸多代表人物，例如前苏格拉底时代的古希腊的智者学派、毕达哥拉斯等，以及后亚里士多德时代的伊壁鸠鲁学派与斯多葛学派等，本书不做重点研究。至欧洲中世纪时期，缘起犹太教、始于耶稣、后历经马丁·路德与约翰·加尔文之宗教改革的基督教，至今仍是西方主要法治国家的立国基础以及主流信仰。基督教教义是重要的西方法治精神载体。因此,《圣经》,[1]奥古斯丁的《忏悔录》《上帝之城》,托马斯·阿奎那的《阿奎那政治著作选》《神学大全》等都是在阐述基督教的"法治精神"。到中世纪晚期,马西利乌斯的《和平的维护者》,马基雅维利的《君主论》,让·不丹的《国家六论》也都是关于法治精神的重要著作。到了西方近现代时期,格劳秀斯的《战争与和平法》,霍布斯的《利维坦》,洛克的《政府论》《论宗教宽容》,斯宾诺莎的《神学政治论》《伦理学》,普芬道夫的《论自然法和万民法》《人和公民的自然法义务》,哈林顿的《大洋国》,孟德斯鸠的《论法的精神》,卢梭的《论人类不平等的起源和基础》《社会契约论》,潘恩的《潘恩选集》,杰佛逊的《杰佛逊文选》,汉密尔顿等人的《联邦党人文集》,罗伯斯庇尔的《革命法制和审判》,康德的《法的形而上学原理:权利的科学》《道德形而上学原理》,黑格尔的《法哲学原理》,拉德布鲁赫的《法律智慧警句集》,萨维尼的《当代罗马法体系》,梅因的《古代法》,英国边沁的《政府片论》《道德与立法原理导论》,密尔的《论自由》,奥斯丁的《法理学的范围》,马克斯·韦伯的《新教伦理与资本主义精神》,耶林的《为权利而斗争》,庞德的《通过法律的社会控制、法律的任务》,伯尔曼的《法律与宗教》,凯尔森的《法与国家的一般理论》,弗朗西斯·福山的《历史的终结与最后的人》,罗尔斯的《正义论》,亨廷顿的《文明的冲突与世界秩序的重建》,马里旦的《人和国家》,哈耶克的《通往奴役之路》《法律、立法与自由》,德沃金的《认真对待权利》《没有上帝的宗教》,哈特的《法律的概念》,博登海默的《法理学——法哲学及其方法》,富勒的《法律的道德性》,波斯纳的《法理学问题》,拉塞尔·柯克的《保守主义思想:从伯克到艾略特》《美国秩序的根基》等,都是涉及或者围绕着法治精神而展开或者将法治精神作为其立论基础的。这样的研究成果可谓浩如烟海,不再过多列举。

三、法治精神研究贯穿传统文化学

(一)国内近现代学术史的观念流派

国内学术史的梳理也可以分为两个主要部分:一部分就是国内关于西方法治精神的研究,也就是关于西方思想大家的研究者们的成果;另一部分就是专门

---

[1] 包括《旧约》部分与《新约》部分。

研究中国传统法治精神以及近现代法治精神的思想大家和思想大家的研究者的成果。如果将所有对以西方为源头的法治精神进行研究的研究者的成果予以详细梳理，实难完成，也不是本书的必需。因此，在此根据历史阶段以及学术倾向为标准进行简要概括。这里面，一是涉及近代历史上的派别之争，二是涉及今人之观点之争。五四运动前后形成三个派别：全盘西化派、保守传统派、中体西用派。今人之观点派别依然是全盘西化派、保守传统派、中西合璧派。全盘西化派之比例未敢定论，但是保守传统派之比例严重下降、中体西用转化为中西合璧且比例极高，应该是一个与事实契合的判断。在不同的思想派别中，当然对中国传统文化抱有极其不同的观点。因此，中国传统文化在一些人眼中是天上美丽的星辰，在一些人眼中是大地上扶不上墙的烂泥，在一些人眼中又认为其具备"仰望星空且脚踏实地"的品质。基于观念和认知不同，在法治精神的研究中，就会出现对中国传统文化学的对极认知，例如认为中国传统文化就是中国传统法治精神的研究对象，或者认为中国传统文化中根本没有法治精神。而在这一点上，笔者似乎更接近于一个中国传统文化的"保守主义者"。笔者认为，所有现代法治精神的研究，不仅可以在中国传统文化中找寻渊源，而且中国整个传统文化学其实都囊括了对现代语言所表达的现代法治精神的研究。也就是说，中国传统文化的主流就是在追求现代语言所表述的"平等、人权、民主、契约、秩序、自由、正义"等，而且对这些法治精神的追求是最为精深的，因为其立根于宇宙和人类最终极的"法"，因此能够通过这个最终极的"法"的弘扬来追求"天下大治"的目标。

（二）中国传统法治精神研究之不足

中国现代学术中对于中国传统法治精神的研究是不足甚至缺位的。由于通常认为西方具有悠久的"法治传统"，中国没有"法治传统"，"中国现代法治是舶来品"，这似乎已经成为国内学界的"通论"甚至"定论"。但实际上，中国传统中真正关于"法治"的研究是被掩盖了的，如儒家的"德政"就是中国传统社会的正宗"法治"，而"法家法治"这一中国传统社会的"法治"末流与旁支却摇身一变成为中国传统法治的代表。由此可见一斑，中国传统"法治"被误解何其深重。因而，中国传统文化中所表达"现代法治精神"内涵的内容在研究中往往被忽略甚至曲解。究其原因，由于近代以来西方文化对中国的重大影响，加之中国传统文化在近现代的衰落，也就是中国传统文化与中国近现代文化呈现出了严重的断裂。当下中国关于法治精神的研究也主要是以西方语言和西方思维进行的，这种方式的表现其一是将法治精神溯源到西方哲学，其二是深受近代以来"构建论"的影响，将本来对"道""法"研究的实证之学降低到理论"构建论"式研究。例如，中国古代关于心性的研究本身就是实证之学，而今人多在人性论中徒留义理之争辩，或者干脆完全走向诸如信奉"社会契约论"之类的完全凭空虚构的学说。这是近代以来世界性的人文意义上的文化之衰落的表现，而对中国影响更大而已。[1]

　　具体到法理学的研究中，总体而言，国内法理学针对中国传统及现代的法治精神研究对象是基于法律展开的；其涉及宇宙法则的部分则是基于西方宗教、哲学、文化等涵盖的"法哲学"内容引进来展开的，因此中国传统社会关于与西方法哲学对等的道学、理学基本是被排除在法理学的研究范畴之外的。即使有研究，也往往是以批判之姿态进行，而且批判的前提往往是建立在对中国传统道学和理学的误读基础之上的。因此，中国的法理学主流研究方向实际上是以西方的哲学作为基础概念、中国的法律作为指向对象、抛弃了中国传统的道学基础、未能构建起中国现代自身哲理基础的法理学。这就是认为中国传统社会自身没有"法学"而只有"律学"，因此只能以西方法哲学为参照展开中国现代法理学研究的思想谬误产生的主要原因，这是一种较为普遍的观念障碍。而对中国传统文化核心之"道统"与人文精神之理解和认同与否就成为一个值得深入思考的问题，一是关于其本身义理之正确性，二是关乎认同与否所伴随的文化影响。

（三）中国传统法治精神的理论成果

　　中国讲求"道统"，"道统"之"义理"表达称之为"道理"，其要义亦是在于"究天人之际，通古今之变"，[2]因此中国关于"法"的"义理"称之为"法理"，笔者认为对"法理"的这种语义理解是可以成立的。法理虽然重点在于"法律"之"义理"，然而法律绝不是凭空产生的，亦绝非与外界隔绝的自成体系的封闭性法则体系，而是需要依附于更加广泛的一个法则体系，实现其与整体法则的一致性。因此"法理学"的研究绝不应该止于法律自身，至于应该扩展

---

[1] 说人文意义上的文化衰落对中国影响更大，是指西方的宗教仍然发挥着人文化育的社会功能，而中国传统文化之人文化育功能发挥在今日仍然不乐观。

[2] 司马迁语。

到什么范围，则是见仁见智。就其最广泛程度而言，一定是要追溯到终极意义的宇宙法则。这样与西方法哲学的研究范畴才是对等的，而并不应该有所差异。因此，至少从中西比较研究的角度而言，与西方"法学"或"法哲学"对等范畴的中国传统法理学[1]研究范畴，应该涵盖了上至《山海经》《河图洛书》《易经》《尚书》《老子》《礼记》《论语》《大学》《中庸》《孟子》《庄子》《墨子》《韩非子》《春秋繁露》《心经》《金刚经》等上古时代的经典，儒、释、道经典，还有其他诸子百家的经典等；中至宋明理学之诸多成果，如《陆九渊集》《朱子语类》《传习录》；下至梁启超、梁漱溟、胡适等思想大家的研究成果。而其中的人物主线则可以包含老子、孔子、释迦牟尼、曾子、子思、孟子、庄子、商鞅、韩非子、董仲舒、韩愈、苏轼、范仲淹、张载、朱熹、陆九渊、王阳明、曾国藩等历史人物。因为历代圣贤和近现代学人无非都是在探求宇宙和人生的实相和终极法则以求明了人生的终极意义。此处只能予以简单列举，因为确实汗牛充栋。这与西方从苏格拉底、柏拉图、亚里士多德、摩西、耶稣、康德、黑格尔、格劳秀斯、卢梭、德沃金、哈特、富勒等思想大家为主线研究西方法哲学之"法治精神"是并无二致的。中西方都是在研究宇宙最高法则，我们将西方众多人物都纳入了法哲学的研究范畴，而中国的众多人物及其经典著作显然几乎没有进入法理学的研究范畴，或者通常只是截取其只言片语点缀文章而已，或者甚至只是作为反面典型，而往往未能深究其义理。

传统与现代的断裂，是一个中西方共存的时代性文化现象，也就是以科学技术、商业社会为背景的一个人类大时代现象，而非只是研究者的个体原因。中国现代法理学与中国传统文化的严重断裂，这才是一个需要进一步思考的大问题。将中国传统法治定位为"律学"，并与西方之"法学"进行比较的学术研究思路和方式比较普遍，此种方式实际上是以中国传统的一个"刑事法律部门"与"西方文化之整体"进行比较研究，这是极其不合理的。这种"孤军奋战""单兵作战"之目的如若是希望中国传统法治文化败下阵来，那么是绝对可以达到目的的。如果是希望古为今用、贯通中西，那么就是一个方法论上的根本错误了。这个大问题似乎是中国法学界普遍对中国传统法治产生误解之原因，这也是中国传

---

[1] "中国传统法理学"这样的提法是可以成立的。因为古代虽然没有以"学科"形式单列的"法理学"，但是相关内容并不匮乏；就像西方古典时期的学问也未必叫"法哲学"，但是却实实在在是今人应然的"法哲学"研究对象。

统文化底蕴几乎尽失的必然结果。由于现代法理学研究中对中国传统真正的"宇宙法则"的研究是缺失的，如若以为凭借现代人百余年的努力就可以重新搭建起一个深厚的文化根基，实践早已证明，那是完全不现实的。而且，如若宇宙的终极法则与人生的至理就在那里，早已被古人发现，那么今人所谓的"重新搭建"与"创新"就往往会成为徒劳；特别是为了实现今日对传统之"超越"，往往会将"精华"当作"糟粕"而一并否定掉了。

中国传统文化的"宇宙法则"研究贯穿着整个文化的历史过程，无论今人持赞同还是否定的态度，首先是需要深入研究，否则不是别人的损失，而是今人自己的损失。因为，如果真的有一个可以被人类认知的宇宙终极法则存在，那么古人的认知结果显然是为今人搭建了一条悟道的捷径。而且，如果真正深入研究，才发现中西的"法"是如何互通的，所谓"万法归一"，找到了"万法"所归的这个"一"，才能在中西纷繁复杂的庞大思想成果中不再雾里看花、不知所从、不知所宗，否则一个思想大家的一部经典著作就可以用各种逻辑和概念把人绕得云里雾里。明白了"万法归一"，然后就能够明了我们所需要的文化意义、政治意义和制度意义、法律意义的"法治"究竟分别是什么，及其如何得以在人的精神[1]世界以及现实的政治生活、社会生活中发挥其作为"主治"之"法则"的现实功能。因此，今人关于中国传统法治精神的研究，很多并不是以"法治"之名在"法学研究"领域进行的，而是在政治学、哲学、文化学、宗教学等领域中以其他名义进行研究的。由于代表人物和著作众多且学界耳熟能详，此处不再具体罗列，留待后文详述。也正因此，现代学科之间的会通甚至一体化进程，才是一个应该努力的方向。

本章小结：通过本章的研究，可以得出如下结论：法治精神的实质是文化问题，对法治精神的理论困惑实质上是文化困惑，对不同类型法治精神的认同实质上是文化认同。对中国现代法治精神进行文化追问不仅是解决中国现代法治精神之理解问题，更是解决中国现代法治精神的文化归属问题。将中国传统社会中的"律治"与西方文化和信仰意义上的"法治"进行比较研究，所选取的比较研究对象并不对等，而应该将中国传统文化意义上的"法治"与西方文化意义上

---

[1] 或曰心灵、灵魂。

的"法治"进行比较研究，进而才能为中国现代依法治国进程中的法律意义上的"律治"与文化意义上的"法治"提供借鉴参考，这关乎对中国现代法治的法治精神正确解读、中国现代法治的话语体系建设、中国现代法治精神的文化归属和文化正统性等一系列问题。

第二章

西方法治精神之
文化解析

　　本章主题为西方法治精神之文化解析，一共分为三节内容，主要研究以下问题：1.西方法治的神本文化阶段与西方法治的人本文化阶段之划分，西方神本文化阶段分别存在的古希腊法治、古罗马法治、基督教法治的各自法治精神研究；2.西方启蒙运动之后形成的激进主义法治、保守主义法治和自由主义法治的各自的法治精神研究；3.分析西方法治精神的时代差异性及其文化根源，对西方两阶段、六大类法治精神进行文化解析，对西方法治精神进行总体文化述评。

从历史纵深之整体上看，西方的文化经历了神本文化主导的古典时代和近代启蒙运动之后的神本文化与人本文化并存两个大的阶段。所谓神本文化，就是以神明为本位的文化，在神本文化中，神明是人类的主宰。西方在启蒙运动之前一直属于神本文化时期，笔者将其间的法治称为古典法治。所谓人本文化，就是以人类自身为本位的文化，此时无论人们是否承认神明的存在，都可以直接将人类自身作为人类的主宰，亦即人类自己主宰自己。当启蒙运动开启了西方人本主义的历史之后，人们心目中最高的宇宙法则由神的赐予变为人的创造和发现，因此西方近现代的法治精神与古典法治精神几乎断裂开来甚至对立起来。人本文化之下的法治称之为近现代法治。由于从神本文化到人本文化的转变代表着人们信仰的转变，因此依托于信仰的法治精神当然出现了本质性差异。因此，不能说西方拥有一以贯之的法治精神，下面将西方法治依据神本文化与人本文化分为两大阶段予以分析。

第一节　神本文化时代之西方古典法治精神

在西方古典时期的神本文化中，一方面是人们心目中最高的神明在不断变化，另一方面是人们心目中最高的宇宙法则也在不断演进。因此，西方古典时期的法治精神当然不是一以贯之的。笔者以古希腊、古罗马、基督教三种神本信仰为类型标准分别论述西方古典法治精神及其文化根基。

一、重新审视西方法治传统话题

（一）"西方法治传统"的流行观念

现行通论认为法治在历史上是西方的专属，所谓西方拥有 2500 多年的"法治传统"、[1]西方的历史就是一部"法治史"的声音不绝于耳，且大有三人成虎之势。在法学研究领域，这样的结论是众所周知的，因此本书不再一一具体引证。而法治又在观念中被认为是最体现"现代文明"的国家治理方式，中国现代法治被认为是一个中国传统社会鲜有的新生事物。由于很多论者论证出了中国传统社会没有法治而是德治，因此中国传统社会随之就被论证为没有法治精神，因为法治精神被论证为系依附于法治模式而存在的，因此中国现代法治精神就应该从西方找寻渊源。特别是当我们看自由、民主、契约、正义这些词汇的时候，发现在中国传统文化的字典里面确实很少发现这些词汇。就连"法律"这样一个法学研究中的基本词汇，还需要争论中国传统社会是不是只有"律"而没有"法"。这样的学术研究倾向，自然就导致了更加需要从西方的"法治传统"中寻找法治智慧，以中国传统社会的相关文化精神来贴靠式解释中国传统社会也具有西方法治和法治精神的"萌芽"似乎也成为一种理论勇气的体现，并且此种理论研究的成果往往是备受争议甚至饱受批评。而且，这种贴靠式的研究，本身也确实存在大问题。例如，西方自由主义法治讲求"法律至上"，那么中国传统社会讲求"道义至上"，因此似乎就与法治风马牛不相及了。但是反过来想，为什么法治一定是"法律至上"？当然不是我们不需要指导法治的道义，而是西方自由主义没有确立法治之上的道义，而是将其本身的政治理念确立为最高道义了。打个比方更为容易理解：西方依据性别将人分为男女，男女之性别是很难转换的；中国依据品德将人分为好坏，而人品之好坏是可以转换的。这是基于不同的文化标准所做的不具可比性的分类差异，但是如果今日之贴靠式研究一定要用"不可转换性"为观念前提来论证人的好与坏也是不可转换的，那么此种贴靠式的研究方式必然得不出有意义的结论。而唯有回归人类这一整体，找出分类方法的多变性和人的主体性之不变性，这样的研究方法才有意义。而本书的核心观点就是：在与西方法治对等的意义上，中国传统社会一直都有自己的"法治"，更有自己的"法治精神"。只是中国传统社会的法治与法治精神的词汇表述与近代以来的西方概念有异，而本质指向无别。这是依据不被贴靠式的研究模式束缚的一种研究逻辑才能得出的结论。因此，本书采取的研究路径是：首先解析西方法治精神的不同类

---

[1] 例如，如下观点："可以说柏拉图的《法律篇》一书，开启了西方 2400 多年法治传统的历史。"转引自（古希腊）柏拉图：《法律篇》，张智仁、何勤华译，商务印书馆 2016 年版，"第二版译序"第 6 页。

型，其次解析中国传统法治精神的实际样态，再次进行中西对比，最后发掘出中国现代法治精神的中国传统文化根基。

（二）"西方法治传统"的审慎思辨

客观地说，"西方"这样一个概念本身就需要考量，因为西方本身在文化上绝非是一体的，无论是历史上还是当今时代。抛开西方社会内在的差异性而将其视为一个整体，才产生了所谓西方法治传统的说法，而此种说法实则是研究者在主观中"拼凑"出来的一个西方法治传统；而西方法治精神，也是在拼凑式研究中自然发生的一个理论结果。因此，需要对所谓西方"法治传统与法治精神"进行阶段化分析，也几乎就是类型化分析，才能看清西方到底为何被认为具有"悠久的法治传统"以及"发端并贯穿于西方文化的法治精神"。而笔者的研究结果将表明，西方不仅不具有所谓的法治传统，也不具备一种一以贯之的法治精神。而且如果我们完整地研究西方不同历史阶段的法治精神，就会发现中国现代法治精神的真正渊源不在西方，因为信仰和文化存在根本性差异。而我们能够引用的西方法治精神，实质上是源于中西方人类基于人自身的共通性而产生的。而基于人类的共通性所产生的法治精神，绝不是西方"启蒙"中国的，而是中国自古有之且更胜一筹、更无法超越。而且，中国传统一以贯之的人文精神，是完全超越了西方法治精神的种种迷茫与撕裂的中国现代法治精神之根。

西方法治精神从西方古典的古希腊法治、古罗马法治、基督教的法治，发展到西方近代法治，再到西方现代法治，其法治精神发生了诸多流变，甚至相互之间存在本质差异，这要归因于法治精神是信仰的产物，因此需要分别开来进行研究。通过研究我们可以发现，西方各个历史阶段、各种类型的"法治"完全是基于不同信仰确立了不同的"最高法则"，而不是一贯以中国现代语境下的"法律"作为"主治依据"。因此，在这样的意义上，西方的"法治"根本未能形成一个"法治传统"，"西方法治史"反而是西方文化和信仰的种种流变和冲突的载体和表现形式。而国内依据"法治"一词望文生义，将西方语言中表达"整个宇宙运行法则""上帝创造世界所订立的宇宙法则"等概念，笼统等同于世俗法律、人定法律、国家制定的法律，将它们论证为共同的法治之"法"，忽略或者掩饰西方超越"法律"概念的"宇宙法则"这一"法治之法"的本意，因此将推崇"宇宙法则至上"和"世俗法律至上"两种截然不同的"法治"混同起来，从而论证出西方具有"法治传统"，这是站不住脚的。至于力求确立"法的统治""法律至上"的地位，以此作为法治的要义，更是一个站不住脚的结论。下文分别予以详细解读。

二、古希腊法治精神的文化解析

（一）古希腊法治的历史背景概说

根据可考的史学研究，古希腊的历史可以追溯到公元前 3000 年的爱琴文化时期，历经公元前 2500 年至公元前 1400 年的克里特文明时期，公元前 1400 年至公元前 1200 年的迈锡尼文明时期，公元前 1100 年至公元前 800 年的动荡时期。本书的研究主要限于学界在法治话题上通常研究的公元前 800 年至公元前 338 年的古希腊城邦时代。[1] 古希腊是西方文化的一座精神灯塔，历经"荷马时代"和"城邦时代"，即使后来古罗马在武力上征服了古希腊，但是古希腊却在文化上征服了古罗马，也就是所谓的"希腊化时代"；在基督教传入古希腊之后，古希腊文化反过来也成为基督教最为重要的思想渊源之一。文艺复兴和启蒙运动强化了古希腊文化的近代地位。现代西方文化仍然习惯于溯源古希腊以表达其文化之正统性和悠久性。今人所言的古希腊思想家或者哲学家众多，苏格拉底、柏拉图、亚里士多德最为人熟知，被誉为"古希腊三贤"。本书即以古希腊三贤的法治理论为主要研究对象，此外的色诺芬、毕达哥拉斯等人物不做重点论述。亦即本书所讨论的古希腊法治精神，主要研究"城邦时代"以及具有代表性的古希腊三贤的言说。

古希腊的政治格局是城邦型的，因此与现代国家具有诸多差异，如信仰的单一性、民族的单一性、地域范围小、人口少，因此其法治所针对的对象在现代社会并不具有普遍意义。古希腊是一个神本位的时代，众人虔敬诸神，宙斯是最高的神，亦即古希腊的诸神之神。古希腊人深信灵魂的存在和天国世界是人类灵魂的终极归宿。因此，今人对古希腊关于法治精神的理解需要完全进入其神本文化的背景之中，如果抛开其神本文化的信仰而谈论其"法治思想"，则不仅无法正确理解，而且研究结果显得毫无意义。古希腊人是因为信仰神灵才信仰神灵赐予

---

[1] 古希腊的历史，本书主要参照了李亚凡编：《世界历史年表》（修订珍藏本），中华书局 2014 年版，第 6—13 页。

的律法，"法治信仰"即是对神明的信仰，换一种文化背景中的思维方式去思考，就无法认清其法治精神的本真。

（二）古希腊文化承载的法治精神

1. 平等精神

古希腊没有近现代法治意义上的平等精神，而是一种维护贵族统治和奴隶制的等级固化精神。其平等只是阶层内的平等，不存在普遍平等精神。虽然人们习惯于将法治溯源至古希腊，但是在奴隶制盛行并具有当然正义性的古希腊时代，我们绝对不能说其具有了人类普遍平等之精神，或者说在"人人生而平等"这种意义上，古希腊讲求的反而是天经地义的"人人生而应该不平等"，而且论证"不平等"的正义性成为主流观念。在柏拉图《理想国》的描述中，苏格拉底深信腓尼基人的一个传说，并以此来论证人类不平等的合理性，那就是：人的灵魂在地球内部被打造成型，上天为不同的人的身体（灵魂）分别注入了金、银、铜、铁，神谕有言"国家将在铜与铁的统治下衰亡"，因此，灵魂有金者为统治者候选人，灵魂有银者是助手和战士，灵魂有铜铁者当为农民和工匠。[1]而亚里士多德更是直白地将贵族和平民、奴隶之美德做出了以阶层论的结论。在亚氏眼中："奴隶的被应用于劳役同驯畜的差别是很小的；两者都只以体力供应主人的日常需要。"[2]并且亚氏认为即使奴隶之美德提升了，也只能做奴隶，这种美德之提升也是其做奴隶的必然要求，而不是改变其身份地位的筹码。[3]因此，今人眼中的"不平等"在古希腊被视为一种"真正意义上的平等"，今日所提倡之"人人平等"在古希腊反而被视为一种"不平等"甚至是一种灾难。古希腊普遍平等精神的缺失，首先是以事实上普遍存在的奴隶制度的正当性以及贵族和平民之阶层区分的正当性呈现的。在古希腊三贤的著作中我们更加能够判定古希腊文化中平等精神之缺失。但是在每一个阶层内部却在追求一种平等。决定阶层以及等级的主要因素是什么？这是至关重要的。所有为平等所设定的标准都是互相关联的，甚至是互为因果的，我们绝不能说采用某个标准就是绝对正义或者非正义。

---

[1]（古希腊）柏拉图：《理想国》，忠洁译，红旗出版社 2017 年版，第 86—87 页。
[2]（古希腊）亚里士多德：《政治学》，吴寿彭译，商务印书馆 1965 年版，第 15 页。
[3]（古希腊）亚里士多德：《政治学》，吴寿彭译，商务印书馆 1965 年版，第 37—42 页。

古希腊采用的标准大致包括了智慧、美德、勇武、财产、出身等。[1] 而以财产和出身论平等之资格，与现代社会是完全相悖的。

但是，以现代观念所衡量的古希腊的这种"不平等"观念，经过古希腊三贤的论证，在很多方面从另一个角度而言却是具备时代合理性的真正"平等"。这是古希腊文化精神得以流传的一个原因。例如，柏拉图为什么希望一位具备大智慧的"哲学王"治理城邦？因为这样的人堪当大任、可以造福城邦。这看似违背了平等观，但是昏君治国的历史教训和造成的民众苦难在历史上并不鲜见。亚里士多德为什么强调贵族政体的合理性？因为其认为当时的贵族具备高尚的品质；为什么将平民政体视为变态政体？因为其认为很多平民不具备美德和智慧。这里面的根本问题就在于境界、立场和现实目的之区分。以恶制恶还是度化世人，这是境界；出于公心还是一己之私，这是立场；进行现实政治格局的设计还是一种理念传播，这是目的。如果面对一个不具备美德和智慧的人，告诉大家说，人人平等，放心地让他去治理城邦吧，他会让大家幸福的，这是在自欺欺人；如果让最具备美德和智慧的人去治理城邦，治理城邦不是维护一己之私、中饱私囊，而是促进所有人都有机会去提升自我，这便无可厚非。总之，古希腊关于平等的观念，可以概括为：基于神的安排，人类的不朽灵魂天生具有差异性，后天的教化可以提升人的美德；以灵魂之美德与智识决定了人的等级，同等级的人可以获得相同的政治职位和财富，美德决定了现实政治格局中的等级秩序。每个人应该各安其位，而不是人人平等，人格与出身等方面的差异决定了现实的差序格局与等级秩序的应然性。

2. 人权精神

以古希腊三贤的观点而论，由于他们对神的虔敬，因此不存在反对神权意义上的人权问题；由于古希腊认可政治统治由最高贵的人负责，这是神的安排并且符合正义的要求，因此古希腊也不存在针对政治统治者提出的人权要求；古希腊存在的人权要求就是人的自我提升，自我提升就是人权实现的方式，也就是成为一个完美的人、让自己成为自己的主人。这也是古希腊所探讨的人的核心问题。因为人类灵魂中包含比较好与比较坏的两部分，"自己的主人"即本性比较好的部分掌控了比较坏的部分；若某人比较坏且比较大的部分掌控了比较好且比较小

---

[1]（古希腊）亚里士多德：《政治学》，吴寿彭译，商务印书馆1965年版，第153—155页。

的部分，那么此人便会被批判为自身的奴隶，不懂得克制。[1]因此，古希腊对于人权问题是没有近现代意义的、以教权和政权为对手的人权理念的，而只是从人需要提升自身的灵魂境界以便完成一个人对人生意义的追求的角度阐发。古希腊当然也有人权精神的存在，而且似乎有着一种普遍人权精神的萌芽。例如，柏拉图所向往的理想国之"共产、共妻、共儿童"，虽然在今人看来是一种有违基本伦理准则与人类基本感情的设想，但是柏拉图似乎希望实现所有人都能够有固定的土地和房屋的"第二等好的国家"的设想，[2]这可以理解为是对普遍财产权的理想追求。但是，亚里士多德明确反对这样的理想国设想。[3]此类问题，无甚重要的理论意义，不再赘述。另外，对于古希腊三贤之外的思想家的人权精神理论，例如，通过民主的方式来制衡统治者以保障和争取人权，本书在相关部分有所涉及，此处不再进一步论述。

3. 民主精神

由于认定了人和人之间的差异性、不平等作为前提，因此以人人平等为前提的民主观念，在古希腊当然是一种对正义的背反。苏格拉底所设想的政体中，主治的人们永不更替。[4]亚里士多德认为"完全由奴隶来组织一个城邦当然绝不成事，完全由穷汉来组织也好不了多少"。[5]在古希腊时代，民主似乎并不是一个褒义词，反而甚至是一个让智者们厌恶甚至恐惧的贬义词。而且在西方的整个历史上，"作为一种政治体制，'民主'已经有 2500 年的历史；而在头 2300 多年，它一直被看作是个'坏东西'；直到最近 100 来年，它才时来运转，被当作'好东西'"。[6]苏格拉底之死为"多数人暴政"这一"民主的恶果"提供了一种经典证明。因此，柏拉图在讨论民主问题的时候，从来都不是将所有人都囊括在有资格成为公民这一范畴内的。而且对于贵族制度的推崇和对于奴隶制的维护，也就完全将全体人的民主排斥在了优良政体的范畴之外。由于并非所有的自然人都是"公民"，因此雅典全盛时代大约 40 万人，其中享有充分公民权利的人只有

---

[1]（古希腊）柏拉图：《理想国》，忠洁译，红旗出版社 2017 年版，第 101 页。

[2]（古希腊）柏拉图：《法律篇》，张智仁、何勤华译，商务印书馆 2016 年版，第 149—152 页。

[3]（古希腊）亚里士多德：《政治学》，吴寿彭译，商务印书馆 1965 年版，第 58—60 页。

[4]（古希腊）亚里士多德：《政治学》，吴寿彭译，商务印书馆 1965 年版，第 60 页。

[5]（古希腊）亚里士多德：《政治学》，吴寿彭译，商务印书馆 1965 年版，第 154 页。

[6]王绍光：《民主四讲》，生活·读书·新知三联书店 2018 年版，第 2 页。

约 4 万人，占比十分之一。[1] 因此，古希腊的民主至多可以被称为"有限民主"。当然，古希腊三贤在政体设计上存在理念差异，例如，苏格拉底设想的政体中主治的人们应该永不更替，但是亚里士多德认为这种设想隐伏着危险的根源；柏拉图以各阶层人民禀赋相异作为反对民主政体的基本观念，而亚里士多德认为自由公民各阶层（部分）禀赋相同，因此民主政体未必不如君主制或者贤哲寡头政治。[2] 但是，亚里士多德理论中的以公共利益为目的的正宗政体包括君主政体、贵族政体、共和政体；以私欲为目标的变态政体包括平民政体、寡头政体、僭主政体。[3] 这些显然表明了其并非今日流行之民主精神。但是，亚里士多德的看法，作为一种现实的政体设计是无可厚非的，相比苏格拉底和柏拉图也是更加具有进步意义的，因为其不是作为一种文化意义上的民主精神的研究。

古希腊被后世传为美谈的民主是古希腊历史学家修昔底德在《伯罗奔尼撒战争史》中所记载的公元 431 年雅典政治家伯里克利的演讲中提到的民主，雅典城邦由大多数人管理而不是极少数人管理；这种城邦民主持续了 200 年左右。[4] 而从另一方面来看，古希腊的有限民主在实际中似乎又走到了另一个极端，那就是最优秀的人可能被视为威胁民主政体的存在而需要被逐出城邦，这就是著名的"贝壳放逐法"。[5] 当此种方式被充分利用为处置、对付政敌的手段的时候，我们就会发现后来人古斯塔夫·勒庞所写的《乌合之众：大众心理研究》[6] 中所说的"乌合之众"现象从来不是偶然的，而是一个从古至今未曾断绝过的群体心理现象。笔者这种说法虽然可能导致不赞同者甚众，但是如果冷静下来想一下，为什么此种观点的反对者一定要把自己绑架在"乌合之众"的战车上，认为反对乌合之众以及幕后别有用心的操控者、利用者甚至阴谋家、政客就是反对自己呢？现实生活中面对无处不在的极度自私自利、人格低下卑劣、以损人利己为能事者，良善之人当然不愿意与其为伍。为什么在谈论民主的语境中，一定要不加以任何

---

[1] 王绍光：《民主四讲》，生活·读书·新知三联书店 2018 年版，第 4 页。

[2]（古希腊）亚里士多德：《政治学》，吴寿彭译，商务印书馆 1965 年版，第 60、61 页。

[3]（古希腊）亚里士多德：《政治学》，吴寿彭译，商务印书馆 1965 年版，"卷（E）五"都是在讨论政体问题。

[4] 包刚升：《民主的逻辑》，社会科学文献出版社 2018 年版，第 5 页。

[5] 也称为"陶片放逐法"。

[6]（法）古斯塔夫·勒庞：《乌合之众：大众心理研究》，李隽文译，江苏凤凰文艺出版社 2017 年版。

区分和辨别地进行同质性假设，才觉得这是民主呢？真正的民主，是需要去除乌合之众身影的民主，否则就是一种被操控的假民主而已，这是一个少有人能够提供智慧的钥匙解开的理论谜团。这把钥匙，就是为所有人找到坚守良知、提升智慧的路径，这才是一把解决民主困境的金钥匙。被一个西方式"人的同质性"的前提性概念套牢，是理论家们在作茧自缚，是永远找不到答案的，更是一种贻害无穷的伪善。

4. 契约精神

古希腊并不注重契约这个词，但是当然有符合契约精神所关注之内容。古希腊没有犹太教意义上的上帝与人的契约，但是虔敬诸神确实等同于神与人的契约；古希腊当然没有社会契约论意义上的契约。而古希腊对人本身需要言而有信这种意义上的契约精神当然是存在的。这就是古希腊三贤孜孜以求的人间至善或者人间美德。言而无信，何谈美德？当然，后文也将谈到，古希腊是一种勇武文化、侵略掠夺型的文化，征战胜利之后将战败者变成奴隶，因此是不太注重"商业契约精神"的，这与后来的罗马法的发达所体现的商业契约精神形成鲜明对比。对古希腊的契约精神简单描述至此。

5. 秩序精神

古希腊最为重视由法治而实现秩序，实现的秩序是符合神意的秩序，也就是符合正义要求的秩序。而古希腊的秩序精神，代表着对等级秩序的维护，而奴隶制又成为其一大特色。许倬云先生曾经做出总结："希腊文化终究还是一个武勇的文化，是侵略和扩张的文化。希腊人的移动性极强，每个城邦都尽量向外面殖民，联系的向心力是利益。在扩张过程中，他们不断奴役其他种族的人民——战争的俘虏便成为奴隶。在这一点上，历史常常过度赞美希腊的文明程度，我们一定要注意，希腊文明是构建在压迫和侵略的基础上的，百分之八十的服役人口，支撑了一个百分之二十的统治人群，才有如此优美的希腊文明。仔细想想，这样的文明，说不上公道。"[1] 因此，古希腊的秩序精神可以理解为：以政体设计来保障符合正义要求的秩序，而正义的要求是神的要求；这样的秩序并不是一种固定疆域内的稳定秩序，而是一种流动性极强的战争和武力维持的秩序，而"神"成为这种秩序应当被遵守的强大精神支柱。

---

[1] 许倬云：《中西文明的对照》(精装珍藏版)，浙江人民出版社 2016 年版，第 39 页。

6. 自由精神

古希腊是追求自由的，从其法治精神中完全可以解读到对自由的种种义理和对现实的政治制度设计。灵魂自由是自由的终极要求，因为古希腊三贤相信灵魂的不朽性，也就是无论肉身之生死，灵魂永远存在，这就是古希腊三贤的天国理想；苏格拉底的两个原则"德性就是知识"和"认识你自己"都是希望人们省察自心以追求支撑世界、包容一切的力量——善；[1] 所以，当我们看到苏格拉底在面对多数人暴政而被处死的时候，为什么不去争取继续活下去？不是因为今人通常理解的"捍卫律法"，捍卫一个愚蠢的判决结论怎么可能等同于捍卫律法？苏格拉底是相信神灵、灵魂不朽而慷慨赴死的，因为死亡意味着灵魂在理念世界的新生活开启了。柏拉图称天国理想为"理念世界"，"柏拉图认为灵魂与身体的结合是理念堕落的结果。灵魂原先生活在理念世界，只是有些灵魂由于活力不强，或未能用理性控制欲望，从理念世界跌入尘世，这样才开始了人的生命"。[2] 而亚里士多德所著的《灵魂论》[3]和《尼各马可伦理学》[4]等著作，其实就是在以灵魂不朽为前提的基础上讨论着中国传统文化所说的心性修养功夫。古希腊的灵魂学说，与佛家的三世因果、六道轮回具有共通性。总之，古希腊不会认为有一个神权是自由的障碍，反而虔敬神才是人类灵魂最终自由的保障；古希腊也不像近现代西方法治理论中将政权视为自由的障碍，而是致力于构建一种良好的政体来保障大家依据各自的阶层所应该拥有的权利，这种权利的行使便可以理解为自由。具体而言，正义是自由的准则，符合准则的"灵魂与行为"就是自由，超越准则就是破坏自由。因此，每个人按照正义标准，各安其位，就是最大限度的自由，就是自由的秩序。因此，古希腊的自由精神可以理解为：服从神的旨意，提升自身的美德以追求至善，最终得到灵魂的自由。

7. 正义精神

正义是古希腊三贤关于国家政治的总原则。古希腊以研究正义而著称，这是一个不争的事实。但是，古希腊所研究的正义内涵是什么？这是必须要明辨的。柏拉图认为"共产、共妻、共儿童"是第一等好的国家，且求之而不得。这

[1] 赵敦华：《基督教哲学 1500 年》，商务印书馆 1994 年版，第 22、23 页。
[2] 赵敦华：《基督教哲学 1500 年》，商务印书馆 1994 年版，第 26 页。
[3]（古希腊）亚里士多德：《灵魂论》，吴寿彭译，商务印书馆 2018 年版。
[4]（古希腊）亚里士多德：《尼各马可伦理学》，廖申白译，商务印书馆 2019 年版。

种符合其"正义"标准的"理想国"的推崇，着实让现代人大跌眼镜，让我们也确实有必要好好思考其正义的内涵而不是单纯盲从"正义"这个"大词儿"。如果说正义是一个可以用语言简单定义出来，并且让所有人依据这样的定义就可以遵照执行的事物，那么正义就太简单了，而事实绝非如此。因此，柏拉图的《理想国》通篇都在讨论正义是什么的问题，在通过对形形色色的具体问题之辩难之后，得出了如下结论：个人的正义是指理性居于灵魂的领导地位，激情和欲望服从于理性，这也就是智慧之人；而不正义则是理性未能领导激情与欲望所导致的，会引发所有罪恶；正义之人让心灵各部分各司其职以掌控自身。对政治体制而言，只有"王政"（也称"贵族政治"）才是符合正义的。[1]其实质是表达了最优者领导平庸群众方为正义之意。而柏拉图眼中的最优之人便是"应该成为城邦领袖的、能掌握恒久不变的事物而不被各种事物差异性迷惑的哲学家"。[2]柏拉图为人熟知的"洞穴理论"就是对于灵魂与肉体之"永恒"与"假合"的描述，这与佛家所言的自性本自圆满具足、"一切有为法"之"成、住、坏、空"、人的身体为"地、水、火、风"四大假合之说完全一致。[3]柏拉图认为领悟了"灵魂不灭""正义自身能为灵魂带来最大利益"，[4]才是哲学家的本真。个人以理性为灵魂之领导方为正义之智者，大智者（即哲学家）领导城邦方为正义之政体，这才是柏拉图在《理想国》中表达的正义观。柏拉图的正义观，似乎完全符合了苏格拉底所教导的"认识你自己"和"知识就是德性"原则。

而柏拉图在《法律篇》中的正义观，或者说其中谈及的法治观，与《理想国》所谈及的内容是没有所谓的"实质性"的转变的。《法律篇》在开篇就表明了宙斯作为最高的神，是真正的立法者，而所谓的法治以及相关制度设计，不过是服从最高的神宙斯之神谕的必然要求而已，其"法治"的终极目的就是对于神的服从，也就是神本信仰的落实，[5]这才是《法律篇》通篇的主题。因此，认为

---

[1]（古希腊）柏拉图：《理想国》，忠洁译，红旗出版社 2017 年版，第 111—117 页。

[2]（古希腊）柏拉图：《理想国》，忠洁译，红旗出版社 2017 年版，第 152 页。

[3] 以笔者的领悟力，只能用佛家理论来解释古希腊的相关理论。同时，笔者认为古希腊的理论经过阿拉伯人之手重现于世的时候，当时佛家理论是否被加入其中，也是一个值得研究的问题。我们今日所看到的古希腊三贤的著作，是否有"伪书"的成分？学者何新的著作《希腊伪史考》（何新：《希腊伪史考》，北京日报出版社 2013 年版）等可资研究者借鉴以便深入研究此话题。

[4]（古希腊）柏拉图：《理想国》，忠洁译，红旗出版社 2017 年版，第 276 页。

[5]（古希腊）柏拉图：《法律篇》，张智仁、何勤华译，商务印书馆 2016 年版，第 7—8 页。

柏拉图晚年实现了从"人治观"向"法治观"的转变，实在是今人的一种臆想和误读。柏拉图推崇"神法"，而"神法"不是明确以法律条文形式存在的"法律"，"神法"是需要"神学家"和"哲学王"去认识和解释的，所以谁能"通神"谁才是"法治"的主人，这与今日所理解之"法治"完全不是一回事。今人以人治、法治之二元对立观去解读《理想国》与《法律篇》之关系、去解读柏拉图和亚里士多德之间原本不存在的法治观、人治观之间存在的"对立"，也确实不是一种合适的视角，其解读结论也是与古希腊三贤的本意相背离的一种误读。这就犹如苏格拉底用木盒子装着一件绝世珍宝传给了柏拉图，柏拉图将绝世珍宝用纸盒子装好又传给了亚里士多德，今人都未见此绝世珍宝之真容，反而将纸盒子和木盒子哪个更优良作为主要研究对象，着实走偏了方向。而且，由于历史原因，古希腊三贤只能就其所处的"城邦"开展政治设计，因此与中国"天下观"文化之下的宏大政治智慧与极致政治权谋的生成相比较，着实没有一个足够大的舞台和对象让他们充分发挥智慧，这也是古希腊政治智慧在今日中国之必然无适应性、针对性的一个原因。总之，古希腊的正义观集中体现为"法即正义"，而"法即正义"是指"法"乃神对人订立的法则，遵守律法就是虔敬神的要求，这就是信仰，而非今人所言的"法治"。应该说，如果我们真的走进"形而上者谓之道"的层面来理解古希腊的正义，那么这种正义是值得称颂的；但是古希腊的正义观中显然没有宗教家般悲天悯人的众生平等的情怀，而更多的是对现实人之身份与灵魂本体划分为三六九等为常态。这与佛家的"普度众生"、儒家的"有教无类"以及"人人皆可尧舜"、基督教的"平等、博爱"相比，更加注重了现实政治层面的制度设计。当然这是精神理念层面的问题，不能用来评判政治制度设计的道义性，但是以此精神层面的理论来维护政治制度却是一个事实。因此，亚里士多德认为：政治学上的善就是"正义"，正义以公共利益为依归；正义包含两个因素，事物和应该接受事物的人，也就是大家所认为的相等的人就该分配给到相等的事物；政治权利的分配依据对城邦的贡献大小，贡献大小的衡量标准是优良血统、自由身份或财富、正义的品德和军人勇毅的习性等。[1]这就是亚里士多德所说的政治正义之要求。

---

[1]（古希腊）亚里士多德：《政治学》，吴寿彭译，商务印书馆1965年版，第152、154页。

（三）古希腊法治精神的文化评判

本书以古希腊三贤的观点为其法治精神的主要代表，涉及一个问题，那就是三贤之间的分歧问题。正如本书所述的，法治和人治之争是今人依据自己的思维逻辑臆想出来的一种对立，此处不赘述。另外，例如西方学界认为柏拉图和亚里士多德分别代表了理想主义和现实主义而呈现出种种差别，[1]也是一种未能直抵古希腊文化根本处的一种僵化的抱残守缺。在最根本处，古希腊三贤是一致的，只是悟道有深浅之别而已。笔者认为，承载古希腊法治精神的古希腊文化可以归结为四个词：神本、灵魂、至善、理性。

1. 灵魂与理性

古希腊的神系是最为著名的多神崇拜，宙斯是诸神之神。那么如何理解宙斯主宰的人的灵魂？灵魂一词可以指代人格，如高尚的灵魂即为人格高尚之意。古希腊的灵魂问题可以等同于中国古代的心性问题，如"人的理性控制欲望和情绪"，就是表达着心性义理，而不直接等同于形而上的"神的世界"。例如，柏拉图著名的"洞穴理论"，其实就是在表达着儒、释、道关于心性的基本义理，从哲学思维看这是极其高深的、深不可测的哲思，而在中国传统文化中，这只是一个"常识级"的问题而已。例如，佛家所言"心如明镜，物来自映，物去不留"，十二个字就足以概括数百字的"洞穴理论"的真正所指。但是灵魂还有另外一层更为重要的含义，那就涉及人在肉体死亡之后，是否存在"灵魂"的继续生存问题，也就是表现为具备"意识"但无形的灵魂形式的生命形态是否存在的问题。古希腊当然认同这种不依附于肉体的纯粹灵魂生命形式的存在。这是今人以"科学之名"进行迷信与科学划分的一个标准，也是对于大多数人而言十分迷茫的一个生命的真相。但是在中国儒、释、道的文化义理中，不依附于肉体的灵魂生命形态是当然存在的，如佛家所讲的三世因果、六道轮回、中阴身等；还如中国百姓所讲的鬼神观念以及敬祖等；儒家所谓"子不语怪，力，乱，神"，[2]"不语"只是因为"中人以下，不可以语上"，[3]而并非是否认灵魂生命形态的存在，反而儒家是明确认为存在灵魂的；至于道家当然也认同灵

---

[1]（古希腊）亚里士多德：《尼各马可伦理学》，廖申白译注，商务印书馆2019年版，周辅成"序"部分。

[2]《论语·述而》。

[3]《论语·雍也》。

魂的存在，否则庄子的庄周梦蝶、"独与天地精神往来"甚至"道"的存在就无可解释。现代科学以量子力学、四维空间、薛定谔的猫、暗物质等为概念对此也进行了研究。这使得科学主义者又向古典灵魂观念的回归迈进了一步。例如，实际上量子力学所谓的量子纠缠和中国古代的"心灵感应"原理并无二致，只是前者纠缠于"物世界"，而后者侧重于"心世界"。现代科学所研究的"濒死体验"或者神秘的催眠术，让今人惊叹为科学的重大发现，而这些重大科学发现，目前中国还落后于西方对此的研究。但是以儒、释、道的角度看，这些确实只是"小儿科"式的发现，后文予以详解。[1]总之，灵魂问题之中最重要的是探讨理性问题。

　　而古希腊的理性，其实是在讨论不朽的灵魂的问题，是讨论人的灵魂中以理性战胜欲望和情绪的问题。此种理性与西方启蒙运动以来所讲的理性不是一回事，只是翻译成为同一个中文词语。但是，虽然都承认灵魂的存在，可是以何为本就成为中西文化分野的标准，所谓神本就是人类只有虔敬神才能得到神启指引，而中国传统文化皆讲求人可以将鬼神存而不论，做好自心的修行即可，人唯有"自度"而非乞求神明救赎，这就是人本。对于灵魂是否真实存在的问题，是见者不疑，而未见者则或信或疑。因此，中国传统文化虽然有着诸多对灵魂问题的表述，但是却并不是将其作为理论前提，这与古希腊将神本作为理论前提是完全不同的。流行观念中以科学之名否定灵魂存在，本身就违背科学精神；而历史上借灵魂存在而迷惑人心、大肆敛财甚至具有政治企图者亦甚众，这也是社会治理中必须警惕的。因此，对鬼神"存而不论"的中国传统文化显示了一种圣贤的大智慧，这就是为何"子不语怪，力，乱，神"。这才是有神论和无神论的真正区别，无神论是不以神作为前提的，"神"至多是一种认知结果，这才是中国传统文化中之无神论的真谛。从这个角度看，我们就可以发现古希腊的灵魂、理性皆是寓于其神本文化之中，在此基础上产生了法治精神的相关言说。

　　2. 至善与悟道

　　在追求至善方面，中西方几乎走到了一致。如亚里士多德认为"世上一切学问（知识）和技术，其终极（目的）各有一善；政治学本来是一切学术中最重

————————

[1] 本段所提及的灵魂、量子力学、四维空间、濒死体验、心灵感应等诸多问题，笔者在后文相关部分予以详细解读。

要的学术，其终极（目的）正是为大家所最重视的善德，也就是人间的至善"。[1]
法治这样一个词汇，在古希腊文化中是一个末流的地位，或者说是文化之核心问题的自然结果。今人对古希腊法治精神的推崇，并非是无法超越 2000 多年前的"法治智慧"；也不是一种信仰，因为在西方，上帝早已取代了希腊诸神的地位；更多是一种寻根之旅的意味，是在寻求一种文化上的"荣耀感"和"归属感"。当然，神学家们用柏拉图等古希腊学说解读基督教教义等文化认同因素，对于基督教信仰者认同古希腊文化起到了关键的作用。特别是启蒙运动对人之理性的推崇以反抗教权压制，当然需要从古希腊寻根，而启蒙运动对今日西方文化之形成起到了开源作用。对于今日西方世界的两大主要派别：保守基督教信仰者和民主自由派而言，都有认同古希腊文化的充分动机，而西方法治文化的传播也让国内深受影响。所以，这是大家虽然不信奉宙斯甚至不相信灵魂存在的今天，还需要高度推崇古希腊文化的主要原因。当然，这只是笔者的一个单一视角得出的结论。

"见贤思齐，见不贤者自醒焉。"因此，无须去美化历史、神化历史。例如，古希腊文化下的奴隶制、对穷人的鄙视、等级制度、以财产和血统论尊卑贵贱、反对平等与民主、推崇贵族统治等，这一切显然与现代法治精神完全背道而驰，也显然不是今人推崇古希腊"法治精神"的"正当"理由。当然，脱离法治研究，就灵魂问题的研究和人生终极意义的探求，今人是严重退化的，这也是古希腊三贤作为"轴心时代"之一极被广泛传颂的最根本的原因。古希腊对灵魂和理性问题的探讨，其内容和结论与中国传统文化的心性探求并无二致，如果理解了心性问题，则古希腊三贤的那些学说就自然明白了。这也是轴心时代共通性以及赞叹其为伟大的根本原因。此种体悟哲学与后来在西方流行的思辨哲学完全不是一回事，后者与前者完全不在一个境界上。笔者认为，古希腊三贤在很多义理上已经接近或者等同于中国传统的心性义理了，而且古希腊三贤绝非空谈义理之辈。但是他们为何在关照现实世界的时候未能体现圣人境界，着实是一个令人费解的问题。维护当时的奴隶制度和贵族统治当然是一个现实原因，因为反对当时的制度无异于自杀。但是，古希腊三贤显然还没有"明心见性"。这与东罗马帝国以基督教对抗阿拉伯人的伊斯兰教、进行宗教战争的年代，阿拉伯人将自己保

---

[1]（古希腊）亚里士多德：《政治学》，吴寿彭译，商务印书馆 1965 年版，第 151—152 页。

存的古希腊三贤之"著作"抛出来，进而逐步引起了后来的古希腊文化热潮，进而弱化了基督教的文化地位是有关联的。[1]因此，笔者认为，古希腊三贤的著作有可能是经过阿拉伯人改造的，其真实情况还有待研究。否则，实难解释看似悟道的古希腊三贤为何缺失了大慈大悲的境界。

3. 悲悯与缺憾

古希腊的法治精神没有作出一种脱离现实状况的"人民同质性"假设，这是其能够明确指出暴民政治弊端的前提和原因，对现实城邦治理方案和原则的设计使其"理性"有余而激情不足，例如，不去高喊"人人生而平等"再去设计政治方案。但是，这与古希腊征战胜利之后将战败者变成奴隶身份的常规样态是紧密相关的。古希腊法治精神也指出了灵魂的提升、至善追求是人的终极追求，在此种意义上才能够实现人的平等，这是超越现实的一个理想；但是没有如宗教家般度化众生的高远和情怀，这又是其实际上未能超越现实的一个弊端。例如，亚里士多德虽然认为奴隶和被统治者也应该具备善德，主人和统治者也有义务提高他们的善德，但是这种善德的提升是为了更好地符合主奴、统治与被统治的"主从关系"的必然要求。[2]亚里士多德以并不充分的理据论证着当时的阶层固化的正当性，显然，这与佛家笃信的"众生平等"或者基督教提倡的"平等、博爱"完全不在一个精神层面上，或曰悲悯之心有质的差异。

古希腊被后人评价为一个将灵与肉完美结合的时代，而其所有关于正义、理性、民主、秩序、平等、契约、自由等精神之探讨，都有一个必备的前提，那就是相信这个世界的秩序是众神所设立的，相信这个物质世界之外有一个灵魂世界。如果今人对神启和灵魂问题予以抛弃来理解其法治精神，则无异于买椟还珠，势必不得其要领。或者说，失去了对众神的信仰和对灵魂的追寻，就是去掉了文化根基，则对古希腊法治精神所涉方面的讨论将毫无真理意义。总而言之，古希腊所有关于法治精神的探讨，最终落实到人身上，就是追求人的善德，也就是人间至善，这就是古希腊的人文，也是古希腊文化为今人留下的最为宝贵的精神财富。以神本来求人文，这是其显著特点。但是很显然，今人对古希腊的法治精神过度美化和神化了，这也是一个不争的事实。古希腊的法治精神，无法为今

---

[1] 后文相关部分对此问题再详细分析论证。

[2]（古希腊）亚里士多德：《政治学》，吴寿彭译，商务印书馆1965年版，第38—41页。

日之法治提供智慧，它至多是一个西方的"文化符号"，而且是一个"明显残缺的文化符号"。

三、古罗马法治精神的文化解析

（一）古罗马法治的历史背景概说

谈到古罗马，需要简述罗马的大致历史。公元前753年至公元前510年，是罗马的王政时期。公元前510年至公元前27年，是罗马共和国时期，这期间出现了著名的法学家西塞罗。公元前27年至公元476年是罗马帝国时期，其中又可以进行划分：公元前27年至公元284年，是罗马帝国的前期；公元284至公元476年，是罗马帝国的后期。古罗马帝国期间出现了著名的五大法学家。公元前395年，罗马帝国分裂为东罗马和西罗马；公元476年日耳曼民族入侵罗马导致西罗马帝国灭亡。公元395年至公元1453年，是东罗马帝国存续期间。公元528年查士丁尼主持的《罗马民法大全》问世。[1] 按照欧洲历史的三大传统划分，即古典时期、中世纪、近现代，东罗马帝国的存续期间被称为黑暗的中世纪。因此此处主要探讨古典时期西塞罗和罗马五大法学家学说中的古罗马法治精神，以及传承下去的东罗马时期的神权[2] 和世俗法治精神。中世纪的奥古斯丁和托马斯·阿奎那所代表的神法部分归入基督教法治精神处探讨。

"德国法学家耶林在《罗马法的精神》中曾经说过，罗马人曾经三次征服世界，第一次以武力，第二次以宗教，第三次以法律。武力因为罗马帝国的消亡而消失，宗教随着人民思想觉悟的提高和科学的发展而缩小了影响，唯有法律的征服是最为持久的征服。"[3] 耶林的话显然太夸张了，罗马在武力、宗教与法律上从来没有征服过中国，甚至没有任何实质性的影响，耶林所指是以欧洲为中心的世界观产生的。但是，从另一个方面，罗马法在世界大部分国家产生了如此广泛的影响力，确实有必要对其进行研究。而且，罗马的武力、宗教和法律"对世界的征服"是不可能截然分离的，从宗教和法律的角度而言，基督教作为罗马的宗

---

[1] 本段罗马帝国的历史时间表，主要参照了李亚凡编：《世界历史年表》（修订珍藏本），中华书局2014年版，第14—43页；在此期间的法学家部分，参照了严存生：《西方法律思想史》（第三版），法律出版社2015年版，第44—57页。

[2] 此时的神还不是基督教的上帝观念。

[3] 严存生：《西方法律思想史》（第三版），法律出版社2015年版，第45页。

教，其本身的发源不在于罗马人，最初以反抗罗马法为己任的基督教于公元 392 年被罗马立为国教，结束了古罗马人信仰朱庇特、玛尔斯、奎里纳斯三位主神的历史，却给人以错觉是罗马人的宗教征服了世界。在立基督教为国教的当时以及日后的教会统治欧洲封建社会的漫长中世纪，基督教更多的是被当作了罗马人的政治工具。从罗马教会作为最大的物质利益获得者，利用多国林立的不统一性在欧洲各封建王国之中纵横捭阖，拥有骑士团等武装并进行了长达 200 年的多次十字军东征、以宗教之名行侵略和掠夺财产之实，到异端审判的残酷，[1]这些都和真正的基督教精神完全背离。基督教法治精神在后面单独研究。

（二）古罗马文化承载的法治精神

国内有论者对古罗马法律思想做出了如下评价：古罗马法律思想不仅是对古希腊法律思想的接力，而且在很多方面有所建树，如人人平等自由的观念、人民主权的观念、分权制衡的观念等。[2]研究古罗马的法治精神，首推西塞罗的学说，另外就是罗马的五大法学家：盖尤斯、[3]伯比尼安、[4]乌尔比安、[5]保罗、[6]莫蒂斯提努斯。[7]西塞罗的学说以古希腊斯多葛学派为渊源，其关于法治精神的学说集中于其著作《论共和国·论法律》和《国家篇·法律篇》。西塞罗关于现代法治精神意义上的平等精神、人权精神、民主精神、契约精神、秩序精神、自由精神、正义精神实际上都有论及，只是表述的词汇未必一致。而西塞罗的学说基础是神本文化和自然法的前提。西塞罗认为，人是神所创造的，因此在神的面前人是平等的；因为人是平等的，因此人的权利应该得到平等的保护。[8]西塞罗认为国家是人民的共同体，此共同体亦是法律共同体和利益共同体，因此法律和政治权力的行使必须符合人民的利益；西塞罗对亚里士多德所推崇的三种政体做了

---

[1] 这部分的历史脉络，参考资料包括，赵林：《天国之门：西方文化精神》，湖南人民出版社 2020 年版，第 136—148 页；《中国大百科全书》（第二版简明版），中国大百科全书出版社 2011 年版，第 6—592 页；李筠：《西方史纲：文明纵横 3000 年》，岳麓书社 2020 年版，第 160—162 页。

[2] 严存生：《西方法律思想史》，法律出版社 2015 年版，第 48 页。

[3] 代表作：《法学阶梯》。

[4] 代表作：《法律问答集》《解答集》《解说书》。

[5] 代表作：《罗马法原理》。

[6] 代表作：《解答集》《判例集》《问答集》。

[7] 代表作：《解答集要点》《法律区别》《法学汇编》《法律规则》。

[8] 李龙：《西方法学名著提要》，江西人民出版社 2010 年版，第 60 页。

缺陷分析并推崇混合政体，而混合政体是将君主政体中的"博爱"、贵族政体中的"荣耀"和民主政体中的"自由"集于一身。[1]西塞罗的学说比较恰当地论述了平等根源于神、人权根源于平等、民主根源于人民共同体、人民共同体实乃契约、民主政体乃自由，而所有这些的集合保障了秩序，此种秩序就是神所要求的秩序、符合自然法的秩序，也就是正义的要求。那么我们来看西塞罗的自然法是指什么。西塞罗认为统治整个自然的是不朽的神明们的力量或本性、理性、权力、智慧等，而整个世界可以被视为神明和人类的一个共同社会，神明们遵守的是统治整个宇宙的一种自然法则、理性法则，而这种自然法则绝不是人制定的法律（即人定法）。西塞罗猛烈抨击那些将人定法视为当然正义的观点。[2]因此，西塞罗的法治精神论说，必须基于神创造了人以及探求宇宙终极法则（即自然法）的基础之上，而西塞罗所说的理性，就是指从自然法中抽象出来的神和人的共同准则。西塞罗的"理性"，其实就是阳明心学所说的一个根本问题：心即理。只是有两点需要注意，一是阳明先生是依据实际体悟之"明心见性"而提出"心即理"，西塞罗是否"明心见性"，笔者不敢妄言；二是西方神本文化中，西塞罗必然要追溯到"神"那里来谈理性，而中国人本文化中，阳明先生所言的"心即理"是指整个宇宙之"理"，而不必请出"神"来。如此这般理解，才能真正读懂西塞罗在表达什么意思。当然，回溯到当时的历史背景，西塞罗的这些法治精神论说，是为其参与的当时贵族共和派与独裁者的殊死斗争服务的，是为了现实的政治斗争而寻找理论依据；不能单纯凭借这些言论就认为这是其心中的真理。真理性检验，要在其神本文化原则中去寻找。

罗马五大法学家有关法治精神的核心观点体现在他们对自然法和神明的理解。"自然法泛指一切普遍适用的、符合正确理性的、符合自然的原则和精神的法；自然法源于自然与神意，是自然赋予万物的法则，它不以人的意志为转移。"[3]从这里可以解读出五大法学家也是以神本文化为基础，在追求一种宇宙的终极法则。例如乌尔比安指出"法学是关于神事和人事的知识，是关于正义与非正义的科学"。[4]所以，罗马五大法学家关于正义精神系指符合神意与永恒

---

[1] 严存生：《西方法律思想史》，法律出版社 2015 年版，第 51、52 页。

[2] 李龙：《西方法学名著提要》，江西人民出版社 2010 年版，第 55、56 页。

[3] 严存生：《西方法律思想史》法律出版社 2015 年版，第 55 页。

[4] 严存生：《西方法律思想史》，法律出版社 2015 年版，第 54 页。

的宇宙终极法则的要求。而罗马法在公法和私法划分的基础上，私法异常发达以适应商业活动，特别是提出了适用所有人的万民法和只适用于罗马人的市民法，这其中就是关于商业意义上契约精神的体现，其中通过私法也体现了人的平等、权利、秩序、自由等问题。罗马第一大学的当代学者、罗马法教授奥利维耶罗·迪利贝尔托曾经充满自豪与期望地说："几十年前，罗马法在中国开始落地发芽。世界上两个有着千年文化历史的文明古国重新相遇：这两个文明古国的文化传统中都具备一种共同的特征，即秉承'没有根基就没有未来'的信念。中国法作为罗马法系大家族的一员，同时将自己伟大的历史、千年的传统、习俗和文化与罗马传统的法学范畴交融在一起……"[1]笔者对于民法法系研究甚少，对于该教授所言"中国法作为罗马法系大家族的一员"无法做出有见地的评价，只是从本书视角认为：由于罗马法更多的是体现出了法律的实用性问题，因此这方面与本书所言"文化意义上的法治精神"交叉较少，不做重点和详细论述。但是，由此引申出来的一个问题倒是值得思考的：有论者指出，西罗马帝国的灭亡是西方文明史上一件天崩地裂的大事；现代相继崛起的大英帝国、拿破仑帝国、希特勒帝国、美利坚帝国，无不是把古罗马当作自己努力的目标；从但丁的世界帝国之梦，马基雅维利对罗马共和的迷恋，再到现代知识分子对全世界或全欧洲联合起来的一个个计划，古罗马一直都是他们可望而不可即的文明理想……西罗马的灭亡是西方人的数千年未有之大变局，决定了西方文明在后来的命运，其历史影响远超周秦之际礼崩乐坏对中华文明的影响；至于晚清以来的历史大变局对中华文明的影响是否能赶上西罗马的灭亡，还要取决于现代中国人在未来几个世纪的智慧和机遇。[2]笔者认为，该论者所关注的是更为深层次、更为根本意义上的问题，也就是法律与法治精神背后真正的文化问题，这种文化问题甚至是一个国家和一个民族未来的命运问题。因此，该论者强调的"机遇和智慧"，确实缺一不可；但是笔者认为，智慧永远是第一位的和根本的——对于一个没有智慧的人来说，从来就没有什么可以被称为"机遇"。

---

[1] 黄美玲：《法律帝国的崛起：罗马人的法律智慧》，北京大学出版社 2019 年版，推荐序第 4 页。

[2] 吴飞：《心灵秩序与世界历史：奥古斯丁对西方古典文明的终结》，生活·读书·新知三联书店 2019 年版，导言部分第 3—4 页。

（三）古罗马法治精神的文化评判

总体而言，古罗马法治实际上是神本文化名义之下的逐物文明和实用主义。实用主义的盛行、物质主义的盛行、灵与肉的分离是古罗马一个值得研究的问题。这些问题的出现，是源于没有一个真正的文化归依和灵魂指引。"罗马文化虽然在许多方面承继和沿袭了希腊文化的具体内容，却在文化精神方面把和谐之美的希腊文化推向了片面化的极端，从而一方面表现出悲歌慷慨的英雄主义，另一方面却堕入了物质主义的深渊。在罗马文化中，一切高尚的情怀、诗意的理想全都淹没在赤裸裸的财产关系和冷峻的功利图谋里，不可一世的罗马帝国最终崩毁销蚀在声色犬马的纵欲主义巨浸之中。"[1]这样的总结可谓言简意赅、切中要害。对于古罗马的法治精神而言，其研究确实没有深入到真正的文化层面上，对于自然法或者正义只是继承了古希腊的概念，却没有真正明确其义理与实际所指。这就涉及古罗马的法学家们的身份和地位的问题。今日所言古罗马"法学家"，实际上代表的是当时社会的最高精神导师、文化圣哲，并不是今人眼中的研习法律之学问的法学家，他们在古罗马的地位相当于孔子、孟子、董仲舒在当时中国的地位。因为在神本文化之下，古罗马文化精神领域最重要的事情就是研究神明和宇宙的法则是什么，这是追求宇宙真相的事情。那么古罗马所言之平等是基于神明创造了人，所以人和人就是平等的，并且以此为基础展开理论叙述。那么柏拉图认为神创造了灵魂中掺入了"金、银、铜、铁"的不同等级的人，西塞罗认为神创造了平等的人。假设真的是神创造了人，那么神创造人的意义是什么？到底神创造了柏拉图眼中本就不平等的人还是西塞罗认为的平等的人？现实中人的智识和品德的差异性是神创造的结果还是人类自身的问题？神在造人的过程中失误了才导致了现实中人的种种差异性吗？神如果想让人改变不平等，会通过什么方式来改变？这些都是神本文化中无法给出一个令人绝对信服的答案的问题。或者说，虔敬神的诸位法学家、哲学家，与神进行过怎样的交流或者获得过神的何种启示？这些问题，都要回归到这些法学家的相关论述予以考察，然后才能判定其神本文化前提下所论述的法治精神，是一种主观构建还是一种真实体悟。

---

[1] 赵林：《天国之门：西方文化精神》，湖南人民出版社 2020 年版，第 12、13 页。

　　笔者原本认为西塞罗在其《论神性》[1]《论占卜》[2]和《论至善与至恶》[3]等著作中能够为我们提供进行研究和追问的资料，这里才能看出其理论在其自身心目中的真理性问题。但是，笔者通过阅读发现，这些著作并非如中国传统的文献般直接告知世人一个真相，反而是颇具现代人的"学术论文"写作风格，引用各种学说而最终似乎未能说出所以然来。最终看西塞罗心中的神明如何理解，反而浓缩式地体现在了《论法律》之中：他反对神人同形同性论的观点，并且认为："集有远见、智慧、多样、敏锐、记忆，连同理性和明断于一身的物种，也就是我们所谓的人类，是由至高无上的上帝[4]创造的，享有一个非凡的地位；在所有生活的物种当中，只有人类才能够进行推理和反思；没有什么比理性更好，而理性又存在于人和上帝之间，那么人与上帝在理性上有着一种最原始的共享关系；正确的理性便是法律；"[5]法律研究的出发点定义为还没有任何成文法律甚或还没有国家的时候形成的最高法则；这整个宇宙必须被视为一个由众神和人类所共享的社会。[6]因此可以看出，西塞罗没有说出神到底是什么，实际上是借助不可置疑的神的存在为前提，论证有一个神确立的最高法则存在，因为自己学说拥有对最高法则的解释权，因而就拥有了对现实的政治和世俗法律的评判权和指导权。对此，孟德斯鸠在《论法的精神》中对罗马法学家进行了负责任的批判：例如，罗马法学家认为奴隶制符合自然法的要求、奴隶制的出现是源于怜悯心的说法，孟德斯鸠认为毫无道理可言，并且认为奴隶制就是违背自然法的。[7]其实，古罗马的法治精神中，论述的虔敬神明与尊崇自然法前提下所体现的平等、人权、契约、自由、秩序、正义等，在奴隶制和战争问题上的观点上就已经可以说明，这都是一种限于对全体人中可以称之为"人民"或者"公民"的一部分人而言的，因此不具有现代意义上的普遍性。而且对于虽然作为战俘而成为奴隶的同

[1]（古罗马）西塞罗：《论神性》，石敏敏译，商务印书馆 2012 年版。
[2]（古罗马）西塞罗：《论占卜》，戴连焜译，华东师范大学出版社 2019 年版。
[3]（古罗马）西塞罗：《论至善与至恶》，石敏敏译，中国社会科学出版社 2017 年版。
[4] 笔者认为，这里的"上帝"应该翻译为"神明"，而不是基督教中的上帝概念。因为在西塞罗生活的年代，基督教还未由耶稣改造犹太教而创立，更未能成为罗马的国教，基督教中的上帝就不是西塞罗年代的信仰；犹太教在当时也不是罗马人的信仰；罗马人信仰的是朱庇特。国内在翻译英文"God"的时候，对上帝和神往往不加区分而混同使用。
[5] 确切地说是宇宙法则——笔者注。
[6]（古罗马）西塞罗：《论共和国》，李寅译，译林出版社 2013 年版，第 144—146 页。
[7]（法）孟德斯鸠：《论法的精神》（上卷），许明龙译，商务印书馆 2012 年版，第 286—288 页。

样的生灵所显现出的观念，我们断然不能说古罗马法治精神中对于正义的理解达到了一种需要仰视的高度。古罗马在文化意义上的法治精神，其实并没有超越古希腊。而且，古罗马对于其认同的最高的宇宙法则和神明的理论认知，更是远远逊色于古希腊的。如果说古希腊三贤通过对灵魂的认知去探求宇宙的终极法则是一条合理的路径的话，那么古罗马法治精神似乎只是知道这条路径的存在，而未能实际去探求。这也与古罗马的法治更关心实用的政治领域和商业领域有关。所以，法治精神说辞的华丽实为徒有其表，并不代表其人心人性的真正升华，因为古罗马法学家们对法治精神的研究和探求，实际上是未能达到一个真正的"文化"高度的，或者说他们的务实倾向掩盖了求真驱动。

四、基督教法治精神的文化解析

（一）基督教法治的历史背景概说

赵朴初先生曾经说："不懂基督教，就无法了解西方文化和社会；同样，不懂儒家、佛教和道教，就无法欣赏中国文化的博大精深。"可以说，没有基督教2000 余年的发展传播，就没有今日西方文明之现有格局。当今西方主要资本主义国家，几乎都是以基督教为主流社会信仰的。特别是在无神论者更加容易忽视基督教文化在西方之真正作用的当下中国，往往将基督教之功错归于现代（自由主义）法治文明。基督教在国内耳熟能详，在世界上也是信众最多的宗教，信众估计占据全球人口的 1/3 至 1/4 之间；基督教包括罗马公教、正教和新教；我国习惯将新教称为"基督教"，而将罗马公教和正教分别称为"天主教"和"东正教"。[1] 基督教脱胎于犹太教，基督教的教义集中表现为《圣经》，分为《旧约》和《新约》。《圣经》同时被认为是对宇宙伊始以来的历史记载，例如《创世纪》记载了神如何用 6 天时间创造了宇宙，《出埃及记》是以色列民族的真实历史记载。约翰·加尔文认为《旧约》的盟约和《新约》的盟约其实并无分别。[2] 因此，基督教虽然历经内部改革，其宗教精神和教义的统一性从根本上是一脉相

[1] 黄心川主编：《世界十大宗教》，社会科学文献出版社 2007 年版，第 215 页。
[2]（法）约翰·加尔文：《基督教要义》，钱曜诚等译，生活·读书·新知三联书店 2010 年版，第408 页。

承的。谈到基督教，首先要追溯到其源头——以色列民族[1]和犹太教。"犹太教、基督教、伊斯兰教被称为'亚伯拉罕系三大宗教'，基督教和伊斯兰教都脱胎于犹太教，都自称是亚伯拉罕的子孙。"[2]"按照犹太人对史前时期的传说，犹太人的祖先亚伯拉罕，大约出生在公元前 1900 年的美索不达米亚苏美尔人王国乌尔城。""以色列人的历史传说中还描述一位拯救以色列民族，带领以色列人逃出埃及的民族英雄摩西。"[3]上帝耶和华先后与亚伯拉罕和摩西立约，确立了犹太教的一神崇拜的传统。"基督教的创始人耶稣本人并没有创立一个独立于犹太教的新宗教的意向，他是与以前的先知一样的宗教改革者。"[4]这就是基督教与犹太教渊源的大致历史脉络。

"摩西十诫"是犹太教的律法，也是基督教的律法。具体内容包括：除了耶和华之外不允许有别的神；不可雕刻耶和华的造像；不可妄称耶和华的神名；当纪念安息日并守为圣日；当孝敬父母；不可杀人；不可奸淫；不可偷盗；不可作假见证陷害人；不可贪恋他人之房屋、妻子及他人拥有之一切。[5]摩西十诫的内容比较容易理解，一神崇拜是其根本要求，同时涵盖了对人的基本道德要求，这些基本道德要求是维系人际关系保持正常状态的必需。摩西十诫与佛家五戒和儒家"五常道"相比较而言，佛家五戒包括了不杀生、不偷盗、不邪淫、不妄语、不饮酒，可以分别对应中国的"仁、义、礼、智、信"之五常道。我们完全可以看出来，除了耶和华神的信仰与否之外，佛家讲求自心的觉悟即可成佛，佛者觉也；儒家讲求以人道合天道；其余对人的要求则大同小异。此处之比较在于表明：西方的宗教信仰、佛家的觉悟要求、儒家的恒常人道，其实转化为人的准则，无论被称为律法、戒律、人道，本质都是在要求人的基本"德性"准则而已。因此，那种认为基督教是"法治"，而儒家讲求"德治"、佛家讲求"戒律"不是"法治"的看法，是不成立的。这只是现代中国人之"道德与法律观念之分别"之下的产物。

古希腊文明也是基督教的重要文化渊源，例如奥古斯丁先是以柏拉图思想讲

---

[1] 希伯来人、以色列人、犹太人都是指以色列民族。

[2] 张允熠：《中国文化与马克思主义》，人民出版社 2015 年版，第 66 页。

[3] 黄心川主编：《世界十大宗教》，社会科学文献出版社 2007 年版，第 183 页。

[4] 赵敦华：《基督教哲学 1500 年》，商务印书馆 1994 年版，第 52 页。

[5] 黄心川主编：《世界十大宗教》，社会科学文献出版社 2007 年版，第 185—186 页。

解基督教义，后来又以基督教义讲柏拉图思想。[1] 抛开文化传承和影响因素，可见二者对宇宙实相和奥秘、人生意义的认知具有共通性。这与当时佛教传入中国后，古人用儒学解释佛学，同时用佛学解释儒学是一样的道理，在中国称之为"道冠儒履释袈裟"。只不过从古希腊的多神信仰到耶和华作为上帝的一神信仰，这是一个至为根本的改变，尤其是基督教的上帝形象由摩西与上帝对话之时的"上帝不需要具体形象"到上帝被"人格化"之后，基督教与古希腊文化在信仰本质上就又出现了根本性的分歧。基督教法治精神，一是在于对犹太教教义的改变，二是在于对黑暗中世纪的反抗。因此，西罗马的天主教会和东罗马拜占庭帝国的东正教会是以教权为名义的政治统治机构，其中的政治之争、王权与教权之争，本书不做重点考察，而专注于探讨基督教法治精神。而且，根据本书确立的对等比较原则，即不以观念比照事实的研究原则，将基督徒反抗罗马法的历史事实作为基督教法治精神的研究对象；对于教权是利用宗教之名的财产、政治、军事组织性质而违反真正基督教法治精神的行为，不予纳入"基督教法治精神"作为比较研究对象。

（二）基督教文化承载的法治精神

基督教作为目前世界上特别是在西方发达资本主义国家的宗教信仰，如果说其与法治精神的形成没有决定性作用、法治精神不依附于这种终极信仰，那绝非现实。包括启蒙运动时期，启蒙思想家们也没有完全否认上帝信仰，只是突出了人的主体地位和人的"理性"之作用，他们剑指自称代表上帝的教会而非上帝。而且必须指出，"法的统治（rule of law）""法即正义""王在法下"等现代法治所推崇的"公理"是源自神本文化或者基督教信仰形成之后的产物，也只有在神本的意义上，这些概念所表达的义理才能够得以成立并且显得完全自洽。所有人都必须服从本身即代表正义的上帝之"法"，就连国王作为最高政治权力的代表也不能例外，这是基督教法治的精神要旨。在基督教法治精神研究中，应该首推奥古斯丁和托马斯·阿奎那的学说。

1. 平等精神

如果没有普遍平等观念的确立，那么近现代法治当然没有立足的平等观念之

---

[1]（古希腊）亚里士多德：《尼各马可伦理学》，廖申白译注，商务印书馆 2019 年版，序第 VII 页。

历史基础；如果没有平等，就无法名正言顺地宣扬民主，因为人和人如果不平等当然就不应该普遍民主。因此，虽然近现代自由主义法治依据人的理性来确立法治的精神基础，不同于上帝这一终极来源，但是二者的义理不同，而普遍平等的观念是一致的。如果没有基督教 1000 多年对平等观念的宣扬让其深入人心，则西方近代法治所宣扬的平等就失去了历史底蕴和根基，是断然无法在短时间被广泛认同的。至今 2000 多年的基督教，更是为现代西方人认同平等精神继续奠定着文化根基。而且，自由主义法治的出现，也未能从根本上改变基督教信仰的普遍性，因此依据基督教教义而尊崇法治与依据理性而尊崇法治，断然是无法泾渭分明的。以美国为例，"即便对欧洲宗教迫害深有体会而逃难至美洲的人们，一开始也并不认同政府不设立国教——如果政府不设立国教，如何引导人民走正确的信仰之路？如何教化人民过有德性的生活？政府当然有义务神道设教，以使民德归厚……为了增强基督教的力量，使真正的宗教和真诚的信仰不致被世俗化的洪流裹挟而堕落沦陷，才有人站出来强调古典的神学理据，支持政教分离"。[1] 美国的建国者们是"五月花号"运来的清教徒，这也是众所周知的。也就是说，基督教在西方社会提倡的平等、博爱精神构建了西方社会的人心基础，自由主义是在这样一个客观的人心条件下开展自己的政治构想和政治实践的。上帝要求信众尊崇法治，信众不会因为自由主义也提倡法治，为了反对"数典忘祖"的自由主义者而反对法治，因为奉法是教义的要求。

　　西方是因基督教而开始了普遍平等观的普及，以至于今天对人人平等观念的深信不疑。基督教为何倡导人人平等？其义理如何阐释？这是一个关键问题。因为平等是"上帝"的仁慈和要求，而不是现实世界的总结，这是神本文化的一大特点。由于基督教最初是作为一种革新的犹太教由犹太人传给犹太人的，而犹太教最初的教义是只有以色列民族是上帝的选民，[2] 因此是一种种族属性极强的宗教。在此种教义下，以色列民族与外族外邦人是不一样的，具有特殊的荣耀，因为与上帝订立契约的只是以色列民族。耶稣基督的犹太教改革，不再以民族种族作为樊篱，而是认为所有的人类都可以得到上帝的爱，因此才称之为"博爱"用以强调"博"；同时，犹太教教义中源于对上帝惩罚的恐惧的信仰，被耶稣改革

---

[1]（美）麦康奈尔：《美国的宗教与法律：立国时期考察》，程朝阳译，法律出版社 2015 年版，序第 1—2 页。

[2] 意为"上帝选中的民族"。

为上帝是爱人类的，因此才称之为"博爱"用以强调"爱"。在这样的基础上，人类互相之间才具有了"平等性"，因此人类互相之间也要"博爱"，以便完成同样作为上帝子民的要求。因此基督教废除摩西律法，而要求爱上帝和爱邻居。这也让基督教与犹太人之间形成最初的敌对关系。基督教的平等，不同于激进主义、自由主义在人的理性基础上确立的平等，而是讲求心性的修炼，是在上帝的指引下完成灵魂的升华，而不是认为现实中每个人已经完美。真正的基督教信仰的贯彻过程，应该是一个人心、人性升华的过程，只是基督教的历史从来都未能独立于政治、军事、战争，这使得基督教的平等教义在现实中是被屡屡违反的。

2. 人权精神

基督教法治中是否有人权观念？这是一个需要认真思辨的问题。在基督教教义中，其核心是如何依据上帝的要求而成为一个拥有理想人格的人，其核心精神最终是落实到对人的人格完善上面的。因此，基督教并不会在教义本身中从上帝之处去争取"人权"。基督教最初四个世纪对罗马法的反抗，以及基督教信徒在欧洲中世纪对教权的反抗，却是在从教权处争取人权。而基督教的教义是在教化人类自身如何符合上帝之法这一宇宙最高法则的要求，是让人能够实现灵魂的净化和提升，是消除自身的"原罪"和升入天堂的障碍。从这个角度看，直接源于上帝或者教会的神权是对人权的保障。但是，落实到政治领域中，基督教对于不符合上帝教义的政治行为，当然是需要予以反抗的，这就是基督教的殉道精神。这种殉道精神就是争取人权的最佳证明。基督教中虽然没有人权的概念，但是虔诚的基督徒们却是为大众争取人权的急先锋。只是这种争取人权的目标不在于对上帝的反抗，而是在于对世俗政权和自称代表上帝的教权的反抗。黑暗教权以上帝之名对人权的侵犯，与基督教教义本身的要求是两回事。十字军东征也是以基督教之名进行的、实质上完全违反教义的军事侵略和财富掠夺行为。如若以中世纪教权的统治行为定义基督教的人权精神，则更多地倾向于以神权剥夺人权的结论。

3. 民主精神

基督教法治有民主精神吗？在义理上，如果从现代意义的民主看，答案是否定的。基督教所有信众以上帝为主人，当然不会让自己一跃成为近现代意义上的主人。基督教法治精神中，由于上帝是人类的主宰，因此必然没有无神论者所主张的意义上之民主精神，但是基督教的民主却是的的确确存在的，只不过是在另一种意义上的民主。因为基督教法治绝对不缺乏近现代意义上民主的实质内涵，例如基督徒的殉道精神，这可以等同于中国语境中的"替天行道"。马丁·路德、约翰·加尔文的宗教改革，都可以看成一种民主意义上的宗教改革。这种宗教改革的对象虽然是宗教本身，其实际指向却是现实的政治统治。欧洲中世纪的教权统治被学界公认为是一段黑暗的政治统治，这其中可以看出基督徒的反抗精神。正如美国学者伯尔曼所言的基督徒对罗马法的反抗和17世纪清教徒保卫自己的良心自由，[1]是一种对现实政治的不满和反抗，这就是一种"民主精神"。这可能就是对基督教民主精神在政治领域的最高赞许性解读了。如果从基督教神学家那里来寻找民主精神，我们是找不到起源于启蒙运动、以反抗教权为目标、以人的理性觉醒而抛弃上帝的、近代意义上的民主精神的。

4. 契约精神

契约精神起源于犹太教信仰，传承到基督教信仰。此种所谓契约精神，就是上帝与人类所订立之契约必须遵守，这也是西方近现代法治中契约精神的源头。基督教从犹太教承袭的契约精神，是西方契约精神真正的源头，而后来所谓的社会契约、商业契约，绝非西方文化上之正宗契约精神，最多是契约精神的一个变种而已。或者说，商业契约精神和社会契约精神本身不足以成为支撑契约精神的终极来源。因为商业契约和社会契约从来都没有深入人心、人性来谈问题。基督教的契约精神虽然承继了犹太教的契约精神，但是亦有改变。犹太教的契约精神一方面让犹太民族坚定了上帝信仰，另一方面也让犹太民族心中确立了"与众不同"的地位，因为自己的民族是唯一的"上帝选民"。基督教对于犹太教的改变在于：基督教破除了犹太民族作为唯一的上帝选民的观念，而是扩展到犹太民族之外的民族和人群，信仰上帝就是上帝选民。那么问题就来了，基督教信徒作为上帝契约中的人类一方，与不信仰基督教的人之间是什么关系？在基督教信仰中，不信仰基督教的人与上帝是什么关系？非基督教信徒当然与上帝不是契约关系，因此基督教信徒对待非基督教信徒就产生了两种心态：一是让这些人"迷途知返、信仰上帝"；二是认为自己因为上帝契约而优越于这些异教徒。这两种心态，就是造成历史上基督教信仰内部的不同教派、基督教信仰者与非基督教信仰者发生军事和流血冲突的主要原因之一，亦即宗教战争。这也就会让人明白，以

---

[1] (美) 伯尔曼：《法律与宗教》，梁治平译，商务印书馆2012年版，代译序第XVII页。

清教徒为主的美国建国者们，为什么一方面高喊上帝信仰、平等博爱，另一方面却毫不留情地屠杀土著的印第安人来反讽自己确立的感恩节，但是却不进行自我道德谴责。例如，"事实上，《独立宣言》的起草者托马斯·杰斐逊曾领导了对印第安人的围剿和屠杀"。[1] 非基督教信仰者几乎无法成为美国总统，至于宣称基督徒者真信还是假信上帝，难有定论。这种心理因素也可以解释美国的种族歧视、黑奴制度、社会撕裂、精英主义等很多现实问题，甚至可以解释美国的战争史的"道义"基础。就是因为这种"契约精神"带来的自我优越感和信仰排他性。所以，不要单纯地认为契约精神是一种言而有信的表达，其更主要的是一个信仰上帝与否的问题，很多时候的契约精神，充当着堂而皇之抛弃人类基本道德准则的挡箭牌，这是极其可悲的。

5. 秩序精神

基督教法治中所言的秩序精神，是一种博爱秩序，在中国传统儒家所构建的仁爱秩序看来，二者虽然有所区别，基督教是基于上帝信仰，而儒家是基于人文信仰，但是二者在人的层面上实质是一样的。基督教认为人类互相的爱是符合上帝要求的，儒家认为仁爱秩序是符合人的天性要求的。落实到现实之中，则会形成两种截然相反的情况。一是基督教的秩序精神强化和维护了现实政治的稳定；二是基督教秩序精神反对现实政治的不合理秩序。无论何种情况，基督教法治精神所强调的秩序，都是符合上帝要求的秩序，是上帝法则要求的秩序。因此，如何解读上帝的法则，就成为一个关键问题。解读的不同，可以让各种行为都被冠以基督教法治秩序之名。基督教最初四个世纪对罗马法的反抗、西罗马的灭亡、十字军东征、美国当下保守主义者对民主自由派的愤怒和反对，往往都是在追求或者名义上追求符合基督教法治精神的秩序。因为基督教最终是一个天国理想，世俗的政治如何符合天国理想的要求？其最佳的结合方式，无非就是人们都依据教义而行、彼此仁爱、共同尊崇上帝，构建出一种社会和谐的秩序。但是，由于并非所有人都具有上帝信仰，因此一定会出现此种秩序精神在不同的理解中、不同的态度中无法实现统一性。而东罗马基督教秩序的统一性，却是以王权和教权的千年之争为实质的，而且留下了黑暗中世纪的历史恶名。因此，没有一个完美的基督教精神要求的上帝秩序的历史原型存在。

---

[1] 王绍光：《民主四讲》，生活·读书·新知三联书店 2018 年版，第 123 页。

6. 自由精神

基督教具有天国理想，天堂中所有人都会实现最终极的自由，因此基督教当然具有自由精神。但是，基督教这种自由精神不是完全的自由，而是以信仰上帝为前提的自由、是渴望上帝救赎而得到的自由。例如，奥古斯丁的"两国论"，认为存在上帝之城和世俗之城，人只有在上帝之城中超越了现实的政治秩序、选择精神生活而非选择肉欲生活，才能获得永恒的自由。[1] 在西方神本文化背景之下，灵与肉的分离是一个非常大的问题，这会导致极端化倾向，要么为了"信仰"而禁欲，要么认为看穿了"信仰的欺骗本质"而无度纵欲。一种灵与肉的完美结合的生活方式，其实就是真正的自由，而这在神本文化的"有对思维"中，常常让人雾里看花。上帝的救赎，需要信徒们依据教义行事，就是做到信仰上帝前提下的良善。因此，基督教的自由在人的身上体现为良心自由，也就是需要依据良知行事。而奥古斯丁的"两国论"在一定程度上是在试图改变这种灵与肉的分离倾向，改变这种将现世和来世截然分开的倾向："奥古斯丁把上帝理解成深度自我和心中的至善，认为世界历史中的所有问题都在于遵从还是背离这个至善，所以善恶问题是心灵的问题……所谓上帝之城，并不是另外一个政治性的城，而是在每个人的心灵深处。奥古斯丁把世界历史理解为两座城之间斗争的历史，其实就是每个人心灵中的斗争。无论奥古斯丁处理怎样宏大的政治和历史问题，在根本上都是心灵秩序的问题。"[2] 也就是说，奥古斯丁的期望是：信仰上帝，并非指让人们在来世住进天堂，而是在今世，让天堂住进人们的心里。但是，奥古斯丁认为心灵秩序是超越现实政治秩序的理想目标，但是心灵秩序永远也无法脱离现实的政治秩序。笔者认为，心灵秩序的构建应该是在中国式"修身、齐家、治国、平天下"这样的过程中同步进行的，过程与结果是不可分离的。基督教的自由精神，是源于心灵自由到政治自由的一条路径，政治自由是心灵自由的一个自然延伸和必然要求。因此，依据基督教起源时期对罗马世俗政权的反抗，可以看出基督教在政治领域是极力争取政治自由的，这种政治自由的要求极其强烈，甚至可以为现实的政治自由而殉道，耶稣基督为基督徒们树立了一个榜样。特别是在欧洲中世纪的时候，掌握教权的

[1] 严存生：《西方法律思想史》，法律出版社 2015 年版，第 67 页。
[2] 吴飞：《心灵秩序与世界历史：奥古斯丁对西方古典文明的终结》，生活·读书·新知三联书店 2019 年版，导言部分第 22—23 页。

统治阶层自己纵欲却自称代表上帝，而要求被统治阶层禁欲以便实现天国理想，这就造成人们精神上的极度迷茫，迷茫过后就是对现实政治的严重不满，因而对政治自由的追求就更加强烈。在美国立国之后，基督教未被确立为国教，而事实上美国的立国者却又都信奉着基督教，部分原因就是欧洲中世纪的政治阴影之下，确立基督教为国教会引发民众对政治自由被限制的担忧。而如何理解上帝，就成为一个关键的问题：奥古斯丁认为上帝就是人心中的至善，这和中国传统文化基本走到了一致的道路上。

7. 正义精神

基督教精神中的正义，当然是尊崇上帝的要求；上帝创造了世界，为世界确立了法则，人的"心和行"遵守上帝的要求，就是符合了正义的要求，因为上帝法则本身就是正义，这就是基督教意义上的"法即正义"。这与亚里士多德的经典的"法即正义"的道理是一样的，只是"法"的创造主体不一致。例如"王在法下"这一观念，是指上帝给人类赐予律法，因此国王虽然高于一国之内的所有人，却必须在律法之下行使权力，因为是上帝的律法赋予了国王所拥有的一切。因此，英国的"王在法下"与今日所言的"代表大众利益的法、大众作为国家主人所产生的民主的法"高于政治权力，完全是两回事，这就毫无疑问了。例如，基督教神学家奥古斯丁认为：永恒法等同于上帝的意志，因此永恒法就是正义的源泉；而世俗法如果不符合正义准则就不是法，但是世俗法作为一种暂时的、可变的正义，最终必须符合永恒法的永恒正义。[1] 奥古斯丁对上帝的信仰和永恒法之正义的追求达到了什么程度？奥古斯丁所著的《上帝之城》使基督教文明理想逐步取代了西方古典文明理想，但该书也恰恰证明了"正是基督教导致了罗马的灭亡"，奥古斯丁的《上帝之城》攻陷了罗马人的精神世界，奥古斯丁在《上帝之城》中却表现出可怕的平静抛弃了祖国。[2] 罗马人所自豪的爱国忠勇精神以及由此带来的罗马的对外征服的成功，在精神被打垮的时候，必然会亡国。文化与精神的坍塌导致亡国，是一个不变的历史规律。对上帝指引的正义追求，达到了如此的程度，为了正义可以不惜祖国的沦陷与灭亡，导致祖国灭亡的精神原因恰恰是合乎其心中的、来自上帝的正义。这是在基督教法治精神中，正义一定是来

---

[1] 严存生：《西方法律思想史》（第三版），法律出版社 2015 年版，第 69 页。

[2] 吴飞：《心灵秩序与世界历史：奥古斯丁对西方古典文明的终结》，生活·读书·新知三联书店 2019 年版，导言部分第 1—6 页。

自上帝的最佳明证。因此，脱离了对上帝的虔诚信仰这一根源，对字面上的基督教法治精神理论言说的研究是毫无意义的。

（三）基督教法治精神的文化评判

由神本而求人文是基督教法治精神的主要特征，一旦失去了神本文化的根基，则基督教法治精神的人文功能就会丧失，而演变为另一种形式。基督教法治精神归宗于上帝，这是没有疑问的。我们评价一种宗教下的法治精神的时候，通常会着眼于两个方面进行考察：一是这种宗教的终极义理的真理性问题；二是这种宗教的终极义理对人心的教导是什么。关于基督教终极义理的真理性评判，古今中外有无数种观点，例如费尔巴哈在《基督教的本质》[1]中对基督教提出了诸多质疑，如上帝实存中的矛盾、上帝启示中的矛盾、上帝一般本质中的矛盾、思辨的上帝学说中的矛盾、三位一体的矛盾、圣礼中的矛盾、信仰与爱的矛盾等。此类理解和争议，无论是在基督教内部，还是在基督教与教外人士之间，一直未曾停歇，各方各派观点不再赘述。笔者认为，基督教中关于对上帝的理解是一个核心因素，决定了基督教义理解释的种种变化。实际上，《圣经》记载，犹太教的亚伯拉罕和摩西曾经直接与上帝对话，与上帝订立了契约，而基督耶稣是"三位一体"的化身。基督教的上帝观念发源于犹太教确立的耶和华神，而根据犹太教的原始教义，耶和华神作为上帝，并不具有具体形象，更不具有人的形象，但是犹太教是一神教。到了耶稣对犹太教进行改革而形成基督教的时候，又采用了圣灵、圣父、圣子三位一体的学说，也就是"道成肉身"的说法。这种改变的意义是："耶稣向人们显示了与人朝夕相处、充满爱心的亲切形象，他与陌生、威严，满怀报复心的耶和华形象大相径庭。两者与人的关系也不一样。联系人与耶和华的关系是誓约，誓约使人承担义务，产生敬畏之心，却产生不了爱。耶稣基督说：我赐给你们一条新命令，乃是叫你们彼此相爱；我怎样爱你们，你们也要怎样相爱。你们若有彼此相爱的心，众人因此就认出你们是我的门徒了。"[2]而后基督教中的上帝又演化为人们观念中的"人格化上帝"和"非人格化上帝"的不同认知。人格化上帝系指上帝是一位全知全能的神，如果以人格化上帝来理解，

---

[1]（德）费尔巴哈：《基督教的本质》，荣震华译，商务印书馆 2019 年版。
[2] 赵敦华：《基督教哲学 1500 年》，商务印书馆 1997 年版，第 61 页。

基督教就又成为一神教。因此，《圣经》中的约翰福音所言"太初有道，道与上帝同在，道就是上帝"似乎是基督教中至为关键的关于上帝形象的解读。这个时候就已经不再奉行人格化上帝的观念，而是将上帝理解为宇宙的终极本体和终极法则。这就表明了耶稣基督是道化成肉身，但是上帝还是道。而此种道即上帝的理解，已经接近于或者几乎等同于中国道家学说所言的"道"。当然，我们今天不能臆想老子当年西出函谷关之后都做了什么、到了哪里、对世界又产生了什么影响，或者说基督教的"道成肉身"与老子有无实际关联。同时，"上帝"一词在中国古已有之，如《尚书》中的"帝，上帝"。[1]因此西方的《圣经》等经典文献翻译为汉语的时候，实际上为什么将"god"这个可以翻译成"神"的词语，在应用于基督教场景的时候一直被翻译为"上帝"而不是泛称的"神"，应该是翻译的时候有所考量的，也就是用中国古已有之的"上帝"一词来方便耶稣会士传教。[2]换言之，西方是没有"上帝"的，西方只有每一个具体的"god"，每一个"god"都有具体的名字和实际所指，而"上帝"是中国文献记载的历史人物；今人皆以为"上帝"是西方的，是专属于基督教的，这是一个理解错误，这是一个非常大的"历史遗留问题"。而西方将"god"理解为宇宙全体之主宰而非具体的哪一个"god"的时候，其实也就是中国的"道"了。而根本问题是，大家虽然都认为宇宙之全体乃"道"，关键是看谁"悟道"了，这才是真正的差别所在。

因此，排除"道"这个字眼的问题，基督教所谈的"道成肉身"义理，其实就是《老子》中"道"的义理，后文将详细解释。按照罗素的说法，基督教的"道"是起源于古希腊的毕达哥拉斯，"如果不是他，基督徒便不会认为基督就是道；如果不是他，神学家就不会追求上帝存在于灵魂不朽的逻辑证明"。[3]而有论者研究："道"是希腊文 logos 的意译，logos 的原意是"言辞"，故在英文中译作 Word。[4]因此，很多国内译作也将"道成肉身"翻译为"言成肉身"。对此处语言来源方面的继续考证，超出了笔者目前的研究能力，此处不做定论。只是对于道成肉身或者言成肉身，更加能够符合其本意或者更为容易让现代人理解的表

---

[1] 例如"肆类于上帝，禋于六宗，望于山川，遍于群神"。出自《尚书·舜典》。

[2] 对于这个问题，很多观点认为是传教士利玛窦在中国传教的时候，为了方便传教而将"god"翻译为汉语古已有之的"上帝"，这种看法是符合历史事实的。

[3]（英）罗素：《西方哲学史》（上卷），何兆武、李约瑟译，商务印书馆 1963 年版，第 46 页。

[4] 赵敦华：《基督教哲学 1500 年》，商务印书馆 1997 年版，第 60 页。

达应该是：道或者言，就是一个实际存在的但是无形无相的"意识体"，或者说是整个宇宙的意识体本体，此意识体可以合一也可以分化，可以无形也可以附着于肉身。这种义理的表达，在佛学中也存在，而且是佛学中一个"初级段位"的佛学义理。笔者此处表明了基督教所认为的"上帝"的内涵即止。而后来的近代自然神的观念其实就是上帝观念的另一种表达，只是此时教权就不具有了绝对权威性，因此以自然神的概念来反对教权统治的合理性。例如，爱因斯坦也是一位自然神上帝论者。约翰福音对道成肉身的解释，就可以完全排除西方人对于人格化上帝和非人格化上帝的争论，也可以统合自然神论了。因此，三种对上帝的理解在终极义理处没有本质区别，只是不同的解读落实于现实就演化成权力之争，因此大家势必奉行不同的解读原则。

基督教法治精神的现实影响，也就是基督教的现实影响在法治领域的表现。可能伯尔曼的观点能够切中要害：过去 2000 年间历尽艰辛建立起来的西方法学的伟大原则，如"公民不服从"原则，旨在使人性升华的法律改革原则，不同法律制度并存的原则，法律与道德体系保持一致的原则，财产神圣和基于个人意志的契约权利原则，良心自由原则，统治者权力受法律限制的原则等，都与西方历史上基督教的发展有密切的联系，有些甚至是由基督教的历史经验和教义中直接引申出来的。比如，为美国宪法中一系列权利条款奠定基础的，主要不是启蒙学者们美妙的理论，而是早期基督教殉道者反抗罗马法律的勇敢实践，是 17 世纪清教徒保卫其信仰和良心不受侵犯的无畏抗争。[1]基督教的影响力之大，起源于犹太教的传承、顺合西方的神本文化、有着对"道即上帝"的合理阐释以激发对宇宙终极真相的探求、倡导人们之间的互爱来教化世人，这些才是其将理想世界和现实世界统合起来并信众甚广的原因。而基督教的法治精神，最终归结到一点就是良心自由。这种深入人文世界的探求，是基督教法治精神最为可贵之处，也是基督教法治精神在当今世界能够影响甚众的原因。而对于自古就高度人文化的中国来说，上帝无法取代"道"，这是一个根本；而良心自由的人文精神，却又是无法超越中国传统的人文精神的，因此基督教法治精神在中国从来都未能深入传播，即是这个原因。或者说，是二者在良心自由这一人文要旨上的暗合，决定了既定历史的局面，那就是：中国的道统和西方的上帝观念，虽然本质同一，但

---

[1]（美）伯尔曼：《法律与宗教》，梁治平译，商务印书馆 2012 年版，代译序第 XVII 页。

是在现实的观念世界中却无法互相取代；二者共同的追求是人心的至善，因此对于未能形成向善、至善文化的历史阶段和国家，一旦传播过去就会产生极大的文化统领作用。这就是人类的向善天性使然的历史局面。

第二节　人本文化启蒙后的西方近现代法治精神

在神本文化主导西方社会绝大部分历史时期之后，西方在近代迎来了人本文化，由此开启了人本主义之下的西方法治历史进程。这几百年的时间在整个历史长河中虽然略显短暂，但是其历史和文化转型是划时代的。

一、启蒙运动以及三种主义的形成

（一）启蒙运动的历史脉络

文艺复兴与启蒙运动是西方近代史上的两件大事。文艺复兴是 14—16 世纪反映西欧各国正在形成中的资产阶级要求的思想、文化运动。文艺复兴宣扬个性解放、尊重人、爱人等人文主义思想，用资产阶级的"人道"反对封建阶级的"神道"，用资产阶级的纵欲主义反对封建阶级的禁欲主义。文艺复兴运动不仅是希腊、罗马文化影响的结果，它还吸收了外来文化，特别是阿拉伯、印度和中国文化中许多有用的东西。[1]意大利是文艺复兴的发源地，而文艺复兴与 1096—1291 年长达 200 年的十字军东征密切相关：十字军东征使西欧与中欧的领主以及他们的军队，在地中海以东地区接触了伊斯兰文明，以及东方的图书馆与学校保留的希腊—罗马古典文明；而长期以来欧洲处于一种神权政治中，除了基督教理论不容许其他思想的出现；天主教会以为这个有上帝作后盾的铁桶江山会世世代代传下去，而执政者更是利用信仰的神圣性掌握权力、滥用权力、胡作非为、揽权私用，其行为不堪入目。[2]思想垄断、权力腐败、精神控制、人性压抑，导致了反抗教权的思想统治成为文艺复兴的主要指向。启蒙运动在欧洲和近代世界的历史上也是极其重要的一个历史节点，或者说是一个改变了整个世界格局和走

---

[1]《中国大百科全书》(第二版简明版)，中国大百科全书出版社 2011 年版，第 7—599 页。
[2] 许倬云：《现代文明的成坏》(精装珍藏版)，浙江人民出版社 2016 年版，第 12、18 页。

向的历史事件。启蒙运动一般被认为是"17—18世纪欧洲资产阶级和人民大众反封建的思想文化运动，是文艺复兴之后近代人类的第二次思想解放运动。启蒙运动的矛头直接指向'黑暗的中世纪'。当代人即用'启蒙时代'这个概念，表明那是以光明驱逐黑暗的历史时代"。[1]法国是启蒙运动的发源地。启蒙运动继续承载着文艺复兴打破教权的思想专制、解放人性的历史重任。文艺复兴和启蒙运动，都不是对古希腊—古罗马思想的不间断继承，是古希腊和古罗马文化在一个千年的"断代"之后进行的一个西方式的"新文化运动"。本书重点关注启蒙运动对现代法治精神形成的历史影响，对其中东方文化扮演的历史角色予以重点关注。

纵观历史发现，任何人类社会都会存在阶级或者阶层之间的差别，无论是以权力、武力、血统、智识、道德、种族、信仰、财富等何种标准划分阶层。一个良好的社会应该是各个阶层之间互相依存的关系，亦即社会分工不同，却是互相依存而无人格上高低贵贱之别。一旦社会各个阶层之间不再是一种互相依存的关系，而渐渐沦为一种纯粹的统治与被统治、盘剥与被盘剥的关系，那么武力和思想的控制就会渐渐失去其效力，这时候就会催生出一种新的文化诉求，形成被统治阶层、被盘剥阶层之间的合力，来反抗这种既定的政治秩序。启蒙运动便是在这样的一种政治规律下出现的欧洲思想解放运动，并为社会革命提供了精神动力和理论支持。今日西方社会之种种撕裂，也都是源于启蒙运动对文化格局的改变。可以说，西方社会当今的冲突，在很大程度上是人本文化与神本文化的冲突，而这一冲突的近代起点恰恰就是启蒙运动。所以，在很大程度上，西方社会内部今日之文化冲突，是启蒙运动的"余音绕梁"。特别是这种文化精神的改变背后，其主要推动力在于政治力量、社会阶层划分、经济利益的全局性改变，所有的人的利益追求都是在对启蒙运动的赞成或者反对中同步完成的。每一次大的文化精神的转变，必然伴随着政治格局、经济格局的重大改变甚至颠覆性转变，且二者互为因果。启蒙运动贯穿着义利之辩，义利之辩是人类社会诞生伊始就无法逃脱的一个主线，而论述文化精神的种种学说承担着一种不可言说的任务，那就是主导者通过占领"义"的制高点和话语权实现着其所代表的人群的"利"之获取。至于此种"义"是不是真正的"义"，则见仁见智，事无绝对。

---

[1]《中国大百科全书》(第二版简明版)，中国大百科全书出版社2011年版，第6—139页。

启蒙运动最大的意义在于，通过人本主义的启迪，被教权压抑的很多西方人终于明白了，宇宙的真理不在于任何宗教形式，也无须仰仗神或者上帝，而是通过树立人自身的主体地位就可以实现和完成对于宇宙真理的认知和探索，真理在于人心，因此西方社会开启了摆脱宗教束缚和对神对上帝的恐惧的历程。这在西方几千年以神本文化为根基的文化史、宗教史、政治史上是一件开天辟地、走向一个全新时代的历史转折点。启蒙运动高喊人的理性，甚至将人的理性推上取代上帝地位的神坛，理性成为人类"新的上帝"。人的理性是启蒙运动的学说根基，那么启蒙运动所谈的人的理性具体内涵是什么？这是一个非常关键的问题，容后文详述。在启蒙运动最初的阶段，上帝还没有被否定，而到了后来，从达尔文在《物种起源》[1]以及《人类的由来及性选择》[2]中逐步公开的生物进化论及其"适者生存、物竞天择"等作为近代以来的"科学"之理论基础，随着"科学主义"的兴起，让启蒙运动高举人的理性这一旗帜得到了强大的支持，因此启蒙运动才在后来继续得以保持其强大的影响力。而当人们喜欢从古希腊寻找西方启蒙运动人本主义的文化渊源的时候，这在很大程度上是对当时历史的一种刻意的遮蔽，因为古希腊是神本文化，其对人的理性的研究是完全依赖于神的存在作为前提的。因此，中国传统文化的人文与人本，才是启蒙运动的真正文化来源，或者说是不可或缺、举足轻重的源头；在很大程度上是中国传统文化对欧洲的"启蒙"导致了"启蒙运动"的轰轰烈烈。这段历史，在近代以来被遮蔽，是中国传统文化被唱衰的一个结果，此结果背后的动因就是政治、军事、经济、文化等各种因素的交互作用。而今人应该如何看待这段历史，也成为如何看待西方对中国是否有"法治启蒙"的关键。此处暂时做出结论：西方的启蒙运动的生成，其渊源之一是中国传统文化的启蒙，但是启蒙运动的理性学说是没有让中国传统文化的精髓真正发扬光大的，这就是不同文化体系对外来文化接受的一种历史必然。当中国传统文化的实证之学、修己之学演变为西方近代哲学这种思辨之学，例如康德和黑格尔之地位的"大哲学家"就是将实证沦落为思辨的明证，由中国传统文化之"形而上"与"形而下"兼备，也就是通过人文达到对宇宙终极的探求，演变为西方将思辨之学主要应用于政治领域的时候，文化就发生了畸变。

---

[1]（英）达尔文：《物种起源》，焦文刚译，北京联合出版公司2015年版。
[2]（英）达尔文：《人类的由来及性选择》，叶笃庄、杨习之译，北京大学出版社2009年版。

（二）三种主义的三足鼎立

也正是因为启蒙运动的出现，看似是恢复了古希腊的传统，实际上是构筑出了一个新的文化格局。启蒙运动的出现，是西方2000多年的神本文化开始向人本文化进行转变的历史节点。由于文化根基的转变，导致了政治力量和经济格局的重新洗牌，这就导致了后来出现的西方激进主义、保守主义、自由主义的三足鼎立和数百年的历史纠葛。当然，当下西方社会更多的是自由主义和保守主义的争论，激进主义似乎更多的只是作为一种过去式的历史存在。但是，激进主义是任何时代都可能再次燃起的火种，只要社会条件达到了激进主义爆发的文化、政治、经济等综合条件。中国历代的农民起义，实际上和西方激进主义是一样的逻辑。

由于启蒙运动是对旧有、既有的基督教文化秩序的一种反抗，是文化断裂的开始，因此捍卫基督教文化与教权的行为就成为保守主义，因为如果没有启蒙运动的冲击，就无所谓对文化传统的保守。保守主义针对的目标是：18世纪启蒙运动知识分子和休谟的理性主义，卢梭及其盟友的浪漫解放思想，边沁学派的功利主义，孔德学派的实证主义，形形色色的集体主义的唯物主义，以及科学上的达尔文主义。[1]而在今日，西方法治国家在输出自由主义的同时，自由主义在其国内又被保守主义者视为社会的乱源，这就是复杂的现实。正如中国近代在面对西方的所谓"启蒙"的时候，如果没有这种外来文化的强大冲击，也就无所谓中国的保守传统问题了，历史进程中文化的割裂，才导致了保守主义的出现。而反对基督教文化传统的行为就发展成为激进主义，在激进主义发展的过程中，激进主义在原有的脉络上诞生了自由主义。而自由主义将自己的历史也向古希腊溯源，自由主义法治将自己的历史向英国自由《大宪章》溯源，是经不起事实检验的，后文详述。因此，当自由主义和激进主义寻根古希腊的时候，当然是为了从文化渊源上寻找正统性，以便对抗保守主义之教权正统性的合法地位。因此，保守主义的代表人物拉塞尔·柯克才如此评判古希腊："古希腊人从未学会如何在一起过上和平正义的生活，""希腊经验或秩序对美利坚合众国的创建者的价值只在于提醒他们从希腊经验中避免什么：阶级冲突、不团结、内部的暴力、私域和公域

---

[1]（美）拉塞尔·柯克：《保守主义思想》，张大军译，江苏凤凰文艺出版社2019年版，代译序第38页。

的傲慢与自私、妄自尊大的虚荣以及公民价值感的崩溃。"[1] 这种言说看似偏激，但是从笔者前文对古希腊的分析来看，这种结论也是站得住脚的。

那么三种主义的分歧是什么？这是一个宏大的问题，答案则是见仁见智。就法治精神理论而言，笔者认为，其主要的区分还是在于平等的义理基础，或者说人与人之间的平等是否关乎道德，进一步说就是是否为道德提升提供一种现实的路径、是否将道德提升作为其理论的内容、道德提升的理论是否有效。激进主义与自由主义几乎是围绕着政治而展开的，个人、社会、国家三者之间的关系构成一条须臾不离的中心轴线。因此其主要作用就是政治秩序的构建或者破坏，是以人本之名进行的，但是其曼妙玄虚之说却未能直抵人文根基。将上述背景厘清之后，接下来就分别对三种主义的法治精神进行文化解析。

二、激进主义法治精神的文化解析

（一）激进主义法治的历史背景概说

近代以来，西方流行各种主义，在当下国内的学术研究中，也习惯于将各种思潮冠以某某主义之名。然而，基于不同的研究视角，一个特定的人物可能被划归为这个主义，同时又被另一些人划归到另外一个主义。如卢梭被很多人认为是激进主义的代表人物，但是又被另外一些人认为是自由主义的代表人物。这种情况其实不难理解，正如我们不能简单判定一个人到底是绝对的好人还是绝对的坏人一样，每一个鲜活的历史人物都是一个综合的整体，以某种标准将其绝对归类实属不易。学术标准的明确性无法代替现实人物的复杂性。因此，笔者此处参照中西学界的观点对激进主义进行概括描述。西方社会关于激进主义的研究成果甚多，例如《哲学激进主义的兴起》，该书将英国的边沁和亚当·斯密作为哲学激进主义人物予以研究，并认为"在边沁身上，哲学激进主义找到了大师，人们一般认为，其哲学和创造生涯在哲学激进主义的历史中就是功利主义学说的形成时期"。[2] 此外，《美国革命的激进主义》[3]《英国激进主义与法国大革

---

[1]（美）拉塞尔·柯克：《美国秩序的根基》，张大军译，江苏凤凰文艺出版社2018年版，第52页。

[2]（法）埃里耶·阿雷维：《哲学激进主义的兴起》，曹海军、张继亮译，商务印书馆2018年版，导言第5页。

[3]（美）伍德：《美国革命的激进主义》，傅国英译，商务印书馆2011年版。

命：1789—1815》[1]《平等与自由：捍卫激进平等主义》[2]《激进主义探源：传统、公共领域与19世纪初的社会运动》[3]等著作都从各自的角度对激进主义予以研究，而国内冠以"激进"之名的学术研究成果相对较少。这其中一个重要原因就是激进主义是发生在西方社会的、对西方社会影响广泛和撼动极强，让人们不得不经常进行历史回眸。法国大革命的爆发与持续，就是西方激进主义的一个历史缩影，也被很多学人反复研究。法国大革命的研究成果颇为丰硕，不同的研究者从不同的视角、不同的立场对其予以研究，或客观分析，或冷静反思。例如，《法国大革命的文化起源》[4]《法国革命论》[5]《法国大革命反思录》[6]等。总之，激进主义似乎更多地存在于18世纪、19世纪的西方社会，但是对其进行研究却具有超越历史阶段的意义。

　　"激进"乍听来是一个贬义词，即使冷静下来想，也至多是一个中性词。因此"激进主义"似乎是其反对者所给出的名称，至少很少有人主动公开宣称自己是激进主义者。谁属于公认的激进主义人物？划分激进主义阵营的标准是什么？当然没有绝对的"标准答案"。所以，本书不妨从视激进主义为劲敌的、保守主义思潮的最初引出者伯克的视角来定义激进主义的核心人物和思想。伯克眼中的三股激进主义思潮包括：启蒙思想家的理性主义、卢梭及其追随者的浪漫感性主义、边沁的功利主义。[7]当然，伯克眼中的激进主义在之后有着不断地发展，但是以启蒙运动为起始的大时代背景，以理性、功利主义、社会契约作为其所构建的理论基础是不变的。有些观点认为，应该以是否主张革命为标准来划分激进主义，这是大可不必的。激进主义者本身未必主张以革命方式改变既有政治格局，而且利用其理论进行革命者也未必是真的受到了激进主义者的灵魂启蒙而醍醐灌

[1]（英）哈里·狄金森：《英国激进主义与法国大革命：1789—1815》，辛旭译，北京师范大学出版社2016年版。

[2]（加）凯·尼尔森：《平等与自由：捍卫激进平等主义》，傅强译，中国人民大学出版社2016年版。

[3]（美）卡尔霍恩：《激进主义探源：传统、公共领域与19世纪初的社会运动》，北京大学出版社2016年版。

[4]（法）夏蒂埃：《法国大革命的文化起源》，洪庆明译，译林出版社2015年版。

[5]（英）伯克：《法国革命论》，何兆武等译，商务印书馆1998年版。

[6]（英）伯克：《法国大革命反思录》，冯丽译，江西人民出版社2015年版。

[7]（美）拉塞尔·柯克：《保守主义思想》，张大军译，江苏凤凰文艺出版社2019年版，序言第4页。

顶，而可能是不折不扣的理论借用者甚至盗用者。例如，研究法国大革命非常著名的一本书《旧制度与大革命》中对启蒙思想家与法国大革命的关系阐述："启蒙思想家们终日谈论社会的起源和社会的原始形式问题，谈论公民的原始权利和政府的原始权利……他们都认为，应该用简单而基本的、从理性与自然法中汲取的法则来取代统治当代社会的复杂的传统习惯……他们的生活远远脱离实际，没有任何经历使他们天性中的热忱有所节制……同样因为愚昧，民众对他们言听计从，衷心拥戴……在这个现实社会之上，逐渐建造起一个虚构的社会……逐渐地，民众的想象抛弃了现实社会，沉湎于虚构社会……"[1]托克维尔口中的这些启蒙思想家，也就是启蒙运动的代表人物伏尔泰、卢梭、孟德斯鸠等人，他们的著作为我们提供了一条探寻激进主义法治精神的路径。而事实上，托克维尔所说"对于必然伴随着最为必要的革命而带来的那些危险，他们连想都没有想过"[2]的启蒙思想家们，将轰轰烈烈的革命中所产生的"功过是非"完全归到他们头上是不恰当的，因为他们不仅没有预料这种后果的能力，而且他们的理论所造成的历史影响，还是取决于其理论传播的这个特定社会的现实状况，而这个特定社会的现实状况的形成，不是启蒙思想家们造成的，启蒙思想家们的思想只是这个特定时代和特定社会的历史产物。

（二）激进主义文化承载的法治精神

1. 平等精神

首先关注激进主义的代表人物卢梭是如何理解平等的。卢梭在《论人类不平等的起源和基础》一书中提出人类存在两种不平等：一是由于自然原因造成的称之为自然上的或生理上的不平等；二是由于经过人们一致认同的特定制度安排造成的称之为精神上或政治上的不平等。[3]卢梭认为："如果不从了解人类自身开始，我们如何能够了解人与人之间不平等的起源呢？"[4]卢梭所假想的人类最初的"自然状态"是一种强者的法则，是一种非人为的"纯粹的自然状态"；即使没有政府的干预，人类一旦结成社会，就会形成财富、地位、等级、权力四方面

---

[1]（法）托克维尔：《旧制度与大革命》，冯棠译，商务印书馆1992年版，第179—186页。
[2]（法）托克维尔：《旧制度与大革命》，冯棠译，商务印书馆1992年版，第181页。
[3]（法）卢梭：《论人类不平等的起源和基础》，高修娟译，译林出版社2015年版，第19页。
[4]（法）卢梭：《论人类不平等的起源和基础》，高修娟译，译林出版社2015年版，第13页。

的不平等；个人品质之间的不平等是其他所有不平等的基础，而财富上的不平等是最终的不平等。[1]卢梭所认为的社会契约的意义在于："基本公约不仅没有摧毁自然的平等，反而以道德的和法律的平等来代替自然所造成的人与人之间身体上的不平等。因而，虽然人与人之间在体力和智力上不相等，但是由于公约和权利的保证，他们人人都是平等的。"[2]而一旦人们不再服从社会契约，则会出现社会动荡，接着会出现君王的暴政，那么人类将由最初的"纯粹自然状态"沦落为"新的自然状态"，虽然两种自然状态都依照强者法则运行，但是"新的自然状态"是人类暴政极度腐化的结果。[3]由此可见，其平等精神的义理，是基于社会契约而产生的，如果没有社会契约，人与人之间就必然永远不平等；如果大家遵守其设想的社会契约，那么人人平等就可以实现。可见，人类是否能够在事实上实现平等、人类如何在理论上实现平等，都是取决于人类是否遵奉卢梭创造的那份"社会契约"。是否可以理解为：如果没有卢梭的这份"伟大的、历史性的、虚构出来的"社会契约，人类就永远没有资格谈论平等？这就是典型的近现代"构建论"理论研究方式的最致命问题。

　　激进主义的平等观，一方面脱离了宗教家众生平等这样的情怀，另一方面也完全反对从"形而上"的层面来探讨问题，而是对人群进行了"同质性"的划分。这种划分的基础就是人的"理性"可以取代上帝的神性。这种划分以政治权力为核心轴线，以争取政治权利为主要目标。因此，激进主义所关注的平等，是一种政治平等，包括政治身份以及财产等诸多目标。在欧洲封建制时期，是教权压抑人性时代的产物，这无疑具有解放人的重大意义，这也是其备受推崇的主要原因之一。因此，不能以今人之时代意见代替历史意见对其进行评价，这是首先需要明确的。卢梭所提出的"人人生而平等"就是激进主义平等观的一个高度浓缩。但是人人为何生而平等？这是与陈胜、吴广带领农民起义的时候所说的"王侯将相、宁有种乎"表达着同样内涵的话语。而卢梭认为平等的根源是什么？那就是人的"理性"。人的理性是什么？激进主义只是做了一个假说，并引用了古希腊的理性说作为参照，但是却没有古希腊所说的"理性如何战胜情绪和欲望"的方法描述。因此是借助理性这一概念，将人生可能的最美好的"理性"这一结

---

[1]（法）卢梭：《论人类不平等的起源和基础》，高修娟译，译林出版社 2015 年版，第 74—77 页。

[2]（法）卢梭：《社会契约论》，李平沤译，商务印书馆 2016 年版，第 28—29 页。

[3]（法）卢梭：《论人类不平等的起源和基础》，高修娟译，译林出版社 2015 年版，第 77 页。

果作为一切政治设计的前提。这种平等观，实际上是空中楼阁，早已被近代以来的历史检验为"不靠谱"。"理性"概念，正如一个观点所揭示的："理性这种人类属性产生的时间太晚了，而且尚不完善，无法向我们揭示无意识的法则，更不能取代无意识的地位。无意识在我们所有行为当中发挥的作用是无可估量的，而理性的作用则非常小。"[1] 而在卢梭之后，西方哲学中产生的相对"感性认识"而言的"理性认识"这个意义上的"理性"，实际上至多可以被解读为人的认识能力的提高、由表及里和去伪存真能力的提升，这是一种心理学层面的思维方式问题，更不能将其作为一种终极的人性本真。

2. 人权精神

激进主义所提出的"天赋人权"观念，在西方社会当时的历史条件下，非常具有针对性和现实意义，为被压抑良久的西方社会带来了一种新天地之感觉，因此会得到诸多拥护。试想，如果当时的人们都普遍生活在一种幸福之中，那么这种人权理念也不会掀起历史的波澜。天赋人权针对的目标一是宗教教权带来的压抑，二是世俗政治权力带来的压抑。君权神授这样的传统观念，使得这两种压抑兼具精神压抑和财富剥削的性质。所以，西方近代理论中将人格化上帝转换为自然神，其实质是反抗自认为代表上帝的教权。但是，卢梭的社会契约论作为激进主义的代表作品，也被解读为几乎是完全否定了人权。如罗素认为：卢梭的社会契约论说"每个结社成员连同自己的一切权利完全让渡给全社会，这种让渡应当是无保留的"。这话含有完全取消自由和全盘否定人权说的意思。[2] 其实，不仅是人权精神，整个激进主义的学说目标与学说论证都充满矛盾，其学说号称的目标与实际之政治结果也是极其矛盾的。也就是在一个宏伟的理想目标提出后，用将人比作毫无理智与情感的动物的手法，造就了一个人类充当故事主角的动物世界。对于人的定义只依存于生物学意义上的人，是绝无可能论证出合乎人的"理性"、在文化意义上具有合理性的"人权"的。

3. 民主精神

激进主义提出的"主权在民"是让西方的民主从 2000 多年的坏名声变成好名声的一个开端。激进主义的民主，实质上是一个阶层群体性地对统治阶层的反

---

[1]（法）古斯塔夫·勒庞：《乌合之众：大众心理研究》，李隽文译，江苏凤凰文艺出版社 2017 年版，前言第 5 页。

[2]（英）罗素：《西方哲学史》（下卷），马元德译，商务印书馆 1976 年版，第 259 页。

抗，是一种反压迫、反奴役的斗争。人民是国家的主人，在西方近代才能够通过激进主义名正言顺地予以表达。如果不激进，则此种完全与传统相悖的主权在民精神，是无法得以广泛传播的。而激进主义的民主精神，落实于现实政治之中，例如，法国大革命之后引发的法国近 200 年的动荡，可能还不如中国古代王朝周期律的效果。因此，如果一种理论缺失了对于人文的真正认知，这些民主精神实际上是激情有余、智慧不足。而这样的民主，不仅不是人们真正希望看到的民主，而且其历史后果值得深思。正如托克维尔所言："同样是这些法国人……终于抛弃了他们的最初目的，忘却了自由，只想成为世界霸主（拿破仑）的平等的仆役；一个比大革命所推翻的政府更加强大、更加专制的政府，如何重新夺得并集中全部权力，取消了如此高昂代价换来的一切自由，只留下空洞无物的自由表象；这个政府如何把选举人的普选权标榜为人民主权，而选举人既不明真相，不能共同协商，又不能进行选择……还取消了国民的自治权……取消了思想、言论、写作自由——这些正是 1789 年取得的最珍贵、最崇高的成果——而它居然还以这个伟大的名义自诩。"[1] 如果单纯从社会的历史发展和进步角度做这样的评价可能显得有些不妥，但是从一个学理角度研究问题，是必须实事求是的，否则社会无法承受动荡的后果。激进主义的民主理念与民主历史，确实留给我们太多的思考空间。

4. 契约精神

激进主义的契约精神就是社会契约。卢梭的社会契约论开启了激进主义将神与人之间的契约转化为人与人之间的契约的先河。卢梭非常关心的一个问题是：什么样的政府才能由于它的本性的驱使，行事处处都合乎法律？即如何找到一个能把法律置于一切人之上的政府形式。[2] 因此其假想出来的社会契约论，实际上最终目的本应是找到一种理论，该理论能够论证出包括政府在内的所有人都遵守一个符合最大公共意志的法律，然而事与愿违。社会契约对上帝契约的这种改造，在人本主义的弘扬上具有历史性突破，而在人文意义上却是一种不折不扣的历史倒退。将功利与自私确立为人性的基准点，决定了这种社会契约是没有任何亮点可言的，只是在反抗黑暗教权的时候，充当了一种政治理论工具而已。这也

---

[1]（法）托克维尔：《旧制度与大革命》，冯棠译，商务印书馆 1992 年版，前言第 32—33 页。

[2]（法）卢梭：《社会契约论》，李平沤译，商务印书馆 2016 年版，译者前言第 v 页。

根源于其将文化意义上的人矮化为生物学意义上的人，起点错了，终点不会是对的。近现代以来对社会契约的颂扬，称赞其为"伟大"的观念，是有必要重新审视的。因此，法国的罗伯斯庇尔与德国的希特勒，作为卢梭社会契约论学说的结果，其成为人类公害已经是无法否认的历史事实。如果说犹太教、基督教的上帝契约的真实性是有待考证的，因为基督教信仰者对此深信不疑，而非信众则可能怀疑其真实性，因此说"有待考证"以作"定论"。但是，卢梭的社会契约论是一个在事实上和法理上都无法成立的理论，因为在事实上，人类的上古史研究并不表明其假设的"自然状态"的存在以及因为这种"自然状态"而出现了"社会契约"；而且从法理的角度而言，如果是人类彼此之间订立了"社会契约"，那么作为卢梭理论可考证的过去、当时以及今日，没有一个现实存在的人曾经参与和订立了那份"社会契约"，因此没有一份对现实存在的人具有"效力"的契约，因为大家都不是立约主体。

5. 秩序精神

基于社会契约的设想，自然就衍生出了社会契约之下的秩序。幻想着将一个现实中压抑人性、盘剥人民的政府改造为一个好政府，然后让所有的设想出来的"自然状态"的残暴性与劣根性极强的人民，在交出自己的权利建立政府之后，会形成一种理想中的仁爱秩序。而实际上，这种秩序自然只能最终形成一种机械的和压抑的秩序，而且在政治现实中得到了充分的体现。这样的秩序精神，是需要被深刻反思的。在追求新秩序的过程中，造成一种社会的彻底无序；在新秩序构建之后，又是一种极其压抑的秩序，这是非常不可取的。因此，社会契约论所推崇的契约秩序，也只能停留于理论家们的主观想象中，而不能转化为现实。更为甚者，这种契约秩序的设想在现实中却带来了社会极大的无序和动荡。法国学者罗杰·夏蒂埃在总结法国大革命时如是说："在经过一个多世纪文明化进程的进步，暴力已极大地减少并受到严格约束的情况下，大革命再次导致暴力的大规模爆发。革命行为与社会领域的和平局面之间形成鲜明的断裂：前者广泛地利用双重暴力，其一是自发性的群众骚乱，其二是制度化的大恐怖；后者因国家逐步确立起对暴力手段的垄断而成为可能。"[1]社会契约论，无法引导人们去有序地改变一种旧秩序，也无法引导人们去构建一种新秩序，而是充满了构建社会契约理论

---

[1]（法）夏蒂埃：《法国大革命的文化起源》，洪庆明译，译林出版社 2015 年版，第 179 页。

的理论家们根本不愿看到的暴力和恐怖。人类的秩序，在西方学者的理论设想中，可能奥古斯丁将其推崇为"心灵秩序"是西方社会的最为"伟大"的理论成就，也是可以经过正确引导而转化为现实秩序的。

6. 自由精神

激进主义的自由，几乎全部是围绕着政治自由而展开的。而且激进主义认定政治自由的敌人就是政治权力，因此激进主义自由的指向很明确，那就是从政治束缚中解脱出来。因为激进主义确实发生于一个人类的悲剧时代，那就是伏尔泰所反对的、流行如下观念的时代："人只有到了来世才能得到拯救，在今生今世是没有任何指望的。人只有接受国王、战争、不正义的命运。人只能接受痛苦和死亡。人躲避社会生活，无可救药地腐败了。行动是人企图麻痹自我的'娱乐'方式，似乎是邪恶的自然之标志。因此，在这个不幸的时代的人只能退避，只能孤独地与上帝对话。人为了躲避自然而走向了超自然。"[1] 在这样的一种历史场景中，激进主义追求政治自由是一种必然，而且其学说之所以迅速被广泛传播并改变了历史格局，也是一种历史必然。激进主义是为了摆脱和彻底改变那个犹如屠宰场的社会格局，"一个屠宰场，人人只能等着轮到自己被宰杀的时刻"。[2] 一旦一个社会形成如此的政治局面，则必然引起败亡与动荡。因此，以激进的方式来追求和争取政治自由，就不可避免了。渴望自由，是人类的天性；自由被压抑，可以让人们暂时不知道自由为何物；但是人类内心中自由的火种永远不会被熄灭；一旦有外在足以将其引燃的条件参与，这个火种马上就会熊熊燃烧。对自由的剥夺和压抑，是激进主义所处的欧洲时代和特定社会最大的时代悲哀和社会悲哀；在一个悲情时代中，所有人都无法逃脱最终必然悲情的命运，无论是自由的剥夺者还是自由的被剥夺者。

7. 正义精神

卢梭认为"人类从自然状态一旦进入了社会状态，他们便发生了一种巨大的变化：在他们的行为中，正义代替了本能，从而使他们的行为具有了他们此前所没有的道德性。只是在义务的呼声代替了生理的冲动和权利代替了贪欲的时候，此前只关心他自己的人才发现他今后不能不按照其他的原则行事，即：在听从他

---

[1]（法）伏尔泰：《哲学书简》，闫素伟译，商务印书馆 2018 年版，引言第 6 页。
[2]（法）伏尔泰：《哲学书简》，闫素伟译，商务印书馆 2018 年版，引言第 7 页。

的天性驱使前先要问一问他的理性"。[1]此处的正义如何实现？卢梭认为由于人类进入了社会状态，虽然因为社会契约而失去了自然状态下的一些好处，但是人们会同时有很多巨大收获："他的能力得到了锻炼和发展，他的眼界开阔了，他的感情高尚了，他从一个愚昧的和能力有限的动物变成一个聪明的生物，变成为一个人。"[2]应该说，从卢梭的这些言论可以看出，其理论目标是完全合乎正义观念的，这种美好的希望就是对正义的追求。但是，卢梭的学说基础出现了问题，也就是卢梭对于"人性"是没有研究明白的，在其理论中更多的是体现了"性恶论"作为理论前提。而所有"性恶论"都存在一个悖论：人人都是性恶的，那么我们为什么要改变人的这种"恶"的本性而让人们去追求"善"？卢梭解释了这个悖论：那就是，如果大家不因为社会契约的存在，就会在一种"自然状态"中最终走向毁灭，为了大家共同的利益，就必须订立社会契约，这种社会契约的订立，最初虽然不是为了追求"善"，但是其结果却是让人们得到"善"的结果。卢梭所说的正义、理性、由动物变成人的契机，都是因为这份"社会契约"的订立。可以说，如此论证出来的正义和美德，的的确确是一种主观上构建出来的理论，几乎没有生物学基础、社会实证基础，更勿论天道体悟基础。因此，激进主义的正义观是一个颇费思量的问题。但是，正义应该是源自"人的理性"，这是其核心要素。激进主义的正义精神，与平等主义紧密联系在一起，可以以平等主义来理解。改变现实政治中的不平等，包括反抗政治统治的压迫、反对财富不平等与统治者的无度盘剥。而这个平等主义回到平等精神上看，就是以平等解释正义，正义就是平等，而这是一个理论上的循环论证。

（三）激进主义法治精神的文化评判

西方的人本文化，是因激进主义推动而壮大起来的。激进主义高举的旗帜是人的理性，理性的宣扬带动了大众的激情并形成美好而激进的观念，因此激情演化为激进，而激进中又往往失去了理性。失去理性就会演变为"乌合之众"，而那些引领乌合之众的幕后人物，却通过激进主义的宣扬实现了自己的政治与经济目的。从这个角度看，激进主义具有理性和非理性的双重属性。这种情况的

---

[1]（法）卢梭：《社会契约论》，李平沤译，商务印书馆 2016 年版，第 24 页。
[2]（法）卢梭：《社会契约论》，李平沤译，商务印书馆 2016 年版，第 24 页。

出现，与中国儒家学说形成极大的反差。激进主义最初作为一种民间学说，其出发点不在于将自身融入权力建设之中，而始终以一种权力的对立面和反抗者的姿态出现，因为他们没有机会融入权力建设。对此，托克维尔说："他们一无地位、荣誉、财富，二无职务、权力，怎么一变而成为当时事实上的首要政治家，而且确实是独一无二的政治家，因为其他人在行使政权，唯有他们在执掌权威？"[1]这就是当时的一个实际状况。而中国儒家是通过儒家学说对统治者直接进行劝谏、提供处于统治者视角的政治智慧，通过政治统治者的政治行为来造福百姓；同时儒家通过儒者入仕的途径，直接掌握权力来造福百姓。这就是中国传统社会和西方社会造成对待权力的截然相反的态度的制度原因。一个是被民众认为"无政德"的世袭统治阶层存在、社会阶层固化、物质利益主导、缺失文化引领；一个是打破阶层固化、实现社会精英入仕、以文化引领政治统治行为、宣扬民本要求。一个是权力带来盘剥百姓的罪恶；一个是权力被文化要求去造福百姓。但是，当中国传统社会的统治者违背了儒家德政之要求的时候，社会自然会出现反抗，那就是犹如西方激进主义的中国农民起义。因此，政治领域中无人文引领，对于统治者和被统治者而言，最终都是一种极大的伤害。一种政治结构，让所有人在对立与互害中度过一生，可谓是对来之不易的人生的糟蹋。

哪里有压迫，哪里就有反抗，这是西方政治史和中国政治史共同的规律。激进主义就是反抗压迫的一种理论产物。在扮演反抗压迫的理论工具这一角色的时候，面对统治者"人文"的缺失，指望着理论家用"人文"来带领大众的反抗是不现实的，也是一种以时代意见代替历史意见的苛求。激进主义是平民阶层对精英阶层的反抗，或者说通过对专制的反抗推倒了原来的精英阶层的统治，之后又出现了新的精英阶层对原来的精英阶层取而代之。这和中国历代农民革命的路径是一致的，没有本质差别。激进主义起始于天赋人权，人的"理性"是激进主义最重要的文化根基，而其学说的实质基础在于功利主义，因此前文述及的法国学者埃里耶·阿雷维将边沁作为激进主义哲学人物予以研究是有道理的。边沁作为功利主义的代表人物，将趋利避害作为人类的自然本性，认为追求快乐就是人的幸福，并且以此为基础构建了其宏大的功利主义理论体系。因此，功利主义的产生在当时可能就是一种"以其人之道还治其人之身"的方法，面对政治的恶与贪

---

[1]（法）托克维尔：《旧制度与大革命》，冯棠译，商务印书馆1992年版，第180—181页。

婪，干脆激起所有人的物质欲望而改变既有的政治统治结构。这和民众在"灵与肉的分离"中期望来世进入天国以求得到解脱形成极大的现实反差。此种功利主义，在当时的欧洲是具有进步意义的，但是是否应该将功利定位为人的本性和幸福，则需要从多角度思考。而且，即使是有天国的存在，天国也绝不是扮演着让民众在现世中只能被动接受痛苦的角色，天国理想确实成为政治统治阶级压迫之下的"精神鸦片"，其可以缓解民众的痛苦而无法改变民众的苦难，所以后来宗教被逐步抛弃也是事出有因的。

　　总体而言，激进主义的目标是对的，这也是其受到一定程度推崇的原因，而且尤其针对当时欧洲的具体政治环境是非常难能可贵的。在一个反抗极端政治黑暗的年代，激进主义理论家们确实需要一种巨大的理论勇气，甚至用自己的生命去构建理论。但是，激进主义目标所依据的义理却与其宏大的目标不相匹配，其义理的论证存在根本性的谬误。试图通过放大和宣扬人性恶来达到反抗另外一种恶，是根本无法实现其所倡导的善这一终极目标追求的。这种目标的正确性和义理的谬误性混杂在一起，就为不同的立场持有者对其进行使用提供了可能性，其最为悲哀的结果就是政客利用其目标的宏伟性为掩盖，事实上实施着卑鄙性的手段。不知人文之本，却又站在了一个教化世人的制高点——上帝视角，这是德不配位的激进主义法治精神的终极概括。激进之后，总是需要回归平和的，而平和在于人文精神的弘扬。

三、保守主义法治精神的文化解析

（一）保守主义法治产生的历史背景

　　基督教信仰及其精神，是西方保守主义的文化根基。所谓保守，就是保守传统之意，当传统一直在良好延续的时候，完全没有必要以一个派别的姿态出现一个保守主义；只有当传统受到了严重的冲击甚至出现了与时下断裂的时候，保守主义才得以出现并名为"保守"。因此，西方保守主义的出现，是基督教文明遭受了前所未有的危机的产物，而对手方主要是激进主义和自由主义。但是，保守主义又不能完全等同于基督教的文化精神，因为保守主义在产生之初似乎更加偏重于维护基督教精神与欧洲封建时代教权统治相结合的政治体制，而这种政治体制在某种程度上是对基督教精神的异化之产物。这正如汉武帝"罢黜百家、独尊儒术"一样，表面上奉儒家为宗，但是奉儒家为宗主要出于政治目的，而实际的政治运作又将儒学异化了。学界公认美国的拉塞尔·柯克是当代保守主义运动的思想导师。柯克在其著作《保守主义思想：从伯克到艾略特》中，将伯克和约翰·亚当斯奉为保守主义的鼻祖。伯克以成见、习俗和自然权利为议题，亚当斯大力抨击的是"可完善性的教条和单一制国家的理论"；亚当斯拒斥理性论者的人性完美说辞，力主改进而力拒革命，并坚信贵族制度乃一种自然现象；亚当斯认定政府的目的就是促进公民的幸福，这幸福不是物质化的，而存在于美德之中，民主制对之是有害的，普选权的效果值得怀疑。[1] 因此，美德与贵族是保守主义的核心点之一。

国内有论者研究指出："近现代以来世界上曾经最强大的两个国家，一个是英国，另一个是美国，各领风骚上百年。这两个国家有一个共同点，就是他们国内都有强大的保守主义"，[2] 并且认为："保守主义是人类关于社会政治生活的最高智慧，是人类思想和智慧的最高境界。"[3] 保守主义是不是、为何可能是人类政治生活最高智慧？笔者认为，答案是否定的。保守主义的一些精神内核虽然值得肯定，如注重美德，但是这些精神内核并不是保守主义的发明和专属；真正的人类最高智慧在于对宇宙和人生认知的通透，"明心见性"所生之"大智慧"才是最高的智慧，亦当然涵盖了人类的政治生活。但是保守主义是西方强大的主要原因之一[4] 这一结论，是可以基本肯定的。对于西方国家而言，保守主义是一种信仰和精神动力，起到了凝聚人心、塑造人格的作用。一个国家和一个社会，需要看其文化塑造了什么样的人，当一种文化让"自利"成为理所当然的风气并且成为社会主流观念，那么这个社会就会一步一步走向堕落的深渊；当一个社会"利他"成为主流观念的追求，那么这个社会就会不断向前发展、不断进步。而保守主义保守的是其传统，这种传统其实就是基督教精神，其基督教精神中所具备的"利他"精神是带动社会进步的强大动力。当然，正如前文在基督教法治精神部分的论述，基督教精神在现实中并不总是显示其进步的一面，这在保守主义者的

---

[1]（美）拉塞尔·柯克：《保守主义思想》，张大军译，江苏凤凰文艺出版社 2019 年版，序言第 5 页。

[2] 刘军宁：《保守主义》，东方出版社 2014 年版，第 2 页。

[3] 刘军宁：《保守主义》，东方出版社 2014 年版，序第 2 页。

[4] 但是绝非唯一原因、单一原因，而且是否是最主要原因，也有待明辨。

实践中也有诸多体现，其中至少包括了一种信仰的"优越感"带来的"排他性"，因而在实践中表现为可能的自大和偏见。我们在伯尔曼的《法律与宗教》一书中看到的，其实都是对保守主义法治精神的解读和对保守主义立场的维护。[1]因此，保守主义的法治精神，实际上应该是对当今西方社会法治精神最为主要的研究对象之一。

保守主义自伯克[2]开始，至今仍然是西方社会的一个主要思想流派。有论者指出："保守主义是一个十分松散的思想体系，没有严密一致的学说系统。其中的各个版本之间，也有很多争议，甚至在基本价值观上也有分歧。"[3]这也是非常正常的现象，因为保守主义与其他主义一样，往往是在不断地修正和发展，而且在其溯源自己的历史以及甄别过往的理论的时候，会采用"淘汰式"的标准划分阵营，谁也不愿意将那些败坏自己"名声"的事例一直作为自己的"主义"的结果。例如，有论者认为："在19世纪中期以前，保守主义与自由主义是两体合一的，但随着自由主义的激进化，保守主义不仅与激进主义全面对立，也与激进化自由主义分道扬镳。"[4]这大概就是柯克产生如下想法的原因："柯克认定，唯有保守主义才坚定守持了自由价值，才真实有效维护了人类的心灵、社会与政治秩序。"[5]依据这样的理念，可以作为判别真正的"保守主义"的标准。

（二）保守主义文化之中的法治精神

由于保守主义是基于基督教的一种时代表现，因此依照前文已经从基督教教义方面论述解读过的其法治精神无甚必要。但是，保守主义所提倡的法治精神是为了遵从基督教信仰是毫无疑问的。例如，美国著名学者伯尔曼在《法律与宗教》一书中有一句流传甚广的名言：法律必须被信仰，否则它将形同虚设。[6]中

---

[1] 后文将详细引证。

[2] 保守主义的伯克，有的译著翻译为"柏克"。由于本书在引证时忠实于原文翻译的原因，因此行文中出现了"柏克"与"伯克"的并存。

[3] 刘军宁：《保守主义》(第三版)，东方出版社2014年版，序第1页。

[4]（美）拉塞尔·柯克：《保守主义思想》，张大军译，江苏凤凰文艺出版社2019年版，序言第9页。

[5]（美）拉塞尔·柯克：《保守主义思想》，张大军译，江苏凤凰文艺出版社2019年版，序言第9页。

[6]（美）伯尔曼：《法律与宗教》，梁治平译，商务印书馆2012年版，增订版译者前言首页。

国学界普遍以此作为至理名言来激励国人对"法律"的信仰。在当下中国，这是一种凸显法律现代作用的美好期待，也是期望一种法治秩序在精神力量的指引之下快速生成的路径考量。但事实上，伯尔曼的这句名言不仅不能作为中国人"法律信仰"生成之理据，反而足以论证现代中国的"法律"不可能也不应该成为信仰。因为基督教的律法起初来自上帝，信仰法律是信仰上帝的必然要求之一；而后来世俗法律逐渐取代了上帝律法的概念，而上帝信仰逐渐退居私人领域不再与世俗法律一体，因此也就失去了"信仰价值"，所以对于美国社会中的以下现象："我们的全部文化似乎正面临一种精神崩溃的可能"，[1] 保守主义者将其归因于上帝信仰的缺失，因此，伯尔曼代表着保守主义的声音，认为宗教与法律应该重新弥合，这才是保守主义者的"法律信仰""法治信仰"追求。

而保守主义主要是基于基督教教义来关照现实的社会，主要表现为对现实政治的态度，因此可以集中视为基督教法治精神的政治分支。保守主义在产生之初就是针对近代轰轰烈烈的启蒙运动以及伴随的各种革命对传统文化精神和政治格局、贵族利益的撼动和颠覆，至今也是针对现实的政治格局和现实的经济利益。保守主义的法治精神，其实并未关照到人人生而平等这一层面，而是秉承了人有等差的现实认知。例如，美国的建国者基本是清教徒，他们主张的是精英治理而非直接民主，因此"美国联邦党人也没有把直接民主视为好东西；相反，他们对直接民主抱有深刻的警惕"。[2] 这就是基于人人不平等特别是在道德层面不平等这样的认知结论，而保守主义者认为人的平等也只能在道德层面实现。基于这样的前提，保守主义者对于人权、民主、契约、秩序、自由、正义的理解会与自由主义者形成巨大的反差，也就能够理解了。因此，保守主义者所倡导的法治精神，实际上就是一种精英优越、精英治理的模式，是一种精英主义政治理念，是一种精英主导的秩序设计、制度设计。这就是美国现实政治中虽然高呼民主，但是落实到每一个普通大众，其实都是手中有一张选票来"选主"，也就是选一个自己信任的总统为自己做主的原因。而广大民众通过"选主"，充分找到了民主的感觉，也就是自由主义者福山所提倡的"承认"的心理满足感。因此，保守主义者所作的美国政治制度设计，其实为对立的双方即保守主义和自由主义都提供

---

[1]（美）伯尔曼：《法律与宗教》，梁治平译，商务印书馆 2012 年版，第 12 页。

[2] 包刚升：《民主的逻辑》，社会科学文献出版社 2018 年版，第 19 页。

了一个兼容的平台，也让美国的两党制有了各自的发挥空间，但同时也造成了美国社会的撕裂。我国记者赵忆宁在对美国民主党和共和党的 50 多位政治精英进行了全方位的采访之后得出结论：美式选举民主未必等于民众真正受益；美国的政治选举是确凿无疑的富人游戏；美国政党政治呈现出意识形态极端化的倾向，并因此造成两党内部、两党间乃至美国社会的分裂。[1]因此，认为"人人生而平等"的自由主义法治，其人人平等的理论前提决定的现代法治精神的通用语言，在保守主义法治精神实际上不以人人生而平等为前提的观念中，是无法得到一个合理、自洽的理论诠释的。在保守主义所有关于法治精神的追求中，还必须提及的是一个"良心自由"的概念，"良心自由"可谓是保守主义法治精神的灵魂与核心，是其他诸多自由的精神基础。"良心自由"系清教徒所提出，并且逐渐在17 世纪的英格兰获得越来越多的支持，到 18 世纪 70 年代在北美殖民地成为一种普遍的重要原则；信仰良心自由被认为是美国宪法修正案所保障的首要个人权利，彰显了良心自由在美国人生活中的极端重要地位；清教徒首倡的良心自由系指"良心问题在政府的主权范围之外，只有上帝才是良心的唯一主宰，而上帝已赋予良心以自由"。[2]虽然保守主义认为此种良心自由是上帝赋予的，但是从一个广泛的视野来看，讲求良心自由似乎抓住了法治精神的根本。而有观点认为："略微了解世界历史的人都知道，在人类历史长河中，良心的自由只是较为晚近的现象。"[3]这样的观点可能是为了突出"良心自由"的荣耀地位和历史作用，但是笔者认为，"略微了解中国文化史的人，就应该知道，中国人自古就讲求良心，而良知主导着人的终极自由和现实的自由；而且，每个人都是自己的上帝"。[4]清教徒提出的"良知自由"并不是一个新事物，但是对保守主义法治精神非常重要。

---

[1] 赵忆宁：《探访美国政党政治：美国两党精英访谈》，中国人民大学出版社 2014 年版，第 266—267 页。

[2]（美）范泰尔：《良心的自由：从清教徒到美国宪法第一修正案》，张大军译，贵州大学出版社 2011 年版，译者前言第 1—3 页。

[3]（美）范泰尔：《良心的自由：从清教徒到美国宪法第一修正案》，张大军译，贵州大学出版社 2011 年版，译者前言第 1 页。

[4] 笔者将在后文"儒家心法""良知论"相关内容部分予以解读。

（三）保守主义法治精神的文化评判

保守主义具有双重性：一是对基督教信仰的坚守和弘扬；二是对欧洲贵族传统的坚守和骄傲。由于与基督教法治精神存在很大程度上的重合性，或者说保守主义法治精神是基督教法治精神在近现代的主要表现形式，因此，此处便简要论述。保守主义认为人的平等只能在道德层面实现，或者说道德相同境界决定了人的平等性，道德不同的人必然无法平等。保守主义法治剑指自由主义法治，而且保守主义者绝不是以布道者的姿态出现于历史上的，保守主义者出现的姿态是对激进主义和自由主义的攻击，击败他们来保守自己的信仰和利益。因此，保守主义的任务并非是让对手也走进自己的信仰阵营，而是不要侵犯自己的领地。从本质上讲，保守主义是反对平民主政，而维护传统精英阶层的地位和利益。而西方传统的精英阶层涵盖的就是贵族传统、教权、王权、资产阶级精英。但是，资产阶级精英阶层同样可以通过利用平民的自由主义的目的，可以在保守主义和自由主义之间徘徊并纵横捭阖。因此，保守主义者阵营的朦胧化色彩，实际上是源于现实的利益之争不允许完全绝对化树立敌人和靶子，而往往需要隐藏自己的身份。

保守主义针对自由主义的目标，在于捍卫基督教信仰，因此这是一种信仰之争。但是更多的是以现实的政治和经济利益来看待保守主义，否则保守主义就没有必要单独研究，而是直接划归基督教整体研究即可。保守主义和自由主义在现实的政治之争会让我们看清这一本质。"美国两个政治阵营日益敌对分化。在很多左派人士看来，共和党和福克斯新闻频道似乎决心裁撤美国联邦政府的一大部分，减少穷人救济，让权力和财富进一步流向仅占人口总量1%的权贵之手。在很多右派人士看来，政府本身就是积聚权力的精英，为强化自身控制巧立名目，把轻松得来的钱分发出去，换取忠实的民主党选票。"[1] 保守主义如果坚持贵族传统来坚守基督教精神，实际上是对基督教法治精神的背离，而且是无法解决与自由主义法治精神的争论的。总之，保守主义法治精神总体的文化评判应该确立为：以基督教信仰为基础、以现实政治为视阈、以经济利益为指向的关于平等、人权、民主、契约、秩序、自由、正义的总体观点和现实努力。

---

[1]（美）阿莉·拉塞尔·霍赫希尔德：《故土的陌生人：美国保守派的愤怒与哀痛》，夏凡译，社会科学文献出版社2020年版，序第XI页。

四、自由主义法治精神的文化解析

（一）自由主义法治的历史背景概说

如果我们从一个正向角度来论述自由主义是一个好事物，或者从一个负面角度论述自由主义是一个坏事物，都会找到充分的论据。因为自由主义无可匹敌之处在于"自由主义"概念本身是一个最不确定、最难以被准确理解的术语。[1]虽然自由主义的定义是极其模糊的，但是美国的埃德蒙·福赛特对自由主义的定义似乎言简意赅且抓住了精髓："自由主义是一种探求：在公民平等中，探求一种在伦理上可接受的人类进步秩序，在此过程中无须求助于非正当权力。"埃德蒙·福赛特对自由主义的核心观念进一步总结为"冲突、抵抗权力、进步和尊重"。[2]这似乎是一个可以接受的恰当概括。同时，"自由主义不仅仅是一种理论、一种意识形态，而且还是一种制度、一种政治运动或政党的旗帜"。[3]这是学界多有认同的一种属性界定。而基于不同的属性出发，自由主义的拥护者或者反对者就都具有了"充分"的论据来表明自己态度的合理性。例如，在欧洲反全球化论者看来，"自由主义者"所指的是为市场之贪婪进行盲目辩护的人；对愤怒的美国保守派来说，自由主义者是一个道德沦丧、虚情假意的精英阶层；对都市里活跃的拥趸们来说，自由主义在今天不外乎意味着可以在公司的会议室和家中卧室里随心所欲；在更广阔的世界其他地方，芸芸众生眼中，自由主义往往与西方生活方式相混同，要么羡慕并刻意模仿，要么鄙夷并弃之如敝屣。因此"相信自由市场、低税收和有限政府""相互接纳、平等尊重、社会关怀、反抗欺凌""言必称原则的骗子、优柔寡断的中立者、是左派、右派或不可救药的中间派、在一个不断变化的中间地带汲汲于寻找支持者"[4]亦成为自由主义被贴上的标签。可是，谁人不向往自由？但是追求自由的自由主义为何招致如此多的批评和指责？这是一个必须深入研究才能明白的问题。

---

[1] 李强：《自由主义》(第三版)，东方出版社 2015 年版，第 14 页。

[2]（美）埃德蒙·福赛特：《自由主义传》，杨涛斌译，北京大学出版社 2017 年版，前言第 4—5 页。

[3] 李强：《自由主义》(第三版)，东方出版社 2015 年版，第 15 页。

[4]（美）埃德蒙·福赛特：《自由主义传》，杨涛斌译，北京大学出版社 2017 年版，前言第 1—2 页。

　　西方的各种主义将自己的源头追寻到古希腊是一种常态，用以表明思想的源远流长以及文化正统性，当然也包括获取古希腊思想的智慧启迪，自由主义也不例外。"在欧洲大陆传统中，自由的观念和理性的观念结合在一起。他们认为，那些用理性来控制自己的人们是自由的；而那些追随欲念和感觉的人们则受欲念和感觉的支配，是不自由的。"[1]"理性控制欲念和感觉"，这明显就是柏拉图的"理性论"。但是同样也可以判定，抛弃了古希腊关于诸神的信仰和灵魂的真知，就等于抛弃了古希腊思想的真正源头，因此这种溯源往往是空洞的，而且这绝非古希腊的直接传承，而是古希腊文化断代之后的再学习。因为"自由主义既没有开国神话，也没有出生年月。对于其智识根源，只要你有经历或好奇心，可以一直追溯下去，但直到1815年之后它才成为一种横跨欧洲—大西洋的政治实践，在此之前则名不见经传"。[2]就起源而言，笔者认为自由主义与激进主义曾经是盟友，或者说二者的起源是一致的，因为"众所周知，启蒙运动思想家是自由主义的智识先驱"。[3]因此，通常认为自由主义是近现代的事情，也就符合逻辑了。因为"自由主义并非与'自由'相伴而生，相反，它脱胎于一种历史困境，也即工业资本主义的起步"。[4]这才是"自由"作为一种"主义"的时间起点。

　　而按照流行的说法，自由主义可以被区分为古典自由主义和新自由主义、市场自由主义和政府自由主义、欧洲的自由主义和美国的自由主义、19世纪的自由主义和20世纪的自由主义等。[5]这些划分标准各有自己的理由，但是其中也有诸多争议。例如，所谓古典自由主义和所谓现代自由主义之内涵，从自由主义所代表的利益，可以探明自由主义的真正立场，就可以解读自由主义的真正精神，而不必完全纠缠于一些标准争议。例如，"在1880年至1914年间，新自由主义者在自由主义辩论中获胜，他们要求以国家权力来驯服市场权力。自由市场纯化论者谴责新自由主义者，认为他们是非自由主义者"。[6]这都是在"自由市场"主张之下、追求和维护个体自由的主张，只是二者所代表的利益人群不完全

---

[1]（美）杜威：《自由与文化》，傅统先译，商务印书馆2013年版，第20页。

[2]（美）埃德蒙·福赛特：《自由主义传》，杨涛斌译，北京大学出版社2017年版，前言第2页。

[3]（美）埃德蒙·福赛特：《自由主义传》，杨涛斌译，北京大学出版社2017年版，第28页。

[4]（美）埃德蒙·福赛特：《自由主义传》，杨涛斌译，北京大学出版社2017年版，引言第1页。

[5]（美）埃德蒙·福赛特：《自由主义传》，杨涛斌译，北京大学出版社2017年版，第31页。

[6]（美）埃德蒙·福赛特：《自由主义传》，杨涛斌译，北京大学出版社2017年版，引言第226页。

一致，但是理论中又需要号称代表"所有人"，由此造成理论中的矛盾。因此，新自由主义者需要煞费苦心去强调他们与自由主义传统的连续性。[1]由于这些争议并非探讨法治精神的重点，所以本书不再继续深入研究，只对自由主义有一个概略描述即止。

西方自由主义以"民主法治"而著称于世。而这种自由主义民主法治的历史元年往往被追溯到英国1215年诞生的《大宪章》。但是，《大宪章》并不是一个描绘的波澜壮阔的历史开启，反而带有一种辛酸滋味。"这份由约翰王和叛乱贵族之间签订的条约仅维持了两个月，它赋予贵族一些牢不可破的特权，并且限制了妇女和犹太人的权利，这些事实应该让我们有所反思。《大宪章》不是一个通向自由的跳板，而是一个势力暂时削弱的国王和他难以驾驭的贵族之间签订的一个思路混乱的权宜之计。它很快就失效了。"[2]因此，《大宪章》并不是一个开了先河并作为传统延续的文献。"这份简短的中世纪文献在之后几百年的迷雾中湮没无声。"[3]这才是一段真实的历史和《大宪章》真实的历史地位。"然而，自17世纪，反对斯图亚特王朝专制统治的英国人重新发现了《大宪章》，并将其带往美国的十三个殖民地，此后它演变成西方自由主义的创始神话。"[4]这是一个历史中出现的"精神符号"，也是一个政治过程中的道具，但是确实被打造成为一个神话。甚至到了近代西方，法治也是始于上层贵族与君主之间的阶级分权，"人民"和有选举权的公民的范围还充满争议和斗争，17世纪的时候，上层领袖人物克伦威尔认为"只有在英王国拥有永久利益的人即有产者才是真正的人民"，社会中下层坚持"所有英国出生的男子都是公民，有权参与选举"。这种斗争直至19世纪普选制的确立才宣告结束。[5]"所以，当人们说英国从17世纪就确立了法治统治的时候，这种法治只是有产阶级的、非民主的法治。这是一个普通

---

[1]（美）埃德蒙·福赛特：《自由主义传》，杨涛斌译，北京大学出版社2017年版，引言第226页。

[2]（英）爱德华·卢斯：《西方自由主义的衰落》，张舒译，山西人民出版社2019年版，第8—9页。

[3]（英）爱德华·卢斯：《西方自由主义的衰落》，张舒译，山西人民出版社2019年版，第8—9页。

[4]（英）爱德华·卢斯：《西方自由主义的衰落》，张舒译，山西人民出版社2019年版，第8页。

[5]王耀海：《中国法治发展战略和进程》，载李林主编：《中国特色社会主义法治发展道路》，中国法制出版社2017年版，第427—428页。

的历史常识。"[1]由此我们可以看出，作为一种深入人心的、社会共同认可的价值观，现代意义上的民主自由的历史实在是不长。

而且纵观历史就会发现，西方自由主义本身就犹如一只迷途的羔羊，一路跌跌撞撞，今日依然不知前路在何方，在"启蒙"世人的历史过程中，告诉世人要追求自由，而自己把持着自由的定义权。当然，我们不能将所有事实的不如意归咎于理论家，因为无论理论家们说什么，话语权并未被他们垄断，大众可以在诸多理论中自行判断和选择，不能苛求一个理论家成为全知全能的神，也不应因为一个理论家着眼全人类而理所当然将"道德枷锁"绑于其身。到目前为止，学术界不仅难以对自由主义给出一个清晰的界定标准，而且"理性"作为自由主义的理论前提和基础，其本身的近代解读亦是一种主观虚构的产物，在这种虚构下，"自由"这一目标就更加扑朔迷离了。虽然有论者在论述西方保守主义的时候，认为保守主义就是保守自由的传统，并且认为保守主义是一种最高的政治智慧，[2]但是西方的保守主义固然以保守自由为要义，却与冠名为"自由主义"者并非一个派别，甚至是对立的阵营。自由并非自由主义的专属，而是人的天性决定的必然追求，这是一个不争的事实。自由是一个令人向往的美好词汇，而自由主义在西方并不是一个美好的词汇，甚至是很多政党所极力避免的一个词语。自由可以是人类的共同追求，但是自由主义不代表对自由的专属。这主要是源于自由主义者所提出的政治主张可能往往是对很多人的"自由"的剥夺。正如阿克顿勋爵的苦恼之言："我的自由主义承认所有人拥有自己意见的权利，但又强加给了我教导他们分辨优劣的义务。"[3]自由主义者在提倡每个人都有表达自己意见的权利的时候，却不得不有意无意扮演着世人的精神导师，这是自由主义的一个悖论。但同时，不存在这种理论悖论的很多理论，未必就能够超越这种悖论本身，例如，捍卫奴隶制正当性的理论、捍卫等级特权的理论等，表面上的说辞即使自洽，却往往缺乏了一种自由主义者的情怀。因此，这个世界并非简单的"非黑即白"，而是充满迷惘。

---

[1] 王耀海：《中国法治发展战略和进程》，载李林主编：《中国特色社会主义法治发展道路》，中国法制出版社 2017 年版，第 428 页。

[2] 刘军宁：《保守主义》，东方出版社 2014 年版，序第 1、2 页。

[3]（美）埃德蒙·福赛特：《自由主义传》，杨涛斌译，北京大学出版社 2017 年版，引言第 20 页。

（二）自由主义文化承载的法治精神

鉴于对自由主义的对极认知如此广泛，那么就有必要在自由主义法治精神方面深入并中立地进行解读了。自由主义的法治精神，不同于古希腊、基督教、保守主义甚至激进主义之处在于：一是对神和上帝的信仰已经不再是其理论构建的基础；二是法治精神主要限定于"权力、权利"对抗这样的一个限权法治、民主法治的理论模型，因而围绕着民众如何对待政治权力展开了宏大的叙事。

1. 平等精神

西方自由主义的平等观念，是在基督教平等观的历史底蕴上创新的，其学说基础在于社会契约论。自由主义的平等观，是对所有人进行了一个"同质化"的假设，也就是将所有人都假设为一个"理性人"，因此"理性"或者"智性"是其平等观的基础概念。但是，自由主义之平等观往往受到质疑：自由民主制带来了"平等的承认"，但是"平等的承认"是不合理的；在一个人人能力、智慧、德行不平等的世界里，为什么要"平等地承认"每一个人？[1]这是自由主义法治平等观中始终无法绕开又始终无法解决的一个理论难题，因为现实的世界中，人的实际样态不是根据理论家们的"平等假设"而存在的，而是这种"平等假设"不符合现实世界的真实状态。自由主义所谈的理性，如果被认定为"理性控制欲望和情绪"，那么其实最终还是需要回归到道德层面来理解的。因为"理性"如果不诉诸道德，则只能成为一种构建论中的空中楼阁。因此，自由主义和保守主义之分歧的实质不在于对待道德的态度，而是在于由于信仰不同导致的分歧；在于信仰分歧所推出的幕后实际政治主导者的确立；在于对现实等级秩序与道德水准是接受还是去改变。保守主义在维护现实等级秩序中寻求改变，自由主义者以未来的宏伟目标为着眼点而不接受现实等级秩序的合理性。而自由主义的理论家们，如何看待"自由市场"所造成的贫富分化问题，如何看待其中体现的"不平等"问题，如何去改变这种"不平等"问题，是检验其心中是否信仰这种"平等假设"的标准。如后文将提到的罗尔斯，其关心重点在于"平等的正义"，而这种关心是出于其悲悯之心。因此，真正懂得平等、真心希望实现平等的理论家们，悲悯之心是一个理论家的良好愿望的渊源和根本所在。

---

[1]（美）福山：《历史的终结与最后的人》，陈高华译，广西师范大学出版社 2014 年版，导言第 VIII 页。

2. 人权精神

人权是一个至关重要的问题，为权利而斗争是法治的主题之一。耶林对捍卫权利的性质和意义如是说："世界上一切权利都是经过斗争而得来的；在这理想的高地上，人们忘记了在低地上所学到的一切小聪明、自私自利，抛弃了一切的功利标准，把全部精力投入到理念价值的追求之中，为权利而斗争不再是为了纯粹的物，以主张人格为目的的权利斗争变成为写诗，为权利而斗争具有了诗意。"[1] 自由主义的人权界说，就是以权利与权力的对抗模型之"斗争"为基础展开的，在斗争中争取人权就是其人权精神的浓缩，在通过斗争而争取权利中赋予人权以具体内容。因此，自由主义人权范畴基本限定在如何通过对政府权力的各种要求来实现公民之人权。自由主义注重政治人权是一个表象，注重经济利益是一个实质。为了这样一个从政治入手实现经济目的的逻辑，才产生了其人权理论。在这样的现实指向面前，人权的设计当然是为了一种有利于设计者最终获取经济利益的政治结构的出现和持续，因此财产权问题就成为人权的核心内容，而围绕财产权的其他人权内容就自然会搭配出现。这样的自由主义人权思路，从洛克的学说中体现得就非常明显，而且这种思路不仅仅是停留于理论中，更在实践中成了为了财产权问题而建立相应的政治结构的问题，例如权力分立的理论和政治制度设计。诚如有论者对洛克的《政府论》的理论解读和事实分析所展示的脉络：17 世纪的英国革命是具有世界意义的资产阶级反对封建制度的革命，并于1688 年以阶级妥协的方式告终，在此期间由于士兵起义与农民革命，资产阶级与封建势力由敌人变为联合力量镇压人民；洛克的政治思想就是为通过 1688 年的妥协而奠定的议会制的资产阶级国家辩护的；洛克反对君权神授和王位世袭的理论，目的在于摧毁以国王、封建贵族和僧侣为主体的封建势力；洛克的议会主权学说之目的却在于维护资产阶级的经济利益，而此学说含有资产阶级独揽"最高权力"、排斥人民主权的意义；洛克的权力分立学说目的在于将权力在封建势力与资产阶级之间进行分配，具体为削减和限制王权、为资产阶级议会掌握国家的最高权力辩护；洛克所用的"自然状态""自然法""自然权利""社会契约"则是为了推出"政府的目的是保护财产"的结论，而这里的财产显然是资产阶级的

---

[1]（德）鲁道夫·冯·耶林：《为权利而斗争》，刘权译，法律出版社 2019 年版，序一第 2、3 页。

财产。[1]洛克的三权分立、议会主权、保护财产、社会契约、自然权利等所有的理论，代表了自由主义理论在当时的英国的使命，而以英国为母国的美国沿用洛克的理论，也是出于同样的目的，即资产阶级的自由主义理论。对于发生在域外的这段"阶级斗争史"，今日并非必须以进步与否去评判，只是这其中可以找寻到自由主义人权精神的实质，这才是本书的目的。

笔者认为，一个国家的政府，必然需要的是一个强大的政府，强大的政府才能保证人权的充分实现。因为一个所谓的"弱政府"是一个失职的政府和不合格的政府，当然就无法保障人权。而西方的弱政府、小政府、大社会理论，其最终指向无非就是权力不能控制资本，而资本可以在充分的市场自由空间里面实现利益最大化。因此，表面看似赋予每一个个体的"人权"，实际上最终是赋予了资本所有者。所以，当前文所提到的"新自由主义"主张"以国家权力驯服市场权力"的时候，被指责为"非自由主义"，就是一种利益指向所产生的理论争锋，因为"驯服市场权力"实际上是意味着"驯服资本"，而"资本主义的核心一句话就能说清楚：以资本增殖为目的的一种观念"。[2]从马克思和恩格斯批判资本的原始积累，到发现资本剥削的"剩余价值"秘密，到为了资本的世界扩张而进行的战争、掠夺和殖民，我们完全可以看清楚在"以资本增殖为目的"的过程中，到底"人权"是谁的权利。而以权利对抗权力这种模型，其剑指的主要目标就是国家对资本的管控。如若依照这样的事实逻辑，我们断然不能说自由主义的人权观是一种值得无限推崇的人权观。但是同时，自由主义人权观的传播，又让普通大众个体的主体意识凸显出来，敢于同黑暗的政治权力对抗，敢于同贪婪的资本对抗，这又是其积极的一面。总之，笔者认为，人权是"人之所以为人"而应该拥有的权利，应该是物质追求与精神追求和谐的观念；人权虽然是斗争而来的，但是争取人权的根本在于大众精神上的不断提升，在于明确"人之所以为人"的标准，然后才能形成至善的力量群体，这样的自我主体意识才是能够自己主宰自己的基础，否则会永远追随着"以理论造势营造逐利空间"的资本逻辑而随波逐流。因此，德沃金将人权划分为法律权利、政治权利和道德权利，而道德权利是从人作为一个道德主体本身所得出的权利，称之为"人之为人所享有的权

---

[1]（英）洛克：《政府论（下篇）》，叶启芳、瞿菊农译，商务印书馆1964年版，"论洛克的政治思想"部分。

[2]九边：《西方博弈往事》，台海出版社2020年版，第192页。

利"，它所传达的道德准则是：人是目的，而不是手段。[1]这恐怕才是未来自由主义人权的重中之重，那就是回归到人之自身的"道德"为出发点而谈人权。在"人之所以为人"的内涵上达成共识，就是一种文化根本上的共识，也就在"权利"上更加容易达成共识，这样才可以去除人权理论中的虚伪成分。

3. 民主精神

自由主义法治以民主而著称，也就是造就了一种"民主型法治"的法治模型。自由主义将民主与法治捆绑在一起，是此种法治最大的"魅力"所在，是占领道德制高点的终极依据。那么，自由主义的民主内涵是什么？又依靠什么来实现？在现实的政治运作中表现为依靠选票。从精神层面而言，自由主义的民主精神没有受到来自教权的束缚，只针对来自政治权力的束缚，因此自由主义的民主精神主要是通过选举制等制度设定，通过限权政府的理论引领，来让"人民"获得自主、为国家做主的现实条件。在一种权利对抗权力的限权法治理论模型之中，将所有的"人民"视为一个当然的"利益共同体"，且无须考虑"民主被操控的可能与乌合之众现象的发生"，同时将"人民共同利益的表达"在技术操作层面予以理想化而不考虑其现实操作难度，在将政府视为人民利益的威胁的同时不去考虑政府应该从积极方面如何将人民利益最大化的政府能力建设，诸如此类的前提假设下，限权法治型的自由主义民主理论似乎是成立的。但是，上述被忽略的因素只是在理论中可以视而不见或者予以理想化假设，而在现实的民主进程中却往往是主导一个国家民主实际样态的最关键因素。例如美国社会，自由主义与保守主义作为两种意识形态在对立，给美国民主带来了严重问题；两种主义引发的激烈冲突、深刻分化和不容妥协的对立，以致很多观察家将其视为一种不可化解的、来自灵魂深处的文化对立；更有学者将此视为美国不同社会阶层、不同地理分布、不同利益集团、不同人种之间的利益博弈与权力斗争。[2]在这样一种无法回避、无法终结的事实面前，限权型法治模型彻底失效了；限权型法治理论作为西方历史上权力斗争、利益斗争、阶级斗争、有特定针对目标和适用社会条件的历史产物，如今已经不再具备原有的光环，因为法治理论发展至今，人们具

---

[1]（美）德沃金：《民主是可能的吗？——新型政治辩论的诸原则》，鲁楠、王淇译，北京大学出版社2014年版，译者序第11—12页。

[2]（美）德沃金：《民主是可能的吗？——新型政治辩论的诸原则》，鲁楠、王淇译，北京大学出版社2014年版，译者序第4页。

备了看清问题的基本能力。对于美国保守主义和自由主义的对立所造成的民主困境，德沃金认为：民主扎根于共识，共识包括两个原则，一是承认每个生命都具有内在价值，二是每个人都需要为自己的生命承担责任。[1]笔者认为，这种"共识"，首要的就是每个人自己可以成为自己的主人。但是，在人如何自己成为自己的主人方面，也就是人对自己心性的把控和修炼意义上的民主——自己成为自己的主人——自由主义中的民主精神是少有涉及的。因此，回溯到人的自身来认识人，这才是自由主义法治的民主精神弘扬的一个关键问题，也就是对"人之所以为人"的深刻体悟。

4. 契约精神

自由主义法治理论非常强调契约精神，但是肯定不是上帝契约意义上的契约精神，因为自由主义是不需要上帝信仰作为自己理论的前提和支撑的。起源于卢梭的社会契约论，在自由主义理论家们的理论构建过程中始终扮演着重要的角色，或者说是他们理论的起点。"社会契约论有三个核心概念，即自然状态、公民社会、自然法和自然权利；社会契约的概念被有些理论家用来创造公民社会理论、被罗尔斯用来建立正义原则、也被一些理论家用来产生道德规范；在当代，社会契约传统主要是通过罗尔斯得到了复兴和发展。"[2]自由主义理论家德沃金也对社会契约非常倚重，以社会契约论为基础来支撑其民主理论。德沃金认为美国宪法和美国的政治文化传统中体现的"共识"是美国民主制度的根源，是美国民众缔结社会契约的根基，也是美国立国的根本。[3]社会契约论的性质，本身系理论家在主观上假设出来的一种理论模型，而并非一种实际的历史存在；在明知这种理论假设系主观虚构的前提下，为什么还要依据它来展开一系列的理论构建？为什么以它为自由主义法治理论大厦的基石？一方面，这是一种学说的传承；而另一方面，社会契约论被认为可以作为概括社会现实的理论框架，也就是可以以此来概括或者指引人际关系、大众与政府关系的构建，或者说理论家们希望社会契约论所倡导的社会关系成为一种现实，也就是说以一种假设的社会契约论来

---

[1]（美）德沃金：《民主是可能的吗？——新型政治辩论的诸原则》，鲁楠、王淇译，北京大学出版社2014年版，译者序第5页。

[2]徐向东：《自由主义、社会契约与政治辩护》，北京大学出版社2005年版，第83—84页。

[3]（美）德沃金：《民主是可能的吗？——新型政治辩论的诸原则》，鲁楠、王淇译，北京大学出版社2014年版，译者序第5页。

推动现实社会形成真正的社会契约关系。另外，则是一个最为主要的原因，那就是自由主义理论家们对人性的思考。自由主义理论往往被批评为缺少终极的人文关怀，这也是源于其对人性的思考。将人类的"自然状态"假设为"人性恶"，通过构建一种理想的规则秩序、通过构建出一种理论中的人际关系，再去求得"人性善"，那么显然人性之善是被后天的规则所"约束"出来的，而这种约束如果能够达到效果却是依靠人的"理性服从"。这本身就是一个理论上的悖论：人性本身是恶的，外在的事物让人变得善起来，那么人本身到底是一个具有内在价值的主体，还是一个映照外在价值的镜子？这显然是自由主义理论家不会如中国古代的圣贤一样，"明心见性"而知晓人性之本善、构建一种人际关系的和谐，自由主义理论家们始终在一种"斗争"和"对立"的思维中去思考问题、构建理论，始终没有从人的心性上为起点真正确立人的主体地位所致。一种好的制度，确实可以激励人们向善，但是人们向善绝非因为一种制度作为根源，而是在于人的天性。因此，如果自由主义理论家们将契约精神由"社会契约"向"良知契约"去转化，那么就找到了全体人利益一致的真实根源。而由于缺少对人自身的终极关怀，因此自由主义理论虽然也有针对人的品格的"言而有信"的契约精神，却在人文提升的终极义理和现实路径上都必然有所欠缺。此外，还有一点关乎所有人在契约精神之下的生活：西方这种契约式的外在关系规范每个人的行为，与中国注重的自然的、内在的伦理关系问题，[1] 哪一种才应该是人类的本真和理想追求？哪一种更加符合人性、更加体现人的幸福？这是自由主义契约精神可以进一步深入探讨的问题。总之，自由主义法治的契约精神秉承的是卢梭的社会契约论是毫无疑问的，只是理论家们在具体的理论学说中会有差异化的解读，具体不再赘述。

　　5. 秩序精神

　　自由的市场经济秩序是自由主义的一种理想秩序模型。市场可以自发地调整好一切是一种设想。因此，政治权力介入私域的范围越来越小、形成一个市民社会来保障大众的自主空间，就是一种自由主义的完美秩序追求。而在市民社会这样一个自主空间之内，如何形成一种良性秩序？那就是依托市场这只"看不见的手"来形成自由市场秩序。而这种自由市场秩序真的可以称之为一种秩序吗？

---

[1]　楼宇烈：《中国文化的根本精神》，中华书局2016年版，第9页。

此种秩序的主导者是谁？在今日西方社会，更多地表现为一种资本运作引领的市场秩序，也就是一种资本秩序。这才是自由主义秩序精神的本质。因此，对于大众而言，是随着资本主导的秩序而生活的，而并不是一种脱离了束缚的秩序。表现在现实领域，就是大众一方面需要扮演一个剩余价值创造者的角色以实现社会财富增加；另一方面大众扮演的始终是一个阶层固化的角色。正如罗尔斯很透彻地洞察到：资本主义造成的贫富悬殊使得政治民主极易沦为一纸空谈；为了保障平等的政治权利与平等的政治影响力，仅仅靠小打小闹的福利国家是不够的；如果重写一次《正义论》，罗尔斯将会更鲜明地将财产所有民主制与福利国家区分开来，因为福利国家虽然可以为不幸的人提供一定的保障，但是它对经济上的贫富悬殊视若无睹。[1] 其实，这就是自由主义秩序精神的本质写照，福利国家是一个阶层平衡的艺术，当然其背后一定有着很多人基于悲天悯人式的努力，不容否认。但是，如何让大众真正在一种理论家们所设想的理想的秩序中生活，确实需要仔细思考。任何一个社会，都会具有各种利益派别，形成各种利益共同体，而每个人都希望社会秩序符合自己的利益，因此也就会积极去主导或者参与自己理想中的社会秩序的形成。如果让以逐利为目的的资本来引领社会秩序，那么这种秩序显然不会是一种仁爱秩序，而是一种有利于资本逐利的秩序。如果让政府来主导秩序，又会形成"政府侵犯公民权利"的担忧；如果让大众凭借激情去主导秩序，则又会出现对"乌合之众"与"多数人暴政"的恐惧。因此，无论自由主义理论家们如何去设计一种秩序，都不会形成毫无瑕疵、经得起时间考验的理论。因此，自由主义所倡导的秩序，还是应该回溯到文化上来，回溯到以什么样的文化来塑造什么样的人上面来。而由"良知契约"形成"良知秩序"，这就是一个较为根本的文化路径。此时，以"功利主义"作为学说基础就显得不合适，一个社会中，"利他"与"自利"的人群比例，唯有在前者不断扩大、后者不断缩小的情况下，才能真正实现一种"正义的秩序"，也就是"和谐的秩序"。

6. 自由精神

自由主义不像保守主义一样引入"良心自由"的概念，其自由精神是围绕着以经济为目的的政治自由而展开的，而政治自由其实是为了经济行为的自由。自由主义者认为，政治自由和经济自由是人的终极自由的保障，但是人的终极自由

---

[1] 王绍光：《民主四讲》，生活·读书·新知三联书店 2018 年版，第 227 页。

是什么？或者说，即使政治自由及其保障的经济自由实现了，那么它最终带来的更深层次的结果是什么？当读到西方著名学者的著作的时候，笔者却感到非常困惑。例如，约翰·密尔著名的《论自由》就完全是从政治自由的角度才能予以解读。密尔认为"对于我们最先熟知的历史，尤其是在古希腊、古罗马和英国的历史中，最显著的特征就是自由和权势的斗争。但是，在较为早期的时候，这种斗争都是在被统治的人民，或者说是统治者之中发生，还有就是某些阶级与政府之间的争斗。所说的自由，在当时就是指去抵抗政治统治者的专制行为"。[1]由于统治者获得权力的方式是继承或者征服，他们完全不需要依靠取悦人民来维护自己的权力，所以统治者与被统治者之关系会被认为是敌对关系，因此爱国人士认为就需要限制统治者对社会控制所必须行使的权力，而这个限制就是爱国人士眼中的自由。到后来又发展为：人们认为没必要再让那些与自己的利益相反的统治者成为一个独立的力量。[2]这就是密尔所处的时代中，如此偏重于政治自由论述的原因——政治统治者是人民的敌人和剥削者。因此，密尔们无须对人民之个体进行道德考量，因为最主要的矛盾是消灭政治上的敌人。而现代更具有代表性的，就是对人类精神自由与政治自由关系的论证。例如，美国著名的自由主义学者福山在《历史的终结与最后的人》中所提及的，民主自由制的目标就是社会成员（阶层）之间的"互相承认"，例如，政府和民众之间的双向承认而不是出于一种被压迫心理下的强制承认和单向承认，而互相承认就是一种心理满足，心理满足就是人与动物的本质区别；那就是民主自由制会造就"最后的人"布尔乔亚。而这个布尔乔亚就是一个"在前人所开拓的道路上，根据他人制定的交通规则做一个规规矩矩的行人"。福山认为奴隶制、君主制、贵族制、共产主义体制、法西斯体制等都存在"承认"，只是"承认形式"有缺陷；而自由民主制在平等的、相互的和有意义的基础上满足了人类寻求"承认"的需要，所以导致了一种相对稳定的社会均衡，在这个意义上就构成为自由民主制对历史的终结。[3]这应该就是在其理论所畅想的理想社会中，人类社会秩序达到了终极目标时候的状态，此种理想社会状态中的人，当然是获得了"理想的自由"。而这种关于自

---

[1]（英）约翰·密尔：《论自由》，尹丽莉译，煤炭工业出版社2016年版，第3页。

[2]（英）约翰·密尔：《论自由》，尹丽莉译，煤炭工业出版社2016年版，第3、4页。

[3]（美）福山：《历史的终结与最后的人》，陈高华译，广西师范大学出版社2014年版，导读第
IV、X页。

由的理解，是否可以解读为：一个人必须和自身之外的人"较劲"，不能够获得别人的"承认"，那么人生就是必然的缺憾，人生的意义在于通过"与他人较劲"进而获得"被承认"，进而"心理满足了"，进而"体现了人和动物的本质区别"，进而人生的意义就实现了。除此之外，还有更好的理解方式吗？

这种自由的主张，其前提是不考虑人与人之间的道德和智识的差别，更勿论有着对人性和心性深刻的体悟和认知，而预设一个无差别式平等的理论前提，虽然福山反对"理性"这一概念的价值，但是以"无差别平等"替换了启蒙运动推崇的"无差别理性"。笔者认为，类似福山这样世界级学术地位的自由主义理论家应该无不是对社会和人性有着细致的观察和深刻的思考的人，否则也不会对全世界造成如此之大的学术影响。那么，为什么一定要做一种"不符合事实的无差别平等"作为理论的前提呢？让每个人对自己内在的灵魂采取"无问东西"的姿态，对外在于自己的人却必须时刻关注其是否"承认"自己。这样的人生，将人生意义实现的决定权几乎全部赋予了他人的主观态度以体现"自由追求"？对人自身的关怀，只能止步于"心理满足"这个程度？这说得通吗？这确实难以理解，笔者只能理解为：自由主义所追求的自由，就是通过自由民主制这种模式实现"自由"，而实现自由的结果就是让自由民主制一直持续下去，而这几乎就是一个循环论证。自由主义法治理论并非不知晓"人"这一法治根本和法治主体自身的道德甚至人文的意义，只是一旦涉入这个领域，则其所赖以构建的理论框架就无法支撑其推崇的制度目标了，或者说对人文的关注和加入，对其理论构建会造成致命的伤害，甚至让理论大厦轰然倒塌。以此来看，西方的保守主义者对自由主义者的诸多刺耳批判，例如缺少终极人文关怀，倒是切中要害且直击要害的。如果一种理论，连人生意义是什么都没有想明白，不对文化意义上的人进行灵魂思考，不对健全人格的人进行定义和追求，那么此种理论最后一定会走向伪善的结局。停留于"互相承认与心理满足"这种低维度研究问题，却又要指引全人类的命运、充当全人类的精神导师，谓之"德不配位"并不为过。人类的自由，最终要体现为真正的精神自由和自我主宰，体现为对人生终极意义的领悟，体现于精神和政治意义上的"主宰自己的能力"，这才是自由的本质。而获得这种自由的前提，就是明确"人之所以为人"的原因。

7. 正义精神

西方自由主义对正义问题的最高研究成就以美国罗尔斯的《正义论》为代

表。有人说罗尔斯是自由主义一派，又有人说他是平等主义一派。[1]各种"主义"的冠名，着实让人眼花缭乱。其实，罗尔斯的目标与纯粹是为了维护市场自由的自由主义者是相悖的，罗尔斯更注重社会的公平，而不是认为一种自由市场秩序就是终极标准。但是罗尔斯对其正义论的证明，主要是着眼于社会契约论所假设的人类"原初状态"以及"理性人"，只是其社会契约论的观点是对洛克、卢梭、康德为代表的契约论进行了一番抽象。因此，将其归入自由主义阵营是可行的，因此笔者将其纳入自由主义正义观予以考察。而且由于自由主义是一个阵营极其含糊的派别，而罗尔斯是正义问题研究的最为深入的学者之一，虽然未必可以代表自由主义的全貌，但是其显示出了一种西方学术的至高水准。而且罗尔斯明确地规定，在他的正义论中，正义的对象是社会的基本结构——用来分配公民的基本权利和义务、划分由社会合作产生的利益和负担的主要制度。[2]罗尔斯的正义论所针对的目标是"人们的不同生活前景受到政治体制和一般的经济、社会条件的限制和影响，也受到了人们出生伊始所具有的不平等的社会地位和自然禀赋的深刻而持久的影响，然而这种不平等却是个人无法选择的。因此，这些最初的不平等就成为正义原则的最初应用对象"，随后就产生了罗尔斯的两个正义原则，第一个原则是平等自由的原则，第二个原则是机会的公正平等原则和差别原则的结合。[3]而"这两个原则的要义是平等地分配各种基本权利和义务，同时尽量平等地分配社会合作所产生的利益和负担，坚持各种职务和地位平等地向所有人开放，只允许那种能给最少受惠者带来补偿利益的不平等分配，任何人或团体除非以一种最有利于最少受惠者的方式谋利，否则就不能获得一种比他人更好的生活。所谓作为公平的正义，即意味着正义原则是在一种公平的源初状态中被一致同意的，或者说，意味着社会合作条件是在公平的条件下一致同意的，所达到的是一公平的契约，所产生的也将是一公平的结果"。[4]上述引用的文字已经可以为我们基本勾勒出罗尔斯的正义观点的要旨，而罗尔斯在注重社会公平上，似乎超越了一般自由主义派别支持者的道德要求，也就是将功利主义降到了最低限度。因此，罗尔斯的正义论可以代表一条最为接近人文出发点的政治设计。但

[1]（美）罗尔斯：《正义论》，何怀宏等译，中国社会科学出版社1988年版，译者前言第5页。
[2]（美）罗尔斯：《正义论》，何怀宏等译，中国社会科学出版社1988年版，译者前言第5页。
[3]（美）罗尔斯：《正义论》，何怀宏等译，中国社会科学出版社1988年版，译者前言第5、6页。
[4]（美）罗尔斯：《正义论》，何怀宏等译，中国社会科学出版社1988年版，译者前言第7页。

是，从罗尔斯的正义论来看，确实是未能以人文这一根本为出发点，而完全停留于社会契约这一构建论式研究方法，以政治结构和经济利益分配为核心，因此完全具备自由主义学说的核心特征。一个以社会契约作为前提的建构论思维方式，以契约论作为衡量正义的最终标准，确实带有浓重的西方近代理论色彩。因此，对于宇宙实相和终极人文关怀的缺失，可能让这种出发点良好的正义论设计，在实践中缺失了坚实的文化根基。

（三）自由主义法治精神的文化评判

总的来说，自由主义理想是人类的美好愿望，希望通过民主型法治的政治实践来实现理想，自由主义法治精神作为旗帜可以吸引更多的人参与到这种政治实践和思考中来，但是自由主义理论框架决定了其理论本身无法实现塑造理想人格的功能，而理想人格的缺失又是自由主义的政治设计无法实现其理想目标的致命问题。因此，封闭起来的自由主义法治精神理论体系，必须在文化上再次放开怀抱并寻找自身的人文根基，而且需要理论家们承认自身原有理论框架的必然局限性和自身的矛盾性，不要将一种过程性理论推上神坛、塑造为全人类的精神指引，而是要对自己正确定位并与反对者实现更进一步的相容与互通，甚至最终化为一体。因此，福山其实还是在继续思考历史如何终结，但是肯定不是其所定义的民主自由制。自由主义的学说基础基本趋同，自由主义理论大多也是诉诸人的理性来谈问题。而卢梭的社会契约论、边沁的功利主义学说和洛克的三权分立学说奠定了西方自由主义法治精神的理论基础。法国思想史家马南在《自由主义思想文化史》一书中得出结论：自由主义哲学终结于卢梭，此后的历史均是对自由主义哲学的正当化叙述。[1]笔者认为这个结论是经得起检验的。而自由主义者溯源古希腊明显是一种无稽之谈，不信神的人从虔敬神的人那里找理论源头完全站不住脚；自由主义追溯 1215 年英国的《大宪章》作为自由主义的元年也是一种站不住脚的说法，自由《大宪章》只存活了很短暂的时间就被作废了，而且是封建领主和贵族抗议一个没有权威的国王为了军费不断增加税负的"被逼无奈"行为产生的"临时协议"，和自由主义的市场中心论没有共同点，唯一共同点就是金钱如何分配的问题。《大宪章》和打着大众旗号的自由主义没有关系。《大宪

---

[1]（美）埃德蒙·福赛特：《自由主义传》，杨涛斌译，北京大学出版社 2017 年版，第 30 页。

章》被争相利用，不仅不能表明西方各种主义和西方法治的历史悠久，反而恰恰表明他们确实没有什么此方面真正的"历史荣耀"可以依傍。而自由主义围绕着市场和经济利益展开一种政治叙述，其实就是一种最直白的功利主义，这种政治叙述借助洛克三权分立学说在美国的实践，使得没有一种中央集权可以控制国家的市场权力和资本，从而达到了"资本权力"控制社会、控制政治的目的。至于所谓的新自由主义，一方面被自由市场纯化论者谴责并将其排斥在自由主义阵营之外，另一方面，其国家驯服市场权力的本质是希望财富二次分配的格局改变，而其指向依然是功利主义指向，是新自由主义者通过国家权力来控制市场，其本质上还是市场力量控制国家，只是对政府的发难者和主角的人群变化了而已。正是因为基于功利主义，目标在政治架构中寻求经济利益的最大化，因此自由主义的学说基础几乎不需要也不能引进道德和文化意义上的学说作为自己的理论根基。

自由主义学说具有积极理论意义。自由主义各种曼妙的理论和美好的词汇，实际上是唤起了人们心中对于理想世界的向往，尤其是在面对西方历史上的政治与宗教教权的黑暗统治的时候，更是体现出了一种不屈服的抗争精神。这种抗争精神之所以被广泛认同，就是源于人的本性，是人的向善本性使其发挥了种种历史作用和现实的社会功能。但是此种实际上是基于所有人的人性的向善号召，却落实到了一种模型化的政治设计之中，这种政治设计在实际上完成的使命是理论设计者所期望达到的社会理想。因此，理论构建者实际上扮演着一个历史进程设计师的角色。同时，理论构建者也确实是在为某种利益群体代言，因而有着核心利益的支持者和被向善设计鼓舞的被感召者。自由主义的学说缺陷当然也非常明显。总的来说，自由主义法治理论存在两个方面的严重脱节：一是理论与所依赖的人性基础脱节，本质上，自由主义实则在推崇功利主义的人性论；二是理论所确立的目标与其政治制度设计脱节，目标在于为了所有人，实际上却只能惠及部分人。自由主义局限于政治视角而缺少了对人文的终极思考和关怀，或者说对于人文的终极思考还没有达到一个高度。例如，自由主义法治学说的集大成者德沃金，在其生前的最后一部著作《没有上帝的宗教》中，是在寻找终极人文关怀的路径，从字里行间我们完全可以读懂信奉自由主义的这位法学家的良善、豁达与道义担当精神。但是他对宇宙和人生意义的思考，通过讨论上帝问题或者讨论宇宙之美或者引用爱因斯坦的宇宙观，还比如对生死问题的看法，实际上还处于一种猜想状态。[1]实际上，德沃金的猜想甚至诸多困惑，代表了自由主义法治精神缺少一个可以称为恒久之道的文化路径，"有人本，无人文"是自由主义法治的最大缺陷，而自由主义未来的出路在于找到一个恰当的人性论基础为自己立根，否则此种理论必定继续迷茫不定。自由主义的"理性论"，应该用"人性论"加以改造和完善，才能够找到一个出路。"理性"是人的一个修炼过程实现的结果，而不是通过理论构建就自然附着于每一个人身上了。将理想结果当作立论前提，这是不可取的。而如何修炼人的"理性"？那就是人性之研究。而这种人性论的加入，则又使得自由主义不再是原来的自由主义，而是一个全新的自由主义，则与追求民主自由的所有派别出现了一个实现融合的可能。

自由主义学说广泛传播的现实动因是复杂的。作为政治较量和政治宣传的王牌，自由主义得以在全世界范围广泛传播。自由主义也击中了任何政治国家所必然存在的问题，这种切中要害的普遍性源于自由主义的"大箩筐"性质，也就是一切问题似乎都被自由主义的主张所涵盖，也是自由主义致力于解决的问题。这是自由主义得以广泛传播的学理原因。但是，自由主义从来无法提供一个真正有效的具体方案，因此自由主义是一个乌托邦性质的主义，这是一个基本结论。但是乌托邦中有可以发掘的宝藏，也可以藏污纳垢，这就要看我们如何让乌托邦的理念映照现实了，这也就是每一部西方自由主义著作都有一个不同的自由主义定义的原因。以自由这一人类终极理想为目标和标签，每个人都可以以自己的见识来设定一套方案，因此自由主义具有千变万化的能力。每个值得被现代人称颂的主义，都是"追求自由的主义"，但是只有其中一小部分是"自由主义"，而这一小部分的内涵很多时候还是极其不确定的。如若说追求自由就是信奉自由主义，那实在是追求自由者对自己的极大的不自信。无须被冠以自由之名的自由主义剥夺了自己的话语权或者错判敌友。自由从来都不是始于西方自由主义或者西方保守（自由）主义对世人的启迪或者他们的专利，真正明了何为自由者，一定是对人生至理和终极意义的大彻大悟者，因此一定不会成为自由主义的信徒。大彻大悟的圣贤们，才是将灵魂自由和现实的政治自由完美融于一体的历史进程指引者。因此，排除学理之外意义上的纷争，从学理本身看问题，才是评判自由主义的基础。总之，自由主义法治精神归结为一点，那就是政治自由。此种政治自由

---

[1]（美）德沃金：《没有上帝的宗教》，於兴中译，中国民主法制出版社 2015 年版。

的解读，无论是通过民主制还是通过限权，归结到一点上，就是政治权力不能限制个体自由，而在政治自由之外，自由主义的理论框架的设定决定了它没有进一步探求自由真意的空间，这是自由主义法治理论的"自我束缚"。

第三节　西方法治精神及其总体文化述评

西方 2000 多年来的法治精神，可以说经历了两条主线的变迁：一是从神本文化向人本文化的转变；二是从推崇人文向功利主义的转变。而这两条转变的主线在今日并不是一者完全取代了另一者，而是并存于现实中，也就是在神本文化和人本文化并存的情况下，推崇人文与推崇功利都天经地义地存在着、争论着，撕裂着这个社会。这形成一种历史现象：由神本转向人本被认为是人类的觉醒和社会的观念进步，因为人终于获得了不依附于神明和神权的主体地位；而由推崇人文转向推崇功利又成为人类走向堕落的明证，反而在一定程度上摧毁了人本文化的人类觉醒意义，因为功利驱使并失去敬畏之心导致了物欲主义盛行。

一、西方法治精神总体脉络总结

（一）近代以前对现代法治精神的背反

在近代以前，由于神本信仰是法治精神的根基和前提，所以西方不仅不具备现代法治精神的实质所指，而且其法治精神往往与现代法治精神的实质相背反，亦即西方近代以前并不存在今人所认同和追求的平等、人权、民主、契约、秩序、自由、正义之内涵，虽然近代以前的法治精神与现代法治精神所使用的词汇是相同的。因此，说西方具有一以贯之的法治精神是不成立的，而其原因恰恰在于对"人的本质"之认识的迷惘。以平等与否为发端，漫长的古典时代过程中，绝非所有人都是平等的，在理论中也只能是一部分最高贵的人彼此平等，其余人要么不平等，要么甚至不被当作人来对待。到了基督教兴起时，人人平等才真正开始深入人心，而此时的人人平等是可以包括所有人类的。但是基督教教义表明，所有人类都是上帝的创造物，因此在近代以前，人是无法获得真正的主体地位的，人类始终是上帝的子民。同时，因为包括基督教在内的西方宗教有一个共同特点，那就是上帝、神和所有人类之间，有一个中介群体的存在，这个中介群体由于在上帝与人类之间"上传下达"，因此形成一个在事实上统治人类的阶层，这个阶层就是所谓的"西方法律职业共同体"的前身。近代以前，人类是上帝、神的子民。对上帝和神的信仰是一切法治精神得以成立并被人们遵奉的前提条件，失去了这个前提条件，则一切法治精神就如同空中楼阁、梦幻泡影。因此，近代以前的西方法治精神，实质上是其神本文化之信仰意义上的当然主题，始终是围绕着如何信仰神或者信仰上帝而展开的，其"法治信仰"实质上是对神或者上帝的信仰，因此当然不应该也不可能成为中国现代法治精神的文化渊源。

（二）近代以后对现代法治精神的迷惘

近代以来，西方才具备了现代意义上的法治精神，但是此种现代意义上的法治精神的内涵处于一种迷惘状态，因此对平等、人权、民主、契约、秩序、自由、正义等法治精神的解读出现了重大分歧，亦即造成现实中的诸多困境，例如所谓的"民主困境"。其原因也恰恰在于对"人的本质"之认识的迷惘。以平等与否为发端，承认并致力于所有人都是平等的，却无法解释现实中人的种种差异性所呈现的人的道德等级问题。人虽然获得了理论上的主体地位，但是人与人之间的关系异化为一种赤裸裸的"金钱关系"，人与人之间的伦理关系异化为纯粹的"法律关系"，这样的"法治"是对人的异化，实际上是让人无法实现主体地位。近代以来，人在脱离了神的束缚之后，又成为物欲的奴隶。正如《共产党宣言》所深刻揭露的事实："资产阶级在它已经取得了统治的地方把一切封建的、宗法的和田园诗般的关系都破坏了。它无情地斩断了把人们束缚于天然尊长的形形色色的封建羁绊，它使人和人之间除了赤裸裸的利害关系，除了冷酷无情的'现金交易'，就再也没有任何别的联系了。它把宗教虔诚、骑士热忱、小市民伤感这些情感的神圣发作，淹没在利己主义打算的冰水之中。它把人的尊严变成为交换价值，用一种没有良心的贸易自由代替了无数特许的和自力挣得的自由。总而言之，它用公开的、无耻的、直接的、露骨的剥削代替了由宗教幻想和政治幻想掩盖着的剥削。资产阶级抹去了一切向来受人尊崇和令人敬畏的职业的神圣光环。它把医生、律师、教士、诗人和学者变成为它出钱招雇的雇佣劳动者。资产阶级撕下了罩在家庭关系上的温情脉脉的面纱，把这种关系变成为纯粹的金钱关系……"[1]此时的法治精神，在很大程度上是以金钱至上为目标的，为了维护金钱至上而推出了"法律至上"，因为法律维护着作为统治阶级的资产阶级的利益。因此，近代以来在确立人的主体地位之后，对"人的本质"的迷惘，其"法治信仰"实质上是人文意义上的文化之迷失的结果，这就决定了西方近代以来的法治精神亦无法成为中国现代法治精神的文化渊源。

二、西方法治精神总体文化述评

（一）神本文化与人本主义

1. 神本文化的长期主导

西方近2500多年的历史中，神本文化占据了绝大部分时间，在此期间几乎所有的西方"法治"都是在研究神明或者上帝为宇宙和人类确立的最高法则是什么，而几乎也都认为人类自己为自己制定的法律，只能无限接近神灵制定的宇宙法则，而绝不能脱离神的法则而自己赋予法律以正义性。西方的人本文化，更确切地说是人本主义而非人本文化，因为西方近代开始的人本主义中实际上最为缺失的恰恰就是人文这一文化的核心要素。西方人本文化的形成只是近几百年的事情。所谓神本文化，是以神为主宰和根本；因为单纯相信神的存在未必是神本，例如，中国传统文化也相信神的存在，但是能够确立人自身为人的根本。西方为什么会出现如此长期的神本文化统治历史？是神创造了人还是人创造了神的概念和观念？这是西方人长期以来纠结的一个问题。"God"或者"god"被翻译为汉语的"神""神明"或者"上帝"，上帝既可以指代犹太教的耶和华神，也可以指代道成肉身的耶稣基督，还可以指代"自然神"，因此上帝是诸神之神、宇宙终极主宰的意思。本书所述及的西方这些思想大家、哲学大家、法学大家、神学大家，他们的著作中基本都反映说：他们没有见过神，没有和神直接交流过；最多的就是得到了神的启示。所以，在无神论者眼中和西方有神论者眼中，神确实令人想到扑朔迷离。那么，世界上到底有没有神明的存在？如果有，神是以什么形式存在？神对人是什么态度？如果三千大千世界中存在着今人观念中认为的、比人类的智识和科技水平高出甚多数量级的外星人，算不算是神明？或者说，宇宙

---

[1] 马克思、恩格斯：《共产党宣言》，中共中央马克思恩格斯列宁斯大林著作编译局编译，人民出版社2014年版，第30页。

中是否有不以肉身形式存在的意识体和生命形态？西方的神本文化几乎都是依托传说或者文献记载来探讨这一问题的。反观拥有几千年人本文化的中国传统社会，恰恰有着诸多人和神进行交流或者交往的历史记载。众所周知的盘古、伏羲、女娲、嫦娥自不待言，这与西方的六天创世、亚当夏娃、诺亚方舟等故事类同，似乎是在讲述着同一个故事。当然，正如学者们考证过的，如中国版本抄袭了西方或者西方版本抄袭了中国，本书主题所限，不做过多引证与评判了。其他的不被简单定义为神话传说的亦为数众多，其中不乏如东晋十六国时期著名方士王嘉的《拾遗记》，其中记载的秦始皇和曾经与之交流过的宛渠人，其中描述宛渠人能够从宇宙初开的历史讲到当时的社会，即"其国人长十丈……始皇与之语及天地初开之时，了如亲睹……"；[1] 也不乏道家修炼成仙的记载，如魏晋时期葛洪所著的《神仙传》；[2] 还不乏佛经中关于神通、欲界之上的色界和无色界之生命形态、天人也要听佛陀说法的诸多描述，很多佛经中都有明确记载。但是中国人自古未能形成神本文化，例如孔子强调"敬鬼神而远之"，佛家说"佛者，觉也"，因此也不以宗教为文化的必然载体和必要的传承形式。因为人是需要依靠自心的"觉悟"，觉悟的人是达到了宇宙终极圣境的，与天地同境界，而并不需要做神的子民和附庸。反而，西方除了犹太教的耶和华神与亚伯拉罕和摩西交流的记载、耶稣基督是三位一体的存在等少有的宗教教义之外，人和神的世界几乎只存在于人们的观念之中。当然，耶稣基督的三位一体说，如果放在佛家义理中求解，是完全说得通的，例如高僧大德皆是乘愿而来、为度化世人而往生；三位一体说反而在西方社会引起了诸多猜测和义理之争。例如，托马斯·阿奎那的《神学大全》，就是在探求和解释类似的这些问题。是今人通常认为的中西方的古人认知能力差并且迷信，还是今人所认为的，政治统治者对民众进行社会控制的需要催生了西方神本文化的历史存在？这些问题都值得深入研究，但是西方神本文化将神作为人的主宰甚至主人，是一个不争的文化史实。

笔者当然也没有见过神明，因此不妄自揣测，只能抛开很多视角来进行纯粹的逻辑分析。西方神本文化的形成与西方人更加注重从自心之外的世界寻找终极权威和依靠的"心外求法"有重大关联；而中国传统文化的"心内求法"就无须

---

[1]《拾遗记》，王兴芬译注，中华书局 2019 年版，第 164—165 页。

[2]《神仙传》，谢青云译注，中华书局 2017 年版。

在自心之外一定要找到一个神明作为终极权威。抛开诸如西方人研究的"远古外星人理论"[1]等理论方案的深入探讨，神明在观念中的存在，不论与"客观事实"是否相符，始终会给人一种直接的心理安慰和心理依靠，也就是只要我能够服从其他人类告知我的、说是神的要求，我就会得到保护和庇佑，这就犹如一个儿童时刻需要父母真实地在身边保护自己一样。这种心理如同卢梭否定了父权之后，去论证一个社会契约论之下的政府，这个政府是一切问题的根子，而这个政府在卢梭心中实际上是一个父权的替代物，这也如神明一样是西方文化中寻找外在权威的一个不同版本而已。而中国传统文化虽然很多时候认为有神明的存在，但是一切都是需要依靠人自身来保证自己的，也就是"天行健，君子以自强不息；地势坤，君子以厚德载物"。从这个意义上，我们可以看清楚西方神本文化与中国的人本文化形成差异的心理因素。当然，如若依靠《山海经》或者《圣经》的记载并将其作为真实历史的记录，可能得出的是另外一个结论。由于未能证实，所以也催生了近现代的"科学精神"，即眼见为实方可相信的时代。但是直至今日，西方仍然是神本文化作为社会的主要根基，未能根本改变。而中国传统文化的人文精神之核心，并不是文化属于中国还是属于传统的问题，而是文化属于每一个人的自心，每一个人的自性与宇宙终极本真的关联。明白了中国传统文化的真正核心，才能让文化承担求真务实的功能，而文化永远是需要人去弘扬的，所谓的"人能弘道，非道弘人"，[2]这就有关系到中国现代社会如何看到中国古代圣贤流传下来的文化：圣贤告诉了世人悟道的结论和如何悟道的方法，不等于世人知道了结论和方法就悟道了，因为圣贤告诉世人的道理，还没有走入世人的心内而是还在心外。而西方的神本文化，由于不是采用了中国传统文化的这一路径，但是又无法"证实"神的存在，因此今日科学观念流行起来之际，多被当作"迷信"看待，或者至多作为一种"无法证明的信仰"。

2. 人本主义的启蒙革新

西方的人本主义是近代以来西方人反抗宗教压迫的产物。西方启蒙运动开启的，或者说文艺复兴萌芽的人本主义，当初与其说是对于神明和上帝存在与否的

---

[1] 根据西方一些学者的"远古外星人"理论假设，西方观念中的"神"被认为可能是在人类远古时代，文明程度远远超越地球人类的外星人的形象，"神"是对"远古外星人"的真实记忆并流传至今，甚至有说法认为：现在的地球人是外星人移民到地球而世代繁衍的后代。

[2]《论语·卫灵公》。

"觉醒"，倒不如说是对现实的教权和政权对人性和人的现实利益的压抑和剥夺的反抗。因为神明即使存在，也没能让人们摆脱受苦的命运，反而是一群人以神明的名义让自己在现实的世俗生活中受苦，如教会阶层。因此这个时候虽然未能真正从"人文""心内求法"的深度和高度来树立人本主义，却不得不做出一个精神层面的抉择并付诸政治实践和社会运动。因此，西方的人本主义并不是人文高度觉醒的产物，而是反抗压迫和压抑的救命稻草。西方的人本主义承担政治使命的色彩掩盖了从人心、人性、人文意义上求得人和宇宙的本真的中国范式，而更多的是从"逻辑"上来论证为何要确立人的主体地位或者本体地位。这也导致了目前西方人本主义中缺乏对人文的深刻研究，至少是远远逊色于中国传统人文精神的实证和修己的水平和高度的。反而是人本主义所反对的神本文化，在事实上继续承担着西方社会"人文化育"的功能。虽然中国近现代的严复先生、梁漱溟先生、钱穆先生等人都预判：未来的世界文化应该会统归到中国传统文化上来，但是中国传统文化的统归，实际上只能说是一种对人类社会未来人文弘扬之必要性的最为深刻和清醒的认知，但是实际的历史过程和历史路径确实是难以捉摸的。这些更有赖于西方社会内部在文化层级上对于人文的进一步深化认知。而这个深化的一个关键因素，可能就是宗教的外衣是否需要脱下来，真正以人本主义的广泛确立来追寻人文，这也与从现实的政治、经济、秩序等方面进行考量的国际文化格局有重大关系。

3. 神本与人本分野历史

西方法治精神的冲突是神本文化和人本文化的冲突。两种文化的冲突，与自由主义和代表基督教的保守主义之间的冲突，系表里关系，是西方社会的内在冲突。这是今日西方社会撕裂的主要表现，也就是保守基督教精神和追求自由精神的严重冲突，而且似乎在政客们的推波助澜下，裂痕越来越严重。因此，德沃金认为这种冲突的刻意描绘是一种"政治神技"：对那些将这两种意识形态的冲突解读为不可化解的灵魂之争的人们而言，它有利于特定的利益集团攫取政治权力，获得政治优势……[1] 因此，如果我们笼统地看待西方法治，认为西方法治是一个整体的"传统"，就必然误读其法治的真正面貌。而且当我们看待其法治的

---

[1]（美）德沃金：《民主是可能的吗？——新型政治辩论的诸原则》，鲁楠、王淇译，北京大学出版社 2014 年版，译者序第 5 页。

现实规律的时候，却往往发现，很多时候我们无法马上明白什么因素起了什么作用，是正面作用还是负面作用。如果囫囵吞枣似的将西方法治看成一个"传统"，就会产生盲目，而这样的盲目产生的结果，就是我们无法从西方法治精神中寻找到真正的借鉴。塞缪尔·亨廷顿在《文明的冲突与世界秩序的重建》一书中实际上是关切文化冲突的影响。亨廷顿认为："'文明冲突论'满足了人们用一个新的框架来理解世界政治的需求；这一模式强调文化在塑造全球政治中的主要作用，它唤起了人们对文化因素的注意……人们正根据文化来重新界定自己的认同。"[1]而文化才是法治的根基，是国家的根本，这是一个应该被高度重视、充分认识的、研究法治问题的前提和关键。"世界上的竞争从根本上讲都是文化上的竞争，最后主要看一方的文化能不能超过另一方的文化。"[2]而西方从神本文化向人本文化的转变，是其法治精神出现撕裂的一个根本原因，当然直接原因是现实的政治权力和经济利益。因为在西方每个"法治国家"的内部，也都存在这样的内部文化多元导致的社会撕裂和冲突，依附于不同的信仰和文化根基的西方各种法治精神，当然不能作为一种普世真理。它们内部还存在着不可调和的矛盾，我们更不能对其采取一种"拿来主义"的态度。

西方法治精神存在内在的文化冲突，表现为古典法治精神、基督教或保守主义法治精神、自由主义法治精神同时存在于西方现代社会的观念中。西方古典法治精神，在现实中早已被超越，是没有真正意义上的现实影响力的，只是在追根溯源中被人为地赋予了崇高地位而已。就当下西方社会而言，基督教信仰和自由主义信仰可以视为当下两个主要的分裂阵营，而二者的弥合不在于自由主义者转而信仰基督教，也不在于基督教将自由主义者收入信仰的阵营，其唯一可以统合的方式就是在人文精神处寻找共同点。这是西方法治精神大撕裂状态最佳的良药。这种撕裂是伯尔曼们的最大担忧，也是德沃金们试图弥合的主要矛盾。而二者似乎都没有从具有统合力的人文处着手。因此，中国现代法治如果师从、遵从西方法治精神，其结果如何？如果抛弃了自己几千年来的人文传统，那么后果又是什么？这是此处引申出的一个预设思考。而且西方基督教信仰者对于"道与上帝同在，道就是上帝"或者西方关于"自然神"概念的深入人心，实际上都是中

[1]（美）亨廷顿：《文明的冲突与世界秩序的重建》，周琪等译，新华出版社2009年版，中文版序言第1页。
[2]楼宇烈：《中国文化的根本精神》，中华书局2016年版，第6页。

国老子所说的"道"的另一种表达方式，那么，我们中国人自己是否需要对老子的"道"再次进行深入研究？在总体文化上，我们有着无懈可击的传统文化底蕴作为优势，只是我们自己浪费了很多宝贵资源。这些留待后文详述。此处只在于着重表明：西方的文化撕裂、法治精神对立，是一个真实的现状。

（二）人文追求与功利主义

人文追求与功利主义，在中国就是"义利之辩"的问题，在西方就是"灵与肉"的问题。这个问题是人类几千年来文化的一个主线，而且至今也是人类现实生活中最难以寻求到完美解决方案的问题。

1. 神本文化下的人文追求

西方文化中，虽然神本文化占据了主体历史阶段，但是在神本文化下绝非没有人文追求，特别是当西方的神本文化作为民间信仰存在的时候，更加起到了人文化育的社会功能。例如，西方社会的教堂就是一个净化人的心灵的场所。但是，当神本文化以宗教等形式作为政治统治的工具的时候，其工具性往往恰恰让人文受到最大的压制。而当西方的神本文化转向人本主义的时候，虽然确立了人的主体地位，但是反而逐步缩减了人文在人们心灵中的空间。在神本文化下，总觉得有上帝或者神在"盯着"自己，因此不敢作恶；也因为神本文化中向善教导那一部分，受到感召和鼓舞，期冀着天国与天堂。无论上帝是否真实存在，信仰上帝如果落实到人的心灵之至善追求，这种至善的境界却是真实不虚的。但是，当上帝和天堂在人本主义下失去了光环之后，人们在精神上必然处于一个文化的时代转型所带来的痛苦和茫然中。西方近代的人本主义之下的理性远远无法起到人文化育的社会功能。因此，人们在生物学上的达尔文理论、社会达尔文主义的宣告下，在所谓的"科技进步"带来的坚船利炮和各种便利技术协助下，在不断膨胀的物欲驱动下，在一种以物质利益为追求的经济制度下，必然出现了人本主义中抛弃人文的普遍现象。人本主义所树立的人本地位，从总体上而言，不仅不是人性的升华，反而是为近代以来的人们以满足物欲、私欲为目标找到了一个冲破精神束缚和政治束缚的心理安慰。因此，严复先生才发出了那样的感慨：观西方民族 300 年之进化，只做到寡廉鲜耻、利己杀人。反观中国传统文化的路径，一直是因为人文而确立人本，因为人本而普及人文。这就是西方文化从神本文化向人本主义转型时期的一个历史性矛盾，神本之下反而有人文的地位，人本之下反而缺失人文。因此，西方近代以来的诸多有识之士的担忧是不无道理的，那就是，在西方社会，如果没有了宗教的作用，如何让民德归厚？这就是中国和西方属于不同的文化类型，因而就必然出现文化交融中的理念冲突。如西方人认为只有宗教才是信仰，而中国人以文化中的人自身为信仰。总之，西方的神本文化之下，人文追求是存在而且有效的。

2. 人本文化中的功利主义

正如有论者指出："在近代西方的变革中，启蒙运动思想家之所以能够冲破中世纪以神为本的文化，是因为学习了中国文化，用以人为本的中国文化去批判中世纪的桎梏。中国的人文精神在推进西方文化发展上起了重要作用。但是，由于西方二元对立的思维传统的影响，西方人认为，打倒了上帝，人就可以做主宰者。于是，一些人喊出了响亮的口号——人定胜天，人要征服、改造一切。人的力量是发展起来，但人又被异化了。人主宰一切时，反过来又被物质世界所主宰。物欲是没有止境的，为了满足贪欲，人就变成为物质的奴隶。"[1]而功利主义，在某种程度上就是一种人与物的关系被异化的产物。当然，笔者此处所言的"功利主义"并非指向某一具体的功利主义理论或者功利主义学说，而是从一个整体的角度看待将"功利"视为人的本性的观念。西方的功利主义，不仅是造成西方历史上种种人类惨剧的心理根源和根本动因，功利主义学说的出现和追随的信徒猛增，更是造成世界近几百年人类种种灾难的催化剂和膨胀剂。"上世纪两次世界大战后西方社会高举新人本主义的大旗，就是为了使人从物欲的牢笼中解脱出来，做一个遵循人道、关爱人类、懂得自觉自律的人。"[2]而功利主义讲求"自利"而非"利他"，更无法达到"遵循人道、关爱人类"的境界，如若继续推崇此种主义，可谓当今世界的一大害，在一个充满各种人道危机的今天，道德滑坡、物欲横流、人类冲突和战争不断的时代，其危害尤甚。信仰功利主义的始作俑者和信徒，并非未曾感受到人间良善与人性光辉带来的喜悦与幸福，为何却将人性定位为功利主义并且在政治领域大加推崇并以功利主义作为政治学说的基础？原因当然很多，但是一种突出倾向以及危害最大之象征便是：功利主义政治学家们不是试图以理想人格塑造社会上的人，而是将人无限向机械化和动物化

[1] 楼宇烈：《西方文化的根本精神》，中华书局 2016 年版，第 23 页。
[2] 楼宇烈：《中国文化的根本精神》，中华书局 2016 年版，第 52 页。

的生活方式推进，而此种机械化和动物化便是将物欲作为人类主要的牵引而使人们找不到真我。此种理论不仅摧毁了个体的至善追求和本性之良善，而且实现了通过物欲的社会操控，使得人们在一种物欲规则之下成为冷漠的机器，虽然人的肉身是热血的生物活体。而此种政治设计的背后，则是最大限度地满足了幕后主导者对全社会和全体人员的操控，此种操控一是出于食物链最顶端的自我物欲满足，二是出于金字塔顶端的控制欲之最大满足。而物欲和控制欲、权力欲，则是人最为极端的自私自利之表现。因此，推崇功利主义为政治基础的理论家和政客们，实际上最终达到的是满足自心中包括物欲、控制欲在内的最大私欲而已。这种状况如若不被清醒认知，盲目吹捧西方功利主义学说及其衍生出来的种种理论，即使是经过严密包裹和伪装的理论，也会走入极严重的理论误区。例如现代流行的经济分析法学派、分析实证法学中的很多理论，其实就是功利主义理论的衍生品。但凡不引入人性考量的学说，都是缺乏智慧的；但凡将人性定位为本恶或者功利的学说，都是最终害人害己的。这也是西方社会近几百年来，以"文明"这样一个概念取代文化，进而堂而皇之推崇金钱至上的那部分社会现象的心理根源，而在金钱至上、利益至上面前，更多的就是通过暴力、阴谋来推动一种事实上的丛林法则并让人们认同其高尚的假象。这是人类世界的一大乱源，也是人类社会最难以解决的问题。在西方社会，功利主义要么是造成灵与肉的分离，要么是造成灵对肉的压抑，要么是肉对灵的抛弃，根源在于没有用真正的文化来树立正确的指引。当然，这些现象在今日中国也严重凸显，不是西方社会的专属。因此，才需要更加警醒，以便真正关照中国的现实社会。

具体来说，在法学研究中，国内习惯于称为古典自然法学派的诸多西方法学家，诸如格劳秀斯、霍布斯、洛克、斯宾诺莎、普芬道夫、孟德斯鸠、卢梭等一众人物，其所谓的"自然法"，其实应该都可以溯源到中国道家所讲的"道法自然"。这其中有一个学理渊源考证的问题，本书相关部分予以说明。另外就是观看其关于自然法核心论点的论述，其所谓的"自然"都有着一种意味：用自然神或者自然法则代替西方的上帝作为整个学说的基础。但是，西方近代所产生的这些自然法学派，其实更多的是未能理解老子的"道法自然"之道、法、自然的真正内涵，勿论明白道家实则是一种通过自身修行来实证宇宙法则和宇宙真相的真功夫。因此，在西方古典自然法学派的论说中，道法自然之"自然"二字，是"本来如此"之意，而不是物理自然界的意思，古典自然法学派错解了"自然"

的含义，将实有的"道"所遵从的"本应如此"的"道德自有法则"误认为是物理自然及其背后所蕴含的物理法则和因果法则之后，完全剥离了道家的实证体悟方式，所以出现的这个"自然"法学派，实际上几乎完全走向了构建论的模式。这种构建论就是让古典自然法学失去了道家本来的灵魂，因此人文精神也就不复存在了。所以才出现了霍布斯、卢梭等纯粹的纠结于政治理论并以功利主义为基础的诸多学说。在他们眼中，自然法不过是一种构建出来的虚假的东西，而中国传统文化中最为核心的人文是没有被引入的。所以，此期间的自然法学派，如马基雅维利成为将人性恶理论彻底引入政治哲学领域的始作俑者，也就不稀奇了。以致后来西方的功利主义法学派，诸如边沁、密尔和奥斯丁等人，也是在反对上帝和教权的过程中所产生的一众人物。他们更是赤裸裸地将人性定位为功利。这大概就是从法学视角看待从中国的"自然法"到西方的"自然法"而打倒了上帝，打倒上帝之后产生了"功利主义"的脉络。因此，西方的功利主义并非中国人本文化的结果。

3. 文化转型导致现实撕裂

笔者认为，从文化视角评判一种理论，首先是评判其是对真实世界的探求结果，还是伪造臆想出来的一种虚构，这就是实事求是标准；其次是看此种理论之依据或者目的在于引导并弘扬人性善还是引导并激发人性恶，尤其是其中需要区分真善和伪善，这是理论的道义道德标准；最后是看此种理论的实际效果是导致了人性光辉的弘扬还是导致了人性丑恶的发挥，其中需要区分哪种情况是理论被人曲解操控以及哪些情况是该种理论的真正结果，这就是实践检验标准。而关于宇宙终极真相的探求，其理论表现见仁见智，因此西方历史上不同的阶段中，人们可能崇拜宙斯或者其他的众神，可能崇拜上帝，可能崇尚人的理性，可能崇尚生物进化，也可以将所有的崇拜进行调和，如美国宪法中将宇宙最高主宰冠名为"造物主"。但是，这些崇拜归结到人本身，必然落实为人的良心，或称之为良知。因此，无论是通过对神和上帝的敬畏还是通过推崇人本和理性，终究是回归到、落实于人的良知。否定人类良知的各种理论，是需要坚决予以否定的，因为这是背离了人之根本意义的歪理邪说。抛弃良知的理论，也就是不以良知作为人的人性追求的理论，如果认为在良知之外寻求一个根本作为立论基础，试图通过某种途径回归到人类的理想状态，这种理想状态即便加入了诸多道德描述和道义标准，我们至多也只能认为这种理论尚处迷途，而绝不可盲目追捧甚至奉为真知。总之，无论西方的理论是基于神本还是基于人本，考察其正误真伪的标准在于人性光辉之弘扬、理想人格之完善、人类良知之奠基。

西方社会的文化转型，根本影响体现为人文的严重缺失。人文的缺失，落实到现实政治制度设计之中，功利主义往往以理论构建模式来表达政治主张。通常我们讲求"求真务实"，一种理论也必然需要同时具备求真务实的属性才可堪称有所建树。而构建论往往是一种既非求真又无法务实的理论范式，也就是论者所进行的理论构建，在此自我设定的语言和逻辑架构中可以"自圆其说"，但是这种理论不是对真理的追求；由于不是基于对真理的追求，因此构建出来的理论也无法解决实际问题，或者说无法为实际问题的解决提供一套完美的方案。对法治领域的构建论范式而言，所谓的构建论，就是在主观中构建出一种模型，这种模型成为检验和评判一切的范式，如限权法治模型，就是将一切都纳入权力和权利的对抗中予以评判。这种模型研究有其合理性，但是目前带来的是越来越大的弊端需要反思。以人的有限智识来创建一种万能的模型，是不切实际的。每个历史阶段、每个国别，都有其自身的实际情况，甚至在一国内部还存在极大的地域差异。例如，中国幅员辽阔、东西南北差异极大、经济发展不平衡、语言和习惯差异甚大、多元文化导致的价值观多元等，都是在国家治理中最需要考虑的因素，而一种依据构建论创造出来的模型，是绝对无法去涵盖这些国家治理中的复杂因素的，更无法解决这些客观状况存在所决定的法治具体规律的发掘，因此坚守构建论必然导致脱离国家治理的实际状况，而法治理论的目标恰恰在于对国家治理的法治实践进行指导。因此，构建论模式存在这种内在的且无解的矛盾。这就会导致法治实践中"说一套做一套"，因为说的这一套似乎是公理，而这种所谓公理在实践中不具备针对性和适应性，只能通过另外做一套的方式来完成法治实践。这就是理论脱离实践的典型写照。何况，我们现在那些抱着西方的而且是西方历史上的某一阶段的特定法治构建论来指导并解决中国问题，更是一种需要反思的思维方式。不要再沉浸于这种思维中自我陶醉，可能是未来中国法治理论实现升华的前提条件。

人文的缺失，会影响"求真"。从求真的角度看，一切学问，无非是为了"明理"，而人生至理绝非一个人凭空虚构出来的，而是一种实有。宇宙和人生的至理，是有待"发现"的而非"发明创造"出来的。而西方流行的"建构论"实则是在"发明真理"，这是其违背恒常之道的根本原因。每一个凡夫俗子，都只能是认识世界的一部分，甚至对自心的认知无不处于一种迷茫状态。但是，一旦将自己的有限认知当作可以教化世人的最高法则的时候，就不可避免出现坐井观天之弊。例如，认为应该让所有人都将法治方式作为全体公民"最高"生活准则的论调，实际上是一种不折不扣的理想化思维。从本质上而言，构建论的理论产物，还不足以称之为法理学或者法哲学，其至高境界就是对于现实矛盾有了一个总括的认识，而其背后的"哲"和"理"是无法构建出来的；而为了隐藏构建论的真实目的，构建论本身也往往不再穷究背后之理，因此构建论最终往往演化为教条。不要用自己的理论"发明"来指导和安排人类的命运进程，因为"理论发明家"唯有"发现"真理，才能让其理论符合道义和道义所决定的真实规律。人文的缺失，在很大程度上源于科学取代人文的倾向。无论是有形的物理法则，还是无形的宇宙因果，当我们追寻第一因的时候，一定是其"无因性"，称之为"道法自然"或者"上帝是无法证明的"。科学是无法追寻万物的第一因的，例如，科学可以研究出万有引力，但是万有引力为什么会存在却无法给出答案；科学可以研究出基因对人的决定意义，但是为什么会存在基因，科学无法给出答案。这就是第一因是无解的。正因为第一因是无解的，所以哲学才有了存在的必要，哲学最根本的魅力和使命在于对第一因进行探求和解释。而哲学和宗教，是西方社会的"文化"，科学则不当然是"文化"，当科学取代了哲学思考和宗教的向善教导的时候，科学实际上就是取代了人文，这就成为西方文化撕裂的最根本表现，亦即科学与文化的撕裂。在法治研究中也是一样的情况，例如今日所流行的法律规则中心主义或者法律理念主义，抛开人的主体地位而谈论法治规律，实际上是用教条取代了所有人的生活体悟和真实感受，用一种制造出来的"公理"代替了所有人的思考。只有回归到人自身来思考问题，才能够让每个个体度过有意义的人生，而不是被理论家们发明出来的一套规则和理念取代了每个个体对自己人生之意义的求索。理论最终是要统归于文化的，而文化就是人生，文化是人的文化，是完全融于每一个个体的完满人生之灵魂。因此，西方的文化撕裂，还是应该回归到"求真务实"而非"理论构建"以求解。

　　本章小结：本章通过对以启蒙运动为历史转折点的西方法治之神本与人本两大历史阶段的划分，以及对其中的六种法治类型的具体区分，进而对各种类型的法治精神进行文化解析，梳理出了神本与人本、人文与功利两条文化主线。通过研究可以得出如下结论：西方法治精神之转型的形成原因，是由于其近代以前的神本文化和近代以后形成的人本文化之根本撕裂，而西方的启蒙运动系此种信仰意义上的文化撕裂的转折点。因此，西方并不具有一以贯之的"法治传统"，更不具备一以贯之、内涵相同的"法治精神"。因此，中国现代法治精神既不可能遵从西方近代以前神本文化之下的西方古典法治精神，又不应该遵从西方近代以来功利主义主导的西方近现代法治精神，更不应该以西方文化作为中国现代法治精神的文化归属。

第三章

中国传统法治精神之
文化解析

本章共分为四节，主要研究以下问题：1. 对中国传统文化的核心精神及中国传统文化的真谛进行分析研究；2. 对中国传统文化中的主流法治精神进行分析研究；3. 对中国传统文化中的法家、墨家的法治精神进行分析研究；4. 对中国传统文化中的法治精神予以总结并进行总体文化述评。

由于中国传统文化在近代以来被误解深重，而误解深重的主要原因之一是近代伊始所遭受的人为摧毁，所以今日呈现在中国现代人面前的中国传统文化早已面目全非。而将中国传统文化从一种已经探求到宇宙终极本真之实证之学的大学问视为一种单纯的头脑中的思辨，或者误认为是一种"空洞的道德说教"，则是中国传统文化面目全非之例证。因此，本章本应以中国传统法治精神作为主体，但是为了恢复中国传统文化的本来面貌，则必须对中国传统文化的整体理解部分多费些笔墨，如此才能设置谈论中国传统法治精神的前提，也可以同时促进对中国传统法治精神的文化解析的理解。

第一节　中国传统"道德文化"之真谛

一、传统"道德"的语义复原

对"道"与"德"的正确理解是解读中国传统文化的大前提，理解道与德的真意也是对中国法治传统问题重新审视的大前提。如若从源头上理解 5000 年来的中国传统文化，至少需要首先深入理解两部经典，一是《易经》，二是《老子》；如果想要理解中国更久远的上古文化，则也必须对此两部经典予以更深入的发掘。当然，《河图洛书》《山海经》《尚书》等也是必须深入研究的，因为这些经典中蕴藏着中华文化的大智慧，是追溯中华文化源头和真意的必然路径。[1]本书此处将《老子》作为理解中国传统法治精神的前置条件。[2]"道德"一词是今

---

[1] 2021 年，中央电视台推出了《典籍里的中国》节目，这是一个对中华文化重新认知的好方式，是重要的文化宣传路径。

[2] 当然，在文化领域中，很多深入研究中国传统文化的学者，将"文""道"以及其他体系进行了区分，笔者此处不做深入区分。另外，苏秉琦老师提出了一个观点："在中华大一统观方面，我们习惯于把汉族史看成正史，其他的就列于正史之外。于是，不同文化之间的关系，如夏、商、周、

人常用的词汇，其含义尽人皆知；也是当今法学研究的重要范畴。而西方对中国传统文化的误解、今日中国人对传统文化的误解，大抵都是将今日之道德等同于古人的"道与德"，因而理解出"概略式"的不加深究的"道德"内涵，在法治研究领域亦不例外，甚至尤甚。

（一）传统文化之"道"

"道"是宇宙本体及宇宙本体自身带有的宇宙终极法则，也可以说"道即宇宙"。《老子》[1]开篇即讲"道可道，非常道"，又讲"道生一，一生二，二生三，三生万物"，又讲"人法地，地法天，天法道，道法自然"，这其实就是"宇宙观"。所有的"实有存在"[2]之整体，或者说所有时间和空间的集合体被称为"宇宙"，宇宙原本是一个佛家词汇，笔者认为可以等同于"道"的此种理解。在宇宙这样一个万有的集合体中，必然有一个发源或曰本体，本体依据一定的规律化生万物，并且使得万有遵循终极规律而生种种变化，例如，阴阳变化与"成、住、坏、空"的循环规律。"道可道，非常道"意为：可以用言语描述出来的所谓"道"，一定不是终极的"道"，即作为宇宙终极的永恒之"道"，因为对最终极之"道"的语言描述一定不是最终极之"道"本身。这就犹如人们描述一个水杯，无论你从材质、形状、容量、所有权等尽可能全面的要素来描述它，但是所有描述都不是水杯本身。人类就是"道"的一部分，因此，以外在于"道"的视角去"描述"道，无法说出永恒之"道"，只有完全进入"道"的境界，才是悟道、合道。而这种进入"道"的境界，是需要心性的修炼而非向心外的求索和描述，因为一旦将自身与"身外"对立起来，也就不会"合道"了。因此，《老子》的"道"，应该理解为宇宙的起源、本体、本真、实相、根本规律、根本法则，

秦、汉便被串在一起……成为一脉相承的改朝换代……从孔夫子起就不是把中国史看成铁板一块。子曰'郁郁乎文哉，吾从周'，就是把夏、商、周看成三家来进行比较得出的结果。"（苏秉琦：《中国文明起源新探》，生活·读书·新知三联书店2019年版，第2页。）笔者限于本书主题和研究能力，还是以中华大一统观来看待中国传统文化以及"道统"文化。

[1] 本书参照的版本为：《老子》，汤漳平、王朝华译注，中华书局2014年版。该版本亦即所谓的"通行本"，笔者暂不去细究与长沙马王堆出土的"帛书本"、湖北荆门郭店的"逐渐本"等其他版本的区别。由于《老子》全书只有5000余言，因此笔者在具体引用过程中，不再依据该书"八十一章"的划分具体指明出自哪一章。

[2] 包括思想、观念、思维也是一种"实有的存在"，只是"可能"未能体现为采用肉眼可见的有形之物理形式。

它就在那里永恒不变，所有的对它的描述与认知，都不是它本身，或者说都不是宇宙的全貌，包括我们每个人对其进行描述的行为和思考，也是被"道"所决定的一种存在或者行为。而人类的使命就是去认知这个"道"。

"道"是怎么产生的？依据何种更高级的法则产生的？答案是"道法自然"，此处之"自然"并不是物理概念中的自然，而是自然而然、本应如此、无有因果关系可以探求之意。因此，"道"是最终极的本体存在和最终极的法则，终极本体与终极法则是共生共存关系，无法再追问其存在的原因，这就是"道法自然"。而将"道法自然"之"自然"理解为物理之自然或者自然界，进而认为"道法自然"是"道"尊崇自然规律，或者认为中国古人的很多思想是"对自然法则的模仿"，这是不对的。例如，有论者认为："儒家天道论赋予天道以道德的属性，天道成为道德化的自然法则。从天人合一（即统一自然与人文，或谓推天道以明人事）的思维模式出发，儒家认为道德法则与自然法则没有区别。换言之，道德法则只不过是对自然法则的一种模仿而已。"[1]这种理解，系对"道德"与"道法自然"语义的双重误读导致的错解，此类错解在今日非常具有代表性且非常流行，但是的的确确是错解。因为"自然界"是"道"所生，怎么可能反过来"道"又去遵法"自然界"呢？"道生一"，此处之"生"应该理解为演化、化育、繁衍之意；此处之"一"可以理解为宇宙万有之整体或者"同一"或者"混沌"，亦即所谓"天地玄黄、宇宙洪荒"[2]之状态。而"一生二"则可以理解为阴阳生成；"二生三"可以理解为"阴阳"生出种种变化，此种种变化可以理解为宇宙三才"天、地、人"，也可以理解为佛家所言的"三界"，即欲界、色界、无色界，还可以理解为"众多"之意等，依个人之体悟程度而见仁见智。因此，在中国传统文化中，"道"是最终极的存在，也是宇宙的主宰，决定了有形世界的物理法则、无形的因果法则、人心人性法则、政治兴替法则等。所有这些法则，也是"道"的一种运行结果和运行规律。因此，中国传统文化被确立为"道统"是一种必然。而此种道统并非专属于老子的道家，而是整个中华传统文化的根基。

西方近代以来借用"道法自然"而提出的"自然神"概念，不是一种实际体悟，而是一种望文生义的概念构建。大家都可以为"道"取个名字，因为"名

---

[1] 崔永东：《中西法律文化比较》，北京大学出版社 2004 年版，第 5 页。
[2]《千字文》。

可名，非常名"，老子因对"象帝之先"这个存在"不知其名"，所以才"字之曰道"。[1]既然"道"不可描述，那么中国传统文化对"道"的认识方式是什么？那就是修道，由修道而悟道，为了化育之用而向世人证道，终极目标是与道合一。孔子曾问道于老子，这是基本可以考证属实的历史事实。[2]孔子曾向弟子和世人展示了其一生修道、悟道的心路历程："吾十有五而志于学"，也就是十五岁就立志求道了；其悟道的过程是"三十而立，四十而不惑，五十而知天命，六十而耳顺"，最后的最高境界是"七十而从心所欲，不逾矩"。[3]从孔子创始的儒家，都是在志于求道、悟道、弘道，因为"人能弘道，非道弘人"。倘若我们不将历史上那些根本未能悟道之修行不够的儒学入门级人物甚至门外汉，以及那些打着儒家旗号以沽名钓誉而实际上见利忘义的"伪君子"等加入儒家的行列，则可能对儒家是在奉行道统会有更深刻的认知，所谓"吾道一以贯之"[4]不仅适用于孔子，更适用于对整个真儒家的评判。对于普通人而言，生死是最大的事情，而在中国传统文化中，无论儒、释、道何种学说，都认为"道"是超越了生死的人生真理，因此孔子说"朝闻道，夕死可矣"。[5]而"道"并不是一个远离人们日常生活、在人们之外的存在，"道须臾不离"。[6]人生就是一个修道的过程，而人生之正"道"就是"人道"，践行"人道"就是"德"。因为"天之道"同于"人之道"，所以"道"要求人们过一种"合道"的生活，此种人生就是"德"的人生。接下来就来理解"道"所派生的"德"。

（二）传统文化之"德"

古人所言之"德"与现代观念中的"道德"完全不是一回事。如果说"道"是从宇宙整体的视角出发，那么"德"就是关注人自身的视角。中国传统"道德"之"德"，在道家和儒家看来都是同一个"德"。而现代人普遍将儒家的"为政以德"理解为"道德治国"，这是非常严重的误解，也是引起今日中国之法治

---

[1] 引号内文字皆出于《老子》。

[2] 后文相关部分再做论证。

[3]《论语·为政》。

[4]《论语·里仁》。

[5]《论语·里仁》。

[6]"道也者，不可须臾离也；可离，非道也。"语出《中庸》。

理论主体框架争议的源头之一。全社会道德水准的普遍提升，是治国成效的一种结果，也是治国成功的手段和原因，但是问题在于如何提高全社会的道德水平。提高道德水平在于文化，这是一个常识性问题。将"德治"这样一个在理论和实践上从来没有存在过的"治国模式"假想出来之后，作为一个榜样或者靶子，进而通过法治、德治的比较来研究现代法治理论，这确实是一种本不该出现的理论奇观。特别是博大精深的中国传统文化，经历了近代中西文化战争的严重摧残，当前留待大众去遵奉的已经几乎仅剩下现代道德这一皮毛了，法学研究中却还要通过虚构出一个"德治"来争论法律和道德谁是"主治"的主体，发展为在学术上，法律和道德的关系成为法学的首要问题并且争论不休，这实在是大可不必出现的问题。法律与道德恰如人之眼、耳、鼻、舌，共为其主，失去一者便为残缺，怎可主观臆断让其争论高下主次？在西方法哲学话题上，"宇宙法则"作为远远超越"律治"的准则存在，可以称之为"法治"；在中国现代认知中，"现代道德"这一高于"律治"的存在却必须让位于作为社会底线的"律治"，否则就不是"法治"，这都是极其矛盾的"法治与律治相混淆"的理论产物。如果以将现代道德假想为中国传统的"德"而论证中国传统社会没有"法治"，就更加站不住脚了。同时，即使在西方法治理论中，诸如哈特和富勒之法律道德性之合理与否的争论，也是一种无稽之谈。从来没有一个社会，如果道德水准严重滑坡，却能在法治上恒久成功，法家法治就是一个典型反例，这也是一个基本常识。道德与法律不存在对立，也并不是截然分离，只是人的观念将其进行了属性区分使人误解其乃泾渭分明而已。何况，中国传统文化之"德"与现代道德完全不是一个层级的概念。因此，非常有必要还原中国传统之"德"的真实语义。

什么是古代的"德"？列举《孔子家语》的记载，它虽被很多学者认为系后人伪造的"伪书"而非孔子言说的记录，但是至少其中的话语都是深谙儒家之道的儒家义理阐释。[1]《孔子家语·王言解》记载，所谓"夫道者，所以明德也；德者，所以遵道也。是以非德，道不尊，非道，德不明"。这才是对"德"的正解。"德"是人"明心见性"而生成对"道"的透彻体悟，因此人的"心与行"一致，且皆合于"道"的境界，"道"乃"天道"，"德"乃与"天道"合一的

---

[1] 如以下观点："不消说，利用《论语》以外的材料，应当十分谨慎。但谨慎不等于拒绝。包括充满妖气的纬谶诸书，明白作伪的《孔子家语》，都不该拒绝利用。"〔朱维铮：《走出中世纪》（增订本），中信出版社 2018 年版，第 293 页。〕笔者赞同这样的意见。

"人道"。因此，曾子《大学》所言"大学之道，在明明德，在亲民，在止于至善"，所言之意为："大人之学"所应明了之"明德"，即"至德"，是最高的、最终极的"德"，这样才能够达到至善的境界，这样才是能够真正发乎本心待民如亲人般，这才是大人之学。如果我们将简单的孝敬父母、尊师重教、以诚待人、尊老爱幼这般现代道德等同于古代的"德"，那么别说古代的君子、士人、圣贤了，即使古代的普通民众以及今日的所有天下之人，都可以并应该做到这样的基本要求，那么何须"格物、致知、诚意、正心"这般修行功夫的存在？人人都早已应该是"大人"了。如果古代的圣人之水准仅仅是操心现代道德般的内容如何让大家做到，如果孔子的三千弟子[1]仅仅是为了向孔子学习如何以现代道德的标准去做一个好人，然后却期望据此即可成为文韬武略兼备、文治武功皆备的国之栋梁，这如何能做到？如是，则历史上就不需要圣人了，这是一个基本的道理。

　　人如果将"心与行"完全修炼到符合"道"的法则，那么这就是至德，如施行仁政的统治者、以弘道为己任的士人、"文质彬彬"的君子，这些具备至德的人，也就是"大人"。修成"大人"的"道"是什么？即"大学之道，在明明德，在亲民，在止于至善"。中国传统文化讲求"德位相配"，若"德不配位"，则必有大乱、殃及众人。对于统治者而言，德不配位造成政治之失败乃是常态，因此对统治者提出"为政以德"绝不是一种现代意义上的道德绑架，更不是一种单纯的义务要求，而是在履行义务基础之上的一种从政智慧，这种智慧是一种脱离了欲望控制行为的、对短视的摒弃以及对人性弱点的克制，是一种着眼全局、心怀天下的必然要求，而这一切都需要修为的提高，因此儒家才说"自天子以至庶人，壹是皆以修身为本。其本乱而末治者否矣，其所厚者薄，而其所薄者厚，未之有也"。[2]因此，真正的儒家是从根本处着眼，看到了国家治乱兴衰中人的关键作用，因此需要合格的人在其合适的位置上，这样才可以造福百姓。如果忽略了不合格的人在不合适的位置上造成的天下苍生之受苦受难这样普遍存在的历史事实，否定对人的塑造的必要性，将儒家对人的真实塑造曲解为"寄希望于人的才德之发挥，而人具有可变性和不确定性"，同时还想出一个乌托邦式的"法律主治"，那么就真的是在一种人为的臆想中、在一种极其狭隘的理论构建中完成

[1] 孔子三千弟子的说法，源于司马迁的《史记》。
[2]《大学》。

本末倒置的理论设计。

因此，由于对"德"的不同理解，才产生了今人的"德治"学说。为了区别于这种早已被定论的"德治"之内涵，本书将"为政以德"缩减为"德政"予以表述。儒家所言"德政"是对政治统治者所提出的倡议甚至要求，系"礼、乐、政、刑"四者兼备的治国之方案，和以现代道德之内涵治国毫无对等关系甚至不具备任何对应关系。将其解读为弃法律之功用而幻想现代道德之超常发挥，更是一种臆想出来的无稽之谈。在政治智慧高度发达的中国传统社会，即使我们不相信出于仁心的政治智慧的存在，纵也不可轻视圣贤和统治者对政治权谋的最基本认知。倘若儒家圣贤果真以现代道德治国之理念去教化政治统治者治国，则儒家的历史存在就可谓一种伪善与愚钝传统之开启了，然而这完全不是历史事实。《论语·为政》记载了孔子所言"为政以德，譬如北辰，居其所而众星共之"，这本是一种为政的终极智慧的表达，却被今人误认为是儒家提倡以"道德"来治理国家，而众所周知，道德是一种内心自律的结果，基本不具有强制性，今日中国之现代道德概念，只是去掉了古代的"道与德"的精神内核之后，残留的一种做人的基本良善本性与基本伦理感情的基本要求而已，与古代"道与德"所言的内涵具有天壤之别。因此"为政以德"被以"德治"定论而招致诸多质疑、反对甚至嘲讽。首先应该明确一点，现代道德所包含的内容，是远远小于古代的"德"之内涵的。在儒家眼中，"德"是仁义、智慧、勇敢兼备的一种人的最高品行，是一种以"仁心"主宰"善行与智慧行为"的综合体。

二、以德求道的"三学"

（一）"三学"不是"三教"

依据通常认知，中国传统文化的代表是儒、释、道文化。笔者认为墨家文化、阴阳家、兵家等都是中国传统文化不可忽视的主体部分，是后期几乎完全融入了儒、释、道的中华传统文化不可或缺的组成部分。另外，儒、释、道是中国传统文化的代表，却不是中国传统文化的源头，只是承上启下、与华夏上古文化一脉相承并且对后世影响甚大的"文化轴心时代"。从源头意义上说，根据笔者眼界所及的可考的历史，《易经》应该是中华文化源头的最高成就代表，因此《易经》[1]是群经之首。当然，如果对于《河图洛书》与《易经》的关系进行研究，则中华文化的源头更是可以追溯到上古时代，甚至更为久远。限于笔者的研究能力，本书以"轴心时代"[2]开启的儒、释、道为主要研究对象。接下来，还必须明确的是儒、释、道，从文化的角度看，应该称之为儒、释、道"三学"，而非儒、释、道"三教"。目前对于"家、教、学"三字经常混用的情况，如佛家、佛学、佛教不予区分，但是，笔者认为，儒、释、道的创始阶段人物以及后世的真正传承者可以称之为"家"，所谓"家"系指集大成者、登峰造极之意；"家"所示人的义理和修行方法可以称之为"学"，亦即作为"学问"予以传承；以宗教组织形式传承"家"所示人之"学"的才可以称之为"教"。举例言之，老子是道家创始人，庄子是道家人物，老子通过《老子》告知世人的是"道学"，而道教是本土宗教。"由汉末、魏、晋以来张道陵所创的教法，以及神仙道士的丹诀等，一到北魏寇谦之时代，遂加以变更，成为正式的道教。"[3]因此，后世东汉张道陵作为五斗米教创始人并奉老子为始祖而开启的宗教组织，才是后来道教的宗教起点，因此，道家与道教是两回事。我们再看佛教与佛家的关系：佛陀最后一次说法应该是公元前486年雨季之后，实际上是向弟子叮嘱遗愿；佛陀圆寂后的大约100年（公元前386年），他创立的佛家才开始演变为"准佛教"，佛教史家习惯上称为"部派佛教"；而公元1世纪，在中亚的准佛教徒队伍里，出现了一大批崇拜佛陀和要求革新的在家居士和出家比丘，提出了通过六度使他人先成佛然后自己成佛的理论，才标志着佛教在中亚的形成。[4]由此可以得出结论：道教和佛教以宗教形式出现，晚于各自创始人至少百余年或者数百年，因此宗教绝非道学和佛学的必备形式，也绝非唯一的传承或者修行方式。

　　因此，本书首先需要明确一点，对儒、释、道的"学问"之研究或者认同，是对"三学"的创始人告知世人的学说和义理的研究或者赞同，与通常认为的宗教信仰完全不是一回事。故此，关于儒家是不是宗教的学术争论，秉承此思路便完全可以不再纠缠，但是此处稍加论述以便表意。苏秉琦先生提出：中国除了

---

[1] 易经包括《连山易》《归藏易》《周易》，本书更多指代的是《周易》。
[2] 本书的"轴心时代"概念，借用的是德国学者雅斯贝斯在《历史的起源与目标》中所提出的"轴心时代"的概念。
[3] 南怀瑾著述：《南怀瑾选集（典藏版）》第六卷，复旦大学出版社2013年版，第523页。
[4] 李尚全：《正智与生活：30年闻思佛学的心力路堤》，东方出版中心2010年版，第32—34页。

有些政教合一的少数民族外，从未出现高于王权的宗教，因此一些外国人甚为不解，于是他们提出了一个"儒教"的说法，而所谓"儒教"没有教主、没有教规、没有教仪，也没有宗教意义上的经典，因此不是宗教。[1]而辜鸿铭先生曾经说："儒家与欧洲语境中的基督教之区别在于，后者是个人宗教或曰教堂宗教，前者是社会宗教或曰国家宗教；孔子对中华民族最伟大的贡献就在于确立了'国家'的概念；自孔子时代起，中国的政治就成为一种宗教。"[2]辜鸿铭先生实际上是在表达"与其说中国人没有宗教，更恰当的说法应该是：中国人不需要宗教，中国人没有对宗教的情感需求；孔子的那一套朴素、注重实际生活的道德体系，就可以满足中国人的需要"。[3]总之，研究和认同佛家义理的佛学亦不等于信奉佛教；研究和认同道家义理的道学不等于信奉道教；对先秦之后的儒学义理也需要与先秦儒学进行区分，不能因为大众统称之为儒学而当然定论。对"三学"的研究和认同，与对宗教的信仰"不完全相同"，而且在求得"三学"的终极义理之后，"三学"与宗教信仰又可以"完全不同"。这种"不完全相同"与"完全不同"的转变，是源于背后真正的终极所指并不以宗教形式为必需，甚至在一定阶段需要抛弃宗教形式。南怀瑾先生曾经预言："二十一世纪之时，所有宗教的外衣都必须脱掉，所有宗教的大门都必须打开，而且各宗教要联合起来共同服务，追求人生、宇宙的真谛，二十一世纪的文明，才能够建设。"[4]就是这个道理。

这个道理其实很简单，如西方自由主义认为追求自由是他们的专属，那么我们不能以他人的主观标准认定：谁研究并追求自由就是西方自由主义的信徒。又如，中国古代封建统治者利用孝道维护了政治统治的稳定，我们同样不能因为反对封建制度而一并反对孝道，这是一个道理。这些前提观念不仅是逻辑问题，更是学术研究必须遵照的信念原则。这是保证学术研究独立自主而非人云亦云的前提。因此，本书所说的儒、释、道之学说，与宗教信仰意义上的儒、释、道完全不同。就像不能因为追求自由就被判定为自由主义者一样，对儒、释、道义理的阐释或者认同，与同样奉其义理为宗的宗教信仰抑或宗教组织完全不同。不能因为认同其相关义理而判定为一种宗教信仰。儒、释、道的终极处，是对每个个体

[1] 苏秉琦：《中国文明起源新探》，生活·读书·新知三联书店 2019 年版，第 162 页。
[2] 辜鸿铭：《中国人的精神》，李静译，天津人民出版社 2016 年版，第 54 页。
[3] 辜鸿铭：《中国人的精神》，李静译，天津人民出版社 2016 年版，第 43—44 页。
[4] 南怀瑾著述：《南怀瑾选集（典藏版）》第一卷，复旦大学出版社 2013 年版，第 249 页。

自身的至善的信仰，而绝不是以一种宗教组织为必然依归的学问。因此，作为中国传统文化典型代表的儒家就完全没有采取宗教的组织形式。而佛教和道教，也不同于佛家和道家的概念。或者说，轴心时代的圣贤们从来都没有以一种有组织的形式布道，否则儒、释、道创始人若希望以宗教形式示人，则宗教形式的创始人就不会是后人了。因此，儒、释、道"三学"并非儒、释、道"三教"的同义语。总之，"三学"不是"三教"。

（二）"三学"归一于道德

有人曾经做过一句经典表述："儒佛等是闲名，心性人所同具。"[1] 对于中国传统的"儒、释、道"而言，以何种学派相称亦皆是闲名，而观其本真则是第一要务。中国"道统"与"人本文化""人文精神"就是三学归一的集中概括。而笔者认为，首先应该关注三学为何统归于"道统"。那么对于中国的"道统"是否一以贯之的情况，会产生疑问。韩愈在面对唐代当时佛学广泛传播的状况时，曾因担心道统中断而写出名篇《原道》。作为以辟异端为己任的少数文人之一，韩愈为反对佛教差点丢了性命。[2] 韩愈的这种担忧，一是表明了捍卫道统的决心，二是留待我们思考很多问题。众所周知，在今日印度和尼泊尔交界处的独立王国——迦毗罗卫国的蓝毗尼是释迦牟尼佛的诞生地和佛家[3]的发源地，因此在韩愈心目中佛学是外来的文化。但是对于当时的印度而言，尊崇种姓制度和等级观念的当时的婆罗门教，同样视佛家为外来文化，而且今日之印度早已经由印度教取代了佛家文化在印度的主流地位。而古印度国并非如今日之完整统一，而是诸国林立甚至高达数百个国家，印度的统一是英国近代殖民之后的结果。今日认为佛学发源于印度，这是一个十分值得商榷的问题，笔者认为佛学的发源地根本不在印度，不属于古印度文化圈，而是属于华夏文化圈。因此，曾经也有论者认为佛家本来就是华夏文化的一部分，而释迦牟尼佛本来就是华夏人，并且在专业研究领域已有可信的成果。[4] 中国台湾地区的易学大师曾仕强先生也曾提及，道

[1] 梁漱溟：《人生至理的追寻：国学宗师读书心得》，当代中国出版社 2008 年版，第 108 页。
[2] 张松辉：《道冠儒履释袈裟：中国古代文人的精神世界》，岳麓书社 2015 年版，第 21 页。
[3] 根据前文所述，此处所称之"佛家"，是为了区别于"佛教"的概念。
[4] 笔者曾经在网络上看到数篇此类文章，在此就不——引证了。

家创始人老子曾经对释迦牟尼佛产生过重要影响。[1] 而且佛家学说如果按照西方法哲学的研究范畴界定标准，也是中国法理学的一部分，而且佛家的宇宙观下的宇宙法则等研究，是远远超越西方法哲学之高级成果，这是不可否认的。仅举佛家通过冥想方式可以探知宇宙乃三千大千世界，这也是现代科学在佛家宇宙观提出 2000 多年之后才发现的宇宙模型；相比西方关于地心说以及日心说和哥白尼的故事，"高维"不知几何。源于目前学界和文化层面研究范畴与认知等缘由，本书不做过多展开。本文无须做"老子化胡"[2] 式心态下的争辩，只是意在表明：至少从文化源头上佛家实际上并不应该被"天下观"的中国古代社会排斥。这与近代以来呈现的中西方之间的文化战争是两回事。同时，佛家不被认为是外来文化，且在中国传统社会被广泛接受，是因为其终极所指的自心觉悟与道家、儒家是完全一致的，特别是后来的佛家义理经过中国化的过程，完全是与道家、儒家一体了。这在高维度看，是不存在疑义的。因此，中国传统文化整体定位为"道统"的一以贯之，是成立的，因为宇宙只有一个"终极真相"，"三学"依据各自的路径皆已探明，因此"儒、释、道亦俱是闲名"，这就是"名可名，非常名"。

所谓的"三学"同一，总的是指"三学"在终极所指上的同一。唐代儒生李丹曾经看破"三学"表象差异而本质相同："释迦生中国，设教如周孔。周孔生西方，设教如释迦。天堂无则已，有则君子生。地狱无则已，有则小人入。"[3] 王阳明亦曾一语中的：圣贤教人，如医用药，皆因病立方；要在去病，初无定说；若拘执一方，鲜不杀人矣。[4] 这个道理很简单：假如圣贤在面对一个衣食无忧但是纵欲无度的人的时候，可能会规劝其反躬自省、参禅打坐以求当下顿悟；但是当圣贤面对一个正在拼命赚钱而养家糊口的农夫时，还会劝谏其无须挂念妻儿之温饱而当下参禅打坐吗？圣贤会帮助其扶犁播种而已。一个仰慕圣贤的学道者，如若只看到圣贤劝人反躬自省、参禅打坐，以此法去劝谏这个农夫，则显然是开错了药方，而开错药方显然是"拘执一方"，显然是未能领悟圣贤真意。而当圣

[1] 笔者在一段讲座视频中听到曾仕强教授的观点，未能查阅到对此观点形成的文字出版物。

[2] "元代全真教把诋毁佛教、有伤佛教感情的《老子八十一化图》广为印制和散发。"（张松辉：《道冠儒履释袈裟：中国古代文人的精神世界》，岳麓书社 2015 年版，第 20 页。）其所表达的含义是老子西出函谷关之后传教，佛陀是老子的弟子。此种争论本质上是道教与佛教中的一些人士的教派之争，与佛家、道家之宗旨无涉，且是一种违背宗旨之行为。

[3] 张松辉：《道冠儒履释袈裟：中国古代文人的精神世界》，岳麓书社 2015 年版，第 21 页。

[4]（明）王阳明：《传习录》，叶圣陶点校，三晋出版社 2019 年版，第 12 页。

贤面对每个时代的最大时弊的时候，显然需要对症下药，其目的在于除病。今人若拿着一个具体的药方而不解药方之真意与根本，则"鲜不杀人矣"。但同时，更重要的问题是，如果不从根本处理解圣学而只从表象进行推断，以圣学中"治世之方"拿到今日来生搬硬套，或者依据假设的生搬硬套结果来评判圣学本身，是不可取的。例如，环境污染是人类今日面临之大问题，而圣人所处之年代不存在此类现代环保问题，我们就不能因此推断说圣贤不重视环保；而环保问题究其本源，终归是人出了问题，圣学在人的问题这一根本处有一个总原则是永不过时的，是解决今日问题的永恒的钥匙。因此，求"三学"之本真是学习"三学"的根本，而在求得"三学"的本真之后，才能判定"三学"是否同一。

具体至儒、释、道的义理来研究，众所周知，作为中国传统文化代表的儒、释、道文化，在人们通常的理解中，往往看到了三者的很多差异性，如认为佛家是出世之法，道家是无为之法，儒家是入世之法。但实际上，这些通常理解中的差异往往掩盖了三者在最高处、最终极处、本体的同一性；而对本体同一性的误解又导致夸大了三者在追求根本的过程中方法的差异性，或者干脆将方法视为本体，抑或完全将错误方法视为本体。例如，人们通常认为佛家的出世精神就是要远离凡尘俗世，甚至必须落发为僧；而道家就是致力于修成神仙；儒家就是致力于通过做官来实现儒者的使命。这些都是完全的错解，佛家讲求自心的觉悟，而且认为在人世间的生活中最有利于修行；儒家则讲求"穷则独善其身，达则兼济天下"等。儒、释、道所讲求的种种，都是基于对宇宙终极本体有了切实的体悟，即所谓的"悟道"或者"明心见性"，圣贤在悟道之后再来教化世人"遵道而行"，是为求道、修身等。圣贤们所描述的终极结果是天人合一，也就是自心与宇宙终极本体实际上是完全连通、一体的，而这种悟道的途径不是仰仗或者认为外在于人有一个神或者上帝，而是完全在于心性的修炼，而心性的修炼则与实际的生活完全结合在一起。这种义理在西方哲学中只不过进行了一种另外方式的表述，如康德将宇宙实相理解为意志世界，而现实世界就是意志世界的"表象"。而康德们的哲学，实际上确实是中国传统文化派生出来的一个小分支。而且笔者认为，康德似乎只是对义理有见地，尚未真正悟道。所以，深入中国传统文化的义理去了解文化本身，才能够真正了解中国传统文化的本来面貌。

再进一步而言，人和人之间、人和宇宙万有之间，在人的生死问题上，是否有着儒、释、道终极描述中的样态？是否真的存在那种"无我"和"天人合一"

的真实境界？当然有。而对于大部分人而言，是无法给出答案的。只是中国古代圣贤依据自身的体悟给出了答案，并且告诉大家修行方法，但是无法替代每个个体亲身的感悟，也不会以宗教等形式强制大家去认同。这就是中国传统文化的魅力之一。但是可以借用叶圣陶先生在其校译的王阳明《传习录》序言部分所表达的态度来说明，叶圣陶先生说由于其本人对于阳明先生所言的心性形而上部分没有体悟，所以不做评论。[1]这就是知之为知之，不知为不知。马克思主义讲求普遍联系原理，这种普遍联系就是源于每个个体与外在在分离中联系，在一个有机联系整体中又相对分离。而如若能够站在一个天地整体视角看，个体与外界断无可分、本为一体，是自心让自己身体的物理独立性之外加入了分别性，这就是佛家所谓的"分别心"和"执着心"。当人们觉得爱因斯坦的时空扭曲问题研究或者相对论研究，为人们提供了最前沿的宇宙整体的认知成果的时候，会对宇宙整体的联系存在一种不确定状态，因而有了太多的困惑和猜想。中国古代圣贤只是告诉大家，这种宇宙整体的联系机制已经被他们体悟明白了，达到这种境界就是"天地境界"。而处于"天地境界"中的圣人眼中，爱因斯坦们只不过是刚开始爬山，与山之巅甚远，未来的路还很漫长。

总之，儒、释、道皆在于通过自心的觉悟而树立人本。而人本正是中国现代文化的根基，这与马克思主义的人本观点、人民立场是完全一致的。而且道统下的人本又为马克思主义的人本观念提供了一种文化视角。何况，马克思主义本身就是中国化的马克思主义，而且需要继续其中国化进程。因此，本书所考虑的视角是法治话语权的问题，对中国传统社会道统的深入发掘和再认识，是中国确立自己的法治地位和法治话语权不可或缺的理论路径。如果抛开这一理论路径，试图以西方法哲学为法治精神研究的基础，再以此为基础来争取话语权，则我们会因为浪费了本来就属于中国自己的、至为珍贵的传统文化资源，而在法治话语权问题上举步维艰。当然，需要人人多个视角考虑问题，因此本书的单一视角决定了这只是一个思路和一家之言，笔者不做定论，也无资格做出定论。

---

[1]"至于那个大前提'心即理'是或否，'良知'这件东西有或无，都是问题。大概这些偏于信仰方面，正负两端都不能折服其他的一端。编者无所见，不能述及。"（明）王阳明：《传习录》，叶圣陶点校，三晋出版社2019年版，绪言第9页。

三、"道德"文化的至上与永恒

（一）"道德"的文化意义

1. 人类的困惑

先来看几个长久困惑人类的问题：时间是否有起点和终点？时间是一维前行并且不可逆的吗？过去的时间是消失了还是以某种形式与现在同在？未来是没有到来还是人类无法通过眼、耳、鼻、舌、身、意这六识感知，抑或未来早就已来？空间是否有尽头？时间和空间是否可以折叠？这个宇宙的起始状态如何描述？人类的"自我意识"是先于肉体存在，还是与肉体同时产生，是可以不依附于肉体，还是随着肉体的消亡而消亡？这些答案都在"道"的义理中。对于没有"悟道"的大多数人而言，这些问题的答案虽然无从知晓，但是人类永远也不会停止对这些终极问题之答案的探索和追寻，这构成人类的一大主题和使命。流行于今日的"宇宙大爆炸"理论[1]假设的"奇点"开始了宇宙138亿年的生命，很多现代人以"科学姿态"对此深信不疑。这个学说是否受到了老子的启发？有余力的话可以研究一下。这个"奇点"为什么要"爆炸"？老子可能认为是因为"寂寥"？因此，我们还是直接回到老子描述的"有物混成，先天地生，寂兮寥兮，独立而不改，周行而不殆，可以为天地母"[2]的"道"为本体和起点。如果能够明白老子作为一个人类个体，是如何真实地知晓了宇宙的源初状态——"道"——和宇宙因果法则如阴阳法则等，那么人类困惑数千年的终极问题都会迎刃而解。所以，我们再看德国哲学家雅斯贝斯提出的"轴心时代"中的圣贤们"冥想""禅定""坐忘"之类的问题，就会有所明白了。笔者猜想老子可能就是走的这一条路径才"悟道"的。笔者虽并非一个空谈义理而无真实体悟者，但是对于圣贤悟道之过程，就不做过多的"猜想"了，此处只谈笔者对圣贤示人之义理的领会。

---

[1] 大爆炸宇宙论，英文是"The Big Bang Theory"，该理论由埃德温·哈勃、乔治·伽莫夫、弗雷德·霍伊尔提出。该理论是一种关于宇宙起源的"猜想"性质的成果，并非定论。具体内容可参考（美）加来道雄：《平行宇宙：新版》，伍义生、包新周译，重庆出版社2014年版，第35—56页。

[2]《老子》。

2. 无极的道体

根据"道生一"，整个宇宙[1]都来自最初的"无极"的"道"，那么以此"无极"为起点，通过一种道的自带法则，[2]化生宇宙万有，因此宇宙万有最终和最本质上还是"回归无极"的。而且，这个"混成"特别有意思，其实在义理中可以理解为就是"心物一元"的意思，而不是一种西方式思维中的心与物的二元对立。佛家最重要的《心经》中所言的"色即是空、空即是色、色不异空、空不异色"其实表达的就是一个心物一元的意思。其实，作为整个中国传统文化代表的儒、释、道，都是在向世人讲述这样一个道理，这样的义理表明一个宇宙的源初，依据一种因果法则，转化为宇宙万有，而认知宇宙万有本真的路径，就是摒弃人我分别、人物分别而回归到最初的源初境界，这种境界的描述，儒家称之为"天人合一"、佛家称之为"无我之境"、道家称之为"清静无为"，而马克思主义称之为世界的普遍联系原理。对于个体而言，如何回归到这一宇宙源初的境界？那就是放下心中的贪念、执念、恶念，视众生如己、万物如己，也就是悲天悯人之圣境，而心性就成为回归这一宇宙源初的关键和唯一路径，这就是所谓的"心内求法"。因此，中国古人视向心外寻求终极之法为"外道"，中国传统文化认为不足取。所以说，儒、释、道都是一种修己之学、体悟之学，而且不可执着于、拘泥于语言描述与典籍中的文字，经典虽启发心智但是执着于经典的文字就是"心"被"物"迷惑了。这就是一种其大无外、其小无内的视角中的宇宙本真，而"道"是这一切本真的最佳描述。因此，道学并非玄虚之说，而是科学之上的科学，哲学之上的哲学，宗教之上的本真。理解了这些含义，就再也不必误解儒家倡导仁爱是道德绑架或者伪善，也不必误解道家讲求"无为而无不为"是消极避世，也不必误解佛家讲众生平等是不切实际，也更能够理解为什么后来的基督教同样以"道"的指代来解释"道就是上帝"，也就理解了西方所谓的"自然法"的终极所指。总之，这可以让儒、释、道和很多宗教的义理一通百通了。抓住这一主线，也就可以明白西方的哲学、宗教和科学[3]在终极处都在研究什么了，只是悟道有深浅的问题和方法有别但殊途同归的问题。这就可以消除太多不必要的理论争论了。

---

[1] 即时空之整体以及时空中的一切存在，包括通常所言的物质和意识。

[2] 即"道法自然"。

[3] "科学"之概念不等于"技术"之概念。

3. 懦弱非文化

同时，对于中国传统的儒、释、道文化，还有一重更深重且更容易误导现实的误解，那就是"以德报怨"的问题。基督教的圣经中表述，如果有人打你的左脸，你该怎么办？答案是将右脸给他打。而孔子面对"以德报怨，何如"之问题，给出的答案是：以德报怨，"何以报德？以直报怨，以德报德。"[1] 所以，对于那些认为中国儒家是可以懦弱到忍气吞声、纵容恶行的误解，是需要明确指出并纠偏的。所以，我们才明白中国传统文化，包括儒家，为什么培养的人才都是文治武功兼备的政治人才，这样的人才方为真儒，真儒可以为民请命、应该心系天下、可以以身殉道。包括佛家所言"放下屠刀、立地成佛"，并不是说那些面对欺凌连反抗都不敢是一种觉悟，一个面对欺凌连反抗都不敢的人，是典型的懦弱，对恶的纵容是害人害己，与真正的觉悟相去甚远，敢于以一己之力制恶止恶才是觉悟之人。放下屠刀是指那些杀人成性者，如果顿悟人生就会放下屠刀，当下觉悟。所以，千万不要认为中国传统文化讲求"仁"、讲求"觉"、讲求"道"是无原则地纵容恶，而是真正地以道教化世人，而面对不道义的恶，是从来都不会袖手旁观而空谈心性的。面对恶行，连刀都拿不动的人、不敢拿的人，瑟瑟发抖而无所作为、不敢作为，与中国传统文化的教导和真谛完全无涉。所以，如孔子杀少正卯，并不违背其圣人之德。当然，至于历史上是否真杀了，确实有待再考证。[2] 至于当下社会所流行的"佛系青年"之类的被广为津津乐道、作为茶余饭后之谈资的说法，更是在中国传统文化极度衰落的情况下出现的无稽之谈。此类观念与误解任由流行，绝非社会之福，因为这样的社会确实太浅薄、太轻浮了。"仁、智、勇"三者，缺其一者，皆非文化本真。

4. 有与无的关系

中国传统文化中关于"有和无"的论述，就是在讲"道"的原理。我们往往难以理解为什么是"有生于无"？如若从西方所谓的心理学层面以及西方人我分别、人物分别之"有对思维"上去理解，绝无正解可以出现。"有"是因为每一个个体在与源初的宇宙本体具有本质同一性的前提下，因为个体与外界的相对独立性而感知，因此才在"意识维度"上产生了"有"这样的观感和认知结论，但

---

[1]《论语·宪问》。

[2] 当然，本书所言少正卯事件，并无笔者主观上对少正卯褒贬之意。历史已经过去，无必要做道德评价之处，自不必多言，以免口业增加，是为口德。

是当个体回归到宇宙源初的同一性的时候，就不具有了这种"分别心"，因此就不会再有个体相对独立性之"意识维度"之"有"的体悟，而是回归了宇宙万有无分别的状态。个体与宇宙万有合一，已经超越了"意识"的维度，因此就是"无"。因为所有人都是同一个来处和原本是同一个整体，所以谁也没有"忘了"谁；因此人与人之间、宇宙万有之间还存在着某种联系机制；宇宙万有都共存于这种联系机制之中，西方整个法哲学的历史都是在寻求、发现这种称之为"法"的联系机制。例如，现代的量子力学就是发现了这个联系机制[1]表现出来的现象，还处于探求原因阶段，但是依据目前的"科学方法"，笔者认为，应该找不到答案。我们用"道"这个根本"道理"再去理解薛定谔的猫，爱因斯坦的广义和狭义相对论，康德的"意志世界"、多重宇宙、平行宇宙之类等一切所谓哲学、科学，就很容易了。所以，老子讲的"无为而治"要从这个根本之处来理解，然后才是延伸到政治领域的一种政道或治道，实质上也就是人文化育方式的文化之治。以此来理解西方诸多先哲和思想大家所谈论的"法治"就更加容易了。以此来理解中国自古为什么从来都不需要"神本文化"而是倡导"人本文化"，为什么中国人敢于"为天地立心"且能够"独与天地精神往来"，为什么"人心即道心""天视自我民视、天听自我民听""民本主义"等一切，就会顿悟出这些都不是豪言壮语式的口号，而是悟道之人告诉世人一种悟道的结论。因此，也可以理解历代圣贤对于生死问题为何得出"生者寄也、死者归也"等"了生脱死"的义理来开示凡夫俗子。只是这些"道理"[2]在历史上往往被利用为作恶的遮羞布或者道具，让人们忽略了去关注这些道理的本意。所以，应该反对的不是这些义理，而是盗用这些义理作恶的人，倡导向善才是恒常之道。所以，我们才会反对那些将人拟动物化的诸多性恶论及其衍生理论。

5. 道学不可忽视

因此，现代中国对道学的再次发掘，笔者认为具有重大的文化意义。体悟了这些道理，也就会明白为什么说"中国传统文化没有科学精神""中国人历来没有信仰""中国人具有天生的劣根性"之类的伪命题，这的的确确是无稽之谈，不必理会。但是，这些貌似扣给中国传统文化的大帽子，其所危害的对象恰恰是近现

---

[1] 即"道法自然"之"法"。

[2] "道理"即"道之义理""道决定的理"。

代中国人，因此实际上也就是扣给近现代中国的大帽子。如若不从"心物一元"的"道"的维度上去理解问题，今日中国断然无法消除这些伪命题之种种涣散人心，或者说打垮中国人的精神支柱的恶果。当我们深入观察现实的中国社会的时候，会为此感到深深的忧虑，而此种担忧绝非杞人忧天。这就是文化意义上探讨"道"之真意的一个重大意义。我们也完全没必要随着西方人的思维去争论人到底是上帝造的还是猴子变的，他们都没找到人类起源的关键。"上帝造人"这个说法不是"上帝"告诉人类的，是人类自己告诉人类的；"猿猴是人的祖先"是达尔文这个人猜想出来的，并且至今也没有得到证明的情况下告知世人的，我们一定要在二者之间进行选择并去相信吗？而"道"已经给了我们答案，每个个体找到了自己的"心"，就找到了人类起源的钥匙，因此中国古人说人类起源是"天地造化"。而且时至今日，笔者认为我们除了"应该"再次发掘"道"的文化意义之外，我们似乎也"不得不"再次对"道学"进行深入发掘。这个"不得不"，是笔者深入观察社会文化现状与文化前瞻所得出的结论，接下来将继续讨论。

（二）"道德"的前瞻意义

1. 真正的辩证思维

多年来，受到达尔文的生物进化论的影响以及某些关于宇宙起源和生物演化的猜想，人们一度认同这样一个生命演进规律：从无机物到有机物，从有机物到单细胞生物，再到多细胞生物以致最后的生物种类群的不断繁衍。这里就根本无法解释"无意识且无感情"的无机物是如何"有了意识和感情"。而且，如果有人抛出一个问题：猿猴进化成人类，说是因为劳动和使用工具、直立行走引发的，那么猿猴的这一行为是神灵的指引所致。这个问题，进化论者能回答清楚吗？当然无法回答。也只是依据这样的一种生物起源与演化的理论猜想，才引起了物质和意识关系的广泛讨论。而这种猜想绝不是真正意义上的哲学或者科学，充其量只是一种"无明"性质的猜想而已。关于物质和意识的关系问题，我们经常引用和依据的就是列宁所作的物质定义为基础："物质是标志客观实在的哲学范畴，这种客观实在是人通过感觉感知的，它不依赖我们的感觉而存在，为我们的感觉所复写、摄影、反映。"[1] 有论者评价说："随着科学技术的发展和人

---

[1]《列宁选集》(第二卷)，人民出版社 1995 年版，第 89 页。

类认识能力的提高，列宁的物质定义日益显出了不够精确的地方。首先，它仅把认识止于‘感知’，而没有经历思维逻辑的上升过程；其次，有些物质如基本粒子、场等，并不是肉体感官可以直接反映的，而要借助延长了的非肉体的感觉器。”[1]其实，列宁的这一定义是基于其当时的“科学”水平做出的，也就是依据西方心理学当时的研究成就而做出的。列宁定义中的“感觉、感知”和本体论意义上的“心性”不是一回事，这是应当明确的。列宁的定义只是对生理、心理反应机制的一种“哲学话语式描述”，与“形而上者谓之道、形而下者谓之器”的本体论研究无涉。或者说，与中国传统文化核心的“道”的本体论完全不在一个维度上，因此是不具有可比性的。梁漱溟先生对此早有见解：“常听人说：‘物质世界是客观存在的，它不依赖于人们的意识而独立存在着。’这话我觉得亦有毛病。其实，自有人类意识以来，客观世界总是在人类意识所摄取中，而没有离开间断过——离开间断是不可想象的。怎样说‘独立存在’这话呢？你若说人类出现时，它先存在了，不就是独立存在吗？其实这种推断的话，还是从我们意识来的，总之都离开我们的意识不得。我以为彼此离不开，一离开就不合辩证法。”[2]笔者认为，讲求“对立统一”才是辩证法，以“对立”下结论，何来统一，又何来辩证法？梁漱溟先生不愧是学术大家，一语中的。

2. 未悟道的科学与哲学

而随着现代科学的继续发展，科学的新成果将以往的科学成果否定了，以往的科学成果在新的科学成果面前成为谬误，这是科学发展的历史规律和真实现象。因为每一阶段的“科学”，都是人类的有限认知成果，而不是终极真理。那么当我们看到今天的还不算最为前沿的“四维空间”以及“量子力学”这些科学成果的时候就会发现，列宁的这一定义出现了问题，需要继续深入思考了。根据四维空间的理论，三维的长、宽、高和时间这一要素是同时在一起的，而不是依据此前流行观念中的时间的一维性。这在科学界关于“濒死体验”[3]之类的研究中，已经被充分证明了。这个四维空间理论和海德格尔所言的“过去、现在、未

[1] 张允熠：《中国文化与马克思主义》，人民出版社2015年版，第86—87页。

[2] 梁漱溟：《人生至理的追寻：国学宗师读书心得》，当代中国出版社2008年版，第198页。

[3] “濒死体验”是人类了解世界真相和灵魂真相的一个良好的实践研究路径。可以参考的书籍很多，例如，（美）穆迪：《死亡回忆》，夏乐译，吉林文史出版社2006年版；（英）佩妮萨托利：《向死而生，活在当下：濒死体验死亡哲学课》，李杰译，中国法制出版社2018年版。就笔者所知，中国此类研究也很多，如对唐山大地震幸存者的访问研究成果。

来"之时间三维同时到达[1]是一个意思。而海德格尔是中国道家的信徒，但是客观地说，其水平在道学研究人群中还只是一个入门级的小学生。当然，这不是否定其在哲学界的学术水平和今人心目中的学术地位。只是说，如果具备对中国传统文化义理的理解，即使没有实际的悟道，也能够更加容易理解此前被认为极其高深的西方哲学究竟在表达什么。康德也好，黑格尔也好，古希腊三贤也好，西方的神学家也好，对他们的学术成果的研究和理解，如果有中国传统文化作为钥匙，就不再困难了。真正理解了《大学》中的一句"明明德"，就可以完全解读几乎所有的这些西方哲学的真意，勿论能够真正理解《老子》或者《易经》。现代中国人或者也可以谦虚地说，中西之间在文化上和哲学上是互通的。中国似乎有一些"西方哲学研究家"[2]很喜欢"代表中国人"在西方哲学面前高喊自卑，质问"中国传统文化为什么没有哲学"，对中国传统文化表现出"哀其不幸、怒其不争"的心态，其实大可不必。[3]中国人的传统文化，让现代中国人不仅不需要自卑，而且实则是我们骄傲的资本。如果说"道德文化"是中国文化自信的王牌之一，笔者认为是不为过的。

3. 唯有道学堪当不朽根基

当我们再看量子力学，如其中的量子纠缠就已经完全超越了列宁关于物质和意识关系的定义所能解释和理解的。而中国自古普通百姓都知道的心灵感应，就是量子力学所研究的问题的一个表现。量子力学以科学之名起步，笔者认为其终极研究成果一定是回归到中国传统文化关于心性本体的认知这样一个终极层面上来。其实，量子力学除了人之外的物理世界的联系超出了牛顿力学的理论或者说否定了牛顿力学的普适性，在心性问题方面，只不过是以自然科学的方法在探求人与人之间心性本体的一种不为此前的科学研究所了解的联系机制而已，而对于此种联系机制的本体认知是科学方法无法得出结果的，因为最终的心性本体研究，是必须超越自然科学的研究方法而回归到每个人自身亲修实证之体悟的，而这种体悟在今日之自然科学看来，不是属于科学的方法，而是属于非科学的方

---

[1]（德）海德格尔：《海德格尔说存在与思》，颜东升译，华中科技大学出版社2017年版，第161页。

[2] 笔者认为，很多西方哲学研究家并非哲学家，只能称之为以西方哲学家及其理论为研究对象的研究者。

[3] 这种妄自菲薄的现象并非个例，而是已经成为一种时代性的文化潮流和常见现象，本书不再具体引证。

法，而这种非科学的方法，在中国传统文化中被称为悟道、修道而已，是一个中国传统文化中的常识性问题。以现代语言来表达，中国传统文化确实太"高维"了，梁漱溟先生称中印文化为"早熟的文化"，[1] 就是因为这种文化的"早熟"，才在一定程度上反而阻却了其在传播中的被认可度。这是一个很有意思的问题，明者自明，不再过多举例，足以表意即可。因此，列宁关于物质和意识关系的定义，只能放在西方心理学所研究的"意识"层面或者说维度来理解，而绝不是一种不可超越的终极科学成果意义上的定义。而当今中国，在理论研究中如何前瞻性地依据现代科学成果做出预判，是一个非常重要的问题。因为虽然中国传统文化的最高成就已经对宇宙和世界做出了一个终极性的解释，但是在科学观念盛行甚至科学主义盛行的当下，大众往往是依据"科学主义"来信奉种种道理，但是在理论研究中，包括法治理论研究中，绝对不能不具备对以"科学主义"这种影响甚广的思维为基础的理论研究范式之后果的预见性，这种预见性有时候会关乎全局。而重视中国传统文化的深入发掘，是中国理论界坚强的后盾，现代中国人对这个文化后盾拥有专利权，这是一个好事情。顺便提及，中国传统文化不仅不是对科学的阻碍，反而正像西方人认为哲学是科学的指导一样，今日中国的自然科学是完全可以在中国传统文化中寻求智慧的，甚至因此会实现极具超越性的理论突破；而今日中国之人文科学，本应就是中国传统文化的延续和传承载体。后文笔者将详细论证。当然，笔者的这个观点，有待与学界进一步共商、推进。总之，笔者认为，无论哲学与科学如何发展或者如何实现对现有人类观念的颠覆，"道学"始终堪当中国文化的不朽根基，因为"道学"已经达到终极境界，因此永远不会被"颠覆"。[2]

---

[1] "而中国文化、印度文化在今日的失败，也非其本身有什么好坏可言，不过就在不合时宜罢了……把以后方要走到的提前走了，成为人类文化的早熟。"梁漱溟：《东西文化及其哲学》，中华书局 2018 年版，第 228 页。

[2] 中国传统文化的"道统"，归结于传统文化意义上的"道德"二字。对于"道德"的前瞻意义，我们当然还可以从很多方面来进行考量。例如，中国共产党的宗旨、马克思主义等，与"道德"不仅不矛盾，而且具有高度的统一性，而这样的话题却鲜有论述，将二者对立起来的观点却比比皆是。再如，当我们近代、现代中国人在某种程度上中断、放弃了"道统""道德文化"之后，中国人的精神世界就出现了很大的空白；而此时，西方的宗教如基督教等则"乘虚而入"，在现实中已经占领了很多中国人的精神世界，比如中国广大农村地区的基督教信仰问题就是例证。这些问题的分析结论是需要经过实际的、广泛的调查研究得出的数据支撑的。笔者在此处表明一个观点：对"道统"的深入思考和重新认知，其在文化意义、国家安全意义、追求真理意义、弘扬马克思主义的意

四、"道德"即终极之"法"

"道德"文化是中国传统文化一以贯之的主流文化，在对其本身之义理进行考证之后，势必涉及其最为现实的比较对象，一是今日中国之唯物主义；二是今日中国人眼中的西方法学。研究道德文化与唯物主义的互补性、一致性；研究道德文化与西方法学的对应性，笔者认为这是在法治精神研究中再次深入发掘中国传统"道德"文化的当代价值的关键所在，或者说是理论前提。

（一）"道德"与唯物主义关系之思辨

"英国著名科学史家李约瑟博士指出：辩证唯物主义渊源于中国，由耶稣会士介绍到西欧，经过马克思主义者们一番科学化后，又回到了中国。"[1]这个结论笔者十分赞同，这也是我们今日能够理解，中国在近代革命时期，中国先进知识分子和广大人民群众能够迅速、广泛接受马克思主义的主要原因之一。作为中国传统文化的集大成者的"道德"二字，其实与辩证唯物主义不仅不矛盾，而且是一脉相承的。这就需要从一个更长的历史、更广阔的视角来讲起。从义理上而言，"三学"与西方宗教、哲学、科学相比较，"三学"互相之间是和谐一致、同质同源的，而西方则是对立与撕裂的。从关照现实而言，"三学"带来的是人的灵魂与现实生活的完美统一，而西方的宗教、哲学、科学往往带来"灵与肉的撕裂"。例如，由于圣贤所描述的"意志世界"或者"宇宙本体""心性本体"本身只有悟道的情况下才能明心见性般体悟，那么这对普通大众而言又是如神和上帝般不可捉摸。如果强加于人，势必又发展为宗教性质，在黑暗教权阴影下的欧洲社会，仁人志士当然会避免这样的情况。或者干脆就成为奴役大众的理论，权力拥有者告诉大众，有一个终极的天堂，在人世间受苦是为了天国理想。这是造成大众苦难的一个文化根源。或者如科学主义带来的人类无所敬畏，抛弃人文追求，唯有欲望满足才是人生之目标。因此，马克思学说中的辩证唯物主义是在讲求，首先依据物质世界作为出发点，而这种依据物质世界作为出发点绝不是没有

义等诸多方面，是大有可为而且必须有所作为的。这些实际问题，绝对不可不察，否则中国的"文化自信"之路会很漫长甚至很艰辛。作为无名之辈，笔者不再多谈，唯愿有识之士、有大智慧者能够引领对此问题的研究——人能弘道！

[1] 张允熠：《中国文化与马克思主义》，人民出版社 2015 年版，第 120 页。

高尚的追求，而是有着更加高尚的追求和对终极真相的渴求，这种追求的路径之一就是现代道德的提倡以及依据科学方法不断地求索。这就是马克思等经典作家当时所处的时代背景的理论针对性和本意所指。

因此，包括历史唯物主义和辩证唯物主义在内的唯物主义是一种方法论，而不是目的论。如果认为唯物主义是将物质的获得视为终极意义，那么就与罗马时代的"物质主义"以及后来西方盛行的所谓"逐物文明"没有差别了。因此，物质文明和精神文明的结合，才是真正的辩证唯物主义方法论的要求。需要避免对唯物主义进行庸俗化理解，庸俗化理解唯物主义就会导致损害这种方法论的高明之道。西方社会目前对于唯物主义的曲解，实际上就是将唯物主义庸俗化，我们应该明确反对这种新形式的文化发难。因此，辩证唯物主义绝对不能简单地理解为是对于心性学说的排斥和否定，而是可以形成一种互补甚至一体化关系，至少是互相包容。这才是以唯物主义促进人本的真意，构建人民立场的义理。唯物主义是方法论，也是世界观；我们常说世界的统一性在于它的物质性，又强调精神对物质的反作用，这个问题需要从其现实指向方面进行研究！世界是如何统一于物质的？笔者认为，解释为"一切从实际出发"是最为恰当的，同时就是要实事求是！全心全意为人民服务，发自内心地去做，那么这种精神境界不是单纯由物质决定的，全国那么多人只有共产党人必须遵照此要求，而这是一种极高的精神要求，这是"先天下之忧而忧，后天下之乐而乐"！那么，这种精神要求一定是人性的升华之结果，而不是机械地由物质决定的，这才是唯物主义的"辩证"。马克思的辩证唯物主义在产生之初在于反对教权对人的精神操控，在于真正的科学精神，而不是成为庸俗唯物主义者和科学主义者。因此，道德文化与马克思主义的历史唯物主义、辩证唯物主义并不矛盾，反而应该是相辅相成、一体共融的。当然，笔者本书的主题所限，不再赘述。只是应该清晰地预见到，此处的理论空间还非常巨大。

（二）"道德文化"与西方法学之对应

中国一以贯之的"道统"的研究，就是"道学"。道学是与西方"法学"相对应的一个概念。对此，深通中西法学之异同的思想家、翻译学鼻祖严复早有卓见："西文'法'字，于中文有理、礼、法、制四者之异译，学者审之。"[1]严复当年处于一个西学东渐的起始阶段，西方法学的整体面貌还是朦胧的，这从梁启超等学人的研究中都可以得出这样的结论。[2]因此当时的很多学人对于西方"法学"与中国"道学"的对应关系还未能直接指出。时至今日，中西文化交融已经足以让人们更加看清这个问题，因为我们拥有的研究成果更多了。但是，这种学术研究成果的繁荣景象，不仅未能将严复当年看到的西方法学的中国对应进一步深化，反而走向了将中国传统律学作为中国传统仅有的"法学"来进行中西法学比较研究的大趋势，这是本不应该发生的情形。而所谓的西方法学和中国道学，其实就是今日所称之文化学，这个文化学可以以神学、哲学、法学、道学等多种学科划分予以标注，但是其本质是文化学。所谓西方法学中的"法治"，其实是在研究文化如何主治的问题。这个世界永远是文化主治，而绝非法律主治，这是本文最终得出的一个基本结论。而这个结论的前提就是要对中西文化、法治文化、法治精神进行对等范畴的比较研究。客观地说，西方社会主流上就是一个"法统"，但是由于其中"法"的本质差异，"法统"的核心并不是如中国的"道统"一般一以贯之的。其实，中国的"道"是完全可以涵盖西方的"法"背后的最高主宰的。

前文已述，今日之中西学界，似乎基本赞成一个通论，就是"西方具有悠久的法治传统而中国自古就不具有法治传统"，这几乎已成为定论。而源于对西方"法统"与中国"道统"的比较结果，笔者的观点恰恰相反，那就是中国自古就有着悠久的"法治传统"，而西方根本不具备法治的"传统"。根据本书在文化意义上的法治的定义，西方的"法"同于中国的"道"，而中国的"道统"是自古一以贯之的，但是西方的"法"由于其宗教信仰与文化认知的改变，一直处于一种非统一状态。因此，在今人定义的文化意义上看法治，中国的道统就是今人在中国法理学意义上寻找到的中国法治传统，这个意义上才与西方法哲学所研究的法治是对等的。笔者认为，对等比较研究才是研究结论经得起检验以及能够在现

[1] 段秋关：《现代法治及其历史根基》，商务印书馆2018年版，"序一"第7页。

[2] 例如，梁启超借用西方"自然法"概念来论证儒家"自然法"观念的行文中，似乎并未对中国传统文化之"道法自然"对西方文化之影响、对西方近代"自然法"概念之形成的影响有所知晓。而是希望以儒家也有"自然法"的论证方式来证明中国法制并不比西方的"自然法"落后，因为古已有之。当然，笔者的解读乃一家之言，可能有不当之处。原文内容参见《梁启超论中国法制史》，商务印书馆2012年版，第19—34页。

实中起到积极指导意义的前提和基础。在刻意去忽略或者人为去曲解的基础上所得出的结论，是容易误导现实的。中国传统的道学与西方法学中应该确立如下对应关系：

比较对象	最高主宰	最高法则	人间法律	治理模式	治理目标
中国传统道学	道	天道、因果法则	礼、法	德政	人归仁德之人文秩序
西方社会法学	上帝、神、自然神	上帝法则、宇宙法则	法律、律法	法治	尊崇上帝之神文秩序

而西方启蒙运动以来所倡导的人本主义之下的"法治"，其中没有了上帝和宇宙法则的身影，而完全执着于政治领域和经济利益的现实指向，这与中国传统的法家法治就产生了对应关系。西方近现代的很多法治理论，由于世俗法律成为最高的指向，在其背后没有文化底蕴支撑，因此就发展成为不折不扣的"律学"，虽然这种"律学"一直举着各种大旗来表明自己是"法学"。至此，我们就应该完全抛弃西方法治中心论的谬见，而可以开始一个新的阶段性研究了。诚如梁漱溟先生所言：中国数千年文化所为与西洋大异者，实由古人认识了人类之所以为人——认识了无对有以开其先，立其基。[1]这样的认知，才是抛开西方文化中心论，摒弃"立西方之标准为标准"，进而进行中西法治比较研究的观念前提。

第二节　中国传统主流法治精神的文化解析

儒、释、道文化作为中国传统"道德文化"的主要代表，都表达着最终极的"法"与"法治精神"。本书以儒、释、道"三学"的一致性为论证结论，因此将儒、释、道合为中国传统主流的法治精神学说。而儒家关于最终极的"法"在现实政治领域的应用之学说体系最为完备、对中国历史影响最大，因此，笔者选取儒家德政作为中国传统法治实践的主流代表，将儒家德政定论为中国传统法治的基本形态。[2]

---

[1] 梁漱溟：《人生至理的追寻：国学宗师读书心得》，当代中国出版社 2008 年版，第 49 页。

[2] 在当代法学研究中，段秋关老师将"礼法合治"定位为"中国古典法治的常规形态"。参见段秋关：《中国现代法治及其历史根基》，商务印书馆 2018 年版，第十一章。

一、中国有无法治传统问题解析

（一）中国有无法治传统是伪命题

德政是中国传统法治的基本形态，而以西方法治为标准去寻找中国传统社会有无法治传统，就是一个人为制造的伪命题。在法治研究领域，受到近代以来形成的西方文化中心论的影响，西方法治的标准往往被"当然地"定位为全世界法治的标准，以此为标准再来谈论法治问题，这就是我们往往以西方法治为法治标准，却浑然不知其方法论上存在差错的原因。当西方法治的标准"理所当然"地成为"标准"之后，笔者下文的论述就曾经被人质疑为："你的观点实质上是在消解法治的标准！如果连法治的标准都被你消解了，那么我们还怎么来进行法治建设？"笔者认为，笔者下文的论述不是在"消解法治的标准"，而是在"破解以西方法治标准为标准"这个前置观念，是要在对中国法治理论依据的探求中，中国人为自己确立法治标准。如果完全以西方法治标准为标准，那么在我们的法治理论研究中，就不存在"中西法治比较研究"的可能和必要了，因为西方法治此时不是一个比较对象和借鉴对象，而成为一个标准的模板，它就成为标杆，只需学习即可，无须比较也不是借鉴了。[1]正如有的论者直接指出："从纯粹的概念知识意义上讲，法治的确是个异域的命题。"[2]这也是当下流行以西方法治标准为标准的一个原因。但是如果纯粹从这个意义上看待问题，必然导致早已出现的一个令人担忧的倾向，那就是"对西方法治理论所推崇的某些原则的接受，很大程度上代替了人们对我国法治应有机理及法治实际运作规律的思考与理解"。[3]例如，以西方近代的"理性人"这个概念作为基础，政治理性人、经济理性人之类的概念作为一个"世间公理"，就根本无法解释现实中的一切，如果以此所谓公理为基础设定一个理论框架来设计一套法治方案，注定是要失败的。一方面，我

---

[1] 此处是对笔者下文看似"离经叛道"的论述进行一个方法论上的说明。否则，如果遵循"以西方标准为标准"这个不可颠覆的大前提，以这个前提来看待笔者的论述，就可能很茫然而难以理解。

[2] 胡水君：《法治建设的中国话语体系》，载李林主编：《中国特色社会主义法治发展道路》，中国法制出版社 2017 年版，第 390 页。

[3] 胡水君：《法治建设的中国话语体系》，载李林主编：《中国特色社会主义法治发展道路》，中国法制出版社 2017 年版，第 398 页。

们不能以国情的特殊性来拒绝真正的公理和规律；另一方面，对这些"假公理"的反对，也绝非因为国情的特殊性，而是因为这些所谓公理本身就是被杜撰出来的劣质产品。因此，对中国有无法治传统这个问题的思考，绝不是一种民粹式的意气之争，更不是通过牵强附会的说辞就可以得出令人信服的结论的。如果中国真的没有法治传统，强行安上一个法治传统只能是画蛇添足；如果中国具有某种意义上的法治传统，那么否定其存在就十分不客观。

这里面首先涉及两个问题：一是如何定义法治的问题；二是法治是不是一种人类最高社会理想的问题。目前对于中国有无法治传统之争辩，很多人首先确定了一个观念前提，那就是法治代表着最优和最先进、最文明；而后以西方法治作为一个典型和标准模板，然后将其若干要素抽取出来与中国传统社会的理论与实践进行对照，以论证中国是否具有法治传统，进而得出中国传统社会治理模式之优劣问题。如果秉承这样的流行逻辑，那么这个问题的答案显而易见，无须争辩。但是，这与西方人首先认定基督教等宗教信仰为"信仰"有无的标准，然后再以中国传统文化中基督教信仰或者其他宗教信仰并非主流为事实，进而就定论中国人没有信仰一样，是不成立的，因为这个信仰的标准定错了。那种以中国传统社会治理的某些要素与西方式法治尽量贴近以证明中国传统社会具有西方法治的萌芽或者要素，更是一种完全不必要的做法。从这个意义上说，将西方法治首先定义为一个法治模板，进而来考察中国有无法治传统的问题，此论证是一个方法和逻辑上的伪命题。如果这个命题表述为"中国有无西方式的法治传统"倒是合适的，但是此答案之"没有"已经起不到任何论证作用。法治，无论如何去定义，如果将"法"理解为现代汉语意义上的"法律"，那么这绝不是一种终极社会理想、最先进的社会理想，这永远是一个正常国家的最低国家治理要求，法治本身绝对不代表先进，至多代表着现代的市场经济中法治具有针对性、必然性、有效性，因为大量的商业活动和人际交往行为需要更多的法律来指引、来规范，而且出现道德滑坡的时候，本来依据人的良知指引的正常生活已经无法维系，就更加需要大量的立法、执法、司法活动，更要注重守法和法律监督。法律铺天盖地的法治时代，并不意味着先进，可能很多时候是必需甚至是代表着无奈。

另外，以法律是否至上、法律是否主治、法律是否限制最高权力来定义法治的标准，国内学界通常认为中国传统社会没有法治实践。所以，法家法治才被误认为是中国传统法治的唯一代表。但是论者们认为法家法治不限制最高权力，因此与西方法治不同。所以认为，中国传统社会没有以西方为标杆之意义上的法治。而在西方的历史上，一个社会一旦"法律至上"，一定是一个极其糟糕的专制社会，同样是不仅不旨在限制最高权力，而是在推崇专制甚至独裁，如希特勒法治与斯大林法治。这样的情况也不是我们追求的法治。从"法则主治""法则至上"的角度定义法治的话，这个不是法律主治，而是法则主宰一切，实际上是文化主治。而中国传统社会的主流，就是这种意义上的"法治"。而且从实践看，西方近代以前的中世纪是一个真正的"分封而建"的社会，此种欧洲形态的封建社会有别于中国的大一统社会，而更加近似于中国先秦时代的"奴隶制社会"。[1]由于没有一个可以统摄一切的最高权力，中央集权无法形成，世俗政权各自为政的社会政治结构决定了所有的权力主体事实上并非形成一种从上至下的金字塔结构，而是形成一种平分秋色的制衡结构。但是，当我们考察罗马教会的时候又发现，罗马教会以教权的名义充当着事实上的最高统治者，在各个国家之间纵横捭阖，那么法治是否限制了教会这一最高权力？当然没有，因为教会把持着"法律"的制定权和解释权。但是，这种法治秩序实际上又是一种权力之间的斗争，否则就不会出现欧洲中世纪王权与教权的千年之争了。而这种法治也不是一种遵循"上帝之法"的法治，否则也不会出现人们对黑暗教权的愤怒反抗了，臭名昭著的"异端审判"就是其中的一个著名例证。这样才有了西方的"rule of law"的历史舞台，其本质是对教权统治的合法性论证。但是，这种法治是需要被反思的，因为古希腊、古罗马和中世纪时期，由于"法"并非指代"法律"，"法"的创造权和解释权在于一部分人，这部分人就是能够代表神明来统治大部分人的那一小部分人和一个阶层、阶级，最终表现为以"法"之名来"治"，是一小部分人对大部分人的"治"，这与现代的"法治"完全不是一回事。这就是西方近代以前的"法治理论"的本质指向。即使今日西方之民主自由型法治，其本质亦是小部分人以法治之名行操控大部分人之实而已。因此，从理论和事实双重角度而言，西方从来都没有出现过一个法治理论的完美现实对应。因此从理论上曲解西方的"法治理论"，将维护教权统治、奴隶主统治、王权统治的"法治理论"理

---

[1] 先秦时代的社会，与欧洲的封建社会更加类似，但是仍有诸多差别；而如果将先秦时代定义为"奴隶制社会"，则又与西方古希腊、古罗马的奴隶制社会差别显著。这个问题，学界早有诸多理论研究成果，本书不再赘述。

解为"人民的名义"的"法治"，是说不通的；以此种被曲解的西方法治理论来论证西方有法治传统，并且掩盖其现实中的法治实践样态，臆想出一个完美的西方法治传统，然后论证中国有无此臆想的西方法治传统的中国对应。从理论和事实角度而言，这是一个伪命题，因为其对中西方进行了双重曲解。

总之，西方从来都没有一种法治理论和法治实践表明，他们拥有一个法则或者法律至上的并且限制最高权力的、能够在理论上逻辑自洽的一以贯之的"法治"成为"传统"。西方以"宇宙法则"为最高的法治，法律并不至上或者主治；此种法则主治对应中国的"道统"，因为"道"是中国传统的最高法则；因为西文"宇宙法则"内涵的"law"翻译为汉字"法"，中国传统的"宇宙法则"的汉字表达是"道"，就判定西方有"法治传统"而中国的"道治传统"不是宇宙法则主治、主宰，这是一个完全错误的结论。而西方社会以世俗法律为主治和至上的情况，是对法则主治的完全背反，而且此种情况除了现代的自由主义"号称"[1]限制最高权力和政府之外，是没有今人臆想出来的"世俗法律成为国王"的情况的。这最多是在描述政府和最高权力也要依法、守法这个问题，而这个问题从法家法治开始至现代国家治理中，是一个必然要求和最低要求，而不应该成为法治的最高荣耀。因此，以世俗法律至上这一要求——实质上是将"律"上升为"法"——来定论西方法治传统，并以此臆想之结论来对照中国有无法治传统，也是一个经不起检验的论证。所以，很多论者对于中国有无法治传统的论述，首先将西方的文化主治曲解为法律主治、将法则主治与法律主治混同来表明西方存在"法"治传统；然后将中国的"道治"和"德政"分别曲解为"道"不是"法"，德政就是道德治国，因此也不是法治；然后以中国没有法治传统来反衬西方法治应该具备指导地位。这个命题的出发点是于理无据的，其论证方式也是经不起推敲的。因此，这样一个命题，终究是一个伪命题。

（二）德治伪说产生的方法论原因

笔者认为，与"中国有无法治传统"这一伪命题紧密相关的，也就是其理论的真实目的或者说其理论的实际作用之一是论证中国没有法治传统而产生的一个

---

[1] 而且只是号称，其背后是资本控制政权，资本在限制政治权力的时候，自己实际上成为政治的主宰，任由资本依据自己的规则运作而不受实际限制。

"德治"[1]命题。"法治、德治、人治"对立观是一种纯粹的主观对立，但是对其评判需要一分为二。法治与德治的对立，在于强调法治的有效性；法治与人治的对立，在于强调法治的权威性；法治与礼治的对立，在于强调法治的时代性；法治与神治的对立，在于强调法治的人本性。但是就中国传统社会而言，今日意义的道德与今日意义的法律是并重的，只是道德具有基础地位；政治实践中从来没有因为重视道德而轻视法律，中国古代的中华法系作为完善发达的法律体系就可以作为最好的证明。我们不能因为对一句"为政以德"进行曲解就认为儒家是在追求"轻视法治的德治"，也不能因此去推断政治统治者在心里将道德和法律做了一个轻重的掂量并确定了主辅地位，猜想他是在追求法治还是在追求德治，今人所言的法治和德治在古人那里从来就没有对立过。中国传统社会与今日一样，道德和法律就是同时并存在于那里来主导着人们的观念和行为，二者本来就是未分离的运行状态，其各司其职并共同作用。没必要也不应该在论者的心目中进行一个人为的割裂，进而来论证法治的应然性。这就如同一个人的"眼、耳、鼻、

---

[1] "德治"这个命题在中国学术研究中太流行了，以至于人们似乎都不曾怀疑其命题本身是否存在问题，而以德治、法治、人治之比较为主题的文章也是成千上万。以公司治理为例：张三当总经理好，还是李四当总经理好，这是可以比较的，因为比较的主体具有同一性质——都是人；但是如果以张三或者李四当总经理好还是道德当总经理好，抑或公司的规章制度当总经理好，三者进行比较，大家一定觉得这是个笑谈，因为道德和规章制度当不了总经理。那么为什么到了国家治理这一个层面，就可以将"非主体"的"道德"与"法律"与作为主体的"人"进行并列？回到公司治理来看，张三如果当总经理当得好，一定是有道德、充分运用规章制度，加上张三本人的其他综合能力，决定了张三是一个优秀的总经理；而张三之所以优秀，是因为他可以将道德、法律和自身的所有优势充分整合而具备履职能力。那么为什么到了国家治理层面，道德、法律和人的自身其他才能就是一种对立关系呢？"德治"与"法治"和"人治"的对立，本身确实有很大的理论缺陷。如果说单纯集中于：一个人寄托于自己的才能，可以破坏法律底线，权力随时可能任性而不受法律和道德的约束，那么这个反对人治的理论、反对德治的理论就有效了。这个目标没问题，但是这种对立思维下的场景设计，本身就不应该是一个国家治理的正常状态。所有的问题，都是人出了问题，所有的治理，都是人对人的治理，所有成功的治理，道德、法律、人的才能，缺一不可。例如，我们在反腐败斗争中看到的诸多案例，腐败官员的"权力任性"，要么是"明知违法而违法"，要么是"法律素养不足，不知运用法律、依据法律用权"，前者是一个品行修养的问题、官德问题，也是一个法律问题；后者是一个法律修养问题、能力问题，也是一个法律问题。而官德问题也好，法律素养问题也好，终归是人的综合素养的问题，终归也就是人的问题。法治理论所畅想的"所有人都服从法律"，这是人的问题解决好了之后的一个结果状态，这不仅不是不需要考虑人的问题，而且恰恰是为了解决人的问题，目标在于人的问题。虚构出来一种"所有人都服从法律"，进而排斥对"人与法律关系的实际考量"，这是本末倒置。何况，孔子所讲的"为政以德"根本不是今人所理解的"德治"。

舌"各司"色、声、香、味"之职责，哪个是"主"哪个是"辅"？四者本身就是一个整体，今日非要把眼睛挖出来或者把鼻子挖下来，然后把脱离了人体的眼睛和鼻子做一番比较，而眼睛和鼻子脱离了整体就已经没有生命了，也没有任何意义了。在国家治理和人的发展意义上的法律和道德，是无法以选择一者之长处与另一者之相应短处进行优劣比较的，如果具有矛盾和对立意义上的可比性，那么就不需要被比下去的那一方的存在了。

而且更为重要的是，今人在学理上所定义之"德治"，实际上与中国传统"德政"的本意相去甚远，不具备对等关系，更不具备对应或者同一关系。今人所定义之儒家"德治"，只是"德政"最末端的一个部分，而且是失去了德政灵魂的一种现代臆想，在历史上是不存在的。而正是"德治"这样一个学理概念的普遍接受，导致了今人树立了一个逻辑路径：以"主治"和"至上"的所指为国家治理的理论和实践类型的区分标准，若是道德至上并主治，则为德治；若是法律至上并主治，则为法治。同时以"主治"为标准，将法律与道德设定为一山不容二虎的逻辑，道德无法承担此责，舍法其谁？以这样的路径推演出了法治并同时否定了今人臆想出来的"德治"；而又将臆想出来的"德治"等同于儒家真实的"德政"，从而否定了中国古代法治以及法治精神存在的可能性，最多将法治的典型失败案例——法家法治拿出来代表中国古代的法治进行研究。而以西方的"法则"论证"法治"必为正义，也就是将亚里士多德提出的"法即正义"中的"宇宙法则、神的法则"偷换为"法律"，并以此来解释和接受西方自由主义法治理论中"法律主治"的正当性，最终结果是被蒙蔽在了西方法治传统和法治正当性的幻想之中。以此被蒙蔽的逻辑结果，来发现中国现代的法治规律、构建法治理论、寻找法治精神，结果必败无疑，因为这样我们就发现不了真正的规律，找不到真东西。在一个治理结构中，人是主体，法律和道德是互相支撑的规则体系，将不在一个分类标准上的三者确立为三种治理模式的最高准则，然后论证优劣，这是方法论错误。这是将一个和谐关系制造成对立关系，人为地予以主观割裂来构建理论。法治、德治、人治的对立，是一个不折不扣的逻辑混乱、偷换概念之后产生的国家治理理论的类型化、模型化的理论产品。这是应予反思并重新界定的现代法治理论学说。而实际上，任何治理都是人对人的治理。良知是良法产生的前提和衡量良法的标准，而且在面对良法存在的时候，拥法者必有德，有德者定遵法，法与德最为理想的状态是一个表里关系、是一个体用关系、是一个核心与边界的关系、是一个灵魂与底线的关系，在一个人身上体现为"一体化"的关系。

如果时至今日，我们还要继续臆想出一个乌托邦式的法治幻梦，认为"法律"是一个可以"拟人化、取代人"的治理主体，谓之"法律的统治、法律主治"，而忽视人才建设和人才培养的灵魂地位和作用，那么法治理论可能就会真的贻误战机，或者成为法学理论的自说自话。而儒家是在反对今人所流行的"人治观"，儒家是要将人因为人格和智慧缺陷导致的人在治理中可能的弊病降至最低。人治观的定义是一个逻辑混乱、偷换概念的学理定义，却作为一种固化的思维左右着法学研究中法治的基本理论框架构建。诚如有论者所言："法治的概念到了中国，发生了很大的变化。我们开始讨论人（德）治与法治这样一个二元结构。事实上，没有一个国家会说我们只实行人治而不实行法治，或者说我们只实行法治而不实行人治，那是不可能的事情。徒法不足以自行，那不是虚说的。美国可以说是一个法治的典范国家，但是法治的最终决定权还在那九个大法官手里，最高法院说了算。法治也好，人治也好，总有一个相同的东西，那就是'人'是离不开的。每一个人都必须遵守法律，而法治的实现最终还是要由人来决定的。"[1]这才是一个正常的域外法治事实的归纳，也是一个正常的法治理论逻辑。

如果将中国传统治理中的大智慧，如"克明俊德，以亲九族。九族既睦，平章百姓。百姓昭明，协和万邦"[2]之恢宏睿智，"为政以德，譬如北辰，居其所而众星共之"[3]之高远深邃，淹没于现代人臆想出来的"德治"这样一种理论构建中，实在是一种遗憾和对古人智慧的浪费。中国传统文化是深入今人的骨髓里的，如若中国现代人读《论语》都读成为黑格尔般的读后感——平淡无奇的道德——实属不该，中国现代人应该最具备理解中国传统文化的能力。以人治、法治、德治这样的理论模型来研究法治，首先以人治和德治对立为理论框架，否定了中国传统法治的客观存在，更否定了承载中国传统法治文化的法治理论的存在；同时，近代伊始流行的从总体上否定中国传统文化的倾向，中国传统的法治精神在文化意义上也被否定了。依据这样的思路，法治精神所涉及的诸多词汇，都被认为是西方传来甚至是西方传统，因此在西方法治面前，中国现代法治

---

[1] 於兴中：《法治东西》，法律出版社 2014 年版，第 20 页。

[2]《尚书·尧典》。

[3]《论语·为政》。

就自甘居于一个学生身份了。而当这样的思维被延伸到国际政治领域的时候，以民主、人权、自由代言人身份自居的西方国家就具备了一种心理优势，因而对中国的妄加指责就似乎有了充足的底气。这样的格局，应该说是近代以来西方资本在全世界扩张的同时，所进行的文化战争遗留下来的一种结果。而在中华人民共和国已经独立自主数十年之后的今天，我们确有必要在文化心理上改变这种格局了。而改变这种格局除了对当下现实法治的推进，重新认识和界定中国传统法治文化中相关概念的内涵和价值，是改变中西之间这种文化心理格局的必然要求和必选路径。

二、以德政为代表的主流法治精神

因为前文所论述的"三学归一"的结论，儒、释、道共同作为中国传统"道德"文化的代表和组成部分。因此，在论述中国传统法治精神的代表的时候，就以在法治研究领域影响最为广泛、谈论最为多见的儒家德政为代表，将道家、佛家关于法治精神的义理不再专门论述，而是为论证之方便作为论据加入，以便更好地解读儒学义理。

（一）德政是传统法治基本形态

1. 德政与德治

孔子所言之"为政以德，譬如北辰，居其所而众星共之"，是在说德政问题，德政的最高境界是仁政，最佳效果是无为而治，无为而治的前提是所有人都明了了一个"人的最高准则"，那就是"仁"。因为前文已经描述了儒家的"德"的含义，是依据"道"之终极规律而行"人道"，这是最终极的规律认知与最高的智慧境界。而孔子所言的"政"是什么内涵？有论者做出了深刻的理解和总结：释"政"为"政治"不能说错，却有些似是而非；因为古代没有今日相对于经济、法律、宗教、道德而独立的政治概念……古代"政"之范围除了行政、司法、外交、军事，还包括教育、宗教、农、工、商业等，显然较今人所谓政治宽泛……孔子之治术，德礼政刑，缺一不可……礼乐政刑，其极一也，所以同民心而出治道也……有人，有德，有制，方成治道；而德之一项，不仅涉及治道，亦关乎政道。[1]内政、外交、军事、司法之种种为"政"，对于"政"之"以德为之"，今人以"道德治国"阐释之，可求得正解否？因此，德政与"道德治国"之"德治"完全是两回事。而《论语·为政》中几乎都是对于如何"德政"的具体言说。如"道之以政，齐之以刑，民免而无耻；道之以德，齐之以礼，有耻且格"。法家就是执行了儒家所反对的"道之以政，齐之以刑"。如果法家法治尊崇了"道之以德，齐之以礼"这一智慧，可能历史结局就不一样了。提出"德政"的儒学创始人孔子（公元前 551—前 479），名丘，字仲尼，春秋末期鲁国人，思想家、教育家、政治家。[2]儒学之"儒"是什么含义？"《说文》：儒，术士之称。儒乃先孔子而有的社会一行业，学礼乐射御书数六艺以为进身谋生之途，惟自孔子以后，而儒业始大变。惟孔子欲其弟子为道义儒，勿仅为职业儒。"[3]至此，"儒"字所代表的"人之所需"的内涵，注入了"道义"二字作为灵魂指引。如何理解"道义"二字？"道"是宇宙终极本体和宇宙最根本的法则；"义者宜也"，亦即"义"乃人"适宜"于"道"的必然要求，因此"道义"乃"志于道，据于德，依于仁，游于艺"。[4]这才是孔子创立的儒家对儒者的全方位要求。作为中国传统法治基本形态的代表就是儒家德政，德政将贤良政治与今日意义上的法治完美统合，谓之人本法治。今人认为中国传统乃"德治"，此"德治"的概念所依据的也是《论语·为政》中所言"为政以德，譬如北辰，居其所而众星共之"；而这个浓缩"为政以德"产生的"德治"概念发端于梁启超，其将"为政以德"缩减为"德治"，并认为儒家是"德治主义"（又称之为礼治主义、人治主义），称墨家为"新天治主义"，称法家为"物治主义"（或法治主义），称道家为"无治主义"。[5]发展至今日，中国传统的"德"在观念中被演化为"现代道德"，因此今人就臆想出了一个"儒家德治"理论作为中国传统治理理论的代表，并与今人的"法治"概念作为对立或者互补的存在。

2. 仁政与无为而治

实际上，唯有对儒、法、墨、道的核心义理了解透彻了，才能够准确理解这

［1］梁治平：《为政：古代中国的致治理念》，生活·读书·新知三联书店 2020 年版，自序第 1—2 页。

［2］《中国大百科全书》（第二版简明版），中国大百科全书出版社 2011 年版，第 4—476 页。

［3］钱穆：《孔子传》，生活·读书·新知三联书店 2018 年版，第 9 页。

［4］《论语·述而》。

［5］梁启超：《先秦政治思想史》，商务印书馆 2014 年版，第 78—79 页。

几种应用于政治领域的国家治理设想。因为儒家德政的目标是仁政，而仁政的最高境界是无为而治，或者说无为而治是仁政最为理想的结果状态，所以先秦儒家是反对今日所定义之人治的，而且是根除人治弊病的必备途径。认为儒家提倡人治，是今人之理论对儒家的误读和曲解，继而否定了儒家的最大价值。这也是造成今日法治理论自我设定了一个瓶颈的原因。德政是中国传统法治的基本形态，而儒法合治、外儒内法、儒法并用传统是中国传统社会以"礼法传统"为目标要求之下的真实法治面貌。中国传统文化，就其总的灵魂而言，就是在追求生命的觉悟，也就是探寻人生的至理、明了人生的意义。我们说德政的最高境界是仁政，仁政成功的结果是无为而治。那么就要明确什么是仁。仁是心性的本体，是爱人如己，是"亲民"之"以民为亲"。而且仁与通常所言的"善"并非同一，仁者必行善，而善者未必明仁。儒家讲求仁、智、勇，没有大智慧者当然是没有"明心见性"而得仁者，明心见性而得仁者必然是大智者；勇代表着殉道精神，不敢殉道者必不是得仁者。因此，仁、智、勇是三位一体的，仁作为本体必然表现为智慧和殉道精神。如何理解无为而治？"辅万物之自然而不敢为"，[1] 治理国家需要找到根本规律而不是人为地去发明创造规律，要让一切合乎其本来的规律，这是一种真实的智慧境界，而不是一种所谓的对自然法则的"模仿"；对个体而言是"清静无为"之"至虚极，守静笃"方能生出大智慧。因此，德政的终极就是无为而治。董仲舒的"三纲五常"是儒家被广为诟病的焦点问题。在帝制终结之后的中国，反对"君为臣纲""夫为妻纲""父为子纲"，是因为这在政治实践中将"道治"演化为"律治"。而真正的儒家讲求的是"三纲八条目"，这在佛家义理谓之"见地""修证""行愿"，"戒、定、慧"，这都是修己之学，修己不是局限于自己，弘道者、以天下为己任者，方是真正修己之所大成者。也就是人达到了至善境界，就是与天道合一了，也就是天人合一。这其中当然也必须包括要"利天下众生"。天下大众受苦受难时自己却"两耳不闻窗外事"，那么就是"一心枉读圣贤书"，何谈"仁"？如果连见到邻居张三都形同陌路，李四有困难也视而不见，对有缘见到的几个人都"不仁"，还何谈能够与宇宙万有"无别"之"天人合一"？因此，达到至善境界的人才能够施行仁政这一德政的最高境界，也是实现无为而治的一种境界。

---

[1]《老子》。

3. 区分真假儒家

这里还要重点提及的就是，我们需要区分真儒家和假儒家，区分儒家的文化本源和应用儒家理论的法治实践。就像在当下社会，我们经常会发现一些现实生活中被我们当作"卑鄙小人"看待的很多人，其中就有人可能经常在微信朋友圈发些如何依据儒家教导去修身、什么是仁义道德之类的文字，这是作秀给别人看的而不是诚勉自己的。如果我们将这样的人看作儒家的结果，那就大错特错了。这个道理非常容易理解，但是回顾历史的时候，我们就会发现，需要具备拨云见日的能力才能区分真假儒家。如果说将号称儒家信徒的政治实践都归为儒家，将其政治实践都作为"德政"，那么我们是无法看清德政的真正含义的。而在中国传统社会，号称依据儒家学说治国是主流声音，但是真正符合儒家本意要求的政治实践并非比比皆是，或者至少没有纯粹的儒家德政实践存在于历史上。因为儒家自汉代以后，被政治统治者异化为统治他人的工具的时候，在很大程度上已经失去了对儒家真谛的坚守，同时也就失去了儒家德政所自带的政治智慧。因此，区分真儒家与被政治异化过的假儒家，是研究问题的观念前提，也是研究儒家德政的重要准则。

4. 真假德政

学界惯于将儒家区分为先秦儒家和汉儒、宋儒等，实则是先秦儒家与后世儒家在悟道功夫上有深浅的境界之别，更主要是指儒家学说的现实应用导致了种种差别，而其中最为主要的还是源于政治制度。秦以来的大一统中央集权制度已经完全不同于先秦的政治格局，因此儒家的"天下观"已经失去了旧有的环境，如果抱残守缺势必不适应时事。特别是汉承秦制，虽立儒学为正统，却使得儒学在失去了百家争鸣的条件之后，出现了僵化的趋势。但是，我们从另外一个角度考察，为什么汉代"独尊儒术"？就是因为先秦儒家已经发现了宇宙人间最终极的法则，这种法则的现实表现即包括了伦理秩序、德政等，是最符合人性自身之要求与天道之要求的；因为这是最高的法则和智慧，因此才能够将德政付诸实践。从一个角度我们可以理解为儒学"帮助"了统治者进行统治；但是这种工具价值首先是源于其本体的价值。以应用价值否定本体价值绝对不应该成为一个终极标准。因此，奉行儒家学说进行统治未必是真儒，因为其只看重儒学的工具价值，将求真演变为功利，取术而弃道，这本身就是对儒学真意的背反。礼法传统，就是中国古代的儒家法治，也是中国古代法治的基本形态。"礼"是对统治者提出的要求，而且是一种极高的要求，此种要求已经完全涵盖了近现代以来西方所谓的宪政、限权等精神，而且是限制权力、规范权力与队伍建设、政治品德提升完全融为一体的。而礼的监督力量和推动力量就体现在历代儒家通过文化使礼法传统为全社会所认同，因此形成全员监督的政治格局。因此，我们也要区分真假德政，或者说注意区分德政的理想状态与实然状态。正如现代人已经认识到：观念中的理想法治状态从未完全实现过一样，作为中国传统法治基本形态的德政，也从未完全实现过。

（二）儒家文化承载的法治精神

从晚清开始，中西方文化在一种西方对世界实行殖民扩张的背景下展开对冲和碰撞，当时就凸显了对待中西文化的三种不同主张：第一种是固守中国传统，这种固守传统既包含着对中国传统文化的真正捍卫，也包含着固化、僵化思维下对"假传统文化"以及既得政治利益和经济利益的保守；第二种是"中学为体、西学为用"，如著名的洋务运动就是其表现之一，这其中经历了从效仿西方的器物文明到效仿西方政治制度，最后演变为效仿西方文化精神的转变过程；第三种是直接主张全盘西化，以西方文化、制度为理想样板和终极梦想。因此，在对待西方法治精神的态度上已然存在用中国传统文化解释西方法治精神以应对强烈的文化冲击的整体氛围。张之洞的名篇《劝学篇》即是当时面对西方文化冲击下所做的一种有力回应，"意在两线作战——一方面批评保守派的'守旧'、'不知通'，另一方面批评维新派的'菲薄名教'、'不知本'。他企图在保守派和维新派的主张之间寻找第三条道路——'旧学为体，新学为用，不使偏废'"。[1]后来的胡适与梁漱溟在对待中西文化的态度上互相之间的争辩，更代表了当时的典型观点。这段历史时代已经成为中国历史上永远无法忽略的一段事关国运的历史。因此，文化上如何对待传统与西方，构成那个时代的重大主题。这种观念的纷争，在今日中国不仅未能消除，而且其重新厘定似乎具有更为重要的意义。如果深入考察当下中国的文化状况，应觉此言并非虚说。

时至今日，用中国传统文化解读现代法治精神的努力仍在进行中且有诸多新成果。虽然我们已经远离了那个充满战乱、屈辱和痛苦的近代中国，中国进入了

---

[1]（清）张之洞：《劝学篇》，冯天瑜、姜海龙译注，中华书局2016年版，前言第5页。

一个和平、繁荣、强盛的新时代，但是这种努力仍然非常必要，甚至更加必要，鉴往才能开来。如杜维明先生评价道：汤一介先生从天人合一、情景合一、知行合一三个基调，针对中国哲学、西方哲学和马克思主义如何"接着讲"发表了一系列观点，提出了"非常可怪之论"：他真诚地祈望华夏悠久的文明传统能超越"专制为体，教化为用"的过去，落实到"自由为体，民主为用"的今天，并走向"和谐为体，中庸为用"的未来。[1]这是学界对中国传统文化现代化的一个代表性范例。本书从法学视角作为出发点进行的中国现代法治精神的文化溯源，也是一种类似的理论尝试。探寻传统文化的真相，明晰传统文化的义理，透过现代词汇的表象，才能寻找现代法治精神的传统文化根源。而这种根源，与其说是来自传统，不如说是来自每个人自身。下面就以现代法治精神之"平等、人权、民主、契约、秩序、自由、正义"为研究对象，在中国传统文化中寻求对应的精神。当然，由于中西文化之别、古今时代之别，此种对应关系不可能是一种完全对应关系，就像中国古人穿长衫，现代人穿西装，如果非要将长衫一剪两段，然后说哪一部分对应上衣、哪一部分对应裤子，是不合适的；但是下文的比较似乎不得不这样，可谓之在观念中"削足适履"，因为中国的词汇所包含的内容更加具有综合性，逻辑体系就与现代法治精神采取的逻辑标准不同，因此每一部分内容都不可能等同，至多只能是对应。但是在今日对"法治精神"以现代词汇来表达成为惯例之时代，亦只能"削足适履"进行比较研究。

1. 自性与平等

因为人的自性是"仁"，人人皆"仁"则为平等。可以肯定地说，中华民族和中华文化在世界上最早确立了人人平等之文化观。文化观上的平等，是促进事实上的人人平等的前提和关键。而事实上存在的"差序格局"是有其历史合理性的，但是等级观念和等级特权制度的存在即是对平等文化观的背反，尤其是当阶层之间的等级秩序固化的时候，就更加违背了文化平等观。但是事实上的不平等现象有合理的部分，如古代的士阶层有天下情怀和天下担当，因此必然列为"四民社会"之首，这与不平等无涉。如若将惯于作奸犯科者硬要与士阶层平等，这才是最大的不平等。但是，如若事实上"王子犯法与庶民不同罪"，则是违背了平等文化观的不平等事实。以事实上不合理的不平等甚至以应然的差序格局之存

---

[1] 汤一介：《瞩望新的轴心时代：在新世纪的哲学思考》，中央编译出版社2014年版，书评部分。

在否认平等文化观的存在，那是错误的观念。如若可以以事实上的不平等否认平等文化观的存在，那么这个世界上就没有任何一个时代、任何一个国家、任何一个民族、任何一种信仰、任何一种群体之中存在平等文化观了。因此，如果认为中国传统文化不讲求人人平等，这是首要和最大的误解。平等文化观，中国自古有之且远远早于西方，绝非西来。

对道义之表述即为义理，中国传统文化的核心精神之一就是人与人的平等，这是中国传统文化"明心见性"之实证结果所产生的义理。众所周知，佛家所言"众生平等"，儒家所言"人人皆可尧舜""有教无类"，[1] 这些皆非凭借一种主观激情而产生的虚说或者口号，而是圣贤们在大彻大悟之后对宇宙和人生的真相、对人的心性完全明了之后所阐释的人的本质。[2] 人的"自性"是平等的事实基础和道义基础。可以说，中国是可考的人类历史上最早出现平等文化观并积极追求平等的国家。这样的观点看似是一种民粹主义的狂热，或者民族主义的狭隘，实质上却是近几百年西方文化强势地位掩盖下的历史真相。如果没有对心性本体的深刻体悟，任何所谓的平等学说都是空中楼阁；如果有了对心性本体的深刻体悟，平等就确立了一个无须争论的事实基础和实证基础。对中国传统文化的解读，绝不可脱离对心性问题的实证研究，如果抛开了心性问题的研究，则中国传统文化就失去了灵魂，今人也失去了解读时必备的金钥匙。中国传统文化对平等的认知是依附于心性和"形而上之道"层面展开的，其是一种从文化精神延伸到政治领域的平等观，这有别于西方近代从政治领域发端而构筑出来的平等观。心性作为人与人之间平等的基础，首要源于性本善论，而且这种性本善论是因人的心性本体之"所有人的自性本自圆满具足"这样的"人性本善"为出发点的，而并不是说现实中人人都已经去除了恶念和恶行对人之自性的遮蔽，而是说可以通过教化让人回归到本善的自性。本性为善，是人人平等的根基；恶念蒙蔽本善之心体，是教化存在的必要原因；通过教化让人恢复到自性的本善，即"明心见性"，是在现实社会中可以实现平等的路径。

此外，这里还需要讨论诸如"四民社会"、贤良政治的问题，从中进一步探

---

[1] 根据苏秉琦先生的研究，"有教无类"在孔子时代并不是以"出身、贫富、智力"区分"类"，而是"人种"，亦即"夷"与"夏"的种族区分。参见苏秉琦：《中国文明起源新探》，生活·读书·新知三联书店 2019 年版，第 2—3 页。

[2] 后文对心性问题再详细论证。

求中国传统社会的平等观。"士、农、工、商"的社会阶层结构即为中国古代的"四民社会"。钱穆先生认为："孔子以后，诸子百家群兴，他们全是士。士流品得势，贵族阶级被推翻，中国此下就变成一个四民社会。所以孔子在中国历史社会以及整个文化系统上，他本身已经发生了一种极大的影响。我们不能仅认为孔子为一思想家，也不能把孔子当一个教主；孔子之伟大，就因他是中国此下四民社会中坚的'士'的一流品之创始人。"[1]士大夫是中国知识分子兼社会精英的底色，也是中国几千年文化史和政治史中最不可或缺的一个阶层。阶层的固化与阶层的流动性是任何一个社会中文化进步与政治进步的重要考量因素。选贤任能、任人唯贤是政治进步的持久动力，也是社会稳定、凝聚人心的关键。有论者品读《尚书》之核心结论是：野无遗贤万邦宁，[2]即此意。从古今中外的历史上看，一旦社会阶层固化、特权阶层形成，就会逐步出现社会积怨、社会矛盾不断加剧，形成不同阶层之间的仇恨，社会即使通过暴力为后盾的法律压制，最终只能井喷式爆发、社会完全失序，导致人人皆成为仇恨情绪的受害者。例如，西方式的限权法治就是在一种社会阶层以既得权力、血统出身或者财富拥有为标准的阶层固化、社会撕裂的产物，这一点与中国传统社会的政治格局是完全不同的。如若在一种"我们永远不会成为权力中的一员、权力永远是悬在头上的一把剑"这样的思维来推动政治发展和社会进步，以"局外人和对立面"思维来构筑理论，其必然只在权力主体与权利主体完全撕裂、无法弥合的历史场景下有效。这也是所谓的"西方自然演进型法治"的根源所在。而"权力制衡是西方法治的核心之一，对我国法治话语与人们的法治思维产生了重要影响，甚至构成我国法治话语的矛盾中心"。[3]针对中国当下的腐败等突出法治问题，这样的限权法治思路绝对有其必要性、合理性和现实意义、实际功能。但是，这也导致人们将此种思维下的法治之"限权"目标之确立与实现作为法治存在与否、成功与否的标准，甚至作为法治的唯一目标，而且往往倾向于这是一个最终极的目标，似乎这个目标实现了，那么一切就会好起来。而此时就是意在将作为社会底线的"法治"和法治本身就应该具有的当然包含"限制权力"在内的"规范权力"作为最高目标，当底

[1] 钱穆：《民族与文化》，九州出版社 2012 年版，第 93 页。

[2] 何新：《野无遗贤万邦宁：何新品〈尚书〉》，中国文联出版社 2015 年版。

[3] 胡水君：《法治建设的中国话语体系》，载李林主编：《中国特色社会主义法治发展道路》，中国法制出版社 2017 年版，第 397 页。

线成为最高目标的时候，就会忽视作为底线的法治之上更重要的人的高尚美德、综合能力的意义甚至存在的必要性。秉承这样的惯性思维来看待"以人为本"的中国传统社会治理，亦即以贤良政治和君子人格作为理想人格的文化根本要求，则容易斥为"非法治"，"务本"反而成为反面教材。这不仅带来了今日法治研究中的局限，并且造成法治理论中无法有效吸收中国传统智慧的局面。而有论者指出，以此为要义的限权法治理论模型在西方早已过时，在考察西方社会结构和政治现实之后发现，这种说法并非妄言。"法治控权说所对应的典型社会，是18、19世纪的西欧社会……法治控权说最大的局限在于，它是消极的、静态的政治法律理论……并不能体现西方法治历史发展的整体面貌……"[1]"法治控权说"绝不是一种具有普适意义的法治标准，这对于中国现代法治的理论方向有着重要的启示意义。控权是法治的题中应有之义，但是绝不意味着控权就解决了一切、控权就是法治的根本，因为控权是一个法治底线问题。明确了这些之后，我们再来看中国传统社会"四民社会"的结构和文化氛围，绝非有违平等观念，也绝非违背法治之平等精神，而是一种社会精英的社会担当。培养精英是一个国家、一个民族强大的根本，真正的精英是权力正确行使的根本，这本身与中国传统的法治并不矛盾。不能以西方"法治控权说"来评判精英培养、贤良政治是否为法治，更不能以"法治控权说"来否定精英培养、贤良政治之必要性。因此，辜鸿铭先生在中国近代风云变幻之"三千年未有之大变局"中曾经提出："中国未来是独立自主，还是被外国所奴役，就取决于能否有一支高效的军队。而这又取决于，中国的知识阶层和决策层，能否重新恢复'士'的古代含义——不是文士，而是能全副武装、抵御外侮的君子绅士。"[2]这些话在今日回头看来，既是当时的良方，也对今日中国有着极大的现实意义，这就是社会精英的培养和历史担当问题。真正如古代"士阶层"般的社会精英群体的形成，才是一个社会人人平等的捍卫力量，更是引领力量，而不至于沦落为纸上空谈平等。今日推动法治理论传播，甚至是只专注于法治控权说的理论家们，看似认为"法治"决定一切，但是实际上自身也是以"士阶层"的历史角色在推进法治，而推进法治的关键之一就是这个新时代的"法学士阶层"，那么怎么可以在法治理论中忽视自身的历史角

---

[1] 王耀海：《中国法治发展战略和进程》，载李林主编：《中国特色社会主义法治发展道路》，中国法制出版社2017年版，第423页。

[2] 辜鸿铭：《中国人的精神》，李静译，天津人民出版社2016年版，第152页。

色以及与自己类同的历史角色的存在和关键意义？没有了当代的"士阶层"，还会有法治的顺利实现吗？因此，精英培养之重视、贤良政治之推行，不仅不违背中国传统社会的法治、不违背中国传统社会的平等文化观，反而是法治和平等的关键。此外，还有一个伦理秩序与平等观的问题需要探讨，即长幼有序是否有违平等。父慈子孝、长幼有序之类的伦理秩序，本身就是一种人生应有的状态，反而现代社会屡见不鲜的有违伦理的情况不应该成为人类生活的常态，而伦理秩序是人格平等之延伸，并不是有违人格平等，此处不再赘述。总之，对自性的认知是平等的事实基础，对自性的复归追求是实现人格平等的实现路径，人的自性决定了平等的文化观。

2. 伦理与人权

伦理为中国人之"义"，伦理生活就是"适宜"的生活，"义"的生活自然包含今日"人权"之内容，但是无须以此"人权"概念予以突出强调。因为人权这样一个概念的产生，理论上讲是有着特定的时代背景作为指向的——那就是政治权力已经将人的基本生存自由完全剥夺了、压抑到人们无法喘息，因此才需要在法律上明确人权这一概念，告诉统治者哪些是人权，你不能侵犯。或者如事实上欧洲新兴资产阶级保卫财产权、争取政治权力的时期才出现。法律在产生之初对人类而言只是义务和戒律，而且这种义务和戒律是一种最低限度的约束和禁令，只是随着政治的发展，禁令越来越多、束缚越来越多，已经完全脱离了当初义务要求的本质，因此才有必要从正向上固定法律人权。因此，人类最初的"义务法"是一种积极的事物，因为有限的禁令之外全部都是今日之权利内容，无须去"争取人权"；后来的义务法转化为所谓的"义务本位"，是对最初的义务法的背叛，因此才出现了"义务本位法向权利本位法"的历史转变，这是西方特定历史背景中的产物，是黑暗政治促成的反抗的理论产物。所以，人权这一概念是黑暗政治达到极致的产物，而不是对最初的有限义务法的反抗。因此，一个没有"人权"概念的社会，可能是一个好社会；而产生人权概念的社会，可能是一个糟糕透顶的社会。"人权"概念的出现，只是表明了抗争，而不能代表这是一个"先进"的概念。

中国传统社会的人权问题，如果对应西方人权的三个对象——神权、政治权力、人自身的迷茫，神权不是一个障碍，因为儒、释、道文化就是在告诉世人，每个人最终极的主宰是自己，而不是外在于人的神，更不在于神权；而作为修己之学，儒、释、道都是要去除人心的蒙蔽，让自己成为一个"大人"、一个人格完善的人。那么人权的核心问题就是政治权力对人权的现实威胁。而儒家的核心，就是通过推行仁政来让政治权力以民为本，因此是以现实的行动来保障人权。就人自身是否成为自身的人权障碍而言，虽然没有人权这样的字样表述，但是让包括官、民在内的每一个人成为一个完满的人，这就是儒家对"人权"的全部意义。当然，从一个人的人权之威胁往往来自另一个普通人的角度来看，秩序是人权的保障，因此儒家通过伦理作为社会秩序的基础，也是在保障人权。中国传统社会讲求伦理秩序，因此在伦理中似乎也少有人权的概念。例如，婚姻制度中的"父母之命、媒妁之言"就当然地被解读为对婚恋自由的人权观的严重背反。但是我们不禁要以常识的角度来辨析，"父母之命"就代表着父母与子女之间只是一种服从与被服从关系？抑或"父母之命"带给子女的婚姻绝大部分都是不幸福的婚姻？不从伦理是基于人类最亲密、最无邪、最纯真的大爱的角度来解读，我们永远会给伦理扣上一顶"封建"的大帽子。伦理不仅不是今人所谓对"人权"的背反，反而是实现"人权"之实质目的的最佳方式。诚如钱穆先生所言：中国人提倡孝道，子女必当对其父母知亲知尊，此时父母必各得其受尊受亲之地位，此乃"自然人权"；人之处群，所当尊亲者，不只父母，推此知有尊、知有亲之心情，以修之身，而见于行，斯其人亦必受人之尊亲，此可谓"人文人权"……而人与人之间，既互不相尊，亦互不相亲，则所谓人权亦仅一"法律"名词而已。[1] 当然，伦理秩序的僵化也是对伦理的背反，伦理是基于人类的正常情感构建人与人之间的关系，其目的在于让人们更好地生活，而不是对人形成桎梏。当我们比较先秦儒家与汉代以后的儒家的时候，发现儒家被异化得非常严重，一种让人充满幸福的伦理被异化为统治的工具，这种趋势众所周知。伦理秩序的法律化便是伦理秩序僵化和异化的明证。当孝敬父母的伦理感情需要用刑杀来强制维护的时候，这种伦理就只徒留了形式而已。瞿同祖先生在《中国法律与中国社会》中研究的以刑杀维护孝道的大量案例可资参考。[2] 当我们观察今人所处的伦理秩序之时，无论身处贫富阶层如何，为了财产争夺导致兄弟反目、父子生恨已不鲜见，我们万不能说今人实现了一种良好的伦理秩序。一个连伦理亲情

---

[1] 钱穆：《文化学大义》，九州出版社 2017 年版，第 147、148 页。

[2] 瞿同祖：《中国法律与中国社会》，商务印书馆 2010 年版，第 30—77 页。

都可以弃之不顾的人，断然无法去爱一个国家和民族，自私与狭隘断然无法形成凝聚力，也无法造就一个强大的国家，这是一个基本常识。以封建社会的统治者利用了儒家伦理观来"统治人民"为由，反对当代伦理秩序的构建、忽视其作为社会根基的作用，实在是一叶障目、因噎废食。而认为"法律主治"可以天下大治，而排斥人文与道德的终极意义与根本性作用，无异于饮鸩止渴的冒险行为。最终，由于伦理秩序的形成，也就是仁爱秩序的倡导，中国人才能形成家国同构的社会结构，才能有了家国情怀，家国情怀再扩展为天下观，因此最终出现的是一种和谐的社会观和人际观。在仁爱秩序之中，无须依据法律权利去以自利心维护"人权"，而是以利他心而"公天下"。儒家要求统治者德政、仁政，要求统治者尊崇极高的要求——礼，就是在仁爱秩序中防止公权力侵犯私权利，这就是防止政治权力侵犯人权。伦理讲求和谐，西方人权的基础却往往是个人主义与个人本位，这也是中西文化差异所致。因此，在对各个群体的本位要求中、在社会整体的仁爱秩序构建中，以伦理为出发起点、终极目的，以伦理为亲族之纽带、家国之纽带，去追求一种人之所以为人的"义"的生活，这就是对人权的保障和智慧。"人权、人权"，如果不首先从人文意义上明白应该如何定义"人"，那么"人权"后面的这个"权"字就没有了任何依托，再高尚的口号也只能留于空泛，最终一定会误入歧途。用文化来定义人、塑造人，用法律来维护权、彰显权，这才应该是一个完整的当代人权概念。

3. 民本与民主

中国是世界上最早确立民本文化的国家，中华民族是世界上最早明确民本文化的民族。这与西方古希腊时代、古罗马时代的奴隶制度的正当性相比，与圣哲亚里士多德还将奴隶与牲畜几乎等同待之[1]相比，不知文明开化早出几何；与西方中世纪将所有人都视为上帝的子民，实际上却沦为教权的奴仆相比，文明开化程度更不知早出几何。因此，说中国是世界上最早确立民本的国家，是完全符合历史事实的。所有人都是平等的，大部分人是"民"，因此"民本"作为文化是毫无争议的。什么是民本？就是统治者要以民为本、以民为亲，更是以"民以民自己为本"的一个文化觉醒作为前提，也就是民之心中自己的主体地位的确立。

---

[1] 古希腊、古罗马的奴隶，有因为出身而世代为奴者，也有大量国家的公民，因为国家被征服而成为奴隶者。

"天视自我民视，天听自我民听。"[1] 这是一种理念要求，"民惟邦本，本固邦宁"，这是一种政治智慧的总结。同时，民是国家的主人亦是一种正常的观念，所谓"夫民，神之主也，是以圣人先成民而后致力于神"。[2] 这其中包含着道义和智慧之双重要求。因此，民本即一种天道要求，是一种政治理念要求，又是一种政治智慧要求，而且三者不可分离。正是因为民的地位是天赋予的，因此儒学在 16 世纪开始西传欧洲的时候，才有了振聋发聩的效果，才实现了儒学对欧洲的真正"启蒙"，西方将之转化为"天赋人权""主权在民"。民本也好，民主也好，其前提和目标都是人本。民本和人本是民主的前提和基础，民主是民本与人本在特定语境下的一种表现形式或者表达方式，民主也是为了实现民本。因此，此处将民本与民主作为一个比较对象是恰当的。

由于民主在当今世界已经成为一个超越了其本身应有之地位的概念，因此在此需要表明一个基本观点，那就是不要用"被神化"的民主来替代对民主理念本身的种种矛盾的现实考量。被神化的事物，最后一定会被虚伪化，此时不仅不能起到其原本所应具备的社会功能，而且一定会成为谎言和伪善的代名词，或者演化为一种盲目和狂热，特别是在其被别有用心地操控和利用之后，则会形成一种巨大的社会破坏力量，最终会彻底沦落为一种罪恶。因此，神化民主的人，无论是出于盲目的狂热还是别有用心进行政治操控，其结果往往是让大众将本不该出现的"民主弊病"算在了民主的头上，因此这种极端化的思维在本质上却是危害真正民主、反民主的。这就是思考问题的中庸之道，也是一种正义的要求。今日所谈民主，为什么需要和民本进行对比？一是因为民本是与民主接近的一个概念，二是民主与民本是以不同的立足点和不同的手段实现同一个目的。而我们面对的现实是：被神化的民主和被矮化的民本存在于大多数人的观念中。民主与民本基于一个共同的前提，那就是人人平等，如果人和人是不平等的，那么作为权力拥有者接受或者提倡民本、民主就往往演变成一种政治谎言或者一种力量均衡的筹码和权谋。此处的人人平等，首先是理想人格上的平等，而绝非指财富、能力、智识上的等同。因此，当不同智识的人共处一个群体的时候，如何保证民主的正当性？当一个群体中大家利益诉求存在严重冲突的时候，如何保证民主的正

---

[1]《尚书·泰誓》。
[2]《左传·桓公六年》。

当性？民主历史上永远未能解决的乌合之众和多数人暴政现象更让民主蒙上了一层阴影。此处几个简单的问题意在说明，如果不厘清民主真正的含义和适用条件，那么在民主问题上我们永远会站在道义制高点上却要迷茫下去。此类问题都是民主理论所无法解决的，因此我们也看到了今日世界中对民主的种种质疑和沮丧。因此，民主理论作为一个正面词汇最初被接受的时候，其有一个确定的对象甚至敌人，那就是专制政府。当面对专制政府这样一个目标的时候，权力与权利的矛盾是社会的主要矛盾，因此民主理念就流行起来了。而民主的现实化，一定是政治力量对比的结果，而非政治力量分野的原因。民本是针对统治者所提出的要求，其正是意在解决统治者对待民众的初心问题。因此，民主的目标和民本的目标是一致的，就是防止权力对权利的侵害。

从文化角度而言，西方历史上对待民主的态度与中国历史上对待民主的态度是不一致的；而近代以来民主观念流行的原因，中西方却具有一定的一致性。民主在文化义理上绝对没有超越民本，而是民本的一个理论产物；但是在实现二者共同目标的方式上却体现出了重大差别。民本是社会精英、知识阶层对统治者的劝诫和要求；近代民主是社会精英通过发动民众与统治者对抗的手段。我们来分析一些事例以便进一步分析其中要义：在打击敌人的战争中采取何种战略？一个优秀的军事指挥人才是最关键的，甚至完全不需要千军万马、民主决策。如何保证粮食亩产翻番？一个优秀的农业科研人员是最关键的，甚至不需要广大农民亲自投入科研。当我们综观各行各业的时候就会发现，以对立思维来看待精英和民主之关系是一个民粹式的思维。最优秀的人才，只要其秉承公心，是不需要以民主方式为大家谋福利的，而是勇于担当方可取胜。那么政治中的民主针对什么呢？就是针对历史经验反复告诉人们的一个道理，在其位本该天下为公之人，却以权谋私、为私弃公、损公肥私。因此，一个良好的政治治理模型，在理论上是不需要直接的决策式民主的，这一点毋庸讳言。权利与权力在此时也绝不是一种对立关系，而是一种互相依存关系。因此，民本更倾向致力于构建一种理想的政治样态，民主更倾向致力于对现实政治的抗争和约束。另外，有论者的观点更加具有启发意义：儒家是讲民本主义的，它的民本主义的特点是以民生为基础和根本，所以民生比民主更重要……所以儒家认为民主非常重要，但是民主并不是在社会发展任何阶段都是具有首要价值的东西，而民生是更重要的价值。[1]

中国传统社会并非没有今日民主之内涵和精神，只是没有这样一个知识性概念意义上的词汇。当一个社会充满仇怨戾气、完全是见利忘义思维主导着的时候，如何能够化育出以天下为己任之人？以天下为己任之人如何达到一种圣人境界，以见利忘义的庞大群体为造福目标？因此，我们绝对不要被民主这样一个概念完全牵制而忘记社会的根本在于人的道德之提升。特别是一种以人性恶作为基调的构建论，是一种极其危险且贻害无穷的伪善的民主。民本更加深层次的意义在于其所依附的完整的民本理论体系，在确定了人民的主体地位的同时，让最优秀的人进入权力体系，也就是贤良政治。贤良政治是让社会精英、知识精英与政治精英合一的理念；这是由民转为官的现实路径，其本身就具有现代的民主意义。贤良政治不仅起到了有能力保护民众、造福民众的作用，而且其本身的文治教化又是一个让民众提升道德与智慧的实际路径。因而，在民本之下形成权力主体和权利主体的和谐。当然，依附于封建制度的民本政治理念，是无法实现今日社会主义制度之下的人民真正当家做主的政治意义上的地位的，但是在几千年的政治实践中，也的的确确起到了维护民利、造福民众的作用。这应该客观看待，而不是一否了之，特别是在中西之文化比较的意义上，更需要辩证分析。"最早把中国政治定义为'专制政体'的人其实是法国人孟德斯鸠，而魁奈在批驳孟德斯鸠的观点时主张应该学习中国的这种'开明专制'。"[2]因此，在谈到与民主直接相关的自由话题时，毛泽东同志在1913年曾经进行过中西比较并得出如下结论："中国自由，西国专制；中国政法简，租赋轻，西国反之（满清不专制）。"[3]这段话今日理解起来，是值得思考的：在古今比较的意义上，中国大一统的"封建社会"与今日之社会主义社会相比较，谓之"专制"并无不妥；而在中西比较的意义上，当时中国传统社会的政治实践如果以西方的政治实践为参照物，则西方才是"专制社会"。而中国传统社会之所以能够被毛泽东同志这样评价，"民本"作为文化的最大目标之一，是对政治实践的最大引领和规制。总之，不能无

---

[1] 陈来：《儒家文化与民族复兴》，中华书局2020年版，第204页。

[2] 张允熠：《中国文化与马克思主义》，人民出版社2015年版，第360页。

[3] 毛泽东：《讲堂录》，见中共中央文献研究室等编：《毛泽东早期文稿（1912.6—1920.11）》，湖南出版社1990年版，第590页。转引自杨念群：《五四的另一面："社会"观念的形成与新型组织的诞生》，上海人民出版社2018年版，第102页。

原则地将文化与政治实践混同，更不能无视其中真正的因果关系。在看待民本问题时，同样应该注意这一点。

4. 仁爱与契约

契约讲求的核心是"信"字，仁爱精神必讲求"信"，仁爱精神比西方的契约精神甚至更注重"信"，因为"信"是道义要求。儒家所言"仁、义、礼、智、信"中之"信"，是表达了"言必信"的含义，浓缩为一句"君子一言，驷马难追"，这就等同于西方所言的"契约"。西方的契约精神在国内被神化得非常严重，这是一个有待明辨的事实。认为契约精神是西方的专属，而中国没有契约精神的论调此起彼伏，这也为西方文化中心主义论者找到了一个以西方为师、宗法西方的理由。

前文已述，从文化层面而言，西方的契约大体分为两种：一个是契约精神的源头，即人类与上帝订立的契约，也就是犹太教的亚伯拉罕、摩西代表以色列民族与上帝立约。从这个意义上讲，中国传统社会当然没有这种契约精神，西方除了以色列民族之外，都不具备这种意义上的契约精神或者资格，这是由信仰和教义决定的。上帝与人立约，实际上并不能称之为契约，而应该是人对上帝的信仰和服从的誓约。因此，这种契约精神在基督教中就体现为信众依据教义而行为。马克斯·韦伯在《新教伦理与资本主义精神》[1]中所描绘的清教徒式的资本家，当然是此种契约精神的结果，而其本质上还是上帝信仰的结果。因此，信仰决定了此种契约精神的存在与否。如果看中国此种信仰层面上的契约精神，则需要从道统上来看，那么礼法传统、敬天保民、以德配天，则是中国之契约精神的展现——不负天道之精神。西方人与上帝立约，中国人与上天立约。契约精神的第二个含义就是人与人之间的契约，这其中又可以分为卢梭们以社会契约论为基本理论框架以及由此扩展的社会契约；还有就是在商业高度发达的西方社会，代表着公平交易意义上的契约精神，这在中国现代的民法中被称为诚实信用原则。我们首先看公平交易意义上的契约精神，如果说以言而有信著称的中华民族没有这种意义上的契约精神，那么此种偏执人格导致的理论结果就无须在意了，因为谁也无法叫醒一个装睡的人；让一个偏执人格型的理论家充当中国传统文化优劣的评判法官，显然是自降身价、毫无必要。若以中国商人中那些惯于缺斤少两的

[1]（德）马克斯·韦伯：《新教伦理与资本主义精神》，郁喆隽选译，浙江大学出版社 2018 年版。

奸商形象代替全部商业之实际面貌，那么做一个对比，当西方的国际大资本收割着全世界的"韭菜"的时候，当近代西方明火执仗地进行世界性的财富掠夺的时候，我们也断不能认为这是一种完美的契约精神的展现。这些违背中国传统文化之仁德要求的奸商、违背西方契约精神的资本，才是一个对等的比较对象。不以此观念对照彼事实的中西比较原则是本书的研究方法，因此此处无须赘言了。而此处主要讨论与社会契约论相对应的契约精神。社会契约论意义上的契约精神在中国传统文化中是没有的。笔者认为，这种意义上的契约精神的缺失，不仅不是一种遗憾，反而是中华民族的文化自豪感的明证。中国传统文化没有社会契约，反而是永恒坚守的"良知契约"。良知契约是基于人性本善和为了弘扬人性光辉而自然存在；社会契约是以"自私自利的人"之"自然状态"为前提，为了"自利"而产生，二者不可同日而语。

5. 天道与秩序

中国人很早就明白了天地的终极法则，也是最早领悟了宇宙秩序真谛的民族，如孔子所言"知天命"。因此，中国人也明白了何种终极的人类秩序是符合天道法则的，而对于理想的天道秩序而言，"礼"就是一种天道秩序对人道秩序的要求。因此，中国传统社会是在追求一种符合最根本宇宙法则要求的秩序文化观。例如，儒家的秩序精神是基于伦理秩序而扩展为家国一体，其中的家国情怀又是完全符合儒家的天下观和大同理想的一种表达。从本质而言，儒家的秩序精神是一种仁爱秩序，这种仁爱秩序既包含文化层面上的心灵秩序，又包含现实之中的政治秩序和社会秩序。就政治秩序而言，儒家秉承的是一种精英政治理念，也就是儒家要培养政治精英，儒家培养的政治精英以天下为公之精神实现精英的使命，那就是贤良政治和民本情怀。儒家的政治秩序抓住了权力这一关键问题，儒家不仅不是提倡人治，反而是反对近现代意义上的人治，其方式就是培养优秀的人，通过儒家文化的心性修养来克制人性中的弱点，以期望人性的不完美之处对政治实践的负面影响降到最低。而且儒家所构建的秩序，与西方权利、权力对抗的对立思维完全相反，是要构建一种和谐的政治秩序。就社会层面而言，儒家的伦理观是促进社会秩序的良性运行和政治秩序与社会秩序的和谐一致，而总体上就符合了文化意义上的心灵秩序，这就是儒家的仁爱秩序。儒家的秩序精神集中体现为社会的伦理秩序和以礼为准则的政治秩序。伦理秩序针对大众，礼作为一种极高的政治要求针对权力，而且"礼"代表着政治权力的"合法性"。这种秩序精神，其实与现代秩序精神的实际追求是完全一致的，而且是一种高度发达的智慧。今人只是在西方自由主义所倡导的对立思维法治秩序观之下，才对儒家法治的秩序精神给予了诸多批评。而西方的自由主义秩序精神，不管民德，不管官德，只强调一个规则化的法律秩序，而此种法律秩序在缺少了人文的情况下，实际上是无法实现秩序精神的要求的。哪种方案抓住了根本，哪种是在舍本逐末而挂羊头卖狗肉，实际上是可以分辨清楚的。

6. 自在与自由

中国人也是最早知晓了人类的终极自由境界的，中国人自古就最看重自由、最深刻地领悟自由的真谛并积极追求自由。悟道，即领悟了宇宙本真、宇宙秩序、人生至理、人道秩序，对于终极规律与秩序要求的掌握，就是对灵魂自由与行动自由的终极领悟。知人者智、自知者明，自由是一种大智慧生成的结果。而经常有人发问：中国传统社会有自由精神吗？近百年来，否认中国存在"自由传统"是社会的主流观念。如系统输入西方自由主义思潮的第一人——北京大学首任校长严复"一针见血"地说："自由一言，真中国历古圣贤之所深畏，而从未尝立以为教也。"[1] 如果秉承这种思路，我们不妨首先探讨一下中国传统社会"自在"这一词汇，转而再探讨"自由"问题。"自在"是一种人生的真实境界，佛家通常讲"观自在""得大自在"即为"自在"境界的描述。如何达到"自在"的人生境界，那就是通过心内求法，也就是心性的修炼。中国古代儒、释、道都注重心性这一根本问题，[2] 而且在此问题上是高度一致的，只是义理表述和追求路径有所差别。笔者认为，中国传统文化的最大价值恰恰在于对自由的终极认知以及对自由的现实追求，这种对自由的追求不是一种主观的臆想，而是可以求得的实有境界；更为重要的是，这种对自由的追求并不需要依靠政治权力的恩赐或者"神"或"上帝"的恩典，而是完全通过自我心性的修炼和心内求法，这与依靠上帝的恩准而倡导的西方"良心自由"又有所不同。佛家所言"凡所有相，皆是虚妄；见诸相非相，即见如来"；道家所言"至虚极，守静笃"；孔子之"七十而从心所欲，不逾矩"；这些都是对于人的"终极自由"境界的描述，而儒、释、道的圣人也就是在引导世人走向这样的"自由"境界。而且这些自由

---

[1] 马立诚：《最近四十年中国社会思潮》，东方出版社 2014 年版，第 135 页。
[2] 笔者将在后文"儒家心法"部分充分论证。

境界并非空谈心性可得，而是需要积极修身验证，而生活的一切都是修身验证的方式：修身、齐家、治国、平天下，即儒家的修身验证方式。

中国传统文化中关于自由的追求被误解最为深重之处就是将灵魂自由的追求异化为"坐而论道"般消极避世、与世隔绝甚至软弱无能、任人宰割。尤其是在中国传统政治制度的"专制"性质掩盖、取代了人文精神之生生不息之实有的历史观中，中国传统社会便被今人视为缺乏自由传统了。当我们观察会发现，对自由的终极拷问和实然追求从来都是并存中国历史上的，如儒家的殉道精神表述为"舍生取义、杀身成仁"，儒家是捍卫自由的中坚力量。中国历代的仁人志士，中国人的家国情怀，无不是为了自由而存在的。说中国没有自由传统，恐怕也只有今人在抛弃了对传统文化的深刻领悟以及将政治制度作为中国古代唯一的研究对象时才可能得出如此结论。自由的前提是对必然的认知，也就是对终极规律的掌握与遵从。而中国传统文化从来都不是"空谈心性"之灵魂自由追求，而是一种积极入世的姿态，完全囊括了西方政治自由的研究范畴。大陆新儒家代表人物蒋庆先生的学说中，突出强调心性儒学基础上的政治儒学[1]之重要性，认为二者断无可分，这是有道理的。不胸怀天下而安于一隅者，非真儒也。通过心性修炼追求灵魂自由，通过政治权力规制实现政治自由，通过社会和谐实现人与人之间的自由之界限明晰，这才是中国传统文化的追求。一言以蔽之，中国传统文化的精髓就是在于追求自由，因此，中国自古就有自由传统。在文化上对自由有了最为深刻的终极认知、在政治上通过一大批以天下为己任的大儒为大众争取政治自由、在文化义理上将人类的终极自由表述得明明白白并且世代传承，这就是中国传统文化的自由。有很多论者认为中国人骨子里有奴性，意指有别于西方文化为神权之奴和为政权之奴的一种文化奴性，表现为对于权力的崇拜或者畏惧，这是一种以片面现象否定真正文化观和文化实践、政治实践的结果。中国传统文化讲求的是人的顶天立地的自由追求，是一种真正觉醒的自由，是人生境界量同天地的自由，无须谄媚、无须求得别人的认可、无须随外境而心绪起波澜，更无须以他人之标准为标准、以他人之宠辱为喜悲。[2]而且只有在文化上明白了人为何能

---

[1] 蒋庆：《政治儒学：当代儒学的转向、特质与发展》（修订本），福建教育出版社 2014 年版，自序部分。

[2] 见贤思齐、见不贤者自省，这是对的；但是期待他人的认可和掌声来决定自己之成败，以他人之标准为标准而求得认同、融入，这在某种程度上系"心无定力"，亦即修行不足。我们近代以来

够、应该顶天立地，也才能义无反顾地冲破被异化的文化和政治上的牢笼，追求着本属于人类的最大自由——得大自在。[1]若不明了自由之真谛与本源，则自由断然无从实现。

7. 中庸与正义

中庸与正义之概念，皆是在表述"道义"。今人经常引用亚里士多德的"法即正义"来论证西方的正义追求古已有之。而亚里士多德所说的等同于正义的"法"，是指宇宙的终极法则，在中国称之为"道法自然"。中国古代圣贤早已悟道，因此就自然明白了终极的"法"，也就自然掌握了西学所指的终极"正义"。在这种对等比较中，我们可以说，中国人最早知晓并掌握了"终极正义"，并且以对"终极正义"的掌握为前提而展开对各种"具体正义"的追求。而此种"正义"是需要真实的自身体悟的，而非空谈，而对"正义"的终极体悟，即可以以"中庸"囊括之。"天命之谓性，率性之谓道，修道之谓教。道也者，不可须臾离也，可离非道也。是故君子戒慎乎其所不睹，恐惧乎其所不闻。莫见乎隐，莫显乎微，故君子慎其独也。喜怒哀乐之未发，谓之中；发而皆中节，谓之和。中也者，天下之大本也；和也者，天下之达道也。致中和，天地位焉，万物育焉。"[2]"君子中庸，小人反中庸。"[3]这是关于中庸的经典表述。笔者认为，中庸是天地之道与人之道的完美统一。此种完美统一，在西方被称为正义。因此，西方语言"justice"等被翻译为汉语的"正义"一词时，则是指"正合乎其所义，义者，宜也"。西方法学中所谓的"法即正义"，其所表达的内涵是：宇宙法则[4]是至高法则，是无法改变的，宇宙的法则本身就是正义。因此，"法即正义"翻译为汉语最为恰当的对应语言应该是"道法自然"；但是西方法学在论述法即正义的时候，几乎没有能够达到"道"的高度和精深，猜测与思辨大于实证与体悟。所以笔者认为对"道法自然"的延伸概念，即中庸，可能与西方的正义最具

流行的"与世界接轨""符合国际标准"，很多时候是在求得西方的"认可和首肯"，同时失去了自己的判断力，失去了自我肯定的能力和信心，这不是自信，而是自卑。是故，"君子坦荡荡，小人长戚戚"。

[1] 此处之"自在"，可以理解为《心经》中所表达的"自在"，即原文"观自在菩萨"之"自在"。因此，中国有一句成语"自由自在"，自由就是得了自在，得了自在才是自由，本书即为此意。

[2]《中庸》。

[3]《中庸》。

[4] 此"宇宙法则"在观念中被认为是神、上帝、自然神、自然界何者所创造。

有对应性。因此，中庸和正义是在大体上表达着同一个意思，只是具体的义理必然有所差别。我们过去对被异化的儒家很是反对，但是被异化的儒家、被曲解的儒家并非真儒家。例如，中庸就被很多人误以为是"和事佬""得过且过"，这是误解。又如，古人对"忠"的理解完全不同于今人，"忠"并非忠于个人，而是忠于信仰、忠于天下之道义，这就是今人所理解之正义。此处需要真正理解中庸中所表述的"天命、性、道、教"等诸多古汉语的内涵，否则将中庸的义理表述当作一个古文背诵，就没有意义了。天命即道的本体及其所自有之终极宇宙法则，孔子"五十而知天命"，就是对于宇宙天地的整个运行机理、终极规律完全掌握了；道的本体属性称之为"性理""本性""本然"，依据道体本性而运行即合于道，但是合于道是需要修行的，修行之方法就是教化。在这样的大前提下，就发展到了儒家心法，即心性本体在"喜、怒、哀、乐"未发生之状态就是"中"，亦即保持心性本体的"如如不动"之状态；心性本体在喜、怒、哀、乐发生之状态下能够回归"如如不动"之状态谓之中节。因此，"中"这一个体之心性本体与道体本自同一、同质、同态谓之"天地位"，一切回归道体本身之本然状态谓之"达道"。君子能够时时刻刻保持"中"的状态，因此近乎天地之德，圣人则是完全达到了天地境界。所以，中庸是人人可以做到的、悟得的，这就是中庸与正义趋同的原因。但是细化而言，中庸和正义又并非同一概念，因为西方的正义有三个源头或者说标准，一是神本视角的正义，二是自然法则视角的正义，三是人心的正义标准；而中庸是将此三者完全涵盖的一个概念，或者说西方的三种正义视角可以统一于中庸的概念。因为中庸的概念是指人心视角，但是这种人心视角又是符合天道法则的，同时中庸又是一种最高级的智慧。因此，相比正义这一概念的规则性理解，中庸在规则性理解的基础上又赋予了生动活泼的智慧内涵。而且中庸法则也是一种内化于人心的修行方法和义理，与人是完全合一的。因此，不要高看所谓的正义而贬低中庸，换言之，那种认为中国传统文化中不具备正义观的观点是完全不成立的。

（三）儒家法治精神之文化评判

回望今日中国社会出现之种种问题，笔者以为，莫不与近代以来对中国传统文化的极端丑化、否定和抛弃相关联。更多的不是中国传统文化之"糟粕"残留至今导致了遗毒，而是对中国传统的抛弃导致了太多问题的出现。如果以此种认知回望儒家法治精神，我们可能会更加理智地去看待它。儒家法治精神，从人性本善入手，对心性本体有着一个切实的体悟和深刻的认知。在此基础上，确立了人人平等的永恒基础和切实支撑。儒家的平等，基于形而上、关照形而下，"形上、形下"完美统一。这就有别于西方法治精神中的平等，如秉承对立思维，不同时关注"形而上""形而下"之义理，则保守主义只着眼于现实的道德状况而追寻道德平等为终极；也并非如自由主义法治勿论现实道德状况一律假定现实中的平等。儒家法治精神是在心性本体这一层面上，用本体论、实证论、实存论的方式确立了一个心性本体的同质、同源，然后关照到现实之中人的道德与智慧之差异，致力于提升所有人平等意义上的心性回归。而且，就形而上层面而言，心性本体本身是不存在善与恶之分别的，善与恶只是现实中的良知遮蔽与显现的现象，而不是本体。但是出于"方便说法"之需要，也就是根据听者的理解能力而做出相应的讲解，因而确立了性本善论。[1]

在平等精神的完美义理基础之上，又从心性本体出发，构建了人权、民主、契约、秩序、自由、正义这些现代语言的实质内涵，而且是经得起实证检验的、符合实证、实存要求的。在现代法治精神着眼的政治领域，儒家法治精神也是在构建一种政治领域的法治精神，通过政治领域、文化高度、现实关照多重层面予以完美化。人权有了精神上的人文追求和天道追求以脱离人的自我人权剥夺、人权又以大儒们以师道引导帝王进行政治规制、以大儒们的入仕和担当来构建主动保护型人权保障、以人本文化让人权不会受到神权和教权的束缚和控制。在民主方面，树立一种儒家的道义担当，以民为本的精神引领者——大儒们——天下为公，而不是发动民众去"争取人权和民主"而自己作壁上观，但是又从塑造理想人格方面让每个人都有机会为自己做主，因材施教且"有教无类"。在契约方面，通过君子人格来构建一种诚信社会，事实上是让每个人与自己的良知签订了契约，让社会形成一种共同的、无须强制灌输的、无形的良知契约。在秩序精神方面，通过符合人情人性的伦理秩序的构建，这种伦理秩序的基础和本质以及目标是一种仁爱秩序，这就是在弘扬家国情怀，实现儒家的天下观与大同理想。在自由方面，让每个人都以基本的良知自由为起点，获得人生最终极意义上的灵魂自

---

[1] 善与恶，是人的"分别心"所致，回归到心性本体，即"无分别"，亦即"无善无恶心之体"。后文将详细论证。

由，而通过对现实政治的深度介入和直接参与来追求对政治自由的保障。在正义方面，通过中庸这一最终落实于人心的"正义"表达方式，让人的行为和人心符合最高的"道与德"，让正义不再是外在于人心，而是正义就在人心中，正义是人心的一个准则，是人类为自己订立的准则，这种准则是一种智慧追求，也是人生的境界和人生的意义。儒家法治精神，可以说是文化意义上的法治精神的集大成者。其时刻突出强调人本和人文，而并非如西方法治中将人矮化为法律或者法则的奴仆，是让人掌握最高法则，让最高法则成为人心的一部分，让最高法则与人实现完美和谐。

总之，儒家法治精神，以人的心性为根本、以人的主体地位为依归、以理想人格为人的塑造标准，让生物学意义上的人成为社会学意义上的人，让社会学意义上的人成为人文意义上的人，实现了以文化引领法治精神的必然要求。儒家法治精神的可贵之处和根基，在于抓住了人本、人文，打造了追求君子人格的社会风气，文质彬彬的君子，落实于现实政治的士阶层，让儒家法治精神不再是一种空谈，而是有了一个强大的儒者群体支撑并形成一种最为广泛的社会认同。儒家的法治精神，就是每个人的人生意义的解读和指引，是与每个人的生活时刻不可分离的人生至理。儒家法治精神，是文化要义的充分展现，内化于心、外化于行、心行一致。认为中国传统没有与西方相对应的法治，更没有与西方法治精神相对应的精神体系，这实在是一种对中国传统文化的严重曲解和误读。儒家法治精神的义理，由于其中国传统文化的属性而充分激发人性之光辉，这是西方法治精神无法比拟的。儒家文化及其德政模式中的法治精神解读，应该带来的是旨在全面解读儒家文化的命题，而儒学的再次发掘与弘扬，可能是解决现代社会人类所面临的普遍性的精神溃败的一个最佳方式。严复先生当年认为中西文化经过事实检验后，认定孔孟之道"量同天地、泽被寰区"。钱穆先生也曾断言21世纪是儒学的世纪，认为："中国文化之被误解，被忽视，必将成为期求当前世界文化新生的一个大损害……孔子教义，仍将为后起的世界文化新生运动中，求在人类历史本身内部觅取文化真理者，唯一最可宝贵的教义。"[1]当下学界对于儒学的研究，已经慢慢走出了习惯性地认为"儒学是空洞的道德说教""儒学之修身是做给他人看的伪善""儒学就是维护封建统治的愚民学说"等误区，而研究儒学也

---

[1] 钱穆：《文化学大义》，九州出版社2017年版，第125页。

并非只是新儒家学派的使命。我们需要区分被政治异化的假儒学与源头在以先秦儒家为主要代表的真儒学。如若继续秉承以观念对照事实的、混淆真假儒家的思考方式，那么我们可能会毁掉现代中国的文化底力，这需要今人慎思明辨。儒者，并非文弱书生，而是深明大义、"明明德"的、可以文治武功兼备的、心底无私的奉献者。梁漱溟先生在90岁高龄的时候有一次演讲表达了一个意思：我不是一个书生，我一直是用我的生命在拼，用生命践行着儒者的追求。[1]梁漱溟先生被很多人誉为中国最后一个大儒。如果将来没有儒者，徒有儒学，那么儒学就真的会成为历史了。儒学旨在培养儒者，唯有儒者才能弘扬儒学，弘扬儒学不是空谈，而是实干，这就是"人能弘道，非道弘人"。总之，儒家法治精神无法离开人这个主体，没有人作为主体，儒家法治精神也就不会延续了。

第三节　中国传统分支法治精神的文化解析

在中华传统文化中，除了儒、释、道作为主流文化的代表，以及贯穿儒、释、道的"道与德"成为中国传统法治精神的文化表达，还有诸多需要论及的法治精神及文化分支。战国时期的诸子百家几乎都具有研究意义，因为诸子百家都蕴含了极高的智慧。限于主题与研究能力，本书选取在法治研究领域具有代表性的法家和墨家作为研究对象。因为法家代表了中国传统社会中纯粹"律治"的最高成就；而墨家则代表了中国传统社会中"半宗教化法治"的缩影。与西方律治、宗教法治相趋同的法家和墨家，在中国主流人本文化氛围中、在天下一统的政治结构中，必然迎来它们在历史上所展现出的宿命。

一、法家文化中的末流法治精神

此处所谓"末流"，并非一种带有感情色彩的否定，而是依据中国传统文化之"本末"所做出之称谓。中国主流传统文化之"本"在于修身，而法家法治并未从修身之本处着眼，而是从对人的行为之"赏罚分明"等处着眼，谓之"末"未尝不可。"自天子以至于庶人，壹是皆以修身为本。其本乱而末治者否矣，其

---

[1] 笔者在一个网络视频中所见闻。

所厚者薄，而其所薄者厚，未之有也。"[1] 这就是法家和儒家对于本末的认知不同。另外，笔者赞同儒家观点，因此对法家以文化"末流"或"旁支"相称，对应儒家之"主流"文化地位。当然，中国历史上一直不乏"外儒内法、儒法并用、儒法合一"的历史事实，此处所言之末流乃文化观上之称谓，并非对历史事实的对应论断。

（一）法家法治乃传统法治旁支

一般认为，法家最早可以追溯到夏朝时期的理官，成熟于战国时期，在春秋战国时期又被称为"刑名之学"。法家法治，一般是指战国时期的法家学派以管仲、士匄、子产、李悝、吴起、商鞅、慎到、申不害、乐毅、剧辛、韩非等人物之理论为指引构建出来的法治理论及法治实践。而韩非被认为是法家集大成者之代表。韩非与李斯皆师出荀子门下，而荀子是儒家的代表人物之一，因此法家与儒家也并非泾渭分明。而《史记·老庄申韩列传》言韩非"喜刑名法术之学，而其归本于黄老"。[2] 其实，韩非等法家人物与道家也并非泾渭分明。法家应该说是中国传统文化的一个旁支，而非一个另类。就其法治的政治方案而言，在当时有着极强的针对性和先进性，但是在人文化育角度而言，却成为中国传统文化的末流。因为法家的现实政治指向和治世功能已经完全掩盖甚至扭曲了人文化育的地位和本真。

法家的政治目的在于富国强兵、在于治世，而且是需要君王直接采用自己的政治方案以实现理想，而非在外敲打边鼓或者劝谏。秦朝是践行法家法治的历史原型之典范。在国内通常的理论研究成果中，一般认为法家法治是中国历史上少有甚至仅有的法治，其原因在于法家法治将法律作为一切政治统治行为和一切人的最高准则，即所谓的"事断于法"，这满足了今人认为法治必须是"法律至上"和"法律主治"两大特征之标准。但是由于法家法治被历史证明是一个失败的法治，因此今人习惯于寻找法家法治与今人所倡导之法治的不同点。通常认为，法家法治不限制作为最高权力之皇权，而现代法治当然限制最高权力，所以法家法治与现代法治有别。我们依然从理论上讲，在法家法治精神中，从来不乏对最高

---

[1]《大学》。
[2]《韩非子》，高华平、王齐洲、张三夕译注，中华书局2016年版，前言部分。

权力的限制，而且往往将限制最高权力作为其法治成功的前提条件。因此，从法律意义上考量，法家法治与现代法治精神所期望的"法律意义的法治"是不存在本质区别的。而其本质区别在于文化层面，或者说是文化意义上的法治。

（二）法家文化承载的法治精神

在法家法治精神中，首先就是确立了平等这样的要求，也就是在法律面前人人平等。《史记·太史公自序》将法家的这种主张概括为"法家不别亲疏，不疏贵贱，一断于法"。在等级秩序和阶层特权明显的当时，这样的主张一方面出于现实的国家治理模式考量，另一方面却也着实将人人平等在法律上现实化了。当然，法家总体上将最高立法权赋予君王和皇帝，而不会如英国王权衰落时由大法官库克提出"王在法下"，亦即"国王的地位在所有人之上，但是国王在上帝之下，因此国王必须服从上帝之法，因为国王的权力和荣耀是上帝赋予的"，"王在法下"阻挡了国王一时兴起想去审理案件的冲动，但是没有影响国王在法律创造权、解释权[1]（法官造法）之外继续独裁和居于万众之上，只是将案件的审理权牢牢地掌控在了大法官自己的手中，体现为 1604 年库克发表的《有关英国法律制度的第四报告》，但是这也只有在不成文法的国度才会出现，特别是王权式微的时候。[2]当然，这个国王由于一次"任性"而惨遭打脸，却成为西方法治精神的不朽美谈。而法家主张的就是成文法，所谓"法者，编著之图籍，设之于官府，而布之于百姓者也"。[3]法家的"法"就是指实有的律、令、政、刑，对应西方的世俗法律之说。因为法家是在帮助君王富国强兵，所以当然不会制造一个"上帝之法"并提出自己所辅佐的君王需要"在法下"。但是，最高立法权赋予了君王，绝非是让君王以最高政治权力和最高立法权力率性并任性，而是需要通过"禁胜于身，则令行于民，上不行法则民不从彼"。[4]法家人物都是普遍要求君王应该首先要求自己，并且严格要求自己，在法家的方案里面，君王首先应该是守

---

[1] 亦即"法官造法"，而法官、法律的把持者，在中世纪又具体由教会、僧侣等阶层把持。因此，"王在法下"实质上是"王"在教权之下等含义，也就是"王"之上还有拥有更大权力的人，即代表上帝的人。

[2] 孟广林：《"王在法下"的浪漫想象：中世纪英国"法治传统"再认识》，载《中国社会科学》2014 年第 4 期，第 182—203 页、第 208 页。该文对"王在法下"问题的研究较为翔实深入。

[3] 《韩非子·难三》。

[4] 《管子·法法》。

法的楷模，而且这是一个基本要求和底线要求，君王绝不能"严于律人、宽于律己"。因此如果出现一个"何不食肉糜"式的皇帝君王，法家是没有任何政治舞台可以施展政治抱负的。从这里可以看出，法家的法治是比西方的"王在法下"更为彻底、更为严格的"法治"，而并非通常所认为的"法家不限制最高权力，西方法治限制最高权力"，实际情况在历史上恰恰相反。因此，法家是需要找到一个拥有智慧、坚韧、自制品格极好并且拥有远大政治理想的君王来辅佐的，因此法家所辅佐的君王也应该是一个擅于用法的人。虽然历史很可惜，韩非因为秦始皇还"不够智慧"，所以被李斯陷害蒙冤而死，以及商鞅被车裂等，都昭示了一种残酷的政治现实。当然，我们也可以解读为：秦始皇很明白，只是兔死狗烹、飞鸟尽良弓藏，顺应李斯的"陷害"而做出一种政治平衡而已；而韩非子狱中被处死之后，秦始皇的醒悟已晚，也可能只是一种姿态的表达，这样才能让还活着的"韩非子们"不寒心，而下一批"韩非子们"也会继续勇敢地涌现。史学家和政治学家自有研究，笔者不再详细考察。总之，法家的法律平等，着实是在特权普遍存在的情况之下，为了一个富国强兵的终极梦想而强势推出，因而被人愤恨、报复而最终含恨。从这里我们也可以看出，法律平等乃至整个法治，必然是一种利益的冲突和平衡过程，而绝非所有人都会"自觉"去服从法律，法律意义上的法治，要么必然寄托于威权型政治体制、要么必然寄托于所有人互相的平等认同和对法律更高层级上的文化认同。而文化认同之中的威权型体制，是一种最可能恒久有效的选择。但是，这种思路与极高明的"无为而治""德政"需要进一步互融方为完美。总之，法家确立的平等，不是一种文化思考的结果，而是一种现实政治方案的必然要求。

这种法律平等的前提或者指向，就是法律在国家具有至高无上的地位，君王拥有最高立法权，因此君王也就拥有了至高无上的地位，即"明主之国，令者，言最贵者也；法者，事最适者也。言无二贵，法不两适，故言行而不轨于法令者必禁"。[1]君王如若坏法、乱法，只能是自降权威而无它。在确立了法律平等之后，赏罚分明就成为当时"人权"的定义，这种人权当然是政治权力框架之内的"人权"，即所谓"明主之所导制其臣者，二柄而已矣。二柄者，刑德也。何谓刑

---

[1]《韩非子·问辩》。

德？曰：杀戮之谓刑，庆赏之谓德"。[1]做对了就赏，做错了就罚，以赏罚分明来建立一种社会秩序。这同样是出于政治效果的考量。这与儒家所考量的"道之以政，齐之以刑，民免而无耻；道之以德，齐之以礼，有耻且格"[2]就完全不是一种思路了，也不是同一层面的政治智慧了。这与后世"德主刑辅""明德慎罚"的主流坚守完全不同。当然，环境不同导致目标不同，富国强兵的紧迫性和战乱是无法改变的，因此不能纯粹从理念角度论高下。这从《周礼》所言的"刑新国用轻典；刑平国用中典；刑乱国用重典"可以辩证理解。在平等、人权之后，法家就完全在一种政治权力设定的法律框架之内，完美地诠释了法律自由、法律正义、法律秩序这样一个宏大的、极佳的中国式"社会契约"了。而在法家的法治精神中，我们确实难以看到民主的身影：文化上不需要教化人民如何自己为自心作主、政治上不需要且不允许人民去做国家的主、精神上甚至禁止人民寻求更高的法则来探求人生的意义，"焚书坑儒"在某种意义上应当就是一种禁止精神追求的政治行为。[3]人民的政治地位绝不是国家的主人，只是国家这部庞大的政治机器上的一个零部件而已，所有人的一切人生无非就是在支撑着一个国家的政治运转。因此，法家法治与西方社会契约派的法治存在一个不同，那就是社会契约表面上是让所有人的生存意义全部在政治中和政府"较劲"，实际上造成所有人对极权的服从；而法家法治是直接让所有人的全部人生意义在政治中对权力的服从。但是二者的共同点就是，以政治为轴心而抛弃人生的一切人文，政治就是全部的人生。

（三）法家法治精神之文化评判

法家法治是中国传统法治失败的典型代表，因此在法家法治与秦朝一并消亡之后，虽然汉承秦制，但是汉武帝完全吸取了法家法治失败的教训，因此董仲舒提议的"罢黜百家、独尊儒术"之被采纳才得以成为历史事实。"罢黜百家"的说法不能说完全准确，因为百家后来是融入了儒家的；"独尊儒术"却恰恰表明了儒家义理的合理性，因此儒家传承2000多年。在此后的时代中，法家的律治

---

[1]《韩非子·二柄》。

[2]《论语·为政》。

[3] 当然，对于"焚书坑儒"的诸多历史研究成果，笔者不具体引用，也不在本书中纠结各类观点之争。

实际上一直未曾中断，只是律治的严苛程度却以尊卑长幼为由被破坏了，形成汉代以后以儒家名义将平等精神上的律治转化为特权等级制度化的律治。[1] 法家法治的成功之处，就在于其完全是一个为单纯的政治统治而存在的理论学派，如果没有一个政治舞台，法家的理论就几乎没有用武之地了。法家法治将所有人都视为并塑造为政治动物或者政治机器的零件，因此不需要掺杂伦理亲情和人生意义的思考。法家的可贵之处在于：为了明确的政治目的性，法家法治在当时的秦帝国能够做到要求最高权力守法、依法而不得有丝毫权力任性；能够让所有人不论贫富贵贱都以法律为最高准则而排除任何阶层的法律特权，这是人类历史上所难得出现的律治的全面胜利。可以说，法家法治在律治方面的成就，几乎是难以超越的。那么法家政治实践失败的原因是什么？法家的失败之处在于"重术而失道"，丢掉文化根本而舍本逐末，尤其是在政治实践中这种舍本逐末会被放大，更加注定了败局。法家的"治术"是极为高明并且立竿见影的，但是却远离了"治道"，根本原因就是其所认定的人的本性皆是趋利避害之学说，这是一种西方的"性恶论"和"功利主义"学说的共同鼻祖，其鼻祖的含义就是这是性恶论和功利主义的集大成者，同时又是以律治主义[2]求集权与秩序的集大成者。徐复观先生将此总结为："法家政治，是以臣民为人君的工具，以富强为人君的唯一目标，而以刑罚为达到上述两点的唯一手段的政治。这是经过长期精密构造出来的古典的极权政治。任何极权政治的初期，都有很高的行政效率；但违反人道精神，不能作立国的长治久安之计。"[3] 笔者认为，这种评价是极其精准的。

其实，法家法治与今人所倡导之法治，在法律主治和法律至上方面没有区别，也正是因为法律主治和法律至上，导致了法家法治的失败。当我们真正去研究古今中外的政治史的时候，一定会得出一个惊人的结论：但凡将法律[4]确立为社会最高信条的政治实践，要么异常残暴、要么异常冷酷、要么异常压抑、要么异常功利，而最终结果都是不长久直至彻底失败，除非改弦更张。而将法律确立

---

[1] 实际上此种"八议"等制度，其维护等级特权是对儒家真意的违背，是政治异化后的假儒家。至于此类制度是否存在"历史合理性"，笔者在此不做过多分析了。

[2] 即律治至上。

[3] 徐复观：《两汉思想史》（第二卷），华东师范大学出版社 2001 年版，第 31 页；转引自蒋立山：《中国民主法治的价值建构》，载李林主编：《中国特色社会主义法治发展道路》，中国法制出版社 2017 年版，第 459 页。

[4] 此处指代中国称之为国家制定法或者西方称之为世俗法律意义上的"法律"。

为社会至尊的这些所谓"法治国家"，也几乎无一例外地以功利主义和趋利避害、自私自利定义人性，让人性在最为贪婪自私的一面上充分发挥，并且利用人性的阴暗面来巩固政治统治。这样的法治实践，都是文化上出现了严重的问题所致。没有至上的文化来塑造理想人格，没有文化来弘扬人性之善，没有文化来凝聚人心，所有的法治精神都是在推动人性走向冷漠自私，法家法治就是这样的一个样态。因此，在前文已经论证了儒家德政是中国传统法治的基本形态之后，这里就可以明确给出结论：法家法治是中国传统社会法治形态的旁支和末流，是单纯停留于政治统治的"术"这一层面的低端政治设计。而这所有的根源就在于，丧失人文精神，将文化意义上的人彻底降格为生物学意义上的人，并且进一步将人当作动物予以管理统治。因此，法家的先进在于事断于法，其失败在于以人之性恶论与人之功利主义作为理论起点。法家的法治精神，绝对不能称为一个具备人文意义的理论体系，而是一种缺失了人文内涵的"法治方案"。这对后世的法治具有极其重要的镜鉴意义。

二、墨家文化中的独特法治精神

（一）墨家法治的独特历史地位

所谓的墨家法治精神，是指战国时期以墨子为代表人物的墨家学说中体现的对法治精神的言说，而墨子的学说集中体现在《墨子》一书中。墨子的身世，至今还存在很大争议，如"墨子"是因为其受过"墨刑"还是因为作为木匠常"引绳墨以治木"而得名；又如，墨子是不是宋国人、墨子究竟一直是平民还是曾任宋国的大夫；等等。笔者认为，通观墨子之言论所体现的文采与智慧，其军事才能方面所展示的智慧与行动能力、行为方式，其绝不可能一直是一个木匠，而更应该曾任宋国的大夫，是一个文治武功兼具的大儒者。据《淮南子·要略》记载，墨子早年"学儒者之业，受孔子之术"，也就是墨子师出儒门；但是墨子最终超脱了孔子，如《韩非子·显学》所言："世之显学，儒、墨也。儒之所至，孔丘也。墨之所至，墨翟也。"[1]但是从另一个角度看，墨家与儒家在本质上是同一的，只是在面对不同的时代环境、致力于解决不同的目标问题，而采取的具体方式不同，但是其文化根基是一致的。也就是说，墨家和儒家在最根本、最终极

---

[1]《墨子译注》，张永祥、肖霞译注，上海古籍出版社2016年版，前言第1—4页。

处是一致的，就像儒、释、道在最根本处是一致的，只是大家采取的方式不同。按照一般认为的儒、墨之间的冲突：墨子的"兼爱"与儒家以伦理秩序为基础的"仁爱"是冲突的，因此孟子曾经批判墨子的兼爱学说是泯灭人伦。例如，"子不语怪，力，乱，神"，而墨子主张"明鬼"；孔子倡导周礼，而墨子提倡"俭"而反对周礼的烦扰和靡财等。[1]但是实际上，这些并非儒、墨之间的冲突，反而恰恰是儒、墨之间一致性的体现。儒家学说不是一个教条，而世人往往进行教条化的理解，导致了诸多误解。例如，孔子"不语怪，力，乱，神"，当然不是孔子不承认鬼神的存在，而是因为孔子希望"敬鬼神而远之"。孔子已经达到了天人合一的境界，因此不会走入神本的道路，但是如果孔子大谈特谈鬼神，那么对于世人的境界而言，一定会产生恐惧和盲从，进而走向宗教。例如，孔子如果告诉世人灵魂不朽，那么就会担心世人因为知晓灵魂不朽而轻视肉体生命；如果告诉世人灵魂随肉体而消亡，则世人可能会尽情满足欲望以便"不白来人世走一遭"。因此，孔子针对当时的现实状况，采取了因材施教的方法，即所谓"中人以下，不可以语上"等，这是达到圣人境界的一种必然表现；类比一下，佛家所言"佛渡有缘人"当然也是这个意思。因此，孔子说"民可使由之，不可使知之"，[2]意即让大众可以遵道而生活，即过"德"的生活，但是，没办法让大众都彻底明了背后的义理，因为人的资质不同。儒家"心法"的核心是"仁"这个人心本体，墨子的兼爱、非攻完全是心性达到了"仁"，进而"仁心"外化而提出的政治问题解决方案。因此，这些并非儒、墨冲突的表现。就像济公作为修佛之人，他能够"酒肉穿肠过、佛祖心中坐"一样的道理。达到圣境之人，是不会以具体的救世思路和方案而论异同的。但也正像济公还在著名的前两句之后加上了"世人若学我，终将入魔道"一样，没达到圣境的人，极易将形式当作本质，因此会将焦点放在形式上论异同。总之，笔者认为墨家与儒家在最高处是一样的，二者的差异在于不同的情况下，救世的具体方案有别而已，但是彼此有别的方案是为了共同的目标——救世人于水火。因此，墨家在中国传统法治精神的独特地位，是因为其具体方案要求的理论体系和理论表达，但是墨家也是中国传统文化主流精神的一部分。

---

[1]《墨子》（第二版），方勇译注，中华书局 2015 年版，前言第 8—9 页。

[2]《论语·泰伯》。

（二）墨家文化承载的法治精神

在通常的学理研究中，将墨家的法治精神称为"天法"思想。何谓"天法"？就是墨子提出的"莫若法天"，也就是以天为最高法则，因为"天之行广而无私，其施厚而不德，其明久而不衰，故圣王法之。既以天为法，动作有为，必度于天。天之所欲则为之，天之不欲则止"。[1] 而墨子所讲的"天"是指什么？当然不是物理意义上的天空。墨子师从儒家，儒家孔子求的是"道"，因此，墨子所言之"天"，应该是中国传统社会一以贯之的"道"，这是不应存疑的。但是笔者认为，之所以不完全依据儒、道两家的文字描述来言说，是因为囿于当时社会对儒、道之固化印象，如道家的"不敢为天下先"、儒家对"礼"的推崇等。当然，这是笔者的推理而非实际考证。墨子言说的体系和其本人所立之宏愿，当可推断其本人应为超凡入贤甚至超凡入圣之境界。但是，由于墨子之言说中心在政治领域，因此纵使在"天志"与"明鬼"之言说部分，也无法寻觅其关于心性体悟之言说。笔者认为墨子本人并非未入圣境，只是后人未能寻得关于墨子如孔子"七十而从心所欲、不逾矩"这样的悟道境界总结的记载而已。总之，笔者认为墨子所言的"天志"即为儒家、道家所言的"道"。

墨家的法治精神，从民主开始说起。墨家有无现代意义上的民主精神？如主张一人一票选举、全民要参与到政治之中、全民为国家做主等。笔者认为没有，而且恰恰是没有此种现代意义上的民主精神，才体现了墨家的道义担当。墨子在某种程度上是行侠客之道，自己组织了一支以手工业者为主体的军事队伍，这个军事队伍是墨子能够施行"兼爱、非攻"的强大支撑。墨子本人以及这支队伍，其目的在于止战、在于仁爱，但是却不去发动所有老百姓？为什么？是因为在那个战乱年代，老百姓最大的幸福是保住性命、生存下去；而墨子以自己的生命为盾牌保护着黎民百姓、天下苍生，而不是将大众拖入战争的旋涡之中。倘若墨子发动百姓以现代民主之方式游行示威，唯有让百姓送命的份儿，以现代人理解的民主在当时就会是一种不折不扣的罪恶和伪善了。墨家既不是单纯凭借劝谏时君行仁政，也不是发动一场政治革命，而是以一定的军事力量为后盾、以兼爱非攻理念劝谏时君施行仁政，其本质是倡导天下观甚至天下大同，以便达到保护、造福百姓之目的。这就是一种最为宝贵的殉道精神，而不是躲在幕后发动一种"民

---

[1]《墨子·法仪》。

主"，让大众凭借激情与狂热形成乌合之众态势，而自己作壁上观或者坐收渔利。这和儒家所倡导的精英政治是一个理念，只是表现形式不同。儒家的方式和使命是直面决定百姓福祉的君王，告诉他们仁政是道义，也是政治智慧，是对君王之必然要求；儒家是在通过培养文治武功兼备的大儒入仕，直接以拥有仁心者造福天下。所以，观儒、墨二家，实为一家。所以，墨子没有起义称王的愿望，儒家也没有为私利而谋权的动因。如果谋取权力是为了满足私欲，那么就不是真儒家了；如果是为了自己称王称霸，那么也不是墨家了。

而且，墨家从另外一个角度上看，超越了近现代意义上西方民主的真正民主。墨家与真正的儒家一样，其行为动机都不是为了维护哪一个君王的统治、为了如贵族等某一个阶层的利益，而确实是为了天下苍生。都是以一己之力和大智慧介入政治领域、直面政治关键、解决社会难题，同时以人文化育大众，形成全社会之至善追求、仁爱秩序。所以，墨家的民主精神，首先是确立了大众的至高地位、行动的造福对象；同时又以人文化育让人民能够自己掌控自心、明了人生意义；而对于政治民主，则秉承精英主义和道义担当，直接由自己义无反顾地去冲锋陷阵。此种民主方式，不仅不落后，反而在某种意义上超越了西方近现代民主。因此，以"民本"超越"民主"，是墨家的一大特点。墨子构建出的为天下苍生行侠仗义的道义基础，是以"天志"立"平等"，即所谓"今天下无大小国，皆天之邑也；人无幼长贵贱，皆天之臣也"。[1]确立了"天志"基础上的平等，之后就是构建一种"天法"下的秩序，即所谓"是以知天欲人相爱相利，而不欲人相恶相贼也"。[2]这就是一种"兼相爱、交相利"的仁爱秩序。此种秩序中，当然就包括了人与天之间、人与人之间的契约精神，不言自明；而此种仁爱秩序之下，人人当然是获得了最大的自由，因此就是符合"天志"的最大正义。尤其是针对政治最高权力提出了"昔之圣王禹汤文武，兼爱天下之百姓，率以尊天事鬼，其利人多，故天福之，使立为天子，天下诸侯皆宾事之。暴王桀、纣、幽、厉，兼恶天下之百姓，率以诟天侮鬼，其贼人多，故天祸之，使遂失其国家，身死为僇于天下，后世子孙毁之，至今不息"。[3]这就是抓住了现代法治精神所言的"限制权力"的精要。而且，《墨子》通篇都在告诫时君行仁政的道理和必要

---

[1]《墨子·法仪》。

[2]《墨子·法仪》。

[3]《墨子·法仪》。

性，而且在"七患""尚贤""兼爱""非攻"等篇章中，实际上是在表述政治智慧和治国要领。因此，《墨子》从正反双向提出了一套完整的治国方案，包含政治、军事、外交等内容。所以，这种既不是着眼于维护君王的利益而是志在维护大众的利益，又不是单纯地反抗权力而是授予治国之道，这是墨家法治精神最佳和完美的一个载体，甚为高明。

（三）墨家法治精神的文化评判

墨家的法治精神是极其宝贵的，应该说是以"道"为根本、以"儒"为基础、独具特色的一种入世学说。除了与道家、儒家的相似之处外，墨家体现出了一种极其强烈的宗教化倾向，也就是在所有人之上树立一个最高权威"天"。虽然"天"与"道"本质相同，但是墨子的"天"多了一层外在于人、高于人的色彩，因此与"天人合一"这种终极的"道"的表达方式不同，是一个遵道的过程性理论；同时，墨家提出的"天志"和"明鬼"，其实是在合理分析和论证宇宙的因果法则的基础上，突出强调了一种因果之中的报应属性，其意在通过一种精神和心理威慑来实现政治目标。因此，这与西方犹太教以及基督教法治精神就具有了一定的可比较性，墨子的"天"，一方面具备了耶和华的人格化特性，另一方面又与耶稣基督所倡导的一步到位的"人人平等""人人互爱"相一致，又以类似天堂地狱之分来推进学说，因此与西方的基督教高度契合。墨家的兼爱与侠义精神，与基督教的博爱以及殉道精神基本一致。基督教的最高权威是上帝，墨家的最高权威是"天"。但是，墨家虽然早于基督教却在后世未能形成一种普遍的影响力。因为在秦开始的大一统的模式之下，墨家学说重点突出的是君王要受到"天"的监督，而且"天"兼具仁爱与惩罚的双重特性，这等于在君王之上树立了一个不可撼动的紧箍，会削弱君主的权威；而儒家或者道家所讲的"道"，却不会将"天谴"这一属性作为第一位，而是直接道出了最终极的"天人合一"，是一种完美和谐的状态，因此是容易被君王接受的。这也正如西方基督教产生之初的四个世纪，就是对罗马世俗政权的反抗，最终罗马面对基督教形成的巨大社会影响力而选择立基督教为国教。墨家的宗教化倾向，对当时的政治权力而言，是难以罢黜百家而被独尊的。

墨家著名的"兼爱、非攻"与儒家的"修、齐、治、平"似乎有一定的矛盾，因此儒、墨两家也发生了争论：儒家认为，爱人首先需要从父母亲人开始，进而扩展到对天下人之仁爱；墨家主张之博爱不可取。从这样一个角度而言，当时的政治统治者选择了儒家的伦理秩序作为政治统治方略，是一种顺应世人之常情与实况的选择，而不是确立了一个人人依照类似人格神的"天志"而平等兼爱的模式。这些都是后来墨家影响力式微的实际原因。但是墨家在后世的式微，恰恰映衬了其在法治精神诸多内容上的可贵。而墨家的侠义品格，更是其与中国传统文化的道统一致性之上的别样光辉。

第四节　中国传统法治精神及其总体文化述评

中国传统文化是人本文化，人本文化的内核是人文精神，人文精神是人本文化的根本依据。因此，人本文化与人文精神是互为表里的存在样态。本书将中国传统法治精神总体上归结为人本文化和人文精神。古人以此来确立现代意义上的"平等、人权、民主、契约、秩序、自由、正义"诸多概念之实际历史内涵，今人亦应从此角度来理解古人关于"平等、人权、民主、契约、秩序、自由、正义"主张之真实历史样貌。一以贯之的人本文化、居于正统的人文精神，是中国传统法治精神的总结，也是今日理解中国传统法治精神的钥匙。

一、中国传统法治精神的归纳总结

（一）开创诸项现代法治精神之先河

中国自古就讲求平等、人权、民主、契约、秩序、自由、正义等诸项现代法治精神之实质内涵，只是表达词汇有别。可以说，中国传统文化开创了诸项现代法治精神之历史先河，现代法治精神之诸项追求追根溯源是不必也不应"言必称希腊"的。中国传统文化中最具备平等精神，而且是一种终极的平等精神，达到了"众生平等"的高度；孟子所言"民为贵，社稷次之，君为轻"[1]实乃人权与民主之最佳概括；中国传统文化最早开创了人与人之间的"良知契约"；中国传统文化最早提出了一种人类的"仁爱秩序"以至于追求"世界大同理想"；中国传统文化最早提出了人类根本自由的追求；中国传统文化最早告知了人类天地与

---

[1]《孟子·尽心下》。

人间的正义。因此，当我们严谨考察联合国的《世界人权宣言》[1]诞生之过程的时候，就不难理解为什么儒家义理成为《宣言》的智慧基础了。作为联合国人权委员会第一届第一次会议副主席的中国代表张彭春先生，为《宣言》准确定性，成功融入儒家思想；借中华智慧化解矛盾，解决人权哲学争端；阐明中国人权观，主导起草话语权，这一系列贡献的成功皆根源于中国传统文化的智慧。张彭春在人权委员会的第一次辩论中，即向欧洲代表挑战并强调：中国的哲学思想和儒家学说，早已为欧洲哲人所倾服，19世纪的欧洲人民虽走向狭隘之路并以自我为中心，但经过第二次世界大战之后，人类应该以博大的眼光来看待世界性的大问题，因此人权宣言应融合中国的儒家思想与学说。例如，张彭春先生提出了以下真知灼见：只有坚持"仁之爱人"，弘扬人的"至善"，确保每个人都有理性和良心，权利和义务才能得以很好的贯彻和落实；人如果丧失了"善"，缺乏了理性和良心，对人权的尊重和保护也就无从谈起，人类的文明也就荡然无存了。[2]张彭春先生在世界人权问题上的贡献，恰恰证明了儒家文化的"普世性"，而现今流行的"普世价值"，亦即现代法治精神诸项内容，即以中国传统文化为发端并在中国传统文化中一以贯之的。

（二）"缺乏诸项现代法治精神"乃误读

今人习惯于将中国传统文化的社会功能与其所处时代的皇权制度相挂钩，评判中国传统文化往往以其曾经"维护封建专制"为由予以否定。殊不知，中国传统文化实则是对专制的最大制约，是反对今人所共同反对的专制的，而绝非维护专制。看待中国传统文化，需要明辨真正的中国传统文化与被政治异化的"伪中国传统文化"。此乃今人对中国传统文化缺乏平等、人权、民主、契约、自由、正义等诸项现代法治精神实质所指之误读的一大心理根源，亦系文化上进行自我否定的驱动力。另外的误读原因则是近代以来西方文化的强烈冲击所致，成王败寇的心理造成一种极大的文化自卑心态。中国传统文化中最为可贵的"天下观"被斥之为"夜郎自大"已经成为常态。如果说在晚清时期的中西文化之战中，否定中国传统文化作为一种当时的意识形态之战，晚清宣告失败，那么在今日，我

[1] 以下简称《宣言》。
[2] 孙平华：《张彭春——世界人权体系的重要设计师》，社会科学文献出版社2017年版，第314—330页。

们已经有足够的时间和空间、能力和必要性来重新审视中国传统文化中是否存在诸项现代法治精神的文化根基。停止对中国传统文化的曲解、避免对中国传统文化发生误读，真正厘定中西方文化与中国现代法治精神之实质关系，这不仅是对文化的原本面貌负责，更是对当代中国人民负责。"不忘历史才能开辟未来，善于继承才能善于创新。优秀传统文化是一个国家、一个民族传承和发展的根本，如果丢掉了，就割断了精神命脉。我们要善于把弘扬优秀传统文化和发展现实文化有机统一起来，紧密结合起来，在继承中发展，在发展中继承。"[1]诸项中国现代法治精神，确系以中国传统文化为发端，其历史悠久、一脉相承，这是需要正视的问题。西方文化中的优秀部分我们尚且需要正视，对于中国自己传统文化中的优秀部分，我们就更没有理由不正视。

二、中国传统法治精神总体文化述评

中国传统法治精神之所以如此般存在，是因为其所根植的中国传统文化，因为中国传统文化系一以贯之的人本文化，以及始终居于正统的人文精神。也就是说，在"人之所以为人"这一全人类最根本问题上，中国传统文化创造了人类永远无法逾越的巅峰，因此人类一切美好的愿望、价值、诉求皆可以以"人之所以为人"之根本为基础而展开，舍此根本，一切都会成为梦幻泡影、无所依附。以儒、释、道为代表的中国传统文化，正是因为对于包括心性观、人际观、宇宙观在内的三位一体的"文化"真谛取得了终极认知，才能以"人文"这一宇宙和人生的真谛、以"人的主体地位"这一具有完美实证基础的前提来确立"人本"，才能真正理解和确立人与人之间的平等。在"人之所以为人"的高度理解和确立人权，在"以文化人"乃至"明心见性"的意义上确立作为"绝对主体"意义上的民主，在"人的自性"所本然的良知意义上理解和确立人与人之间的"良知契约"，在明晰人生真谛和终极意义上理解和确立人际观所应该追求之"仁爱秩序"，在心性观、人际观、宇宙观"三位一体"中确立了人最大的"精神自由"、作为绝对主体的自由，最终符合了"道之正其所宜"的正义。而这所有一切皆可以浓缩为"一以贯之的人本文化""居于正统的人文精神"。人生一切皆由自心而起，宇宙万有皆须归于自心。明了自心之性理，即明白了人生真谛，这是中国传

---

[1]《习近平谈治国理政》(第二卷)，外文出版社 2017 年版，第 313 页。

统文化堪当中国现代法治精神之终极文化渊源的根本原因。

（一）一以贯之的人本文化

1. 科学的尽头是神学

有一句非常流行的现代话语：科学的尽头是神学。而通过前文对"道"的解读，我们完全可以看出，神学是未达究竟的文化产物，而神学的尽头是"人学"。科学是人类推翻了古人探索宇宙和人生之究竟的方法之后，重新走上的一条"外求物理"的学问，近现代科学的研究成果相对于宇宙的实相而言，实际上是非常有限的，用井底观天形容也不为过。只是在"科学主义"者的视野中，井底思维成为一种骄傲，可以傲视一切、可以审判一切。或者说，一切人类文化成果的正确与否必须放到井底思维中去检验，超越了井底思维就是"不科学"，而当"科学"一词被当成"（终极）真理"的代名词的时候，科学主义者就充当了人类一切智慧成果的"审判法官"。但是，根据笔者的研究，目前所秉承的"外求物理、心外求法"的"科学方法"是永远也找不到终极真理的。[1] 那么，很多人已经意识到了"科学成就是一种人类极其有限的认知方法、水平、结果"这样的属性，但是囿于"科学"等同于"真理"的思维局限，以这样的心态去观察"科学"所无法解释的事情的时候，就会去"神学"那里寻求帮助。而"神学"这样一个以"神"为本的求真理方式，是一个未能探求到宇宙和人生终极真相的"未达究竟"的学问。当我们用"有物混成、先天地生、寂兮寥兮……吾不知其名，字之曰道"这样一个"道"的视角去看待神学的时候，就会发现，一切神学不过就是在"道"中的阶段性研究成果，其中充满了各种谬误，而其真实的部分，也披上了一层"虚假的神秘外衣"，加之此种神秘外衣极易被歪曲和利用，成为对人类进行精神控制的工具，而掩盖了其求真的本质。因此，笔者认为"神学"并未达到一个究竟。而那个老子所言的"百姓日用而不知"的"道"，在我们每个人的心中和身体中，心物一元地存在着。这就是一种最为终极的宇宙和人生的至理，所以，达到究竟的就是关于人自身的"人学"。因此，神学的尽头是人学。当我们理解了"明明德"与"止于至善"的时候，就自然明白了：宇宙和人生的终极意义就在于自己。过上一种"德"的生活，就是人生的终极意义。因此，中国传统

---

[1] 笔者将在后文详细论证。

法治精神主流样态必然是不受神学和宗教束缚的人本法治。

2. 神学的尽头是人学

提到科学，人们往往会想到爱因斯坦。据说爱因斯坦这位大科学家在临终前曾经说过："一切都是安排好的。"如何理解顶级科学家的这句话？如果理解为闪电后就要打雷之类似意义上的"安排"，那么爱因斯坦这句话就没有意义了。一个大科学家临终前还需要强调这个吗？这句话其实引向的是神学和宿命论。那么，宿命论是什么？宿命是不是神的安排？这才是爱因斯坦所关心的或者体悟的。我们可以参考《了凡四训》中的真实故事去理解爱因斯坦的这句话：袁了凡是明朝时期江苏吴江人，他在年轻时遇到世外高人，将其一生的命运都告诉了他，这些命运的预言在袁了凡后来的人生之中都一一应验，而且这种应验绝非一种巧合。袁了凡从此觉得人生是无意义的，因为"一切都是安排好的"。后来，袁了凡又遇到了一位世外高人，告诉他人生如何通过修行来改变，后来真的改变了第一位世外高人的预言，因此才有了今人所看到的《了凡四训》。[1]古今中外从来不缺乏通灵者、预言家，如袁天罡和李淳风的《推背图》、刘伯温的《烧饼歌》是中国古人预言的未解之谜；西方的各种通灵者，如预测金融危机、自然灾害、国际局势等，很多也都会应验，而且这种应验也确实不是一种概率问题或者推理能力，而是似乎有着一种超自然的超验能力。又如，美国有一位科学家叫尼古拉·特斯拉，被誉为唯一一位接近神的科学家，至今人们也想不明白这位被有意尘封的科学家为何能够取得如此巨大的科学成就。这些现象的存在，当然会让人们去联想一个超验的世界和世界的某种因果法则以及宿命论等，因此产生了很多迷信。什么是迷信？迷信是不明其理而信，迷信的反义词不是科学，科学也不是迷信的唯一解药，甚至很多今人推崇的科学，其本身就是一种迷信。那么，回到上述那个命题——一切都是安排好的，如何理解？是神的安排吗？不是，这是人的安排，只是普通人还难以达到明其义理的地步，科学也难以明其义理，因此就有了神学和迷信的精神大市场。现在的科学中所言的宇宙全息投影理论、平行宇宙理论、费米悖论、多重宇宙理论、时空穿越问题、时间空间折叠问题，是一条破除迷信的路径，但是这条路最终甚至不如神学能够取得人们的信赖。而且，上述西方"前沿理论"的提出，我们若要跟随其亦步亦趋来解释和理解宇宙，那

---

[1]《了凡四训》，费勇注译，三秦出版社 2017 年版。

么中国近现代在此方面确实"落后"了，这种"落后"是自甘屈居人下的结果。对此类问题真正的解释是：人的"眼、耳、鼻、舌、身、意"作为对自身和外界的感知官能，只能在一种时空节奏里面以某种特定的频率、速率来感知"过去、现在和未来"，但是如果超越了"眼、耳、鼻、舌、身、意"的束缚，则未来已来，在另外一个维度上未来已经真的、实际上发生了。刘慈欣先生的畅销书《三体》、火爆的美国大片《星际穿越》等，就是类似的猜想表现。笔者的观点是："小我"的局限和自我视角是造成这一切不可解的原因。是笔者在猜想吗？是笔者迷信吗？是笔者相信宿命论吗？都不是。这都是老子告诉世人的那个"道"，明白了"道"的真意，则所有的这些神学、迷信、科学前沿、宗教教义等，都可以豁达明了了。笔者上述所谈的这个问题，实际上在中国儒、释、道义理中早就表述得很清楚了。在现代社会，这本应成为一个最基础、最关键的"科学问题"，却被"科学观念"阻却，使其成为一个"神学问题"，但是其本质上和终极处应该是一个"人学问题"。

　　笔者关于时空问题[1]的观点，可能是大多数人无法接受的，但是"时间会证明一切"，我们需要耐心地"让子弹飞一会儿"。梁漱溟先生曾言："古东方三家之学[2]皆是身心性命之实学，各有其实在功夫，各有其步步深入之次第进境。今人却把它视同西洋人的哲学思想空谈，真错误之极。"[3]中国的儒、释、道"三学"，从来都不是神学，而都是彻彻底底、真真正正的"人学"，这些"人学"并不外在于我们每个人，而是在每一个人自心。从宇宙起源、宇宙本质、人生本质、人与宇宙的一源一体关系到人类追寻宇宙真相和人生至理的方法，儒、释、道的创始人都告诉了世人。所有的道理都是在告知人们：以向善追求消除小我，达到无我之境界，就实现了人生的圆满，而这个圆满的人生，一定是无私奉献的人生，亦即弘道的人生。儒、释、道都没有树立一个"神"来监管着"人"，儒、释、道创始人也拒绝人们把自己奉为"神"，人是宇宙中至尊的地位，乾道、坤道、人道，人道是乾道和坤道的根本处，也就是人的主体地位是天经地义的。这就是中国传统社会中，一以贯之的人本文化。从这个义理上来理解中国传统文化，我们才能真正明白中国的道统文化在数千年的历史长河中，如何能够始终屹

---

[1] 因为所有时空之整体即为宇宙，因此也可以称之为宇宙观问题。

[2] 即儒、释、道——笔者注。

[3] 梁漱溟：《人生至理的追寻：国学宗师读书心得》，当代中国出版社 2008 年版，第 104 页。

立不倒、足以让一切外来文化只能融入而非代替道统。在今日中国视角上看，面对中西文化之种种碰撞与互通、文化战略和文化战争之实际状况，是否需要从这个视角来重新发掘和弘扬一以贯之的"道"决定的一以贯之的"人本文化"，这可能确实是一个至为关键的问题，这也是本书最终关注的中国现代法治话语体系构建的一个关键问题。笔者的见识和智识决定了，笔者只有抛出此问题的能力，没有定论此问题的资格。而反过来看，那种认为中国传统文化只是在谈现代意义上的"道德"的观点，是不足以解释历史的，也是一种彻底的、知识性的错误认知。当然，笔者在此也需要申明：以现代通常观念看来，笔者通过对"道"的解读来说理，确实是相对另类的一种人本文化论说，甚至这种另类足以让人以为这是一种臆想的表现。但是，笔者认为这就是"道"的本真，因为"大道至简"，如此理解，须臾不离的"道"确实真的很"简"。因此，对笔者的观点如若不赞同，则权且当作一家之言即可。

（二）居于正统的人文精神

1.人文精神是中国传统文化根本

就文化问题而言，中国传统社会可以直接将文化等同于人文化育，在西方社会也可以将文化等同于人文化育。只是中国传统社会确立的是"人本"为人文的起点和终点，这完全不同于西方"神本"作为人文的起点和终点。因此，中西在人文化育的义理和现实路径上必然有重大差别。就中国传统文化而言，文化之解读首推《易经》。"刚柔交错，天文也。文明以止，人文也。观乎天文，以察时变；观乎人文，以化成天下。"[1]"昔者圣人之作《易》也，将以顺性命之理。是以立天之道曰阴与阳，立地之道曰柔与刚，立人之道曰仁与义。"[2]此中之"文"可解为"根本或本体、法则或特质"之意。宇宙整体的根本法则是阴阳，可以表述为"一阴一阳谓之道"，"刚柔"亦是表意"阴阳"之理。因而"人文"即"人之根本和特质"，那么如何理解"人文"？那就是"心性之仁、行为之宜"。因此，以人本自具足的"仁心"与发乎"仁心"的"仁德"之完美一体来"化育"天下之人，就是"文化"。因此，人文是本体，化育是行为，文化也就是人文化

---

[1]《周易·贲·彖辞》。
[2]《周易说卦》。

育。中国传统文化还有另外一个重要特点，那就是以"人本"作为"人文"的起点和终点。这种人本并非人类的盲目自大、毫无敬畏之结果，而是通过亲修实证之"明心见性"参透了"道"的玄机，进而可以达到"天人合一"之真实境界，因而无须去信奉"上帝"，也无须成为"神"的奴隶，进而既确立了人本又合于宇宙的终极之道。如果没有对心性的真正修炼和"仁心"的真实体悟，则停留于"思维"的层面，断然无法明了"文化"之真意，"文化问题"就沦落为一种"文字游戏"了。因此，将人文之本体——仁，与人文之要求——德，与宇宙之法——道，三者存乎一体、存乎自心，就是遵循了宇宙终极的"常道"，也就是回归了宇宙之源——道。总而言之，"古之道者，以身、德、心合天，三者既合，是为真道"。[1]

　　人生所有一切见闻与学习，最终无非是在寻求一个根本，这个根本完全融于人生的全过程。而文化就是人文化育，因此钱穆先生说文化就是人生。中国古人提倡"君子务本，本立而道生"，也就是在说明什么是人生根本的问题。当人们迷恋于卢梭的社会契约论、边沁的功利主义论、达尔文的生物进化论的时候，将人类视为动物般的存在，并且这一思潮主导了西方世界并影响了中国一两百年。"在达尔文的进化论上，发展了社会进化论，许多西方国家的侵略行为和资本主义市场经济弱肉强食的现象，都以社会进化论作为理所当然的遁词。"[2]这是人类历史上欧洲教权主导的政治至暗历史时段催生的另一种以至暗为本质的替代品，极其可悲。人类在这种思潮下实际上已经失去了其对自身根本问题的探求。综观当今之中国乃至全世界，最大的缺憾乃是人文精神的失落。无论是神本路径下的人文，还是人本路径下的人文，都是以人文为落脚点的，但是一旦抛弃了"人文"，我们再谈家国情怀、心系天下一定是一种奢望了。一个良知被欲望遮蔽的社会，断然无法化育出拥有伟岸人格之群体，"上下交征利"成为一种常态和理所当然，我们还能到哪里去寻找社会进步、繁荣昌盛的源泉？当虚无的"建构论"代替了实有的"文化"，当"哲学"沦落为"思辨之学"，人类就失去了真正的智慧，至多留下迷茫、虚伪和权谋而已。

　　人生并非如西方哲学家叔本华所言，认为人生是没有意义的：要么是满足欲

---

[1]（春秋）老子著，（唐）吕岩释义，韩起编校：《吕祖秘注道德经心传》，广西师范大学出版社2014年版，第28页。

[2]许倬云：《中西文明的对照》（精装珍藏版），浙江人民出版社2016年版，第194页。

望，欲望满足了就无聊。这是一个极其低层次的人生感悟。人生是极其有意义的，这个意义就是人文追求。"道"与"德"中的人文，不是让人觉得看透了一切之后，例如，看透了生死，就可以不珍惜生命，不珍惜生命、认为人生无意义等，都是没有"活明白"。所以，中国传统文化的儒、释、道，都认为人生过程是人找回自我、实现圆满的最佳舞台，因此是一定要珍惜的。因此钱穆先生说：文化就是人生；辜鸿铭先生说，文化就是人格。其实，文化就是人文所表现的人格，人文贯彻始终的人生。所以，人文精神就是人生的灵魂。人文精神的重塑，是现代中国一个迫切需要思考的文化根本性问题。而这一问题的思考，必然需要对人性论有着精深的了解。而对人性论的研究，是无人能够超越中国传统文化的。

2. 人文精神是中国传统文化原创

谈到人文精神，这本应该是中国传统文化一以贯之的核心精神，当下却存在诸多不同观点。比如，有论者认为人文精神在西文中称为 humanism，指以人为本、弘扬人的理性、反对用神性贬低人的理性并主张灵与肉的和谐；该论者同时认为唯有改变中国文化传统的实用品格，否则中国难以产生世界级的文化伟人。[1] 还如，有论者指出：孔子的微言和七十子大义是中国学者世世代代难以走出的怪圈，少有解释历史动因和规律的历史哲学著作，中国以其思想学说影响世界历史进程的大思想家实难数出一二。[2] 两位论者的观点大抵代表了很多人对待中国传统人文精神的认知，这种认知似乎有一种哀其不幸、怒其不争之悲凉与沧桑。可事实果真如此吗？答案当然是否定的。否定中国的人本与人文发源地位、鼻祖地位，否认中国文化和圣贤的世界性影响，这是违背基本历史常识的、极其狭隘的偏见和谬论。人文的要义在于修己与实证，其结果在于明心见性，"诚意、正心、格物、致知"之修身次第绝非一种虚说，明心见性之悟道者方可行圣人之教。如若说"构建"出一种理论并影响世界，这只是西方近代以来的事情，而绝非西方的历史传统。"构建论"方法在中西方的历史上都是没有任何市场的。被西方近代以来之构建论影响至深的今人，完全失去了对人文亲修实证之义理探求，因而转向对由概念到概念的主观构建论的推崇就不足为奇了，但是推崇构建论绝非贬低中国传统人文之实证论的充分理由。如果说中国没有一种足以影响世界进程的人文精神和文化伟人，那也只能是单一视角、构建论思维下的一家之言

---

[1] 周国平：《人文精神的哲学思考》，长江文艺出版社 2015 年版，第 3、11 页。

[2] 赵林：《天国之门：西方文化精神》，湖南人民出版社 2020 年版，再版前言第 7、9 页。

而已。正如英国哲学家罗素对卢梭的评价：有充分的证据表明卢梭欠缺一切平常道德；卢梭的理论在实际上最初的收获是罗伯斯庇尔的执政，俄国和德国的独裁统治一部分也是卢梭学说的结果。[1]有论者指出，卢梭的理论带来这样的结果，是卢梭当时意想不到的，这种评价对卢梭本人似乎是公允的，但是今日如若继续对造成上述结果的此种类似理论推崇备至，则显得不合时宜了。难道我们需要推崇这样的方式来影响世界？当然，这并不是说将这些人类惨剧归罪于卢梭，卢梭的“世界影响”只是被本有此意的人利用的一个结果而已。而推崇西学并以翻译西学著称的严复，作为“系统输入西方自由主义思潮的第一人”，[2]在目睹第一次世界大战人类厮杀的惨状之后所做的感慨，可能更值得今人深思：“不佞垂老，亲见脂那七年之民国与欧罗巴四年亘古未有之血战，觉彼族三百年之进化，只做到‘利己杀人、寡廉鲜耻’八个字。回观孔孟之道，真量同天地，泽被寰区。”[3]严复先生的觉醒与对孔孟之道的回眸，代表了当时国人通过事实认清了“西方文明”的本质和对中国传统人文精神的再次回归之心。在今日中国，西方的文化殖民的影响依然未能散去，严复先生当年的心路历程，是值得现代中国人深入思考的。相信通过一个相对长期的传统文化复兴和弘扬的过程，会逐步达成现代中国的共识。而这个过程，核心任务之一就是重塑中华民族的人文精神，而人文精神，就是中国传统法治精神的文化之魂！

本章小结：通过本章的研究，可以得出以下结论：中国传统文化是人类文化的巅峰，是对“人的本质”最为深刻的体悟和实证之学，以对“人的本质”的巅峰认知为基础，可以解决现代法治精神所存在的诸多理论困惑。因此，中国传统文化是诸项中国现代法治精神的发端，而并非通常所认为的中国传统文化与中国现代法治精神存在根本背反。中国传统文化系以人文精神作为灵魂的人本文化，亦即“道德文化”，是完美诠释中国现代法治精神的文化根基，中国现代法治精神应该归宗中国传统文化。中国现代法治精神追根溯源至中国传统文化，系中国现代法治及法治精神之文化正统性的基础、体现和宣示。

[1]（英）罗素：《西方哲学史（下卷）》，马元德译，商务印书馆1976年版，第245、246、265页。
[2] 马立诚：《最近四十年中国社会思潮》，东方出版社2014年版，第135页。
[3]《严复集》（第11册），中华书局1986年版，第692页；转引自张允熠：《中国文化与马克思主义》，人民出版社2015年版，第174页。

第四章

中国现代法治精神之
文化渊源的正本清源

　　本章主题为对中国现代法治精神的文化渊源进行研究，包括四节内容，所研究的问题如下：1.分析研究当今国内外学界对中国现代法治精神之文化渊源的误读；2.分析研究中国传统文化对西方近现代法治精神形成之影响；3.分析研究西方文化对中国现代法治精神形成之影响；4.分析研究中国传统文化对中国现代法治精神之影响。

中国现代法治精神与目前世界通用的法治精神的表述几乎一致，也就是采用了与"普世价值"类似词汇的表述。前文分别对西方不同历史阶段、不同法学流派的法治精神做了考察，梳理了其与现代法治精神诸多词汇之间的渊源关系；也对中国传统法治精神依据文化主流和文化分支的分类予以了考察，论证了其与现代法治精神诸多词汇之间的义理关系。但是，通常认为现代法治精神来自西方，中国现代法治精神亦来自西方，而实际上，这是一个不全面的认知。因此，本章着重考察中国传统文化对西方近现代法治精神的影响，以及西方近现代法治精神对中国近现代法治精神的影响，然后就可以梳理出中国现代法治精神的直接文化渊源和文化底蕴所在，这就是中国现代法治精神的文化渊源追问的要旨。笔者认为，追问现代法治精神的文化渊源，还有一个观念前提，这个观念前提是下文的分析得出的结论：无论中西，无论古今，各类法治皆为政治，法治就是政治的过程，理想的法治状态就是政治的结果；只是在政治过程中，存在法治实践由哪种政治力量主导、法治理论代表哪个群体的利益之分别；政治过程中存在的各类法治精神皆为文化，文化决定法治精神，文化主导法治理论和法治实践，因为文化就是每个人的人生、每个群体的人生、每个民族的人生、每个政治力量主体的人生。

第一节　中国现代法治精神文化渊源的误读

根据前文的分析，笔者发现，对于中国现代法治精神的来源存在误读。而认为中国现代法治精神或者整个法治都来源于西方的"启蒙"或者是对西方的模仿，同时将法治作为排斥和否定中国传统文化对中国现代法治的意义甚至对整个现代中国的意义，是颇为流行的观念。此种长期以来的观念误解，需要厘清，这是对中国现代法治精神进行文化渊源追问的题中应有之义。

一、中国现代视野中的西方法治精神

本书所谓通论中的现代法治精神是指目前世界范围的通论。虽然此通论之形成是近代以来的事情，而通论中的法治精神，却可以溯源至古代。其实，从广泛的时空视角来看，这些表达法治精神的词汇，既是一种社会理想的表达，也是一种衡量法治的标准，同时也是大而化之、扑朔迷离的"大词"。我们既要承认这些词汇进步的意义和无可替代的现实功能，也要观察它们"中听不中用"的一面，这样才能真正理解我们需要它们以什么面貌示人。如果以拳击比赛作为比喻，这些词汇充当的角色实际上是擂台而不是拳手，更不是裁判。真正的拳手是想将这些词汇的代言权通过击败对手的方式据为己有的不同观点拥有者，以及台下仍在观望徘徊或者已经下了赌注的观众，当然每个拳手的背后一般都有一个大的团队作为真正的主宰，而真正的裁判是历史和时间。建立了这些前提观念，才会在理论研究中无须再"犹抱琵琶半遮面"，而是知无不言、言无不尽以求光明磊落。因此，对于西方法治精神之历史，需要厘清当下之种种曲解认知，而不可囫囵吞枣或者片面择取再行拼凑式研究。我们非常需要法治，也应该以最大努力推动法治，但是不可为了法治而法治，将法治这样一个社会的基本要求和底线要求强行论证为社会的最高理想甚至人类的终极理想。特别是将西方不同文化背景下产生的完全不同的"法治"选择性拼凑在一起，要么忽略某种意义上的"法治"不可脱离的文化背景，要么为了"法治"而盲目推崇其文化背景甚至在文化上采取"拿来主义"。此处着重就今人对西方法治的误读部分予以分析、展示、总结。

（一）对古希腊法治精神的演绎

西方一直流行着"言必称希腊"的传统，似乎只有溯源到古希腊才能表明学问之"正宗"。这种学风对今日中国之影响亦越来越显著。苏格拉底、柏拉图与亚里士多德这三代师徒，奠定了古希腊文化的坚实基础，而古希腊文化又是整个西方文化[1]最主要的源头之一。特别是柏拉图和亚里士多德关于法治的相关理念成为中国现代法治理论研究的重要观念来源，影响甚广。国内、国外学界认为

---

[1] 或曰"文明"。

西方的"法治传统"因柏拉图和亚里士多德而奠基，柏拉图和亚里士多德的"法治"言论，也让"法治"的正当性获得了"真理性依据"。但是其中演绎成分颇多，必须予以厘清。

1. 柏拉图从未走向法治

具体来说，如国内通论中认为：柏拉图在《理想国》一书中表达了"哲学王"治国的政治理念，这被认为是一种"人治观"；其晚年所著《法律篇》中认为"法治国"是第二等好的国家，源于"哲学王"可遇而不可求，说明了其从"人治观"向"法治观"的理性转变。而当我们完整研读原著中文译本的时候，却发现国内的上述通论只是一种人为的"臆想"而并非事实。柏拉图所著《理想国》实为记载苏格拉底与格劳孔等人探讨包括"正义、至善、灵魂、理性"等广泛话题在内的一本对话录。[1] 在该书中，苏格拉底问格劳孔："能掌握恒久不变的事物，这种人就是哲学家，反过来，无法做到这点，被各种事物的差异性迷惑的人，就不是哲学家。在选择城邦领袖的时候，应选择其中哪种人？"[2] 这个答案显然不言而喻，在必须对二者进行选择的情况下，谁会选择一个无智慧甚至愚蠢的人充当城邦领袖？这和我们今天秉承"法治、人治"二元对立观逻辑而推导出的柏拉图"推崇人治"这一结论毫无关系。如果说"法治国家"就不需要探讨政治家所应该具备的能力，那显然是极其荒谬的。而当我们再看柏拉图的《法律篇》的时候，其认为"一个共妻、共儿童和共产的社会"是第一等好的国家，也就是理想国，但是柏拉图不知道事实上是否存在这样的国家，因此，柏拉图认为第二等好的国家应该包括"分配土地和房屋"并"确保这些安排是永久性的"等制度，而且认为"实在法把最大可能的一致加给国家，而你绝不可能制造出一种绝对完善的法律"。[3] 另外，由于语言翻译问题，"神明制定的法则"被理解为"人定的法律"，更加剧了对此的误解。如柏拉图在《法律篇》中说"在法律服从于其他某种权威，而它自己一无所有的地方，我看，这个国家的崩溃已为时不远了。但如果法律是政府的主人，并且政府是它的奴仆，那么形势就充满了希望，

---

[1] 也有说法认为，这是柏拉图借苏格拉底之口而阐发自己的观点，因为柏拉图自称其应该将荣耀归于苏格拉底。实际上，柏拉图应该是将苏格拉底的话和自己的想法融合在一起了。亚里士多德的书中对苏格拉底的一些批判，实际上可能是不方便直接说这（也）是柏拉图的观点。

[2]（古希腊）柏拉图：《理想国》，忠洁译，红旗出版社 2017 年版，第 152 页。

[3]（古希腊）柏拉图：《法律篇》，张智仁、何勤华译，商务印书馆 2016 年版，第 149—152 页。

人们能够享受众神赐给城市的一切好处"。[1] 这段话被有些论者解读为"几经碰壁之后，柏拉图在晚年明确提出了以法治国方案，作为未来理想国的预选方案之一"。[2] 而实际上，该段话中的"法律"并非指国家制定法，而是指神明法则，所谓政府成为法律的奴仆，是指统治者应该成为神的追随者。[3] 这和我们今天所演绎出来的柏拉图认为"法治国"是相对"哲学王治国"退而求其次的"第二等好的国家"的学术通论，也是根本风马牛不相及。总之，柏拉图从未实现今人所演绎的"由人治向法治的转变"。

2. 亚氏法治实为人治

国内学界流行认为：亚里士多德之"法治应当优于一人之治"的"著名论断"，以及其关于"法治"的经典定义："法治应包含两重意义：已成立的法律获得普遍的服从；而大家所服从的法律又应该本身是制定得良好的法律。"[4] 此二者代表了亚里士多德作为西方"法治鼻祖"的真知灼见和法治思想的历史性开启。而当我们仔细研读亚里士多德的《政治学》一书时发现，"法治应当优于一人之治"是亚里士多德所"批判"的城邦治理理念，而并非其赞同的结论或者其本人的论断。但是这句话被断章取义、以讹传讹，成为亚里士多德赞同"法治"批判"人治"的充分证据。如有论者认为："由最好的一人或由最好的法律统治哪一方面比较有利？亚里士多德的回答与其老师柏拉图的想法截然相反，柏拉图主张应该由哲学王进行统治，而亚里士多德却坚持法治应当优于一人之治。因为单独一人就容易因愤懑或其他任何相似的感情失去平衡，终致损伤了他的判断力；但全体人民总不会同时发怒，同时错断。"[5] 实际上，亚里士多德在评价"有些人认为在平等人民所组成的城邦中，以一人高高凌驾于全邦人民之上是不合乎自然的"这一情况时，认为依据这些人的见解应该推导出的结论是"同等的人交互做统治者也做被统治者，这才合乎正义"，亚里士多德认为这样的结论就是"主张以法律为治了""建立［轮番］就是法律"，因此认为根据这些人的见解应该推导出这些人主张的"法治""应当""优于一人之治"这个结论。但是亚里士多德话锋一

---

[1]（古希腊）柏拉图：《法律篇》（第二版），张智仁、何勤华译，商务印书馆 2016 年版，第 123—124 页。

[2] 张文显主编：《法理学》（第五版），高等教育出版社 2018 年版，第 363 页。

[3]（古希腊）柏拉图：《法律篇》，张智仁、何勤华译，商务印书馆 2016 年版，第 123—125 页。

[4]（古希腊）亚里士多德：《政治学》，吴寿彭译，商务印书馆 1965 年版，第 202 页。

[5] 史彤彪：《西方法治思想精义》，黑龙江教育出版社 2018 年版，第 61—62 页。

转，他认为："法治优于一人之治"这种推导结论无异于说"唯独神祇和理智可以行使统治。"因此就没有人可以作为城邦的统治者了。但是现实的统治永远是人对人的统治。显然，亚里士多德是反对这些人的这种以"轮番"为内涵的"法治"，并且批判"法治优于一人之治"。亚里士多德从来就没有如现代人般推出一个"抽象的法律"作为"国王"。而且亚里士多德还认为事实上很难存在"一人之治"，必须选配官员共同治理，因此提出了"为什么不在当初就把这些官员和这个君王一起安排好呢"的问题；接下来亚里士多德推出了自己的真正主张："如果一个家族，或者是单独一人，才德远出于众人之上，这样，以绝对权力付给这个家族，使成王室，或付给单独一人，使他为王，这就是合乎正义的了。"因此必须让"大家服从他的统治，不同他人轮番，让他无限期地执掌治权"。[1]从这里我们完全可以看出，亚里士多德不仅批判"法治优于一人之治"，而且针对相当于今日中国一个乡镇或者县城的古希腊城邦的治理，确实是在探讨真的是只有"一个人"治理城邦是否可行的问题，且认为一人之治在事实上难以存在。这与现代国家必须拥有庞大的官僚体系和公职队伍完全不是一回事，而且其最终的结论所推崇的"一个才德最高的人永远执政"，就完全是我们今日所批判的"人治观"了，而绝不是今日的"法治观"。因此，今人将亚氏的"法治优于一人之治"之本意指代为"无人可以凌驾于法律之上；依靠明确的法律而非个人专断治理国家"，是今人的演绎；这种演绎的用意之指向是对的，只是此种用意所指与亚氏无关而已。那么，为什么一定要借用亚氏之口来演绎出一段至理，去亚氏那里寻找至理的"渊源"？笔者并非反对这段演绎的用意所指，只是觉得没有必要以此演绎的方式来表达心中认同的至理。

至于亚里士多德的经典法治定义，也是在表明"政府要是不由最好的公民负责而由较贫穷的阶级做主，那就不会导致法治；相反地，如果既是贤良为政，那就不会乱法"。为了解决"邦国虽有良法，要是人民不能全部遵循，仍然不能实现法治"的难题，才提出了这个经典法治定义作为"法治"的标准。亚里士多德眼中的法治的主要难题和对象是"人民"，也就是平民大众不具备守法之美德基础的问题。而且亚里士多德谈论法治经典定义是局限于其探讨"贵族政体"的框

---

[1]（古希腊）亚里士多德：《政治学》，吴寿彭译，商务印书馆1965年版，第169—177页。

架内，而"才德为贵族政体的特征"。[1]从这里我们可以明确地得出结论：亚里士多德所谈论的法治和我们今日通常谈论的现代法治，其内涵完全不同，而且二者的核心精神是背道而驰的。有论者指出了更为重要的一点："我们对于亚里士多德'法律是没有感情的智慧'的看法，只能有这样一个解释：剥削阶级总是企图掩盖法律的阶级实质的。"[2]这可谓一语中的。而且，我们再来看："法律是没有感情的智慧。"这句话成立吗？我们总是习惯将这句话奉为"法律圣经"或者"法治圣经"，但是，法律如果是人制定的，它就不是人的感情的产物了吗？法律如果是指上帝或者神明设定的宇宙法则，那么理解这种法则并传播这种法则的时候，其中就没有人的感情因素了吗？一切法则、法律都是人的感情的产物。我们可以说法律是成熟经验的总结，可以说人们或者权力主体不能去任性地违背它，可以说人的一时武断不可能超越法律作为一种成熟经验或者体现大众利益的规则体系要求，但是说"法律是没有感情的智慧"，这本身就是一个极其错误的"法治论断"。

3. 应该抛弃"希腊伪法治学说"

从上述列举的对原著中文译本的考证可以发现，今日通说之上述古希腊法治理念与其原本的真实面貌完全不同，对古希腊法治的诸多"通论"其实都是近现代人的主观臆想而已。同时，我们应该清醒地认识到，即便这种臆想是事实，我们也断然不能说这就一定是真理，何况这种臆想根本不是事实。今人对于古希腊"法治"内涵本身的解读一直都是张冠李戴，那么对于其法治精神的解读会正确吗？今后，我们还应该继续以讹传讹吗？为什么亚里士多德这种彻头彻尾的、完全符合今人所批判的"人治观"却摇身一变幻化成中国人和西方人共同的"法治鼻祖"？这就是今人在奉其为"法治鼻祖"时，只能从其著作中摘取只言片语作为论证其法治鼻祖地位之论据，而且必须张冠李戴或者抛弃原文之背景和本意所指的根本原因。因为只要稍稍深入一步恢复其原貌，则古希腊这座已经被虚构为现代法治鼻祖的精神灯塔就会瞬间垮塌。因此，因为翻译为汉语出现了"法治"的字样，因为说出了"良法善治"这样一个最为基本的国家治理要求的"字面表

---

[1]（古希腊）亚里士多德：《政治学》，吴寿彭译，商务印书馆1965年版，第202页。

[2]（古希腊）亚里士多德：《政治学》，吴寿彭译，商务印书馆1965年版，"论亚里士多德的《政治学》"第12页。

述"，[1]就说柏拉图或者亚里士多德开启了西方漫长的法治传统，本身就是一种西方文化中心论影响之下的无稽之谈，却似乎早已深入人心，今人切莫不加分辨而盲从。这是今人应该深刻审慎研究的大问题。总之，今人是时候以实事求是的态度、以文化自信的勇气来抛弃这个被演绎了数百年的"古希腊伪法治"理论学说体系了。

（二）对基督教法治精神的忽视

由于受到西方近代伊始的西方自由主义法治观的强烈冲击，加之中国并不是一个以基督教为主流信仰的国家，对基督教在西方国家的真实社会功能往往漠视、忽视，因此国内学界对于西方现代法治精神的基督教根基之论述往往显得不足。笔者认为，西方现代法治精神的真正奠基者，甚至西方现代法治成功一面背后的主要原因，应该是基督教而非西方自由主义法治。西方法治国家普遍宗于基督教信仰，而非自由主义所提倡的意义上的"法治信仰"，因此其法治精神与宗教信仰的关系必须正视。以今日世界之所谓的"法治灯塔"美国为例：很多人认为西方自由主义法治是美国法治的主导者，也是导致美国强大的主要动因，但是美国国内的学界并不是一致这样认为的。自由主义法治的"丰功伟绩"及将其作为"现代文明的标志"，很多时候可能只是自由主义者"贪基督教之功为己有"的"自说自话"。从美国 2020 年总统大选中，我们完全可以看出其社会观念撕裂的严重程度，也主要就是自由主义与保守主义之间的水火不容。那么美国秩序的根基是如何奠定的？伯尔曼认为"西方的法律传统浸渍了基督教的影响"，"现代西方国家的法律制度（包括苏联的法律），就是建立在过去两千年中基督教所创造的各种心理基础和许多种价值上面的"。[2]这才是伯尔曼们心中的法律与基督教信仰之关系问题。伯尔曼认为西方人正经历着一场整体性危机，西方的全部文化似乎正面临一种精神崩溃的可能，主要征兆便是对于法律信任的严重丧失和宗教信仰的丧失殆尽。[3]这主要是源于宗教和法律的严重分离，因为"没有信仰的

---

[1] 而实际上他们所设计的政治方案既非良法也无善治。

[2]（美）伯尔曼：《法律与宗教》，梁治平译，商务印书馆 2012 年版，代译序部分第 xvii—xviii 页。

[3]（美）伯尔曼：《法律与宗教》，梁治平译，商务印书馆 2012 年版，第 12—13 页。

法律将退化成为僵死的教条"，"而没有法律的信仰……将蜕变成为狂信"。[1]伯尔曼认为"宗教因法律而具有社会性，法律因宗教而获得神圣性"。[2]因此，伯尔曼倡导法律与宗教信仰之间应该重新弥合，而绝不是说脱离了宗教信仰的法律自身可能或者应该成为信仰，脱离了基督教信仰所推崇的世俗法律至上，在伯尔曼看来不仅无法实现，而且是极其危险的，也是西方社会的乱源。

　　虽然我们不能仅从伯尔曼等学者的观点中直接完全推定基督教在西方法治国家实际发挥作用的程度，如基督教是否起着决定性作用，但是西方"法治国家"以基督教等宗教作为主流信仰的确是一个不争的事实。"目前，世界基督教信徒人数约占全球人口的1/3。比较保守一点的估计约为1/4。"[3]众所周知，如美国这个"法治典范"就是以基督教立国，而其并未在宪法上设立国教，是因为：反对设立国教的主要论点之一认为，设立国教对宗教是有害的，许多人之所以追求政教分离，目的是加强和复兴基督教的政治地位。[4]这样的观点在西方国家也是一种主流思想，称之为保守主义的复兴。因此，当我们忽略了基督教等宗教信仰在西方"法治国家"的真实作用和实际地位的时候，我们就可能完全误读了它们的法治。但是这种基督教的神本文化，有人文功能而无人本地位适合中国吗？西欧中世纪的宗教阴影在西方社会至今仍然挥之不去，这也直接导致保守主义的对立面、现在的自由主义在西方继续盛行，虽然自由主义的负面问题众所周知。总之，西方以宗教信仰为文化根基的"法治精神"适用于中国吗？答案是当然不能。在中国历史上，基督教至少有三次大规模来华传道，但都未成功。而晚清时期基督教传道最成功的一次，就是洪秀全借用基督教教义创立了"拜上帝教"，引发了一场几乎决定了清朝国运的农民革命，其结果之一便是清王朝的覆灭以及西方近代殖民中国的开始。戴旭先生在论述甲午战争一书中对此有着极其深刻的评价，今人确实应当引以为鉴。[5]如何综合看待历史，如何全面看待文化问题，既是一个求真的问题，也是一种考验智慧的难题。

---

[1]（美）伯尔曼：《法律与宗教》，梁治平译，商务印书馆2012年版，代译序部分第xv—xvi页。

[2]（美）伯尔曼：《法律与宗教》，梁治平译，商务印书馆2012年版，代译序部分第xv页。

[3]黄心川：《世界十大宗教》，社会科学文献出版社2007年版，第215页。

[4]（美）麦康奈尔：《美国的宗教与法律：立国时期考察》，程朝阳译，法律出版社2015年版，序第2页。

[5]《戴旭讲甲午战争：从晚清解体透视历代王朝的政治败因》，人民日报出版社2018年版，前言第3页。

（三）迷惘的西方近代法治精神

西方的启蒙运动开启了西方近代法治的历史大幕。西方近代法治以打破教权的宗教统治、启蒙运动、资产阶级兴起为主要历史背景，因此也是近现代资本主义在全世界进行殖民和扩张之前的铺垫阶段。在这一时期内，西方各国在国内通过重塑政治、经济格局，完成为权力和利益格局的历史转型，因此此时的法治精神既有对传统的继承，更多的是对传统的反抗。其中带有一种极端的激进色彩的，就是近代西方的激进主义。激进主义法治精神对于破坏、摧毁一个旧秩序显得游刃有余，对于建立一种新的制度架构也功不可没，但是破坏旧秩序的同时是以破坏旧秩序所依附的精神体系为前提的，可是激进主义无法构建出一种新的精神体系供人们依附。因此，激进主义法治在西方世界一直被不断反思。如法国大革命一方面被认为是政治进步的象征，另一方面又被不断地反思。如托克维尔在《旧制度与大革命》[1] 一书中就对法国大革命给予了诸多负面评价，而在《论美国的民主》[2] 一书中对美国以保守主义为主线的民主法治给予盛赞。但是，无论是激进主义，还是自由主义，抑或保守主义，在一个资本扩张的大时代中，诸多法治精神的主张，实质上都是一个阶级、阶层、利益、权力斗争的副产品；数百年的社会动荡以致两次世界大战的惨烈，让人们不禁去思考："17 世纪以后，三百年来人类自相残杀的能力，正是随着资本主义的市场竞争，国家作为集体终极组织，以及各种工具的发展同步进行。对人类而言，这一发展方向，究竟是福是祸，今天我们其实很难断言。"[3] 而这其中，近代的法治精神究竟是一种什么样的文化指向？这种文化指向对人类整体而言，意味着什么？

例如，被公认为是法国大革命先驱的卢梭，其代表性著作有《论人类社会不平等的起源和基础》《社会契约论》，[4] 卢梭的社会契约论被公认为是现代法治的奠基理论。卢梭作为激进主义的代表人物，其社会契约论的核心观点是主张人类社会是由一种原始的"自然状态"走进了一种"社会契约"状态。卢梭认为"孩子只有在他们需要父亲养育他们的时候，才依附他们的父亲，而一旦没有这种

---

[1] 除本书在行文中具体引用的版本外，还有可以参看的版本，如（法）托克维尔：《旧制度与大革命》（经典易读版），马晓佳译，湖南人民出版社 2013 年版。

[2]（法）托克维尔：《论美国的民主》，吉家乐编译，浙江工商大学出版社 2018 年版。

[3] 许倬云：《中西文明的对照》（精装珍藏版），浙江人民出版社 2016 年版，第 192 页。

[4] 又名《政治权利的原理》。

需要了，他们之间的自然联系便宣告解体。孩子们解除了他们对父亲应有的服从，而父亲也免除了他对孩子应有的关怀，双方都同样进入了独立状态。如果他们还继续联系在一起的话，那就不再是自然的，这时，家庭本身便只有靠约定来维系"。[1] 其以家庭作为政治社会的原始模型的契约形成作为理论的起点，认为子女在成人之后，每个人与父母之间都是一种不存在感情纽带的契约关系，在中国语言中谓之"六亲不认"，而绝非一种伦理关系，因此在政治社会中人与人之间更应该是一种契约关系。以此为起点展开了社会契约的宏大叙述。这样的一种人与人之间的关系的基调，亲情尚无容身之地，那么整个社会能否承受得起这样的一种理论引导之后果？在以人伦文化著称的中华文化中，是否可以接受这样的一种"启蒙"？或者说，中国人在何种意义上可以接受这种论调？这是一个极为关键的问题。倘若我们认同这种以契约代替感情的"高论"，那么人的特质和人生的意义究竟是什么？恐怕只有将人类降格到动物身上去寻找参照系了。何况，"子非鱼，安知鱼之乐"，我们断然无法否定，即便是动物身上也存在感情纽带的事实。以功利主义与契约关系定位人类，能够称之为一种进步吗？而卢梭在《忏悔录》中又表达了如下意思：所有一切问题的根子都出现在政治上，而什么性质的政府才能培养出最有道德、最贤明和心胸最豁达的人民？[2] 首先将人类最基本的人伦感情抛弃，再希望通过对政治或者政府这一"问题的根子"进行改造，最终反而能够实现人类的道德完美。这显然是激进主义者内心的迷茫所致。应该说，作为一个悲情时代的悲情人物，卢梭自己确实深深地陷入了"人民"与政府"较劲"的角色之中去参加了一场"鹬蚌相争"的表演，而且他本人几乎完全入戏了，只不过在卢梭之后的历史上，总是有人扮演、充当着舞台幕后"渔翁得利"的角色。总之，近代以来所流行的对西方近代法治精神的盛赞，在当下中国必须对其冷静观察，而不是因为误读就对之进行无限度的美化和神化。特别是此种理论之弊害，以普通百姓之常识即可判定，却在学术研究中被予以各种"高深""精深"解读，是不可取的。对于一个悲情时代的迷茫者，应予以同情；对于造成悲情人物出现的时代背景，可以批判；但是为了批判一个悲情的时代，而

---

[1]（法）卢梭：《社会契约论》(与《政治权力的原理》)，李平沤译，商务印书馆2011年版，第5页。

[2]（法）卢梭：《社会契约论》(与《政治权力的原理》)，李平沤译，商务印书馆2011年版，译者前言第V页。

对身处其中的悲情人物的悲情理论盲信盲从，就大可不必了。搅入他人之是非并以此为轴线，莫如遵从自心并确立自己的根本。

（四）双面的西方现代法治精神

西方自由主义是近现代以来席卷着全世界的一股浪潮，其影响力之大已经可以用划时代来形容。拉塞姆有言："在近代以来的西方社会，自由主义观念支配一般大众的思想并影响形形色色政党的实践。可以毫不夸张地说，整个西方的政治制度都建立在自由主义原则及价值观之上并受其制约。"[1] 在这样的历史大背景下，自由主义法治对近现代中国产生了不可估量的影响也自然在情理之中了。前文已述，虽然很多自由主义理论家极力提前自由主义的发生时间，如在古希腊寻找其历史思想渊源，或者以 1215 年英国的自由《大宪章》为自由主义元年。但是笔者认为，没有对手和使命，就没有任何一种主义的产生。西方自由主义实际上是对西方近代的激进主义的一种承接，是启蒙运动完成对教权的反抗之后，资产阶级继续扩大自己的话语权和维护自身利益的一种历史延续。启蒙运动中的社会契约论抛弃了人文，将人类进行"拟动物化"之后构建理论学说，大家应该认同吗？特别是其中一些具有重大世界性影响的历史人物，譬如达尔文这位生物进化论的始作俑者。"达尔文本人是个自由主义者，虽然尼采没有一次提到他不带有轻蔑，达尔文的'适者生存'若被人彻底消化了，会产生一种跟尼采哲学远比跟边沁哲学相像的东西；尼采的伦理学主张人类中只有少数人具有伦理的重要性，其余人的幸福或不幸是应该忽视的；边沁功利主义伦理学部分那种实际上促进全体幸福的欲望和行为是善的；而达尔文学说中的竞争不是边沁主张的有限制的竞争，没有什么不许要卑鄙手段的规则，也不排斥把战争当竞争方法；达尔文主义讲的是一种全体规模的自由竞争，在这种竞争中胜利属于和成功的资本家极其类似的动物；因此，达尔文的《物种起源》在 1859 年出版时，它的政治含义起初大家还没有看出来。"[2] 假使西方自由主义法治学说去掉了现实中所依赖的西方宗教信仰社会背景，能够走远吗？例如，美国在立国之初没有这样深厚的基督教信仰基础，而是信奉了将人类"拟动物化"的学说，那么自由主义会不会造成

---

[1] 李强：《自由主义》（第三版），东方出版社 2015 年版，第 14 页。
[2]（英）罗素：《西方哲学史（下卷）》，马元德译，商务印书馆 1976 年版，第 365—366 页。

美国如激进主义造成法国大革命之后般的百年动荡？

国内很多论者秉承西方自由主义法治的思路，推动建立一种抛弃"人文化育"而以"理性"为基础的"法治信仰"，且认为这是文明进步的主要标志。这种思路实际上体现了一种盲从，是需要反思的。"立人本、少人文"的西方自由主义法治，以人的"理性"作为取代"人文"的理论基石，而"理性"这一"假说"作为各种理论的前提，是一个根本性的前提错误，因为西方从古至今的"理性"之含义，有着各种理解，其含义不仅千差万别，而且互相之间存在本质差异，所说的根本不是一回事。特别是近代西方人本主义之中的"理性"假说，本身就是与该种理性假说之要求背反的结果，以"理性"之名产生的"非理性"结果，也导致了西方自由主义法治必然以错误的人性认知和定位为前提展开各种理论构建，其结果之弊害必须警醒。而美国自由主义法治在全世界推广的自由民主实验的结果更加值得警醒。"自千禧年以来，特别是过去十年，全世界不下二十五个民主政体遭遇失败，其中三个在欧洲（俄罗斯、土耳其和匈牙利）。在除突尼斯以外的所有地区，阿拉伯之春被夏日热浪吞噬殆尽。西方的自由民主女神是不是输了？"[1]正如有论者指出，自由主义从诞生之日起至今，一直处于梦想与梦魇相伴随的状态。

再看邻国日本的近代历史，将天皇作为日本民族的精神依归，才是凝聚日本的核心力量，而不是西方自由主义法治精神的指引。倘若当年日本以"明治维新"应对西方之世界性侵略扩张的时候，没有推出重新遵奉天皇权威，而是推出了一个虚无幻化的"法律"成为"国王"，那么当年日本之国运一定是另一番历史图景。特别是，明治维新是在通过推翻幕府统治来加强中央集权，而不是晚清的中央集权被蚕食和削弱。这是战争胜负的一个重要因素，如若总结那段历史的真正规律，可能需要真正的战略分析总结，而不是今日以文化之推崇或者否定为视角或者目的进行的分析可解。即使在"二战"结束之后，日本人对于"天皇"的信仰依然未改变；美国在研究"二战"后如何更好地控制日本的时候，美国的鲁思·本尼迪克特所写的研究报告《菊与刀》[2]就深刻地洞察了这一点，并且作为美国国策的基础。而且让日本民族曾经强大的武士道精神，就是以孔孟之道和

---

[1]（英）爱德华·卢斯：《西方自由主义的衰落》，张舒译，山西人民出版社2019年版，第11页。
[2] 笔者参照的版本是：（美）鲁思·本尼迪克特：《菊与刀》，吕万和、熊达云、王智新译，商务印书馆2019年版。

佛家文化等为核心精神的。[1] 而日本"二战"时期曾经的军国主义的疯狂以及最后的覆灭，就是完全背离了孔孟之道的结果。而这种军国主义的疯狂，是否与被称为日本民族的启蒙者的福泽谕吉开启的西方思想之路互为因果？福泽谕吉的"脱亚论"和对"军国主义思想"的奠基，与其被赋予的"启蒙日本国民之独立人格形成"的盛赞之间的关系，是值得再次辨析的。福泽谕吉所言"干脆趁势打开更大的窗户，让西方文明诸国的空气吹袭日本，将全国的人心彻底推翻，在远东建立一个新文明国，使日本与英国并驾齐驱，东西遥相呼应"。[2] 而其实质则应该指向一个非常现实的政治目的：福泽谕吉 1885 年在《时事新报》发表"脱亚论"，主张日本"所奉行的主义，唯在脱亚二字。他说：我日本国之国土虽居于亚细亚之东部，然其国民精神却已脱离亚细亚之固陋，而转向西洋文明。我国不可狐疑，与其坐等邻邦（中国、朝鲜）之进退而与之共同复兴东亚，不如脱离其行伍，而与西洋各文明国家共进退"。[3] 这种以推崇西洋文明之名进行的脱亚，明显就是一种在旧的国际政治秩序大变局之中，选择政治阵营的"投名状"问题、以何种方式参与新的国际秩序争夺的问题。而其军国主义的覆灭再次证明失道寡助、好战必亡、善恶终有报。笔者认为，这并非一种值得称赞的"文明论"。而日本后来在美国的管控之下的法治，实际上就是一种文化投降以及西化的过程，是战败后的臣服而已，这与法治理念之先进与否是两回事，至少所谓的法治是一个副产品而不是主导。这都是值得全方位研究的，而不是以所谓的"法治"为主线进行单一视角的"理念研究"来定论其"国际化"与"进步"云云。换言之，如果真的有这种所谓的"国际化"，日本的天皇与英国的王室恐怕应该彻底成为历史才对。而今日对日本文化状况的研究，寻找不同的文化对国民之精神影响，极具参考价值。特别是当我们放眼整个西方世界，一度因为反对教权而产生的启蒙运动，最终与基督教之间的关系样态、基督教的现实覆盖面，就会发现"启蒙"的真实结果以及未来前景。福泽谕吉在晚年说自己还有三大人生理想：希望全国男女品德日益高尚，不忝成为真正文明进步国家的国民；希望能够

---

[1] "佛教、神道和孔孟之道构成为武士道的三个起源；如果严格从伦理教义探讨，孔子思想是武士道最为丰富的来源；最崇高的武士都深受王阳明这位先哲思想的影响。"引自（日）新渡户稻造：《武士道》，朱可人译，浙江文艺出版社 2016 年版，第 16、19、21 页。
[2] 马国川：《国家的启蒙：日本帝国崛起之源》，中信出版社 2018 年版，第 139 页。
[3] 马国川：《国家的启蒙：日本帝国崛起之源》，中信出版社 2018 年版，第 141 页。

用佛教、基督教或其他宗教使民心祥和安静；投下大笔资金，以研究有形或无形的崇高学理。[1]仔细想想，这三个愿望是西方"文明"启蒙的自然产物？还是对传统的回归？值得研究一下。这些被忽略的事实，应该重新发掘审视，我们才能看清中国传统文化的力量以及西方掠夺文化的恶果。今日，我们去分析日本当年对西方的"启蒙"之态度，应该明白其推崇这种所谓的"启蒙"是为什么？因为这是当年其与西方列强的"投名状"，带来了当时的"获利"；而我们这个在当年被打得遍体鳞伤甚至尸横遍野的国度，至今是否应该走出在当年那种"以启蒙之名义来打你，你却应该感谢我的启蒙"这种强盗设定的强盗逻辑？

如果单纯从"法治"角度看问题，有论者认为："法治的启蒙是近代西方启蒙运动的重要组成部分，是人类对数千年法和法治实践的经验总结。正是在法的启蒙运动成功的基础上，在近300年的时间内，英、美、法、德、日等西方主要国家建立了比较完善的资产阶级法治社会，并推动了整个社会文明的进步和进化。"[2]近300年的资产阶级法治，究竟是"启蒙"还是应该综合理解？今日中国是否需要如很多人希望的一样走一条西方历史上的"启蒙"道路？如果我们说法治还是一种启蒙的话，那么这个法治到底应该如何定义？又如何来启蒙？中国人之文化现状到底是否处于一种蒙昧状态？西方的启蒙运动通过主观构建一种理论假说，进行宣传灌输并迎合时势，进而取得广泛认同，然而这种理论纯粹是一种主观构建的假说。而自由主义今日仍然秉承着这一启蒙运动之构建论的理论路径。笔者认为，这是今日中国面临的一个举足轻重的难题。这个难题的解答，唯有回到人性本身来研究，才能寻找到答案，才能知道若有蒙昧之广泛存在，原因何在，如何启蒙。今日盛行于西方世界的自由主义之构建论模式，是舍本逐末的理论，切莫盲从，唯有抽丝剥茧方能看清真意及其真正的价值以及其历史上成败之决定因素。

同时，我们今日绝不应该只是停留在"法治"角度看问题。所以，我们更加需要回顾一下整个西方近代以来对全世界的"法治启蒙"的历史背景，才能进一步认清这种"法治启蒙和文化启蒙"的本质、动力与真实目的："19世纪下半叶至20世纪初，以欧洲列强为主导的近代世界经历了一段急速发展时代，列强在

---

[1] 马国川：《国家的启蒙：日本帝国崛起之源》，中信出版社2018年版，第142页。
[2] 何勤华：《法治的启蒙》，法律出版社2017年版，第4页。

全球范围内极力扩张，欧洲的英国、法国、德国、俄国非常强大；美国经历了内战后逐步强大，日本在明治维新以后打败了中国、吞并了朝鲜、侵占了琉球和中国台湾，之后日本在中国东北的极度扩张导致了与俄国的冲突，日俄战争中俄国战败；中国对外战争屡次失败，中国市场向所有列强开放，八国联军入侵、巨额战争赔款，中国实际上成为全世界列强共同剥削的半殖民地；非洲、太平洋、印度洋中的岛屿也被各大列强瓜分占有；列强为了取得市场和原料，激烈竞争，经济利益的冲突提升了政治利益的冲突，于是爆发了人类历史上第一次规模如此庞大的世界大战；'一战'以后英、美、法、日占领全球市场；1930 年以后，世界经济的重新增长又一次造成国际间紧张的竞争，最后德、意挑战英、法在欧洲的霸权，日本企图独霸亚洲，紧张的形势终于导致了第二次世界大战的爆发；第一次世界大战和第二次世界大战实际上是连续的，两次战争内因相同。"[1] 这就是以"民主、自由、人权"作为近代"法治"的标签"启蒙"世界的历史背景。我们因此就会明白这种启蒙的实质是通过战争来获得市场进而获得经济利益，而其中伴随的是赤裸裸的金钱争夺和资源掠夺。这种由西方主导的"法治启蒙与文化启蒙"之路，并不光鲜亮丽；而这段人类历史上疯狂的资本扩张时代，可以说是人类历史上的至暗时刻，是人性彻底被物欲主宰的兽性大爆发的时代，何以因"法治"之名而彪炳史册？这个时代至今还没有结束，反而成为一种似乎无可置疑的话语方式，这是对人类的"民主、自由、人权、正义"的最大亵渎而绝不是在弘扬它们。通过战争和文化输出、文化统治，建立了世界政治格局和经济格局，维护着市场和资本的格局和利益，这恐怕才是启蒙道路的真相，今日我们确实需要反思自由主义法治启蒙的双面性。不忘过去，是为了更好地看清未来。也正是因为这段历史真相，笔者才认为：我们不是也不应该是在延续着这种所谓的"西方法治文明启蒙道路"，而是应该走一条自己的路。[2]

---

[1] 许倬云：《现代文明的成坏》(精装珍藏版)，浙江人民出版社 2016 年版，第 117—122 页。

[2] 阅读者可以认为笔者的观点有些偏激，但是在一个"近代历史的启蒙故事"广为流传的当下中国，笔者这种看似另类的偏激也是不为过的。从大历史的角度看，我们可以理解此种现象的存在并清楚知晓其原因，但是又不得不说，此种状况的普遍存在是一个国家和一个民族的悲哀。此种状况之改变，则是一种历史必然。

二、中国现代视野中的传统法治精神

（一）对中国传统法治精神严重曲解

今日中国的很多人对传统文化的种种曲解、误读甚至敌视、仇恨心态，是并不鲜见的，[1]而其发端确实从近代开始。一个民族、一个国家之公民，倘若对自己国家的历史和民族的文化抱有厌恶与仇恨的普遍心态，福兮？祸兮？这是当下应该思考的一个至关重要的紧迫问题。今日谈论中国传统文化，离不开"三千年未有之大变局"[2]的清末，以及当时具有代表性的心态。例如，"陈独秀断定，中国教育须取法于西洋的缘故，不是势力的大小问题，而是'道理的是非问题'，因为'一尊理性，而迷信斩焉，而无知妄作之风息焉'。即使中国传统文化尚具有考古认知的价值，其优劣取舍也必须在西方科学精神与方法的坐标系内得到确认。这一思想取向在胡适身上表现得最为明显"。[3]然而，在晚清大变局中，西方文化及法律对中国之诸多影响至今仍在继续、尚未完结。我们如今看到的法治精神文化渊源之争，似乎是中国传统文化与西方文化的抗争仍然在继续，实际上是现代中国确立法治的文化根基之迷茫局面的副产品。"清末以来，学习西学西法，诚然大有必要，功不可没。然而一切以西学西法之是非为是非，落入欧洲中心主义价值论之窠臼，既失去了自信，又没了自我，以为万事不如人，实在是'过犹不及'，诚大过也。"[4]这可能代表了当代中国很多学人的共同心声。我们应该继续先曲解传统或者以偏执对立之思维看待传统，进而否定传统，还是确有必要汲取传统的智慧？这是当今中国法治领域研究中的一个重大问题，而且可能关乎甚至决定法治的成败。而这一切，需要首先抛开成见、实事求是解读传统。

对于中国传统文化和法治精神被曲解的具体内容，前文已经述及，此处再仅举事关对圣人孔子思想之评判为例以资说明。将孔子所言"为政以德，譬如北

---

[1] 这种心态的普遍性，笔者虽然无法以现代统计学的方法做出一个数据统计，但是以笔者对社会思想状况的感知，足以得出这样的结论。

[2] 李鸿章语。

[3] 杨念群：《五四的另一面："社会"观念的形成与新型组织的诞生》，上海人民出版社 2018 年版，第 55 页。

[4] 俞荣根：《儒家法思想通论》，商务印书馆 2018 年版，第 815 页。

辰，居其所而众星共之"[1]曲解为今人所定义之"德治"；将孔子"为政在人"之恒久真理曲解为今人所定义之"人治"，此乃曲解中国传统文化与传统国家治理精神之缩影。"为政以德"和"为政在人"之目的在于反对统治者由于自身之人格与智慧缺陷对国家治理造成负面影响，其要义在于排除今人所言的"人治"之一切弊端，却被囫囵吞枣式地定论为这是在推崇今人意义上的"人治"。如此般曲解、臆造出来的儒家"德治""人治"与今人构想之"法治"进行优劣比较，进而推崇西方"法治传统"之下的"西方法治"为中国现代法治之"启蒙源泉"，实乃极其普遍。为什么说至少"先秦儒家"是反对人治的？为什么说儒家从来都没有提出或者推行过今人所理解的"德治"？为什么说儒家的"为政以德"是中国传统法治的基本形态？笔者这些看似严重违背学界通论的观点，能否成立？至于说中国传统缺乏现代法治精神所指的自由、平等、人权、契约、民主等，更是需要明辨。这些问题在前文已经都论证过，此处予以总结概括，只是意在表明，今人对中国传统法治精神存在严重的误读和曲解。

（二）曲解法治精神系文化衰落所致

中国传统文化的失落，并非一朝一夕所形成，而是有着深刻的历史原因，涵盖了政治、军事、经济、文化等多种复杂因素且共同作用使然。其实，中国传统文化的失落最为直接的原因便是近代开始的一个困惑：中国拥有几千年的辉煌历史，甚至一直是世界的领跑者，为何在近代却成为追随者？为什么会在近代饱受欺凌？这是近代中国人无法解开的心结，在很大程度上至今也是现代中国人无法解开的心结。因此，中国传统文化在近代很多中国人心目中的印象和负面形象一直流传到现在。从有论者曾经梳理出的"国学"一词的历史可见端倪：邓实在1902—1903年提出了"国学"的概念，因为邓实先生作为有识之士认为"帝国主义老谋深算，要亡一个国家，必先亡其学，即先让你的人民不知道有其民族文化"；章太炎先生在1907—1908年也提出了"国学"的概念，是为了激励"种性"，培养大家的爱国心；晚清的"国学"实际上是救亡意识的体现；辛亥革命到新文化运动期间则以"批判旧文化，发展现代中国的文化"为主；20世纪20年代以后，胡适吸收了毛子水和傅斯年的概念，肯定了"整理国故"运动，继而

---

[1]《论语·为政》。

北京大学、清华大学等相继成立了国学研究院。[1]新文化运动对中国传统文化的看法就经历了这样的转变：从新文化运动的领导者之一陈独秀认为"研究国学、整理国故就好像是在大粪池里面找香水，而我们现在是要从西方引进香水"，[2]到新文化运动的领导者之一胡适"肯定了整理国故运动"，再到后来严复们的幡然觉醒而回望孔孟之道。可见人们当时在文化观念上经历的巨大波折和迷惘。毛泽东同志对此曾经指出："帝国主义的侵略打破了中国人学西方的迷梦。很奇怪，为什么先生老是侵略学生呢？中国人向西方学得很不少，但是行不通，理想总是不能实现……就是这样，西方资产阶级的文明，资产阶级的民主主义，资产阶级共和国的方案，在中国人民的心目中，一齐破了产。"[3]这可谓对"严复们"的心路历程的极佳总结。而梁漱溟先生在新文化运动期间说的两句话，代表了当时一种对坚守传统文化和对待西方文化的并不矛盾的态度。梁漱溟说过"我到北大来干什么，我来是替孔子和释迦说话的"，以及"我们今天要全盘承受西方文化"。[4]"全盘承受"而非"全盘接受"，乃时局造成的"不得不直面而无法回避"之形势；"替孔子和释迦说话"乃坚守并留住民族的文化火种而不至于"在不得不面对的形势中被文化征服"。梁漱溟先生被誉为"东方的圣雄甘地""中国最后一位大儒"，乃实至名归。从上述简单的人物主线，我们就可以见到中国传统文化近代衰落的端倪。从整体的角度而言，近代以来的历史大变局，实际上总体可以总结为四个字——内忧外患。内忧的原因和外患的因素交互作用，政治、军事的较量，权力、利益的争夺，都会从文化上进行话语权的争夺以期形成一种舆论引领效果。如果说最初对传统文化的维护和坚守，主要指向之一是对作为传统文化"主导者"的晚清政权的维护，那么后来经过以"新文化代替旧文化"为主要

[1] 陈来：《儒家文化与民族复兴》，中华书局2020年版，第244—245页。当然，对于胡适肯定"整理国故"有这样的分析，切中要害："……暴露了胡适作为中国自由主义领袖的先天不足。作为晚清无政府思想右翼精神谱系的接力人（尽管胡适未必这样理解），当青年版图开始分裂之时，他不仅无法像章太炎一样通过深入透辟的析理，通过深研中西学术，建立旗鼓相当的学说体系，为未来开辟方向；反而当一部分青年已经入工厂下农村，开始直面现实问题的时候，他却舍自己所提出的'问题'于不顾，转而提倡用科学的方法'整理国故'，所谓重估传统价值。鲁迅便对此表示不屑，以为把青年重新引向故纸堆，并在《理水》中以无用的'文化山'相讥。"引自邓秉元：《新文化运动百年祭》，上海人民出版社2019年版，第43页。
[2] 陈来：《儒家文化与民族复兴》，中华书局2020年版，第252页。
[3]《毛泽东选集》(第四卷)，人民出版社1991年版，第1470—1471页。
[4] 陈来：《儒家文化与民族复兴》，中华书局2020年版，第244页。

基调的阶段，最后对传统文化的维护更加指向了对"民族精神和民族存亡"的维护。因为在后来，无论是基督教还是资本主义所搭载的社会达尔文主义，如果真的成为中国人的"主流文化"，那么中华民族精神也就不复存在了。文化上的投降和依附一旦成为定局，民族独立就是妄谈。

文化互通是从来不可避免的人类社会现象，人类也只有在文化互通中才能增进彼此的了解；但是文化征服往往是很可怕的现象，尤其是作为配合战争和掠夺的手段的文化征服，至少会造成一个数十年甚至上百年的社会精神动荡与社会秩序混乱，人处于其中往往感受的是精神的迷茫和切身的苦痛。而中国传统在近代以来的命运，就是近代文化战争中的失败的结果。这种近代的失败一直影响到现代，传统文化在现实中是失落的。中国传统文化，在今日实际上早已经被"肢解"了，表现为将宇宙本源的"形而上"之认知斥为迷信、将文化的人文化育功能与对历史上政治之黑暗面的控诉相混同、将人文精神用"阻碍了科学的产生"等伪命题予以否定、将传统文化的核心精神矮化为现代道德的范畴。因而，今日当我们试图用传统文化来彰显中华民族精神的时候，其实很多时候是苍白无力的。笔者如此表达的观点，在否定中国传统文化的思维者视角来看，甚至是足以瞬间激起阅读者的愤怒情绪的，就是因为今人观念中的传统文化，早已是被肢解的文化，今人难得见其本来面目。很多反对和排斥传统文化的人，实际上是在对着一个人为制造出来的"假传统文化"这样一个"假靶子"表达愤怒和不满，其效果是使"真传统文化"成为牺牲品。而对中国传统文化的再次认知和价值发掘，是需要依靠学界来集体推进的。特别是要防止"伪大师"们去"引领国学"，造成传统文化命运的二次危机。一个国家和一个民族立于不败之地的根本之一，便是固本强基、树立文化的根本地位或者说基础性、全局性地位，而不应该将文化看作可有可无。因此，唯有找到中国传统文化在今日失落之原因，才能解决传统文化失落带来的问题。

（三）中国传统法治精神之曲解后果

曲解中国传统法治精神的后果之一，就是造成今日之局面，也就是我们目前对法治精神源泉进行发掘所处的状况：那就是，古希腊推崇贵族制度与奴隶制度的亚里士多德式"法治"可以"启蒙"中国，尊崇一神教的西方基督教法治可以"启蒙"中国，将人"拟动物化"虚构出一个以社会契约论为基础的西

方近代法治可以"启蒙"中国，少有人文根基的西方现代自由主义法治可以
"启蒙"中国，唯独中国传统文化及其治理理念不仅不可以启蒙现代中国，而且
需要作为被批判的对象。即使真正严谨治学的有识之士确实看到了西方历史上
与当下法治精神之种种弊端，也看到了没有一个完美的法治典型可资利用，更
没有一个完全适宜中国的西方法治理论体系，但是非常流行将西方法治精神之
研究"转化"为中国现代的"法治精神底蕴"。采取的具体方法就是对西方法治
精神以及法治人物的思想言说进行选择性历史拼图，甚至偷换概念和移花接木
等。其主要原因之一就是我们在对中国传统文化误解深重之今天，似乎没有勇
气去中国传统文化中寻找法治精神的源泉。因为"中国传统社会没有自由传统、
中国传统中根本没有人权观念、等级秩序与差序格局就是不平等、劣根性十足
的中国人没有契约精神、中国人只讲求无讼而不追求正义、中国历史上从来没
有西方式民主之出现、中国传统所讲的秩序是三纲五常和吃人的礼教"之类的
说法才是正确的，这样的观念早已经深入了以"代"计算的很多中国人的内心。
进行一个类比，试想现代社会一个好心人扶老人被讹诈的事情，就引发了连锁
效应，似乎给人一种全社会在扶摔倒老人的时候都会心生恐惧的观感，而实际
上，全中国也找不出几个没有良知去讹诈好心人的"老人"，个别失德老人当然
更不能代表全体老人。那么同理，且从更为广阔的视野、更为深层次的影响看，
类似的"中国人之劣根性""中国没有自由传统"之类的不负责任的说辞具有多
么强的杀伤力？近几千年的中华大地，生息繁衍之人口总数量至少达上百亿，
今人皆称之为"同胞"，岂是哪位"出淤泥而不染"的"绝世高手"有资格对这
上百亿的生灵统一扣上"劣根性"这样一顶大帽子作为定论的？这种对中国传
统文化和中国人作为一个民族之整体而极尽污蔑之能事的极端言论，最初出自
一位日本神道家为日本民族自己之不良习性辩护，而在近代日本侵华时期成为
攻击中国近代文化自信，亦即意识形态的文化战争理论，是在精神上打垮中国
人的重要战略，因此，对此"劣根性说"之来龙去脉，今人不可不察而人云亦
云。[1]而这顶大帽子，在"三人成虎"的心理作用下，反而让无数中国人信奉并

---

[1] 笔者在研究中发现，"中国人的劣根性"这种极度丑化中国文化和肆意污蔑中国人的言论，最
初出自日本人，如18世纪日本的神道家本居宣长认为：中国人不得不树立一种道德律，即"仁"
作为一种绝对标准，是因为中国人的劣根性需要这种人为的约束手段；而日本人始终否认德行包含
同恶进行斗争，道德律不适合于日本。〔参见（美）鲁思·本尼迪克特：《菊与刀》，吕万和、熊达

为之亢奋了上百年。这种历史上的文化现象，可喜还是可悲？福兮还是祸兮？难道我们这上百亿的生灵注定生错了地方？这是近代以来的一个严肃而重大的文化课题，我们应该知晓：千秋功与罪，自待后人说！今日应何为？无须犹抱琵琶半遮面！我们应该勇敢地直面一个问题：一个民族的精神和文化被彻底摧毁，往往就在这些刻意夸大人性之恶的具体事件的积累之中，温水煮青蛙式地悄无声息地完成，而且至今我们依然处于这样的社会氛围之中，多么可怕而可悲！而中庸所言的"隐恶扬善"、中国人自古就坚守的"惩恶扬善"，在这些刻意夸大人性之恶的声音中却似乎成为稀缺品。"在任何民族的文化中，都有不同的劣根性……光明和丑恶一定是并存的，我们不能说一个社会只有光明，没有丑恶。正因为这样，才会有先知先觉者、贤哲、精英们，要在社会上起榜样和带头作用。我们不能因为别人指出一些问题，就抛弃优秀的传统文化。"[1]这恐怕是今日中国人之文化观中的一个根本性、全局性问题。

由此继续展开看，西方的法治精神依托于其哲学、宗教、神学、文化、科学等，每一部分都可以在"西方法治思想史"中名正言顺地发挥法治精神的引领作用，这是一个极其广阔的内容范畴。而我们将中国传统文化的"道统""心性""仁""德政""礼、乐、政、刑""良知"等所有内核部分几乎都排斥在了中国传统法治精神研究的范畴之外，那么当然在法治精神的所有权和话语权上失去了机会。这种机会的失去，不是事实上中国传统不拥有，而主要是今人的方法和观念上出现的严重问题造成的局面。此种情况不是表明了今人对传统的超越，而是不正视传统的结果。中国传统文化中有着比西方更为优越的"法治精神"，只是

云、王智新译，商务印书馆 2016 年版，第 171 页。〕日本人的这种观点，在笔者看来倒是一种十足的、真正的"本居宣长之流的日本人劣根性"的充分体现，是一种十足的谬论，而且其说辞之荒谬程度已经登峰造极。这也解释了日本社会中那些将人性丑恶发挥得淋漓尽致而视为理所当然的现象，这是其作恶时"心理平衡和自我安慰"的所谓文化理念。对于追求仁义道德的中国传统文化而言，此种谬论本不足以产生任何冲击；但是在近代日本军国主义侵华的文化战争期间，却成为美化军国主义、侵略战争以及摧毁中国人文化信仰的理论工具；日本以所谓的"文化停滞论""同文同种论"作为对近代中国和朝鲜进行战争侵略、殖民统治的配合手段，宣扬日本文化的"优越"，其险恶用心在今日是难以掩盖的。〔参见（韩）赵景达：《近代朝鲜与日本》，李濯凡译，新星出版社 2019 年版；该书有大量篇幅详细研究该问题。〕而所谓用宣扬"中国人的劣根性"来"唤醒"中国人这种命题，是需要明辨慎思的。今日之中国人，如果还不能在这样的根本问题上有一个清醒的认识，那么这种浑浑噩噩的状态，才是真正需要被唤醒的。

[1] 楼宇烈：《中国文化的根本精神》，中华书局 2016 年版，第 142—143 页。

我们在研究中主动放弃了而已。这种现实的影响，让中国现代法治精神的研究和解读，只能追随着西方的理论亦步亦趋，而且将解读权、评判权完全赋予了西方理论。因此，以西方法治理论及其法治精神为基础、抛弃中国传统文化中的法治精神，二者交互作用的结果，是难以构建现代中国自己的法治理论话语体系的。笔者认为，中国现代法治精神的文化底蕴恰恰就在于中国传统文化及传统法治精神，今人浪费了属于本民族的最为宝贵的历史资源和文化资源。笔者曾不止一次遇到这样的情况：当笔者向法学界人士表达自己选择"中国传统文化与中国现代法治之融合"作为学术研究方向的时候，很多法学界人士感到非常疑惑甚至极度惊讶，问笔者"中国传统文化对法治有什么用"？确实，在很多人士根深蒂固的观念中，中国传统文化不仅与现代法治格格不入，而且更确切地说就是反面典型。在法治话题上，似乎中国传统文化带来的是与现代法治文明背道而驰而产生的文化自卑感。那么，我们今日在此种"文化自卑"心态下寻找中国未来的出路，能不迷茫吗？若不重新厘定中国现代法治精神与中国传统文化之关系，我们将继续在如西方"法治乌托邦"之类的幻想中迷茫和自卑下去。这对中国现代法治精神的研究，以及法治进程的推进，是一种极大的阻碍。

第二节　中国传统文化对西方近现代法治精神的影响

既然中国传统文化能够以人本和人文为根基，将近代以来形成的法治精神予以引领，那么为什么人们通常认为近现代法治精神发源于西方，并且与中国传统文化几乎无涉？而实际上中国传统文化与近现代法治精神的形成是否有渊源？这就需要回溯一段历史——儒学西传欧洲的历史及其实际影响。

一、儒学西传的历史脉络

（一）儒学西传欧洲的历史真相

儒学西传欧洲的历史，是一段被忽略甚至被掩盖的历史。有论者曾经指出："无论对于中世纪研究，还是对于近代研究，在很长时间里都同样陌生。那就是16世纪以后欧洲的中国研究。迄今为止，关于这种研究所透露的那几个世纪欧洲思想界对中国的认识的变化，我们的了解仅仅限于少得可怜的外国论著译介的内容，并且除了得知莱布尼茨、伏尔泰对中国有过赞美，孟德斯鸠、黑格尔对中国有过批评，此外便几乎可说一无所知。奇怪的是，近三十多年的世界史研究，对于宗教改革以后欧洲人如何看待当时的中国，也放在视野之外……"[1]此种概括较为客观，幸好近年来此种状况有所改变。一段大历史的真相被掩盖，想拨云见日还原历史是一件极其艰难的工作，这不仅需要扎实的学术功底、超凡的研究能力，更需要的是勇气、担当和大智慧，特别是在"反思、检讨、否定"传统文化的风气已经流行多年的情况下，一项完全基于史实的研究成果也可能被斥为道听途说、荒唐可笑甚至不自量力、蚍蜉撼树，因为这和多年来由于诸多因素影响造成的中国传统文化在人们心目中的面貌大相径庭，中国传统文化是优是劣竟然成为当代中国人彼此之间最大的隔阂之一，这在世界上各个民族国家中也是鲜见的。[2]所以说，我们今日尚未走出传统与近代的文化撕裂和文化转型的历史影响，而且不同意见的阵营亦可能难以耐心倾听对方的声音。幸而国内有很多令人尊敬的学者勇于承担道义重任，他们的一些研究儒学西传欧洲的著作、文章，已经为我们勾勒出了一幅历史图景和大致脉络，当然包括诸多具体的研究结论。就笔者目前所能查找到的学术成果而言，比较详尽研究这段历史的甚少。只有如张允熠与陶武、张弛合著的《中国：欧洲的样板——启蒙时期儒学西传欧洲》、张西平先生的《儒学西传欧洲研究导论：16—18世纪中学西传的轨迹与影响》等可资参照。另外还有诸多专题性的研究，如张允熠先生的《中国文化与马克思主义》、何中华先生的《马克思与孔夫子：一个历史的相遇》[3]等研究成果，都为我们还原那段历史提供了诸多宝贵思考。根据张西平先生所著该书的研究，"第一个向西方介绍儒家思想并翻译儒家经典的欧洲人，是来自西班牙的传教士高母羡（1546—1592年）。高母羡翻译的元末明初的文人范立本所编的《明心宝

---

[1] 朱维铮：《走出中世纪》（增订本），中信出版社2018年版，第8页。

[2] 对于儒学西传欧洲的这段历史的研究，笔者曾与数位友人进行过交流。笔者认为这是一段非常值得研究的历史，意义重大；但是在很多听者的观念中，认为笔者没有"资格"来定论"儒学曾经启蒙欧洲"，因为他们认为这段历史并非几个人可以研究明白的，甚至还需要上百年才可能研究明白，所以认为不应该在"严谨的学术"中出现这个"无法定论"的研究。几年前读到儒学西传欧洲的研究成果时，笔者感到的是震撼；而在听到了很多人将此类研究成果不假思索地斥之为"道听途说"的时候，笔者感到的是震惊。此事例即一个近代以来观念上的历史惯性的自然表现：都说是近代西方启蒙了中国，你却说儒学曾经启蒙西方，这可能吗？

[3] 何中华：《马克思与孔夫子：一个历史的相遇》，中国人民大学出版社2021年版。

鉴》是一本收录了孔子、孟子、庄子、老子、朱熹等先哲格言的蒙学教材。而从中国回到罗马的来华耶稣会士罗明坚，尽管晚于高母羡翻译中国经典书籍，在出版时间上却早于高母羡在欧洲出版了中国圣贤书——《大学》。[1]"根据王漪的统计，1687 年以前来华耶稣会士关于汉学的著作为 69 部，在 1687—1773 年间，耶稣会士与汉学有关的著作为 353 部总共 422 部。"[2]张西平先生在该书结语部分写道："长梦初醒！由西方所主导的世界精神文化史需要修改了，地方史的写作时代该退场了，全球化史的写作刚刚登场，好戏正在拉开它厚厚的帷幕。"[3]这段结语，回味悠长、值得深思、值得钦佩！而从张允熠先生的研究成果看，如其《中国文化与马克思主义》一书中详细分析论证了西方近代的诸多思想大家，如伏尔泰、狄德罗、卢梭启蒙运动三杰如何受到了儒学的洗礼；也对休谟的《人性论》思想的中国来源、笛卡尔和斯宾诺莎思想的中国来源、"莱布尼茨起到了把道家、儒家和佛教思想引入欧洲知识界的输送者的作用""抄袭了中国哲学却欲盖弥彰式公然表现出看不起中国哲学的、被尼采称为'哥尼斯堡的中国人'的康德""西方的理性本身直接来源于宋明理学的理和老子的道"等诸多内容。[4]张允熠先生的研究非常严谨，笔者在此做了一些片段引用，就不再去重复了。从张允熠先生的研究成果看，"李约瑟曾说，儒家人性本善的哲学传入欧洲后直接推动了法国的启蒙运动"[5]这个判断是成立的。而因为"欧洲哲学在希腊时代曾经光芒万丈，但是随着罗马时代基督教希伯来文明的长驱直入，希腊哲学逐渐湮没无闻了。直至文艺复兴运动前夕，欧洲人很少提到亚里士多德，在断绝了近千年之后，欧洲才从阿拉伯人那里重新发现了希腊哲学"。[6]这也是古希腊三贤的有些著作被有些人怀疑为伪书的原因，因为其中至少有着阿拉伯人的加工而非原貌。因此，近代西方人从希腊哲学找源头，是有特定政治目的的，这是掩盖近代西方

---

[1] 张西平：《儒学西传欧洲研究导论：16—18 世纪中学西传的轨迹与影响》，北京大学出版社 2016 年版，第 7—12 页。

[2] 张西平：《儒学西传欧洲研究导论：16—18 世纪中学西传的轨迹与影响》，北京大学出版社 2016 年版，第 189—190 页。

[3] 张西平：《儒学西传欧洲研究导论：16—18 世纪中学西传的轨迹与影响》，北京大学出版社 2016 年版，第 196 页。

[4] 张允熠：《中国文化与马克思主义》，人民出版社 2015 年版，第 121—129 页。

[5] 张允熠：《中国文化与马克思主义》，人民出版社 2015 年版，第 131 页。

[6] 张允熠：《中国文化与马克思主义》，人民出版社 2015 年版，第 129 页。

文化因中国文化而走向人本的一个手法。

笔者认为，实际上中国传统文化西传欧洲的时间应该更早，早于16—18世纪的明清时期，笔者此处只能做一个推测，有待深入研究。在元朝蒙古人征战欧洲的时候，儒学和道学就可能已经西传欧洲了。例如，成吉思汗在征战世界的最后历史时刻，因为道家高人——长春真人丘处机的开示而顿悟，停止了杀戮的步伐。[1]在这个过程中，如果说道家文化没有传到欧洲，倒是一件不可想象的事情。又如，在元宪宗八年（1258年）忽必烈主持的僧、道大辩论，参加辩论的僧人有300多人，道士有200多人，另外还有200多名儒生在一旁"证义"，也就是做公证人。[2]这其中完全可以看出儒、释、道文化的盛况以及随着军事战争西传的可能性。唐代的长安作为当时的"国际大都市"的盛况人所共知，其中当然也一定有许多文化的交流。推及更久远的汉朝，"司马迁在写《史记》的时候兼容并举，他不仅对百家学说，分门别类介绍，不歧视哪一派，比较客观，而且修史内容超越国界，把西域的乌孙、康居、大月氏、安息都列为传，当国史来写，实际上写的是世界史"。[3]这也充分表明了当时中西文化交流的历史情况。再如，更早的时期，在2000多年前秦始皇派方士徐福到东瀛寻找长生不老药，而徐福到了日本定居并且将儒家文化在2000多年前就传到了日本，因此儒家文化在亚洲范围开始传播，而在2000多年的传播过程之中，通过直接从中国之外的途径传到欧洲也并非小概率事件。关于这些史料的查找和历史研究，超越了笔者本书的研究主题和笔者目前的研究能力，这些需要经过严谨的学术考证才能得以定论，笔者此处只是表明人类文化互通的历史更为久远。但是从另外的角度看，我们在这方面的研究确实滞后了，甚至很多地方是学术空白。特别是我们在考古中发现距今大约4500年前的古蜀国三星堆文明的时候，出土的文物完全超出了今日观念中之"中国元素"的文化特征，就应该知道人类文化互通的历史更为久远，远不止一两千年，而是更为久远。[4]而当我们考察宗教的时候，如流行于中国东北地区的萨满教，与全世界范围内的原始萨满教具有非偶然性的极大同质化

---

[1] 这就是历史上著名的"止杀令"。

[2] 张松辉：《道冠儒履释袈裟：中国古代文人的精神世界》，岳麓书社2015年版，第21页。

[3] 苏秉琦：《中国文明起源新探》，生活·读书·新知三联书店2019年版，第3页。

[4] 关于三星堆的研究成果很多，例如，陈立基：《悦读三星堆》，四川文艺出版社2018年版；肖平：《古蜀文明与三星堆文化》，成都时代出版社2019年版。2021年对三星堆的再次发掘，又取得了重大进展，三星堆考古已经改写人类对历史的认知，甚至改写对人类起源以及发展进程的认知。

现象，[1]就应该知道人类上古的历史中文化互通可能是今人无法想象的。本书对这个学术大问题不做过多的学术性考证，表意充分即可。儒学西传欧洲这样的专题研究在国内并不多见，但是其中关于16世纪之前的史料严重缺乏，实际上我们还没有完全勾勒出一幅儒学西传的历史全貌图。但是除了学术专题研究，儒学西传的影响在现代的文化大家，如北京大学的楼宇烈先生的著作中，早已是一个公认的事实。楼宇烈先生有言："中国自西周以来就确立了以人为本的文化精神，而西方在公元一世纪以后确立的是以神为本的文化，基督教是西方文化的精神核心之一。西方直至欧洲启蒙运动时期才高高举起人本主义的旗帜，思想家们启发人们不要做神的奴隶，要做人自己。启蒙运动的思想来源之一是古希腊罗马文化，而更重要的来源是16世纪以后通过西方传教士从中国带回去的以人为本的文化精神。他们以中国的人本思想去批判欧洲中世纪以来的神本文化，高扬人类理性的独立、自主，把中国看作最理想的社会。从某种程度上讲，欧洲的人本主义是从中国传过去的，深受中国文化的影响。"[2]我们甚至可以说，今日西方的神本文化和人本文化之争是主要的争论焦点，而这个焦点的持续是因为启蒙运动，而启蒙运动是因为中国传统文化向西方的输入。因此，现代西方社会的文化之争，在某种意义上其本质是中国的人本文化与西方的神本文化之争。但是西方的启蒙运动倡导之人本，应该说是没有得到中国传统文化之人文真意的，因此，就不是真正的中国传统文化，而是一个中国传统文化的仿制品在西方"参战"。

　　本书此处进一步就与法治话题相关的一些人物展开一些粗略的列举以表意。例如，启蒙运动的领袖人物之一伏尔泰盛赞孔子是东方智者。卢梭与伏尔泰曾经是亲密的盟友，后来二人反目成仇、分道扬镳。而什么是启蒙思想家所说的"天"，则需要进一步仔细研究。伏尔泰极度推崇孔子和儒家学说，也是16—18世纪儒学西传欧洲时期出现的一个受儒家思想影响至深的代表人物，而且其从不避讳自己思想的中国渊源，并不像当时的很多西方"哲学家"为了体现自我思想的"原创性"而对其中国来源避而不谈甚至通过否定中国思想进行掩盖的"此

---

[1] 关于萨满教的研究，可资参考的成果非常多，例如，孟慧英主编：《当代中国宗教研究精选丛书：原始宗教与萨满教卷》，民族出版社2008年版；（美）米尔恰·伊利亚德：《九色鹿·萨满教：古老的入迷术》，段满福译，社会科学文献出版社2018年版；（英）刘易斯：《中心与边缘：萨满教的社会人类学研究》，郑文译，社会科学文献出版社2019年版；孟盛彬：《达斡尔族萨满教研究》，社会科学文献出版社2019年版。

[2] 楼宇烈：《中国文化的根本精神》，中华书局2016年版，第47页。

地无银"。因此，伏尔泰的"天"应该是借用了中国的"天道观"，包括同期的"自然神"理论也是借用了老子的"道法自然"。因此，在以理性取代上帝的欧洲"无神论"者眼中，他们所说的"天"和"自然神"并不是一种凭空想象，而是对中国思想的接受。因此，从逻辑上和事实上讲，卢梭的"天赋人权"和"主权在民"都应该有着中国渊源，或者说就是来自中国传统文化的启蒙。当然，伏尔泰对中国和儒学的推崇也可以从这样的视角来进一步理解："伏尔泰等正是把中国当作一个参照系，借以批评欧洲本身的种种事物，特别是妨碍政治近代化的那些痼疾。"[1] 但是，启蒙运动的相关人物的具体政治法律思想中的相关概念来自中国传统文化，的确是有充分证据可以明证的。而当我们看到晚清时期那种主张全盘西化借以批评时政的思潮的时候，确实也能够体味一种历史轮回之感。

（二）文化战争中的刻意掩盖

文化战争，并不是一个尽人皆知的词汇，然而文化战争却是人类一切战争与纷争的核心问题。无论是在过去，还是在当下，抑或在未来，文化战争必然是人类实现大同世界之前的一个极其漫长而且十分残酷的历史现实和未来态势。文化战争，从来都是现代意义上的意识形态之战，是事关一个民族和一个国家生死存亡的根本性问题。从有文字记载以来的人类战争史，我们完全可以得出这样一个结论。在近代以来的中西军事战争中伴随着一场文化战争，儒学西传就是在这场文化战争中被刻意掩盖的一段历史。就连中国人熟知的"四大发明"，也是经过了培根之口，才得以在近代以来成为中国人"自豪的历史"，而中国古人在世界科技史上的不朽贡献，却在近百年来难以在世界上甚至中国人自身中间被正确认知。从科技落后的概念，演绎为科学落后的概念，再将科学一词演绎为人类认知终极真理的最高成就与最佳方法的代名词，进而否定中国传统文化的真理性，已经成为一个很少有人敢于提出质疑的"思考逻辑"。这些都是近代以来的文化战争所产生的未能消除的历史影响的表现。因此，许倬云先生曾经颇有见地地指出：培根提出中国古代四大发明，即罗盘、火药、造纸和印刷，并非为了在中国人发明的事物中单独挑出这四件介绍给世人，而是为了阐明欧洲历史的形成过程中此四大发明的重要贡献——罗盘和火药带动了大航海、火药让欧洲封建城堡的

---

[1] 朱维铮：《走出中世纪》（增订本），中信出版社 2018 年版，第 12 页。

摧毁成为可能，并让西方列强对世界各处的侵略产生了巨大威力，纸张和印刷术方便了知识的普及和意见的交流；上述的扩大活动范围和批判旧传统两个新风气的形成，正是西方知识分子质疑和推翻天主教禁锢思想的重要条件，西欧的启蒙运动因此才一发而不可遏止。[1] 而其中中西文化交流对于西方启蒙运动的发展更为关键。实际上，中西文化在历史上的交流，其实际状况远比人们的一般印象更为丰富，其互相影响也更为复杂。单独看儒学西传欧洲的历史，就是一段往往被忽略和刻意掩盖的历史，这种学术上的忽略也导致我们今日在论证、比较中西文化以及法治精神的时候出现了太多的迷茫或者误解。唯有厘清这段历史的大致脉络，我们才能完成对中国现代法治精神追根溯源的学术研究。许倬云先生对"欧洲启蒙运动的来龙去脉"有言："自大航海运动开始，欧洲的海权国家纷纷经由海路远航东方，不仅直接地接触到远方的中国和印度两大文明古国，也发现了新大陆，这两件大事对启蒙运动有相当重要的影响；耶稣会延续数百年不断地派遣教士来到中国，这些教士传送回欧洲的信息涉及众多、内容也很深入；在这些教士的描述之下，中国的古老文明在许多方面比欧洲文明要优越，如中国的考试制度所选拔的具有一定道德修养的文官不是以欧洲贵族执政的政权可以比拟的；生活质量和社会秩序都高出欧洲一筹的中国对欧洲的知识分子来说是一种梦想；他们认为，东方有这样的国度，为什么欧洲不能有同样的以圣王领导的理性秩序？于是，在公教秩序不能面对挑战之后，他们也寻求建立一个新的文化秩序；这给欧洲知识分子带来改变自己民族文化的动机；18 世纪以后，欧洲文明兴起，中国从理想国一下子跌落成贫穷和愚昧的代名词。"[2] 中国从欧洲知识分子心目中的"理想国"跌落为"愚昧贫穷的代名词"这样一个大的历史过程，其原因错综复杂，而让近代中国人刻骨铭心的却是当时的结果状态：中国落后了。

因此，儒学西传欧洲的历史，是一段被今日中国人忽略的历史，因为距离我们最近的历史是"中国落后了"的那段近代史，而不是作为欧洲知识分子心中"理想国"的那段历史。但是笔者认为此种忽略的另外的主要原因之一，就是这是被西方在近代对世界的文化战争中刻意掩盖的历史，掩盖的结果在很大程度上导致了今日中国人对此的忽略。今日中国人从徐图自强的角度一直谨记一句

---

[1] 许倬云：《现代文明的成坏》(精装珍藏版)，浙江人民出版社 2016 年版，第 184 页。

[2] 许倬云：《现代文明的成坏》(精装典藏版)，浙江人民出版社 2016 年版，第 27—29 页。

话，"落后就要挨打"，用以时刻鞭策自己要强国富民。但是"落后就要挨打"等于"落后就应该挨打"吗？我们放眼当今世界之国际格局，会有人冠冕堂皇地以"因为你落后，所以我就应该打你"来发动侵略战争吗？"楚虽三户，亡秦必楚"，这是任何一个只要稍微具备血性的民族都会做得到的，因为国仇家恨是难以让人释怀的。所以，不仅今日，在近代的军事战争和经济掠夺中，殖民者和侵略者绝不是愚蠢到认为直接以炫耀武力的方式就可以成功殖民和侵略，而是一定会伴随着极其高明的"文化战争"。因此，如果说世人皆知西方的人本文化、启蒙运动在很大程度上来自中国的道家和儒家的理论指引，那么西方在近代殖民侵略的时候，就完全不具备了对中国进行"文化启蒙"的资格；但是通过将西方的文化一直溯源到古希腊等手段，达到了掩盖西方人本文化之中国渊源、中国来源的目的，这至少是近代文化战争中的一个主线。南怀瑾先生放眼中外的大历史说："国家不怕亡国，亡国了还有办法复国；如果文化亡了，则从此永不翻身。试看古今中外的历史，文化亡了的民族而能翻身的，史无前例。"[1] 所以，达到消灭一个国家和民族的目的，不在于肉体消灭而在于文化消灭；一个国家和民族战斗力的丧失，其根本不在于武器装备，而在于对自我文化的不认同而导致人心涣散。那么西方殖民者为什么可以将其文化溯源古希腊？因为对西方殖民时代而言，溯源古希腊是人畜无害的，古希腊早已不会因为"被遵从"而对殖民的文化战略造成任何现实威胁，而当时的中国则不然。为什么溯源古希腊？还因为古希腊时间很久远，代表着"悠久"的含义，近代西方的殖民者总不至于愚蠢到说自己民族是近两三百年才"文明并开化"[2]的，以此为基础来"启蒙"一个拥有几千年辉

---

[1]《南怀瑾选集（第一卷）》（典藏版），复旦大学出版社2013年版，第107页。

[2] 西方的"文明"一词，是其近代伊始"彰显"优越性的一个词语；由西文翻译为汉语的时候，被翻译成"文明"是不甚确切的；"文明"一词在汉语中出自易经，代表着量同天地的境界，而西文之"文明"却并非如此。正如有论者指出："文明"的概念源自西欧绝对主义体制内部不同社会团体的紧张与对立；伴随着法兰西王权在15世纪末16世纪初的壮大，1500—1525年开始出现"殷勤"（civilite）的概念，用来指称法兰西宫廷圈统治集团的风尚，以有别于宫廷之外之社会大众的"粗鲁不文"（barbarism）；其后，英格兰与德语区也开始出现类似的概念（civility, Zivilitat），并在语意上扮演着同样的功能角色；随着绝对主义王权的扩张与开明专制的政策导入，"殷勤教养"变成动词，并且创造出新的动词"文明开化"（civilize）与分词"被教化"（civilized）这两个新概念，在十六七世纪开始被使用，意指一种关于思想、技术、道德和社会进步的世俗思想；换言之，文明开化就是启蒙（enlighten）——以汉字圈读者熟悉的字眼来说，就是王化概念——政治力量促使社会各阶层向王室宫廷圈的支配集团学习、看齐与同化；这些概念成为名词型"文明"

煌灿烂的文化历史的中国吧？古希腊文化就是在这样的大背景下被西方社会倍加推崇起来的，否则城邦时代的古希腊的政治学说，在近现代至多是一种"县域治理"层级的问题，而古希腊的神本文化更是无法影响中国的；在那个上帝信仰盛行于西方的年代，古希腊文化既无法上升到信仰高度，又无法关照政治现实，其具有的更多的是象征意义。当我们查阅到当时西方种种文化战争策略的史料时，如一定要抓住中国的学校和教育这个关键、一定要进行文化的灌输等，文化战争的历史脉络就会清晰可见。仅举一个小例子以见微知著："1899 年，基督教在华的最大教会出版机构'广学会'总干事李提魔太给上海英国总领事布仁南的信中说：我认为十分重要的课题是重新考虑我们如何控制中国舆论，如何对中国的主要高等教育学府取得更多的管理权的问题。掌握了这些机构和中国宗教界领袖，我们就抓住了中国的脑袋和脊背。"[1]这段话所表达的意思，就是当时的文化侵略战的一个缩影，而且是以这种文化侵略战作为先导才促进了政治、军事、经济等侵略战的成功。这段历史并未走远，对其中文化战争的研究，在今日依然是一个具备举足轻重意义的大课题。

　　毛泽东同志曾经对近代的中西文化战争中的问题予以总结："帝国主义列强在所有上述这些办法[2]之外，对于麻醉中国人民的精神的一个方面，也不放松，这就是它们的文化侵略政策。传教，办医院，办学校，办报纸和吸引留学生等，就是这个侵略政策的实施。其目的，在于造就服从他们的知识干部和愚弄广大的

（civilization）的前身……相较于法兰西部分资产阶级得以进入宫廷参与政治决策过程，德语区的都市资产阶级却仍被排除在宫廷之外，于是他们发明出"文化"（kultur）的概念来和"文明"相抗衡，以"文化"歌颂百姓的诚恳与正直，借以拒斥"文明"所代表的宫廷的矫揉造作和虚伪欺诈。［张锡模：《圣战与文明：伊斯兰与西方的永恒冲突》（第二版），生活·读书·新知三联书店 2016年版，第 113—114 页。］西方的"布尔乔亚"（资产阶级的意思）们在"王化"过程中的冲突，诞生了今日之"文化"与"文明"的概念；显然，西方的"文化""文明""文明开化"，与中国相比，不仅显得历史太过短暂，而且其真正内涵（至少是源初内涵，甚至包括其演进至今的内涵）并不能为其带来一种"优越感"。在其内涵如此的情况下，将西文翻译为汉语的"文明""文化"之后，与中国自上古以来的"文明""文化"完全不是一个层级和境界的概念；只是在今日，我们中国人似乎几乎忘记了我们中华文化中的"文明"的源初含义以及真正的灵魂，甚至迷失了对"真正文明"的基本辨识，如大家会以"农业文明"来作为中国传统文明的全部认知，这才是大问题。

[1]《戴旭讲甲午战争：从晚清解体透视历代王朝的政治败因》，人民日报出版社 2018 年版，第113—114 页。

[2]"上述这些办法"是指一切军事的、政治的、经济的和文化的压迫手段。参见《毛泽东选集》（第二卷），人民出版社 1991 年版，第 628 页。

中国人民。"[1]直至今日，这种文化侵略战的影响还远远未能消除，而且在某种程度上有愈演愈烈之势。一旦一个国家在文化上投降认输了，想在政治上独立起来是不可能的，这就是历史的深刻教训。因此，戴旭先生所言极是："晚清从闭关锁国到开放无度，未被军事消灭，却被西方政治理念颠覆。先是基督教文化入侵引发太平天国运动，后是西方宪政思潮引发革命党起义（这两次运动在推翻帝制方面有其历史进步意义，但从另一个角度看，也导致国家解体和外敌入侵），致使主要以发展经济、壮大国力，进而梦想抵御外侮的改革开放进程彻底归于失败。"[2]当然，笔者认为在因果关系上，根本原因并不是基督教文化与西方宪政思潮决定性地引发了变革，而是变革需要找到一面文化旗帜加以利用而已。晚清已经在传统文化上极其衰败，传统文化的衰败导致了贪腐盛行、人心思变、内乱频发、社会矛盾丛生，同时西方列强虎视眈眈、磨刀霍霍，晚清统治者与大众离心离德、居安而不思危，晚清的"夜郎自大"本是基于雄厚的经济资本和主导国际秩序的历史地位形成的心理惯性，实际上并不是没有任何依据的"夜郎自大"，而是一种基于政治、经济、军事实力的盲目自信；然而其未能智慧地预见到国际秩序的巨大历史变革驱动，更未能足够重视文化是家国与民族之命脉，因此"新思潮"才能在此文化衰落的大背景下"乘虚而入"。内忧外患，文化衰落，岂有不覆亡之可能？而传统文化的衰落才是一个根本因素，但并非传统文化本身存在致命问题。至于自然科学与技术导致的军事力量[3]薄弱、战斗力不强，根本原因在于文化衰败下无法凝聚有精神力量的人群。洋务运动的失败，足以证明人是关键，技术是人的工具，人如果不行，磨得再锋利的刀，最终也是留给敌人用来攻击自己的，而不能用来杀敌。所以，自身没有强大的文化根基，必然遭受失败，这才是关键。历史镜鉴不可不察，回归史实研究成败兴亡的原因，于今日中国之繁荣稳定、人民幸福安康才是最为根本的。因此，文化战争历来都是关乎一国命运的国家安全战争。观察今日中国之文化现状，我们就可以发现这种文化战争的影响何其持久和深远。

从上述方面就可想而知，儒学西传带来了欧洲的启蒙运动，但这段历史在近

---

[1]《毛泽东选集》(第二卷)，人民出版社1991年版，第629—630页。

[2]《戴旭讲甲午战争：从晚清解体透视历代王朝的政治败因》，人民日报出版社2018年版，第3页。

[3]笔者此处主要指代武器和作战战略。

代为何被刻意掩盖？反而是对中国传统文化予以精神上的根本性摧毁，孔子就成为文化战争的首要攻击目标之一，进而进行文化殖民，这是近代日本侵华和西方近代文化战争的大策略。这段历史，恰恰犹如一个孩童，经历了强盗入侵家中抢劫甚至霸占房屋田地，之后强盗留下一句话："要怪就怪你父母打不过我。"这个孩童长大之后，奋发图强让自己强大以免受当年被抢劫之苦，更希望保护自己的孩子不再经历当年自己经历的那一幕；但是，他应该把当年那一幕一直归咎于父母的"不强大"而认同那个强盗的"强盗逻辑"，还是会明白强盗不仅抢了钱，还为自己找了一个冠冕堂皇的理由因而将罪恶归咎于强盗的恶毒？这个心结，应该解开为好，否则这个孩童一辈子都走不出这个"童年阴影"。而这个强盗逻辑，被一个谎言所包装，这个包装上印着两个字：启蒙。同样，对于一个民族而言，也需要走出很多"历史阴影"才能团结一心、真正强大。而中国从古至今真正的精神是什么？那就是自强不息，而不是"一朝被蛇咬，十年怕井绳"。在近代遭到外侮、国家主权和民族尊严遭到严重侵犯的年代，那些抛头颅、洒热血，为了国家主权和领土完整、为了中华民族的尊严而战的千千万万仁人志士，才是中华文化的底色、才是中国人民的代表。时至今日，面对外敌侵犯而甘愿流血牺牲捍卫国家尊严、面对病毒瘟疫而勇敢冲锋在前的，这些同胞伟岸的身影和人性的光辉，才是中国人的不变特质和气节。正视自己的不足是为了让自己更加强大，这是任何一个民族发展进步不可或缺的优良品质；中国人自古以来就知道"吾日三省吾身""见贤思齐，见不贤者自省焉"的道理。但是，将中国数千年优秀文化的底蕴完全涂抹成黑色、从文化性和民族性上予以整体否定的行为，实乃彻头彻尾的为虎作伥，在中国人民已经站起来、富起来、强起来的今日，此种言论可以休矣！先从精神上将一个民族打垮、将一个民族的精神世界搅成一盘散沙，如近代以来先将民族的文化偶像孔子彻底打倒，其直接结果是什么？这是一个值得放在大历史背景中深思再深思的问题。难能可贵的是，那个时代的先贤，如辜鸿铭先生时刻在向全世界呐喊："中国人的精神，并非一门学科、哲学或神学，甚至不能被称为一种心态——大脑与思维积极工作的状态；中国人的精神是一种心境，是一种灵魂质地；用诗人的语言来说，是一种欣喜的、如沐天恩的心境。"[1]对于中西文化的比较，辜鸿铭先生认为："君子之道，才是宗教真正的灵魂，而

---

[1] 辜鸿铭：《中国人的精神》，李静译，天津人民出版社2016年版，第90页。

信仰上帝和遵守规范不过是它的躯壳而已。如果说君子之道是宗教的生命、宗教的灵魂，那么'爱'就是宗教的灵感来源……所有这些真正的人类感情，都涵盖在一个汉字——'仁'中。"[1]辜鸿铭先生在与日本的伊藤博文的论辩中，表达过这样的意思："孔子的思想就好比数学家的加减乘除，几千年前是三三得九，几千年后依然是三三得九。你说，难道会三三得八不成？"[2]在文化论说之外，当时在几千年传统文化熏陶下的中国人到底是什么样的实际人格状态？许倬云先生在一次接受许知远先生的采访[3]时表达说：在抗日战争时期，百姓在战火中逃难，而即使在逃难时，仍然是"仁爱有序"；许倬云先生在接受采访中谈及至此，流下热泪说："当时看到这种仁爱有序，我就坚信：中国不会亡！"恐怕，这才是我们真实的民族品格和历史记忆，而不是所谓的"愚昧文化和劣根民族"！时至今日，此大问题如仍不能警醒和觉醒，则一切中国崛起话题皆会举步维艰，更勿论民族之文化自信。难道我们不应该勇敢地直面这个大问题吗？难道我们至今都没有能力和智慧来想明白这个大问题的本质吗？奋发图强，从精神上开始自强，首先要正视历史及其中的功过是非！

二、西方近现代法治精神的中国基因

（一）无法超越的终极之"道"

西方的上帝、自然神这些被认为是宇宙的最高主宰的神明，其实都未能超越老子所说的"道"，或者其所指就是老子所言的"道"。儒学与西方近代法治精神之形成问题必须深入研究。欧洲的启蒙运动和人本主义的形成，一部分源于对古希腊的文化追溯，另一部分主要源于中国儒学西传欧洲之文化影响。"道与上帝同在，道就是上帝"，[4]格劳秀斯的自然法概念，都是在描述"道"。而现代科学最终也是志于求"道"的。科学也是无法超越"道"的，而只是以另一种方式在"求道"。发源于欧洲的近现代科学，本是受着宗教的束缚，不具有正统甚至合法地位。宗教、哲学其实都是在探求世界的终极奥秘，因此在近现代以前的宗教和

---

[1]辜鸿铭：《中国人的精神》，李静译，天津人民出版社2016年版，第78页。

[2]钟兆云：《辜鸿铭全传》，中国青年出版社2016年版，第203页。

[3]笔者在网上看到的一系列采访节目，名为《十三邀》。

[4]出自《约翰福音》。

哲学时代当然有今日所理解的"科学内容"，但是近现代以前之"科学"的前提是对神和上帝的信仰，落实到现实中就是"科学"不能反对或者否定教权的合法地位。而近现代科学的历史性突破之一便是不再以上帝信仰为研究前提，在现实中表现为否定了教权的合法性。另外，实际上，西方的神秘学所包含的魔法、巫术、炼金术、占星学、灵知主义等都是近现代科学的基础或者说与科学重合的范畴。[1] 如若以此论科学，中国古人更胜一筹。因此，当欧洲的人本主义确立之后，近现代科学才能够取得正统地位，近现代科学才能迅猛发展。可见，每一次文化和观念上的大规模变更，必然带来巨大的社会变革。有论者通过研究发现，我们都知道整个世界都曾受惠于中国的四大发明，却很少知道，根据李约瑟的考证，现代世界所赖以建立的 300 项基础性发明和发现中，居然有 175 项来自中国，超过总数一半。更为重要的史实是，这些发明和发现几乎没有一项曾在西方被独立发明或发现过。李约瑟的同事罗伯特·坦普尔曾经选择了其中 100 项进行过一次精确的统计分析，结果表明：从中国到西方，这些发明和发现的传播所耗费的平均时间是 1223 年，这个数字也大致说明了中国曾领先于世界的数量级。著名的"李约瑟之问"的提出者李约瑟们的研究实际上揭示了一个尘封已久的历史事实：西方文明是站在中华文明的巨人肩膀上完成农业革命的历史积累，进而拉开了工业革命的序幕的，所以可以毫不夸张地说，西方现代化大厦的基石有半数以上来自中国，他们之间当然是亲戚。[2] 所以说，问中国传统文化为什么没有产生科学，在事实方面就是站不住脚的，至于更为重要的深层次解析，笔者将在后文详述。

如果说科学之终极目的在于探求宇宙的终极真相，显然目前还没有完成任务；但是在中国传统的儒、释、道文化中，世界的终极真相早已经明了了。因此，梁漱溟先生曾说，中印文化是早熟的文化，意指早已达到终极。而对于今人而言，对于科学的认可实质上是对于技术的认可。以技术取代科学的本意，将没有科学精神作为中国传统文化的定位，并且大有科学与人文是鱼与熊掌不可兼得之对立思维，在很大程度上是今人之文化自卑现象的心理和观念根源。可以说，身处近代备受欺凌之后时代的今人，对历史的伤痛因为无法忘却而仍心陷迷惘，特别是在对待中国传统文化的问题上。但是，当我们考察儒学西传的历史过程就

---

[1]（澳）彼得哈里森：《科学与宗教的领地》，张卜天译，商务印书馆 2016 年版，《科学史译丛》总序第 III 页。

[2] 刘哲昕：《文明与法治：寻找一条通往未来的路》，法律出版社 2013 年版，序言第 5 页。

会发现，真正的儒学有利于人的全面解放和人的主体地位的确立，这也是儒学西传之后西方科学能够成功的文化原因。而儒学在近代前后，在中国实际上是日趋衰落的，因此人被禁锢的程度非常高，因为失去了人本才导致了失去活力和创造力。此中之因果关系不可不细察。同时，西方在近代的崛起确实也是一个整体的历史现象，包含了大航海、冒险、殖民地、掠夺、舰队、基督教、文艺复兴、宗教改革、战争、启蒙、议会、宪政、市场、资本主义等各种主观划分出来而实则一体的因素。[1] 而贯穿所有这些因素的是人这一主体，而人的成败在于人心，人心即文化所指之本体。如类似美国学者菲利普·霍夫曼在《欧洲何以征服世界？》[2] 一书中通过模型参数研究，最终得出结论认为，欧洲征服世界的秘密在于两个字——火药，此类的研究方法和研究结论是不足取的，但是我们也可以看到中国古人的火药"科技"的作用。总之，整体视角看问题才是智慧。"人"才是一切问题的根本，"道"让人有了主体地位，所以悟道是人生的终极意义，也是一切发展的根本奥秘。总之，"道"是近现代法治精神形成过程中无法超越的终极文化。

（二）启蒙运动异化后的"道"

西方近代法治精神在晚清之后对中国的影响，在某种意义上是一次"出口转内销"的历史过程。儒学让西方社会看懂了人本，西方树立人本之后再将人本所衍生的种种思想观念回传中国。在那样一个战火纷飞的"三千年未有之大变局"之历史关头，救国图存、民族大义是首要任务，因此大多数国人是无暇思考这一人本出口转内销的历史过程的。例如，我们从当时学界最为著名的贯通中西的梁启超先生的诸多研究成果看，其当时可能并未从学术上探知这一过程。梁启超先生不满西方主导的世界史，致力于从世界史的角度重新看待中国文化的地位和贡献，认为中国文明力未必不可以左右世界，即中国史在世界史当中占有一强有力之位置也。[3] 在面对积贫积弱的中国与任人宰割的背景下，此种文化思考虽然无力，却是一种中国人的道义担当。时至今日，儒学西传欧洲的学术研究虽然因史

---

[1] 刘哲昕：《文明与法治：寻找一条通往未来的路》，法律出版社 2013 年版，第 3—4 页。

[2] （美）菲利普霍夫曼：《欧洲何以征服世界？》，赖希倩译，中信出版社 2017 年版。

[3] 张西平：《儒学西传欧洲研究导论——16—18 世纪中学西传的轨迹与影响》，北京大学出版社 2016 年版，前言第 2 页。

料难寻等原因而亦显艰难，但是其必要性和重要性未曾减少一分。

引领西方形成近现代法治精神的自然法思想，其实就是地地道道的道家学说的翻版，这种自然法是用来对抗和否定上帝、神权、教权的理论产物。正是因为否定了教权与神权，西方才得以产生了近现代人本主义之下的法治精神，否则西方可能还是一直处于神权和教权的文化统治之中。而在近代，自然法作为对"道"的概念的西方转化之后，转入中国的时候，中国人未能完全辨别其在西方的政治意义，更未能理解：这是西方对"道法自然"的字面理解所产生的一个概念和思想体系。对于"悟道"，是一个实际的体悟过程，也就是通常所言的"见地、修正、行愿"关系：见地是指对"道"的义理的领悟，修正是指通过实际行为去证实，行愿是指明了"道"是天下为公，由于利他精神和行为而去掉自我心中之私，进而才能达到清静无为的"无我"圣境，因而去治国、平天下。悟道绝不是耍嘴皮子、抛出几个概念、玩玩文字游戏。而悟道作为体悟之学、实证之学，在出口到西方之后，几乎已经沦为由概念到概念的纯粹由文字表达理论学说的境地，因此"道"的出口转内销这一历史过程，实际上并非恒常之"道"的传播过程。启蒙运动借用了中国的"道"，然后异化了中国的"道"，文化战争中"被异化的道"所衍生的诸多概念又传回中国来扮演一个"启蒙"角色；近代人无暇弄清这一个过程，现代人应该将其看明白了。儒学促成西方确立人本，人本促成西方近代意义民主的文化根基，而后民主成为"德先生"进入中国。而正如有论者对"德先生"的评价，道出了出口再转内销所衍生的法治理论产品如何无法适应中国："德先生莅华百年也绝非寸功未立，在推动中国迈向民主法治的历史过程中，他可谓功不可没。只是这一位先生一直不知，他与赛先生不同的是：赛先生搞的是自然科学，而他搞的是社会科学……社会科学，往小了说，它自然关系到每个人的社会生活方式；往大了说，则要关系到一个民族乃至一个文明的历史存在方式。而这种生活方式和存在方式就是五千年历史沉淀的总和……德先生在中国的尴尬也许正在于他一直都未曾放下过先生的架子。这么多年过去了，他的中文一直不好，更弗论文言文了。他一直用略带蔑视的眼神看着中国的历史，就更不用说理解和尊敬它了。他一心想充当中国人的现代救世主……在对中国的理解方面这位先生还是个小学生……路，只能我们自己去找。"[1] 推而广之，

---

[1] 刘哲昕：《文明与法治：寻找一条通往未来的路》，法律出版社 2013 年版，序言第 4 页。

在法治精神话题上，以及整个文化问题上，我们对"道统文化"的西传、异化、启蒙的道路及其真实效果，理应再认识、再思考了！

第三节　西方文化对中国现代法治精神的影响

一、影响之原因与表现

（一）影响产生的原因

中国现代法治精神所采用之诸多词汇，形成于西方，在近代中国启用，沿袭至现代中国。因此，中国现代法治精神的"词汇本身"来自"近代传承"，也就是说，西方文化对中国现代法治精神的影响起始于近代，影响至现代，所以要从近代说起。西方法治精神向中国传播的途径包括学术研究的交流和西方的政治推广。尤其是在近代时期，西方文化大规模、全方位地来到中国，而当时中国在政治和军事局势上已经完全不能抵抗这种西来文化的冲击，因此在文化领域就是一种不得不面对西方文化之强烈冲击的局势。赛珍珠在为林语堂先生之名著《吾国与吾民》所作序言中的一段话从一个侧面展示了当时人们在文化上的迷茫和精神上的苦痛："当时的中国知识青年，生长于一个大变革的社会环境里头，那时父兄们吸收了孔教的学说，习诵着孔教经书而却举叛旗以反抗之。于是，新时代各种学说乘时而兴，纷纭杂糅，几乎扯碎了青年们脆弱的心灵。他们被灌输一些科学知识，又被灌输一些耶稣教义，又被灌输一些无神论，又被灌输一些自由恋爱，又来一些共产主义，又来一些西洋哲学，又来一些现代军国主义，实实在在什么都灌输一些。厕身于顽固而守旧的大众之间，青年知识分子却受了各种极端的教育。精神上和物质上一样，中国乃被动地铸下了一大漏洞，做一个譬喻来说，他们从旧式的公路阶段一跃而到了航空时代。这个漏洞未免太大了，心智之力不足以补苴之。他们的灵魂乃迷惘而错失于这种矛盾里面了。"[1] 而在那个历史阶段，全中国所面临的整体形势却事关民族存亡，因此，在迷茫与苦痛中最重要的任务是救亡图存。苏秉琦先生认为："五四运动前后，当国家、民族面临危及生死存亡的时刻，在社会上引起了一个热烈的思潮，就是讨论中西文化问题。那

---

[1]　林语堂：《吾国与吾民》，黄嘉德译，湖南文艺出版社 2012 年版，"赛珍珠序"第 1—2 页。

时候中西文化之所以成为一个热门话题，原因很简单，就是几千年的文明古国落后了，落后的原因是什么？不能不从历史上来回答这个问题，我们究竟比西方在哪些方面落后了，如何赶上去，到底应该向西方学习些什么东西，这个问题可以说在五四运动时期基本上找到了答案，那就是民主与科学。"[1]那么，在同样的时代背景中，面对西方法治精神中所言的平等、人权、民主、契约、秩序、自由、正义这些概念，首先是带来了一种"新鲜感"，因为这些词汇带来了无限的想象空间，让人们充满了对冲破现实的不美好的希望。而且这种词汇的表达，又似乎是一个全新的词汇，中国传统似乎没有这些词汇，因此当然地将其认作西方文化的本真和专属。近代的文化战争策略更是让这一观念深入人心，延续至今。但是，当近代时期军事和政治的冲突让人们看清了西方文化背后掩盖着的是血腥、贪婪和残酷的时候，中国传统文化已然在人们精神上几近被摧毁了。因此，在文化上是一种时代性的迷茫和苦痛。这种文化上的苦痛一直蔓延到现代中国而未曾消失。因此，苏秉琦先生又认为："在20世纪80年代前后再次提出的中西文化问题，与五四时期不一样；因为我们要建设现代化，如果是建设日本式的，新加坡式的，是单纯学美国、学西欧、学日本，那能是千万仁人志士抛头颅洒热血奋斗的目标？不是。我们要建设的是同五千年文明古国相称的现代化。这就自然而然地提出，我们这个具有五千年古老文明的民族的灵魂是什么？精华是什么？精神支柱是什么？我们要继承什么？发扬什么？"[2]而法治精神与中国传统文化的渊源自然是一个绕不开的重要话题。

那么，近现代中国人接受这些西方舶来的词汇，其原因是什么？如果说近代的基督教来华传教未能成功，是因为其文化根基与中国传统文化根基完全不符，因此根本无法成功，例如有论者认为当时"太平天国运动最令人惊奇的性质，也许就是领袖洪秀全的明显目标，即在中国建立一个基督教的王国；但是没有什么证据表明洪秀全及其追随者理解了基督教教义的内在精神；外国人起初以为太平天国是真心要确立基督教，但他们发现太平天国怪异地自称为超自然的领导，特别是天王和东王亵渎神灵地自称为天神，他们便感到了疏远与震惊；西方人在这场运动兴起时希望建立一个基督教国家的巨大期待落空了"，[3]但是法治精神中的

[1] 苏秉琦：《中国文明起源新探》，生活·读书·新知三联书店2019年版，第160页。
[2] 苏秉琦：《中国文明起源新探》，生活·读书·新知三联书店2019年版，第160—161页。
[3] (美) 黑尔：《曾国藩与太平天国》，王纪卿译，山西人民出版社2018年版，第74、78、91页。

这些词汇却成功了,而且至今,很多人依然认为这是西方文化带给我们的。这其中的原因,就是我们忽略了中国儒学西传的 200 年时间,带来了西方的启蒙运动,西方的启蒙运动带来了这些近现代法治精神的生成,而这些词汇背后的根源,实际上在于中国传统文化自身。正是因为中国传统文化已经深入了中国人的骨子里而不自知,所以才会接受这样一些本身就源自中国传统文化的法治精神。否则,这些法治精神词汇是难以被中国人接受的。而西方人本主义之下的法治精神的生成,由于在其人本之中没有人文灵魂,所以在理论和实践中带来了无数的难题和困惑。而今日我们再返回中国传统文化,再次发掘中国传统的道统之中的人文精神的时候,发现这些现代法治精神的困惑,其答案和钥匙还是在中国传统文化中。因此,西方近代法治精神的生成,是中西方文化在 16—18 世纪儒学西传期间形成的"夹生饭",是自带畸形的理论体系。因此,我们应该看到,中国现代法治精神在近代史上确实是"西方传来的",但是法治精神实际上是中国传统文化的近现代延续:一是西方近代法治精神的中国基因与中国渊源;二是中国传统文化作为根基才导致了中国人对西来法治精神的接受;三是我们要追根溯源到中国传统文化才能解决西方法治精神中的诸多致命性弊病。中国传统的人本文化和人文精神,才是中国现代法治精神的真正渊源,也是中国现代法治精神能够进一步弘扬的文化支撑和文化底力。

(二)影响的现实表现

1. 作为文化符号的西方古典法治

以古希腊、古罗马为主的西方古典法治精神对中国现代法治精神是没有实际应用价值的,但是在学术中屡屡被推崇为神一般的存在,因此其对中国的现实影响是西方中心主义文化观的影响,而不是对现实法治建设产生实质影响的根源。他们自己的后人都不再相信宙斯和朱庇特了,难道我们会去相信吗?前文已经表明,脱离了神本信仰背景,古希腊的"法治"在今天几乎不具有任何实质借鉴意义,而且古希腊法治是对今日法治的背反。哈耶克曾经对此做出了一个重要的梳理,值得在此引用以便将问题表述得更加清晰明了:亚里士多德的一些著名论断如"让法律统治国家比让任何公民更合适""应该只任命那些法律的捍卫者和信徒去掌管最高权力，并且那些关注最高权力的人应当相信最高权力掌握在上帝[1]和法律手中"；亚里士多德严厉批评这样的政府，在那里"是人民而不是法律进行统治；所有的事情都由多数人投票而不是由法律决定"；亚里士多德认为"如果不依据法律，那么就不会有什么自由的国家，因为法律高于所有的东西；一个把一切权力均寄托于人民来表决的政府，根本不可能是一个民主政体，因为它的政令在其限度内不可能是一般性的"。[2]我们完全可以看出，亚里士多德所强调的"法律统治"，实质上是指"最高权力应该由神的信徒掌控，这些最高权力的掌控者所依据的法律来自神，他们代表着神来统治人民，而不能让人民来掌控最高权力"。所以，在法律的统治中，法律不代表人民，最高权力代表法律，法律代表神，人民和法律以及最高权力是对立的。也就是以神的名义掌控法律的一小部分人因此具有了统治的正义性，失去了神的光环，那么这种法律的统治自然也就失去了正义性。

西方中世纪的基督教法治精神、启蒙运动中激进主义法治精神实际上也不会对中国现实的法治精神产生影响。中世纪罗马人的基督教法治，实际上在西方文化阵营内部就已经被打倒了，这就是在主流观念中都认为其是一个纯粹的"黑暗时代"的原因。西方人自己都不再推崇了，难道我们会去发掘其中的教会权力对中国法治的借鉴意义吗？例如，哈耶克引用他人关于中世纪法律统治的论证："国家不能自己创立或制定法律，自然同样很少能取消或侵犯法律，因为这样做就是取消正义本身；这是荒唐可笑的，是有罪过的，是对独自创立了法律的上帝的反叛；国王或是任何其他的人类当权者只能公布或者发现现有的法律，或者更改潜移默化地发生的滥用，可是他们不能创立法律，这是数百年来被公认的理论。"[3]这就是"法律统治"，实质上是教会的教权压制欧洲各个国家的王权的一种理论表现，离开了上帝的崇高地位以及教会对上帝的当然代表地位，这样的"法律统治"也是根本无法成立的。激进主义的法治精神，也已经随着西方社会内部文化上的否定而不具备了文化影响力。因此，真正对中国现代法治精神产生实际影响的，就是西方现存的基督教引领的保守主义法治和自由主义法治。

---

[1] 此处的"上帝"应该翻译为"神"更合适——笔者注。

[2]（英）哈耶克：《自由宪章》，杨玉生等译，中国社会科学出版社 2012 年版，第 242—243 页。

[3]（英）哈耶克：《自由宪章》，杨玉生等译，中国社会科学出版社 2012 年版，第 234—235 页。

2. 西方自由主义法治是最主要的影响

目前，自由主义可以说是对中国现代法治精神影响最大的一个西方思潮。自由主义对中国之影响，是历史因素、政治因素、文化因素、现实问题因素共同作用的结果。对于其影响，也应该从政治、文化、现实问题解决等多重视角考察并辨析。自由主义对中国产生影响的文化原因在于自由主义描绘了一幅绚烂的未来愿景，这种未来愿景在自由、民主这样的"大词"的包装下显得庄严而曼妙，在此种乌托邦式精神感召下，一切美好的愿望都可以用自由主义的词汇予以描述，而一切不美好都可以被排斥在自由主义之外。这其中体现了人类共同的向善与美好追求，这本身无可厚非，也是需要肯定的方向。但是当自由主义的追求充当了人类的精神导师之后，加之国际上的国家间政治较量夹杂其中，就让其蒙上了一层迷离的色彩。"由于我们长期以来缺乏对西方自由主义理论的系统了解和研究，因此我们对自由主义的理解存在一些误区；我们过去常把西方的自由民主思想不加区分当作一个整体来看待，甚至认为二者是一回事；其实，西方近代自由思想和民主思想是两种独立的理论传统，两者的基本理论倾向是完全不同的；特别是纳粹党通过现代民主制的程序在德国合法地获取政权，摧毁自由制度的事实，使自由主义者进一步认识到，现代民主思想将多数人的意志看作是至高无上之权力源泉的倾向，对个人自由构成为极大的威胁。"[1] 辜鸿铭先生曾经对第一次世界大战的原因进行分析并指出：该世界大战的最终根源是英国的暴民崇拜，直接原因是德国的强权崇拜，消除英国暴民崇拜的办法是废除自由《大宪章》。[2] 而第二次世界大战时期，德国民众对希特勒依然是强权崇拜。而暴民崇拜和强权崇拜一直都是人类政治实践中的两大极端，此两大极端样态都可以或者必须借助"法治"来实现。本书无意对两次世界大战进行一个全面的分析，只是说，上述第一次世界大战、第二次世界大战中都有着民主和自由的身影甚至主导地位，而此种"民主、自由"却并不是人们所期盼看到的理想国的出现，反而是人类大规模互相厮杀的人间惨剧。民主、自由的概念没有错，但是此时它们是"中性词"，赋予其褒贬的依然是何种文化所塑造出来的何种人作为其主体，如果不将它们纳入一个"文化主治"模式中予以发展，则我们就无法找到问题的关键。因为"衡量

---

[1]（英）哈耶克：《自由宪章》，杨玉生等译，中国社会科学出版社 2012 年版，"译者的话"第 3—5 页。

[2] 辜鸿铭：《中国人的精神》，李静译，天津人民出版社 2016 年版，第 176—193 页。

一个文明的价值，我们最终要问的是：它能塑造怎样的人"。[1]显然，"人"不是通过"自由、民主"这样的"大词"就能塑造得完美的。如果不看清自由、民主这些"大词"内在的矛盾以及可能之结果，将一切美好理想寄托于其中，其结果未必如人所愿甚至事与愿违。正如有论者指出："从我国法治乃至政治现实出发看待自由主义法治理论，不仅要看到这种理论自身在逻辑上和历史上的乖谬，还应看到这种理论所搭载的西方势力的政治企图。大量事实表明，自由主义法治理论在我国以及其他后起法治国家中的传播，其意义和后果并不如人们想象的那样简单。近几十年中，自由主义法治理论已经成为西方各种势力在包括中国在内的发展中国家推行其整体意识形态以及改变这些国家政治制度的思想工具。"[2]所以，正确确立一个文化根本才是我们确立法治精神的前提和关键。

楼宇烈先生曾言："西方社会结合了西方传统和中国人本主义思想创造了现在的民主、自由、平等的思想；我们当然也可以去吸收西方文化里的优秀资源来发展具有中国特色的自由、民主、平等，既然中国传统文化里有这些元素，为什么一定要和西方的自由、民主、平等完全一样呢？如果我们有自己的特点，那么就可以创造一个适应本土文化传统的民主、自由、平等制度。"[3]笔者认为：对于西方自由主义的中国影响，其解决办法首先是找回中国传统文化的正确地位，以此来破解西方中心主义文化观。在此基础之上，确立中国传统社会存在一以贯之的法治、一以贯之的人文法治精神，这样来确立中国传统的人本法治观、人文法治观，以此来破解西方中心主义法治观。用中国传统文化和传统法治价值的再次发掘，破除了西方中心主义文化观以及其中的西方中心主义法治观，才能为构建中国特色社会主义法治话语体系打下一个坚实的文化基础。此后就是真正以人本和人文路径来研究法治，这才是一个真正的法治，以此来消除西方法治文化中的种种魅惑。人本和人文意义上的法治，才是中国现代法治的现实路径。这样的路径才是真正以中国文化为法治指引、以中国现实问题为法治目标、以中国自身的法治规律为遵循标准的法治。真正属于自己的法治精神、法治文化、法治理论确立了，才能真正排除西方自由主义法治的阴影，也才能真正借鉴自由主义法治精神中的优秀与合理成分。这样才是在追求旨在惠及全体中国人的真正的民主自由。

---

[1] 辜鸿铭：《中国人的精神》，李静译，天津人民出版社 2016 年版，第 2 页。
[2] 顾培东：《当代中国法治话语体系的构建》，载《法学研究》2012 年第 3 期。
[3] 楼宇烈：《中国文化的根本精神》，中华书局 2016 年版，第 155—156 页。

3. 西方基督教法治精神的中国现代影响

随着自由主义的弊病不断被人们认识，人们已经不再可以简单地被民主、自由这样的口号激发出盲目的憧憬与激情，而是随着西方自由主义在西方世界的梦魇而反思该种民主自由型法治所出现的种种问题。因此，随着西方社会内部保守主义的不断兴起，国内对以基督教精神为核心的保守主义的研究更加重视，而且似乎以一种全面视角来调和自由主义和保守主义理论，以此来寻找到一种对中国有启发意义的法治精神解读。而西方保守主义和自由主义之角力的实质是什么？是在以价值观为基础之上的利益之争，或者说不同信仰与价值观的人群之间的抗衡，包含自身的切身经济利益在其中。保守主义相信上帝，自由主义不相信上帝，这就决定了根本性的区别。而保守主义者是什么人群？自由主义者又是什么人群？中国国内对其价值观的认可，到底又是在认可哪些具体内容？这些内容为什么要追随西方的步伐而不是由中国社会内生？这些都是必须认真思考的大问题。保守主义所依托的基督教法治精神和欧洲贵族传统，终究无法改变其神本主义的本质特征。基督教曾经多次来华传法布道，传播上帝信仰，但是却未能有一次成功实现预期，也就是基督教信仰始终无法成为中国的主流信仰。基督教对中国最大之社会影响反而是太平天国运动的全面爆发，这是一个值得再次从文化与信仰角度思考的历史问题。基督教为人的精神世界找到了一个终极的依托和主宰，可以满足人们追寻终极意义的需求，而上帝作为人格化神却是中国文化无法接受的。而上帝观念作为"道"的同义语，则又与中国传统的道统文化完全一致，只是名称不同而已。所以，西方保守主义对中国的影响之解决办法，就是产生中国的"传统文化保守主义"，重新认识中国道统文化的意义。中国传统文化，是中国人不可忘却、不可丢失的根本。

二、影响结果及其评析

国内学界普遍认为，中国现代法治精神来源于西方。在"中国没有法治传统"以及"法治是西方的舶来品"的流行观念中，寻求西方法治精神对中国现代法治精神之影响的历史脉络和实际作用，特别是将西方古典法治、西方基督教法治、西方近代法治和西方现代法治对中国现代法治精神的影响予以区分并进行细化研究，是一项重要的工作。这有利于打破国内"拼凑"西方法治精神以"启蒙"中国现代法治建设的种种迷茫，进而才能明辨如何看待西方法治精神对现代中国的意义。

（一）积极与消极影响

1. 积极影响

有论者曾经说："理直气壮地弘扬人权、法治、自由、平等、民主等价值，这可以说是今天的道统，这是自救与救国的需要，无关西化或外部压力。"[1] 笔者认为，这就是西方法治精神对现代中国之积极影响的一个概括。中华人民共和国数十年的法治建设，其最大的成就之一就是让现代法治精神的这些理念逐步深入人心，并且形成一个庞大的捍卫、推动这些法治精神贯彻的群体，其结果是造福社会。因为从正向影响着眼，可以说民主、自由这样的法治理念已经成为一种世界性的趋势和政治评判标准。我们不能因为这些表达现代法治理念的词汇来自西方近代以来的影响而排斥，更不能简单地认为这些词汇的推广代表着一种文化上的"西化"，而目前真正要做的就是确立一个文化根本，在此基础上让这些现代法治精神的内涵得到合理诠释，推动实现中国现代法治的真正目的。在这种情况下，中西方之间有了一个在法治和文化上良性互动的平台和观念基础。这种情况有利于在西方的基督教等宗教信仰和中国的人文精神之间搭建一座桥梁，那就是可以抛开宗教信仰的不同而共同在民主、自由的道路上进行探索。尤其是作为开放包容的中华文化体系，是在"人类"这个大视角和高境界以"无分别心"来看待人类之全体，而且整个宇宙都是一体的，何况是同具"本自圆满具足"心性的人类自身。这也是中华文化的最大魅力以及能够从古至今一直可以同化外来文化而不是被外来文化同化的原因。而且，抛开信仰之根本差异的法治精神，才是一种普世价值，大家才能够发自内心认同，而绝不是"非我族类，如何如何；非我教派，如何如何"。只是笔者认为，在今日关于中国现代法治精神的文化根基问题上，我们过度美化了西方文化，而同时过度贬低了中国传统文化，因而要正本清源。此意并非为了"是我而非他"，而是反思"是他而非我"。我们需要做的是加强对民主、自由的追求，反对的是以他人之标准和评判作为追求民主、自由的唯一尺度和唯一标准；如果我们在追求一种假民主、假自由，无须借助西方标准，中国人自有判断，因为这"如人饮水，冷暖自知"。同时，他山之石可以攻玉，他国的成

---

[1] 马立诚：《最近四十年中国社会思潮》，东方出版社 2014 年版，第 153 页。

功经验可以甄别并加以借鉴，他国的失败教训可以让我们避免走上别人走过的弯路。有论者指出："不仅在中国，就是在有着两千多年法治传统浸染下的西方，法治真正实现也是一项艰苦的事业。英国是世界上最早进入法治的国家，800 年前就颁布了著名的自由《大宪章》，过了 40 年又诞生了世界上第一个议会，但直到1945 年第二次世界大战结束、在讨论惩罚纳粹战犯时，丘吉尔首相和西蒙大法官还坚持抓住德国战犯无须审判、马上处决的违反法治的主张。美国是 1776 年《独立宣言》和世界上第一部宪法的诞生地，但直至今天仍然未能处理好对构建法治社会极为重要的种族平等问题。德国于 19 世纪末在历史上首次提出了法治国家的概念，还不到 50 年，却出现了全面破坏法治、实施惨绝人寰之暴行的纳粹法西斯政权。"[1]一方面，笔者认为西方 2000 多年的"法治"并非一个"传统"；另一方面，笔者认为"法治"并非一种"文化类型"。因此，其实上述"法治国家"的"非法治行为"是在提醒我们，从文化根本上去看待法治，方可避免走他国在法治历程中走过的弯路。更为重要的是，在国际关系和文化冲突中，法治是无法扮演主角的，这是看清历史真实面貌的必然要求。例如，纳粹法西斯的暴行的产生与法治的作用几乎没有必然关联，也就是所谓的"法治理念"代替不了真正具有决定力量的因素。"在欧洲，德国因为一直忍受着第一次世界大战以后的不平等条约，激起了强烈的民族情绪。"[2]需要一雪前耻的民族主义情绪才是这种惨绝人寰的纳粹统治得以产生的原因，而与"希特勒这一个人利用了法治的民主选举上台"这样的因素没有对等因果关系。因此，推崇法治不代表法治就是一种文化类型或者可以取代文化，或者期望法治去主导秩序，因为任何法治终归也都是人治，只是人治之"人"是谁、人依何而治的问题。纠结于"法治"如何，就犹如纠结一把宝剑为什么今天是展览的艺术品，带给人们美的视觉体验，而昨天这把宝剑却用来杀人，前天这把宝剑是用来保家卫国抵御外敌。问题不在宝剑本身，而在于持有宝剑的人以及这个人是什么文化塑造出来的什么人。

2. 现实隐忧

政治霸权与世界格局问题是现实隐忧的本质。尤其是在世界格局以政治格局为主导，而政治格局以经济、军事、科技实力为主要内容的当下时代，政治霸权

---

[1] 何勤华：《法治的启蒙》，法律出版社 2017 年版，"代序"第 1—2 页。
[2] 许倬云：《现代文明的成坏》(精装珍藏版)，浙江人民出版社 2016 年版，第 121 页。

才能带来文化的话语权，而文化的话语权支撑政治霸权的"正当性"。西方法治精神真正对中国产生实质性的影响，应该是近代以来的事情。在近代以前，虽然中西文化之间不乏交流与互通，却从未如近代以来般对中国产生如此强烈的思想冲击并带来诸多历史结果。即使我们不愿意以成王败寇的心态来看待历史，成王败寇式书写历史却不乏诸多范例。因此，多角度考察历史才能还原历史的本来面目而不至于盲从。西方法治精神伴随的是一个"文明"的概念，而不是一个"文化"的概念。为什么不称之为"文化"？因为在一种表现为战争和掠夺的时代，如果说杀人、掠财、战争是一种文化的表现，那么显然在道义上和说辞上都是不过关的。因此出现了"文明"这样一个以物质和生产生活方式为主要内容的概念来推进其背后的所谓"文化"。这就是西方的逐物文明掩盖下的一种人文和道义几近失落的现实。所以，选择不同视角，对同一个问题可以得出呈现天壤之别的结论。而当话语权完全掌握在他人手中的时候，这种解释权就失去了。特别是当中国传统文化在今人心目中更多的是一种与"现代文明"的背离、是"现代文明"的阻碍之观念盛行的时候，传统与现代之间就人为地形成一道鸿沟，而此时传统与现代之间的传承性、传统与现代的互补性丧失，是我们在文化上失去话语权的一个重要原因，在法治精神领域更是如此。

说西方法治精神对中国的影响也不完全是积极的，而是有着许多现实的隐忧，还表现为如西方惯于用"民主、自由"等词汇解释和掩盖着其社会严重撕裂的事实，其社会内部的价值观、文化观出现了严重的对立，不同阶层的人群之间出现了以文化观念为先导的现实利益之争。在中国的国家治理传统和理念之中讲求和谐、追求人与人之间的团结和互相认同。当西方这种民主的困境被误认为是民主的象征的时候，我们本应该避免此类状况，却被盲目地推崇。特别是当民主、自由这类法治精神被认为是西方的专利的时候，西方国家就以一种居高临下的姿态居高自傲。这也让很多国人由追求民主、自由转向了盲目推崇西方文化，甚至出现了以西方文化取代中国固有文化的全盘西化的市场。在有识之士看来，这类问题值得高度警醒。有论者指出，无论在地理上、历史上，还是在文化上、经济上，抑或在政治上、军事上，中华文明都具备着一种西方文明所不具备的"向心力"。在任何一个关于中国现代化的方案中，这种"向心力"都是不可能被解构和颠覆的。中国文明传统真正需要被解构的是那种不受任何制约的绝对权力，而非中性无害的"向心力"。然而对于许多人来说，全盘接受西方的法治理论和全盘否定中国的文明传统毕竟要比费心费力地进行这样的分析容易得多。[1]我们需要改变这样的现状和心态。

（二）影响结果之评析

此处从整体着眼分析西方法治精神对中国当下的影响。单纯从法治精神这一学术本身的层面看待西方法治精神对中国当下的影响，是一个首先要选取的视角。在此种视角之后，方能探讨更深层次的影响。如果超越学术研究中理论自身的价值观察，则可以进入文化和政治层面研究西方法治精神对中国的影响。西方法治精神背后是文化，从正向意义上看，文化是可以互通的，互通在于共同提高和进步；从每一个国家或者民族自身的立场看，文化互通的结果之一可能就是文化上的征服。而每种文化征服，要么是文化自身的优劣作为决定因素之一，要么就是文化成为宗教、种族、民族、国家之间因为土地、财富、主权等冲突或者战争的前奏，或者是此类冲突和战争中必备的一种手段，而且此种手段往往在武力和战争策略所体现的军事综合实力之外，成为具备决定性意义的胜负因素。文化被征服一方，从历史经验上看，往往是内部的矛盾在外来文化征服过程中集中爆发，而且爆发的结果是内部力量涣散甚至出现与外部力量合一，而外部力量就可以更加顺畅地实现土崩瓦解策略和长久统治政策。自古以来，人类的征战从未间断，无论我们考察西方的历史还是中国的历史，无论我们回望过去还是观察当下。可以说，从来就没有哪个时代或者哪个国家完全实现了今人在观念中所畅想的种种"法治秩序"与"法治理想"。而在征战过程中，自古以来最为粗俗的做法就是刻意放大对立双方的仇恨，通过仇恨来解释侵略和战争的道义性。而更加高级的做法，往往就是一种真正的文化战争。在文化战争之中，以文化的尊卑优劣来解释冲突的正义性，这是司空见惯的。如果在文化战中投降了，那么军事和政治之战鲜能胜利。例如，在西方历史上，十字军东征这种赤裸裸的财富掠夺和战争行为，冠以推行和捍卫宗教信仰之名。但是实际上，"欧洲的教会、贵族领主和巨商大贾三合一权力结构，最终还是以教会为运作枢纽；独断的基督教会无法忍受伊斯兰教在东方的扩张，尤其是伊斯兰教徒占领了耶路撒冷以后，基督教会时刻不忘将圣地从异教徒手中夺回。东征的经济动机在于，从东方运送到欧洲

---

[1] 刘哲昕：《文明与法治：寻找一条通往未来的路》，法律出版社 2013 年版，第 162—163 页。

的商品，必须经过伊斯兰教统辖的地方，再转运到欧洲，商品价格被伊斯兰教过境垄断，这也使欧洲的权力集团决心要击败伊斯兰教的势力"。[1]因此，基督教会与伊斯兰教是必然冲突，这就是文化战争背后是权力和利益之争的真实写照。中国近代与西方之间也是这样一种必然的冲突，也必然有文化战争，而今日我们是在消化、反思这段文化战争的影响。因此，我们需要看清问题表象背后的真正的本质所在。总之，虽然可以从多个视角来解读西方法治精神对中国现代的影响，但是笔者认为，将其纳入近代那场文化战争的现代延续这一视角，是一个不可或缺的视角。近代文化战争的今日影响、今日仍在或明或暗进行的文化战争，是评判西方文化对中国现代法治精神之影响的一个重要考量因素和视角，虽然绝不是也绝不应该是唯一视角，并完全以此为视角来指引和评判学术研究。

第四节　中国传统文化对中国现代法治精神的影响

一、中国传统文化属性的再认识

由于中国传统文化在百余年的时间内，一直被误读、曲解，因此如若真正去探讨中国传统文化对中国现代法治精神的影响，必须以全方位、实事求是理解和展示传统文化的本真为前提，其中传统文化的属性研究很重要。对中国传统文化的属性的再认识，也是分析中国传统文化对中国现代法治精神之现实影响的一个关键。因此，本书在此处有必要在前文论证的基础上，对中国传统文化的属性进行一个更加深入的属性分析。若分析一个物件的属性，则可以历数百千万种甚至无止无休，至于中国传统文化的属性，何止百千万种之可能？此节只能是笔者依据文章主题需求，择取中国传统文化之求真属性、实证属性、至善属性予以浅探之尝试。在近代以来，中国传统文化的属性招致诸多误解，以致中国传统文化与今日之文化发生了撕裂，今日有必要对中国传统文化之属性进行再认识，以便弥合本不该出现的文化断裂。"几千年的历史，我们的先人创造了博大而灿烂的文化，从诗词歌赋到琴棋书画，从儒道释迦到几十个民族杂居共处，其中的真精神自然不可以被降解为'封建''愚弄'等几个标签式的字眼……作为一个当代的

---

[1] 许倬云：《中西文明的对照》（精装珍藏版），浙江人民出版社2016年版，第114页。

文化民族，我们实际上缺乏一份坦坦荡荡的自信、坦坦荡荡的自我意识与自重。一百年来蒙太奇一般的文化与政治经历，使我们日甚一日地陷入一种漫无头绪的文化情绪中。读者诸君，我们今天的法学界，应当理论清楚我们自己的文化来源。我们的当务之急是正视我们自己。"[1]对中国传统文化属性的研究，恰恰是对今日法治文化进行研究的重中之重，因为这是正视我们自己的重要一步。

（一）中国传统文化的求真属性

"崇尚科学"还是"崇尚文化"？这是一个看似答案清晰，亦即流行之"崇尚科学"观念，实际上却需要认真明辨的问题，而且是一个极大的历史性问题。笔者认为：答案应该是"崇尚文化根本，发展科学研究，加快技术进步"。中国传统文化的科学性这一问题，不是否定科学本身的积极意义，而是否定"以科学否定中国传统文化"的不当观念。

1. 科学的主流内涵界定

在当今社会，"科学"通常被认为是评判客观真理的标准，中国传统文化也往往被置于"科学标准"中进行评判。因此，谈论中国传统文化的求真属性，就有必要首先探讨其"科学性"的问题，进而才能确立对待中国传统文化的应有态度。"科学"的内涵是什么？《辞海》中认为"科学：运用范畴、定理、定律等思维形式反映现实世界各种现象的本质和规律的知识体系。社会意识形式之一。按研究对象的不同，可分为自然科学、社会科学和思维科学，以及总括和贯穿于三个领域的哲学和数学"。[2]而《中国大百科全书》认为"科学：运用范畴、定理、定律等形式反映现实世界各种现象的本质、特性、关系和规律的知识体系。英语science，源于拉丁语 scientia，含义为'学问'或'知识'。但单纯的知识并不是近代意义上的'科学'。16 世纪以后，西方传教士把 science 引入中国，中国译为格致。'科学'一词由日文转译而成"。[3]近现代科学的里程碑包括 1543 年哥白尼"太阳宇宙中心说"的创建作为近代科学形成的标志，历经牛顿《自然哲学的数学原理》创造了该时代的科学高峰；18 世纪英国的产业革命、法国的启蒙运

---

[1] 袁瑜琤：《中国传统法律文化十二讲：一场基于正义与秩序维度的考量》，北京大学出版社 2020 年版，第 379 页。

[2] 夏征农、陈至立编：《辞海》（第六版缩印版），上海辞书出版社 2010 年版，第 1026 页。

[3]《中国大百科全书》（第二版简明版），中国大百科全书出版社 2011 年版，第 4—439 页。

动和化学革命、德国的自然哲学导致科学、技术在世界范围内兴起；19世纪的能量守恒和转化定律、细胞的发现、电磁学理论和达尔文的进化论作为代表；20世纪以来的量子理论、相对论、电子和原子核的发现导致的物理学革命、信息论、系统论、控制论、散耗结构论、协同论、突变论、混沌理论等一系列理论。[1]以上则是近现代自然科学的主要成就及历史脉络的大概梳理，后文将有针对性地以此脉络来认识"科学"的本质与真相。

2. 科学的自我否定历程

然而，当我们仔细回顾"科学"的历史就会发现，代表近代科学之开端的哥白尼的"太阳宇宙中心说"已经被后来的科学研究成果所否定，这是众所周知的事实。"科学"的"太阳宇宙中心说"作为一个错误的结论，却让人们相信了上百年。牛顿经典力学接受的挑战亦是让其失去了终极真理地位：19世纪末，牛顿物理被打补丁以适应场理论；1905年，当爱因斯坦重新书写牛顿物理时，终于可以将这些补丁丢弃。[2]爱因斯坦在否定了牛顿、取代了牛顿物理的终极真理地位的同时，也试图建立起统一场理论。但是当爱因斯坦年老之后仍然在寻找可以解释万物的终极统一场理论，并且反对量子力学的最新成果，但是最终承认寻找统一场理论失败。[3]爱因斯坦的广义相对论具有世界性影响，但是科学家们在21世纪又开始寻找一个统一场理论——21世纪的相对论——期冀缝合量子力学和相对论的裂缝。[4]因为量子理论对牛顿和爱因斯坦的相关理论实现了颠覆：20世纪60年代，贝尔发现微观粒子之间还存在更为神秘的超光速联系；微观粒子之间存在的某种超时空的神秘纠缠；爱因斯坦试图用人们最熟悉的经典图像来解释量子纠缠现象，但是未能成功；最终可以认定，牛顿和爱因斯坦所珍爱的经典世界是不真实的。[5]因此，量子理论需要追寻的原因是导致量子纠缠的最初原因，也就是量子之间最初是如何在一种一体化联系机制下生成的。正如一个人在突然紧张的时候，身体所有细胞都会同时产生"同步的紧张反应"。如果在不知道所有身体细胞都属于"同一个人"的情况下，肌肉细胞甲就不会明白肌肉细胞乙为

[1]《中国大百科全书》(第二版简明版)，中国大百科全书出版社2011年版，第4—439页。

[2]（英）安妮·鲁尼：《爱因斯坦自述》，王浪译，黑龙江教育出版社2016年版，第83页。

[3]（英）安妮·鲁尼：《爱因斯坦自述》，王浪译，黑龙江教育出版社2016年版，第77—78页。

[4]（英）安妮·鲁尼：《爱因斯坦自述》，王浪译，黑龙江教育出版社2016年版，第78页。

[5]郭光灿、高山：《爱因斯坦的幽灵：量子纠缠之谜》(第二版)，北京理工大学出版社2018年版，第1—2页。

什么也紧张，血液细胞丙就更不明白肌肉细胞甲和乙的紧张反应为什么可以"超时空地同步进行"。所幸的是，这个问题困扰不了人们，因为一个人体的有机整体性是医学的基础知识。但是，在整个宇宙的问题上，作为一个有机整体的宇宙之"一体性"与"一体性关联机制"是以"对立、分割"方式无法体察的，因此才有了这么多的科学之谜，因为"科学"还没有找到一条"科学家"与宇宙存乎一体的路径与联系法则。至爱因斯坦去世后，如黑洞、弦理论、宇宙大爆炸、虫洞、引力波等取决于或者源自爱因斯坦的研究成果的科学假设或成果，又被当代物理学和宇宙学未解之谜的"现有理论所无法解释的、占据了宇宙的百分之九十六的黑能量和黑物质"问题难住了，因为量子力学和相对论都无法解释"黑物质、黑能量"这一"必须存在的假设"。[1]

3. 科学主义的思维方式

纵观科学的历程发现，科学以求得终极真理为目标，其间历经的却是后来的科学成果突破并否定此前的科学成果，以及现有"最高"科学成果还需要进一步发展，而远远未达究竟。所谓的"科学主义"并非科学问题本身，而是对待科学的一种理解和态度之概称。如果认为科学成果、科学方法一定是当今人类最高成就，那么对于科学所未能探明的领域自然会抱有极大期待，这在情理之中；但是对待所有科学所"不能解释""未能探明"的领域，如果"非科学"的方式给出了答案，而"科学"不能将其证伪，那么应该如何看待这种"非科学"成果？这就是判明科学主义的标准。将一切只要是科学方法未能证实或证伪的"非科学"成就予以否定，只有等待科学哪天证实了才能赋予其"合法性地位"，将现有科学成就作为裁判一切真伪的"裁判官标准"，这大概就是科学主义的所指。同时，由上述科学的历程，我们不难发现，科学一直在经历着不断自我否定的过程，后来的科学成果总是证明着此前科学成果是错误的，而在未被否定之前，错误的科学成果似乎天经地义地担任着真理评判官的角色。我们应该追求科学还是追求科学主义？这是用"科学"来评判中国传统文化的一个前提性观念。作为人类有限认知、非终极真理性认知的"科学方法、科学成果"，显然不足以评判一切之真伪。而中国传统文化的最高成就，作为"科学的终极"，在科学主义思维下被误读久矣。

[1]（英）安妮·鲁尼：《爱因斯坦自述》，王浪译，黑龙江教育出版社2016年版，第80—83页。

4. 中国传统文化的科学性之思辨

笔者认为：人类的科学，只有达到与宇宙一体性的高度，掌握与一体化机制完全合一之方法的情况下，才能解开科学上的这些未解之谜。所谓"自其异者视之，肝胆楚越也；自其同者视之，万物皆一也"。[1]而这个方法和任务，在西方是哲学在承担，因此西方人认为哲学是科学之母。但是笼统而言，哲学之思辨方式亦存在这样的问题：一个哲学家，讲宇宙的时候，他亦不能不假设他暂时站在宇宙之外；无论从逻辑上还是事实上，无论什么事物都不能跑到宇宙之外，不过一个哲学家若不假设他暂时站在宇宙之外，他即不能讲宇宙。[2]此种状况的出现，导致了"哲学"以"思辨之学"的形式出现的时候，以"超脱于宇宙"的视角研究问题的同时，又"身心皆在宇宙之内"，因此其方法与前提是错误的；而且，将宇宙整体视作自己的"研究对象"，又带有一种可以掌控宇宙全貌的"上帝视角"的意味，这又是"哲学家"对自身的定位错误；因此，西方哲学成果就难以成为一种"体悟之学"，因此又分化出可知论与不可知论之分。同时，更为重要的是，哲学的研究成果，于今日之哲学研究专业人士而言尚且晦涩难懂，[3]何况普通大众对其能够理解？因此哲学又不可能成为一种"大众教化之学"，而且除了思辨之结果与论证，少有实际体悟的路径示人。因此，可以总括为：即使不从"亲修实证"之角度评判"哲学成果"是不是对宇宙终极实相的认知，哲学也出现了神秘主义的效果。何况，从中国传统文化的义理看，哲学方法是无法成为"究竟法门"的，更不是"不二法门"，其至多是"方便法门"。但是，如若真正理解了中国传统文化的"宇宙一体化"真谛，如"天人合一"，则我们就可以明白中国传统文化的"科学性"之无可置疑，因为避开了"身处宇宙之内而力求置身宇宙之外谈宇宙"之悖论、避开了"自其异者视之，肝胆楚越也"之分立，即修炼"绝圣弃智"之"心内求法"。从"科学性"指代"真理性"之内涵而言，这是以"科学性"审视中国传统文化真谛的一个大课题。因此，爱因斯坦的一段话可能代表了很多大科学家对待科学本身及其已有成就的态度：我们像一个个进

---

[1]《庄子·德充符》。

[2] 冯友兰：《新人生论》，王碧滢编，北京出版社 2019 年版，第 56 页。

[3] 例如，现代学者终其一生研究一位哲学家，也未必研究明白其究竟在讲什么。一方面看，这是"哲学的魅力"；另一方面看，这是"哲学的缺憾"，此种缺憾让哲学家往往成为"孤独的自了汉"，而非"圣贤之教化"。师者，所以传道、授业、解惑也；如何"为师"，这是中西圣贤与哲人的根本区别。

了一间很大的、装满了各类多语种书籍的图书馆的小孩，知道有人写了这些书却不知道书的内容是什么，只能隐隐约约地怀疑书籍的放置有着神秘的秩序，但是却不知道这个秩序是什么；我们看见了一个安排奇妙、遵循某些法则的宇宙，但是我们只能略微懂得这些法则，我们有限的大脑无法理解使群星移动的神秘力量来自哪里。[1]科学研究的问题，应该达到一切"为何存在"的程度，但是目前至多只达到了一切"如何存在"的程度。对于"第一因"是无法追问的。这仅是就"物世界"的联系法则而言，科学还处于一个初级的探索阶段，虽然这些探索成果对于普通大众而言已经非常了不起了。而对于"心世界"与"物世界"的联系法则、"心世界"自身的联系法则，"科学"还远远未达究竟。对于"科学"而言，所有"心世界"与"物世界"的一体化、所有时间与空间之总体联系法则，更是一个遥远的未知。秉承"科学主义"思维，对于"心世界"在某种程度上的否认、以对"物世界"之研究方式研究"心世界"，更是为"科学"制造了一条阻断其"圆融宇宙法则"的、不可逾越的鸿沟。

本书所探讨的中国传统文化的"科学性"问题，实质上是中国传统文化的"真理性"问题。因为在当代的流行观念中，"科学"一词已经在很大程度上成为"真理"的代名词或者同义语，至少"科学"代表了目前人类的最高智慧成果，而且应该具有排他性。例如，当代人通常说"我们一定要相信科学"，倘若在观念中"科学"不等同于"真理"甚至"终极真理"，那么为什么"一定"要相信它？但是，事实上科学不断发展就是源于科学还没有求得终极真理，否则科学就不用继续发展了，至多是依据科学来不断发展技术。因此，"我们一定要相信科学"这句话表达着科学是人类目前取得的最高智慧成果的意味，而未能经科学检验的成果至少是不可信的，甚至可以直接判定为是假的。在此种时代背景下，首先就需要探讨科学和科学主义的问题，进而区分科学视野中的中国传统文化和科学主义视野中的中国传统文化。科学思维中的中国传统文化是一个科学的新路径和未知领域，而在科学主义思维方式下，中国传统被质疑或者干脆被否定。弘扬真正的科学精神，摒弃科学主义之范式，才是我们应该做的选择。

5. 中国传统文化的求真性问题

如果将科学定义为求得宇宙终极真相的一种追求，那么中国传统文化最高成

---

[1]（英）安妮·鲁尼：《爱因斯坦自述》，王浪译，黑龙江教育出版社 2016 年版，第 86—87 页。

果就是一种终极科学；如果以科学主义之思维定义科学，那么中国传统文化最高成果由于在根本方法上与科学方法有着本质差异，而且现有科学成果未能完成对中国传统文化成果的检验和验证，那么中国传统文化成果就往往被质疑、否定，甚至被冠以"迷信""唯心"之称谓。此处就涉及一个"标准"和"标准设定者"的问题：将"科学"作为评判真理标准的"科学主义者"会认为，中国传统文化的诸多成果未经科学实证肯定，何以取信于人？而如果将中国传统文化的成果作为标准，则"悟道之人"会认为，"科学"还基本纠结于"物世界"，离"心世界"甚远，勿论对宇宙和人生真相之有效认知，此等局限认知如盲人摸象般不见全貌，何以自居启蒙世人之地位？探求真理方法的差异、以何者为检验标准的不同观念、认知成果的层级隔阂等，都是目前如下社会现状生成的主要原因：悟得中国传统文化真谛的人会呐喊，让人们重视中国传统文化的真理属性；而科学主义者也会呐喊，告诉人们千万不要去相信那一套已经过时的中国传统文化，不能走入"迷信"。而拥有真正科学精神的人，一直在努力超越现在，只是他们并不确信最终是否会让科学的终点和中国传统文化最高成果在同一处汇合，或者二者的终点远隔千山万水。

6. 追求宇宙实相与人生至理

中国传统文化之求真要义，就是求得宇宙真相和人生的真相。人生充满着对于未知的好奇心和求知欲，对于人类普遍困惑的问题进行追寻，这就是求得宇宙真相的要义：宇宙的三千大千世界从何而来？时间是否有起点和终点？时间的起点之前和终点之后又是什么？空间是否有尽头？空间的尽头之外是什么？宇宙为什么会存在、为什么会如此般存在？人生从何来、死往何去、人应该如何看待生死？人的生命是一场带有使命的旅行还是一个没有意义的过程？人类是否有灵魂、灵魂是否不朽？是神创造了这个世界还是人创造了这个世界？宇宙是否有一个最为根本的法则、这个法则是什么、人是否可以掌握这个法则、人通过什么方式可以掌握这个法则？人生的意义在于欲望的满足还是情感的付出和获得、在于自利还是利他？这些问题的答案，就是对于宇宙真相的探求、对于人生意义的探求。从最根本处讲，求得宇宙和人生的真相是中国传统文化的根本追求，而且儒、释、道的创始人都是已经求得了宇宙和人生最为根本、终极、恒定的真相，因此才以各种方式来劝导和教化世人。中国传统文化归属于人生至理的追寻，同时也是对宇宙的终极至理问题的追寻，这才是儒、释、道"三学"真正的魅力所在。儒、释、道"三学"并非在头脑中通过"思维"而空想出一套理论和说辞并强加于人，而是通过各自的方式求得了宇宙的本真，并且明了了人生的至理，然后以"人文化育"的形式来引导世人。如果儒、释、道"三学"并未求得宇宙和人生的"真相""实相"，那么其所有的"理论"就失去了赖以存在的基础。而实际上，儒、释、道的"理论"是在表述着这种终极真相的真实面貌，而且"理论"本身并非终极真相本身。

7. 目标与方法造成与科学的分野

追寻人生至理是中国传统文化的核心问题。人是天地间一个偶然的产物还是天地间的主宰？人生的意义究竟是什么？人和宇宙的关系是什么？这是每个人都要面对的大问题，也是人们探求人生本真必须回答的问题。如若将"三学"理解为如何"做一个好人"，那就大错特错了。"三学"围绕着"人"这一主体而展开，其绝非现代道德意义上的好人教育，而是追求人生的根本、人生的至理。否则，孔子弟子三千这一情况就难以理解了，在一个礼崩乐坏甚至战乱频发的年代，现代道德意义上的"好人教育"显然是不会产生如此大的吸引力、时代影响力和历史影响力的。立人生之根本方能求得宇宙之真相，求宇宙之真相必须先立人生之根本，所谓"君子务本，本立而道生"，[1]中国传统文化在于确立人生之根本、追求人生之至理。例如，孔子自述"吾十有五而志于学，三十而立，四十而不惑，五十而知天命，六十而耳顺，七十而从心所欲，不逾矩"。这就是圣人追求人生真理的过程中每个阶段所达到的不同人生境界的表述，至关重要。

如果抛开方法的差异性，那么科学实际上就是一个求真的过程，而且其目标在于求得宇宙最终极的实相。从这个角度看，中国传统文化的求真性就是其科学性。但是，中国传统文化的"心内求法"又与科学所讲求的"心外求法"形成根本方法上的差异。根据中国传统文化的"内求"义理，一切"外求"都是无法求得终极真相的，佛学将"外求"定名为"外道"。"内修"与"外求"的方法差异问题，可以说是传统文化和科学最根本的差异之一，这也是实证领域和实证方法上的根本差异。科学的历程基本上是围绕着对"物世界"的研究，而不是以"心世界"为轴心的研究。对于"物世界"的高度专注，就会产生着眼于"物世界"的"科学"，并由此"科学"带动"技术"来更好地从"物世界"中找到对"物

---

[1]《论语·学而》。

世界"的开发利用方法来满足人的需求，由此带来了以"物世界"为基础的"人世界"之人际关系问题作为社会主线，也改变并强化着以"物世界"为基础的"心世界"认知，如"逐物文明"的形成、以"逐物文明"取代文化。中国传统文化，求得了宇宙真意，决定了其无须单独突出"物理"，人生真谛决定了不会沉迷物欲，天下观决定了不会偏执于技术竞争。因此，对于"物世界"探求之极致的"科学与技术"不会跃居主宰地位；而近代以来的世界格局决定了这一文化倾向会招致诸多诟病——穷二代心态产生，那就是中国传统文化为什么没有走向追逐"物世界"的技术进步？而技术在此处被表述为科学，科学又被当作真理的同义语，进而否定了中国传统文化的求真属性。而今日，我们应该明确：中国传统文化的属性是求真，而且中国传统文化已经求得宇宙的终极真理。

（二）中国传统文化的实证属性

突破思辨之樊篱，看清中国传统文化的实证属性，是明了中国传统文化本真的一个关键。此处需要探讨西方哲学的问题，因为哲学是科学的指导，科学未能完成的使命，由哲学来完成。而西方哲学亦不完全是中国传统文化式的实证之学，而偏重于思辨之学。中国传统文化却是一个地地道道的实证之学。

1. 心体是否真实存在的疑惑

针对儒、释、道"三学"之实证属性的近现代误读，前文已述，梁漱溟先生曾言："古东方三家之学皆是身心性命之实学，各有其实在功夫，各有其步步深入之次第进境。今人却把它视同西洋人的哲学思想空谈，真错误之极。"[1] 此处就涉及中国传统文化的"三学"之实证属性如何理解的问题。理解中国传统文化，其前提之一就是需要明确心性本体是否真实存在的问题，如果没有一个真实存在的心体，则中国传统文化所赖以建立的根本基础就不存在了，作为身心性命之"实学"也就成为无源之水、无本之木。心体的特性是无形无相，因此难以用近代以来的科学方法去证实和观测，因此就无法形成"眼见为实"之后的普遍认同。对于心体的认知，称为"明心见性"，而"明心见性"是需要通过个体自身的持之以恒的修行才能实现的境界，这是大部分人终其一生都无法实现和完成的结果和境界，而明心见性的觉悟者对于宇宙和人生本真的认知结论和境界，又与

---

[1] 梁漱溟：《人生至理的追寻：国学宗师读书心得》，当代中国出版社 2008 年版，第 104 页。

人们依据日常生活的经验和感知对宇宙和人生本真的理解完全不同，这是近代以来将中国传统文化误解为思辨哲学的根本原因之一。从中国传统文化的角度看，"明心见性"是需要每个人自己去完成的，无人可以替代，无论是"科学家"还是"圣贤"，既无能力替代每个个体去"明心见性"，也无任何"道义义务"[1]去强制每个人"明心见性"，而只有"指引和启示"。

心体是否等同于灵魂？灵魂是否"不朽地"真实存在？这确实是一个困扰人类几千年的大问题。从现代医学和生物学角度上看，人之肉体，无论从人体基因、人体细胞、化学元素、新陈代谢、物质交换、能量交换、信息交换等各个角度去理解，都无法彻底解释人的"意识"为何存在的问题、"意识"为何能够反映"客观存在"的问题，以及"意识本身"是不是一种客观存在等。而且从主观与客观、物质与意识等角度进行的"哲学"论证，也是未能提供一种终极答案的。否则，西方哲学界也就不会存在一种唯物主义哲学和唯心主义哲学的不休争论，而且此种不休的哲学争论在西方文化近代以来之世界性影响之下，也影响着人们对中国传统文化性质归属的广泛讨论。笔者认为，对于中国传统文化的唯物哲学抑或唯心哲学的属性，确需厘定。西方哲学究竟是在讲什么？此种"哲学方式"是否完全适用、必然适用对中国传统文化的类型化评判？这是一个非常大的问题，如果以西方哲学之思辨属性代替对中国传统文化之实证属性的考察，可能未必得出终极结论。南怀瑾先生曾言：中国文化的"礼"字即西方哲学；以中国的道理讲，西方哲学分为"形而上"与"形而下"两部分；"形而上"在中国称之为"道"，在西方称之为"本体论"；西方之"本体论"起源于古希腊，当时大概分作唯物思想与唯心思想两派；西方的唯心与中国固有文化所讲的唯心又不相同；西方人经历了上下几千年的这一学术，中国人根据日本人的翻译，叫它"哲学"。[2]钱穆先生更是对此提出卓见：如黑格尔思想的最高期求，只是沿着西方中古时期上帝存在的旧观念稍加变形，将上帝变成一个纯粹思想之存在，宇宙历史之进展变成一种纯思想的进展，遂有黑格尔的绝对"唯心论"，至于中国思

---

[1] 譬如，有人如是思考："既然圣人说心体存在，那么圣人只有证明给我看，我才相信心体是真实存在的。"那么，笔者反问一句：圣人欠世人什么吗？导致世人可以理直气壮地"要求"圣人在世人面前来"证明"，而世人此时充当着一个高高在上的"法官角色"。圣人告诉世人证明心体的方法，是否去修正，是每个个体自己的事情，不是圣人欠世人的债。不相信圣人之学无可厚非，但是随意菲薄圣人之学，实属不该。

[2]《南怀瑾选集（第一卷）》，复旦大学出版社 2013 年版，第 44—45 页。

想，则向来没有此种物质与精神双方严重对立的观念。[1]因此，以思辨属性代替实证属性而评判中国传统文化，未必合适。这也正如前文表述的冯友兰先生所言的"哲学家以站在宇宙之外的视角谈论宇宙，而哲学家却不能实际脱离宇宙"的悖论所道出的本质：西方的唯心主义是一种思辨式的研究，而非实证式的研究；思辨研究犹如小学阶段，是以是否戴着红领巾区分先进与否，但是实证式文化犹如大学阶段，红领巾已经不是先进与否的标准。以西方思辨式的唯心主义定论中国实证式的传统文化，恰犹如在大学校园寻找红领巾以区分先进与否、正确与否一般，甚为不妥且阻碍真知灼见之传播。

再列举日本江本胜博士的一项著名科学实证研究成果《水知道答案》，[2]该实验通过观测人类对水表达善念和爱、表达恶念和恨的文字、音乐、语言等如何影响水结晶的形状，表明了被表达的善念影响的水结晶规则而美丽、被表达的恶念影响的水结晶不规则且丑陋的实验结果。该研究着重证实了"心"与"物"的"非物理性"关联法则，即所谓"心能转物"，这就是"心世界"与"物世界"的关系问题。该实验明确昭示了"心世界"与"物世界"之间存在一种还未能被世人普遍掌握和认同的联系法则。因此，江本胜博士呼吁"必须要回到以前精神（心）和物质（物）被同等看待的时代"。[3]江本胜博士的水实验，表明了一种"心世界"与"物世界"联系的法则，而且此种法则并非"科学"上的"物理"法则可解。特别是人与人之间"心灵感应"的存在，这是一个"科学无法解释"的现象，却又是现实中大量存在的现象；此种现象表明了心体与心体之间存在一种还没有被世人普遍掌握并进而普遍认同的联系法则。

2. 以意识思考世界的思辨法

人为什么可以思考？人为什么有喜怒哀乐？人为什么行善或者作恶？人的"意识"是完全依赖于肉体的存在还是可以不依赖肉体的存在而生灭？灵魂如果存在，如何才能认知自己的灵魂？现代医学的"濒死体验"的研究，初步证实了灵魂真实存在的可能。这些问题是应该归属科学的实证问题，还是文化的实证问题？笔者认为，灵魂的存在如何去证实、感知，这是一个问题，而且可能是讨论

[1]钱穆：《文化学大义》，九州出版社 2017 年版，第 20—21 页。

[2]该研究成果有多种中文译本，也是风靡世界的一项研究成果。笔者参考的版本为：（日）江本胜：《水知道答案》，王维幸译，南海出版公司 2013 年版。

[3]（日）江本胜著：《水知道答案》，王维幸译，南海出版公司 2013 年版，第 138 页。

心性的一个前提。但是，灵魂本身并不等于心体，亦并非一旦当其不依附于肉体存在了，灵魂就等同于心体本身并且自显其"本性"，否则所有的关于人的向善的追求，还不如等待人的肉体死亡那一刻的到来了。因此，中国传统文化所谈论的心体和心性，纵与灵魂密不可分，亦不能等同于灵魂本身。但是，笔者此处只是强调，对于灵魂问题的研究和心性问题的研究，需要跳出"科学主义"的观念束缚。

意识、情感、情绪、欲望、感觉、思维等是当代人耳熟能详的词汇。这些词汇的实际指代，与本书所言之心体、心性是何种关系？这些词汇所表达的指代为心体所生但是并非心体本身，也并非直接等同于心性，而是明心见性过程中需要超越的表象存在。例如，情绪包括喜、怒、哀、乐，而《中庸》对情绪的看法是"喜怒哀乐之未发，谓之中；发而皆中节，谓之和。中也者，天下之大本也；和也者，天下之达道也。致中和，天地位焉，万物育焉"。又如，佛经中对于意识、意念也有着十分清晰的描述，而且此种建立在实际体悟基础上的义理表述，已经远远超越了近现代科学所能达到的精微程度。如就时间单位而言，佛学表述："时极短者，谓刹那也。百二十刹那为一呾刹那，六十呾刹那为一腊缚，三十腊缚为一牟呼栗多，五牟呼栗多为一时，六时合成一日一夜。"[1]一呾刹那等于1.6秒，一刹那约等于0.013秒。而依据《摩诃僧祇律》卷十七的记载："一刹那者为一念，二十念为一瞬，二十瞬为一弹指，二十弹指为一罗预，二十罗预为一须臾，一昼一日为三十须臾。"此种记载中一刹那即一个"念头"的时间为0.018秒。将如此细化的时间单位与"心念"联系起来，便可知晓其意义。因为佛家讲"应无所住，而生其心"，[2]就是一种"心"不被"念头"遮盖和困扰的境界。因此，意识、意念不是佛家所讲的"心"的本体，佛家对于时间与念头的关系的精微认知可以证明，这断然不是"迷信"。这是回归中国传统文化实证之属性才能理解的问题，而综合理解儒、释、道的义理，更有助于透彻理解问题。

3. 实证的方式是体悟

"上士闻道，勤而行之；中士闻道，若存若亡；下士闻道，大笑之——不笑不足以为道。"[3]此处论及的资质为上、中、下三个层级的人如果听闻"道"的真

---

[1]《大唐西域记》，董志翘译注，中华书局2012年版，第102页。

[2]《金刚经》。

[3]《老子》：汤漳平、王朝华译注，中华书局2014年版，第158页。

谛之后的效果，笔者认为这不仅是一种道德和日常所言之聪慧、智识处对人作高下评判，而且是表明了"道"的玄妙，"道"虽然时时处处都在，如果直抵"道"的本真，却是远离人们日常经验所能够理解。笔者以梦境和心灵感应为例予以说明。"庄周梦蝶"是人们耳熟能详的一个典故："昔者庄周梦为胡蝶，栩栩然胡蝶也。自喻适志与，不知周也。俄然觉，则蘧蘧然周也。不知周之梦为胡蝶与，胡蝶之梦为周与？周与胡蝶，则必有分矣。此之谓物化。"[1]古今论者多以庄周梦蝶系比喻以解读其表达"无我——天地万物与我同生，而万物与我为一"之意。然而，笔者认为这也可能是庄子真实梦境和感应的记载，同时表达着"无我"之境。此种理解源于笔者的实证感悟：预测梦之真实存在及心体超然于时间、空间的真实性。笔者曾经亲历数百次预测梦，所谓预测梦系笔者夜晚睡眠中"梦"到的人、事、物，在第二天早晨醒来时会清晰记忆，随后在第二天白天中，昨夜梦中所经历之人、事、物，会以与梦中无差别的形式依次发生，而此种发生绝非笔者有能力依据梦境再去人为创造条件使然。人们通常认为梦中的"虚幻"与醒时的"真实"不同，而笔者却历经数百次而且二者完全无别。梦中发生的一切，在第二天的生活中只不过是重演一次而已。无论人、事、物之整体情况以及每一个细节的吻合，若认为是"巧合"，则此数百次"巧合"以及每次"巧合"的预测梦中的几十上百个细节皆"巧合"发生的概率为至少数百亿分之一。也就是说，这绝非巧合可以解释。因此，在正常的时空维度中的"未来"被人们认为还没有发生，所以人们习惯于用"必然性、偶然性"来理解"未来"，而在超越了正常时空维度的时候，通常认知的"未来"却是"已然"。此种实际体悟，非亲历者不可理解，这里就涉及时间和空间的本质问题，至少是笔者的切身体悟对"时间、空间"本质的必然理解。可以将时间比作一条河流的匀速流淌，将空间比作河流的水体，人置身于河流这一空间之中并且只能随着水流的匀速前进而欣赏岸边不断迎面而来的风景；但是当人的心体超越了时间和空间的束缚，即相当于一个人不再置身于河流之中，而是可以在空中俯视，因而可以一览河流沿岸风景之全貌，而无须受困于时间之河流的匀速流淌。儒家将此表述为："子在川上曰：逝者如斯夫，不舍昼夜。"[2]而笔者亲历的心灵感应，更加说明"心世界"是完全

---

[1]《庄子·齐物论》。
[2]《论语·子罕》。

超越时空束缚的一种存在，是一种真实存在的"心体"联系机制，佛家将此表述为"时空无碍"。[1]

本书此处所论及的内容，多与"形而上"有关，与书中其他部分中所涉及的"形而上"内容的讨论一样，此种思考结论源自笔者对中国传统儒、释、道文化的研读，更主要源自笔者自身的真实体悟，绝非笔者妄言或者猜想而故弄玄虚。笔者此种亲身切实体悟，如人处于"现在"的时空所认定的"未来的"、"时间"和"自身在未来的生活"，在更高的维度上已经发生了、存在着，并非处于没有到来的"可能性"状态，而是已经确定发生并完成，此类真实体悟，社会通俗称为"时空穿越"之能力，笔者亲身历经数百次之发生与体验、验证，完全可以排除通行"科学观念"所可以做出之"科学解释"的可能性。因此，笔者认为有必要从"形而上"角度对宇宙终极之"道"进行基于自身真实体悟的解读。不知而信，是为迷信；知而不信，是为无明；知无不言，言无不尽，但笔者悟道甚为浅薄，此乃自知之明而并非类似谦虚之言，因此犹待求教于方家。[2]因为真正的悟道是"见诸相非相"，即知晓一切"相"背后的总体规律，而非还深陷于"相"之中。当然，正是此种体悟，让笔者在古今中西各种哲学、科学、宗教、文化学等各种载体承载的诸多学说的研读中，可以在一定程度上判定每种学说的创立者对宇宙终极之"法"之探讨，处于何种层级或者直接判定其学说真伪。因此，笔者可以做出判断：心体是真实存在的，心性之体悟是认识和回归心体的方法，体悟心性就是文化的使命，回归心体是人生终极的意义。通过亲修来实证而形成自心体悟，体悟是实证的方法，体悟的方式是修行。

4. 实证的方法和次第

南怀瑾先生在涉及"如何修正佛法"的话题时曾经提出一个"见地、修正、

---

[1] 当然，笔者的粗浅体悟，与儒、释、道所描述的"时空无碍"之等级的境界相去甚远。笔者在此只是表达一个直观而可信的结论：这个世界的真相可能远远超出了日常的生活经验，确实有待深入研究。

[2] 笔者对此处所表述的个人体悟之真实性负责。由于此种体悟并不是大众化的常识和常态，因此似乎不应该在一篇法学论著中明确写出。但是笔者在本书写作过程中，由于未能申明此点，而招致诸多误解，如认为本书"漂浮"或者"玄幻"；同时增加了阅读者对本书很多观点理解的困惑或者困难，因此又不得不明确写出；否则，本书被误解为"心灵鸡汤"甚至一派胡言，都不可归咎于阅读者。毕竟，本书是需要示人的，而不是自我的对话。至于此种个人体悟（或曰经历、能力）之具体内容，本书不宜列举，相信阅读者可以理解。

行愿"的问题。[1]所谓"见地"，就是对于"道"的理解；所谓"修证"，就是通过修行对"道"的实际体悟之实证；所谓"行愿"，就是"人能弘道，非道弘人"。其实，此三个概念清晰地说明了中国传统文化中"闻道、修道、弘道、证道"的关系。儒、释、道"三学"，皆是见地、修正和行愿三位一体的一个过程。例如，有人问高僧曰："我如何才能成佛？"高僧答曰："闻汝之问，成佛无望。"这是在开示此人：弃"小我"之自利心，行"大我"之宏愿，利他即自利，因为人我无别，知晓了人我无别，才是觉悟，觉悟即佛。佛家的"六度"讲求"布施、持戒、忍辱、精进、禅定、般若"这样的求道次第。又如对于感觉，譬如痛苦和快乐的感觉如何理解？以众生之苦为苦、以众生之乐为乐，即利他与悲天悯人，皆是讲求超越"小我"而求"大我"。因此，中国人习惯以"大人"和"小人"对人进行评判，而所谓"大人"，即达到了"大我境界之人"，而所谓"小人"，即停留于"小我境界之人"。一个社会，需要"大人"来引领而不是以"小人之自我"否定"大人之圣境"。如果对于见地、修正、行愿之关系不能厘清，则会出现诸多误解。例如，在法治理论研究中，有论者提出："为什么人们的道德'修身'，不是为了使自己的人格更完善，精神更高尚，而是为了去'齐家''治国''平天下'，即做给别人看呢？如果从这个角度提出问题，我们就不难发现，在国家、社会治理问题上，儒家的'道德修身主义'即主张国家社会的'德治主义'，它总是与'人治'密切联系着的，它的社会理念，终究还是以'人治'而不是以'法治'为基础、前提和归宿。这正是它的根本弱点。"[2]该论者认为"做给别人看"的"齐家、治国、平天下"，恰恰是其对"行愿"的极大误解所致。一个人有"大德"，就不是"只顾着自己"，而其对天下大众造福的"行愿"是当然要求，其绝非为了名利而"做给别人看"，而是一种真正的"圣人境界"，这不仅不是"根本弱点"，反而是"根本优势"。此类对中国传统文化的误解，其实应该消除才有利于理论研究。中国现代法治，也是为了"齐家、治国、平天下"而生，我们断不能以"做给别人看"来评判；中国现代法治，更是为了所有人的修身而生，其更依赖于所有人的修身而成；认为有了"法治"就无须修身或者"法治"可以替代修身，或者"法治"就等于修身，这是说不通的。将儒

---

[1]《南怀瑾选集（典藏版）》（第八卷），复旦大学出版社2013年版，第14—18页。

[2]李德顺：《法治文化论：创造理性文明的生活方式》，黑龙江教育出版社2018年版，第268、269页。

家以及整个中国传统文化的大人之学作为现代法治的对立面，笔者认为这是不恰当的，这种本意为通过与儒家对比而凸显法治优势的论证方式，最终恰恰是让法治在如何看待"人"这一根本问题上犯糊涂，最终恰恰是让法治失去了真正的灵魂和主体。这类大问题，往往未能被普遍参透。

对于思维和念头而言，非想定、非非想定、非想非非想定；以及所谓"戒、定、慧"皆是脱离了"思维"的问题，是通过实证达到心的至高境界。儒、释、道的经典中无不强调实证，而且告知世人实证的方法。例如，"佛未曾说一法"表达了"法"是工具而不是本真，因此儒、释、道的经典实际上停留于言说的理解是不必要的，依教而行才是根本所指。而《论语》开篇即道出了这一核心要义："学而时习之，不亦说乎"。[1]孔子此语的含义是："学道"之人要不间断"修道"，才能体悟其中的愉悦。如果从他人处知晓了一个"道之理"但是不去践行，那么就是空有见地而无修正，则此"道之理"在心外，而不属于自己。然后强调了"传承"，也就是"有朋自远方来，不亦乐乎"。[2]上古已有的"道"能够通过志同道合之"朋"传承至今，亦可由今人传至后世，当然让人快乐。然后提出了修道的效果，即"人不知而不愠，不亦君子乎"。[3]实证是修己之学，其效果是君子之德，他人不知自己之"明明德"，不会引起自己心绪之嗔怒，此乃心体"如如不动"者也。而"如如不动"，即心体明了了宇宙天地间自有的和永恒的法则。

（三）中国传统文化的至善属性

本书此处需要再次总结、强调的就是中国传统文化的至善属性，这也是中国传统文化的突出特点。文化既为心体本性的仁义之探求，那么对于心体是否本性为"仁"，就是人性善恶之辩；对于心体是否本性为"义"，就是义利取舍之辩。人性善恶之辩，其答案在于"天行健，君子以自强不息"；义利取舍之辩，其答案在于"地势坤，君子以厚德载物"。

1. 人性善恶之辩的本真

人性之辩的历史几乎伴随着人类的信史。人性本善还是人性本恶？这是一个

---

[1]《论语·学而》。此语常被今人误读为"学习之后要时常温习"。
[2]《论语·学而》。此语常被今人误读为"远方来了朋友则快乐的好客之道"。
[3]《论语·学而》。

几千年来争论不休的话题。什么是善、什么是恶？这也是一个答案无法泾渭分明的问题。利他与自利是否就是善与恶的分野？利他与自利是一种对立关系还是一种统一关系？善与恶是人心自有的本性还是外在事物激发的结果？如果人性本恶，那么我们一切的向善追求是否都是一种虚伪和对人性的背反？如此一来，我们没有任何理由在道义上去谴责恶，也没有任何理由在道义上去宣扬善。因此，人性本善还是人性本恶的问题，确实需要"明心见性"的实证者才能给出答案，而不是单纯停留在义理上进行语言之辩。"自强不息"是人性善恶之辩的答案。修行对于任何人来说，都是一个极其艰难的人生命题。如果一个人未曾"闻道"，则对于"修道"而"证道"是处于"无明"状态的，但是此种"无明"状态最终会影响自己的命运，因为因果法则是无法改变的，人的命运是自己的修行所掌控的。

如果心体的本性是仁义，那么为什么人在现实中会偏离本性甚至完全与本性背反？背反仁义可能会获得欲望的满足和感官的快乐，而坚守仁义往往极其艰难且带来感官的痛苦。那么是什么决定了、是"谁"决定了人类必须在仁义与恶私中必须进行抉择？"善"和仁义并非同一个概念，仁义是善的结果状态，善是仁义的必然要求。所谓"仁"，由"人"和"二"组成，象征着人与人无分别心，而人与人无分别心就是"义"，"义"就是人坚守"中道"，即为"允执厥中"。可以说，善与恶都是"道"的功用，都在"道"的统摄之下，因此佛家说"烦恼即菩提"，也是这个意思。如果世间真实存在的恶是脱离了"道"的要求的存在，那么我们所追求的这个"道"就不是一切存在的本源和一切存在的法则了，因为如果我们将"道"定义为"善"，那么违背了"道之善"的"恶"可以大量存在，那么说明"道"是失灵的"道"，就不可能是我们所认为的统摄一切的"道"。因此，世间的"善与恶"都是"道"的功用和表现，所以庄子与东郭子有如下对话：东郭子问于庄子曰："所谓道，恶乎在？"庄子曰："无所不在。"东郭子曰："期而后可？"庄子曰："在蝼蚁。"曰："何其下邪？"曰："在稊稗。"曰："何其愈下邪？"曰："在瓦甓。"曰："何其愈甚邪？"曰："在屎溺。"东郭子不应。[1]这就是说，世间一切都未能超脱"道的法则"，"道"就是所有存在的全体。从这个意义上说，道家所言的"道"和佛家所言的"宇宙"又是同一个所指，悟道，

---

[1]《庄子·知北游》。

是发现其中决定一切的"终极法则"，此法则超越一切可以被"思维和感官"认识的表象。善与恶都是人的主观感知、是人的观念，因此"天地不仁，以万物为刍狗"。道就是如此的本然状态的存在，所谓"道法自然"，其表意"道与道的法则"无善无恶，善和恶是人心之"分别"所致，人与人有分别、人与物有分别；而善是消除一切"分别心"的方向，恶是强化一切"分别心"的方向，所以说，强调善之"仁义"，是引导世人消除分别心，而最终走向"无善无恶"这一"无分别心"的境界。而修得这个境界，就需要"自强不息"之人道以合于"天行健"之天道。因此，至善不是善恶之善，而是善之极致，此时已经无善无恶，只是表述中为了表达"分别心"意义上的选择，而名为"至善"，至善就是无别，就是与宇宙合一，悲悯众生。

2. 义利取舍之辩的本真

义利之辩的历史同样漫长，"义利之辩"在中国传统社会是一条文化主线。《辞海》将义利之辩解释为"关于道德与功利关系的论争"。[1] 道德与功利一定是一对矛盾存在吗？本书此处之"道德"，取义中国传统的"道、德"而非现代道德之内涵。在现代道德的语境中，道德与功利可以完美统一，道德与功利相背反处，由法律作为底线进行评判即可。因此，对于义利之辩的本真，此处以古代的"道、德"来看义利之辩。冯友兰先生将义利问题作如下理解：什么是"义"？"义"与"利"是相对的名词；利是利自己；而义则是利大众；前者是为私，后者是为公。[2] 没有任何功利之心的人，是圣贤而绝非普通人可以做到；而且功利心的完全去除，非经一个极其艰难的修行过程无法达到。凡夫俗子皆有功利之心，这是普遍存在的一种本能欲望。我们不能因为凡夫俗子皆有功利之心，继而就否认圣贤纯粹的仁义之心的存在和可贵；我们也不能因为有圣贤达到了"天下为公"的圣境，就揠苗助长式地强行让所有人都以圣贤标准自我要求。当所有人都宣称没有任何功利之心的时代，一定是一个普遍虚伪的时代，这甚至比公然倡导功利还可怕。当因为功利之心的存在，将所有仁义都予以极端否定，那么最终一定是堕入一个物欲横流、弱肉强食的社会。义利之辩，实际上并不是一个义与利对极存在的话题，不能以对极、对立存在而完全肯定一方而否定另一方；义

---

[1] 夏征农、陈至立主编：《辞海》（第六版缩印版），上海辞书出版社 2010 年版，第 2253 页。
[2] 冯友兰：《新人生论》，王碧滢编，北京出版社 2019 年版，第 175 页。

利之辩，实则是一个辨明人生至理、人生根本的话题。也就是，仁义和功利，哪一个是人生的根本？所以，义者宜也，这才是真正的义利之辩的答案。而何者为宜？"己所不欲，勿施于人""各得其所"是一个不错的答案。但是，何者是"各得其所"？又是一个难以找到确切答案的问题。这才是人类几千年来的极大困扰。而解决这个困扰，有待于对人文的精深理解，有待于对人生意义的发掘。"三千年读史，无非功名利禄；九万里悟道，终归诗酒田园。"[1]这似乎是对人类几千年来义利之辩之效果的一个真实写照。义利取舍之辩，其答案在于"厚德载物"。如何理解"厚德载物"？也就是德位相配、德财相配的问题。一个人如果以追求财富为人生终极目标、以财富拥有为判断人生成败的标准，对于其个人是福是祸？如果形成这样的社会风气，对于整个社会是福是祸？在社会学、心理学、犯罪学等意义上的实证研究中我们会发现：取财无道、沉溺物欲、为富不仁、身败名裂，这是德不配财的"四部曲"。"德不配财"逐步成为风气的社会，最终会沦落为一个弱肉强食、人人互害、道德沦丧的社会，最终整个社会就会出现坍塌、动荡、重整、新生。义利之辩，在于厚德载物，厚德载物，在于"君子爱财，取之有道"；在"财"之外的一切"利"，亦应"有道取之"，此即义利之辩的本真。而法律，就是义利之辩的底线。

二、传统文化对中国现代法治精神的影响

前文已经明确了中国传统文化的求真、实证、至善三大属性，那么接下来就可以更加有利于说明中国传统文化对中国现代法治精神的影响了，这种影响往往是"入芝兰之室，久而不闻其香"式的潜移默化。

（一）人本文化系现代法治精神前提

前文已述，现代法治精神所有的困惑焦点在于对"人"的研究和界定。而中国传统文化作为最高级的"人学"，其人本之确立和人文之深刻，是从源头上将"人"研究明白了，因此现代法治精神之困惑焦点在中国传统文化处不再是困惑，因此中国传统文化能够完美诠释现代法治精神。这个问题研究通透了，我们才能进一步去考察，为什么中国传统文化与现代法治精神之间的渊源被割断了？为什

---

[1] 南怀瑾语。

么流行观念中的平等、人权、民主、契约、秩序、自由、正义似乎与中国传统文化的浸润无关？综观西方从古典法治至近现代的法治精神体系，神本文化中是无法产生完美和谐的现代法治精神体系的。现代法治精神体系如果纳入神本文化之中，就必然出现无解的矛盾，因为神本文化是灵与肉的分离甚至对立。而只有中国主流传统文化才能够确立一个完美和谐的现代法治精神体系。反对神权统治，树立人的主体地位，才能够让一切现代法治精神有一个基本的支撑点，因而才能够在对人自身的塑造上展开法治精神的诠释。

而通过对儒家法治精神的解读，我们会发现，现代法治精神之平等、人权、民主、契约、秩序、自由、正义等，在中国传统文化中是一个完美而和谐的逻辑体系，而并非如通论中所言，中国传统文化没有现代法治精神的存在。目前对于中国现代法治精神的解读，也只有回归到中国传统文化语境中，才能够得到正解，而避免对于西方文化的种种扑朔迷离造成的对中国现代法治精神的迷惘认知。而且我们发现，也只有中国传统文化才能够完美阐释中国现代法治精神为何能够被现代中国人如此理解。中国传统文化确立了人人平等的道义基础和实证基础，那就是人的自性。而正是因为对于人的自性的终极解读，才能树立人本文化。以人的自性和人本文化为基础展开的关于现代法治精神所表述的内涵的理解，才能解读出一个和谐的法治精神体系，这就是人本和人文的关键意义。中国传统的"道德文化"，将最终极的学问——人学，研究得至为透彻、无法超越，因此我们才看到，现代法治精神的所有困惑和理论矛盾的集中点——人的问题——在中国传统文化中早已清晰明了。所以，在中国传统的"道德文化"语境中理解现代法治精神，一切才变得如此和谐、完美。

（二）人文精神系现代法治精神的归宿

综观西方古典和近现代的法治精神体系，以及中国法家的法治精神体系，也是无法形成完美的现代法治精神体系解释的。缺失了对人文的深刻理解，没有以对人性的深刻理解、对心性本体的透彻认知、对人自身的理想人格塑造作为起点和归宿，是难以形成现代法治精神的完美体系的。否则，要么是将现代法治精神的起点流于假想，要么是将人异化为生物学意义上的人而降低人的身份，要么是将视角只限于一个狭窄领域而忽略了终极的人文关怀。前文在对西方法治精神的不同历史阶段、不同的文化信仰、现存的不同主义进行分析的时候，就可以发现，西方法治精神之解读之所以出现内在的无法调和的矛盾，例如，西方保守主义认为人只有在道德层面才能实现平等，而现实中人的道德水准千差万别，因此现实中的人是不平等的；而自由主义认为应该以理性作为前提假设，确立抛开道德要求的人人平等；这些类似的争论就是源于他们只停留于人的表象谈问题，而未能真正深入人文核心研究问题。而中国传统文化作为修己之学、人学之巅峰，能够从心性本体的终极层面看到心性本体本自具足，因此就能够为平等确立一个客观上存在的终极义理；而且由于心性本体处于不同的状况下表现出来的善恶相较，因此需要通过人自身的修为来追求至善。由心性本体的同质性、到现实生活中的道德差异性、到通过修为追求结果的至善性，这才是一个真实的人生，这才是人生的终极意义，这才是终极的人文关怀，这才是去掉了迷惘和伪善的大智慧。而且中国传统文化就是针对人生根本提出了人一生的修行方法，修行完全融于生存和生活。正是因为对于"人"之"文"有着大彻大悟的认知，才能够从源头处对现代法治精神所表述的诸多内涵有着一个完美的诠释。每个人通过修行，都可以让自己成为自己精神上的主人，成为精神上的主人者一定会成为政治上自己的主人。这就是文化之法治与政治之法治趋于合一的文化追求。如果不从根本处理解中国传统文化的人文之可贵，而是跟随着西方文化去解读现代法治精神，纵使不停地争论、阐释，最终也是争不出所以然的，因为立根未稳的树苗，是无法长成参天大树的。

（三）启蒙了近现代法治精神之生成

前文已述，西方近代法治精神的形成，在于人本主义的确立，以及人本主义确立才能够冲破教权的思想束缚，进而确立了人本主义之下的近代法治精神，直至发展传承到现代社会。西方近代人本主义下的法治以及法治精神，与西方历史上一直居于主导地位的法治以及法治精神，是处于对立状态的存在，而不是一脉相承。因此，从神本文化向人本文化的转变，这种信仰层面的文化根基变化，是无法论证出西方具有"法治传统"的结论，西方近代法治精神也并非对其古典法治精神的简单继承或者顺延传承。从前文中国现代法治精神形成的历史脉络来看，是中国传统文化带来了现代法治精神在世界范围内的生辉。如果没有中国传统文化之人本文化对西方的影响，西方近代是否会形成人本主义法治精神，就是一个未知数；或者说，是中国传统文化带来了西方近代法治精神的形成，这个不可改变的历史事实表明，中国传统文化是世界性现代法治精神的主要渊源。因此，虽然似乎经过了一道出口转内销的过程，但是这种现代法治精神根源于中国传统文化是不容否认的。特别是当我们要真正解释清楚中国现代法治精神的文化义理的时候，就会发现，非中国传统文化无以担此重任。

当然，通过上文对中国传统文化的求真属性、实证属性和至善属性的分析可以发现，对中国传统文化的完全理解是一件极其艰难的事情，即悟道艰难；完全践行更是一件极其艰难的事情，所谓为政以德、明明德，皆是需要极高的修行与智慧。因此，当我们真正去体察中国传统文化所存在的这段大历史，就会发现传统文化虽然在名义上统摄着传统社会，但是并非充盈着整个传统社会的一切时空。整个人类的文化史，在某种意义上就是以人性善恶相较、义利取舍之辩、和谐抑或斗争、相爱还是相杀为主线而发展的一部历史，在这个过程中或者追寻到了人生至理或者彻底迷茫以致将人性降格为纯粹的生物本能甚至动物性。由于为政以德者、明明德者，并不是比比皆是，因此关于那些明君清官、圣哲先贤的故事才广为流传成为百姓期待和赞美的对象。所以，传统文化本身作为一种极高的政治智慧，作为践行"道"的方式，往往被异化为一种统治的治术，作为掩盖政治黑暗的遮羞布和口实。因为无论是君王、官员，还是士大夫，抑或百姓，如果都能像范仲淹一样"先天下之忧而忧，后天下之乐而乐"、能像孟子一样直面梁惠王并告知其如何施仁政，那么这个历史上河清海晏将是常态，也就不会出现历史上的"王朝周期律"了。整个宇宙、整个人类社会、一个国家、一个民族，都是在一个整体运行法则下运行的，而这个整体法则要求遵循"一的法则"和一种"和的智慧"，这恰如一个人的个体生命存在与身心健康一样，当内部出现了极大的对立、撕裂，就会出现大的疾病甚至生命的终结。这个道理虽然大家都懂，但是也不影响一个人为了一时的口腹之欲暴饮暴食而伤及脾胃，也不会杜绝一个人放纵无度而自毁一生。国家的政治生命也一样，当统治者为了一己私欲而与社会对立、鱼肉百姓，最终伤及的是整个政治体；当社会的阶层和人群之间为了一己私利而伤及他人，最终的结果是社会上的人人互害，谁也不免既成为加害者又成为受害者。而这种抛弃小我、成就大我，是一种极高的修为，因此需要"德位相配"的相应存在。所以，"大人之学"是"无我之学"，是"利他之学"，是"天下为公之学"；"小人之学"是"小我之学""利己之学"。一个社会、一个国家、一个民族，"超脱小我、走向大我"之人越多，这个社会、国家、民族就会越具备超凡的生命力，这就是中国传统文化的使命，这才是一个"恒常之道"。因此，文化的种子始终在那里，关键是是否有人来让种子发芽、开花和结果。就像一个人整天满口仁义道德，而实际上却无恶不作，我们不能因为这个人以仁义道德为幌子作恶就否定仁义道德本身，而是应该否定这个人；传统文化也本不应该毁在以"文化"为口号，实际上却处处背离文化要求的人手中。在"传统文化带来了历史的黑暗面"还是"没有遵照传统文化导致了历史的黑暗面"这样的因果关系问题上，确实需要仔细厘清。因此，将中国传统社会的历史阴暗面的产生责任，错误地归咎于传统文化，进而认为近代法治精神的形成不可能是接受了中国传统文化的影响之结果，这样的思路存在逻辑问题，并且不符合历史真相。

（四）促成对近现代法治精神之接纳

正如没有基督教在西方传播了 1000 多年，西方启蒙运动所提倡的人人平等就不会轻易被广大西方人接受一样，如果中国传统文化不作为一种历史底蕴存在于中国大地，并深入每一个中国人的骨髓，那么西方启蒙运动之后传入的现代法治精神也是不会被中国人接受的。而近代直至现代，中国人之所以对平等、人权、民主、秩序、自由、正义如此快速地接受，就是因为这些近代以来的"新词汇"实际上表达的是中国自古以来的文化精神，也就是"新瓶装旧酒"。否则，让习惯畅饮纯粮食白酒的亿万人在一夜间都喜欢上伏特加或者白兰地，是一件不可想象的事情。倘若中华民族不是一直以传统文化实质上在追求着民主和自由、平等和正义、人权和秩序，倘若中华民族真的是被传统文化形成奴役状态，就不会有现代法治精神在近代以来的辉煌发展。那种近代中西方文化战争中所制造出的舆论——西方文化启蒙中国人——是经不起负责任的学术研究考证和还原真实的历史事实检验的。但是，中国传统文化底蕴让中国人在近代开始便接受了现代主要法治精神所表述的追求，为什么在近代却造成西方传来的表象？其中的文化战争与军事战争是显性因素，而隐性因素在于中国传统文化在近代的衰落，此种衰落的表现形式和原因非常多，而政治领域中对中国传统文化的异化是其中最为关键的因素之一。因为中国传统文化之所以是合于"道统"之"天道与人道"，就是因为其发现了人的天性要求，而一旦政治领域将"道统"异化为政治统治的工具，那么实际的结果就是人的天性被压抑，因此人心法则被背反的情况之下，势必会出现对现实政治的反抗。因此，与其说近代中国人是在反抗自己的传统文化而拥抱西方文明，倒不如说是反抗现实政治的"失道"，而得道多助、失道寡助。因此，"人心法则"是最高的法则，而中国传统文化是将人心法则研究得最为透彻的。今天中国人之所以要继续弘扬现代法治精神，实际上就是在弘扬自己民族的优秀传统文化的核心精神。

本章小结： 通过本章的研究，可以得出如下结论：国内外学界对于西方法治精神和中国传统法治精神皆存在严重的误读。当我们完整呈现儒学西传对西方启蒙运动之影响、西学东渐对中国近现代之影响这样一个文化路径的时候，可以发现，西方近现代法治精神的形成系受中国传统文化之人本文化属性与人文精神指引，而中国近代以来对西方法治精神之推崇实则是对固有的中国传统文化之二次接纳。因此，排除了对中国传统法治精神和西方法治精神的误读之后，我们可以对中国现代法治精神的文化渊源进行正本清源并定论——中国现代法治精神就是对中国传统文化的继承和弘扬。

第五章

中国现代法治精神的文化选择与文化根基厘定

本章的主题是对中国现代法治精神进行文化意义上的根基选择和文化根基厘定，分为三节，具体内容如下：1.分析研究中国现代法治所处的文化格局，从中西文化比较的视角对中国现代法治精神的文化根基进行选择；2.继续深入研究中国传统文化在现代中国的文化本位地位之确立问题，从古今传承视角夯实中国现代法治精神的传统文化根基；3.厘清马克思主义文化、中国化的马克思主义文化的内涵，澄清中国化的马克思主义文化与中国传统文化的关系，论证中国化的马克思主义文化与中国现代法治精神的关系，最终指向以中国化的马克思主义作为文化统领来指引中国现代法治精神之弘扬的问题。

通过前四章的研究，笔者所澄清的问题在于，从古今中外的大历史上发掘和呈现出了不同时代、不同国度所实践和追求的法治。从不同的视角展示了什么是法治、为什么要选择法治、法治与文化的关系是什么。当我们发现了法治的多重属性和不同样貌的时候，就必须面对一个选择问题。如何在纷繁复杂的法治选项中做出合理的选择而不至于遭遇"乱花渐欲迷人眼"的局面？对中国现代法治精神进行文化选择，是解决这一切问题的"文化密钥"。唯有澄清、解决中国现代法治精神的文化选择，我们才能知晓什么是现代中国所需要的真正的法治、为什么要选择此种法治，以及如何实现此种法治。

第一节　中国现代法治精神所处的文化格局与选择
——中西比较的视角

习近平总书记指出："坚持从我国实际出发，不等于关起门来搞法治。法治是人类文明的重要成果之一，法治的精髓和要旨对于各国国家治理和社会治理具有普遍意义，我们要学习借鉴世界上优秀的法治文明成果。但是，学习借鉴不等于是简单的拿来主义，必须坚持以我为主、为我所用，认真鉴别、合理吸收，不能搞'全盘西化'，不能搞'全面移植'，不能照搬照抄。"[1] 防止拿来主义、全盘西化、全面移植、照搬照抄，真正坚守以我为主、为我所用原则，其重要方面就是正确选择中国现代法治精神的文化根基。因为现代中国处于一种多源文化导致的文化多元格局，所以对于中国现代法治精神所应该依附的文化需要进行一个选择。在目前的多元文化格局中，一是对于中国传统文化与西方文化的选择问题；二是具体到神本文化还是人本文化选择的问题；三是更具体到理性论、功利论、

[1] 习近平：《加快建设社会主义法治国家》，载《习近平关于全面推进依法治国论述摘编》，中央文献出版社 2015 年版，第 32 页。

良知论的选择问题。此处，由于中西方相关的理论家的理论学说浩如烟海，因此下文更多的时候不能也不是针对某一个理论家的某一套理论学说展开论证，而只能是泛泛而谈。

一、中国现代法治精神的文化本位确立

神本与人本是人类大历史上不变的一个根本问题，但是"法律本位"——亦可简称为"法本"——在今日中国也加入进来了，因此接下来考察选择神本、法本还是人本的问题。

（一）西方神本文化之再考量

神高于人、神主宰人，这是神本文化的本质特征。信神和上帝才是有信仰？信奉宗教才可以称为有信仰？本书已经得出结论：一切学问的终极是人学；只有"人"才是宇宙之中具备至上地位的主体；信仰是需要回归到人的自身来寻找的。认为只有宗教才是信仰，认为只有神本文化才是信仰，这是一个极大的误区，对此必须有清醒的认知。西方的法则文化，从古希腊开始，一直都是"神本文化"，也就是宇宙的创造者、宇宙法则的制定者都是高于人的神，甚至人也是神的创造物。因此，西方的法则文化在其神本文化背景之下，法则是外在于人且人类必须向神明去寻求启示才能获得的。西方的"rule of law"，就其本质而言，虽然翻译为汉语可以称其为"法治"，并且以"法治信仰"视之，但是其只能在对神的信仰或者宗教信仰的意义上才能成立，而西方的世俗法律在西方是未能成为普遍信仰的。或者说，对于神或者上帝的信仰是西方法治信仰的第一根源；认为宇宙和人间的法则是由神或者上帝设定的，进而信仰法治，即信仰神或者上帝的必然要求，这是法治信仰的第二层级；世俗的法律需要符合神或者上帝制定的宇宙法则的要求，这是法治信仰的第三层级。因此，西方的法治信仰甚至法治本身就是完成神本文化的必然要求，这与中国当代所提倡的法治是完全不同的概念。而且，西方神本之下的法治精神的文化根基不适合中国，而只是对中国的"道学"的一个摸索，还没有达到"道"的究竟。因此，西方的神本文化不适合中国，中国现代文化更不需要引进"虚无缥缈"的神。根据前文的研究，西方法治是西方文化和信仰的产物，是文化和信仰的表现形式。古希腊信仰的多神教、古罗马信仰的朱庇特、基督教信仰的上帝，几乎都可以以神本信仰待之，而且都已经被排除在

了我们可以遵照的信仰范畴之外。因此，附着于其上的法治精神的义理，就与中国现代法治精神不相适应了。保守主义是对基督教信仰的坚守，也不适用于中国。而且西方的启蒙运动信仰的理性所产生的西方的激进主义作为一种大规模社会革命的指导在今日也失去了意义；因此，在前文笔者才认为，在实际上，自由主义法治的文化根基就成为一个似乎唯一需要考察的问题。

这里还需要考量并区别有神论还是无神论之标准，虽然标准见仁见智。但是笔者认为，一是需要明辨什么是神；二是需要明辨神是否真实存在；三是需要厘清可能存在的神与人的关系问题。对于什么是神的问题，耶和华、上帝、宙斯、朱庇特对于西方人而言是神，而且无论是耶和华充满报复心[1]还是宙斯并非一位公正之神也并非道德之神，[2]都不影响他们在西方人心目中的地位。如果真的存在今日人们所研究的具备了远远超越人类的智识和科技水平的"外星人"，[3]那么也可以理解为某种意义上的"神"；如果道家所讲求的修仙，修成之后也可能是神。在人的心目中，神是智识和能力远远超越了人类的存在。但是笔者认为，排除真假之争，这些都不是区分有神论和无神论的终极标准。有神论和无神论区分的终极标准是人与"神"的关系。在西方文化中，神总是高于人的，并且是神创造了人，人需要得到神的保佑和救赎才能实现天国理想。但是在中国传统的儒、释、道文化中，从来都不否认神的存在，甚至还直接肯定神的存在。如佛经中经常提到的"天人"，孔子认为"敬鬼神而远之"。但是，儒、释、道文化始终确立了人在宇宙中的主体地位，人不是依附于神的，人本身就是独立的主体。佛家认为宇宙的因果规律是无法改变的，因此人唯有"自度"而不是依靠神的力量；如果人不进行自身的修行，求神拜佛都是徒劳。而儒家的修身、道家的修行，都是通过人自身的修己之行来达到天地境界、天人合一的。因此，儒、释、道文化从

---

[1] "犹太教的创建者摩西说：耶和华是信实的神；向爱他、守他诫命的人，守约施慈爱，直至千代；向恨他的人，当面报应他们，将他们灭绝。（申命记，7章9~11节）在以色列的心目中，耶和华的严厉多少带有一些嫉妒与虚荣的心理。"引自赵敦华：《基督教哲学1500年》，商务印书馆1994年版，第46页。

[2] "宙斯这个大神不能成为公正之神，也不能成为道德之神。宙斯行为淫乱，也非常偏私。众神之间的争吵妒忌，彼此的阴谋诡计，其丑恶之形象和种种肉欲，在诸神的传说中有充分的表现。"引自许倬云：《中西文明的对照》（精装珍藏版），浙江人民出版社2016年版，第41页。

[3] 例如（澳）米歇·戴斯玛克特：《海奥华预言》，嘉心、尉迟莫英译，作家出版社2018年版；该书作者向世人讲述了自己被宇宙中最高维度（宇宙顶级文明）的外星人带到海奥华星球的经历，该书作者"发誓这是发生在自身的一系列事件报告"。

来都是将人自身作为宇宙的终极主体，人一旦自己成为自己的主宰，也就完全求得了宇宙的本真和人生的意义。而这一切，都在于人自己，而与神是否存在无关。因此，有论者曾经说："如果我们把佛陀说成是世界上第一位无神论者，我认为丝毫也不过分。"[1]而笔者认为，儒、释、道的创始人皆可以称为无神论者。儒家讲"人人皆可尧舜"，佛家讲"人人皆具佛性，自性本自圆满俱足"；道家引领人们去悟道，人人皆可悟道。因此，我们会发现，中国传统文化中从来都不会树立一位高高在上的"神"来主宰世人，儒、释、道的创始人也都是真实的历史人物，不需要把自己塑造成神的形象或者神的使者。因此，中国人不需要西方式的神本宗教信仰，在历史上也就不会存在用"教会""教权"来进行政治统治、禁锢人们思想的情况。每个人的信仰在于对自身的信仰，在于通过对"道和德"的追求来实现。这才是一种人类觉醒、觉悟而产生的"至善"信仰。因此，神本文化注定不必也不会成为中国人追求现代法治过程中的文化选择。有一种声音，那就是看到了西方基督教在西方法治进程中的基础作用和文化引领作用，而思考中国人的信仰问题应该向何处去，然而大可不必。中国人自古就有信仰，那就是人文信仰、人本文化。

（二）西方法治乌托邦再考量

法或法律高于人、法或法律主宰人，这是法治乌托邦的理论本质。西方的法治乌托邦设想，在神本文化时期就开启了，神本文化时期一切以"法律"作为最高统治者的理论，都是在讲述着需要通过信仰法律而信仰法律的创造者——神；而到了近代人本文化时期，法治乌托邦在卢梭的政治理论设想中表现得最为集中。法治乌托邦看似是人本文化的产物，而实际上却与神本文化一样，是对人本文化的最大背离，是神本文化的一个变种而已。自由主义法治精神实际上就是在构筑一个法治乌托邦幻想。而我们需要的就是去除对法治乌托邦神话的幻想。法律的统治、法律主治、法律至上等世俗法律主治的法治构想，认为一切问题都可以通过这样的法治神话予以解决，希望通过这样的理论宣传构建一个纯粹的法律统治的世界，这是极其不现实的。此种法治乌托邦神话一是其自身在理论上完全站不住脚；二是其自身所构建出来的理论依据实际上只是文化的一个衍生品，却

---

[1] 李尚全：《正智与生活：30 年闻思佛学的心力路堤》，东方出版社 2010 年版，第 32 页。

意欲取代文化，这是完全不切实际的。

将法律推上神坛，论证其应该具有至上地位、主治地位，进而不断地进行理论演绎，如构筑出法治、德治的对立理论模型，进而促成法治乌托邦神话在当代的流行，这是一个理论路径，而这一切又与对"道德"的理解有关。前文已述，现代道德与中国传统的"道德"并非同一概念，而是中国"传统道德"在人的"心与行"上留下的一个最为末端的表象。或者说，传统道德规范、传统道德义务等都可以保留至今，而传统道德的义理和传统道德的终极追求在今日已经不再是居于主流的文化观念了。因为将道德义务的履行、道德规范的认可与"明心见性"和"天地境界"的修行一体化，已经不再是人们的通常认知，现代道德是一种传承下来的"当然习俗"了，大家事实上在过着一种"普通道德"生活，却无须再如古代圣贤们去深入研究"道德"的境界义理。现代道德可以解释为"以善恶评价的方式调节人际关系的行为规范和人类自我完善的一种社会价值形态"。[1]法律通过其强制性达到规范行为的作用；道德通过善恶评价这一社会价值标准达到指引内心的作用。法律是道德的底线，突破法律这一底线要求就应该受到法律制裁；道德是良知的底线，突破道德这一底线要求就会受到舆论谴责；而法律是道德的最低要求，道德是良知的最低要求。换言之，一个遵纪守法的人可能是一个道德败坏的人，其自私、冷漠、绝情等道德不予认可的状况即使长期存在，只要未超越法律这一底线，便无须接受法律之评价。现在如若我们将中国传统的"道德"理解为现代道德，将道德的底线——法律——理解为"统治者"，那么这个社会并不是一种追求进步的节奏，而是一种很大程度上的文化倒退。

西方法治乌托邦，虽然其理论产生于西方，但是其影响更多地发生在现代中国。西方的宗教信仰并不会因为法治乌托邦学说而消失，而中国现代法治却迷恋上了这个乌托邦设想。加强法治是当下中国应该做的，但是将法治树立为最高理想是万万不应该的。当我们仔细观察政治运行与社会运转中所有问题的症结所在的时候，就会清楚地发现，希望法治神话力挽狂澜是注定要失败的。在人之上树立一个虚假的"法律国王"，将人的创造物——法律——作为人的主人，而人反而成为法律的仆人，这个仆人将法律这一底线奉为至尊，而人心和人格似乎在法律成为国王之后就自然好了。这完全违背了古今中外所有的人类政治史规律——

---

[1] 夏征农、陈至立主编：《辞海》（第六版缩印版），上海辞书出版社 2010 年版，第 334 页。

文化主治。我们还是踏踏实实回归到文化、回归到良知，也就是回归到人本，这才是正确的法治起点和法治道路。我们是时候打破法治乌托邦幻想了。

这里还有一个关于法治信仰或者法律信仰的话题需要予以澄清。例如，有论者提出："让法治成为信仰和生活方式：就是说，法治不仅仅是用来治理国家的一种手段，也应该成为举国上下在生活中普遍遵循的规则、普遍实现的一种生活方式。"[1]笔者认为，从来就没有一种独立的文化类型可以谓之"法治文化"或者"法治文明"抑或"法治信仰"。所谓法治信仰或者法律信仰，从神本文化的角度上看可以这样称呼，但是其本身是对神的信仰的一部分而非独立的信仰；而从人本文化中却无法得出法律或者法治可以成为"信仰"的结论。而法治乌托邦理论的各派学说，实际上是在以西方神本文化为历史底蕴的前提下，将信仰之根本确立为一个外在于人、高于人自身的存在，进一步让"法律"取代神的地位，臆造出了一个法治信仰学说。而实际上，大家都知道，国家制定的"律"是一个不断变化的过程，难道说一种坚定的信仰是需要依托于一套不断变化、不断自我否定的规则体系？法律信仰和法治信仰这是一个不成立的结论。法治或者法律只能是一个稳定的信仰的产物和表现形式，而其本身是绝不可能也绝不应该成为信仰的。法治虽然很重要甚至举足轻重，但绝不是信仰；信仰需要从人自身上来寻找，而不是法治本身。正如有论者指出：现代社会里，法律是由政治过程所决定的，法律的内容，也就是公共政策的一部分；经过论对辩难，通过政治过程，形成法律；相形之下，法律一旦成为信仰，就没有讨论的空间；因此，在现代法治社会里，法律和信仰之间，相隔十万八千里，或更远。[2]

另外，关于法律至上性与法律的行为底线属性在此处还需要再次明辨。"法律至上"的观念在学界非常流行，那么如何理解法律至上的内涵及主张法律至上的理由？有论者提出了具有代表性的观点："法律至上"源于英文"supremacy of (the) law"，意指包括国王与政府在内的任何主体都要受到法律约束；"法律至上"也可表达为"rule of law"，即"法的统治"；"法律至上"最初由西方传到日本，后来传到中国；在日本，"法律至上"由于与"天皇至上"相悖且无法解决"恶法亦法"之悖论而被日本弃用；"法律至上"的原因：此乃人类法律文明

---

[1] 李德顺：《法治文化论：创造理性文明的生活方式》，黑龙江教育出版社 2018 年版，第 350 页。

[2] 熊秉元：《法的经济解释：法律人的倚天屠龙》，东方出版社 2017 年版，第 120 页。

发展之最高境界，而且法律与宗教、道德等相比较，具有其他社会规范所无可比拟之优势；因此可以得出结论：在社会规范中，只能法律至上，不可能是其他至上。[1]当前在法治建设中要求"有法可依、有法必依、执法必严、违法必究"，为什么强调"必"字？如果法律是对法律主体的至高要求且因此具有至上地位，那么显然不可能人人达到至高要求，也就不必突出"必"字了。而正是因为法律是对人的最低的行为底线要求，因此法律的预期是任何一个法律主体都应该做到、有能力做到的，所以才突出强调"必须"完成法律之要求。因此，"法律至上"之积极意义是在强调：由于法律是底线，所以没有任何理由可以成为破坏法律的借口，无论该种借口冠以多么华丽的伪装。而"法律至上"绝对不是让人们认为一切依照了法律的预期和要求而行为，则所有法律主体就达到了一种至善境界，更不是说没有超越法律要求的更高追求可以存在、应该存在。法律应否主治？法律主治的社会条件是什么？如果一个社会中绝大部分人都能够遵守道德的要求，那么法律的强制力和威慑力对社会秩序的"贡献"比例就偏低，就无法称之为"法律主治"；如果一个社会大部分人都有突破道德底线的冲动和行为，那么法律因为其强制力和威慑力对社会秩序的"贡献"比例就偏高，这个时候可能就是"法律主治"。两种极端情况相比较，哪种应该是我们所期望的"理想社会"？法律至上实质上应该是在强调法律的权威性，而不是法律是最高的人心准则和行为准则。有论者论述说："法律权威主义，就是国家的一切活动都必须按照法治的轨道运行，任何权威人士都要受到法律的约束。在这一点上，法律是至高无上的。"[2]此处对于"法律至高无上"限定为"在这一点上"，就可以消除对于"作为底线的法律为什么应该至高无上"的用意和语境，而此种指向实际上是在表明"法律权威"，而绝非法律在社会所有规则中"价值至上"，更不是说法律在所有人心目中可以代替如"信仰"之"至高无上"地位，更不是说法律应该成为信仰或者法律可以成为信仰。当然，虽然从理论上可以推导出：由于法律是社会的底线，因此所有人遵法、奉法是社会的最低要求，但是实际上，做到对法律底线的普遍坚守也绝非一件容易的事情。所以，法治的目标是实现法治政府、法治社会、法治国家，而这确实是一个长期的过程。但是同时，不能因为法治的长

---

[1] 何勤华：《论法律至上》，载李秀清、于明主编：《法学名家讲演集：法律文化与社会变迁》，上海人民出版社 2014 年版，第 82—88 页。

[2] 张晋藩：《依法治国与法史镜鉴》，中国法制出版社 2015 年版，第 25 页。

期性、艰难性而在理论上当然将其确立为社会最高理想和终极理想。在法治的理想中，并未直接体现"人心"理想。因此，有论者的忧虑十分必要："由于法治社会重视人的智性的开发而忽视了人的秉性中的其他重要的方面，包括人的心性和灵性的培养，它充其量只能给人的智性提供一片乐土，却无法滋润人的灵性和心性。建立在纯功利理性和实用主义思想之上的现代法律文明秩序可以培养出个人利益至上的现代人。他们以永远大写的'我'来对待通常小写的'你'，一切以是否侵犯了自己的权利为最高衡量标准。他们没有历史感、没有道德责任感。人生不是处在各种关系和感情之中，而是处在利害冲突和斤斤计较之中。归根结底，一个完全建立在智性和法律之上的法治社会只能造就一大堆现世主义的个人主义者，却孕育不出秉性健全的人来。"[1] 因此，选择法治，却不应该选择法治乌托邦理论，因为这绝不是一个可以真实存在的理想，更不是最高理想和最佳选择。

（三）确立中国现代人本法治

所谓人本法治精神，是在人文法治精神确立的基础之上，将人作为法治的主体和中心，进而扩展到制度层面开展法治。人文法治精神为人注入灵魂，人本法治是以人为核心展开制度建设。在法律是国家制定法的意义上，法律是人类的创造物，人是法律的主宰而不是法律的奴仆，这是一个应该树立的正确观念。岂能是人类创造了法律，之后人类又应该摇身一变成为自己的创造物的奴仆？人就这样把自己从主体地位变成奴仆地位？以这样的理论思维方式，人只能是活成规则下的动物，而距离人生意义的探求和宇宙规律的探求却越发遥远。这样的纯粹政治视角、对立思维下的产物，是远远称不上文化的。"在法治国家，法律是国王"这种看似高大上的法治宣言，要么秉承西方启蒙运动以前的老路而走向宗教、要么随着理性主义和规则中心主义的思路而走向法治乌托邦幻想，是经不起推敲的。此两种倾向，都是矮化人的主体地位和抽离人生意义的思考方式，是没有资格充当人类的精神导师的。那种认为法律是人的主宰的说法，是完全不成立的。只是需要进一步明确一个问题，法律不是人随心所欲的创造物，而是人依据更高的法则创造出来的，这种更高的法则，就可以称为宇宙法则或者终极规律，而这

---

[1] 於兴中：《法治东西》，法律出版社 2014 年版，第 7 页。

种最高的法则虽然是人类不可违背的，但是这种最高法则是什么？在人本文化中，是需要人更加树立自己的主体地位才能完成探求的，而对规律的探求就是文化的任务。只有在神本文化中，才是向上帝或者神去祈祷，希望得到神或者上帝的启示。

那种认为法治精神可以替代文化的观点、认为让法律来主宰人的观点、认为法律之上还存在一个文化就是"非法治"的观点，都是错误的。不要让人和法律、法则的关系出现本末倒置。而此处与法律相比的"人"是指哪些人？这种人的理想状态是什么？这都是文化问题才能给出终极答案的。法治从规则中心主义和理念主义向人本主义的转变，是一个应然方向。从来就没有一种凭空产生的法治精神，法治精神不过是以某种语言和词汇表达了与人内在需求相契合的东西而已。这种契合是基于人本性的需求，因而才能够被人们广泛接受并弘扬。所有的中西关于法治精神的研究成果，其对人的精神塑造，从来都不是一种全新的事物，而是古已有之、一以贯之的存在，而这种存在都无法抛开人文这一根本或者说本源。人类所有的关于精神世界的各种理论，不过都是在新瓶装旧酒而已，换个包装，而其本质未曾改变。说法治是一种新生的启蒙事物，无非是在突出强调这个瓶子由于"新"，而能够引起人们的再次重视，但其本质和内核还是在于"旧酒"。这个旧酒，就是"合于天道的人道"，也就是孔子所说的"吾道一以贯之"。因此，千万不可认为正义、自由、民主、平等这些"大词"是由谁提出的，谁就具有专利权和垄断权，这些精神内核是"人之所以为人"所与生俱来的，所谓人的自性本自具足。抛开人性谈问题，是谈不出个所以然的。

应该理直气壮地将对人的塑造加入法治研究的应有范畴，而人文精神就是其中的关键。要理直气壮地推动贤良政治进程，理直气壮地加强社会道德建设，用法治精神塑造更加完善的人，而不是一套冷冰冰的规则之机械。我们完全可以用中国语言确立和表达中国现代法治精神。民主、自由、平等、秩序、正义、人权、契约，可否用中国语言表达？当然可以，而且这七个概念在由西文翻译为中文的时候，本身就是转化成中国语言的。正义即为"正其所宜"的人心中的正义，民主即为"人民为国家之主人"，人权就是让人朝着理想人格迈进的法律确权与政治行为。应该理直气壮地将良知的概念加入现代法治精神中来，取代理性一说。当然，如若仔细研究"理性"一词之汉语本义，我们会发现西文之对应词汇之所以翻译为"理性"，是因为"理"取意"天地万物之理"，亦即宋明理学之

"理"，而"性"取意"天命之谓性，率性之谓道"之"性"，乃宇宙万有之"本性"。只是随着时间的推移，很多人忘记了中国传统文化即追求宇宙与人的"理性"，而将"理性"一词在观念中完全转化为舶来品而已；这也恰如今日中国人将《尚书》中的"上帝"名号几乎完全赋予了西方宗教，不仅错将西方的"god"当成"上帝"，而且几乎忘记了中国的历史人物"上帝"一般。此种语言翻译、考证以及其背后的大历史，确实难以轻易说明白，很多时候只能依据今日通行之观念予以论述。总之，笔者认为，法治的概念应该是：为保障人类的良知秩序而采用的一种以人文为根基和引领、以法律治理为规则载体的政治治理行为。

二、人本文化与中国现代法治精神的弘扬

确立了人本法治的应然性，就需要进一步明确人本法治的意义，即人本文化对于法治理论的意义和法治实践的意义，亦即在法治理论和法治实践中如何依据人本法治来弘扬中国现代法治精神。

（一）人本文化对法治理论的意义

人本文化，即以人为本，而不是以神为本或者以"法"为本。笔者此处的主旨在于阐明人文对法治进行指引的义理。正是因为对"人文"的深刻理解，才能够确立"人本"。如果不是"人文"让人可以成为宇宙间的至上主体和自我主宰，那么就不可能产生"人本"，而是会走向"神本"或者"法本"。所谓的法治精神回归到人文，也就是人文法治精神，或者法治精神人文化。从人心、人性角度来确立法治精神，而不是确立一种外在于人心、人性的法治精神。中国现代法治精神，是人心、人性使然，而非人心、人性之外的要求。中国现代法治精神必须找到文化依托，亦即中国传统人本文化的现代重塑，其中事关文化与法治关系之重塑、文化主治问题、德政与德治之思辨等一系列问题的理论重塑。我们经常谈论人本，但是必须明确的是，去人文化的人本并非真正的人本，反而是将人类的精神世界引入歧途的一种谬误。人文精神的失落，是中国现代社会的最大问题，也是一切社会矛盾的总根源。通过人文精神的重新确立，重塑中国现代人文精神，特别是依据良知文化作为先导；而明代大儒王阳明的心学，有必要在后文予以重点讨论。此处只概略依据王阳明之理论加以描述。王阳明先生认为"格物"是"正事"之意，意即在行为中时时事事皆做到心正，因此格物并非探求外物之理，

而是在行为中对自心做功夫；"致知"是致良知之意，即对自心做功夫、以良知为准则和目标。因此自心之良知和心正之行为具有一致性，所以说知行合一。这种一致性达到了"如好好色，如恶恶臭"这样一种自然而然的境地才算成功。有些人"明知"良知要求下应该如何做，却未能如此来行为，这也是知行合一。德国哲学家海德格尔称此意思为良知的遮蔽、去蔽，只是这种"明知"不是发乎本心的良知，良知被物欲所遮蔽，因此不是"真知"，也就是心还没有修炼到纯粹秉承良知这样的程度，表现为言行不一或者欺世盗名，难破的"心中贼"是也。知和行本身并不是分离的，只是为了便于传授才提出知与行之分别，知就是行、行就是知，"知之真切笃实处即是行，行之明觉精察处即是知"，[1] 良知与善行浑然一体，这才是儒家君子的修为。知行合一是超出了"意识与行动"这一范畴的关于心性本体的内求问题，对其本意之理解可以参照佛家所言"明心见性"；如果不在心性本体这一层面探讨，则对知行合一的理解就偏离了其真意。因此，借鉴王阳明的知行合一理论来看待人文的本真，是很有意义的。

本书对中国现代法治精神之文化重释，主要方向为用中国传统文化、中国传统法治精神和法治文化的视角解读现代法治精神，或者说是在论证中国传统法治文化与中国现代法治精神的一致性。曾经流行的对中国传统文化的极端式否定，在今日的效果之一便是失去了对于现代法治精神的文化渊源所有权，这是一个需要深思的问题。而中国现代法治精神之文化重释，也绝非为了复古，而是为了找到一种传统与现代应该一以贯之的"人道"。传统与现代不是水火不容的对立双方，而是一脉相承的。通过中西方法治精神的比较，发现了各自背后的文化根基，就可以消除一种文化自卑心理导致的崇洋媚外心态。文化是属于每一个人的，传统文化告诉了我们什么是文化，指出了一条理论路径。今人将文化落实于自身，才是真正的文化，而不是只纠结于这种文化是不是属于传统的。在人文意义上的文化，外化为人格的完善，此种意义上的文化，传统的就是现代的，民族的就是世界的。我们应该具备这种自信心。我们现在迫切需要的，就是用传统人文精神加强人本的理解，用传统人文精神来解释现代法治精神，这是由人文而立人本，以人本来重塑中国现代法治理据、弘扬中国现代法治精神的理论方向。

而侧重于从中国特色社会主义视角、从马克思主义方法论视角解读中国现代

---

[1]《传习录》。

法治精神的学术成果已经颇为丰富，因此并非本书选取的主要研究视角，所以此处暂且不做过多论述。在本书结语部分，笔者将以简洁的描绘进行总结，也就是将中国特色社会主义法治精神与中国传统法治文化的一致性和互补性进行概括。中华人民共和国的成立，社会主义制度的实行，中国特色社会主义的文化、制度，让具备深厚人文底蕴的中国传统文化之传统人本法治理念具备了进一步弘扬、现代化升华的可能，具备了坚实的制度依托。中国共产党的领导，让法治精神的弘扬有了核心的凝聚力和执行力。因此，抛开西方文化中心论之下的西方法治精神，用传统文化的人文精神助力中国现代法治精神的弘扬，从而构建中华民族自己的中国现代法治，这是一个应然的方向。因此，人本文化对中国现代法治的理论意义，主要是针对西方法治精神对中国之负面影响的纠偏，并且以中国传统人文精神对之进行重塑。

（二）人本文化对法治实践的意义

对中国现代法治现状的客观评估和基本判断，是研究中国现代法治问题的一个重要基础和前提，是法治理论的真实对象。对中国法治现状形成的原因分析以及提出相应解决办法，是法治理论的主要目标。"天网恢恢，疏而不漏"，法网也应该是恢恢状，然而现实中却呈现出越来越繁复、细密的状态，以前法律完全不必介入的领域都有了法律的身影，这不是法律和法治进步的象征，而在某种程度上是法律已经难以实现基本的社会控制的表现。法律不断地以规范引领的姿态扩大自己的领地，同时呈现出的却是法律越来越苍白无力的结局。人们越来越信奉在丛林法则中通过弱肉强食来实现自我追求、活出真我价值，越来越多的人以自我的方式实现着心中的"正义"。坏法、乱法者往往成为社会中的获益者并居于支配地位，守法、奉法者往往成为社会的利益受损者并屈居于被支配地位，法律为社会设置的公平准则已经不再被信任。对现代中国的如上"非法治"状态概括，是基于深入的社会观察得出的结论，这种概括绝不代表所有人都不信任法律，而是表明了不信任法律的状况已经远远超出了"法治的社会容忍度"。一部分人通过乱法攫取法外利益，通过乱法占据财富和权力、所获得的财富和权力反过来继续用于乱法以获得更大的财富和权力，这部分人事实上占据了社会的支配地位，形成如此恶性循环的事实，本质上是国家统一的法律控制权、法律主导权由一个整体被广泛、严重、大量切割成零散的条、块、点并"私有化"，这已经足以动摇整个社会对法治的信心。法治绝不是规则中心主义者设想下所出现的"事实—法律"的对照而生成一种难以被篡改的法律结果和法律秩序，每一个与法律发生关联的事实的走向，都可能在法律应该考量的因素、法律应该考量之外的因素、可见因素、不可见因素、各种力量的共同作用和角力中形成结果——法律和法治绝不是一个"出淤泥而不染"的"纯粹的"世界，而是人与人之间复杂关系以及各种力量角逐的一个特定角度的展示，混杂在一个极其复杂的社会整体之中。我们现在所做的努力，其目标应该是恢复法治应该具有的基本状态，是一个如何做到坚守法治这一社会底线的问题，而不是谋求构架一个高大上的法治理想国。我们现在关于法治理想国的憧憬和设想、设计，只是将复杂的现实世界在心中予以"过于天真、十分幼稚的简化"后纯粹的"观念的存在"，绝对不可能变成现实，古今中外概莫能外。法治是一场每个人都需要积极参与的人生大戏，而不是只做观众去等待、欣赏那些任由别人设计的起伏跌宕的剧情安排。法治的生成需要依靠人们联手形成的强大向心力，需要自己做自己的导演。而这一切努力，都需要首先将法治还原到人的角度来进行研究，也就是让社会共同良知成为法治的真正依靠力量。因此，重视因良知而具有文化主体性的人自身的决定性作用，是人本文化对法治实践的最大意义之一。

三、中国现代法治精神的人性根基确立

理性论、功利论、良知论，三者都是对于人的本质进行研究分析的理论，三者都指向了人性问题。如何在三者中进行选择以作为中国现代法治精神的人性基础，是一个紧要问题。而这三者最终要落实到人格问题，也就是每一种人性的引导理论会塑造何种人格的人。

（一）西方理性论之再考量

"理性"本是一个地道的中国词汇，并且表达着相应的中国传统文化内涵，"理"取意"宋明理学"之"理"，"性"取意本性，其意义如"天命之谓性"中"性"的用法。只是，近代以来，如"文化""文明""正义""理性""上帝"等诸多概念，皆是用中国固有词汇表达着一个相应的"西方内涵"，而中国这些固有词汇原本表达的中国内涵却被忽略甚至被遗忘了。因此，人们往往认为这些东西是西方传进来的，实际上这是一种抹杀和取代。关于理性论的评说，需要首先辨明前

文已经述及的观念，古希腊的理性观、古罗马的理性观、启蒙运动的理性观、哲学认识论上与感性认识相对的理性认识之"理性观"，它们完全不是一回事。以理性构建法治的观念基础是时下的主流观点，然而西方近代理性说本身就是一个臆造的概念，而西方古典之理性学说所根植的神本文化又是我们所不能接受的。理性论的概念，在古希腊是指人的德行符合了神的要求；在启蒙运动中是指一种对待事物由表及里的思考能力。如果从认知和思考能力的角度来确立人可以成为自己的主宰，这是毫无问题的。但是，此种理性与道德有关系吗？理性的人可能是极其不道德的人，也可能是一个对自身有着极高道德要求的人。当我们用理性来解释法律的正义性的时候，就会发现唯有与道德联系起来才能体现法律和法治的正义性。因此，单纯的一个笼统的理性概念，如果不诉诸道德判断、不归根于人的良知，那么它是无法构建起一个中国的社会大众普遍认可的基础的。如果让这样一个缺乏普遍社会观念基础的理性概念作为法治精神的人本基础，一是理性本身未能说明问题，其本身就是一个混乱的概念；二是理性概念被普遍接受将是一个漫长的文化过程，不仅无法解决当务之急和当下问题，而且其最终结果未必乐观；三是此种概念如若被确立为法治精神的根基，则本身就是一种延续以西方法哲学构建中国法理学的过程，而其实质上是以西方文化替代中国传统文化的一个历史过程；四是至为关键的是，我们依据理性这一在西方尚且毁誉参半的概念来构建法治精神的基础，则废弃了中国最具社会观念基础的良知论。对于理性问题，许倬云先生总结为："从启蒙时代开始，现代文明坚持的中心价值，是理性和人权。因为注重理性，所以寻求一个合理的政治制度和一个能够自我矫正的经济制度。因为要寻求理性，所以在科学方面有了可观的进展。因为追求理性，我们认为一切事情都可以在合理的讨论和试验之中逐渐找到答案。但是，到今天'理性'本身，似乎仅仅是一个无根的观念。在欧美基督教世界，'理性'原本是根植于人和神之间直接的关系，上帝赋予人类人权和超越其他生物的智能。现在，基督教信仰式微，在失去神圣秩序的保证之后，剩下的只有原教旨派的口号，而缺少深刻的思辨。理性已经无所依附，剩下来的就是理性另一端的实用价值。于是，科学的进展已经不是在追问宇宙秩序和宇宙意义，而是在追求利润——从新的科技上发展出来的利润。科技得来的知识可以转化为金钱，而金钱又可以转化为权力，尤其是政治权力。科技知识的应用，逐渐集中在有利可图的若干项目。欧美学术界罕有人追问有关终极关怀的大问题。"[1]这样的总结可以说是切中要害的。因此，总的来说，以理性取代良知，将是一个以西方文化改写中国仅存不多的传统文化根基，且不合于人之自身心性属性的中国文化进一步西方化的过程，而其对于理论构建的积极意义，将远远小于其对法治实践的少有裨益，而且会产生负面影响，反而会影响了真正有价值的良知论的弘扬。总之，笔者认为这是事倍功半且得不偿失的一种努力方向。当然，这亦是笔者的一家之言。

（二）中西功利论之再考量

人生总是苦乐参半，而且人们当然希望离苦得乐，这也是所有圣贤希望通过自己的方式帮助人们实现的最大愿望。苦与乐包括肉体上的苦乐和精神上的苦乐，而苦和乐并非绝对的对立，其往往相生相伴。例如，一个食不果腹、衣不蔽体的人，当然会感到肉体和精神的痛苦，世间很少有人如颜回一样，"一箪食，一瓢饮，在陋巷。人不堪其忧，回也不改其乐"。[2]例如，一个从事重体力劳动者，肉体上可能是痛苦的；而其劳动的报酬可以让家人丰衣足食，这可以让其精神上无限快乐；当我们从更为宏大的视角看，孔子在一个礼崩乐坏的时代，以"明知不可为而为之"的伟大精神来救世，这又是以一己之苦求世人之乐，如何考量其中的苦乐原则？又如，一个人无度地享受美食带来的快乐，最终却要承受暴饮暴食带来的病痛之苦。再如，父母如果溺爱子女，让其衣食无忧甚至奢华无度，子女享受了此种"快乐"之后，可能成为一个无责任、无能力、无担当之人，父母以及子女在未来可能会为此承受更大的痛苦。还比如，一个心胸豁达的君子，看到他人快乐时自己也感到快乐，推而广之就是一个"先天下之忧而忧，后天下之乐而乐"的圣贤境界；而一个心胸狭隘、嫉贤妒能的人格低下者，可能在看到他人获得了虽并不妨碍自己的快乐时，却心生怨恨而倍感痛苦。此中可以发现，苦乐的感受亦取决于自己的人格。每个人的人生境界不同，其苦乐的感知也会存在天壤之别，活着的苦与乐，实难以一种角度可以定论，而如果需要最终定论苦乐，除非明了人生意义这一根本问题，否则是无法求解的。"天行健，君子以自强不息；地势坤，君子以厚德载物。"佛家讲"福报"，其道理也即自强不

---

[1] 许倬云：《现代文明的成坏》(精装典藏版)，浙江人民出版社 2016 年版，第 175 页。
[2]《论语·雍也》。

息与厚德载物之意。

生存的意义是什么？在儿时，小伙伴们经常挂在嘴边的一句话是"吃饭是为了活着，活着是为了吃饭"。当年把这句话挂在嘴边纯粹是为了嬉笑玩乐。而今回想起来，对这句话可以有什么别样的理解？忽然间一时语塞，继而又深感一言难尽。中国自古就总结出了人的"七情六欲"，[1]所谓"七情"，是指喜、怒、忧、思、悲、恐、惊；所谓"六欲"，即眼、耳、鼻、舌、身、意之欲望。对于每个个体而言，生存就是在生死之间的人生过程中肉体生命的延续过程，生存是一种本能欲望，可以称之为"活下去"。在生存的欲望得到保障之后，人生不断地在满足各种欲望。欲望者，以"眼、耳、鼻、舌、身、意"求"色、声、香、味、触、法"，欲望满足可以称为"活得好"。而生存之中的欲望满足，是人生的终极意义吗？这个问题想明白了，就称之为"活明白"了。如果将人生的终极意义定位为欲望的满足，显然是没有达到究竟的。人类历史上的"功利主义"，实际上都是在围绕着"七情六欲"的满足与否划分着苦乐、幸福与否。这在中国传统儒、释、道文化看来，恰恰是人类心智自我蒙蔽的最大障碍。功利主义在人类的历史上从来都不缺乏真实存在。所谓"天下熙熙皆为利来，天下攘攘皆为利往"，这是人类大历史的一个主要侧影。而这种功利追求在中西历史上从来都是作为一个文化主线和争论焦点而存在的。中国古人将此问题称为"义利之辩"。如果义利之辩不能确立一个符合道义的结论，而是采取了"功利主义"学说的认知：人的本性都是趋利避害的，都是功利的。那么这个社会就会滑向充满欲望和斗争的深渊。

在中西方的历史上，无论是中国的法家，还是西方的霍布斯们、边沁们，其实依据他们的学说去考量人性和世界，然后再去进行国家治理，其历史结果已经反复证明，这是没有抓住人性根本的学说。但是，为什么这样的学说之影响力如此巨大？"边沁被誉为'英国法律改革之父'，19世纪的英国被称为法律改革的时代，而'法律改革的时代和边沁的时代是合而为一的。'在关系人类进步的各个重要部门的所有改革方面，他都是最为重要的奠基人。"[2]罗素的一段话道出了

---

[1] 七情六欲，有几种说法：《礼记·礼运》表述为"喜、怒、哀、惧、爱、恶、欲"；佛教表述为"喜、怒、忧、惧、爱、憎、欲"；中医理论表述为"喜、怒、忧、思、悲、恐、惊"。引自百度百科"七情六欲"词条。

[2] 严存生主编：《西方法律思想史》（第三版），法律出版社2015年版，第208页。

其中的玄机："边沁的学说体系中有一处明显的疏漏。假如人人总是追求自己的快乐，我们怎么能保证立法者要追求一般人的快乐呢？边沁自己的本能的仁慈心（他的心理学理论妨碍他注意到它）使他看不见这个问题。"[1]因此，我们也就能够理解：边沁临终前还不忘践行自己的功利主义原则，他让仆人和年轻人不要进入自己的房间，以免他们看到自己濒死的场景而给他们带来痛苦。[2]我们也能因此理解边沁的真正目标是"增进最大多数人的最大幸福"。[3]从上述这些片段所看出来的"边沁以他人之幸福为自己之快乐"，这是"每个人总是追求自己的快乐"的功利主义吗？以绝对利他为绝对自利，这是人性至善而非人性恶，这与功利主义的人性恶假设是完全矛盾的。边沁以事实上的性善之心赞同着理论上的性恶学说，这是一个事实。"从政治背景来看，这一时期正处于西方各国的资产阶级革命和夺取政权的时期，社会地位的变化，加上残酷的斗争现实，使已居于统治地位的资产阶级中的一部分人，在对现实的看法上发生变化，不再那么讲理想而是追求实惠了；他们把人也不再看得那么好了，而是用功利主义的观念解释现实中的种种恶习，因而得出了人性恶的结论；特别是休谟写了一本《人性论》，系统阐述了功利主义的人性论，即把人的一切归之于感性，把人说成是基于感觉的避苦求乐本性而追求功利的动物。"[4]今人如何看待英国18世纪末到19世纪下半叶的这段历史及其间盛行的功利主义理论？笔者认为，就其当时的社会功用和解决问题而言，其积极作用不容否定；而其对于人性恶这样的定位，理论上不仅不自洽，而且其现实弊害需要放在一个人类大历史的视角中来看待。特别是在道德滑坡严重的今日世界，如果还认为这是一个真理或者屡试不爽的救世良方而抱残守缺，就不太妥当了，这种理论在今日不仅不是救世良方，而且可能是火上浇油。如今，如果对于功利主义这样的丑化人性、歪曲人性的学说还不能清醒地看到其本质、其学说之非道义性、其理论之非自洽性及其与人性本真完全背离的性质、其现实的社会危害，还在迷恋这一个在根子上就错了的学说，那么这个社会只能越来越混乱，到最后，人们在精神上一定是经历巨大的痛苦而精神消亡。功利主义是一种极度自私且短视的理论学说，是一种治人之术的立论基础，而绝非

---

[1]（英）罗素：《西方哲学史》（下卷），马元德译，商务印书馆1976年版，第362页。
[2]严存生主编：《西方法律思想史》（第三版），法律出版社2015年版，第204页。
[3]严存生主编：《西方法律思想史》（第三版），法律出版社2015年版，第207—208页。
[4]严存生主编：《西方法律思想史》（第三版），法律出版社2015年版，第200—201页。

人间正道。人可能皆有功利心，但是功利心并不是人性的本真，因此反对功利主义不是反对普通人正常的功利追求，而是反对将功利作为一种主义。例如，一个普通人当然要追求生活过得越来越好，无论衣食住行，还是渴望得到他人和社会的认可，这都可以称为功利心，但是这绝不是人性的最终极处、人性的唯一和最高、人生的终极意义。一个良好的社会，一定是由家庭扩展至族群再扩展至国家的仁爱秩序和家国情怀，这是一个普遍的社会安定和良性运行的基础。而不是人人皆以功利心来度过全部人生。功利主义者，不仅对宇宙的天地玄机和人生的意义没有可圈可点的参悟，甚至连人类互相之间普遍存在的亲情和仁爱都刻意视而不见，宣扬、夸大、激发着人的功利心走向极致，将无处不在的人性光辉雪藏起来。反观古今中外的圣贤们，参透了天地玄极，而认为人类本自一体，却因为个体之相对独立性而生功利、仇恨之心，互相杀戮、掠夺、欺诈，所以才以悲天悯人之情怀弘道。真正的圣贤不是假慈悲，而是真情怀。但是，人们达到圣贤境界是一件非常困难的事情，甚至终其一生也无法完成，因此圣贤们从来都不是让所有人过苦行僧的生活，而是在一种人间烟火中寻找生活的意义，生活本身就是意义，人生的意义并不在生活之外，但是人生不能以欲望和功利作为终极目标和终极意义。试举一例以资说明：一位高僧悟道之后，有人问他悟道之前每天干什么，答曰扫地挑水；问其悟道之后每天干什么，又答曰扫地挑水；问者疑惑不解曰，悟道前后皆是扫地挑水，悟道何益？答曰：悟道前扫地时想着还要去挑水，悟道之后扫地时只想着扫地，挑水时只想着挑水。此中深意可解否？[1] 为何真佛[2]只道家常？这其中就是圣贤们为何告诉世人：道在生活中，生活中悟道，悟道还是生活，悟道则知晓活在当下之深意，然后便更珍惜生活、好好生活。因此，儒家提出的理想人格是君子人格，而不是圣贤或者欲望主义者。所谓"文胜质则史，质胜文则野，文质彬彬，然后君子"。[3]君子作为一种社会普遍的理想人格追求，才是一种大智慧、真文化。这就是一种高远追求与现实生活的平衡与和谐。真正的圣贤不会让大众去苦行然后追寻一个天国理想，也不会强迫大众去

---

[1] 悟道之圣境，乃时空无碍，与一切空间同体，与一切世间（过去、现在、未来）贯通，时间不再是变量而是常量，空间不再是距离而是自有，一切都"如如不动"了，源于自心也是在一体的宇宙之中"如如不动"，此时还有什么"颠倒梦想"？扫地僧之故事，即为表达此意而已。

[2] 真佛即指代"大彻大悟"之人。

[3]《论语·雍也》。

信奉自己，而是会因材施教、方便说法。真正的圣贤当然更不会去鼓动大众以纯粹的功利心去生活，让世人以为人生的意义就在于物质上的满足和索取。因此，一个社会如若否认了圣贤的存在与价值，那么这个社会已经糟糕透顶；一个社会如果充满功利主义的理直气壮，那么这个社会一定会滑向人人互害的深渊；妄想有一种叫作法治的事物作为社会的终极法则让社会保持每个人的权利与自由，那是梦幻。君子与功利是两重境界，信奉不同的人生哲学，带来的是人类命运的不同走向，毋庸置疑。当然，如果我们抛开"功利境界"和"天地境界"之高下，而从政治与意识形态视角分析功利主义之盛行的秘密，则有更多有待思考的问题。例如，美国政府的神秘智囊——兰德公司对功利主义的推动作用："兰德公司改变了每一个西方人对政府的看法——公众对政府的责任以及政府对公众的责任。为了试图预知在当时无法预测的各种威胁，兰德分析家无意间创造出了一套出色的理论，为实现政府效率最大化和西方意识形态对抗共产主义阵营创造了哲学基础。兰德的理性选择理论使之成为现实。理性选择理论认为未经宗教或爱国主义等集体利益所影响的利己主义是现代世界的标志……兰德的理性选择理论就是西方的矩阵法则……"因为"兰德公司宣称它的目标是：促进和推动科学、教育和慈善事业的发展，一切为了公众的福利和美国的安全……其实兰德的真实目标再明显不过了……把分析家培养成继续推动美国势力扩张的倡导者、策划者和奉承者，就像造物者试图根据自己的想象重新塑造世界一样"。[1] 兰德公司只是一个文化战略与文化战争、文化控制阵地的一个缩影，然而一叶知秋而已。因此，建立在每一套"哲学基础"上的"法治理论"，真的需要从其"哲学基础"处明辨，这是不成为盲从某种理论的"乌合之众"的关键所在。

（三）中西人性论之再思辨

以前文为基础，此处必须涉及的是再次总结人性论的追问。什么是人性？人性本善还是人性本恶？这是一个人类历史上始终纠缠不清的问题。例如，通常观念认为儒家主张"人性本善"，法家主张"人性本恶"，倘若这种主张简化为"性善论"或者"性恶论"非常容易引起歧义和不必要的争论。儒家与法家之争在

---

[1]（美）阿贝拉：《兰德公司与美国的崛起》，梁筱芸、张小燕译，新华出版社 2016 年版，前言第4—5页。

于人性在本源处、本体处是善是恶，而并非在本体所生的变化中争论人性皆善或者人性皆恶。现实中人性所表现出来的当然是善恶并存，所谓社会中有善人有恶人，即使是同一个人也是善恶并存的，而并非以一种纯粹的善或者一贯的恶示人。性善性恶之争只是在争论，是善符合人性的本体还是恶与人性本体相一致的问题。其实性善论与性恶论所争论的在于一个"本"字，即人性之本体，而人性在现实中所表现出的善恶并存是任何一个具备基本生活常识的人都知道的，是无须做形而上层面的争论的。另外，人性本善或者人性本恶也并未能完全表达心性问题最本真的内涵，而只是适合普通大众去理解的一种表达方式。因为从本体的角度看，本然如此的心性是无须用善恶这一标准来评价的，加入评价的一定不是心性本体自身。传统文化最根本处、最高境界即对心性本体的认知，认知心性本体即觉悟，也就是对人自身的大彻大悟。这样的理解似乎还不足以表述清楚，举例进一步说明。佛家心法、儒家心法、道家心法，实质上所指的是同一个问题，而所有修身不过是在修心，修心不过是在对人自身有着更加透彻的认识，也就是回归自性。而蒙蔽自性的就是欲望本身，因此对欲望的克制方法就成为所有圣贤在明心见性过程之中的必修课。

　　佛家义理表述为戒、定、慧，通过行为之戒除来达到欲望之克制，人不被欲望牵引，则可以达到入定的心境，入定的心境经过修炼，就可以生出智慧，此种智慧即指对于心性的真实体悟；此种体悟的境界被描述为"无我"，也就是没有了人和物之间的分别心，没有了人和人之间的分别心，"物我两忘"的状态就是消除了人的"分别心"和对"贪、嗔、痴"等欲望的执着心。佛家经典《心经》这一 260 字的极为简明的表述中，就完全表达明白了这样的意思。而人如果达到了这样的境界，就会认知到宇宙的终极规律，包含万事万物的本真以及互相之间的关联，包括万事万物之间的因果规律，也就是"见诸相非相，即见如来"之意；实现了一种不受任何束缚的自性回归，也就是"所行无碍"。因此，佛家义理中之所以能够通过修心达到与"三千大千世界"相通的前沿认知，这是必然的结果。所谓三千大千世界，就是通过冥想、禅定而达到一定境界之后对宇宙所有星系的认知结论。这与现代科学通过"科学方法"所得到的结论一致，因此今人才证实了冥想与科学观测可以达成同样的结果。

　　儒家对于心性修养功夫同样有太多的义理予以描述，也切实有着相关的修行方法。儒家的天人合一，就是这样一种境界的描述。孔子指导弟子"坐忘"：根据《庄子·大宗师》的记载，颜回"坐忘"[1]中，从"忘仁义"到"忘礼乐"的时候，孔子都说还没有达到最高境界；而颜回"堕肢体，黜聪明，离形去知，同于大通"之体悟显示时，孔子言"同则无好也，化则无常也"。并以"丘也请从后也"表示对颜回达到至高体悟境界的认可。而《论语·子罕》记载，"子绝四：毋意，毋必，毋固，毋我"，则清晰显示了佛家所言的消除"分别心、执着心"的"无我"境界。"七十而从心所欲，不逾矩"，就是孔子的"天人合一"。孟子的"四端之心"，即"恻隐之心，仁之端也；羞恶之心，义之端也；辞让之心，礼之端也；是非之心，智之端也。"并且将常人可以理解的四端之心进一步论述道："凡有四端于我者，知皆扩而充之矣，若火之始然，泉之始达。苟能充之，足以保四海；苟不充之，不足以事父母。"[2]这些皆是对心性问题的探讨。另外，中庸即儒家心法，王阳明的知行合一与致良知亦是儒家心法，后文详述。儒家的心性学说，表达的是修心的义理，依照次第实证修行得之。这既是一种认识自我的方式，也是完善人格的方式，还是参透人生意义的方法，更是获得人生大智慧的方法，甚至是获知宇宙最高法则以及本体之"道"的方法，其结果绝非"做个好人、善人"之浅薄，而是有大仁、大智、大勇，因此可以心系天下、道义担当、无所畏惧、勇于殉道，真正的大儒当然可以堪当文治武功兼备的政治人才。包括整个中国传统文化关于这样一种"明心见性"的描述，绝非一种空泛的所谓主观构想，也绝非一种纯粹的主观思辨，而是一种需要通过亲修实证才能达到的人生境界。但是，其中就出现了一个极大的问题：在流行思辨之学的近现代，这种境界是否真实存在，是大家争辩的焦点。由于未有体悟者之怀疑，唯有通过其自身的修行体悟方可解决，否则盲目相信就可能落入迷信的窠臼。而有人宣称自己有真实体悟，却代替不了怀疑者的体悟。因此，这将作为一个无法解决的问题长期存在。道家同样有着太多关于修心的描述，并且有着相关的修行方法。例如，道家的道法自然，就是这样一种境界的终极描述，具体描述如老子所言"至虚极，守静笃"、庄子所言"独与天地精神往来"等，在此不再赘述。

以上才是中国传统文化能够以儒、释、道为代表的关键原因，三者完全直指一处义理和同样的一种人生实有境界。中国传统文化的核心和基础，从某种意

---

[1] 即佛家"禅定"之意。
[2]《孟子·公孙丑上》。

义上可以归结为修心之学，而且这种修心之学亦是一种实证之学。而实证最关键的就是需要在现实的世俗生活中通过时时事事之中的修行来展开。因此，这也是儒家作为入世之学的一种代表方式。这种方式可以称为见地、修正、行愿的"三位一体"。佛家和道家虽然被通常判定为出世之学，但是二者不过是以不同于儒家的另外方式入世而已，这是深入研究就可以获知的结论。而纯粹的空灵出世之说，只是未能体悟真谛情况下的一种误入歧途而已。对中国传统文化的批判者，在心性问题上，没人能够在心性本身的儒家义理上做出否定，而所有的批判都是在心性义理之外的批判，这是因为批判者不懂心性义理。今人对性善性恶问题，基本上是纠结于古人之相关义理表述之是非对错而展开争辩，特别是持否定观念者，鲜有依据自身之体悟而阐发者，这是一个大问题。今人如若在学理上进行否定，能否不停留于从概念到概念之争辩？能否依据自身的体悟来界定心性之理？如若说今人在心性之理上毫无新的建树，毋宁说古人之心性义理，是今人无法超越的。在这里，对于心性与"科学"之关系，此处须加以明辨。心性本身就应该成为科学的研究对象，但是依据通行的科学方法，心性却又难以以科学方法、科学结果的形式示人，因此科学对于心性的研究成果还不足以达到一个令大众接受的水平。这本应该是一个正常现象，即科学本身就是一个人类创造的以"特定方法、有限认知"为属性的事物。但是，"科学主义"的盛行，导致了一种本不该发生的现象，亦是违背真正科学精神的现象普遍蔓延，那就是现有科学成果无法判定真伪的事物一律斥之为不可信甚至迷信。这种情况亦严重影响了真正科学的发展。例如，"四维空间"这样一个在传统文化中非常简单的成果，只有在西方作为"科学前沿"出现之后，才能够被认同。这样的事例实在极其普遍。"一定要相信科学"，这句现代公理本身就是有问题的说法，科学作为一种人类的有限认知成果，在科学主义者眼中，采用科学方法没有认识到的问题就不能相信，更不能以科学方法之外的方法去求证。这样的思维，让科学成为一种宗教式的存在，是极其不可取的，也是违背真正的科学精神的。因此，对于科学与心性的关系，是需要明辨的。而当今社会对此问题的是非不辨，在某种程度上可以说，是造成种种社会问题的最大乱源。科学研究成果到目前为止也没研究明白人们为什么"有良心"，这是不可否认的，那么我们因为科学没有研究明白"良心"，就可以堂而皇之地抛弃良心了吗？这是一个再简单不过的道理。

抛开科学主义者眼中认为无法证实或者证伪的形而上层面之心性义理，那么在与形而下层面紧密相关的可以验证的部分，我们可否展开研究和探讨？西方的心理学实际上是一种形而下层面的探讨，虽然其具备无形范畴之特征。例如，贪欲使然的贪贿型腐败犯罪，这其中的问题归结到心性研究上，是否会有明确的结论？这亦是今人应该思考的问题。而中国传统文化对此早就提供了可行的研究路径，其中儒家的"三纲八条目"就是一条可行的研究路径。古希腊关于灵魂问题的探讨，其实就是一种关于心性问题的探讨，只是其表达的语言由于语系差异和翻译的对应性而招致诸多误解。古希腊三贤的灵魂问题研究，其核心亦是不被欲望、情绪牵制自己，因此可以用"理性"指导自己。基督教的教义，其实也落在人对自身的心性体悟之上。古希腊和基督教本身也是实证之学，必须知行合一。抛弃中西方心性问题的研究而出现的心理学、思辨哲学潮流，才是一个划时代改变的文化根源。这也是轴心时代以后，近代以来最大的改变。

至于性恶论，则中西方的主流观念差异极大。荀子被认为是中国传统文化中性恶论的代表人物，其实不然。荀子实际上是一位"人性本善论"的主张者，这也是其被划归儒家派别的根本原因，只不过荀子以对人性现实中之恶的校正为起点和目标展开学说，其终极还是需要回归本具至善的人性原点。而诸如法家的诸多代表人物，不能说其主张"人性本恶论"，其探讨问题的层次停留在现实的政治治术，而没有进入更加本源的心性本体之义理问题，因此其只是利用和扩大了现实中所表现的人性恶，并且以此为基础来进行政治统治，这就是其"法、术、势"的现实基础。因此，儒家和法家在人性论问题上根本没有在同一个层面上对撞。而西方的人性论中，却的确充满了人性之"本恶"论，并且这种人性本恶论在功利主义学说、社会契约论学说的催化下被无限放大了，因此这些学说本质上也是一种西方式政治斗争的"法、术、势"而已，此外无他。但是，西方主流的观念仍然是以性善论为基础的，如古希腊、基督教实际上都是倡导性善论的，甚至是"人性本善论"，只是讨论方式与中国传统不同。总之，不谈人性之善恶，任何学说都没有真正立足的根基，人类的历史可以说是人性的善恶较量史，这是无法回避的。不从人性本体这一形而上层面研究问题，则性善性恶永远无法终结这种本来就不对等的争论。以弘扬人性善来构建学说、制定政治方案，远比以校正人性恶为主线高明，这是在二者都想最终弘扬人性善的框架之下的比较。以人性恶为基础构建学说、利用人性恶来施行政治，这本身就是人性恶的最大体现，但这是可以矫正的，因为人性不是"本"恶。确立人性本善的文化基调，避免功利主义的短视以及性恶论的危害，这是我们应该注意的一个主要问题。

（四）人性良知论之再确立

让法律找到一个更高的法则，法律符合这一最高法则，这就是构建真正法治的基础。法治不是单纯地脱离了人而存在的规则之治，而是一定要根植于人心的规则之治。而对于大众来说，良知是最高的内心法则、人性法则。因此，将良知作为法律的准则，则法律之治就是良知之治，这样的法治就可以也应该是至上的、主治的。关于良知论的确立，原因在于理性这一概念或者说观念未必是中国社会人尽皆知的，而良知这一观念却是妇孺皆知的。此处需要辨明理性论和良知论的问题，也就是选择哪个作为中国现代法治精神的根基较为恰当的问题。理性一词是一个西方概念，因此如若以法治西来说为观念前提，将法治精神构筑在理性论之上，着实无可厚非。但是理性论本身的缺陷是必须明辨的，此乃其一；理性论对于法治精神的传播和中国社会的接受度的考量更是一个关键，此乃其二。如果说理性论和良知论本是两个不同的事物或者毫无交集，那么大可不必牵强地论证二者之间的关联以达到类似"调和"之类的折中论调；如果二者本身就有着关键点的重合，那么就要从上述两个原因来看问题。如果说理性论纯粹是一种理论上的发明，那么其确实就是一种"启蒙"之物。但是反过来说，如果说理性论不是基于人本性而出现的，而是一种外在于人心自身的发明，那么可以说高谈理性就等同于说未有理性概念启蒙之时代，人心何等愚昧。试举一例以资说明，孟子说"恻隐之心，人皆有之"，如我们在生活中随处可见的扶危助困甚至见义勇为，对弱者的同情和帮助，对不公不义的谴责、愤慨和斗争，到底是出于"理性"还是发乎"良知"？例如，看到一个以强凌弱的情况，本能地上前制止，还是经过那个深思熟虑的"理性"发挥作用之后再上前制止？抑或"理性"告诉我们，应该明哲保身？再如，王阳明在讲述致良知的时候，亦列举儿童落井，见者本能施救，源于"恻隐之心，人皆有之"。事实告诉我们，社会中真善美的显现，恰恰都是"非理性"的结果，是出于良知的本能。是良知维系着社会的美德还是理性维系着社会的美德？在这样一个浅表的层次上我们已经可以分辨出来了。那么再到更深入的层次来看，是良知可以维护一种公平正义的社会秩序、社会格局，还是理性维系着人们向往中的理想社会？例如，经济理性人、政治理性人的假设，认为人的"理性"高高在上，可以指导一切。那么在现实的经济活动中，以近年席卷全国的P2P非法吸收公众存款案件的井喷式爆发为例，是那些投资失败的广大群众体现了经济人的理性，还是那些P2P的庞氏骗局操盘者和非法的庄家体现了经济人的理性？我们再以美国2020年总统大选为例，双方候选人的支持者比例绝不至于悬殊至极，而都有着一个庞大的绝对数字。那么问题来了，选谁体现了政治理性人的理性？还是一方支持者全部理性而另一方支持者全部不理性？抑或双方都非常理性，而原因在于理性的标准以及标准导致的观念认同结果不同？那么在其间发生的双方支持者的暴力冲突又体现了何种理性？这些问题的答案是不言自明的。我们再切换到近现代的国际战争和政治力量的角逐这一政治生活中，第一次世界大战、第二次世界大战体现了人类那伟大的理性了吗？战争的发动者、受益者又是哪些人？这些人是因为丧失了理性还是因为丧失了良知才热衷于发动如此惨绝人寰的战争惨剧，犯下人类互相厮杀的罪恶？答案不言自明，因此，良知是维系社会更高层级政治生活之道义性或者判断其道义与否的社会基础和人性基础，而绝非理性。

若从"理性"一词的中国古汉语意义上来说，人的良知即人的最高理性、真正理性。因为，理性论从其学说要旨上来说，如果其直达心性本体，如古希腊的理性论、上帝理性或者自然理性等，则绝对未能超越心性论和良知论；如果说以近现代的理性论为所指，如理性是对超越了感性的表达，那么理性论只不过是心性本体论的一种末端之研究而已，是抛开本体研究现象的一种方式，所以也并不高明。因此，理性论无论如何理解，都是未能超越心性论的，因此以理性论代替心性论是不可取的。而心性论可以简要将其浓缩为良知论。如果理性不是一种道义或者道德标准和价值，那么理性将无法解释世界上的一切。西人之理性是一个鼓吹出来的纯粹概念，距离世界的实相和人心的本真还太遥远。对照现实世界，理性是一个失效的概念。那些看似可以用理性解释的现象，其实与理性这个被发明出来的概念也无必然关联。近现代的理性这一概念，在西方是一个备受争议的概念，对其鄙夷者甚众，其理论之缺陷以及现实之弊害亦早为西方人高度警醒并深刻反思。近代以来的西方"理性"，是从中国传统文化的心性和古希腊的理性学说抄袭的一份作业，是徒有其外在而没有灵魂的一个复印件。西方学界对理性的反对者甚众，如英国学者格雷厄姆·沃拉斯的《政治中的人性》[1]一书从理论和实证层面对"人的理性论"予以了有力的反驳。而站在哲学角度反对理性论的更是人数众多，如大名鼎鼎的孟德斯鸠。而良知的概念则是一种普世的概念，良心自由亦是西方法治国家所强调的法治秩序的根基。[2]但是，良知的确立，在中国是自古就开始并传承至今，良知是中华民族的骄傲和立身之本，是中国具有最为广泛社会基础和全民认同的概念，是中国自有的、发源于每个人内心的知善知恶的准则、为善去恶的行动。

另外，人需要追求真正的"理性"，这是任何人的一个终极目标，但是将"理性"作为一个人在时时处处事事都依照而行的事实前提，进而在此假设之上进行下一步的设计，则前提错误了，将结果和目标当作了前提。而人的理性是自身具有的、发乎自然本性的，只是在被欲望、情绪牵引的时候，身体和欲望主宰了自心，因此也就使理性无法显示。那么这种理性的本体是什么？理性完全实现的状态是什么？那就是良知不被遮蔽的状态。这个意义上，理性即良知，寻求理性就是王阳明所讲的"致良知"。总之，良知论是秉承中国传统文化之心性本体学说以及集人性论、修行论、普通大众认知和社会普遍观念于一体的理论学说。从形而上角度论，如王阳明的知行合一理论就是一种由良知追求天道的方法，是儒家甚至整个中国传统文化之心性学说的简便易行、深入浅出的总结。仁心感通天地，或者说良知上可通于、同于天道，中可直指人心，下可指引行为及制度设计以及个体的具体行为。因此，如若确立良知论，既不妨碍对形而上的终极之道的追求，又不失其无处不在的入世价值。但是，若以其学说最终指向了形而上的层面，由于对形而上不能予以承认，因而废弃良知论，或者以理性、智性高于良知论、心性论之观点否定良知论，则既是因噎废食又是自弃根本。

四、人文精神引领之中国现代法治精神

"走什么样的法治道路、建设什么样的法治体系，是由一个国家的基本国情决定的。'为国也，观俗立法则治，察国事本则宜。不观时俗，不察国本，则其

---

[1]（英）格雷厄姆·沃拉斯：《政治中的人性》，朱曾汶译，商务印书馆2015年版。

[2] 良心自由问题，前文已经述及，围绕良心自由的著作可参见（美）范泰尔：《良心的自由：从清教徒到美国宪法第一修正案》，张大军译，贵州大学出版社2011年版；（美）拉塞尔·柯克：《美国秩序的根基》，张大军译，江苏凤凰文艺出版社2018年版。

法立而民乱，事剧而功寡。'全面推进依法治国，必须从我国实际出发……"[1]而中华民族之所以屹立于世界民族之林并拥有值得骄傲的文化资本，其中重要的一方面即中华民族的人文精神，这是中国文化造就的中华民族的特质，也就是最重要的"时俗"和"国本"之一。因此，中国现代法治精神的一切问题、中国当代文化的一切问题，还是必须回归到对"人"这一主体的研究上来，以对人的研究为起点和归宿，是一切问题求解的唯一路径。而对于人，需要回归到"人文"这一根本上来谈，如此则一切理论中的矛盾就会迎刃而解，理论也就会更好地关照现实。正如有论者深刻地指出："法治的根基和灵魂在于人文价值荷载及相应的人文信仰，现代法治文明的精神指向在于坚持以人为本的基本精神；以人为本是法治全部特点的灵魂，法治现代化不应或至少主要不应只等同于法律制度的现代化或对法律的高度信仰，依法治国，建设社会主义法治国家的应有之义，应是对人文精神价值观深切关注和现实体认。"[2]人文精神在现代法治中的灵魂作用和现实功用涵盖广泛，笔者择取贤良政治、腐败预防、人文化育、官民关系四个方面予以简要论述。在此过程中可以发现，如若依照"法治乃法律之治，无须人文精神"这样的思路，所得出的关于上述四个方面的"法治方案和法治意义"，与将人文精神作为法治灵魂所得出的"人文法治方案"，具有重大差别。

（一）法治中的贤良政治问题略论

法治思维和法治能力非常重要，法治的理念也非常重要，但这些都不是一个直指人心的理论；更不代表"法律之治"本身可以培养和塑造出贤良和精英。法治能力是贤良政治的要素之一，但绝对不是全部和根本，根本在于人自身，在于人心和人文精神。正如有论者指出："当将人治理解为贤人之治的时候，就能够体会到人治的合理性，而这样的贤人之治并不必然与法治截然对立。人治与法治的对立完全是被现代人主观构造的对立，法治在根本上内在地要求贤人之治。"[3]

---

[1] 习近平：《加快建设社会主义法治国家》，载《习近平关于全面推进依法治国论述摘编》，中央文献出版社 2015 年版，第 31 页。

[2] 冯玉军：《中国特色社会主义法律体系》，载李林主编：《中国特色社会主义法治发展道路》，中国法制出版社 2017 年版，第 248 页。

[3] 胡水君：《法治建设的中国话语体系》，载李林主编：《中国特色社会主义法治发展道路》，中国法制出版社 2017 年版，第 389 页。

精英与大众绝对不是一对矛盾关系或者是对民主的否定；精英的智慧发挥、精英的选拔和培养，一定是一个极其合理的社会政治结构。我们现在不是精英理念和模式出了问题，而恰恰是真正的精英的匮乏。我们不能囿于西方近代社会中，统治阶层固化、以出身和血统决定其政治统治阶层地位、以民众反对黑暗政治就必须反对政治精英这样的过时模式来看待中国当下问题。贤良政治是中国现代法治精神弘扬的前提和关键。精英与大众的关系问题，应该是不断涌现"先天下之忧而忧"的一批精英才是正道。培养真正的精英，让有道义担当、有能力智慧的精英人才为民造福、天下为公，才是真正实现人民至上的路径。不回归到人文意义上去思考贤良政治的社会主导作用和决定性作用，而是在理论中探讨"法律之治"，完全是剥离了治理主体的一种空中楼阁；所谓的"法律之治"是需要依靠人来完成的，而且是需要依靠贤人来更好地完成的。以"人性恶""绝对权力导致绝对腐败"这样的思路，将贤人之治与所谓的"法律之治"进行主观对立，并不是一个抓住了问题根本的理论路径。贤人之治，一是擅于运用法律进行治理，这是一个能力问题；贤人之治，更是首先需要自身作为依法和守法的楷模，这是一个品质问题。贤人之治与法治不仅不矛盾，而且真正的贤人之治一定是一个良好的法治。不能总是设想一种场景或者偏执于一种场景：权力拥有者不遵守法律的要求，造成极大的危害，因此法治的关键和根本就是让权力守法。这种在历史上反复出现的场景，就是因为非贤人之治造成的，我们不能因此就去否定贤人之治甚至将法治与贤人之治相对立。文化的现实功用是塑造贤良，法治的现实指向也应该包含塑造贤良，二者完全没必要被主观对立起来。依法、守法是对贤良的底线要求，连法律底线都会突破的人，与贤良二字就无涉了。

　　政治的意义或要旨，应该是首先确立为中国传统文化中的天下担当，还是确立为西方近代以来就颇为流行的观念，即政治首先应该被确立为一种对大众权利的威胁和随时可能作恶的强权？政治中的人，应该秉承选贤任能的路径首先进行人的选拔和塑造，还是不论政治中的人之人格与智识，而首先笼统地将人认定为一个防范对象？或者说，对于政治和其中的人，是扬善之中防恶还是防恶取代扬善？西方近现代以来的限权法治，在政治角力中是可以赢得掌声和果实的，但是作为一种政治理念、制度设计原则，甚至文化指引，就显得极其幼稚甚至荒谬愚蠢。贤良政治与民德归厚是一个永远的主题。文化塑造可用之才，选贤任能担当大任，民德归厚是为人之根本，构建和谐政治，这才是一个理想的政治模型。非法治的问题，都是人出了问题，其解决在于人自身，而不能脱离人自身臆想出一个纯粹法治。我们首先举军事为例，《孙子兵法》中开篇即表明"兵者，国之大事，死生之地，存亡之道"。"故经之以五事，校之以计，而索其情：一曰道，二曰天，三曰地，四曰将，五曰法。""将者，智、信、仁、勇、严也；法者，曲制、官道、主用也。"[1]这其中明白无误地表明了人与法的一体关系，需要什么品格的人、需要什么样的法度，才能在生死存亡中克敌制胜。当我们读《六韬》[2]中关于权谋的问题、《反经》[3]中关于谋略的问题，更是要明白贤良政治的不可替代性。而权谋与智慧是一对共生体，但是其本身并无价值判断可言，而仁心是其灵魂，则是一种终极的价值判断。中国传统文化中对于修身功夫的种种言说，实际上就是培养德位相配的政治贤良的必备功夫。如果将这样无可替代的根本问题予以否定或者忽视，试图以"法律的统治"或者"法治理念"之类的"纯粹理论"而非切实功夫和心性的真实修养为替代品，是完全不可行的。

培养贤良、选贤任能，是中国法治建设的前提，亦即贤良政治是中国法治道路的重中之重。这是中国法治道路与西方法治道路的重大差别，却是中国现代法治成功的关键。在中国现代法治道路的设计上，我们应该厘清一些最基本的关系，其中之一就是树立整体观，不能就法治而法治，而应该站在一个整体视角推进法治。例如，执政也好，国家治理也好，都需要各个方面的人才来推进，都需要贤良从政。而目前的法治理论几乎不包括如何培养贤良，[4]或者说法治领域所研究的只是贤良所应该具备的某一方面的素质和能力，如我们所讲的法治思维和法治能力，只是贤良当然需要具备的能力之一。因此，如果将法治无限拔高为第一位或者根本地位，则我们必将失去对根本问题的关注。如我们可以研究如何通过法治制约权力，防止权力作恶，但是最根本的问题在于要有不想作恶的人从政。在一个"恶人当道"的环境下，任何所谓民主选举、法治都是无法阻止普遍的恶的发生的，事后的校正永远也比不上事前的固本强基。我们应该理直气壮地确立贤良政治的地位，推动贤良政治进程。而贤良政治，其核心在于人文精神。

---

[1]《孙子兵法·计篇》。
[2]《六韬》，陈曦译注，中华书局2016年版。
[3]（唐）赵蕤：《反经》，陈书凯编译，江苏凤凰科学技术出版社2018年版。
[4] 这就是秉承欧洲黑暗世纪中"统治阶层固化"因而需要"限权法治"这一狭隘历史场景产生的法治理论之思维，因此导致了最重要的法治理论内容被排斥在理论研究之外。时代、国别、目标不同了，不可刻舟求剑式地抱残守缺。

（二）法治中的腐败预防问题略论

法律和制度是预防腐败犯罪的基本要求，而具有人文精神的"人"才是腐败预防的关键。一个德不配位的人，再完善的制度也不能预防其腐败，因为德不配位本身就是一种渎职式的腐败。选人用人是腐败预防的第一步，而不是期望制度预防腐败而对选人用人听之任之、随意放任。所有的腐败，无论你如何分析其原因，从根子上讲，都是腐败的人本身出了问题。在反腐败领域流行一个腐败预防的观念：不想腐败、不能腐败、不敢腐败、不易腐败，这是一个抓住了根本的腐败预防次第认知。在其中，我们绝不能说制度问题"更"重要还是人的问题"更"重要。一个完美的腐败预防体系，一定是人、制度、法律惩戒、匹配待遇相结合的完美体系。而纵观历史经验，任何制度、法律惩戒、待遇，一旦遇到想腐败的人，都会部分失效甚至几乎完全失效。如果不注重对具有深厚人文修养的人的选拔，后面的一切腐败预防措施之功效都会归零。古今中外的反腐败经验，特别是党的十八大之后所昭示的反腐败历程，都揭示了一个深刻的道理：制度是腐败预防的基础和关键，但人是腐败预防的目标与核心，修身功夫永远是腐败预防的首要问题。诚意、正心，这永远是所有人秉承人文所应该走的一条修心修身路径。例如，权力的诱惑在于权力欲迷惑了自心，内心膨胀、无所敬畏、唯我独尊，岂有不滥权的可能？德位相配，在于正心，这才是颠扑不破的真理，而所谓"绝对权力导致绝对腐败"，是没有把问题的根本症结指出来，至多是一种普遍现象观察之后的总结。举一例便可知晓：释迦牟尼在其信众中可谓拥有绝对权力，然而有何腐败可言？那么回归到政治权力领域，所谓的绝对腐败是因为绝对权力的拥有者自身之修养不足。尧、舜、禹为何被传为千古美谈？就是因为在政治领域也可以存在拥有绝对权力而绝对不腐败。其关键在于以何种心性修为对待权力。不要以一种井底思维看待人文精神。"自天子以至于庶人，壹是皆以修身为本"这句话绝对不是虚说的，这是一个本末关系的关键问题。任何时代，腐败的预防都必须遵从一条根本的人文路径，同时以法律和制度进行预防也是题中应有之义。没有一个国家成功的腐败犯罪预防会"天真地纯粹寄托于官员的道德修养"，也没有一个成功的腐败犯罪预防是单纯建立在一套严密的法治去管控自身修养严重不足的官僚队伍之上的。将制度和修养哪个更重要进行比较，将二者对立起来然后论述主辅关系，这是一种脱离了现实腐败预防需求的主观臆造的对立思维。中国传统社会讲求人文本位的文化，绝没有因此而轻视了法律和制度的作用，反而是更注重法律和制度的作用，是自律与他律的完美结合。那种用"法律的统治"来剥离人的核心作用和人文修养的关键作用的思维方式，是需要被反思的。这个世界上从来就没有"法律的统治"存在，只有崇法奉法的人去维护法律的尊严和法律秩序的现实。

培育什么样的人？用人文塑造官德、用人文预防腐败。清代龚自珍尝言"不能胜寸心，安能胜苍穹"，大儒王阳明也告诫世人"破山中贼易，破心中贼难"。中国自古的人文精神，是根基于对心性的透彻体悟和高度关注上面的，因此无论是儒家心法还是其他各个流派，无不重视对于自心的修行。在腐败犯罪预防领域，我们往往忽视了对于心性至精至微的探求，而这恰恰是预防腐败犯罪的重中之重。中国现代法治，有赖于一大批有志者的迅猛推进、道义担当。而官员则本应是推进法治的中坚力量，而绝不是囿于西方权力、权利二分法下之早已过时的理论模型中的法治制约对象那么简单，更应该将官员作为法治的推动力量予以定位。因此，注重官员的心性修养绝对不是一种空泛的说辞，而是一种人文精神重塑过程中的必然要求。清正廉洁的官风、政风是今日中国法治的关键之一。对于心性与腐败之关系，中国古人有着极其丰富的宝贵智慧可资学习。纵观古今中外的腐败案例，无不是"心中贼"使然，心中之贼除了通常认为的贪欲与骄奢等，更进一步是利令智昏，也就是因贪欲而失去了智慧。列举使人腐败的权谋之术而言：成书于战国时期的《六韬》以文王、武王和姜子牙为叙事主角，其中"文伐"部分与腐败犯罪之相关内容在今日不仅仍不过时，而且是一种极佳的启示。"因其所喜，以顺其志，彼将生骄，必有奸事。苟能因之，必能去之；亲其所爱，以分其威。一人两心，其中必衰。廷无忠臣，社稷必危；阴赂左右，得情甚深，身内情外，国将生害"[1]等共 12 条军事谋略。这 12 条谋略，虽然出自姜子牙时期之如此久远，但是其见地之深刻甚至无法超越，足以让我们重新认识中国传统文化在腐败预防中无可替代的作用。这些谋略无不是针对人心的攻心之计，而其根源在于对心性之理大彻大悟。腐败犯罪预防问题——限权法治不是腐败犯罪预防的原点，用人文精神来培养人，这是腐败犯罪预防和政治官员培养的根本之道。而这一切，在儒家的"三纲八条目"中早已经讲得异常清楚，这是无法超越

---

[1]《六韬》，陈曦译注，中华书局 2016 年版，第 107 页。

的。因此，我们习惯于批判的"为政在人"，恰恰是当今中国应该提倡和深入研究的，也是影响未来中国政治格局和国家治理最关键、最根本的原点。不要将现代流行的"限权""规范权力"与人文相对立，或者以这些理念来代替人文；古人在腐败预防方面的人文思考亦未导致从法律或者制度上忽视对权力的规范和限制。因此，不宜继续在理论中以对立思维肯定一方而排斥另一方，二者的相辅相成、本末关系确立，才是一条正途。

（三）法治中的人文化育问题略论

对于今日社会之"整体道德滑坡"，曾有人以"这是一个人人互害的社会"来进行概括。此概括虽然悲观以及偏激，但是也提示着我们，道德滑坡严重到了绝对不容忽视的程度。法治中以"法治、德治"相对立来论述着法律主治的应然性，在今日不仅不具备理论的自洽性，反而在一定程度上忽视了"人心"这一根本问题，导致了在法治中将原本和谐一体的法律与道德的关系人为主观对立起来。这样的论证方式，除了在理论中似乎具有正向意义之外，实际上极易走向本末倒置甚至背离常识。列举法治中面对的经济与文化的撕裂问题，物欲的满足和追逐足以让人们失去本能的仁爱和悲悯之心，为了经济利益不惜制造毒奶粉、为了 GDP 可以暴力强拆和平百姓祖坟，教育、医疗、住房等领域出现了过度产业化的严重问题，如以治病救人为准则的医疗成为某些利益群体大发横财的领域，也就是人的生命健康成为发财的利用对象，经济的发展并无相应的道德水准与之匹配，很多人为追逐经济利益沦丧了作为人之标准的基本良知，百姓通俗所言"丧尽天良"的行为能够堂而皇之地大行其道的程度和比例已经远远超出了社会可承受之重，进入一个圈子结成一个经济利益共同体，无限倾轧他人的基本生存空间，害人者和受害者角色重合、混同，自欺、欺人又被人欺，导致社会成员互相不信任甚至互害模式的形成，造成大面积社会撕裂。这个社会的现实问题，绝不是依据限权法治模型对社会整体切上那么一刀，分为权力与权利两个泾渭分明的阵营，然后对权力主体做出一个"人性恶"的假设，对权利主体却做出一个"人性善"的幻想，哪里是如此简单地切一刀了事。社会问题的复杂性，在于它是一个不可分割的整体，但人总是希望在观念中进行二分法来认清这个社会的现实以及抓住主要矛盾。而这个社会的根本矛盾之解决，在于整体上的人文化育，形成并逐步壮大向善的力量群体，逐步缩小为恶的社会人员比例，这就是一个文化命题。

如果认为上述的问题是通过法治就可以解决的，就会发生误判。在中国语境中，法治只是解决问题的表象，而不关乎问题产生的终极根源。终极根源问题不解决，法治亦是无法实现，这是一个不可分离的关系。现在的法律体系不可谓不健全，但是法律底线屡屡被突破，法律没有应有的权威，似乎我们加强了法律的权威、厉行法治就可以解决问题。但是，理论中追求的目标是加强了法律的权威，问题就解决了；现实状况是，这些情况的存在，导致法律无法获得权威。因为法律是无法直接对应人心的，只能对应人的行为，人心不古时法律无可奈何。我们还是要回归到人本上来，回归人文精神的灵魂地位。用人文育人，人是法治的守护力量——大学之道，在明明德，在亲民，在止于至善。对于每个个体而言，弘扬人性的光辉就是践行信仰，而知行合一就是弘扬人性光辉的最为简便易行的方式。弘扬人性光辉就是对人生至理的追寻，就是自我修行，就是良知的显现，就是悲悯之心的生成。圣贤的悲天悯人、言传身教，是对每个平凡之人的最佳指引。在人性光辉的指引下，中国人自古就形成以仁爱待人的伟大情怀，这种情怀是对家的奉献，是对国的热爱，是对民族的认同，是对人类的关怀，是对天下的道义担当，是对天地造化的感恩。用最为简洁的语言表述，中国人的信仰就是中国人永远不变的家国情怀。人组成家，家组成国，家是人的家，国是人的国，对家国的热爱，就是对人性光辉的信仰和礼赞。这才是中国现代法治的根本目标和关键所在。这也是笔者所言的，法治不是一种信仰，人们的目标也不是全都去过上一种法治的生活。人们的目标在于过上"人之所以为人"这一人文标准和人文意义上的"人"的生活，而不是设想出来的各种类型的"法治生活"。因此，用人文精神来"化育"所有人，培养理想人格、培养"明明德"之"大人"，塑造社会普遍之"君子"，才是解决"法治人格"之不足的方式，才是真正的"生活"。

（四）法治中的官民关系问题略论

官民关系，系指统治者与被统治者的关系，或者作为权力主体的管理者与作为权利主体的被管理者的关系。纵观古今中外的历史，官民关系有不同的类型和特征。作为拥有支配权的一方和处于被支配地位的一方，将二者区分开来是一个理论研究的视角。但是，双方的关系状态、性质预设与理想追求可能有天壤之别。一种最为理想的关系状态，就是双方处于一种利益一致的和谐关系，此种和谐关系又往往表现为一种互相依存的关系、良性互动的关系；另一种就表现为二者处于一种心理对立关系和实际状态的斗争关系。在互相依存型的和谐关系中，权力主体一是权责一致，二是天下为公；权利主体的利益受到权力主体的保护和保障。在彼此敌对型的斗争关系中，权力主体是权利主体的威胁，或者权力主体以一己之私为权力目标，而无法担负其保护权利主体的相应职责。

在西方的法治理论中，人性恶是一个通行观念，加之近代时期王权和贵族统治以及教权统治时期，统治者这一人群是无法改变的，要去和他们斗争才能争取权利和守护利益，因此必然推动一种对抗型和限权型的法治理论。笔者认为，在当下中国完全不必再去不顾历史条件、时代背景而盲从于西方当时的这种理论构建，将数百年前西方的一种理论模型照搬照抄来解决今日中国之官民关系问题。用人文打造良法、用人文化育万众、用人文实现社会和谐，实现官、民之间的和谐，而不是秉承西方的思路来制造一种权利和权力的主观对立关系。将政府与群众制造成观念中天然的、必然的敌人，是一个并不切合实际亦并非明智的思路。此种思路在现代中国不仅无益于在法治中解决焦点问题，反而造成更加严重的社会撕裂，并且将权力依法运行、全员守法这样的国家治理底线问题拔高成为最高治理目标。选拔最优秀的人，天下为公，至少不是以权谋私而是尽职尽责，实现权责一致、德位相配，这才是一个正常的社会官民关系模型。如果对人失去了信心、对人文精神的社会功能失去信心，就会忽略从根本上去塑造贤人的信心，甚至放弃这样的努力。一个处处充满对立思维的社会，不是一个理想社会的样板，和谐才是王道。我们现在有机会审慎地思考西方近 300 年的学说理论，其中所谓的限权法治、所谓的科学主义与宗教的对抗、所谓的三权分立、所谓的自由民主追求，都是西方社会在针对其自身社会结构中各种利益冲突和人群冲突的时候产生的理据说辞，也就是将一个社会进行有目的性的切割，完成利益和权力争夺的使命。但是，这些理论传到了中国之后，我们并没有仔细对照，反而是将西方社会的诸多以现实功利为目的的学说当成当然适用于中国的法宝，将用于斗争的理论工具奉为真理，认为这些完全适用于中国社会。西方社会在完成利益和权力的争夺之后，抛弃了这些工具，重新回归到了信仰，比如现在西方的限权法治、科学主义已经不再是一个引领主流的内容，但是中国社会却未能从这个逻辑误区中走出来，不从中国社会自身出发、不以中国人自己的思维和智慧思考，结果是我们不断地为西方工具主义理论天生的错误做美化处理，以西方这种天生文化不足的理论来指导现代中国，这就好比自己拥有丰富的食材但是弃而不用，非要用别人的残羹冷炙期望做出美味佳肴，这种失去自我的方式是可以避免而且应该避免的。例如，西方的限权法治，看似没有问题，但是任何社会都需要限制权力，这个并非西方近现代独有，我们不能将限权当作西方近现代的专利和新发明，但是限权法治作为"主线"就是有问题的，限权必须限制，但是限权不是"主线"，而一定是社会总体中的一个方面，总体和谐共进的理论才能让限权更加成功，这个总体一定是文化的引领，而这种文化引领应该是通过人文来对权力进行正向建设，所谓的限权只是权力建设的一个方面。西方社会的成功在于主流社会观念倡导的良心自由，而不是近现代以来工具理论提倡的各种撕裂和斗争，我们今天如果还走不出这个逻辑陷阱，还不正视今天的问题源于人文出现了问题，还不明白我们今天需要通过人文解决撕裂，那就会越走越远离正道。另外，西方的限权法治思路与对抗型官民关系理论，对于中国传统社会来说并不是一个新思路，因为中国传统社会发达的监察制度、皇权与相权的制衡、士阶层对权力的制衡、文化道义对权力的制衡，本身就是限权的一个最佳范例，而"明君治国先治吏"的理念一以贯之，更不是缺乏限权理念而任由官吏集团鱼肉百姓；而且中国传统社会的阶层流动与选贤任能都是让优秀之人为官以造福民众作为常态追求。这些都与欧洲的情况完全不同，因此，西方的限权法治对于中国来说，是没有实际借鉴意义的，这只是西方历史上黑暗政治的产物，而不是一条真理。另外，中国古代君王与官僚集团的关系并非一致，而是处于一种十分微妙的关系，官吏集团既可能是国家振兴的重要力量，也可能是毁灭一个朝代的关键问题。因此，我们虽然反对皇权时代的一家之天下，但是以"法治也限制最高权力"来论证西方法治理论的真理性，也是不充分的，何况西方的法治对最高权力的限制也是非常有限的，这和中国传统社会对最高权力的实际限制也是半斤对八两，并无绝对优劣。总之，不能单纯进入一种法治理论在自己所假设的条件中去评判其真理性，因为假设出来的条件与历史现实并非具有绝对对应性。

人文精神中的心性修为与制度建设从来都不是一种对立关系，不要人为地构建出一种理论模型，树立人和制度的对立，再通过绝对权力导致绝对腐败的大量例证来推出唯有制度最为可靠，然后再进一步否定人文修为之意义。人和制度，从来都是完美结合在一起才算是好人、好制度。从来都没有一种现实的政治运作模式，将所有的理想都单纯寄希望于个人，也从来都没有一种制度，可以排斥人的意义；因此，心性和修养的研究，本身就应该是法治研究的一部分，而不是以唯制度论的法治乌托邦排斥对心性问题的研究。唯有让人文精神走进全社会的视野，让人文精神在贤良政治进程中发挥引领作用、在腐败犯罪预防中起到指导作用、在全社会的理想人格塑造中起到指引作用，让全社会形成一种政治权力有道义、政治精英有担当、社会成员有良知的文化指向，让全社会在一种人文精神中形成一种仁爱秩序，这才是一种正常的官民关系。而这一切的核心，就是人文精神在法治进程中的弘扬。

第二节　中国现代法治精神与传统文化
——古今传承的视角

如果选择了人本文化和人文精神作为中国现代法治精神的义理基础，那么还势必涉及法治精神与当前的中国特色社会主义文化整体的协调性问题。因此，本书需要从整体上对中国特色社会主义文化做一个整体研究，并找准法治精神在其中的地位。此项工作完成之后，就会发现中国特色社会主义文化与中国特色社会主义法治的根本属性，进而才能真正发现什么是中国特色社会主义法治文化的真谛。而确立中国传统文化在中国特色社会主义文化体系中的本位地位，是至关重要的前提，下面详述。

一、文化的中国传统内涵再确立

为了区分形形色色的文化概念与内涵理解，承接前文的论述，笔者认为此处有必要对中国传统的文化概念再进一步进行详细解读并总结，通过对中国传统的文化概念的再认识，将中国当代对文化概念的理解进一步向传统回归。确立了文化的根本内涵和根本指向，才能在纷繁复杂的多元文化格局中进行一个妥当的文化选择。

（一）确立传统文化本位之必要

笔者此处所言之"确立传统文化本位"，是指在内涵上将现代文化的概念依据中国传统的内涵予以界定，此种"本位"亦即将中国传统文化作为中国现代文化之"底力、底蕴"之意。在今日，中国特色社会主义文化的根基选择中，十分有必要突出传统文化的基础地位，以中华文化作为中国特色社会主义文化的历史底蕴和民族底蕴。苏秉琦先生依据考古实证研究，在1992年就提出一个结论："中国历史的基本国情概括为四句话：超百万年的文化根系，上万年的文明起步，五千年的古国，两千年的中华一统实体。"[1]"在抗战时期，冯友兰先生曾说：并世列强，虽新而无古；希腊罗马，有古而无今；惟我国家，亘古亘今。冯友兰先生总是引用《诗经》的'周虽旧邦，其命维新'来说明中国是文明古国，但始终在与时俱进地发展，并且在这种发展中保持了文化的连续性。近代历史学家曾就中国历史文化的特征探讨过三个问题。第一，地域辽阔，人口繁盛，先民何以开拓至此？第二，民族同化，世界少有，何以融合至此？第三，历史长久，连绵不断，何以延续至此？从这三个特征来看，中华民族的历史发展必然有一种伟大的力量寓于其中，这个力量就是我们的文化，它给了中华民族伟大的生命力和内在的凝聚力。今天，我们的一个重要任务就是去发掘它、维护它，承担起弘扬中华民族文化的重大责任。"[2]西方法治精神传入中国，特别是近代伊始，本身在更大程度上带有的是文化征服的色彩，而文化互通的表象不足以表达其全部特征。因此，近代西方以启蒙名义传入中国的法治精神，实际上在某种意义上可以称之为一场文化战争，文化战争的结果与军事、政治、经济战争的结果混合在一起，呈现为中华民族近代屈辱史的种种表现。对此，有论者曾经做出过精辟的总结："自1840年鸦片战争开始，随着列强的入侵，中国进入了屈辱、苦难的近代历史，并从此落伍。列强在中国割地、赔款、采矿、驻军、司法，中华民族受尽耻辱。与此相对应，西方列强借口中西法律文化观念的差异，认为中国法律在形式上'以刑为主诸法合一'，与其以宪法为根本法，由此派生部门法的格局不同；在实体法上，侧重于惩罚，缺乏西方的人权和保护；在程序上，刑民不分、审判不独立，诉讼机制不配套等，不承认中国法制，通过签订不平等条约强行在中国攫取领事裁判权。自唐迄清一直独立的中国司法主权由此丧失，西方英美法系和大陆法系的司法理念和制度由此取代中国的司法理论乃至中华法系，实践中出现

---

[1] 苏秉琦：《中国文明起源新探》，生活·读书·新知三联书店2019年版，第158页。
[2] 陈来：《儒家文化与民族复兴》，中华书局2020年版，第105页。

了'外国人不受中国之刑章，而华人反就外国之裁判'的反常现象。"[1]而这种文化征服时至今日还在继续进行，因此今日中国之法治精神与中西文化之争，在更深层次上可以理解为一种近代文化战争的继续。时至今日，"以他人之是非尺度为我们判断是非之尺度"的屈辱年代已经过去了，而弘扬中华优秀传统文化，并且以客观解读中国传统文化以及中国传统法治精神的结果，与西方法治精神进行比较，并且与中国现代法治精神的确立以及如何解读相联系，就更加具有了重要意义。而笔者坚信从中国传统法治精神角度理解中国现代法治精神的民族根基和文化根基，其解读的结果可以实现对西方法治精神的超越，脱离西方法治精神的羁绊而不是认祖归宗于西方，树立中国现代法治精神的自有性和自主性。笔者做出这样的解读，是经得起历史事实的检验和理论思辨的检验的。臆造曲解中国传统法治精神的存在与否及其实际内涵，不仅不能让中国现代法治精神实现自主性，反而会贻笑大方；因此笔者今日之解读，绝非一种激情下的激进思考，而是可以形容为"失之东隅，收之桑榆"。有论者曾言：中国古代法历经数千年的发展，终于在最近100年里消沉歇绝，为所谓"泰西"法制取而代之；但是，渊源久远的文化传习，尤其是其中关乎民族心态、价值取向和行为模式的种种因素，又作为与新制度相抗衡的力量顽强地延续下来；由此造成的社会脱节与文化断裂转而成为民族振兴的障碍；此种社会脱节、文化断裂现象，已经是一种"文化整体性危机"的征兆了，这样讲并不过分。[2]笔者认为，不仅在法治领域，在全社会的各个领域都可以看到这种"文化整体性危机"的身影，而其解决办法之一，就是我们必须重新审视中国传统文化及其所蕴含的法治精神。

（二）确立传统文化本位之意义

弘扬中国传统文化的现实意义很多，其中之一就是形成以文化为主线的民族认同。前文已述，西方法治精神对中国影响的本质可以概括为文化征服与文化互通。文化征服与文化互通的方式和所涉及的内容很多。例如，西方人说上帝或者神创造了世界，因此他们以宇宙的源初就被他们掌握、宇宙的最终极主宰就是他们的信仰而傲慢；或者西方人提出了一个宇宙大爆炸理论来"科学"猜想、解释

---

[1] 姜小川：《司法的理论、改革及史鉴》，法律出版社 2018 年版，第 107 页。
[2] 梁治平：《法辨：法律文化论集》，广西师范大学出版社 2015 年版，自序部分第 2—3 页。

宇宙的起源；那么中国对宇宙源初以及形成有无认识？当然有。《老子》中所言的"道生一，一生二，二生三，三生万物"就是对宇宙源初状态、形成动因、终极主宰、形成过程的描述，而且精于中国传统文化的人都知道，这种描述是一种切实的体悟、认知，而不是一种文字游戏或者单纯的猜想。如果我们否定《老子》中的"道"，那么其结果就是我们在文化上已经自乱阵脚了。老子在 2500 多年前就已经告诉了世人宇宙起源的情形，而今日中国盛行的"传统文化迷信论"的结果之一，不是使我们变得"科学"了，而是本可以让传统文化认知高级真理、凝聚人心、激发民族自豪感的功能和机会错失了，反而是让很多人走向了相信《创世纪》或者因为"宇宙大爆炸"的"科学性"而更加文化自卑。谁都无法阻挡人们对宇宙的好奇，必然有一种理论让人们认同，否定了自己的，只能把很多人推入别人的阵营。宇宙大爆炸理论难道不就是老子所说的"有物混成、先天地生、寂兮寥兮"的现代翻版吗？再比如说西方历史学界对于文明形成的定义，一般涉及文字、城市、金属；而中国自古流行的是文字、城市、玉器；认同西方根据自己历史所定义的标准而对自己的历史加以评判，那么这一局就又输了。又如，西方史学界喜欢否定中国夏朝的存在，缩短中华文化的历史，而西方自己的历史可以溯源到上古时代；而实际上，如若真正读懂了《山海经》，就可以知道中华的上古时代远比西方丰富。还如，位于今日四川之古蜀国三星堆文物的出土，表明了距今 3000 年甚至 5000 年前，今人眼中的中国人和西方人曾经聚集在一起或者至少是在文化、宗教等方面已经高度互通了，那么到底是如西方人所说的，是中国人从西方发源，还是另外的观点认为西方人出自华夏大地？比如说，华夏文明的三皇五帝到底是否真实存在？中国古代的盘古开天地与西方的神用六天创造了宇宙的《创世纪》到底是巧合还是具有共同渊源或者共同所指？这些被今人看似神话的内容，是不是一种真正的历史存在？这些学术问题的研究，都最终可以指向现代中西文化战争的底牌。从这个意义上说，如果我们自甘将中国传统文化的内容或者很多核心内容一概否定掉或者任意曲解、矮化，如视《易经》、阴阳五行，甚至中医药等为迷信，那么我们不仅是在求真的道路上浪费了极为可贵的中国传统智慧成果，而且在文化战争中势必使自我处于劣势。以法治精神的研究为切入点，以法治建设的现实为着眼点，以传统文化的全面深入发掘和人文精神的重塑与弘扬为战略高度，将中国传统文化与中国现代法治完美结合起来，这是中国现代法治精神的文化追问的一个深远意义。"真正良好的法学与立法离不开一个民族的历史传统与文化，离不开一个真实社会的喜怒哀乐与柴米油盐之需，离不开每一个人心底最为根本的'人之为人'的意义与思考。这是我们最为郑重其事的一条法理。"[1] 这段话强调了民族、历史、文化这些要素组成的整体，更突出了"人之为人"这一根本要素。如果不在人之为人的意义上进行深刻的思考，对于人生的意义和人之根本未能产生洞见，则一门学问的根基就未能建立好。而中国传统文化在根本处，恰恰是对"人"进行了最为深刻的实证，亦即心体和心性。唯有树立以中国传统文化为底蕴的中国现代人的文化自信，未来的路才会更加顺畅。这是笔者的一个基本观点。因此，以中国几千年文化底蕴为基础的中国现代"法文化学"和中国现代"历史法学"的理论研究思路，可能是我们当下对法治精神进行文化选择的必然路径。毕竟，文化是人的文化，文化的目的也在于塑造人、造福人，而中国传统文化究其本质，是在讲述如何成为一个"大写的人"，如何成为一个"顶天立地的人"，如何成为一个"无我的人"，如何看清"人的本质、人生意义与人生的真相"！把人看明白了，把人做明白了，那么一切问题就迎刃而解了！如若在"人之所以为人"的问题上无法达成共识，则一切皆无法达成共识。人因为"良知"而为人，人因为"良知"而同质，良知产生良法，良法守护良知。

二、中国文化命脉之良知论的再确立

文化就其三向度而言，心性观、人际观、宇宙观统一于人的良知，而良知论即中国传统文化的命脉。背弃与背离良知，则中国传统文化之根基荡然无存，乃至人类所有文化皆为空谈。根据前文所论述的良知论作为中国现代法治精神的文化选择的结论，根据上文所论述的确立中国现代文化建设中的"传统文化本位"的结论，此处就有必要进一步突出强调和理解中国文化的命脉是"良知论"。而对于良知问题之探求，阳明心学为世人提供了一个范本，即方法论的范本。笔者将从三个方面予以论证：一是儒家心法的本真；二是阳明心学之良知论的范本意义；三是阳明心学由"知行合一"之方法论以求"致良知"之目的的现实意义。

---

[1] 袁瑜琤：《中国传统法律文化十二讲：一场基于正义与秩序维度的考量》，北京大学出版社 2020 年版，第 13 页。

（一）儒家心法的历史传承

1.先秦儒家的心法传承

孔子创立儒家，但是儒家心法的源头自尧舜开始，孔子"祖述尧舜、宪章文武"就包含了"心法"，或者说以"心法"为儒家"祖述尧舜"的灵魂。王阳明有言："圣人之学，心学也。尧舜禹之相授受曰：人心惟危，道心惟微，惟精惟一，允执厥中。此心学之源也。中也者，道心之谓也。道心精一之谓也，所谓中也。孔孟之学，惟务求仁，盖精一之传也。"[1]学界通常将先秦儒家与后世儒家进行区分，原因很多。其中之一便是在汉武帝接受董仲舒的"罢黜百家、独尊儒术"之后，儒学成为政治统治的工具学说，导致儒学被政治异化、导致很多背离儒家真意的政治实践却被冠以儒家之名。二是先秦儒家的"儒家心法"与后世儒家并非完全一脉相承。四书与儒家心法的问题需要明辨：在《论语》《大学》《中庸》《孟子》中，对孔子、曾子、子思和孟子的儒家心法都有明确的记载，而且其中对儒家心法的记载都是四位圣贤已经"明心见性"之后所形成的文字，而并非一种未建立在实证基础之上的对于心法义理的文字论述和单纯思辨。换言之，孔子、曾子、子思和孟子都是已经明心见性、体悟天地大道的人。

孔子的心法表述很多，如"子绝四：毋意，毋必，毋固，毋我"。[2]笔者认为，"毋意"乃超脱了意念对心体的遮蔽和困扰；"毋必"乃超脱了功利之心；"毋固"乃超脱了受困于外物的"执着心"；"毋我"乃超脱了"人与我""我与物"之间的"分别心"，而由跳出"小我"实现了"宇宙之大我"境界。曾子在《大学》中对儒家心法的表达是："大学之道，在明明德，在亲民，在止于至善。知止而后有定，定而后能静，静而后能安，安而后能虑，虑而后能得。"子思在《中庸》中对儒家心法的表达是："天命之谓性，率性之谓道，修道之谓教。道也者，不可须臾离也，可离非道也。是故君子戒慎乎其所不睹，恐惧乎其所不闻。莫见乎隐，莫显乎微，故君子慎其独也。喜怒哀乐之未发，谓之中；发而皆中节，谓之和。中也者，天下之大本也；和也者，天下之达道也。致中和，天地位焉，万物育焉。"孟子曰："尽其心者，知其性也。知其性，则知天矣。存其心，

---

[1]《陆九渊集》，锺哲点校，中华书局2020年版，第607页。
[2]《论语·子罕》。

养其性，所以事天也。夭寿不贰，修身以俟之，所以立命也。"[1]孟子的"四端之心"原文表述为："无恻隐之心，非人也；无羞恶之心，非人也；无辞让之心，非人也；无是非之心，非人也。恻隐之心，仁之端也；羞恶之心，义之端也；辞让之心，礼之端也；是非之心，智之端也。"[2]儒家心法的核心要义在于"明心见性"，这里的核心就是必然涉及的心性本体问题；同时也包含了心性儒学与政治儒学问题，即儒家心法的领域问题；还涉及了儒家心法的修行次第问题，如《大学》的三纲八条目。

2. 后世儒家心法的思辨

对自称"述而不作"[3]之理解，孔子认为自己只是承继了尧舜的心法，因此儒家心法溯源应该是可至尧舜；孔子对心法的理解和践行被弟子记录在《论语》中。南怀瑾先生认为：孔子传心法与曾子，曾子成书《大学》；曾子传心法与子思，子思成书《中庸》；子思传心法与孟子，孟子成书《孟子》；孟子以后儒家心法失传，时隔千年的宋代理学家取法佛家、道家而成宋儒之心法。[4]当然，笔者前文已经论述过，"三学"在最高处是一致的，因此儒家心法与佛家、道家心法在本质上是相同的。当然，在细化探讨儒家心法和宋明理学的关系时，需要探讨的必然包括朱熹和陆象山之不同路径，即朱熹的"道问学"与陆象山的"尊德性"之争，进而厘清"陆王之学"的渊源关系。前文所述的西文 science 在最初被翻译为汉语时译为"格致"，后经日本之手改为"科学"，而此"格致"即与"科学"之意甚为相近或者相同，译为"格致"即采用了朱熹对于"格物、致知"的理解，即"外穷物理"。[5]当然，朱熹的"道问学"并非对修心的放弃，朱熹所言"存天理，灭人欲"即其对儒家心法的精深理解。《礼记·乐记》提出"人化物也者，灭天理而穷人欲者也"即现代社会比比皆是的无所敬畏地为了个人欲望为所欲为者；《朱子语类》记载朱熹对此问题的看法是：饮食，天理也，山珍海味，人欲也，夫妻，天理也，三妻四妾，人欲也；《晦菴集》表述"古人为学，只是升高自下，步步踏实，渐次解剥，人欲自去，天理自明"；因此朱熹言：圣

---

[1]《孟子·尽心上》。

[2]《孟子·公孙丑上》。

[3]"述而不作"理解为"只是转述、传承，而不是自己创造"。

[4]《南怀瑾选集（典藏版）》（第一卷），复旦大学出版社 2013 年版，第 146 页。

[5]至于"格致"为何后来又换为"科学"，其中有着复杂的原因和深层次的目的，本书不再深入探讨。

人千言万语只是教人存天理，灭人欲（《朱子语类》）。这是一个清清楚楚的感悟圣人教化世人如何超凡入圣的道理。朱熹之"存天理、灭人欲"，就其本人的理解而言，与愚民毫无关系，至于政治中的应用和后世的解读则是另外一个问题了。

阳明心学直接承继了儒家心法的根本和精髓。阳明心学承继儒家心法在于"心内求法"，这与朱熹的格物、致知的理解完全不同，朱熹之"格物"乃"格万物之理"以"致知"，因此西方的"science"在最初介绍到中国被翻译为"格致"，就是因为朱熹的理学与科学一样，是一种偏重于"外求万物之理"的思路。[1]"朱熹认为对经典的学习不是追求一草一木的具体知识，而是要达到对万事万物的'通识'理解；读书的最终目的不是指向具体领域的物理，而是指向整个世界的普遍天理。"[2]其实，朱熹所追求的"整个世界的普遍天理"，就是近现代西方科学所言的终极追求——宇宙的统一秩序。当然，朱熹在晚年对此予以了纠正，将格物致知转而理解为"心内求法"。至于阳明心学与陆学的关系问题，其主要内容无本质差别，唯在于陆学是传承了儒家心法所致，还是取法于佛和道的问题。阳明先生也曾经极力表明陆学源于孔孟："世儒之支离，外索于刑名器数之末，以求明其所谓物理者，而不知吾心即物理，初无假于外也。佛老之空虚，遗弃其人伦事物之常，以求明其所谓吾心者，而不知物理即吾心，不可得而遗也。至宋周、程二子，始复追寻孔孟之宗……自是而后有象山陆氏，虽其纯粹和平，若不逮于二子，而简易直截，真有以接孟氏之传……故吾尝断以陆氏之学，孟氏之学也。"[3]后人对此的评价是："实在宋以来的儒家，因为时代的关系，没有不受禅与道的影响的。"[4]这种评价是成立的。

---

[1] science 后来经由日本之传播，再次被翻译为"科学"一词，且混淆科学与技术两个词汇之内涵。此番改头换面之效果之一，或者说目的之一，即将其包装为一种新的意识形态。而此种作为意识形态的"科学"，以其"中国自古从未有之"的面貌示人，就成为攻击中国传统文化的武器。此种历史事实中的是非，则是另外一番话题。所谓著名的"李约瑟之问"，即此种历史背景与错误认知之下产生的一个误导中国人 100 多年的伪命题。近代中国的文化之痛，时至今日，已经让很多国人丧失了对历史真相最基本的辨识能力。

[2] 陈来：《儒家文化与民族复兴》，中华书局 2020 年版，第 183 页。

[3]《陆九渊集》，锺哲点校，中华书局 2020 年版，第 608 页。

[4]（明）王阳明：《传习录》，叶圣陶点校，三晋出版社 2019 年版，绪言第 6 页。

（二）阳明心学的范本意义

阳明心学在儒家文化的传承中居于中兴地位，归功于阳明先生。王守仁（1472—1529 年），字伯安，浙江余姚人，中国明代思想家，因筑室于故乡阳明洞中，世称阳明先生。[1] 阳明先生 15 岁而立经略四方之志；18 岁随儒者娄谅学习宋儒"格物之学"，后因不得法而改修辞章之学；而后又博览兵书、筑室于阳明洞中，行导引术；33 岁时世人皆知其经世之学；34 岁立志必为圣人，但授徒讲学却落得"立异好名"之讥谤；35 岁获罪下狱，末了又迁谪为贵州龙场驿驿丞；著名的阳明先生"龙场悟道"即在此时开启，龙场在万山之中，到处都是毒虫瘴气，几非生人所堪，阳明先生在龙场"先自超脱一切得失荣辱的念虑，日夜端居澄默，以求静一"；龙场悟道之后，阳明先生胸中洒然，连先前不能摆脱的生死一念也不复相牵累，由此立定了他对"格物致知"的见解；38 岁始论"知行合一"；50 岁开始揭出"致良知"之教，视"致良知"为"真圣门正法眼藏"，"实千古圣圣相传一点滴骨血"；57 岁时，阳明先生平定叛乱功成之归途中病作，门人问其遗言，阳明先生微笑答曰："此心光明，亦复何言！"[2] 阳明先生曾言："学问功夫，于一切声利、嗜好俱能脱落殆尽，尚有一种生死念头毫发挂带，便于全体有未融释处。人于生死念头，本从生身命根上带来，故不易去。若于此处见得破，透得过，此心全体方是流通无碍，方是尽性至命之学。"[3] 由此便可一叶知秋，阳明先生的身心性命修养功夫是真实不虚的。从"格物致知"到"知行合一"，再到"致良知"，以致最终"此心光明"，记录了阳明先生之心学的过程与终极境界。梁漱溟先生评价阳明先生曰："昔贤有悟于儒道佛三家学术异同，各给予恰当位置者独有阳明王子耳；阳明是通达无碍的。"[4] 对于凡夫俗子而言，莫说看破生死，或者人生之大起大落，即使普通的荣辱得失，甚至是日常鸡毛蒜皮的生活工作琐事亦可以随时惊起内心之波澜。阳明先生在人生最后一刻所言"此心光明，亦复何言"确为其一生修成正果之明证。此中可见之伟岸人格、天地境界，又有几人可以真实达到？这真绝非那些没有此等实际体悟者随意以"主观唯心"之类的评判可以掩盖，此种"明心见性"亦非以研究"意之动"为内容的心

---

[1]《中国大百科全书》(第二版简明版)，中国大百科全书出版社 2011 年版，第 7—509 页。

[2]（明）王阳明：《传习录》，叶圣陶点校，三晋出版社 2019 年版，第 2—4 页。

[3]（明）王阳明：《传习录》，叶圣陶点校，三晋出版社 2019 年版，第 343 页。

[4] 梁漱溟：《人生至理的追寻：国学宗师读书心得》，当代中国出版社 2008 年版，第 98 页。

理学可以解读。这是阳明先生留给后人的最为宝贵的财富，代表着儒家心法之圣学的历史中兴。

阳明先生的阳明心学，集中体现在其门人弟子整理其言说而成的《传习录》一书中。"传习"一词取于曾子所言："吾日三省吾身：为人谋而不忠乎？与朋友交而不信乎？传不习乎？"[1]所谓"传不习乎"，可以理解为：圣人所传授之修身之法，怎可不去践行？亦即要将传承下来的修身之法"内化于心、外化于行"，而不可仅知其义理而流于空谈。阳明心学在当时的影响力非常大，"他的门人非常之多，当集会讨论的时候，歌声相和，互为问答。像这样真情流露的环境，给予同人以无量的人格的感化"。[2]这是其时代影响的一个缩影，也是当时人们迫切需要改变时弊、求取人生至理的表现。阳明心学的目标指向是当时非常严重的社会文化衰落状况。直指时弊是阳明心学在当时得以受到推崇的历史背景，而当时的社会时弊在《传习录》中的记载是："记诵之广，适以长其傲也；知识之多，适以行其恶也；闻见之博，适以肆其辩也；辞章之富，适以饰其伪也。"[3]也就是说，广博的记诵恰恰是增长了人们的傲慢之心；丰富的知识恰恰是帮助人们去作恶所用；见多识广恰恰是可以让人们肆意地诡辩；而华丽的言辞恰恰是帮助人们去掩饰自己的伪善。换言之，知识意义上的"社会精英"恰恰成为人文意义上的"社会毒瘤"。如此局面堪称"只因衣冠无义侠"了，似乎唯有"遂令草泽见奇雄"了。这样的社会风气，在任何一个历史时代都是人们难以接受的、社会难以承受的，但是其形成系"冰冻三尺非一日之寒"，而改变这种状况也必须找准病根并对症下药。王阳明对产生这样的社会顽疾的原因分析是："三代之际，王道熄而霸术焻；孔、孟既没，圣学晦而邪说横：教者不复以此为教，而学者不复以此为学。霸者之徒，窃取先王之近似者，假之于外以内济其私己之欲，天下靡然而宗之，圣人之道遂以芜塞。""圣人之学日远日晦，而功利之习愈趋愈下；其间虽尝瞽惑于佛、老，而佛、老之说卒亦未能有以胜其功利之心；虽又尝折衷于群儒而群儒之论终亦未能有以破其功利之见。盖至于今，功利之毒沦浃于人心之髓，而习以成性也，几千年矣。"[4]

[1]《论语·学而》。
[2]（明）王阳明：《传习录》，叶圣陶点校，三晋出版社 2019 年版，第 4 页。
[3]（明）王阳明：《传习录》，叶圣陶点校，三晋出版社 2019 年版，第 191 页。
[4]（明）王阳明：《传习录》，叶圣陶点校，三晋出版社 2019 年版，第 190 页。

　　王阳明的心学经常被评价为"唯心主义"，因为其主张"心外无物"。例如，有观点认为："主观唯心主义的特征，是虚构出某种脱离物质、脱离人的肉体的'自我'，并把它当成唯一真实的存在和世界的本原。主观唯心主义认为万事万物都是'我'的感觉、观念、意志、情感等的产物。如在中国，宋代的陆九渊说'宇宙便是吾心，吾心即是宇宙'。"[1]我们来看中国古人被今人冠之以"主观唯心主义"的学说究竟在表达什么。阳明先生游南镇，一友人指岩中花树问曰："天下无心外之物；如此花树，在深山中自开自落，于我心亦何相关？"阳明先生答曰："你未看此花时，此花与汝心同归于寂；你来看此花时，则此花颜色一时明白起来：便知此花不在你的心外。"[2]我们认为此花与吾心无关的时候，是因为以"已经看到"为前提之下的一个"假想"，而此"假想"在事实上是不成立的。这才是阳明先生所说的"心外无物"的真正意思，是一条至理。"人心"绝非"虚构"出来的"自我"，因为人心是一个实实在在的存在；阳明先生也是从"心"与"物"的关系来探讨心物关系的，也绝非"脱离物质、脱离人的肉体"。因此，阳明心学与通常所批判的"唯心主义"无涉。这个世界"映照在心里"，而"心"如何去看待这个"世界"，甚至去"改造"这个"世界"，这就是辩证唯物主义所指，这和阳明先生的学说不仅不矛盾，而且阳明先生的学说是辩证唯物主义应该首先确立的一个思维前提，这样才能更好地理解唯物主义何以"辩证"。此种道理恰似：张三看到邻居家中有一盆花，张三被花的美艳感染到了；李四也发现邻居家中有一盆花，也非常喜欢这盆花，这就是"心外无物"。张三被花的美艳感染到之后，替邻居拥有这样的花而感到高兴；李四看到美艳的花之后，心生怨恨道"凭什么他家有而我家没有"，这是对"心"的修行差异所致"不同的境界"。张三凭借努力去山中采到了很多鲜花，自己养在院子里并与邻居分享了一些；李四由于心生愤恨而在半夜偷走了邻居的花，这就是修心差异导致的对世界进行的不同"改造"。这其中，我们应该能够体悟"心与物"的直接关系以及"心"的主宰地位了吧。我们完全不必依照西方哲学流行的"心物二元对立"思维去评判中国传统文化，这种二元对立思维是西方哲学家的"思维方式"而已，不是我们求真的绝对标准，我们讲求的不是这种"有对思维"，而是一种"无对体悟"。西

---

[1]《中国大百科全书》(第二版简明版)，中国大百科全书出版社 2011 年版，第 7—547 页。

[2]（明）王阳明：《传习录》，叶圣陶点校，三晋出版社 2019 年版，第 341 页。

方哲学的标准完全停留在一个"思维"的层面，中国传统文化是一套"实证功夫"，二者不能画等号。简言之，以西方哲学之标准为标准，而抛弃了中国传统文化自己的标准，这才是一个问题的关键，因为我们把评判中国传统文化的标准立错了。这就犹如现代的中医是不是科学的争论一样：西医的观点认为，中医所谓的阴阳五行和经络气血是无法经过科学验证的，怎么能称为医学？但是如若以中医为标准，就会这样去问西医：西医连阴阳五行和经脉气血都不知道，何以称为医学？纷争无法停歇，谁也说服不了谁，就在于我们以什么为"标准"，而在确立何为"标准"的那一刻，结论已经明确了，问题是这个"标准"本身是不是"绝对标准"。同理，"法"可否在人心之外而成其为"文化"的本体？未有"心体"之存在，即不可能有"文化"之存在，更不可能有"法治文化"之存在。这就是西方神本文化之下，法是外在于人的原因，而在中国的传统文化中，法是不可能外在于人的。因此，阳明先生说："目无体，以万物之色为体；耳无体，以万物之声为体；鼻无体，以万物之臭为体；口无体，以万物之味为体；心无体，以天地万物感应之是非为体。"[1]这就进一步解释了"心即理"的问题。

　　阳明心学是明代中叶的救世良方，其历史贡献有目共睹，许多先贤对此予以高度评价。如张岱有言：阳明先生创良知之说，为暗室一炬；曾国藩有言：王阳明矫正旧风气，开出新风气，功不在禹下；蔡元培有言：明之中叶王阳明出，中兴陆学，而思想界之气象又一新焉。[2]这也是针对今日中国社会之种种问题，而重谈阳明心学的一个期盼——纠正时弊。笔者认为，阳明心学完全可以成为中国现代法治建设的一个范本，成为弘扬中国现代法治精神的一个路径；上文是针对阳明心学的文化义理而阐释其成为现代范本的原因，下文之"知行合一"以求"致良知"之论述，则是阐明其可以提供一条现实的路径，因而阳明心学更加应该成为一个现代范本。但是，这样的思路肯定会是一个极具争议的思路，而其真正成为现实，可能非经一个百年的历史过程无法实现。这与当下世界文化、中国文化状况密切相关。

---

[1]（明）王阳明：《传习录》，叶圣陶点校，三晋出版社 2019 年版，第 343 页。
[2]（明）王阳明：《传习录》，叶圣陶点校，三晋出版社 2019 年版，见封底。

（三）知行合一实现致良知

1.知行合一简便易行

每个人都有可能面对这样的人生困境：自己所接受的教育和社会通行观念告诉自己，一定要做个好人，而且人就应该做个"勿以善小而不为、勿以恶小而为之"的好人。但是，在现实的行动中，往往由于欲望的驱使而作恶，如损人利己。这就是人们常常面临的"知"与"行"的矛盾和困境。从不作恶的人、从未产生恶念的人，似乎并非唾手可得；至少，如若对待自己的"敌人"，即使不落井下石，也可能不自觉地幸灾乐祸。这就会让人们感到"知易行难"。或者一种相反的情况，人们依据本能而乐于助人、乐善好施，至少是"恻隐之心，人皆有之"。但是人们为什么具有这样的心性本能？这种天生的人性本能会带来什么样的后果？是获得了无限的"福报"，还是这是与功利无关的人生常态？其中的道理着实需要仔细琢磨。对很多人而言，这就是"知难行易"。因此，"知难行易"或者"知易行难"成为很多人通常对知与行之间关系的理解。依据这样的理解，"知"和"行"并不是合一的。那么阳明心学所提出的"知行合一"应该如何理解呢？阳明先生认为："知易行难"与"知难行易"恰恰是"知行合一"的表现；"知易行难"恰恰是因为此"知"并非"真知"，是"知"的功夫没有到位，因此必然"行难"，此时知与行是合一的。而"知难行易"，恰恰是"行"的功夫没有到位，因此才没有形成"真知"，此时也是"知行合一"的表现。因此，阳明先生说"知者行之始，行者知之成。圣学只一个功夫，知、行不可分作两事"。[1]知行合一直指人心，是儒家心法最简便易行的修行方式。法治对于人而言，就是一个践行知行合一的起点和基本方式，如果连作为行为底线的法律都不能践行，何谈知行合一？因此，知行合一也是现代法治推进过程中极具现实评价意义、现实指导意义的理论和方法。

2.致良知的修正功夫

致良知的义理解读非常关键。假使有人问：什么是"良知"？回答这个问题，绝非如别人问水杯为何物、桌子为何物时，找到一个水杯或者指着一张桌子即可说得明白。《辞海》中将良知解释为"天赋的道德善性和认识能力"。[2]取义孟子

---

[1]（明）王阳明:《传习录》，叶圣陶点校，三晋出版社2019年版，第56页。
[2]夏征农、陈至立主编:《辞海》(第六版缩印版)，上海辞书出版社2010年版，第1143页。

所言"人之所不学而能者，其良能也。所不虑而知者，其良知也"。[1]而阳明先生在晚年更是将其心学直接浓缩为"致良知"，且在其经典的"无善无恶心之体，有善有恶意之动，知善知恶是良知，为善去恶是格物"阳明四句中，将良知直接取义为心体之"知善知恶"能力。这就是阳明心学的文化原理。而阳明先生咏良知诗四首更是如佛家偈语般将良知的本质启示世人：个个人心有仲尼，自将闻见苦遮迷，而今指与真头目，只是良知更莫疑；问君何事日憧憧，烦恼场中错用功，莫道圣门无口诀，良知两字是参同；人人自有定盘针，万化根源总在心，却笑从前颠倒见，枝枝叶叶外头寻；无声无臭独知时，此是乾坤万有基，抛弃自家无尽藏，沿门持钵效贫儿。[2]既然人人都天生具有良知，那么为什么在现实中很多人之行为却泯灭良知？这是否说明良知并非人人本身自有、天生自有？如果人自身没有本有的良知，那么外在的何种机缘和条件可以让人的良知从无到有？如果认为人的良知不是自有的，那么让外在的条件加入人心生成良知，是不是对人的天性的一种违背之改造？如果人没有自有的良知，那么人类从古至今所提倡的"利他"的意义是什么？如何做到时时事事合乎良知？这需要修炼，依据"知行合一"而修炼到致良知的境界。

良知并非因为圣贤之言而安置到人的心体，而是心体本自具有。但是，良知由于各种欲望的遮蔽，会被掩盖，因此会出现不依良知行事的人，所以圣贤之言是在引导世人之良知不被遮蔽。世人良知之完全显现，需要依靠世人自身的修炼，打一个比方：一个人获得了一本武功秘籍，熟读武功秘籍之后明白了其中的道理，但是他从来没有去实际练习功夫。当这个人与大家交谈武功秘籍的时候，大家会认为他是一个绝世高手，但是如果发生了实战，此人必败无疑。致良知就是一门切切实实的修正功夫，而不是空谈武功秘籍要旨。致良知的修正功夫，需要达到什么程度才算是成功？那就是"如好好色，如恶恶臭"，看到美丽的事物人们自然会被吸引去观赏，闻到恶臭的气味人们自然会去躲避；如果人的良知显现达到了如此般"自然而然"的地步，则致良知的修正功夫才算是成功。而人们如何去修正致良知的功夫？那就是"格物"，而"格物"即"正事"。"正事"就是在一切事情中都要做到"正"，需要也必须在"事"中修证良知。因此，对于

---

[1]《孟子·尽心上》。
[2]梁漱溟：《人生至理的追寻：国学宗师读书心得》，当代中国出版社2008年版，第80页。

这样的观点："阳明心学虽然起过某种冲击圣贤偶像的积极作用，但空谈心性之风流行，也影响了明中叶以后的发展和社会的进步。"[1]应该再次仔细剖析。"空谈心性"是对阳明致良知学说必然要求的"修正功夫"的绝对背反，这个责任绝对不应该落到阳明先生的头上。推而广之，空谈文化，本身就是对文化的一种误解甚至是对文化的背反。如果对于整个中国传统文化不从"修己、实证"方面去理解和践行，而是徒留义理之辩，那么中国传统文化就完全没落了。

良知学说上可通达天地境界，中可引导社会大同，下可完满理想人生。中国人普遍具有的良知观念，构成良知学说在中国当代继续发扬光大、作为文化的引领和文化的归宿的最佳着眼点。阳明先生的良知学说堪称当代文化进步的范本。良知观的确立，是中国现代人文精神确立的一个基点。这是一个法治理论基础确立的问题，其要义在于，法治精神不仅不应该成为排斥、贬低人文精神的理由，而是应该用人文精神来理解、指引法治精神，法治精神之目的和归宿在于人文精神。这才是中国现代法治精神之所以体现中国特色社会主义特质的要义和根本所在。在这个意义上，可以将法治定义为：法治是维护人的良知、践行人的良知的社会治理模式。中国现代法治精神的人文根基，也能够阐明中国现代法治的本质在于人民性、关键在于党的领导。后文对此予以详细解读。

三、传统文化根基上的中国特色社会主义法治文化

（一）法治是为政的一部分而非新的治理类型

今日之法治文化，其关键缺憾在于：遵从西学思维，以"对立观"否定"整体观"；以西方法治文化为师，以"非文化"否定"真文化"。如此造成法治文化的理论成果出现了"人与法的对立、分离""体与用的本末倒置"以及"法律与道德或者人性的分离"。而"为政在人""为政以德"与"致良知"作为任何时代的"法治"的根本要义，被排斥在了法治理论的门外，甚至成为法治理论的"众矢之的"。而今日重提中国传统文化根基上的法治文化自信，不仅是要在根源上、渊源上寻找中国现代法治文化自信的言说，更主要的是明确中国现代法治的根本要义：为政以德、为政在人、致良知。将此三者重新确立为法治文化的基本命题，纳入法治文化的研究范畴并确立其基础地位，是中国特色社会主义法治文

---

[1]《中国大百科全书》(第二版简明版)，中国大百科全书出版社 2011 年版，第 7—509 页。

化在理论层面实现本真回归与瓶颈突破的关键所在。而这一切即"大道至简"的体现。

所谓"为政""政治"之"政"，其造字取"正、文"两部分组成，因此说"政者，正也"；同时，"正、文"又取意"文"是"正"的标准或者目标；而本文已经反复申明，"文"表意"天文"与"人文"，因此"政"即通过"正人文，行人道"来"弘天文，行天道"，天道与人道之完美合一，即"为政"之标准与目的；当"为政"达到了理想的要求与效果时，则"天下大治"，谓之为"政治"。因此，政治或者为政，即一个以人弘道的过程或者结果。因此，在此必然要突出、根基于"人，人文，人道，道"。那么，在"为政"中，必然涉及形而上之宇宙法则与形而下之人间律法，此二者乃法治与律治之准则，完美合一则为"法治"，以法求得天下大治。"为政"远远超过今人之"法治"的内涵，亦是当然包含今人之"法治"的要义。因此，将法治纳入为政之研究，是弘法的必然要求。那种认为"法律超越政治"的看法，只不过是将政治进行狭义限定之后，将"法律"作为一种"隐藏的政治"而已，法律与法治，就是政治或者其一部分。而"法律理念主义"将"法治精神"作为文化的替代物，虽其错将法律抬高了地位，但是在本质上走的还是一条"行教化"的"以文化人"路径，只是其往往不根基于文化，同时将"行教化"方式单一化、视角狭隘化、层次浅薄化了。因此，中国现代法治精神及法治抑或依法治国的研究，其实就是研究"为政"的学问。而"为政"的学问，以"为政在人""为政以德""大道至简"三点作为根本，法治是与以下三点"经线"一体的"纬线"。我们不可偏废。

（二）为政在人——徒法不足以自行

"为政在人"，这是一个亘古不变的真理。掌控权力者面对权力的"威力"，同时要面对由权力带来的"财富的诱惑"，随时会激起内心的膨胀与贪婪的欲望，这是一个亘古不变的权力运行环境。而"德不配位"者一旦掌控权力，或者权力的大小与其"德行"不相匹配，那么不仅制度会失灵，而且没有任何好的办法来驱使一个"德位不符"的人"践行法治"，包括我们所设计或者期许的一切制度监督。我们不是要去寻找一种不需要考虑人的德行的制度，而是需要培养出更多的德行良好的人。如果我们的法治理论至今还走不出将人与制度相对立的理论误区，那么法治理论的发展一定无法带来社会法治的真正进步，反而将会带来更多强力的法治和虚伪的法治。此种当前法治建设的最大问题，却几乎被完全无视，甚至被理论界当作了一个不是问题的问题。如果我们当今的时代还不能再次觉醒，那就是充分认识到圣贤所言的"修身、齐家、治国、平天下"的道理，不能在修身问题上正视其必为性与关键性，那么我们必将错失理论真正的目标指向。抛开真正的由"修身"体现的"以人为本"，转向一种乌托邦式的理论幻想，这是一种地地道道的"迷信"，即"因被迷惑而盲从盲信"。将人纳入依法治国的法治理论研究的应有范畴，选拔培养德才兼备的人才，打造一支高素质的干部队伍，这是依法治国的题中应有之义，也是法治理论必须研究的核心问题、重中之重。舍此，即本末倒置、根基未立、方向迷失。因为，徒法不足以自行，而"为政在人"。

（三）为政以德——徒善不足以为政

前文已述，为政以德绝非今人所理解之"德治"或者"道德治国"。"为政以德"，是一个无法逾越的政治智慧的最高境界。我们皆熟知"徒法不足以自行"，其实还有一句"徒善不足以为政"需要谨记并研读。[1]网络上有一个帖子提问："如果孔子活在当代，在大街上被小混混打了，作为圣人的孔子会如何处置？"一般人会想象一幅场景：孔子耐心地以仁义道德教化之。实际上，身高一米九以上且孔武有力甚至力大无穷的孔夫子若生活在今日，不仅不会被小混混打，反而会将挑衅和攻击自己的小混混打倒、打服。[2]我们此处无须去讨论正当防卫与否的问题，笔者此处只是想表明：要认识什么是真正的圣人，要认识到"徒善不足以为政"。为政以德，就是要造就一大批天下为公的人，因为"德"就是"人道"，"为政就是行人道"，为政以德就是要造就一大批仁智勇皆备之文治武功的佼佼者。今日我们称之为打造一支德才兼备的优秀干部队伍。为政在人，此人系以德为政之人，关键要义皆在于人，在于为政之人的品性、智慧、能力；为政以德，即抓住了干部队伍的思想建设、能力建设。此种"为政以德"可形成一种凝聚力、向心力，形成一种体系化的正义秩序，而此种秩序之形成皆因为"德乃人之道"。一个人单纯拥有现代意义上的"道德"，这是一个人之所以为人的基本要

---

[1] 该二句皆出自《孟子·离娄上》。

[2] 孔子的身高在一米九以上，今人一般是依据海昏侯大墓出土的孔子像推断的；孔子力大无穷亦有史料记载，本书不再赘述。

求，绝不是这样的人如果"为政"就可以达到"譬如北辰，居其所而众星拱之"的；如果这样简单，那么人人凭借现代道德之拥有，即都可以成为优秀的政治家了，那么"政治"就犹如行走坐卧般简单了。为政以德，是需要造就一大批弘道之人，其关键在于对"人"的理想期许，古人称之为"内圣外王"，今人称之为"全心全意为人民服务"。因此，为政以德需要的是弘道之人，需要求大道、明明德、亲民、追求至善之人。中国共产党人的使命就是弘道，因此我们才说中国共产党人是中华优秀传统文化的继承者、践行者、弘扬者。所以，为政以德是依法治国及法治理论中应当确立的基本命题，这不仅不是对法治的背反，反而应该成为法治的当然前提、法治的目标指向。心不达圣境者，何以大公无私？何以天下为公？因此，不可再回避人之圣境的研究，否则，我们就无法在法治中真正做到"为政以德"，缺失了"为政以德"的智慧、方法、路径，我们是断然无法实现我们当下所期许、所追求的"法治理想"的。

（四）大道至简——法政行道致良知

"大道之行也，天下为公"，这是本书所言的一个核心要义。"天下天下"，"天乃形而上之意，天乃最高的宇宙法则"，"天下"则是"最高宇宙法则"统摄下的"人世界与物世界的统称"。那么，人如何来弘道以求天下为公？弘道寓于人类的全部生活时空，而法律与政治，皆是行道的领域，法律与政治如何简便易行地行道？这就涉及如何理解"大道至简"。[1]此问题仁者见仁、智者见智。笔者亦曾经对此做出多种理解。但是在本书此处，笔者以为："良知"则是理解大道至简的一个极佳视角，"致良知"亦是践行大道至简之智慧的极佳路径。这也是笔者在前文颇费笔墨来论述"阳明心学"与"致良知"的原因之一。对于中国而言，用"致良知"来"行大道"，是整个社会应该重视的一条国泰民安的捷径，亦是法律与政治视角必须根植的最为广泛的社会文化土壤，法治理论和法治实践亦不例外。良知人人皆备，而且良知是全体中国人皆耳熟能详的一个概念，是中华民族永远不应背离与舍弃的、就存在于每个人自心的存在。"良知"不是一种空泛的理论描述，更不是一种构建出来的理论幻想或者纯粹概念，它是实有的；"良知"无须用西方所谓哲学之种种概念以及相应的"哲学解读"来"引导人"，

---

[1]"万物之始，大道至简，衍化至繁。"出自《老子》。

它是中国人须臾不离的"道"。笔者一再说：良知就是实现法治中国的文化密钥，良知与良法是体用关系。如若中国现代法治理论与法治精神的研究中，能将"良知"普遍引入，并且理顺、复原良知与良法的真实关系，那么法治中国不仅不会存在理论上的种种悖论，而且一定会加速法治中国的实现，因为法治此时就具有了明确的标准、根源，具有了明确的目的性。如若大家皆求良知、守良知，那么我们就可以达到一种效果：大家凭借良知的安然状态，就是法治所追求的目标。如果在法治理论中将良知排除在外，那么无论该种理论多么复杂、语言如何精彩，其实最终都是背道而驰的，也难以奏效，其唯有在为了掩盖某种真实目的的情况下，才有其意义。大道至简，让人眼花缭乱、让人捉摸不透、让人东猜西想的所谓的理论之"学术性"，其实往往是简单问题复杂化的表现。舍弃良知，万事皆败；弘扬良知，万事皆可大成，且事半功倍。在法治进程中追求致良知，即"大道至简"之行道方式。

第三节　中国现代法治精神与马克思主义文化
——执政党视角

一、马克思主义的内涵理解及界定

"马克思主义""马克思列宁主义"等提法，可以做出不同的理解。笔者在本书中将马克思主义界定为狭义与广义两种内涵；对于"马克思列宁主义"的提法，笔者认为这是在当时的国际政治同盟意义上所采用的一种提法，而不是一种学理上研究"马克思主义"的提法，因此本书不做论述。而"马克思主义中国化"形成"中国化的马克思主义"，笔者则认为需要从"这是中国共产党和中华民族在看待马克思主义的问题上追求文化自主、文化自觉、文化主权"这个角度来理解。本书也着重从这一角度来阐述"马克思主义之狭义与广义""马克思主义中国化与中国化的马克思主义"问题，以便化繁为简，更加契合本书的主题。

（一）马克思主义的广义与狭义界定

1.马克思主义的广义与狭义理解

如何定义马克思主义？《中国大百科全书》中提出了如下观点："马克思主

义：国际无产阶级革命导师 K. 马克思和 F. 恩格斯创立的思想体系。包括科学世界观、社会历史发展学说、无产阶级革命理论以及社会主义和共产主义建设理论在内的科学理论体系。为工人阶级政党的理论基础和指导思想。'马克思主义'一词作为马克思、恩格斯创立的学说的总称在马克思在世时已经出现，在 19 世纪 70 年代末法国社会主义者的著作中曾广泛使用，但内容受到歪曲，马克思对此提出尖锐批评。恩格斯在 80 年代末开始使用'马克思主义'一词，并在 1886 年专门作了说明。马克思主义产生于 19 世纪 40 年代末，是资本主义矛盾激化和工人运动发展的产物。以《共产党宣言》的问世为标志。它吸收和改造了人类思想文化的一切优秀成果，特别是 18 世纪中叶和 19 世纪上半叶的社会科学和自然科学的成果。它的主要理论来源是德国古典哲学、英国古典政治经济学和英法空想社会主义。此外，法国启蒙学者的思想和法国复辟时期历史学家的阶级斗争学说，也为科学社会主义理论提供了有益的思想资料。19 世纪科学技术的新成果，特别是细胞学说的确立、能量守恒和转化规律的发现、进化论的新发展为马克思主义的产生奠定了坚实的自然科学基础。"[1] 上述对于马克思主义的理解，至多是通常所言的"狭义的马克思主义"，而不是广义的马克思主义，更不是"中国化的马克思主义"。因为此处所定义的"马克思主义"说"它吸收和改造了人类思想文化的一切优秀成果"，而具体论述中却完全没有"中国传统文化"的一丝影子，如此定义的"马克思主义"是西方文化的产物，因此也必然是归属于西方文化体系中的马克思主义。因此，我们才有必要去研究"马克思主义中国化"所产生的"中国化的马克思主义"。而马克思主义中国化的一个前提，必然是中国人有自己的文化作为母体或曰本体，否则马克思主义中国化就失去了必要性和可能性。这样的理论问题，是一个非常重大的问题。

对于整个世界而言，马克思主义在理论上和现实中必然有多种理解和多样实践，绝非大家精通了"马克思主义基本原理"就可以实践出"相同的马克思主义"。例如，苏联的马克思主义与中国的马克思主义就存在诸多差别；又如，"西方马克思主义"[2] 也不同于社会主义国家所理解的马克思主义。因此，从最广义角度而言，"马克思主义"是由理论言说、社会实践、观念认知等诸多方面构成

---

[1]《中国大百科全书》(第二版简明版)，中国大百科全书出版社 2011 年版，第 5—255 页。

[2]"西方马克思主义"是一个学术流派的称谓。由于在马克思主义理论专题研究中，相关研究成果已经蔚为大观，笔者在此就不再班门弄斧去详细讨论，不详细讨论也与本书主题的限制相关。

的一个综合的存在。但是，无论对马克思主义的理解如何多样，总有一些最为核心的东西存在，无论对这些核心存在你是赞同还是反对，在中国一般称之为"马克思主义基本原理"。而对于马克思主义基本原理，亦存在不同的理解。例如阶级问题，有论者认为："阶级性是马克思列宁主义意识形态学说的灵魂，背弃了这一点便背弃了马克思列宁主义意识形态的根本原理。"[1]这样的观点是否成立？笔者认为，对于历史上和当下的世界各国包括中国是否存在阶级、存在何种阶级，是一个事实判断的问题。而马克思列宁所生活的年代，阶级是事实上存在的，因此阶级性当然是马克思主义在当时的根本指向。当下的阶级问题暂且不论，对于马克思主义的学说而言，其理论指向是最终实现一个无阶级、无法律、无国家的"共产主义社会"。如果说抛开阶级论就是在理论上否定了马克思主义，那么马克思主义学说的最终理想岂不就是对自身阶级论的否定？这一点是说不通的。因此，对马克思主义核心义理的理解，最终还是要追根溯源到本书所言的"文化三向度"上去才能消除理论上的矛盾，本书相关部分详细论证，此处不再赘述。本书此处只是想表明一个结论：马克思主义有广义和狭义的理解，不能混淆马克思主义的广义理解与狭义理解，尤其是在谈论马克思主义中国化与中国化的马克思主义的时候，我们更不应该盲目混同。唯有如此，才能理解马克思主义所倡导的文化，才能理解中国化的马克思主义所倡导的文化。

2. 界定马克思主义之广义与狭义的意义

我们需要考虑一个问题：以马克思主义否定西方文化、以马克思主义否定中国传统文化，似乎一度成为一个思想潮流。这种潮流中的"马克思主义"是广义的马克思主义还是狭义的马克思主义？对马克思主义的通常定义是"吸收了人类一切优秀成果的是马克思主义"，那么马克思主义就不应该是一种纯粹批判性质的理论，更不是与马克思主义之外的理论呈现必然的对立关系甚至敌对关系。将马克思主义经典作家的具体话语作为大前提，将自己的理解作为小前提，将所有一切作为被评判对象，进而得出结论的思维模式，是需要反思的，因为这并不符合马克思主义的本质要求。马克思主义不是要否定一切，而是要整合一切；马克思主义不是要四处树敌，而是要化育天下。对此，曾有论者提出一个观点或曰忧虑："按照《共产党宣言》的说法，共产主义革命要求最坚决地打破传统文

---

[1] 张允熠：《中国文化与马克思主义》，人民出版社2015年版，第245页。

化，而事实上是办不到的。"[1]我们以苏联为例，即可对此有所感悟。在苏联之前的东罗马帝国覆灭时期，"随着东罗马帝国的覆灭，俄罗斯人作为东正教唯一的继承者，自觉承担起了'上帝选民'的重任"。[2]时光流逝到社会主义国家普遍建立的时期，"在东欧，马克思主义未能取代基督教文化；在苏联，列宁主义也未能取代东正教文化"。[3]而在苏联解体之后，东正教再次成为俄罗斯人必需的精神依赖或曰主流信仰，而其社会功能无可替代。例如，"随着苏联的解体，军队里的共产主义意识形态被瓦解，指战员们不知为何而战、为谁而战，导致军队士气的长期低落。普京上台后，提升了部队待遇、将俄罗斯古老的东正教引入军队、大力加强爱国主义教育，逐步恢复了军人的使命感和荣誉感"。[4]俄罗斯的上述例子，基于不同的视角可以作出多面、多样的分析结论。笔者在此只是想表明：对于苏联解体的惨痛教训，当然是一个非常复杂的综合原因造成的；但是关于马克思主义在苏联的实践，其成败在很大程度上皆取决于其人民的信仰，这就是其最大的文化与传统因素。如果不能正确处理与厘定马克思列宁主义与其本国传统、文化、信仰的关系，那么就无法取得马克思主义的成功。而在事实上，马克思列宁主义在苏联的实践，必然应该考虑并针对其本国的现实状况与具体国情，当然成败另当别论。这样一来，马克思列宁主义在苏联的实践就必然不同于在中国的实践，而且很多差别是根本性的问题。因此，本书探讨"广义的马克思主义"的时候，笔者认为必须区分马克思主义之广义与狭义，这是一个重大理论问题，而且不单单是一个理论问题。而"中国化的马克思主义"，则是我们需要探讨的"广义的马克思主义"的重点。上文意在说明：中国化的马克思主义，一定是具有鲜明的中国特色、中国特点的马克思主义，而不是事实上绝不会存在的"千篇一律"的马克思主义。当然，不能将"用马克思主义否定中国传统文化"作为"狭义的马克思主义"的使命、功能，甚至其真理性的依据和标准。简言之，马克思主义是在求真的基础上，依据实事求是的原则来观察和改造世界的，它的功能是用来打败敌人、提升自己的，而不是用来从根本上否定自己民族的历史和文化的。

---

[1]张允熠：《中国文化与马克思主义》，人民出版社2015年版，第5—6页。
[2]马建光：《叙利亚战争启示录》，长江文艺出版社2017年版，第3页。
[3]张允熠：《中国文化与马克思主义》，人民出版社2015年版，第6页。
[4]马建光：《叙利亚战争启示录》，长江文艺出版社2017年版，第132页。

3.定义"马克思主义"的学理和政治考量

20世纪90年代，有论者曾经为了"说明马克思主义是一种吸收和改造了包括中国文化在内的人类文明发展中一切有价值的成果的思想体系"而引起争鸣，"形成一场不大不小的学术风波"。此处之"学术风波"部分源于列宁曾经定论"马克思主义的三个来源和三个组成部分"之中，本没有中国文化的影子，而该论者意在论证"马克思主义的中国学脉渊源"。[1]难道，列宁的"论断"就一定是不可撼动的吗？就没有学术研究空间了吗？当然不是。恩格斯这样重量级的马克思主义经典作家所盛赞的"生物进化论"，都已经越来越被证实是一种建立在虚假想象上的所谓"进化论"，并非人类起源的真相。我们不能因为恩格斯的盛赞，就一定要认同"生物进化论"。我们不能因为有人有什么"论断"，就不思考或者质疑了，否则，我们就是在"造神"，而此种"造神"本身就是违背真正的马克思主义的。这个世界，毕竟不是谁自说自话就可以让所有人都相信的，尤其是中西文化的碰撞与交汇的近代史、当代史告诉我们，文化事关一个国家、民族的生死存亡，岂是谁人手里捧着几个"论断"就可以垄断话语权的？对于言之有据、言之成理的学术研究成果，可以用某个"论断"一否了之吗？如若这样是对的，那么马克思主义的理论就是宗教教义般的存在，而不是马克思主义了。而更为重要的是，其实此处所涉及的问题本质是马克思或者恩格斯的思想或者理论体系的形成，是否受到了中国传统文化的影响的问题，中国传统文化是不是马克思或者恩格斯两位理论家的思想渊源问题。严格地说，这不是"马克思主义"是否包括中国传统文化优秀成果的问题，因为后者的优秀是不言自明的。而实际上，真正进行认真负责的学术研究，就完全可以发现马克思本人的很多思想渊源于中国传统文化，甚至是共产主义理想的提出，如马克思提到的"完善的中国人（孔子）才是共产主义者"，即"孔子在中国宣布了共产主义原则"。[2]在16世纪至18世纪的西方社会，孔子被看成自然神论的唯物主义者、共产主义（"大同主义"）的思想先驱和绝顶聪明的古代智者，孔子在当时的欧洲人的心目中，是一位启蒙者，其地位不是我们今天所能想象的——正如伏尔泰所说，甚至在欧洲城

---

[1] 张允熠：《中国文化与马克思主义》，人民出版社2015年版，序二第7页。
[2] 这段话的原文表述参见《马克思恩格斯全集》(第三卷)，人民出版社1960年版，第617页。笔者转引自张允熠：《中国文化与马克思主义》，人民出版社2015年版，第349页。

乡的一些大路口，也可以看到竖立着孔子的语录牌。[1]其实，包括马克思本人在内的西方世界，对孔子的尊崇在于孔子所提出的"仁"这一儒家的核心问题。因为，非仁者，民主也好，共产也罢，皆没有确立之根基；因为人与人之间若不确立一种"仁"的关系，即人人平等、视人如己的追求，一切美好的制度期许都没有主体根基。

因此，当我们研究中国共产党人开展"马克思主义中国化"的历程的时候，就需要注意一个"主体性"的问题。由于这个"主体性"问题一直处于一种被"模糊化"的地位，导致在理论认知和实践过程中出现了很多需要澄清的重大问题。例如，中国传统文化与马克思主义、中国传统文化与马克思等国外马克思主义经典作家之间的关系，甚至是"主义"与"文化"之间的关系。[2]而对于"主义"与"文化"之间，是不能直接等同的。"主义"是"文化"的产物，我们要深入研究"主义"背后的文化根基。而"人文"是所有"文化"的根基和原点，所以，不从"人文"角度看待"主义"赖以建立的根基，那么理论上就是有所缺失的。深入研究、不断完善马克思主义，必然包含对"人文"的考察，而作为世界人文巅峰的中国传统文化与马克思主义的关系，就是不可回避的，更是研究马克思主义所必须研究的问题。而这个问题早就呈现在理论界面前，如早在1998年，文化学大家张岱年先生就提出："到了21世纪，中国哲学的一个主要任务就是一方面继承马克思主义，另一方面要发扬优秀传统，马克思主义与儒学的关系问题就是不可回避的了。这是一个必须解决的问题，有些人还认识不到这一点。"[3]今天看来，这句话的精准预见性不言而喻，其所指出的马克思主义与儒学的关系问题，实际上是指中国传统文化与马克思、恩格斯等经典作家之理论的关系问题，更是指中国共产党人所坚持的马克思主义的理论来源、理论组成问题，其实更是一个"主体性"的问题。

最为重要的一点是，马克思主义中国化表达着一种含义：中国不是被产生于西方社会、根植于西方文化背景的、西方土壤上的西方文化所"同化"，而是中

---

[1] 张允熠：《中国文化与马克思主义》，人民出版社2015年版，第349页。

[2] "主义"并不能直接等同于"文化"，深入发掘马克思主义所体现之"文化根基"，是一个最应该深入研究的领域，而此处的"文化"，更应该从本书所言的中国传统之"文化"本源、本意，即"以文化人、人文化育"角度来看待，即研究人性问题、人之生命意义问题。

[3] 张允熠：《中国文化与马克思主义》，人民出版社2015年版，序一第5页。

国文化在一个新的历史时段的一个新发展。如若抱守一种教条主义，将马克思经典著作视为否定中国传统文化的理论武器，将从根本上否定中国传统文化视为确立马克思主义在中国之正当性的必然要求，那么就不免受到质疑：中国被"外来文化"所"同化"了。这样的理论难题，绝对是事关马克思主义在中国的历史命运的最大问题之一。"毛泽东多次指出，我们这个民族从来就是接受外国优良文化的，相信外国的东西搞久了就成为中国的了。这是他提出'洋为中用'的基本思路。中国传统文化向来具有'去其糟粕、取其精华'的特性，对任何外来文化都采用兼收并蓄的态度，以博大的胸怀不断地吸收着世界一切有益的文明成果，但从来没有被同化，而是不断地向前发展。中国传统文化这种包容性，为马克思主义在中国的传播和发展提供了良好的文化氛围。"[4] 而对于当时的中国而言，没有进行并完成"中国化"的"马克思主义"，其实就是一种"洋"的性质，"马克思主义中国化"才是将其由外来、外在属性通过内化变成中国的、中国文化的关键。"马克思主义"由"洋"变成"中"，有一个性质或曰属性变化的过程，这一点是必须认识清楚的。"马克思主义中国化"是一个动态过程，"中国化的马克思主义"是一个既成结果；"马克思主义中国化"的过程中的"马克思主义"未必全是以中国为主体的，而"中国化的马克思主义"的结果状态，一定是中国已经成为"马克思主义"的掌控主体与叙事主体。这仍然恰如笔者前文所作之比喻：一本武功秘籍横空出世，即使熟知其全部内容，你仍然不是武林高手，因为武功秘籍是身外之物；只有当你亲身练习至炉火纯青，武功秘籍之内容内化为你的一部分时，那么你就成了绝世高手。而这一切，必然要求一个前提：你作为一个主体存在，而且是一个顶天立地的独立自主的主体存在。而毛泽东同志作为中国共产党的第一代领袖，无疑是马克思主义中国化的主要代表，代表着马克思主义真正成为中国这一主体自有的一部分、内化的一部分，而此种"内化"是为了让中国这个主体更加具有顶天立地的能力、独立自主的资格，亦即让中国成为更加强大的中国。这才是毛泽东同志所说的"外国的东西搞久了"之后，其结果是"成为中国的"一个本质含义，这才是"洋为中用"。如果说"古为今用"更加注重一种传承基础上的内化，那么"洋为中用"更加注重的是一种改造基础上的内

---

[4] 韩庆祥、陈远章：《论马克思主义中国化时代化大众化》，天津人民出版社2020年版，第157页。

化。如果不追求一个"成为中国的"这样的结果，那么就不是"洋为中用"，而是"中被洋化"，即被同化了。

因此，有一点特别需要明确：中国传统文化的包容性，绝不是什么外来文化都无条件接受，而是接受外来的"优秀文化"，外来之"优秀文化"与中国传统文化必然具有共同性与互补性；共同性是指外来文化在最根本处不仅不是否定中国传统文化的最根本之处，而且必然具有一致性；互补性是指二者一定在具体范畴与内涵上有所差异，否则就不是一种对"外来"文化的接纳，只能说是"英雄所见略同"了。依据这样的思路，还必须明确一个至为关键的要点：我们说中国传统文化博大精深也好，海纳百川也罢，但是"中国传统文化"一定不是一个囊中无物、腹中空空的大瓶子，没有自己的根本性的文化根基，而只是承载了一个"容器"的"接纳功能"，纵然接纳之前有一个"甄别功能"。如果没有自己的立足根基，只是通过不断接纳"外来文化"来丰富自己，那么这里所用的形容词不应该是"开放性、包容性"，而是"无根基的浮萍"或者是一个"大大的空瓶子"，随波逐流而已。开放性与包容性，首先是因为根基牢固而高度文化自信的表现和结果。否则，文化在中国历史上一直承担着类似今日之"意识形态"的政治功能，没有哪一个统治者会愚蠢到"以文化的开放性和包容性来接纳吸收外来文化，进而动摇自己的政治统治的文化根基"。近代以来，马克思主义在中国的成功和其他形形色色的主义在中国的失败，就从一个侧面反映了中国传统文化的"定力和底力"。例如，有论者总结道："马克思主义在中国的胜利也绝非像港台新儒家所说是'五四'运动使马克思主义乘虚而入。'五四'时期'乘虚而入'的西方思想势如潮水，马克思主义原来不过是杂在它们中的一员。那些诸如什么新康德主义、新黑格尔主义、柏格森主义、尼采主义、叔本华主义、弗洛伊德主义、无政府主义、基尔特主义、罗素主义、实用主义等西方思想，可谓令人目不暇接，但这些思想不是昙花一现，就是成为一些文人雅士的精神奢侈品，无一形成气候。就连胡适贩来的影响最大的实用主义在马克思主义传入之后也顿时相形见绌，甚至一度作为中国近代启蒙思想之大宗和代表资产阶级意识形态的进化论也不得不退居其后。显然，那种以简单的偶然论或命定论看待马克思主义在中国生根、开花、结果的人，不是戴着反共的有色眼镜就是缺乏对历史和思想的深入探究。"[1]马克思主义为什么被中国广大人民接受？习近平总书记指出："马克思主义传入中国后，科学社会主义的主张受到中国人民热烈欢迎，并最终扎根中国大地、开花结果，绝不是偶然的，而是同我国传承了几千年的优秀历史文化和广大人民日用而不觉的价值观念融通的。"[2]这就是马克思主义的"群众史观"的一个生动写照，也是马克思主义被中国广大人民接受的内在的、根本的文化原因。当然，中国共产党人不断地将马克思主义中国化的进程深入推进，这是一个非常关键的步骤和非常重要的原因。

（二）马克思主义中国化之基本内涵

"马克思主义中国化"可以具有多种内涵，多种内涵的出现源于视角不同，如政治视角、学理视角等。"马克思主义中国化"的学理定义亦有很多不同表述，如有论者认为："马克思主义中国化"含有两层意义，一是马克思主义基本原理与中国具体实际相结合，二是马克思主义思想体系与中国传统文化相结合；第一个结合表现在实际、实践、实用、实效层面上，第二个结合表现在精神、思想、理念、理论层面上。[3]实际上，"马克思主义中国化"是一个长期的、动态的历史过程，其中至为重要的一点就是马克思主义与中国传统文化的关系问题，而此种关系考察中的"马克思主义"，往往又是指代本书所言的"狭义的马克思主义"。对于此种关系，中国内地纷争较大，如有论者归纳出了马克思主义与儒学之间如下不同的观点：相斥说、相容互补说、多元并存说、相通相合说、"三分说"和"二分说"、"西体中用"说、"马列主义儒家化"、取代说、综合创新说、辩证发展说等。[4]其实，各家各派之观点皆有其合理之处，但是我们又不能说哪种学说是"定论"。因为此处只是考察儒学与马克思主义的关系，而儒学当然不是中国传统文化的全部内容，而狭义的马克思主义亦不是马克思主义的全部内容；况且对于儒学也好、狭义的马克思主义也罢，各方观点实际上可能未必达到一个求得"究竟法门"的程度，而只是在谈论"方便法门"；如儒学最高境界之"悟道"、圣人之"天地境界"，究竟是什么？在鲜有悟道者的当今时代，我们

---

[1] 张允熠：《中国文化与马克思主义》，人民出版社2015年版，自序第17页。
[2]《习近平谈治国理政（第三卷）》，外文出版社2020年版，第120页。
[3] 张允熠：《中国文化与马克思主义》，人民出版社2015年版，第373页。
[4] 张允熠：《中国文化与马克思主义》，人民出版社2015年版，第3—15页。

很难说人们真正看懂了很多学问，勿论修正了学问所讲的内容。大多数人不过是在"求道"的路上而已。因此，我们很难说哪个是定论。笔者在此想表达的观点是：上述种种不同的观点，本身就是马克思主义中国化这样一个历史动态过程中的合理存在和必然存在，不同观点的纷争本身就是一个"马克思主义中国化"的过程本身。而最终我们需要在"马克思主义中国化"这样一个动态历史过程中继续不断探索、修正，逐步迎来动态的、完美的"中国化的马克思主义"，这才是目标。在此过程中，无论持何种不同见解，我们所有的目标必然有一个共性，那就是旨在造福大众、天下为公。否则，就既不是儒学，也不是马克思主义，更别说谈论二者的关系了。而且依据笔者在本书中一贯的观点：切勿先将两者分割开来、对立起来，然后寻求异同，或者求同存异；因为"自其异者视之，肝胆楚越也"，我们真正需要的是大智慧与"无我"之境界，才能抛开"我执"地厘清一个问题。并且，"众生皆具如来智慧德相"，我们对儒学或者马克思主义的赞同也好、不赞同也罢，最终落实到的是"自心"，不是为了维护一个外在于自己的、高高在上的偶像，而是一个"小我到大我到无我"的修身过程，这样我们才能更好地发现二者的"同"，"同则通"，更好地理解二者的"异"，而最终发现：我们所认同的，实际上是人与人之"同""通"，也就是"仁"；我们看到的"异"，其原因在于"异"是源于针对性不同而产生的"方便法门"，察其是非对错，标准在于其是否"适时宜"，也就是"义"；最终皆归结于"仁、义"，亦即"人文、人道"。任何学说，其最终要义在于探求"人之所以为人"的根本道理，学说是一种指引、参考、便利，而不是让自己成为盲从的"乌合之众"，最终造就每个人的"顶天立地"，才是"行人道"的学说。每个人都是自己的主人，学说是让人更好地成为自己，而不是变成奴仆。从这个境界上看，我们才能发现中国传统文化与马克思主义在最根本处是"通且同"的。若不在此根本境界上看问题，那么我们不仅会将"标准与目的"模糊化，而且会执着于"术"而忘了"道"。

"马克思主义中国化"命题是毛泽东最先提出的。[1]"马克思主义中国化"的提出，不只是增加了一个新的语言表达形式，而是表明中国共产党对马克思主义的认识达到了一个新的高度，表明中国共产党独立探索中国革命道路的理论

---

[1] 蒋传光：《马克思主义法学理论在当代中国的新发展》，译林出版社2017年版，第3页。

觉醒。[1]马克思主义中国化，实际上必然考量：一方面是马克思主义基本原理必须坚守；另一方面是必须结合中国实际和中国国情。而笔者认为在根本处还需要考量的一个问题是：马克思主义是一种"外来文化"还是"中国文化吸收外来文化形成中国化的马克思主义"，而后者可能是马克思主义"中国化""时代化""大众化"目标下的一个更为根本的问题，或者说是一个前置性问题。毛泽东指出："马克思主义必须通过民族形式才能实现……洋八股必须废止，空洞抽象的调头必须少唱，教条主义必须休息，而代之以新鲜活泼的，为中国老百姓所喜闻乐见的中国作风和中国气派。"[2]实际上，笔者认为此中除了包括"避免形式上的水土不服"原因之外，更是强调"避免文化的排外性"，避免马克思主义文化在形式主义和教条主义的摧毁下，被认为是一种彻头彻尾的"外来文化"，这样才能形成一种真正的、彻底的、快速的文化认同感。而此中"文化"之认同，除了理论学说表面所主张之内容，更主要的是要去考察其在"人文""人心"处是何种"文化真谛"，对这种进一步的"文化真谛"的发掘和解读，才是更为关键的。例如，"大公无私"体现了何种文化？"人民立场"体现了何种文化？这才是最终极的"文化认同"的关键所在。如若进行类比，这也犹如中国历史上的"佛教中国化"的历史，现今人们鲜将"佛学"作为外来文化看待，而是自豪地认为中国是"佛学的延续中心"，因为佛学是造就觉醒的大公无私之人，这也是中国人从古至今一贯的理想人格追求。那么，今日我们看待马克思主义中国化的进程，如若从"理想人格"角度来看待马克思主义所追求的"大公无私"的理想人格，那么可能很多问题就会迎刃而解，特别是中国人为何如此广泛地、自然地接受马克思主义——"有朋自远方来，不亦乐乎？"无论古今中西，我们都时刻知道何者为"朋"，因为我们坚守何者为"人"的永恒道义！这就是贯通古今中西的"人的本质""文化的真谛"。

---

[1] 刘伟：《解读"马克思主义中国化"》，载《渭南师范学院学报》2007 年第 3 期；转引自蒋传光：《马克思主义法学理论在当代中国的新发展》，译林出版社 2017 年版，第 3 页。

[2] 毛泽东：《论新阶段》，载《中共中央文件选集》（第 11 册），中共中央党校出版社 1991 年版，第 658—659 页；转引自舒国滢：《中国特色马克思主义法学理论研究》，中国政法大学出版社 2016 年版，第 33 页。

（三）中国化的马克思主义之基本内涵

"中国化的马克思主义"之内涵亦有多种不同的表述。例如，有论者认为：马克思主义在与中国文化的互动和结合中形成中国社会新型的主流文化与意识形态，即中国化的马克思主义。[1] 在此问题上，不必纠结遣词造句如何，而根本问题似乎在于一个主语和宾语如何确定的问题。例如，汤一介先生的如下观点就很值得细细玩味，而且对此观点切莫急于下结论、论对错，因为历史很漫长、未来很漫长，越是漫长，就越需要一种大智慧带来的远见。汤一介先生认为，对于中国文化今后的发展方向，"可以有两个提法，一是发展出一个适合现代化要求的中国化的马克思主义；二是发展出一个适合现代化要求的、吸收了马克思主义的中国文化"，但是他也同时指出："这两个前景，也许是一回事，也许不是。"[2] 笔者认为，此中利弊问题及其理论研究空间巨大，但是当下我们正在走的理论之路，实际上是在追求"同时收获二种提法中必然的积极功效，避免两种提法中暗含的消极影响"。因此，当下中国在高举马克思主义旗帜的同时又积极弘扬中华优秀传统文化，就是一个进一步推动"中国化的马克思主义"升华的历史进程，而且其意义自不待言，这是具有历史眼光与使命担当的智者们都无法回避的时代课题。

笔者认为，中国传统文化博大精深，造就了中华民族呈现出这样的特征：因为创造了辉煌的文化，而成就了民族性之伟大；因为民族性之伟大，让中国传统文化大放异彩；此种大放异彩就体现为根基的牢固性、文化的开放性和包容性，因此可以不断吸收一切优秀的文化成果，化外在为内在。佛学中国化的过程有目共睹，即中国传统文化将"外来文化"中国化的一个范例；[3] 而马克思主义中国化，必然也是因为中国传统文化的博大精深作为根基，否则，"马克思主义中国化"就会转化为"中国文化马克思主义化"了——此即"马克思主义中国化"的"主体性"问题。

---

[1] 张允熠：《中国文化与马克思主义》，人民出版社 2015 年版，第 373 页。

[2] 薛涌：《追求新的文化目标——访北京大学哲学系汤一介教授》，载《书林》1986 年第 6 期；转引自张允熠：《中国文化与马克思主义》，人民出版社 2015 年版，第 7 页。

[3] 当然，笔者在前文已经提及，佛教文化确有可能是古华夏文化的一部分，因而其本质上可能不是"外来文化"。此观点涉及佛学与中华文化的基本关系问题，未经深入考证不可妄言，因此此处以疑问方式提出，留待继续研究。

中国人在中国传统文化的历史传承过程中，将马克思主义经典作家的理论加以吸收、改造，并且形成自己完整的价值指引和理论体系，产生了中国化的马克思主义，这个过程就是马克思主义中国化。这绝非一个将马克思、恩格斯、列宁等马克思主义经典作家的理论和思想奉为教条化的金科玉律的过程，而是有着实质内涵与文化改造的一个过程。如果将马克思主义经典作家的每一句话、每一个具体论断都奉若金科玉律，那么这与西方的教条化的宗教教义就没有实质差别了，如若恰如基督徒对待《圣经》一般的心理，也就不可能出现马克思主义中国化的问题，更不可能让"马克思主义"迅速被广大中国人民接纳并应用于实践、坚守弘扬上百年之久，并且让中国走上了一条正确的民族伟大复兴的道路，因为中国人从来都不会接受一种"宗教化式"的理论。因此，从毛泽东等第一代中国共产党人即明确了马克思主义中国化的问题，并且强调，因为"教条主义"或者"本本主义"在实质上是"反马克思主义的"，因为马克思主义的本质特征在于其实践性，而实践性必然需要与不同的时代、不同的国别、不同的国情相结合。因此，毛泽东同志写出了名篇《反对本本主义》[1]与《实践论》[2]等来强调这个问题。毛泽东同志明确指出："马克思主义的哲学辩证唯物论有两个显著的特点：一是它的阶级性，公然申明辩证唯物论是为无产阶级服务的；再一个是它的实践性，强调理论对于实践的依赖关系，理论的基础是实践，又转过来为实践服务。"[3]"不能在封建社会就预先认识资本主义社会的规律，因为资本主义还未出现，还无这种实践。马克思主义只能是资本主义社会的产物。马克思不能在自由资本主义时代就预先具体地认识帝国主义时代的某些特异的规律，因为帝国主义这个资本主义的最后阶段还未到来，还无这种实践，只有列宁、斯大林才能担当此项任务……"[4]当我们研读马克思主义经典著作的时候，如《雇佣劳动与资本》发现，其研究此问题针对的是当时的世界形势和欧洲的具体社会状况：一是雇佣劳动对资本的关系，工人遭受奴役的地位，受资本家的统治；二是各个中间市民阶级和所谓的市民等级在现存制度下必然发生的灭亡过程；三是欧洲各国资产阶

---

[1] 具体内容可参见《毛泽东选集》（第一卷），人民出版社1991年版，第109—118页。

[2] 具体内容可参见《毛泽东选集》（第一卷），人民出版社1991年版，第282—298页。

[3]《毛泽东选集》（第一卷），人民出版社1991年版，第284页。

[4]《毛泽东选集》（第一卷），人民出版社1991年版，第287页。

级在商业上受世界市场霸主英国的奴役和剥削的情况。[1] 这在当时是一个极具针对性和"时代性"的问题指向。当时英国为了维护其世界市场的霸主地位，必然诞生相关的理论来维护和推崇其正当性，从18世纪亚当·斯密的自由市场学说就可以抓住其本质。因为"亚当·斯密的祖国英国，绝非是靠什么'看不见的手'、自由贸易发达起来的。无论是在斯密之前还是之后，英国从未真正彻底实施过斯密主张的经济政策……斯密的经济学是工业先进的英国压制工业落后国家的一套战略工具，英国的'国富论'正是德国的'国贫论'"。[2] 这套自由市场理论作为战略工具，在亚当·斯密之后的马克思生活的时代，直至今日之世界，仍然具有很大的迷惑性，让人难以轻易看清其本质，因此追随者甚众。[3] 而马克思在当时就能够睿智地发现自由市场理论包装下的资本主义的实质，因此旗帜鲜明地予以揭露和反对。那么，作为根本动因的"经济基础"如此，作为工具层面的"上层建筑"更是如此，西方的"法治理论"作为服务其经济这一根本动因的理论工具，成为一套"输出的战略工具"，就自然不足为奇了。只是，这套法治战略理论同样具有迷惑性，甚至更加具有迷惑性。因此，马克思将经济基础与上层建筑的关系予以澄清，并且发现其中的奥秘，这是直抵根本；马克思公开反对资本主义的法律，也就是其作为政治战士的必然使命，也是其学说的必然内容。而后来世界形势的发展和经济的发展不断变化，其形式更为多样、样态更为复杂、利益关系更为多元，这都并非马克思可以全部预见的。例如，"今天，以美国为首的西方列强在世界发动一个又一个颜色革命，实际就是帝国主义不仁不义的战争继续。勾勒发生颜色革命的区域，可以了解美国战略的大致走向，也可以预测

---

[1] 马克思：《雇佣劳动与资本》，中共中央马克思恩格斯列宁斯大林著作编译局编译，人民出版社2018年版，第14页。

[2]《何新经济学讲义》，现代出版社2020年版，序言第4页。

[3]（笔者在网络上看到）有观点曾经说：应该构建中国特色社会主义自己的"资本理论"，而不是囿于西方资本主义的"资本理论"来套用，依据对资本主义的"资本理论"的赞同或者否定来看待中国的"资本问题"。笔者认为，在市场经济理论、资本理论等诸多方面，的确应该形成中国特色社会主义自己的理论体系，在其中可以，也必然要借鉴、参照、研究透彻资本主义的相关理论，进而厘定中国的相关理论，但是绝对不应该将资本主义的相关理论作为一个不可推翻、顶礼膜拜的标准。中国国情作为现实对象，中国国家作为独立主体，以此为前提的理论研究是正确的道路。这样才是一个理论界的当务之急。在法治理论领域，同样的问题，同样的道理。我们正在不断地突破、超越、完善，这是具有历史性意义的，也是当下必为之要务。因为，经济与法律的关系、经济基础与上层建筑的关系，是法治理论研究中不可分割的理论课题。

将要发生颜色革命的区域，最关键的是妨碍美元自由流动（金融资本获利）的区域"。[1]金融资本的霸权已经在很大程度上不同于马克思时代的资本运作特征和获利手段、方式。当然，资本主义的本质和本性是没有变化的，这一点马克思看得一清二楚，例如今日，"挂在美国当权者嘴边的自由、民主、人权，只是一些意识形态的口号，基本上是一种修饰和掩盖，而掩藏于其背后的根本追求，则是牵动神经的经济利益和战略利益"。[2]以上意在说明：当今之世界大势，须以大智慧来看清、应对、处置，绝非抱守当年马克思看待资本主义的眼光可以解决。因此，上文所言亦可以理解中国共产党人早就做出的一个结论：马克思主义的经典作家没有穷尽真理，秉承马克思主义去观察和改造世界，本身是一个不断发展完善的动态过程，即这个道理。习近平总书记指出："坚持把马克思主义基本原理同中国具体实际相结合、同中华优秀传统文化相结合，用马克思主义观察时代、把握时代、引领时代，继续发展当代中国马克思主义、21世纪马克思主义！"[3]这是中国共产党对待马克思主义真理性追求的一贯态度，是"实事求是"的必然要求，也是当代中国人民和中国共产党人的历史使命！当代共产党人的历史使命的义理还是那句话：人能弘道，非道弘人！

　　当今中国，"社会主义"的内涵耳熟能详，但是近代中国对待"选择社会主义"这一话题，却经历了一番纷繁复杂的历史纠葛。什么是社会主义？什么是与社会主义相对的概念？资本主义与社会主义概念的相对立，起源于欧洲近代，在社会主义与资本主义的对立过程中，国家主义、个人主义、无政府主义等各种主义纷至沓来，都曾在西方社会与中国近代产生过重大的历史影响。那么，社会主义这样一个概念是如何产生的？马克思曾经提到过"中国的社会主义"，此处的社会主义又指什么？对于这样一个历史过程，学界研究成果较多，诸多成果可能从不同的视角出发，却共同汇聚成一幅完整的历史画卷。笔者在本书中暂以采用"社会史化"方式研究"五四运动"的杨念群先生在《五四的另一面："社会"观念的形成与新型组织的诞生》中所介绍的个人主义、国家主义、无政府主义的历

[1] 江涌：《谁在操纵世界的意识：从苏联解体到"颜色革命"》，社会科学文献出版社2018年版，代序第5页。

[2] 江涌：《谁在操纵世界的意识：从苏联解体到"颜色革命"》，社会科学文献出版社2018年版，代序第5页。

[3] 引自2021年习近平总书记在庆祝中国共产党成立100周年大会上的讲话。

史脉络，以及对社会主义的思考，来分析晚清至民初之"社会"观念的形成，以及后来对"社会主义"观念的影响。[1]

就西方世界在近代以来构建的所谓"现代世界体系"整体而言，沃勒斯坦总结为：所谓现代世界体系产生于 16 世纪的西欧；出于资本原始积累的需要，这一体系自出现以后就开始了向全球的地理扩张和经济掠夺；到 19 世纪末，西欧殖民体系建立以后，才完成现代世界体系向全球的扩展。[2]在这样一个大的历史进程中，由达尔文的生物进化论所衍生的"社会达尔文主义"之"社会进化论"扮演着为"弱肉强食"式的掠夺辩护的理论角色，造就了一种"物竞天择，适者生存"的"极不人道，但是合理"的掩人耳目的所谓"国际法则"。而在此过程中，一系列的观念演进与冲突也就成为"思想的竞技场"，"民族""国家""社会""政府""个人""自由"等标签就需要进行新的解读和排列组合，使得每个概念之间要么彼此二元对立，要么彼此相融共生，其目的在于构建一套"话语体系"，进而达到"一呼百应""畅通无阻"的效果。首先看"民族—国家"这个由西方传来的概念，笔者在前文已经引证了张锡模先生关于此概念的历史考证与分析、此概念的世界性文化冲击；此处就涉及这一概念从晚清到民国时期对中国的影响问题。"19 世纪的西方世界以民族国家的全盛为标志，在近代的意义上，'民族'是文化实体，而'国家'是政治实体，这两者的结合形成具有主权的近代民族国家。"[3]这样的概略理解是足以言简意赅表达"民族国家"的本意的。这种"民族国家"的观念，打破了中国传统社会的"家国同构、家国一体、家国天

---

[1] 笔者之所以引用以"社会史化"作为研究方式的论者的观点，是因为笔者认为其采用此种方法的理由更加有利于全面还原历史，也才能更加透彻地理解现实。"把五四看作近代历史长程运动中的一个环节重新加以审视，聚焦的目光不限于其作为政治运动瞬间发生的事件含义，也不限于揭示心灵自我重新发现过程中爆发出的内在紧张状态，而是把五四扩展到与清末变革和民初社会革命的前后长线关联中予以定位。当然，这样的阐释必须与政治党派的合法性历史叙述区分开来，更应有别于已被定性的意识形态化政治史表述。只有如此，我们才会发现五四斑驳多彩、异常复杂的历史真相。"（杨念群：《五四的另一面："社会"观念的形成与新型组织的诞生》，上海人民出版社 2018 年版，第 17 页。）该论者的研究方式，是值得推崇的，包括本书对近代中国文化变局的研究，亦是尽力采取这种方式进行，目的在于求真，求真的目的在于"温故而知新"。

[2] 杨念群：《五四的另一面："社会"观念的形成与新型组织的诞生》，上海人民出版社 2018 年版，第 129 页。

[3] 杨念群：《五四的另一面："社会"观念的形成与新型组织的诞生》，上海人民出版社 2018 年版，第 37 页。

下"的传统观念，因为"针对中国而言，晚清以前的中华帝国一直由'普遍性王朝'的理念所支配，汉民族大都在多元民族中居于主体的位置，在士大夫的眼中，帝国只有文化的普遍而非特别的意义，维系大一统的策略是一种文化认同而非政治实体的较量"。[1]清帝退位之后，随着清朝的覆灭，中国的政治出现了一个空窗期，"国家主义"一度成为主流的思潮，出现了"国家崇拜"潮流。例如，梁启超先生在晚清时提出的观点颇具有代表性："今日欲救中国，惟有昌国家主义，其他民族主义社会主义，皆当诎于国家主义之下。"[2]此种"国家主义"意义上之"国家"，在近代早期知识分子心中几乎具有了"偶像崇拜"的意义，仿佛只要国家政体的制度设计能够顺利实现，社会、文化乃至心理的问题也会随之迎刃而解，又仿佛"民族—国家"的建设可以完全归结为某种政党政治的上层实验；直至后来民初政党政治无效率的争斗才导致了人们对"国家主义"的质疑，以"陈独秀在其《偶像破坏论》中几乎把现代国家与宗教偶像并列而观"为标识，"民族"与"国家"概念渐渐分离。[3]"国家主义"不再是人们的理想世界了。而后的无政府主义、个人主义、自由主义等无不经历了"国家主义"的历史命运，虽然其盛行的时间长短有别，被抛弃的原因各异，但是终归由于各种"主义"自身的根本性弊病，包括其背后的推手的根本性问题。例如，自由主义之破灭原因，毛泽东同志就曾撰文："那些近视的思想糊涂的自由主义或民主个人主义的中国人听着，艾奇逊给你们上课了，艾奇逊是你们的好教员，你们所设想的美国的仁义道德已经被艾奇逊一扫而空。不是吗，你们能在白皮书中找到一丝一毫的仁义道德吗？"[4]而自古就提倡"天下为公"的中国传统文化，与此时传入中国的"社会主义"相契合，自然容易为中国人所普遍接受。恰恰在这期间，"经过第一次世界大战和俄国十月革命以后，西方资本主义国家内部的社会问题，如劳资纠纷、社会财富分配不均以及身份不平等现象，通过革命的过程揭示出来

---

[1] 杨念群：《五四的另一面："社会"观念的形成与新型组织的诞生》，上海人民出版社2018年版，第38页。

[2] 梁启超：《杂答某报》，载李兴华等编：《梁启超选集》，第510页；转引自杨念群：《五四的另一面："社会"观念的形成与新型组织的诞生》，上海人民出版社2018年版，第43页。

[3] 杨念群：《五四的另一面："社会"观念的形成与新型组织的诞生》，上海人民出版社2018年版，第46—47页。

[4] 《毛泽东选集》（第四卷），人民出版社1991年版，第1495页。

了，这些问题的显露最终导致了西方国家作为政治改革标本形象的瓦解。"[1] 因此，"资本主义由进化崇拜的偶像，一变而为人类应共同挞伐的恶魔，也正是在这个意义上，十月革命的成功经验自然被中国人当作全球革命的意识形态法则加以接受了"。[2] 这样的一个历史过程，可以让我们更加理解：选择社会主义是经过了"历史的实验和筛选"的"最终决定"。这也是中国传统文化与中国人选择"社会主义"之间关联的"历史考察"与"文化选择"。杨念群先生的一段话可以言简意赅地表达这种"文化选择"的真谛："'社会主义'蕴含的思想内容，从表面上看，似乎纯粹是西方的东西，可细究其中的运思逻辑，却又恰恰是中国传统思想的题中应有之义。"[3] 今日中国，虽然我们对于"科学社会主义""中国特色社会主义"已经有了清晰的认知，但是这段历史的回顾，对于加深理解中国人民选择马克思主义、选择社会主义的"历史必然性"是颇有意义的。

（四）简述马克思主义中国化之必要性

毛泽东曾说："今天的中国是历史的中国的一个发展；我们是马克思主义的历史主义者，我们不应该割断历史。从孔夫子到孙中山，我们应当予以总结，承继这一份珍贵的遗产。这对于指导当前的伟大运动，是有重要的帮助的。共产党员是国际主义的马克思主义者，但是马克思主义必须和我国的具体特点相结合并通过一定的民族形式才能实现。马克思列宁主义的伟大力量，就在于它是和各个国家具体的革命实践相联系的。对于中国共产党来说，就是要学会把马克思列宁主义的理论应用于中国的具体的环境。成为伟大的中华民族的一部分而和这个民族血肉相连的共产党员，离开中国特点来谈马克思主义，只是抽象的空洞的马克思主义。"[4] 此言讲对中国历史的研究，此即"为政"之"温故而知新"；此言特别强调马克思主义和中国特点相结合，实际上即中国共产党人至今仍然强调的将"马列主义基本原理"与"中国革命和建设的实践"相结合；此言更加突出强

---

[1] 杨念群：《五四的另一面："社会"观念的形成与新型组织的诞生》，上海人民出版社 2018 年版，第 87 页。

[2] 杨念群：《五四的另一面："社会"观念的形成与新型组织的诞生》，上海人民出版社 2018 年版，第 88 页。

[3] 杨念群：《五四的另一面："社会"观念的形成与新型组织的诞生》，上海人民出版社 2018 年版，第 162—163 页。

[4]《毛泽东选集》（第二卷），人民出版社 1991 年版，第 534 页。

调作为国际共产主义的马克思主义者的"共产党员"当然应当"成为伟大的中华民族的一部分"。对于毛泽东同志上述话语的理解，我们从下面一段话就可以更深刻感知其要义，感受中国传统文化对毛泽东同志伟大智慧形成的作用："毛泽东评价历史人物常强调'内省之明'与'外观之识'并重，其实却更注重知识如何在行动中体现得圆满有效。因此，在他的视界里，袁世凯、孙中山、康有为之政治经验皆不足言，在近代人物中，他曾感叹大多数人'徒为华言炫听，并无一干竖立，枝叶扶疏之妙'，并自称'独服曾文正，观其收拾洪杨一役，完满无缺，使以今人易其位，其能如彼之完满乎？'"[1]这种对历史人物的评价，让我们更加感受到"文化与人的塑造之间的关系"之"人的无可替代性"。当我们回顾近代史、回顾中国共产党的革命史的时候，我们会深深感受到：只有伟大的智者才能让马克思主义"中国化"，此种"中国化"不仅绝非简单地反对教条主义，而且要求其智慧一定是"天将降大任于斯人也"一般之磨砺。因此，"毛泽东同志是伟大的马克思主义者，伟大的无产阶级革命家、战略家、理论家，是马克思主义中国化的伟大开拓者，是近代以来中国伟大的爱国英雄和民族英雄，是党的第一代领导集体的核心，是领导中国人民彻底改变自己命运和国家面貌的一代伟人"。[2]因此，马克思主义起源于马克思，而中国的马克思主义开创于毛泽东同志；中国的马克思主义绝非马克思主义起源以来的、在中国的一个简单的延续，而应该是一个以毛泽东同志为创始人的"中国人开创的、中国的马克思主义的起点"。笔者认为，提出"马克思主义中国化"，是以毛泽东为代表的第一代中国共产党人对文化主权的一种宣誓和努力。这个起点在于开创者，更在于中华民族这个伟大的民族之独立自主的主体地位之确立。因此，有论者提出过如下观点："马克思主义中国化、时代化、大众化的阻碍之一是中国传统文化。"[3]这个具有一定代表性的观点，笔者认为值得商榷，笔者的结论恰恰与其相反。特别是当我们从"形成文化认同"的视角来看，笔者更不能赞同此类观点。

戴旭先生所言值得在讨论马克思主义中国化之意义的时候予以思考："甲午

---

[1] 毛泽东：《致黎锦熙信》，载中共中央文献研究室等编：《毛泽东早期文稿（1912.6—1920.11）》，第85页；转引自杨念群：《五四的另一面："社会"观念的形成与新型组织的诞生》，上海人民出版社2018年版，第224—225页。

[2] 习近平：《论中国共产党历史》，中央文献出版社2021年版，第49页。

[3] 由于这个观点具有一定的普遍性和代表性，因此笔者此处不再具体引证持有该种观点的学术文章的具体内容。

战争之前，中国已在改革开放，迄今 120 年间，中国引进了全世界几乎所有的'思想'，经历了全世界几乎所有的改革试验，如袁世凯的君主立宪、孙中山的全盘西化、北洋军阀的总统选举制、蒋介石的官僚垄断资本主义——形式民主实质独裁等，直至数次惨烈革命，最后引进最新的苏联共产主义模式，并在此基础上探索奋斗了一个甲子，从新民主主义到社会主义并形成至今'有中国特色社会主义'这一过渡形态。"[1]是否进行中国化，是每种"思想"或者"制度"在中国命运的分水岭。近代以来，西方各种思想、思潮纷至沓来，而最终只有马克思主义被中国人民所接受，其重要原因是"马克思主义中国化"。如果没有一个"中国化"的过程，那么马克思主义所面临的历史命运可能是别样的。例如，西方的"民主自由"思潮，在近代中国之传播不可谓不广泛与轰轰烈烈，然其最终并未成为一种被中国人广为接受的意识形态，原因何在？其重要原因之一，恐怕就是一种"全盘西化、照搬照抄"式的"臣服主义"，导致该种理论未有"被中国化"之可能。而中国化的马克思主义，却在其过程中可以将"民主、自由"等在马克思主义的框架内予以整合并中国化。一种未能致力于"中国化"的"臣服主义"，不仅仅是传播者未能"创新"和"入乡随俗"的问题，即使抛开民族感情和心态的考量，更主要是传播者往往以"启蒙者"的心态和姿态自居，而其"启蒙者"的"资格"源于其对外来文化的"知晓"甚至"精通"，进而通过"臣服于外来文化"来获得"中国人的启蒙者"的资格和地位；而其启蒙的对象恰恰是"不知""不熟知""不服""不臣服"外来文化的广大中国受众。在"启蒙者"与"被启蒙者"之间，其重要差异在于是否对外来文化做出"臣服"的姿态和心态。对于这一点，我们从有关论者对五四前后的"全盘西化"思潮的评述会有所感悟："历史用十几年的时间培养了数以百万计的西学拥趸，而且全部是青年……对于青年人来说，'五四'并不是抛弃一个旧传统，相反，旧传统早已在打倒之前被抛弃了。但'五四'的确是一次青年运动，是早已在知识结构上与父辈分道扬镳的青年与父辈的公开决裂，是两代人之间话语脐带的正式分解。这种决裂表现为全盘西化与全盘反传统，如果说全盘西化是为了表达群体或个体的自觉，全盘反传统则是一次精神的弑父。在这个意义上说，'五四'新文化运动也还不是陈独

---

[1]《戴旭讲甲午战争：从晚清解体透视历代王朝的政治败因》，人民日报出版社 2018 年版，第4 页。

秀所说的'国民运动'，而是这些出身于传统士大夫阶层，自以为可以代表全体国民的'新青年'的运动。"[1] 例如，胡适所倡导的自由主义，其并非一种为广大中国人民接受的"国民运动"，"此时的自由主义必须参加对新青年的争夺，而这正是形形色色的主义所努力为之的"。[2] 因此，其实质上是一种外来文化的全面扩张与对中国人的文化同化，此种文化同化当然无法成功。中华民族几千年的延续与文化传承，经历过太多的文化考验，至今仍然昂首屹立，这才是中华文化的本色之伟大。因此，虽然我们可以多角度解读这段历史，但是笔者此处只是借此谈及"中国化"与"臣服主义"的区别以及由此区别它们带来的不同命运。

另外，由于"外来文化"之思潮众多，传播者之间亦会因为"固执己见"而形成"门户之见"，因为所有的"照搬照抄"必然皆于中国"水土不服"；因此，不能中国化的思潮，是近代以来包括今日形成思想上重大隔阂、门户之见林立的重要原因之一。大家都将中国文化当作一个巨大的"空瓶子"，拼命"挤走"原来的传统文化并连根拔掉，且在连根拔掉传统文化的同时，互相争夺一个假想的"空瓶子"所存在的所有空间，试图用"臣服主义"之对象来填满这个瓶子，这必然造成一种互相倾轧，表现为现实就是人群与人群的对立甚至仇视。此种现象，值得深思。

另外，狭义的马克思主义、西方文化中的民主自由等，当然都与中国传统文化具有共同性，同时具有差异性。外来文化被中国化，当然主要还是要从其实质内容方面考量，考量其"被中国化"的实质资格。例如，"社会达尔文主义"之"社会弱肉强食、功利主义"等理论和思潮，虽然在中国有巨大影响，但是其绝对没有"被中国化"的"入门资格"。因为如果这些东西成为一种主流，那么中国传统文化和中华民族就是彻底被"同化、异化"了。因此，考察外来文化与中国文化的"共同性本质"亦是关键所在。自从马克思主义传播到中国，就存在马克思主义中国化的问题。马克思主义发端于欧洲资本主义社会背景中，马克思、恩格斯、列宁等马克思主义经典作家虽然对当时的中国有所关注，但是当时的近代中国并不是马克思主义经典作家重点关注的对象，因此其学说建立的基础亦非中国社会的实际状况，而是主要针对欧洲资本主义社会的现实以及欧洲的历史进

---

[1] 邓秉元：《新文化运动百年祭》，上海人民出版社 2019 年版，第 23—24 页。

[2] 邓秉元：《新文化运动百年祭》，上海人民出版社 2019 年版，第 42 页。

程，这是毋庸置疑的。

"谁是我们的敌人？谁是我们的朋友？这个问题是革命的首要问题。"[1]这是毛泽东同志在1925年12月1日所发表的《中国社会各阶层的分析》中的开篇语，也是《毛泽东选集》的开篇语，其意指反对当时党内存在的右倾机会主义与"左"倾机会主义，而应该将农民作为中国革命的同盟军。[2]那么从近代的国际形势上看，西方资本主义国家和日本都在虎视眈眈意图侵略和瓜分中国，以救亡图存为首要任务的中国人民，当然需要在国际社会中认清谁是我们的敌人、谁是我们的朋友，这是不言而喻的一个结论。马克思主义代表着反对资本主义统治世界并瓜分中国的一支国际政治力量，[3]因此从这个角度看，马克思主义阵营当然是中国人民的朋友。但是，中国并不是失去了自我主体地位，而是在确立自我主体地位的基础之上寻找同盟力量。习近平总书记指出："中国共产党的诞生，社会主义中国的成立，改革开放的实行，都是顺应世界发展大势的结果。中国共产党是怎样诞生的？是通过马克思列宁主义同中国工人运动相结合而产生的。十月革命一声炮响，给我们送来了马克思列宁主义，这就是当时的世界大势……中华人民共和国的成立，也是顺应时代大潮的产物。放眼那个时候的世界，社会主义苏联发展壮大，东欧成为社会主义的天下，亚非拉被压迫民族的解放运动风起云涌，确实有'东风压倒西风'的气象啊！"[4]如果不从这样的世界大势的历史背景视角分析问题、理解本质，我们就无法理解马克思主义来到中国后，对于实现中国的民族独立和领土完整、对于中国成为独立自主的新中国的关键意义。理解我们为什么选择马克思主义，这种世界大势的历史眼光很重要。

因而，对于马克思主义中国化的必要性，一是从政治角度考量，如资本主义阵营与社会主义阵营就是一种政治结盟或者政治共同体性质的"主义选择"。所以，至今我们通常对社会主义的首要理解必然包含这样的意思："社会主义是与资本主义对立的思想体系和社会制度。"[5]这种世界资本主义阵营和社会主义阵营

---

[1]《毛泽东选集》（第一卷），人民出版社1991年版，第3页。

[2]《毛泽东选集》（第一卷），人民出版社1991年版，第3页，注释部分。

[3] 当然，在社会主义政治阵营内部，也并非单一的底色、共同的利益、一致的目的，此点在历史上清晰可见。因此，独立自主才是一个国家、一个民族不变的王道，是国家之所以成为国家、民族之所以成为民族的必然追求。

[4] 习近平：《论中国共产党历史》，中央文献出版社2021年版，第18页。

[5]《中国大百科全书》（第二版简明版），中国大百科全书出版社2011年版，第6—496页。

的形成和对立、斗争，验证了一个亘古不变的道理：那就是"哪里有压迫，哪里就有反抗"，这个世界永远是邪不压正。当资本主义以帝国的姿态进行世界殖民统治的时候，对世界进行瓜分、划分势力范围，进行政治统治和经济压榨，甚至直接进行赤裸裸的明火执仗式的掠夺，虽然以一种自以为"高明"的文化殖民策略和文化战争手段对殖民地国家进行精神控制，但是这种将别人的东西、别人的国土、其他的民族当作自己的战利品的贪婪与疯狂行为，一定会受到来自全世界各个被压迫民族的殊死反抗，因此注定要失败。所以，世界大势的出现，源于马克思主义的产生与对世界人民的贡献和引领，同时源于人心都会向往正义而结成正义和良知的联盟。而此期间资本主义文化殖民所鼓吹的"民主、自由"之法治，对其国家殖民行为是一个极大的讽刺，西方所谓的"法治"理念不仅无法阻挡侵略与殖民，反而成为一种侵略和殖民的理由，彼时，资产阶级的法治理念成为一种文化侵略和文化殖民的武器，且极具迷惑性。一段资产阶级在近代以来推行的"法治历史"，恰恰也是人类在近代历经的人类最为黑暗、最需要反省和忏悔的历史时段。

而在此种历史形成的政治阵营结盟中，中国作为一个主体国家、中华民族作为一个独立民族，其最大的要义就是体现独立自主性、争取国家主权独立和领土的完整，这是近代以来中国一切政治走向合法性的根本所在。倘若一种力量试图使中国和中华民族变成他人的附庸甚至他人的奴隶，那么也就使一切政治走向的合法性荡然无存。因此，毛泽东同志提出了推翻"帝国主义、封建主义和官僚资本主义"三座大山之外，更加提出了"独立自主"的问题。由于中国共产党的历史就是保障中国独立自主的历史、是保障中华民族之文化与精神独立性与主体地位确立的历史，因此我们才说中国共产党的领导是"历史的选择、人民的选择"，中国共产党才能在国际各种势力以中国领土为目标进行争夺与角力的过程中，取得了中国最广大人民的支持，让广大中国人民不仅避免了"亡国奴"的命运，而且成为"国家的主人"。因此，今日中国成为一个政治主权、文化主权完全自主的国家，即马克思主义中国化的一个结果，倘若马克思主义不能成为"中国化的马克思主义"，那么历史将被改写。

二是从马克思主义基本原理对于中国的适应性方面来看，一种对人类社会历史规律的总结和预见，是一种大趋势的总结和判断，无法代替具体国情之下人们对所有现实问题的思考，更无法代替独立自主的中国的主体性地位确立。例如，革命战争年代，毛泽东同志的"农村包围城市"就是对苏联"城市包围农村"的一种纠正。习近平总书记指出："年轻的中国共产党，一度简单套用马克思列宁关于无产阶级革命的一般原理和照搬俄国十月革命城市武装起义的经验，中国革命遭受到严重挫折。从革命斗争的这种失误教训中，毛泽东同志深刻认识到，面对中国的特殊国情，面对压在中国人民头上的三座大山，中国革命将是一个长期过程，不能以教条主义的观点对待马克思列宁主义，必须从中国实际出发，实现马克思主义中国化。"[1] 因此才有了毛泽东的名句："中国革命问题需要依靠了解中国情况的中国同志。"一方面，这是马克思主义基本原理与中国实际相结合的问题；另一方面就是中国革命的主导权的问题，中国革命的自主权与主体性问题。反对本本主义，反对教条主义，这始终是中国革命和建设过程中，马克思主义中国化的一个主要问题。中国革命的成功，不在于"掌握了"马克思主义的基本原理，而是在于"成功运用"了马克思主义的基本原理；"掌握"与"成功运用"之间，天壤之别。中国古代历来存在以"农民革命"为主因导致的王朝兴替，中国的历史绝对不缺乏革命的经验总结素材。社会矛盾的不可调和性、革命的道义性的确立、革命目标的激励性、革命方式的运用、革命主体和革命对象的设定，这些历史经验并不缺乏。马克思主义作为一种革命理论，其针对的是资本主义兴起时代，有了一个新的社会阶层的出现：工人阶级。西方的历史，的的确确是一部阶级斗争史，是压迫与反抗压迫的历史，因此作为被剥削、被压迫阶层的广大工人阶级自然成为欧洲革命的主导力量和领导力量。那么，中国近代的革命，在"三座大山"的时代背景下，已经不可能重复"农民革命"的老路了，因为时代变了，社会阶层变了，尤其是在国际形势如此的情形下。因此，时代的状况、国际国内的状况，决定了运用马克思主义基本原理解决中国近代问题的必然性。同时，正如佛陀告知了世人如何成佛，然而世人成佛者凤毛麟角一样，马克思主义的基本原理可以尽人皆知，然而成功运用者同样凤毛麟角。因此，从这个角度看，成功运用马克思主义基本原理解决中国革命和建设的问题，是马克思主义基本原理运用者的成功。

三是马克思主义经典作家的很多设想、论断，与中国是不相适应的，甚至历史事实不断证明，马克思主义经典作家的很多设想或者思想是需要被扬弃的。也

---

[1] 习近平：《论中国共产党历史》，中央文献出版社 2021 年版，第 51 页。

就是说，在面对马克思主义经典作家的思想的时候，我们不能以一种"将人进行神格化塑造、将人进行标签式的完美化塑造"的方式对待，不能不加辨析地以马克思主义经典作家的话语为"绝对"正确作为思考和实践的前提。亦即对待马克思主义经典作家的"文字"，不能如基督徒对待《圣经》的"文字"般，视其为不可置疑的宗教教义。例如，笔者在研读《共产党宣言》的时候，惊奇地发现了这样一段话语："但是，你们共产党人是要实行公妻制啊。整个资产阶级异口同声地向我们这样叫喊。资产者是把自己的妻子看作单纯的生产工具的。他们听说生产工具要公共使用，自然就不能不想到妇女也会遭到同样的命运。他们想也没有想到，问题正在于使妇女不再处于单纯生产工具的地位。其实，我们的资产者装得道貌岸然，对所谓的共产党人的正式公妻制表示惊讶，那是再可笑不过了。公妻制无须共产党人来实行，它差不多是一向就有的。我们的资产者不以他们的无产者的妻子和女儿受他们支配为满足，正式的卖淫更不必说了，他们还以互相诱奸妻子为最大的享乐。资产阶级的婚姻实际上是公妻制。人们至多只能责备共产党人，说他们想用正式的、公开的公妻制来代替伪善地掩盖着的公妻制。"[1]而恩格斯在《家庭、私有制和国家的起源》中也在论证和寻找"公妻制"的实例，如其"新发现的一个群婚实例"。[2]此种"公妻制"设想，与前文述及的柏拉图在《理想国》之中所推崇的"共产、共妻、共儿童"的"理想国"之间有无渊源，或者说此类设想在西方社会存在的历史渊源，笔者暂时未能考证清楚。但是当笔者读到这段话的时候认为：首先，马克思、恩格斯对当时资本主义腐朽状况的公开揭露，让我们对所谓的"资本主义文明"的腐化堕落有了更为直观的认识；但是同时，马克思、恩格斯针对极度腐化堕落的资本主义所开出的"公妻制药方"，不仅不应该成为一个"放之四海而皆准"的制度，反而是中国共产党人和广大中国人民绝对无法接受并且必须避免的一个"制度误区"。此一例子意在说明，我们不能以"造神运动"的姿态来描述马克思主义经典作家的一切设想，不能不加分辨地去为马克思主义经典作家的一切"思想"去"辩护"。相反，我们需要的是以中华民族作为主体、以中国传统文化的优秀基因作为基础，来完成

---

[1] 马克思、恩格斯：《共产党宣言》，中共中央马克思恩格斯列宁斯大林著作编译局编译，人民出版社 2014 年版，第 46—47 页。
[2] 恩格斯：《家庭、私有制和国家的起源》，中共中央马克思恩格斯列宁斯大林著作编译局编译，人民出版社 2018 年版，第 202—206 页。

马克思主义中国化的历史进程。马克思主义中国化，是自毛泽东开创并为历代中国共产党人坚守的一贯主张，也是马克思主义在中国百年来的一贯历程，为历代中国共产党领导人和全党全国人民所不断实践。

二、中国现代法治精神与狭义马克思主义之关系

（一）略谈马克思主义产生的历史背景

马克思主义的产生是时代的产物，马克思的学说是西方人对那个时代最为深刻的见地。"马克思生活在 19 世纪，那是一个工业革命空前高涨的世纪、资本主义大踏步前进的世纪，也是一个和我们今天的现实仍然有着密切联系的世纪。马克思正是这样一个时代的见证人、分析家和批判大师。他的思想成就，不仅赢得了大批追随者，甚至也获得了他的敌人的尊敬；他的名字与那一时代的社会主义工人运动密不可分；他的学说不仅给思想史增添了辉煌的卷页，而且在现实的历史进程中刻下了深深的印记。"[1] 马克思所处的时代，可以用如下词汇来形容：空前发达的生产力与社会整体性人性迷失并存的时代。对于生产力的空前发达，马克思是赞赏的；对于人性的迷失，马克思则需要肩负一个真正的"启蒙"使命。对于生产力问题，我们可以从下面这段话来体味马克思的赞赏态度："《共产党宣言》对过去的历史做了一个总结，尤其侧重于对资本主义社会的历史总结。它首先讲述了随着近代工业生产力的增长，资产阶级怎样发展起来，怎样在反对中世纪反动势力的压迫中步步成长，取得自己经济的和政治的成就。《共产党宣言》公正地承认：'资产阶级在历史上曾经起过非常革命的作用。'资产阶级破坏了一切封建的、宗法的和田园诗般的关系，改变了一切过去的社会关系、观念和见解；它开拓了世界市场，使一切国家的生产和消费成为世界性的，把一切民族甚至最野蛮的民族都卷入世界文明；它使乡村屈从于城市，使未开化和半开化的国家从属于文明国家，使东方从属于西方；它日甚一日地消灭生产资料、财产和人口的分散状态，使财产和生产资料集中在少数人手中。它在过去不到 100 年里所创造的生产力，比过去一切世代创造的全部生产力还要多、还要大，它创造了前所未有的奇迹。"[2] 这种对于资本原始积累、资产阶级革命、海外扩张、工业革

---

[1] 张光明、罗传芳：《马克思传》，天地出版社 2017 年版，新版序言第 2 页。
[2] 张光明、罗传芳：《马克思传》，天地出版社 2017 年版，第 103 页。

命等历史事实的评论性总结，反映出马克思对于资产阶级创造生产力的肯定。但是同时，根据生产力和生产关系的原理，在社会巨大的财富创造面前，资本主义的生产关系已经阻碍了生产力的发展，因此马克思认为资本主义必然走向灭亡，取而代之的是社会主义生产关系。当然，"今天，确实应该承认，《共产党宣言》的若干重大预测没有成为现实，它的一些主要结论已经过时。在世界范围内，资本主义至今仍保持着强劲的生命力……"[1] 然而，马克思这位"分析家和批判大师"，其"分析家"称号在于能够揭穿资产阶级的华丽辞藻宣示的虚伪和虚假的表象，将资本主义的"秘密"分析得一清二楚；而其"批判大师"的称号则体现为其批判理论；有论者的学术研究成果总结了马克思批判理论的路径："在确立了科学的历史唯物主义以后，在经济学研究的不断深入中，马克思从对现实的奴役分工的批判、意识形态的批判，不断进展到历史现象学的拜物教批判，构建起批判理论的制高点。"[2] 而作为"批判理论制高点"的"拜物教批判理论"，则实际上指向的是资本主义时代"人性的迷失"。这一点在后文详述，此处只是想表明：阻碍生产力的发展并不是资本主义需要被推翻的"道义基础"，历史的事实亦表明就生产力角度而言，资本主义的自我调整能力并没有让自己灭亡；而"人性的集体迷失"则是资本主义大时代的根本问题，我们应该找到马克思内心深处这样的一个"原动力"，这也是马克思构建学说、成为政治战士的内心原因。因此，马克思的学说开启了马克思主义，马克思主义的产生即源于资本主义的物质兴盛与人性迷失交互形成恶性循环的历史背景之下，这是一个"文化背景"。

（二）总结狭义马克思主义学说的目标指向

我们说，工人阶级的利益、科学社会主义、共产主义理想等都是马克思主义经典作家的学说目标指向。马克思主义学说的目标指向问题，在当代中国已经是众人皆知的，因此本书不过多赘述。但是，笔者认为有一个视角，即人与物的关系问题，有必要进行一番探讨以便更好地理解马克思主义学说在文化上的目标指向，这也符合本书的文化主题。很多观点认为马克思主义看重"物"，因为其"唯物主义"字眼的存在以及相关的理论论述。而在终极意义上说，马克思主义

---

[1] 张光明、罗传芳：《马克思传》，天地出版社 2017 年版，第 107 页。
[2] 李怀涛：《马克思拜物教批判理论研究》，江苏人民出版社 2017 年版，第 350 页。

所讲的"历史唯物主义"和"辩证唯物主义"，其核心观点之一恰恰在于"让人摆脱被物所奴役"的社会关系状态和心性观，而终极目标绝不是追求和倡导"让人被物质所决定、让物质状态来决定人的状态"的社会关系状态和心性观。物质关系状态决定人际关系状态、物质关系状态或者生产关系状态决定人际关系状态的论述，是对西方历史的总结、是对人类社会发展规律的总结；而让人脱离物的奴役、让人际关系不再被生产关系的私有制所决定而导致人奴役人，才是唯物主义的目标，这才是人的全面自由发展的指向。这一点对于正确理解唯物主义至关重要，否则就会走向唯物主义的反面。而马克思主义对于"拜物教"的批判是诠释唯物主义这一核心主题的最佳切入点。马克思主义起源于西方资本主义社会"拜物教"的起始、盛行时期，马克思主义的一大历史任务就是"拜物教批判"，批判将人和物的关系异化的"资本主义拜物教"——这对将马克思主义视为"拜物教"的不当认知形成极大的反讽。"辩证唯物主义"与"历史唯物主义"，对其中"唯物"的正确理解，是理解马克思主义经典作家所指的"唯物主义"的关键所在。至少罗马伊始，西方就已经盛行"唯物主义"或曰"物质主义"，此种"唯物主义"系指人性被物欲所控制的"人役于物"，"物质主义在罗马帝国发展到惊人可怕的地步，大有摧毁人类精神一切辉煌成果之势，基督天主教的世界观作为克制这种物质主义的一剂灵药是必不可少的"。[1]此种现象在资本主义阶段达到了一种巅峰状态，甚至是无须道义说辞的赤裸裸的状态。马克思主义绝非秉承着此种"唯物主义"，否则也就无所谓"马克思主义"了。生产力与生产关系、经济基础与上层建筑，这个话题指出了生产资料的占有决定的"人与人之间的关系"，其最终是通过"人与物"的关系来考察"人与人"的关系；改变"人与物"的关系之目的在于确立一种理想的"人与人"的关系。正如巴加图利亚评价的："在马克思的观点体系里，科学共产主义理论不单单是马克思主义的一个组成部分。这个部分是整个体系的目的，并且是它的完成。从这个高度可以在一定程度上来判断马克思主义的整个体系。"[2]而马克思"最初在异化劳动基础上进行人学现象学的伦理批判，后来前进到从经济现实的客观基础出发的奴役性分工批判及

---

[1] 赵林：《天国之门：西方文化精神》，湖南人民出版社 2020 年版，第 136 页。

[2]（俄）巴加图利亚：《马克思的第一个伟大发现——唯物史观的形成和发展》，陆忍译，中国人民大学出版社 1981 年版，第 1 页。（转引自李怀涛：《马克思拜物教批判理论研究》，江苏人民出版社 2017 年版，导言第 1 页。）

意识形态批判，最后才站到拜物教批判的高度，展开了对资本主义社会现实的科学批判。拜物教批判作为马克思科学的批判理论，从马克思生活的时代一直到今天仍具有强大的生命力"。[1]马克思的共产主义理想，是需要通过反对和打倒拜物教才能完成的，需要反对"人对人的奴役"、反对"人的关系颠倒的表现为物的关系；物的关系取得独立性并开始支配人。亦即物的主体化和主体的物化，主客观发生了颠倒"。[2]这也正如毛泽东早年时期曾经总结道："西人物质文明极盛，遂为衣食住三者所拘，徒供肉欲之发达已耳。"[3]

马克思是睿智的，也是犀利的，直指资本主义的根本弊病；在资本主义扩张的近代时期，马克思主义成为反对资本主义统治世界的一个最为重要的理论武器和思想武装工具。而剩余价值理论则是马克思的最伟大贡献之一，即发现了资本家剥削的秘密之所在，也是一针见血地指出了资本主义的经济本质和政治本质之密钥。将大多数人当作资本增值的工具，亦即大部分人成为少部分资本家追求经济利益的工具，这是一种"人的异化"，是一种赤裸裸的"反人文"现象。因此，马克思因为直击资本家的要害，所以注定不会受到以资本为主导的资本主义、帝国主义的"欢迎"，而当然会受到被资本主义剥削、被帝国主义侵略的人民群众的欢迎。但是，马克思并非反对资本家的价值，马克思说"资本家分为货币资本家和产业资本家，利率转化为利息。货币资本家和产业资本家，不仅在法律上有不同的身份，而且在再生产过程中起着完全不同的作用……在资本家的脑袋里必然产生这样的观念……劳动过程，在这个过程中，执行职能的资本家与工人相比，不过是在进行另一种劳动"。[4]如果研究这些问题就会发现，马克思反对的是一种作为主义的资本主义制度，反对的是人的异化，反对的是为了逐利而抛开人类一切良知与悲悯的自私，而并不是否定企业家的价值、才智以及社会激励机制。只是，马克思在当时看到的资本主义的疯狂与贪婪，让他必然想在终极意义上去改变它，那就是推翻资本主义制度，让人成为真正的人。

另外，对于马克思、恩格斯等经典作家的学说，亦有一些评价性观点值得予

---

[1] 李怀涛：《马克思拜物教批判理论研究》，江苏人民出版社2017年版，导言第1页。

[2] 李怀涛：《马克思拜物教批判理论研究》，江苏人民出版社2017年版，导言第3页。

[3] 李锐：《早年毛泽东——毛泽东的早期革命活动》，第199页；转引自杨念群：《五四的另一面："社会"观念的形成与新型组织的诞生》，上海人民出版社2018年版，第254页。

[4]《何新经济学讲义》，现代出版社2020年版，第230—231页。

以探讨，探讨之目的在于明晰中国化的马克思主义需要避免引人误解的重要一点。例如，钱穆先生认为文化有三个阶层：物质人生、社会人生和精神人生。[1]而对于马克思的学说，钱穆先生以黑格尔为参照对象做出了如下评价："在文化第一阶层，人类面对物世界，便融摄物世界来完成自我生命之存在；在文化第二阶层，人类面对人世界，便再融摄人世界来完成我的生命安乐；在文化第三阶层，人类面对心世界，更再融摄心世界来完成我的生命崇高……黑格尔辩证法的所谓战斗最高精神，在否定对方来建立自己，也可以说是在否定自己来建立客观之总体。但无论如何，否定绝非是人类历史之终极发展。而黑格尔历史哲学中理想之终极发展，则在于精神战胜了物质，而物质存在又到底不可否定。人类文化精神即建立在物质存在的基础上，精神可以超越物质存在，而仍必涵盖有物质存在，则黑格尔所理想的人类历史之终极发展，到底将落空，或成为正相反对的发展。马克思即窥破此弱点，把黑格尔'历史辩证法'一反转，变成为他的'唯物辩证法'。然而他却犯了更大的错误。他不晓得他所看重的经济人生，只尚在文化第一阶层中。……马克思的唯物辩证法，把人类历史看成斗争，否定再否定，而始终没有超越出文化第一阶层之消极意义与生存目的。于是，人类文化演进全成手段，永远钉住在物质人生之最低阶层上。此是马克思唯物辩证法对人类文化演进通律所犯最大的错误。……无论是黑格尔，或是马克思，他们都在想摆脱西方原有的上帝创世、最后末日的一番思想老套路。但他们既看轻了决定一切的上帝，便在无意中不免要看重物质与自然。"[2]对于钱穆先生对黑格尔和马克思的此番评价，笔者无法做全面的分析，因为毕竟这是一个极大的话题；但是，对于"唯物辩证法"是否停留在"物质人生"，笔者认为具有必须探讨的必要：这关乎本书的主题之一，就是"人文"与马克思主义的问题；若只停留于"物质人生"，则是"少人文"甚至"去人文"的存在。但是笔者认为，马克思的学说必然包含了一个"人文"预设与"人文目标"，此"人文"要素是马克思之"唯物辩证法"最终指向一个共产主义理想、科学社会主义学说的必然要求和必然前提。马克思的学说，在于通过"生产关系"的改变来改变"人与人的关系"，最终达到一种"理想状态"。这就和前文的"马克思拜物教批判理论"具有极高的关联：马克思

---

[1] 钱穆：《文化学大义》，九州出版社 2017 年版，第 8—11 页。
[2] 钱穆：《文化学大义》，九州出版社 2017 年版，第 18—21 页。

反对的是通过人对人的剥削形成的双重"人役于物"，即资本家的"人役于物"，即以物质为终极目标的"拜物教"，以及工人阶级的"人役于物"，即因为被剥削地位之"人役于人"，而无法摆脱的"人役于人"则是因为一个基本生存必需的"物"——必要生活资料。因此，马克思的学说并非只是停留于"物质人生"，而是着眼于改变资本主义社会的"人役于物"，其手段偏重于"物质人生"之种种，而绝非终极目标或唯一目标。但是，马克思、恩格斯等经典作家对于"人文"的深入论述和研究，并未作为一条明示的主线牵引着其整个理论体系，亦是引起诸多误解的原因之一。研究人的问题，还是必须回归人文，这是一条定律。而作为以人文为引领和灵魂的中国文化体系而言，将马克思、恩格斯等人的学说与中国传统人文相结合，应该是一个当今时代的学术方向，也是马克思主义中国化的一个必然要求。

另外，就近代中国而言，欢迎马克思的学说也是有其历史时代的原因的。例如，晚清对欧洲的贸易顺差一直持续到 1870 年，即使历经 1840 年的鸦片战争战败，割地赔款，白银外流；1870 年以后，中国对外贸易才逐步由顺差转向逆差；"在国势全面败落的状态下，西方殖民者宣扬种族主义，以战胜者和种族优越感的姿态恣意贬低中国民族、故意抹杀中国思想和文化对人类所做出的伟大贡献。马克思和恩格斯正生活在这样一个历史时期，他们虽然不能完全避免黑格尔西方主义的影响，但通过他们撰写和发表的关于中国问题的十多篇专论中可以看出，他们对西方殖民主义在中国罪行给予了公开揭露和强烈谴责……"[1] 马克思、恩格斯坚守道义原则和立场看待西方的殖民主义的罪行并对其强烈谴责，这是其受到中国人民欢迎的根基所在。坚守道义的中华民族以"道义"来作为衡量一种理论学说的是非标准，推崇的是坚守道义的人。

（三）探寻狭义马克思主义学说的法治精神

马克思经典作家在于否定资产阶级法治的虚伪性，在于推翻它之后来构建一种真正的人与人之间的平等关系，在于构建一种真正的民主，争取全人类广泛而普遍的人权，追求一种符合正义要求的秩序，实现全人类的普遍的自由。马克思本人的思想历程，是值得深入研究的。马克思早年经历了由康德主义向黑格尔主

---

[1] 张允熠：《中国文化与马克思主义》，人民出版社 2015 年版，第 354 页。

义的转变。"马克思法学思想最初出发点是康德法学……同青年黑格尔派的接触，使马克思越来越认识到康德理性主义法学观的缺陷，从而在精神世界的风暴中，由康德主义转向了黑格尔主义……马克思终于为自己选择了政治战士的使命……站在革命民主主义的立场上，以黑格尔的国家理性观为原则，来批判国家、法的合理性……认为……哪里的法律成为实际的法律，即成为自由的存在，哪里法律就成为人的实际的自由存在。"[1] 此时，马克思对于"法则"与"法律"的应然性和实然性的思考在于实现二者的一致性。"从 1842 年初到 1843 年初……马克思广泛地卷入了社会政治生活，开始对新理性批判主义法学观产生了怀疑，并且试图从一种实证角度来考察法这一社会现象……在《关于林木盗窃法的辩论》一文中，马克思的思想呈现出一幅新旧观点相互交织的画面：一方面仍然把法律看成是正义、理性的化身，因而企求一种同自由理性相适应的理想国家和抽象的'永恒法律秩序'；另一方面他目睹了眼前的变化过程，开始明白当私人利益同法的原则发生矛盾时，利益总是占上风。"[2] 因此，马克思开始困惑："为什么国家和法律会沦为私人利益的御用工具？……1843 年夏秋之际，马克思撰写了《黑格尔法哲学批判》手稿，第一次站在唯物主义立场上批判了黑格尔的唯心主义法学观，指出市民社会是国家和法律的前提和基础。"[3] 此时，马克思实际上完成了思想的转变和认识的升华，其核心在于一个道理：人能弘道，非道弘人。法的正义性是需要依靠人来实现的，而不是人们坐等就可以实现的；如果不需要依靠人来实现正义的法，那么人的存在就没有意义了，人也就失去了主体性地位。因此，"1844 年 8 月底到 10 月初，马克思和恩格斯共同创作了《神圣家族》，强调不是公平的观念决定法，而是社会经济关系的运动决定法的现象，并且揭露了资产阶级法律面前人人平等原则的虚伪性"。[4] 此后，马克思、恩格斯致力于科学社会主义理想的实现，致力于批判资产阶级对无产阶级的奴役，致力于科学社会主义理想与共产主义的高远追求，尽人皆知。

正如本书的主题所言，法治精神不是法学的专属研究领域，马克思主义学说对法治精神诸项内容的理论亦并非局限于其"马克思主义法学"之部分。此处涉

---

[1] 公丕祥主编：《马克思主义法学中国化的进程》，法律出版社 2012 年版，第 10—11 页。
[2] 公丕祥主编：《马克思主义法学中国化的进程》，法律出版社 2012 年版，第 11 页。
[3] 公丕祥主编：《马克思主义法学中国化的进程》，法律出版社 2012 年版，第 12 页。
[4] 公丕祥主编：《马克思主义法学中国化的进程》，法律出版社 2012 年版，第 12 页。

及的就是马克思主义学说如何看待平等、人权、民主、秩序、契约、自由、正义等诸项内容。在马克思生活的年代，欧洲的广大工人阶级处于被剥削、被压迫的地位，亦即社会上的大多数人被社会上的少数人作为"攫取财富的生产工具"使用。马克思为何没有像亚里士多德一般，为那些处于经济和政治上的统治地位的"少数人"说话？为什么没有希望成为"少数人"的一分子？亚里士多德为奴隶制辩护的理由之一是道德，即奴隶没有良好的道德，而当时希腊通过征战将战败的城邦贬为奴隶供胜利者使用，因此亚里士多德的"道德论"是站不住脚的。而亚里士多德为奴隶制度的辩护论，实际上折射出的是其内心并无对"人道"的圣境修正，缺失了基本的悲悯之心。而"性恶论"又是西方文化中长期占据主导地位的理论，与基督教的"原罪论"交织在一起，导致"性本善论"不具备"文化主流"的地位。那么，倘若马克思不是在观念中预设了一个"性本善论"，而是"性恶论"，那么他为广大被压迫的无产阶级利益代言的理论则无法成立。因为如果没有这个人性基础的预设，那么亚里士多德那套维护奴隶制的"道德论"同样可以为资产阶级辩护。因此，我们说：马克思出于一种人本能的"四端之心"而与广大被压迫阶级站到了一起，而马克思心中的广大被压迫阶级亦是"充满善性"的。所以，马克思对于科学社会主义和共产主义的追求，实际上首先是在追求一种人在现实中的平等的实现，而此种追求亦是基于"人之所以为人，人性本善"的预设，因此马克思实际上必然是这样的内心世界：老吾老以及人之老，幼吾幼以及人之幼。在这样的平等基础之上，才是对经济平等的追求，即通过公有制来实现；马克思的学说对于无产阶级的物质利益的维护，实际上就是一种紧迫而现实的人权，而马克思让广大工人阶级从被奴役状态解放出来，即在经济上不受人奴役的民主，这样的一种公有制理所当然是一种理想的秩序，在此种公有制设想之下的人是自由的人，这也就是实现了马克思所追求的"终极正义"。这样的简单梳理意在证明：狭义的马克思主义亦是在追求现代法治精神所涉及的诸项价值。总之，"马克思既强调人是社会的人，又强调社会本身是人的社会，从而奠定了科学的法学价值论的基础。个人与社会、个人与国家之间相互关系的法律意义，集中地通过自由、平等、权利、利益等法理学范畴体现出来……它是对生产力和交换关系发展的基础上形成的一定社会自由、平等和权利的确认"……[1]

---

[1] 公丕祥主编：《马克思主义法学中国化的进程》，法律出版社2012年版，第19页。

三、中国化的马克思主义与中国现代法治精神

（一）马克思主义法学与中国现代法治精神

从马克思主义到马克思主义法学再到马克思主义法学之法治精神，通过这样的逻辑思路来探求马克思主义法学所讲求的实质。例如，马克思关于法的阶级性的论述影响深远，其要义在于反对剥削而追求平等精神，亦是在追求民主、自由、秩序、正义。从总体而言，我们首先要探讨马克思主义法学的基本原理是什么？有论者总结为以下几点：一是经济决定法律；二是法律对经济基础的适度反作用；三是法律的历史性；四是法律的阶级性；五是法律与国家的内在一致。[1]有论者认为："马克思主义法学批判以及建构的根本基础，就在于它发现并坚持'法律是根植于社会经济条件的'，换句话说，正是历史唯物论使马克思主义法学具备了此前各种法学所不具有的科学性或先进性。"[2]笔者认为，这样的观点是值得赞同的。但是，关于马克思主义法学的阶级性就有了不同的观点和巨大理论纷争。有论者认为："与以往非马克思主义主张'法是超政治、超阶级的，同阶级与阶级斗争没有必然联系，从而否定法律具有阶级属性'不同，马克思主义法学坚持认为，'在阶级对立的社会里，法同阶级矛盾与阶级斗争存在不可分割的密切联系，法律具有鲜明的阶级性'。"[3]而有论者主张马克思主义法学已经过时，如在阶级的问题上："马克思主义法学强调阶级论，而在社会主义条件下，阶级状况发生了根本变化，因而马克思主义已不适于对社会主义条件下法律根本属性的说明和解释……"[4]笔者认为：一方面，马克思主义法学公开主张自己是为无产阶级服务的，在当时的时代中"无产阶级"的存在以及"法的阶级性"是毋庸置疑的；另一方面，马克思主义法学为无产阶级服务，其目标在于通过科学社会主义实现共产主义理想，那么无论是社会主义还是共产主义的实现，必然是

---

[1] 舒国滢主编：《中国特色马克思主义法学理论研究》，中国政法大学出版社 2016 年版，第 4—15 页。

[2] 此观点为黎青先生所主张，该段文字引自顾培东主编：《马克思主义法学及其中国化》，社会科学文献出版社 2021 年版，导论第 5 页。

[3] 此观点为黎青先生所主张，该段文字引自顾培东主编：《马克思主义法学及其中国化》，社会科学文献出版社 2021 年版，导论第 5 页。

[4] 该段文字引自顾培东主编：《马克思主义法学及其中国化》，社会科学文献出版社 2021 年版，导论第 6 页。

将"无产阶级"变成"有产阶级"，如果在社会主义和共产主义中，大部分人还是处于"无财产可以拥有、支配"的状态，那么马克思主义法学就没有了目标性的结果，而是一个未完成的"无产阶级与资产阶级斗争的状态"；因此，固守"无产阶级"的概念作为一个"永恒的命题"是不可能也不应该的。而上述两方面所谈论的"马克思主义法学"当然是狭义的马克思主义法学，亦即这是马克思主义经典作家最初的理论状态。倘若马克思看待今日之世界与今日之社会主义中国，其必然不会再将"无产阶级"的广泛存在作为一个理论的事实前提。而我们说"马克思主义中国化"与"中国化的马克思主义"，就是需要根据时代的变化来进一步丰富和完善马克思主义经典作家的理论体系，而不是刻舟求剑似的固守原有概念。因此，社会主义中国的马克思主义法学，当然其理论基础是"人民有产"的事实存在、"人民有产"的应然性为前提。但是从另外一个角度，在资本主义在整个世界体系存在较为普遍且对世界的掌控力依然巨大的前提下，资本主义国家法律的"阶级性"是不变的，资本的本性和对法律的掌控和影响无疑是存在的。而我们防止的是"资本主义的资产阶级"在"新的世界经济殖民"下，通过种种方式来影响甚至掌控中国的法律。这一点不是理论上的放空炮，而是对于资本主义通过文化、金融、战争、意识形态宣传等多种手段对中国施加影响的一个切实研究得出的结论。侵入中国的舆论、金融、粮食、意识形态等多个领域，这是一个既成事实，而此既成事实就是"阶级性"的明证，我们要防止的恰恰就是这种"资产阶级"对中国的"掌控"，从这个角度看，我们是绝对无法去回避或者否定纵观世界格局得出的"法律具有阶级性"的结论的。而对于中国而言，无论我们称作"社会阶层"还是沿用"社会阶级"的说法，事实上中国社会的十几亿人口，绝非一个事实上的"全面的利益共同体"，其必然有一个类似阶级性的利益纷争在里面。例如，现代企业制度下，企业家与工人之间，在某种程度上可能是一种剥削与被剥削关系，却不是单纯的此种关系，也可能在更大程度上是一种"协作型"关系，甚至是"团结依赖型"关系。我们防止的是纯粹剥削与被剥削关系的存在，降低剥削与被剥削的"成分百分比"。而在事实上，对于社会主义的法律是否具有阶级性的问题，并不是固守一个马克思主义基本原理，或者认为社会主义制度建立了之后马克思主义的阶级性就过时了的问题；因为后者从理论上说也是符合马克思主义阶级性问题的基本原理的。在当下中国，这是一个依据基本原理进行事实判断的问题，而出于不同的高度、视角、利益观、认知能力，大家自然会做出不同的判断。例如，当下中国的法律或者政策在个别时候是否沦为私有利益的工具？是否存在这样的风险？这样的判断需要实事求是的调查研究以及大智慧，而不是一个从理论到理论的问题。本书对此大问题无暇展开专门研究，只是想表明另外一个意思：在社会主义条件下，我们的法律的阶级性，应该进一步发展为：马克思主义经典作家将"经济标准"作为法律阶级性的划分标准，今日更加应该加入"人文标准"来看待法律的阶级性，亦即"人文""良知"等标准，去排除资本主义社会"人役于物、人役于人"的现象。也就是说，无产阶级当时是有一个人文标准的，那就是否定"人役于物、人役于人"的正当性，而当时依据"经济标准"这一最大现实问题，隐藏了一个暗含的"人文标准"，今日我们应当将此人文标准加入进来。"人民有产"、鼓励共同富裕，我们不再"无产"，但是我们永远反对和否定因为财产支配权而"人役于物、人役于人"。亦即"人民有产，人民共同富裕"是为了避免"一直无产，一直穷下去"，因为"贫穷不是社会主义"；是为了避免"人民被人奴役"，也同时要避免"富裕了就去奴役别人"，更要避免"沉迷物欲而被物欲支配人生"。什么样的人才能做到"富贵不能淫、贫贱不能移、威武不能屈"？这就是"人文"问题，"德位相配""德财相配"的问题。本书前文已经多有阐述，此处不再详细论证。另外，马克思主义法学反对"法是超越阶级、超越政治的"，而"既往的观点认为：法是'神的意志'，是'绝对精神'，是'人的理性'，是'主权者的个人意志'"。[1]其实，这里的问题需要分作两方面看：一方面，就是本书在开端部分所讲的问题，就是法与律、法治与律治的问题；所谓超越阶级、超越政治的"法"，是指"宇宙法则"而非我们现代汉语所理解的"法律"；马克思反对这个观点，不代表马克思不去思考宇宙法则这个"哲学问题"，而是因为西方的"法传统"下，以"宇宙法则"之名为"现实法律"树立依据、进行辩护，其实质并非"宇宙法则"在起作用，而是对"宇宙法则"拥有话语权的人在树立自己的地位、维护其代表的利益，在现实中又指向了"有话语权的人"对大众的掌控；例如，西方所谓的"法律职业共同体"，就是对宗教与神学拥有话语权、自认为代表上帝的发言人的一群人"对法律的垄断"，包括立法、司法等诸多方面；马克思是在反对

---

[1] 引自顾培东主编：《马克思主义法学及其中国化》，社会科学文献出版社 2021 年版，导论第5页。

这种类似中国的"君权神授"模式下的西方之"通过神权获取的权力"。另一方面，对于"法是主权者意志"的说法，马克思反对的原因是压根就不认同资产阶级及其代言人作为"主权者"地位的合法性与资格，所以当然不认同这种"虽然是现实的法律"的"法"。因此，马克思主张"法不是超越阶级、超越政治的"，一方面是对现实的真实反映，另一方面是破除以神权、理性、绝对意志等玄虚的名义来剥夺"无产阶级对法律的发言权甚至努力获得掌控权"，也反对一种不合理的政治统治中"主权者的意志当然正当"，唯有如此破除障碍，也应该如此破除障碍，才能让马克思所代表的广大无产阶级对法律具有思考的能力、评判的资格，而不是任由某个当权阶级来摆布。另外，马克思在此基础上明确其关注的是"现实的法"，就是前文所述的"人能弘道"的道理，如果任由神学家、宗教家、资产阶级法律职业者去树立一块不可置疑的玄虚的法律招牌，那么马克思主义者就无法改变现实的不合理了。马克思反对"唯心主义"，也正是在这个意义上作为出发点，揭开以"唯心主义"为"哲学基础"的、为资产阶级不合理的统治秩序辩护的各种学说的伪装，包括对资产阶级法学的伪装的揭露；而唯物主义的提出，恰恰在于对现实的描述，更在于反对着眼于维护资产阶级利益的"唯心主义"。因此，马克思当时针对的是其学说目标所指向的"主要矛盾的解决"，唯物主义就成为最为现实和最为有力的理论武器。在这个向度上理解唯物主义，我们才能理解马克思所讲的唯物主义为什么又是反对"拜物教"的，最终是为了实现"人脱离物欲的束缚和支配，人摆脱他人对自己的奴役和支配"，最终实现"全人类的全面自由发展"。因此，马克思主义法学旨在自己树立自己法学的根基，自己来定义什么是平等、人权、民主、自由、秩序、正义。这样的理解，可能更有助于理解马克思主义法学及其唯物主义基础，也更有利于在社会主义中国进一步发展马克思主义的唯物主义理论，以理论作为指导来解决现实问题。马克思主义基本原理与中国现实相结合，这句话是完全正确的。我们要避免的是：不能真正理解什么是基本原理，将基本原理当作一个万能招牌，反而最终被架空，成为一个空洞的口号的命运。

我们从有的论者对"近代以来世界经济史的实质"的总结入手，就可以更加清楚地理解马克思主义法学基本原理的现实所指和现实依据："自从有近代市场经济以来，世界历史——不管是争夺殖民地的历史、20世纪两次世界大战的历史，还是战后全部'热战'和'冷战'的历史——意识形态和政治制度斗争只是表象。实质斗争，最终都是围绕着争夺世界市场而展开的。现在和今后还是如此！"[1] 如果不对"经济"研究透彻，我们很多时候是完全无法理解很多"法治"理论的实质目标的。

（二）中国化的马克思主义之马克思主义法学之脉络

在当代学界的研究成果中，多以中国共产党历代领导人的法学思想作为马克思主义法学中国化成果的代表，这已经成为学界的共识，而且相关研究成果已经颇为丰富、汗牛充栋，笔者在本书中进行简单梳理，即可达到表达中华人民共和国之诸项法治精神在马克思主义法学视角下的整体样貌之效果。[2] 正如有论者总结道：目前法学界从事马克思主义法学理论中国化研究的学者中已经没有大的分歧，并认为中国化的马克思主义法学理论成果包括毛泽东法律思想和中国特色社会主义法学理论两个部分。中国特色社会主义法学理论的形成又包括四个阶段：第一阶段是邓小平法治思想；第二阶段是党的十三届四中全会以来以江泽民同志为核心的党的第三代中央领导集体提出的依法治国、建设社会主义法治国家战略思想；第三阶段是党的十六大以来以胡锦涛为总书记的党中央在科学发展观指导下对依法治国理论的丰富和完善；第四阶段是党的十八大以来以习近平同志为核心的党中央创立的习近平法治思想，是对依法治国理论的创新和发展。[3] 中国化的马克思主义法学的法治精神，历来重视并倡导本书所关注之中国现代法治精神诸项内容，历来都将平等、人权、民主、秩序、自由、正义作为一种应然追求。而当我们再进一步仔细研究发现，这些现代法治精神诸项内容的中国式追求，是根植于中国传统文化之中的一脉相承，是中国化的马克思主义的坚定立场，是中国特色社会主义的必然要求和题中应有之义。

---

[1]《何新经济学讲义》，现代出版社 2020 年版，第 72 页。

[2] 关于马克思主义法学中国化的整体脉络，笔者在本书中不做详细论证，源于可参见的成体系的学术研究成果颇多，例如，公丕祥主编：《马克思主义法学中国化的进程》，法律出版社 2012 年版；蒋传光：《马克思主义法学理论在当代中国的新发展》，译林出版社 2017 年版；舒国滢主编：《中国特色马克思主义法学理论研究》，中国政法大学出版社 2016 年版；顾培东主编：《马克思主义法学及其中国化》，社会科学文献出版社 2021 年版；张小军：《马克思主义法学理论在中国的传播与发展（1919—1966）》，中国人民大学出版社 2016 年版；等等。笔者在本书中重点依据"现代法治精神"的主线关注和研究其文化根基问题。

[3] 蒋传光：《马克思主义法学理论在当代中国的新发展》，译林出版社 2017 年版，第 14—15 页。

（三）中国化的马克思主义法学与中国现代法治精神的生成

中国化的马克思主义历来将民主法治问题作为立党立国的根本问题，将人民代表大会制度作为根本政治制度，将确立人民当家作主地位的宪法作为根本大法予以全面贯彻执行。例如，由于熟知中国几千年历史的政治成败得失，毛泽东对于"民主"问题的论述，就是站在一个历史的和全局的视角、着眼于民主对于国家存亡的根本地位和意义来研究的，是将民主问题作为立党立国的根本问题看待的。众所周知的一段历史对话就是："1945 年 7 月 4 日下午，毛泽东邀请黄炎培等人到他住的窑洞里做客。毛泽东问黄来延安考察有何感想，黄炎培坦然答道：我生六十余年，耳闻的不说，所亲眼见到的，真所谓'其兴也勃焉，其亡也忽焉'。一人、一家、一团体、一地方乃至一国，不少单位都没有能跳出这周期率的支配力。大凡初时聚精会神，没有一事不用心，没有一人不卖力，也许那是艰难困苦，只有从万死中觅取一生。既而环境渐渐好转了，精神也渐渐放下了……一部历史，'政怠宦成'的也有，'人亡政息'的也有，'求荣取辱'的也有，总之没有能跳出这周期率。"[1] 黄炎培先生所言极是，不仅中国历史，西方历史亦然，都是这样一种"周期律"[2] 在支配，这种周期律的道理类似于"月盈则亏，水满则溢"，非圣贤之修为，难以"吾道一以贯之"。"对黄炎培的坦诚直言，毛泽东当即非常自信地回答：'我们已经找到新路，我们能跳出这周期律。这条新路，就是民主。只有让人民来监督政府，政府才不敢懈怠。只有人人起来负责，才不会人亡政息。'"[3]

1978 年，邓小平对民主法制问题提出了深刻的看法："为了保障人民民主，必须加强法制。必须使民主制度化、法律化，使这种制度和法律不因领导人的改变而改变，不因领导人的看法和注意力的改变而改变。"[4] 民主的制度化、法律化，是保障民主法治实现的重中之重，在当时直至今日皆尤为关键。1997 年党

---

［1］《戴旭讲甲午战争：从晚清解体透视历代王朝的政治败因》，人民日报出版社 2018 年版，前言第 2 页。

［2］"周期率"与"周期律"之文字差异，笔者认为此处可以通用，而"周期律"更为贴近现代汉语所表达的意思，"率"偏重时间数值，"律"则是"率"所体现的"规律"，似乎更加深入一步。

［3］《戴旭讲甲午战争：从晚清解体透视历代王朝的政治败因》，人民日报出版社 2018 年版，前言第 2 页。

［4］《邓小平文选（第二卷）》，人民出版社 1994 年版，第 146 页。

的十五大，江泽民提出的"依法治国、建设社会主义法治国家"，更是在用语上将"法制"转变为"法治"，依法治国成为基本治国方略，提出了依法治国和以德治国相结合的重要政治命题，并且明确了"党的领导、人民当家作主和依法治国"的有机统一关系。正如江泽民指出："发展社会主义民主政治，最根本的是要坚持党的领导、人民当家作主和依法治国有机统一起来。党的领导是人民当家作主和依法治国的根本保证，人民当家作主是社会主义民主政治的本质要求，依法治国是党领导人民治理国家的基本方略。"[1]胡锦涛提出法治发展坚持"以人文本"作为本质与核心的科学发展观，在科学发展观的指导下追求社会主义和谐社会的实现。和谐是一个社会的圆满象征，正如有论者对"和谐"的理解，道出了和谐与中国传统文化的关系："对和谐的追求导致了中国文化的圆通特征。形象一点说，可以把中国传统文化比喻为一个'圆'，社会的一切皆在圆中。政治、经济、军事、教育、法律、道德、哲学、宗教、科技等皆为圆之一部分。各个部分相互依赖、密不可分。"[2]在依法治国的主题中，胡锦涛指出："以制度建设来保障社会公平正义，最重要的是推进国家经济、政治、文化、社会生活法制化、规范化，以法治理念、法治体制、法治秩序维护和促进社会公平正义。"[3]而在社会主义核心价值观中，更是直接在社会主义核心价值观体系[4]中将"自由、平等、民主、公正"直接提出作为社会主义的核心价值观。

习近平总书记提出全面推进依法治国，创立习近平法治思想。在全面推进依法治国的要求中，更是提出了"法治国家、法治政府、法治社会"三位一体建设的宏伟目标，提出了诸多具有全局性和深远性的依法治国纲领要求，涉及依法治国的诸多具体方面和关键要点。具体而言，习近平法治思想的核心要义包含了以下方面：坚持党对全面依法治国的领导；坚持以人民为中心；坚持中国特色社会主义法治道路；坚持依宪治国和依宪执政；坚持在法治轨道上推进国家治理体系

---

[1]《江泽民文选（第三卷）》，人民出版社 2006 年版，第 28 页。

[2] 曾宪义、马小红主编：《礼与法：中国传统法律文化总论》，载曾宪义总主编：《中国传统法律文化研究（十卷本）》，中国人民大学出版社 2010 年版，第 7 页。

[3] 胡锦涛：《在省部级主要领导干部提高构建社会主义和谐社会能力专题研讨班上的讲话》（2005 年 2 月 19 日），载《十六大以来重要文献选编》（中），中央文献出版社 2006 年版，第 709 页；转引自公丕祥主编：《马克思主义法学中国化的进程》，法律出版社 2012 年版，第 349 页。

[4] 社会主义核心价值观包括：富强、民主、文明、和谐，自由、平等、公正、法治，爱国、敬业、诚信、友善。

和治理能力现代化；坚持建设中国特色社会主义法治体系；坚持依法治国、依宪执政、依法行政共同推进，法治国家、法治政府、法治社会一体建设；坚持全面推进科学立法、严格执法、公正司法、全民守法；坚持统筹推进国内法治和涉外法治；坚持建设德才兼备的高素质法治工作队伍；坚持抓住领导干部这个"关键少数"等诸多方面。[1]这为新时代的中国法治指明了明确方向、谋划了合理布局。在对习近平法治思想的诸多研究成果中，李林先生的《习近平全面依法治国思想的理论逻辑与创新发展》[2]有代表性地总结了习近平法治思想的九个理论脉络：一是治国方略论；二是人民主体论；三是宪法权威论；四是良法善治论；五是依法治权论；六是保障人权论；七是公平正义论；八是法治系统论；九是党法关系论。[3]正如学界的研究成果所指出：习近平法治思想是马克思主义法治理论同中国实际相结合的最新成果、是习近平新时代中国特色社会主义思想的重要组成部分、是中国特色社会主义法治理论的创新发展；习近平法治思想是我国社会主义法治建设发生历史性变革、取得历史性成就的根本指针，是新时代全面推进依法治国的根本遵循和行动指南；习近平法治思想为人类政治文明进步贡献了中国智慧、为全球治理体系变革提供了中国方案。[4]作为"马克思主义法治理论同中国实际相结合的最新成果"，我们从李林先生所总结的"九论"完全可以看出，习近平法治思想作为马克思主义法学的最新成果，完全囊括了本书视角中的现代法治精神诸项内容，而且是本书所关注的诸项现代法治精神的更高层次的"上位"理论指引。

　　因此，纵观中华人民共和国马克思主义法学发展的历史，我们可以得出一个结论：马克思主义法学在法制、法治的问题上，经历了一个不断向更高境界、更深层次演进的过程，而且此过程始终具有因为时代特征和具体社会特点发生变化而产生的针对性。但是，中华人民共和国的马克思主义法学的法治精神是始终如一的，那就是"为人民服务""以人为本""人民至上"等关键词所凸显的中国现

---

[1]《习近平法治思想概论》编写组编：《习近平法治思想概论》，高等教育出版社2021年版，第二编相关内容。

[2]李林：《习近平全面依法治国思想的理论逻辑与创新发展》，载《法学研究》2016年第2期。

[3]引自顾培东主编：《马克思主义法学及其中国化》，社会科学文献出版社2021年版，第19—20页。

[4]《习近平法治思想概论》编写组编：《习近平法治思想概论》，高等教育出版社2021年版，第一编相关内容。

代法治精神的人本化、人文化和人民性。中国共产党对于民主、法治的追求，源于其自身的定位——全心全意为人民服务。民主法治是中国共产党的政党属性之题中应有之义。

因此，我们完全可以得出一个结论：现代法治精神的诸项价值，完全是马克思主义的一贯主张，并且随着时代的发展在不断地实现演进和自我超越。但是，此处需要强调的一个结论是：这是中国化的马克思主义的自有文化属性决定的，是中国化的马克思主义文化天然包含的内容，而不是"西方文化启蒙"的产物——这才是我们所讲的中国特色社会主义之"中国""中国特色""社会主义"的应然解读。中华人民共和国的"合法性"[1]之一在于打破旧社会在现实中存在的不平等、不民主、不自由；更在于确立人人平等，在于追求民主，在于最大限度保障和追求人的自由。中国现代法治精神是中华人民共和国成立伊始就确立的，本书论证了其背后的文化渊源和文化根基，足以让我们得出这个结论。

本章小结：通过本章的研究，可以得出如下结论：在中国现代法治所处的多元文化格局中，应该排除西方神本文化和西方法治乌托邦，而确立人本文化作为中国现代法治的文化根基。应该排除西方的理性论、功利论，而将良知论作为中国现代法治的人文精神指引。以人本文化作为基础、以人文精神作为指引，将中国传统文化在中国现代法治进程中予以弘扬，是体现中国特色社会主义法治之人民属性、实现中国特色社会主义法治之人民至上理念的必然要求，是坚守和弘扬中国化的马克思主义的题中应有之义，也是解决中国现代法治进程中一系列重大现实问题的关键所在。

---

[1] 其实，笔者认为，一个国家的"合法性"问题，其实也是一个伪命题，"合法性"其实应该是指"道义性"，而"道义性"是文化问题。限于篇幅，笔者就不再具体论述了。总之，我们现在有着太多的"伪命题"需要去明辨。由于"合法性"一词的普遍应用，所以笔者暂且借用这一个词汇来表达看法，免得过于增加文章篇幅。

第六章

中国现代法治精神的文化真谛与中国现代法治文化自信

　　通过前文对中国现代法治精神文化来源的正本清源、对中国现代法治精神在今日之文化格局下进行审慎的文化根基选择，我们可以确立中国现代法治精神的文化根基，进而研究中国特色社会主义法治文化相关问题。因而，本章需要进一步考察，此种文化根基选择所反映的中国现代法治精神的文化真谛是什么？当下的中国特色社会主义文化之真谛是什么？中国现代法治精神的文化真谛与中国特色社会主义文化真谛之间是什么关系？继而需要分析研究中国特色社会主义法治文化的内涵、地位、文化根基与时代特征分别是什么？中国特色社会主义文化自信的依据和意义是什么？中国特色社会主义法治文化自信又如何作为中国特色社会主义文化自信的坚强基石和重要组成部分？这些是本章重点考证的问题。

第一节 中国现代法治精神的文化真谛
——人文化育 天下归仁

一、法治精神的目标是天下归仁

（一）再谈仁义

何者可以谓之"仁"？前文已经多有述及，此处再举父母与子女之间的关系予以展示"仁"的本质。有人尝问曰：父母爱子女，以子女之快乐与幸福为自己之快乐与幸福；如此看来，父母对子女之爱实则是对自己之爱；那么，父母对子女之爱是不是一种极度的"自利"行为？其本质是不是一种"自私"？亦常有不孝之子女将父母之爱视为父母自私自利的行为，因而叛逆且感恩之心荡然无存。此类问题如何理解？如果一定要将父母与子女视作"对立"的双方去探讨父母之爱是无私还是自私，我们无法得出答案。而如果将父母与子女视作"一体"，则是"仁"，即父母视子女与自己一体而无分别，子女视父母与自己一体而无分别，此种"视人如己"即"仁"，而父慈子孝则为"义"。此即以父母、子女为例来理解"仁义"之真实境界。推己及人，老吾老以及人之老，幼吾幼以及人之幼，则天下人皆"爱人如己"，则天下归仁，则天下大治。而父母与子女之间的"仁义"多发端于天然之情感而少有障碍，人们便于理解；而无限推及"外人"之"仁义"，则有赖于一种"修身、齐家、治国、平天下"的修行次第，此过程即"以文化人"或曰"人文化育"。

"仁"是一切现代法治精神的集中概括和集中表达，"仁"更是一切现代法治精神的本质。而"义者宜也"，符合"仁"之要求的一切行为皆为"义"。此乃"仁义"。此处将"仁"强调为"仁义"，旨在再次说明，"仁"并非一种单纯停留于主观的存在，而是知行合一的存在，由仁而行义，行义以求仁，求仁则得仁。诸项现代法治精神之追求，最终归结为一个"仁"字。仁表达着人与人的平等关系，即平等精神；仁表达着人人都达到了"人之所以为人"的要求，并且"己所不欲，勿施于人"，权利义务皆等同，即人权精神；仁表达着平等的人的自我主宰并共同成为社会和国家的主宰，即民主精神；仁代表着人人皆奉行良知契约，即契约精神；仁代表着人人皆各安其位、人人为我且我为人人，此种良性秩序即秩序精神；仁代表着人人皆心灵与行动不受不必要之侵害与束缚，且在"不逾矩"之法则下自由自在，此即自由精神；仁代表着人人的心、行皆"正其所宜"，符合天道与人德之弘扬，此即正义精神。总之，从"人际观"的角度来理解"仁"的文化意义，则我们发现，现代法治精神可以归结为一个"仁"字，或曰"仁义"。

仁的境界如何求得？此即"大学之道"，在明明德，在亲民，在止于至善；此处之"大学"即"大人之学"，"大人"即"大我之人"，视所有人如自己，对极之处谓之"小人"。中国传统文化的核心，在于求仁得仁。然而，世界上绝对不可能人人皆同时成为"大人"，利他等同自利；而"小人"之"小我为中心"并与"他人"隔离、对立比比皆是。因此，"大人"就承担了一种使命，那就是以合适的方式来促进社会形成"仁"的社会关系状态。我们万万不可再将仁义当作一种封建时代的迂腐，亦不可因为"伪君子"的存在而错将仁义作为批判的目标，同样不可因为对人性的怀疑甚至因为信奉"人性本恶"而尘封仁义所表达之人性光辉。仁义是我们对是非对错的判断标准，仁义是我们的发展路径，仁义是我们的追求目标。

（二）天下归仁

我们说"天下归仁"，有一个前提，那就是对人的本质的终极认知、对人际关系的终极定位、对宇宙真相的终极结论。中国传统文化的"天下归仁"，系在确立"人"的终极主体地位的前提之上产生的，它可以以"君子和而不同"的姿态包容建立在"神本"基础上的"人与人之间的仁"，但是无法去"归顺神明"；它更是执着于"人的觉醒"——"人的主体地位确立意义上的人的觉醒"，无论是面对自心还是面对外在的一切，"其大无外，其小无内"。因此，中国传统文化的包容性，在于其以"仁"为标准所产生之"包容性"，亦即海纳百川、君子和而不同。简单地说，无论你是信仰上帝，还是信仰道家，抑或信仰佛家，只要最终追求的是一个"仁"，在人世间的层面致力于人际观的"仁"，那么这就是可以被接纳的，而不会因为最为终极的信仰是神还是人等而视彼此为仇寇或者异己，但是中国传统文化绝不是臣服于任何外来文化以体现"包容性"，而是以自己的"人文"来"化人"，这是一种"骨子里的自信"。因为中国传统文化从来都是让人"顶天立地"而不是"甘愿臣服"。因为中华传统文化的"仁"当然有一个基础前提，那就是"人本"和"人文"。因此，此处再次强调一点：中华传统文化的包容性绝不意味着它是一个"空瓶子"，因为"一无所有"而"来者不拒"。因此，我们发现，被中国人所广为接纳、广为吸收的文化，其皆须依照一个标准：天下归仁。因此，当我们去考察中国特色社会主义文化的四部分来源的时候，就会发现，以中国现代社会为主体视角，我们接纳的或者中国化的西方法治精神、马克思主义法治精神，我们传承的中国传统法治精神，我们正在致力于弘扬的中国特色社会主义法治精神，皆是一种"天下归仁"的标准。而脱离了"仁"的标准之各种理论学说，无论其是否可以收一时之功，皆不能长久，而被中国所排斥、抛弃。此即由道德而仁义的中国传统文化的顶天立地之伟大与博大。

中国传统法治精神主旨在于"求仁"，这是中华民族几千年所传承的民族精神的关键一点，是中华民族的一贯追求，自不待言。本书的论证主题之一便是这个结论。而西方法治精神之合理性，实际上也是在于"求仁"。近代以前的基督教法治精神，其所讲求的平等、博爱，其实恰恰就是中国文化中所追求的"仁"；近代以来所广泛传播的西方法治精神，其所倡导之平等、人权、民主、契约、秩序、自由、正义等价值，除了最初是为了让资产阶级取得政权拥有合理性的阶级斗争意义，后来还能够广泛传播，恰恰在于其理论所倡导之诸项价值是一种"公天下"的意味；但是其实际的获益者、推动者——资产阶级——主导的情况下，让这些法治精神在现实中被"异化"了。近代西方社会的资本主义讲求的是"实用主义"，目标在于追求经济利益最大化，战争与各种经济、政治、文化手段繁多，因此将"求仁"的文化追求在实践中异化了，但是并不能因为实践的"异化"而否定其法治精神本身所体现的"求仁"的文化指向。马克思主义法治精神成功于"求仁"。"主义"是否直接等同于"文化"？在"主义"与"文化"之间是否需要架起一座桥梁？"主义"所表达的"文化"是否需要进行进一步的理论研究？笔者认为，答案是肯定的。源于人们对"文化"一词的多样性理解，"主义"当然可以在很多场合被直接等同于"文化"。但是，在本书所坚持的心性观、人际观、宇宙观三向度意义上的"文化"，是"主义"所应该直面进行对应的一个"用文化解读主义"问题。而马克思主义之文化解读，我们可以解读出一个结论：马克思主义在中国的成功，亦即中国化的马克思主义，其成功要义之一在于"求仁得仁"。马克思主义的创始在于反对资本主义的"人剥削人"的制度，将人对人的剥削视为不公不义，即因为"人剥削人"乃"不仁"；改变"人剥削人"之不平等，即一种"求仁"。"公有制"的初衷，在于追求"人与人的事实上的平等"，因此是对改变"不仁"的理想制度设计。从本质上讲，马克思主义的开创与发展在于"天下为公"的追求，其反对的对象恰恰是以"私天下"为极致追求的资本主义。

中国共产党的依法治国在于"求仁"，这个问题是被理论界忽略的一个提法。中国化的马克思主义与中国共产党的宗旨，当然是求仁得仁。2014 年 9 月 24 日，习近平总书记在纪念孔子诞辰 2565 周年国际学术研讨会上说："中国共产党人是马克思主义者，坚持马克思主义的科学学说，坚持和发展中国特色社会主义，但中国共产党人不是历史虚无主义者，也不是文化虚无主义者。我们从来认为，马克思主义基本原理必须同中国具体实际紧密结合起来，应该科学对待民族传统文化，科学对待世界各国文化，用人类创造的一切优秀思想文化成果武装自己。在带领中国人民进行革命、建设、改革的长期历史实践中，中国共产党人始终是中华优秀传统文化的忠实继承者和弘扬者，从孔夫子到孙中山，我们都注重汲取其中积极的养分。"[1]中国共产党人作为"中国传统文化的忠实继承者和弘扬者"，中国共产党人追求"仁义"是题中应有之义。因为由"道德文化"而追求的"仁义"，作为中国传统文化的内核与最珍贵的灵魂，如果被剥离，那么就谈不上继承和弘扬优秀传统文化了。

从事实的角度看，中国共产党的立党宗旨是"全心全意为人民服务"，中国共产党代表着全体人民的利益，除了全体人民的利益，中国共产党没有自己的特殊利益；中国共产党人所追求的"大公无私"，每个共产党员应该坚守"先公后私"的底线，皆是一种"大人之学"，其核心亦是追求"仁"的境界，或者说是以自己的"仁"的境界带领中华民族共同实现一种"仁"的境界和社会状态。因此，说中国共产党是在"求仁"，在理论上和事实上是完全成立的。而中国共产

---

[1] 引自习近平总书记在纪念孔子诞辰 2565 周年国际学术研讨会暨国际儒学联合会第五届会员大会开幕会上的讲话。

党人在带领全体中国人实现依法治国的进程之中，当然是在致力于"求仁得仁"，而中国现代法治精神所倡导之"平等、人权、民主、秩序、自由、正义"等具体诸项内容，总体上是在表达着"仁"。而且，虽然对同一本质可以采取不同的语言表达，但是我们更要善于发现其本质所在。

因此，法治精神的目标在于"天下归仁"，这就是我们所追求的未来的大同理想——共产主义理想。因此，法治是通往共产主义大同理想的道路，其义理在于此。2015 年 9 月 28 日，习近平总书记在第七十届联合国大会上指出："大道之行也，天下为公。和平、发展、公平、正义、民主、自由，是全人类的共同价值，也是联合国的崇高目标。目标远未完成，我们仍须努力。当今世界，各国相互依存、休戚与共。我们要继承和弘扬联合国宪章的宗旨和原则，构建以合作共赢为核心的新型国际关系，打造人类命运共同体。"[1] 这段讲话，着眼于全人类的命运、目标于人类命运共同体的打造、体现全人类的共同价值。笔者认为，其中对于由"公平、正义、民主、自由"等价值的坚守而"打造人类命运共同体"，即对"天下归仁"的最好诠释，其中所蕴含的对于现代法治精神与"仁"的关系，即当今人类所追求之全人类共同价值，或曰现代法治精神之终极目标和标准在于"天下归仁"的至高境界，亦即"大道之行也，天下为公"。[2]

二、法治精神的灵魂是人文化育

（一）人文是人类的根本特质

"习近平总书记在全国宣传思想工作会议上的重要讲话中强调要树立以人民为中心的工作导向，为哲学社会科学研究解决根本问题指明了方向。为什么人的问题，是马克思主义唯物史观的核心问题，是哲学社会科学研究的根本性、方向性、原则性问题……"[3] 我们的目标非常明确，那就是"以人民为中心"。当我们将"人民"作为一个集合概念进行学术研究，其实亦是我们通常所讲的"以人为本"原则的最终极指向。而谈到"以人为本"，我们首先要寻找人类的根本特质。

---

[1]《习近平谈治国理政》（第二卷），外文出版社 2017 年版，第 522 页。

[2]《礼记·礼运》。

[3] 王伟光：《马克思主义中国化的最新成果：习近平治国理政思想研究》，中国社会科学出版社 2016 年版，第 80 页。

笔者认为，人类的根本特质就是人文。在确立人本文化的前提之下，法治精神就成为人类自主的产物，而不是人类被动接受的高高在上的法则，因此法治精神就是隶属于人的法治精神，而不是束缚着人的、外在于人的法治精神。而且，由于人文是由人类每个个体本自具足的自性决定的，具有人人皆备、人人共同的属性，因此法治精神就是所有人所共具的，而不是如法律职业共同体、神学家、政治统治者等某个阶层所独具，更不应该成为某个或者某些阶层发号施令的产物或者工具。而且，法治精神由于其人文根源，因此其绝不是远离人们日常生活的横空出世的存在，法治精神就是生活的一部分，就是人的一部分。本书相关部分着重于对"人文"的内涵、意义、属性、目标的探讨，实际上就是为了让"人文"的真面目呈现出来，这样才能够让"人文"之于人的根本意义清晰显示出来。而通过本书前面对中国传统法治精神和西方法治精神各自利弊的文化解析来看，我们完全可以得出一个结论：不将"人文"作为法治精神的根本基础性概念，我们就无法消除各家各派在理论中的矛盾，而一旦我们正视人文的基础性和根本性地位，那么现代法治精神不仅可以消除理论中的矛盾，而且现代法治精神诸项价值就可以成为一个完美且自洽的逻辑体系，现代法治精神的价值和终极指向就可以完全体现出来、清晰起来。因此，研究现代法治精神相关理论，特别是对中国现代法治精神的研究，是必须确立人文根本的，因为人文是人类的根本特质。中国文化自古一以贯之的人文精神，为我们研究中国现代法治精神提供了最为宝贵的精神资源，人文精神作为人类的特质具有永恒性。有人尝言：人类几千年的所有文化发展、制度设计、政治实践等，其实在某种意义上就是在起着人性善恶相角力的作用。笔者认为，此言不虚，牢固树立"人文是人类的根本特质"的理念，是研究中国现代法治精神与法治文化的关键。换言之，我们实际上是需要通过对中国现代法治精神的正确理解、大力弘扬，来构建一种中国特色的"人文法治"。

（二）法治精神宗于人文法治

"人文法治"的提法在学术界的研究成果中并不常见，但是笔者坚持认为：明确提出"人文法治""人本法治"等概念作为今后学理研究的通行概念，势在必行，意义重大。前文已经阐述过，"人文"是原点，"以文化人"是过程，"文明"是文化的结果。我们在追求现代法治精神的过程中，往往将"人文"这一人人皆有的原点予以忽略，似乎外在于人的"平等、人权、民主、契约、秩序、自由、正义"乃"化人之本源"，这是法治精神提出者假定了自己的"居高临下"之"创造者"地位形成的，而忽略了"人人自性本自具足"这一事实。"仁"何以存在？何以正当？何以实现？就是依据人人本自具足的"人文"，通过"以文化人"来去掉人性被欲望牵引的"良知遮蔽状态"，重塑人与人之间的关系。只有人人都崇尚"人文"，那么才可以实现"天下归仁"。本书反复探讨了"大人之学"与"小人之学"的取舍争辩，实际上就是意在表明：人文法治的目标在于塑造"大我之人"，而不是流行的认为法治是"权利法治"等"定论"。随着"人文法治"概念与提法的普及，中国现代法治精神的"人文灵魂"就会越来越被重视。笔者在参阅国内外很多关于"文化""法文化""法律文化""法治文化"等学术研究成果的时候发现，将"人文"作为文化内涵之核心的论者所占据的比例极低，探讨"文化"的时候甚至根本看不到"人文"的一丝影子。在这种情况下，我们的法治文化、法律文化、法文化甚至就和"文化"的本意和本质内涵根本"风马牛不相及"了。"人文法治"概念的提出，可以让文化的内涵、法治文化的真谛回归其本源，回归到人自身，直指人自心，中国现代法治精神的研究才能具有真正的"文化属性"。总之，中国现代法治精神宗于人文法治，因为法治精神的灵魂理应直指人心。本书的主题，就是依据这样的思路来展开层层论证的，本书在他处关乎此方面的论证遍及，因此此处不再赘述，做一个简单的归纳总结即可。

三、中国现代法治精神的文化内核确立

（一）人文乃必然灵魂

由于我们此前很多时候不知道人文的价值，因此也就很难确立人文在法治中的内核地位。实际上，人文是中国现代法治成败的关键和根本所在，我们理应理直气壮地、及时地将人文确立为中国现代法治精神的文化内核。当我们无论如何考察社会的职业分工、社会阶层的时候，我们会发现"人文"是决定人的成败的核心问题，当然也是决定法治成败的核心问题。"人文"其实就是一个通过修行让人生的境界、智慧、德行、能力逐步提高的过程，"人文"的修正就是一个"格物致知"的过程。当我们考察中国古代被广为传颂的政治家、高僧大德、思想家、教育家的时候，会发现他们的共同特点就是将"人文"修正圆满了；而当

我们观察今日之社会，无论是政治家还是企业家、公职人员、社会上各种职业的人群，其成败皆是最终取决于"人文"修正，其幸福感亦是取决于"人文"修正，其中的成功者如若取得持久的成功而非昙花一现，那么一定是"人文"修正圆满者。我们在法治中所需要规制的各种"非法治"现象和行为，其终极原因都是在"人文"上出了问题。我们常说的一些词汇，如穷凶极恶、利令智昏等，难道不都是人文修行不足的表现吗？我们常说的拜金主义、贪得无厌等，难道不就是人文修行不足的表现吗？人文修行与其职业、地位、财富、职责不相匹配，则一定出现大问题。我们无论观察干部队伍、公职队伍，还是企业组织等，就会发现：每一个行业几乎都存在如公职队伍的腐败现象一样的问题，甚至很多时候其问题远远严重于公职队伍。例如，笔者一度十分关注"企业反舞弊"的问题，企业的职务犯罪在中国已经不容小觑，其严重程度与社会危害性甚大。过去我们说旧社会将人们分成"达官显贵"与"贩夫走卒"，那么今日之社会阶层论亦是成为这样一个在事实上存在的"所谓层次问题"。而无论身处哪一个社会阶层，当我们发现如果一个人失去了孟子所言的"四端之心"，那么这个人一定是痛苦地活或者"习惯性作恶"，这就是人文修养的重要性的体现。比如，就一个政治家而言，如果没有较高的甚至达到君子或者圣贤境界的修养，那么权力带来的心理满足感、支配资源带来的满足感、决定他人命运带来的满足感、掌控或者支配巨大的经济财富所带来的诱惑、被"围猎"时所带来的"虚假的优越感"等，这些都绝非一般人能够抵抗，内心的膨胀与利令智昏非常容易产生，理想信念就容易被抛在脑后，腐败就容易发生了。又如，从一个政治家的意志品质和智慧的角度看，我们同样能够发现人文的核心价值。人文的修行，实际上就是对自己的智慧和意志品质的提升，假设一个人系"小肚鸡肠"的人格，如果这样的人成为领导干部，其对周围的人尚且"党同伐异"而不会善待，他怎么能服务人民？他怎么能规规矩矩地"根据法律履职"而服务人民？怎么能去团结和带领广大群众？再如，一个"胆汁质或黏液质"的气质类型，对于出现的压力、责难、非难往往会做出一个本能的强硬反应，在某些或者很多需要经受各种极大考验的岗位上，这样的气质类型是很难生存的，被人设下一个圈套就会"被外在操控情绪"，至少难以完成重大职责。所以我们也才理解曾国藩之言：二十年治一"怒"字。此处只是举几个小例子，意在见微知著。研究理想人格、研究圣贤的精神品格、研究大德者的金刚智慧，通晓"戒、定、慧"的真意，重新认知"内圣外王"的修行，理应是今日时代的一个必修课。再如，就一个普通百姓而言，如何能做到"富贵不能淫，贫贱不能移，威武不能屈"？当我们考察社会上形形色色的违法犯罪行为、种种不道德行为时，我们就会发现，如果不从人文修养处下功夫，那么我们的法治进程就永远不会缺少"违法犯罪案源"，就永远不会缺少"加入违法犯罪队伍的潜在人群"。这就像一个水池有脏水需要放出，我们把出水口开得再大，也无法抵挡入水口处源源不断的污水进来。人们所说的"人人互害的社会"之担忧，就是一个警醒和写照。总之，我们会发现，人文的文化意义和价值如果不被阐明、人文的社会功能如果不被重视并充分发挥，我们不仅是在谈论一种虚无的所谓法治精神，而且我们无从条分缕析地厘清问题的根本所在，只能雾里看花了。头痛医头、脚痛医脚，实在是不可行的。总之，中国现代法治精神文化内核的确立："人文"当仁不让、非其莫属。

（二）仁义乃终极追求

综观古今中外一切法治精神，其都应该以人为主体而展开，法治精神的终极根源皆在于"人文"，法治精神的目标皆在于追求"仁义"。[1] 当然，古今中外的法治精神，对于"人文"与"仁义"的理论描述，存在理解方式、理解层次、表述模式、实现路径等诸多差异。而对于法治精神旨在或者根植于"去人文化"或者"反人文化"，则是我们应该审慎对待的理论，不看清本质，则法治势必走向"不仁"。对本章乃至全文的论证、分析予以总结，我们完全可以发现，本书对中国现代法治精神的文化选择之结论在于：人文化育，天下归仁。这是中国现代法治精神的文化真谛。各种文化背景下的现代法治精神之"天下归仁"的依据不尽相同，而中国现代法治精神之根基与目标皆在于"仁"，源于"仁"的根基在于"人文"，"仁"的路径在于"以文化人"，最终实现"天下归仁"。因此，中国现代法治精神之平等、人权、民主、契约、秩序、自由、正义，皆在于最终选择"人文化育"并旨在"天下归仁"。因此，中国现代法治精神的文化选择，其要义在于以"人文"作为人的本质，以"人文化育"作为主要方式，以"仁义"为终极目标。以此为主线，则中国传统文化、西方文化、马克思主义文化、中国化

---

[1] 即使是"神本文化"，其法治精神的主体都离不开"人"，人都是主体，其差别在于人是不是主宰。

的马克思主义文化就可以完美统一于一体，此乃以中华民族之主体性视角、以现代中国之主体性视角、以执政党之领导核心视角等诸多视角，将文化、制度、道路、理论完美统一于一体。以"人文化育，天下归仁"为标准，就可以完美诠释中国现代法治精神的内核和灵魂、历史与当下，就可以让通往未来的道路更加顺畅，可以让依法治国成为中华民族和现代中国"文化自主"的追求。现代法治精神的实质在于"仁义"，那么中国现代法治精神的内核确立，当仁不让地应该用中国语言来表达：中国现代法治精神的终极追求在于"仁义"。

第二节　中国特色社会主义文化自信与文化真谛

一、中国特色社会主义文化的内涵与地位

（一）中国特色社会主义文化内涵

习近平总书记在庆祝中国共产党成立 95 周年大会上指出："文化自信，是更基础、更广泛、更深厚的自信。在 5000 多年文明发展中孕育的中华优秀传统文化，在党和人民伟大斗争中孕育的革命文化和社会主义先进文化，积淀着中华民族最深层的精神追求，代表着中华民族独特的精神标识。我们要弘扬社会主义核心价值观，弘扬以爱国主义为核心的民族精神和以改革创新为核心的时代精神，不断增强全党全国各族人民的精神力量。"[1]习总书记的讲话明确指出了我们文化自信的基石和文化组成部分。那么，如若从一种"分别思维"来看，从文化多源形成的多元文化角度来解读，影响以及组成中国特色社会主义的文化来源可以细化为四个：一是中华优秀传统文化，告知了世人文化义理；二是马克思主义文化，告知了世人改造世界的方法；三是西方优秀文化，告知了世人人类的共通性；四是社会主义革命和建设文化，是以实际行动追求使命。四者确实各有侧重，如梁漱溟先生认为："马克思主要在示人以求得客观事物之理，孔子则教人如何认识社会人生的情理。"[2]但四者并非一个彼此绝对分离、独立的关系，而是一个交融一体的关系，其中所有的来源都要归于一个核心点，那就是人本与人

---

[1]《习近平谈治国理政》(第二卷)，外文出版社 2017 年版，第 36—37 页。

[2]梁漱溟：《人生至理的追寻：国学宗师读书心得》，当代中国出版社 2008 年版，第 104 页。

文。以人文确立人本的应然性，以人本弘扬人文的化育功能。归根结底，"中国特色社会主义文化，源自于中华民族 5000 多年文明历史所孕育的中华优秀传统文化，熔铸于党领导人民在革命、建设、改革中创造的革命文化和社会主义先进文化，根植于中国特色社会主义伟大实践。博大精深、辉煌灿烂的中华优秀传统文化积淀着中华民族最深层的精神追求，包含着中华民族最根本的精神基因，代表着中华民族独特的精神标识，不仅为中华民族发展壮大提供了丰厚滋养，也为人类文明进步作出了卓越贡献。这是我们坚定文化自信的深厚基础。激昂向上的革命文化和生机勃勃的社会主义先进文化是中华优秀传统文化的凝聚升华，是中国共产党人和中国人民伟大创造精神的生动体现，是激励全党全国各族人民奋勇前进的强大精神力量。这是我们坚定文化自信的坚强基石"。[1]

近年来，弘扬中华优秀传统文化已经越来越成为社会各界的共识。一个民族、一个国家，是无法与自己的历史完全割裂的，而存在一种必然的文化传承，这就是民族的文化基因。本书界定了文化的本体、范畴、应用，也分析了中国传统文化的真谛、力求恢复中国传统文化的本真。文化本真的复原，能够让我们真正理解中华优秀传统文化为什么是一个恒常之道。人类的文化本真，是恒久不变的，中华优秀传统文化的最可贵之处恰恰在于发现了文化的本真。排除对中国传统文化的种种误解和异化应用的历史，也就是我们通常所说的由表及里、去伪存真、取其精华、去其糟粕，我们就可以理直气壮地弘扬和传承中华优秀传统文化，树立民族文化自信心而不是以他人之是非为是非之标尺。当然，今日弘扬中华民族优秀传统文化面临的最大难题之一，或者说根本和首要的问题，就是对于"道统"与"心性"问题的认知和理解，继而决定着是否接纳、弘扬。如果说将中国传统文化流于表面，如理解为现代人所认为的现代道德，而剥离或者否定其中最为关键的"道"，或者对于"心性本体"视为空泛的理论学说而不承认其实质上是一种实证之学，是一种通过心内求法而体悟宇宙实相和人生本真的人类文化巅峰，那么笔者认为，对中华优秀传统文化的弘扬就会陷入一种误区，而被剥离了根本的中华传统文化就失去了其应有的真理性、文化竞争力、文化凝聚力，那么还不如直接说我们应该加强全社会的道德建设来得有用了。而且，恐怕很多

---

[1] 中共中央宣传部编：《习近平新时代中国特色社会主义思想三十讲》，学习出版社 2018 年版，第 195 页。

人也只能继续迷恋于古希腊阿波罗神庙上镌刻的"认识你自己";或者西方哲学的一个终极命题"我是谁";或者康德构建出的一堆概念,而笔者更认为康德的学说精要实际上更像是对"阳明心学"的一个读书心得;或者卢梭社会契约论的"天才设计";或者福山为世人刻画一个"布尔乔亚"的形象等之类的"西方智慧"了。而这些所有的西方智慧以及哲学难题,在中国传统文化中早就清晰地有了答案,而且从来不需要玄虚或者神秘化。几千年悠久的历史如果被如此抛弃,而人类习惯于追根溯源,那么我们就会错失最佳的确立文化根基的历史时机。而笔者的此番考量和思虑,所涉及的理论问题和理论方面甚多甚广,笔者无法以一己之力提出结论性意见,有待更高层次的研究者以统揽全局的眼光、综合考量多元文化现状、循序稳步予以推进。

正如前文所言,此处所谈论的马克思主义,从最广义角度而言,应该是对中国优秀传统文化、西方优秀文化、马克思主义经典作家所倡导的文化、中国的革命和建设文化、中国特色社会主义文化的一个总括。马克思主义经典作家们的思想是马克思主义的重要来源之一,但是并不等同于马克思主义的全部。马克思主义是一个开放和包容的思想文化体系,以马克思主义经典作家为时段看,其既是对人类以往优秀文化成果的承继,又是针对近代西方资本主义的最为深刻的洞见,更是对其后人类历史发展过程中不断变化的时代特征和时代新文化的一个预判。马克思主义本身就是站在人类立场上看世界并且改造世界的,而人的本体地位、人的尊严、人的全面自由发展,笔者认为都离不开对人文的深入探讨。因此,以人文视角来深化对马克思主义的理解,进一步推动马克思主义中国化、马克思主义现代化,是一个至关紧要的问题。以往理论研究中惯于将马克思主义经典作家与众不同之处予以突出,进而将一切文化都置于马克思主义经典作家的文献语言中予以评判,突出了差异性而忽略了共通性。而今日的人文研究,可能更应该注重文化的共通性和互补性。而中国传统文化作为人文的巅峰,作为对宇宙认知的超级成果,特别是作为中华民族本民族的文化传承,理应成为马克思主义文化的一部分,或者几千年的中国传统文化史就应该是马克思主义中国化过程中的中国文化底蕴和历史底蕴。

当下中国,对于西方文化的态度可谓见仁见智。如前文所述,大抵分为全盘西化派、中西合璧派、中国传统文化保守派。本书之观点,要义并非为了对中国传统文化采取保守姿态而否定西方文化,而是在于针对法治研究领域中由于西方中心主义文化观导致的自我法治话语权的缺失，因而并未囫囵吞枣式地拼接一幅西方文化图景，而是由表及里分析西方文化之种种利弊。文化的功用在于化育人心以追求至善，形成和谐仁爱。西方文化之优秀部分，恰恰在于其人文化育功能之强大而弘扬人性之光辉；而西方文化之糟粕部分，恰恰在于其缺失人文化育功能而激发、扩大人性之恶。而此种激发人性之恶的糟粕部分，实则不是文化而是"反文化"。而西方近代以来影响世界之法治部分，如制度上的程序正义、权力制衡、限权法治、选举制度等，其被广泛接受的义理支撑，恰恰在于其目的是遏制人性之恶而弘扬人性之善。因此，综观中国对西方文化之接纳，其原因无碍乎对人性善的追求是中西共通的。只是在西方中心主义文化观影响之下，中国自古一以贯之的追求至善传统被忽略或者曲解，因此引起了文化上的种种纷争。但是当我们正本清源、回归人性看待中西文化的时候，就会发现人类亘古以来之主流人性追求与人格塑造目标是从未改变的。借用陆九渊的一句话："东西方皆有圣人出，此心同，此理同。"[1] 中西方文化之优劣评判，是一个求真的问题，也是一个实效的问题；但是中西方文化之道义性，皆在于其是否在推动一种人类的向善追求、是否在最大限度弘扬人性光辉。

（二）中国特色社会主义文化主治

根据本书对文化与法治的论证，可以得出一个结论：文化主治，是任何一个时代、任何一个国家所必须明确的国家治理总战略。中国传统文化，应该成为中国特色社会主义文化主治的主要根基之一，或者说不可或缺的甚至决定成败的文化底力。中国目前的文化危机，是需要通过国家治理来进行解决的，确立国家文化总体战略作为国家治理的最高战略势在必行。对中国传统文化的不恰当否定已经导致了传统文化在很大程度上只作为一种"文字记载"和单纯的"思想"在流传，而传统文化的精神却未能被正确理解，更勿论传统文化精神对人的化育功能之实现。新儒家对弘扬儒家文化的努力并未造就社会大众对儒家的普遍认同；道家文化和道教被混同而被定位为宗教；佛家文化亦被很多人误解深重，无论是流行的"佛系青年说"将佛家等同于不求上进得过且过，还是一些科学主义者宣称佛家是迷信、科学早已解释明白了佛家为何是迷信等。儒、释、道文化作为中国

---

[1]《南怀瑾选集》(第二卷)，复旦大学出版社 2013 年版，第 179 页。

传统文化的代表，其在最高处是共同的，都是以人道为本，人道至极是天道，如道家对"道"的描述、佛家对宇宙实相的描述，都是体悟人道时对大千世界和宇宙法则的必然规律之认知，这种智慧认知和境界体悟是世俗欲望主义者根本无法理解的。马克思主义和马克思个人的理论学说是两个层级的概念，马克思本人的学说只是马克思主义的理论来源之一。马克思主义政党文化，作为中国人的政党针对中国社会形成的文化，中国传统文化当然是其来源之一甚至是最重要的来源，传统文化的缺失也是马克思主义中国化的过程缺憾，只有正视中国传统文化才能更进一步完成马克思主义中国化的历史使命。因此，党中央提倡马克思主义不断中国化，同时提倡恢复中华优秀传统文化，这二者不仅不矛盾，而且是一种历史必然和大智慧。此外，以宗教文化为代表的西方文化并未能在中国形成强大的社会认同基础，但是依托宗教文化的各种"表象理论"却成为对现代中国影响最大的学说。以抽象口号著称的近现代资产阶级革命文化，比如，激进主义、自由主义、无政府主义、科学主义等，既缺乏西方神本文化对人格提升的文化根基，又没有中国传统文化以人本为根基的人格提升路径，在对不同人群做出各种所谓"理性"的假设前提下，确立了抽象且感人的目标，这些曼妙且抽象的目标却没有找到文化根基和实现的最佳路径，但是也成为对现代中国影响最大的学说。在我们所谓的意识形态领域，西方文化及其各种学说成为重点的关注对象，这就是我们所言的防范全盘西化。中西文化之间，面对各种学说和理论，如果不能实事求是进行分析研究，我们就不能发现本质规律和本质问题，所得出的结论就难以服众。必须本着马克思主义政党文化确立的实事求是的原则，不能为了肯定而肯定或者为了否定而否定，而是要静下心来全面深入研究，确立正确的文化根基，找到合适的文化借鉴，构建现代中国的总体文化战略。现代中国与传统中国有太多不同，与西方社会有太多不同，但是现代中国与二者有共同的地方，其中最主要的就是人如何才能找到一种正确的做人准则成为人类社会的基础法则，所以我们应该基于人本开展共同性和差异性研究。中国传统文化秩序已经不复存在，西方文化秩序在中国并不合适，现代中国理想的文化秩序还没有稳固建立起来，甚至基本的法治秩序与法治理想还有很大差距。中国传统社会和西方社会都是"文化主治"，因此，我们必须在各种文化共存、竞争的现代中国确立国家总体文化战略，实现中国特色社会主义的"文化主治"，这才是国家治理的根本。有了人文化育出的理想的人，才能拥有理想中的一切；没有"人文化育"出的

"理想的人",一切理想都终将是梦幻泡影。文化即人格,文化是求真之学,文化是实证之学,不可纯粹停留在思辨层面,否则文化将无法发挥其真正价值。弘扬中华优秀传统文化的时代意义之一,就在于将中国特色社会主义文化实证化,而这种实证化就是将文化寓于每个人的人生之中,将良知和法治作为知行合一的对象,法治守护良知,良知推动践行法治,二者互为表里。而绝不是抛开人人皆备之良知而去谈论所谓的"法治生活和法治信仰"。天下无新事,法治亦然;这也促使我们真的要深入思考"社会线性进步观"思维主导下所推崇的"法治进步论"的合理性了,这是一个大问题。良知与良法乃"体用"关系,不可舍本逐末而妄谈进步与否。

二、中国特色社会主义文化自信成为时代主题

(一)文化自信的提出与内涵

1. 文化自信的提出

习近平总书记曾经多次提到中国特色社会主义文化自信的问题。特别是在2016年7月1日,习近平总书记在庆祝中国共产党成立九十五周年大会上明确指出:"坚持不忘初心、继续前行,就要坚持中国特色社会主义道路自信、理论自信、制度自信、文化自信,坚持党的基本路线不动摇,不断把中国特色社会主义伟大事业推向前进。"[1]为什么要提出"文化自信"?这是一个非常需要重点研究探讨的问题。"文化自信"的提出,自有其针对性。观今宜鉴古,"在中国历史的长河中,我们经历过高度的文化自信、短期低谷和文化自信在当代中国重建的螺旋式的发展过程。当代中国,正处在重建对中华民族文化自信和中华民族复兴的伟大时代"。[2]实际上,"文化自信"的提出,针对的是在某种程度上"文化不自信"的现实局面而言的;而"文化不自信"的原因分析很重要,"文化自信"即需要针对"文化不自信"的原因提出解决方法。在中华人民共和国实现了独立自主、繁荣富强的今日,文化自信的提出具有根本性、全局性的战略意义,是针对和应对国内国外各种复杂局面以及中国自身发展需要而提出的,更是中华民族

[1] 习近平:《在庆祝中国共产党成立九十五周年大会上的讲话》,载《论中国共产党历史》,中央文献出版社 2021 年版,第 125 页。
[2] 陈先达:《文化自信中的传统与当代》,北京师范大学出版社 2017 年版,前言第 1 页。

在实现民族伟大复兴的历史进程中"文化觉醒"的表现和必然要求，是及时而且适时的。文化自信提出之后，之所以得到社会各界的积极响应和衷心拥护，就是因为我们太需要"文化自信"了。文化自信的实现，可谓中华儿女的共同心愿。

2. 文化自信的内涵

所谓"自信"，即自我对自我的一种信任、信心、信仰，自信的前提或者题中应有之义是自我主体地位的确立，随之而来的是自我能力的提升，自我为自我确立评判是非成败的标准，最终体现为一种自我清醒认知、自我认同基础上的终极定力。找到了自我的立足与发展壮大的根基，才能谈自信；失去了自我的主体地位的确立，无论如何也无从自信。无根据的盲目自信或者自我标榜，谓之自大或者自我蒙蔽；而有根据的自信，才是真正的自信。这里首先要明确什么是"自我"，自我依据什么而"自信"。要理解文化自信的内涵，首先就是在形形色色的"文化"定义中找到我们应该认同的"文化"定义，在此基础上才能更好地理解"文化自信"的内涵、确立"文化自信"的目标、找到实现"文化自信"的路径。否则，如果连"文化"的内涵尚且无法厘定，那么我们必将无法真正理解与推进"文化自信"。文化的真正内涵，或曰中国汉语中文化的源初内涵，其实就是"以文化人"；笔者在本书中依据自己的研习心得所提出的"文化三向度"，即文化包含的是"心性观、人际观、宇宙观"，实际上是恢复了中国传统文化的本来面目，或曰有助于理解中国传统文化的本质。习近平总书记多次反复提及中国传统文化的"以文化人"、提出弘扬中华优秀传统文化的要求，实际上为我们理解"文化"的真谛、理解"文化自信"的指向指明了一条路径：那就是在理解"以文化人"的基础上，将中华传统中的源初"文化"作为考量文化问题的基础，进而在此基础上来理解"文化自信"。而本书已经论述过：中国传统文化在"文化三向度"上、在最根本的"以文化人"问题上，是一个人类文化的巅峰和圣境，那么我们以中华传统文化为基础和底蕴来推进"文化自信"的时候，我们有什么理由"不自信"？"文化是道，知识是术"，检验文化的真谛，需要看文化是否造就了理想的人格、是否有弘道之人的广泛存在。笔者也在相关部分对中国传统文化的属性、中国传统文化与西方的宗教、神学、哲学、科学进行了比较，我们确立了在"常道"境界和"悟道"修正以及"人道"等多方面的至高地位，我们完全无须因近代以来的西方文化对中国传统文化的冲击、否定、歪曲而罔顾事实地自我矮化、妄自菲薄。因此，从"以文化人"为纲、"文化三向度"为目的角度来理解"文化"的内涵，进而理解"文化自信"的内涵和指向，笔者认为这是再恰当不过的。

（二）文化自信的方面与意义

文化自信是文化主权的根基和表现，文化自信是中国当下发展与实现中华民族伟大复兴中国梦的当务之急、千年大计。至于主权的概念，人们通常理解为国家主权的概念，而国家主权应该涵盖文化主权、政治主权、军事主权、经济主权等诸多方面，缺其一不可谓主权完整，也不可能有真正恒久之主权的生成。而文化主权即国家主权必不可少的一个要素，是国家主权最为重要的根基。

但我们回顾中国近代史的时候发现，西方列强和日本军国主义在侵略瓜分中国的时候，采取的就是一种对文化主权、政治主权、军事主权和经济主权全方位进行瓦解和侵略的综合战争手段。毛泽东同志在抗日战争期间进行过总结："帝国主义列强侵入中国的目的，绝不是要把封建的中国变成资本主义的中国。帝国主义列强的目的和这相反，它们是要把中国变成它们的半殖民地和殖民地。帝国主义列强为了这个目的，曾经对中国采用了并且正在继续地采用如同下面所说的一切军事的、政治的、经济的和文化的压迫手段，使中国一步一步地变成为半殖民地和殖民地：一、向中国举行多次的侵略战争……二、帝国主义列强强迫中国订立了许多不平等条约，根据这些不平等条约，取得了在中国驻扎海军和陆军的权利，取得了领事裁判权，并把全中国划分为几个帝国主义国家的势力范围。三、帝国主义列强根据不平等条约，控制了中国一切重要的通商口岸……他们便能够大量的推销他们的商品，把中国变成他们的工业品市场，同时又使中国的农业生产服从于帝国主义的需要。四、帝国主义列强还在中国经营了许多轻工业和重工业的企业，以便直接利用中国的原料和廉价的劳动力，并以此对中国的民族工业进行直接的经济压迫，直接地阻碍中国生产力的发展。五、帝国主义列强经过借款给中国政府，并在中国开设银行，垄断中国的金融和财政……在金融上、财政上扼住了中国的喉咙。六、帝国主义列强从中国的通商都市直至穷乡僻壤，造成了一个买办的和商业高利贷的剥削网，造成了为帝国主义服务的买办阶层和商业高利贷阶层，以便利其剥削广大的中国农民和其他人民大众。七、于买办阶级之外，帝国主义列强又使中国的封建地主阶级变成为它们统治中国的支柱……八、为了造成中国军阀混战和镇压中国人民，帝国主义列强供给中国反动政府以大量的军火和大批的军事顾问。九、帝国主义列强在所有上述这些办法之外，对于麻醉中国人民的精神的一个方面，也不放松，这就是它们的文化侵略政策……十、从1931年"九一八"以后，日本帝国主义的大举进攻，更使已经变成半殖民地的中国的一大块儿土地沦为日本的殖民地。"[1]在近代这场明火执仗的列强殖民战争中，我们完全可以总结出其侵略中国之文化主权、政治主权、经济主权和军事主权的套路。本书重点关注的文化主权问题，其中的关键性自然需要更加深入的分析研究。这是现代中国不再承受重蹈覆辙之风险的关键。近代史中所体现的文化主权问题，更是让我们不得不反思一个大问题：文化主权何等重要？重要到什么程度？那就是，一旦文化主权失去了，人们在精神上就会完全被麻痹，其结果之一即：近代世界的殖民历史，充满了人性贪婪驱使下的哀鸿遍野，人类世界之良善已经被架空，却在今日被人们认为这是一段"西方启蒙者以先进文明启迪落后文明的历史"。由此一点，足以见文化主权一旦丧失，其危害何其重大及深远。这种现象对人们观念造成的影响，在今日依然未曾消减，甚至在某种程度上愈演愈烈。因为近代的历史在时间上并未走远，近代历史的影响亦未曾完全消退，近代历史的列强思维与列强的手段更是一直在延续。以他人之是非为是非，以他人之标准为标准，以他人之满意与否为尺度来判断自己的是非成败，即一种典型的"不自信"。此种"不自信"的影响，相当于将自己的命运主宰权完全拱手相让，其潜在与现实危害细思极恐。

当我们观察今日之世界，虽然和平与发展是大趋势，然而世界局势亦是风云变幻，而其本质与近代并无根本区别，只是形式上有一定变化。例如，学者何新在其经济学著作中曾经提出了对自由主义经济学的批判和反思，他指责"斯密的经济学是工业先进的英国压制工业落后国家的一套战略工具，英国的'国富论'正是德国的'国贫论'。事实胜于雄辩，指导德国成功实现工业化赶超的不是斯密的自由主义，而是李斯特的保护主义"。[2]因此，"德国、美国的经济学家曾指责英国说一套做一套，向其他国家输出错误的经济学，是为了损害他国经济，以保持自己的工业领先和霸权地位"。[3]这是一个起源于欧美国家在近代争霸世界的事实，其实质在今日依然未有改变，只是在形式上由工业霸权发展为金融霸权

---

[1]《毛泽东选集》(第二卷)，人民出版社1991年版，第628—630页。
[2]《何新经济学讲义》，现代出版社2020年版，序言第4页。
[3]《何新经济学讲义》，现代出版社2020年版，序言第5页。

而已。经济掠夺可以表现为使用公开的战争手段或者悄无声息的阴谋和蚕食，这是人们高度关注并且容易理解的；而文化战争作为公开的武力战争、经济掠夺的意识控制手段，却往往被人们忽视甚至不知其存在。而今日中国提出的"文化自信"，实际上就是在这场从未停止的文化战争中掌握主动权、维护中国的文化主权的国家战略行为。因此，"文化自信"的提出，具有国内与国际视角上的双重意义。就国内方面而言，这是文化强国的目标和引领，是团结凝聚人心的必然要求，是振奋人心，让国家、政府、社会风清气正的关键举措；就国际方面而言，这是"中华文化走出去"而增进世界对中国进一步了解、理解以达成合作共赢的重大举措，更是维护国家文化主权的英明之举。

（三）"四个自信"的内涵及相互关系

"四个自信"包含理论自信、制度自信、道路自信和文化自信。"四个自信"的内涵容易理解，而"四个自信"的相互关系更加需要正确理解。"理论"的形成是"论理"的结果，"论理"即对"道理"的论证、论述、论说；"道路"即"行道"之"路径"；"制度"即"制定法度标准"，是规范化、定型化的"法度"之生成。从某种意义上说，"理论"是"文化的表达"、"制度"是"文化的选择"、"道路"是"文化的实践"。"四个自信"是一个完美的统一体，而就其关系定位而言，文化自信居于一个灵魂地位。所以说："坚定中国特色社会主义道路自信、理论自信、制度自信，说到底就是坚持文化自信。"[1]文化自信，实际上就是人的自信，是文化认同基础之上建立的信仰；中国的文化自信，就是中国人的自信；中华民族的文化自信，就是中华民族的自信。无论是从历史上来看，还是从现实中来看，中华民族都是一个了不起的民族，中华民族"了不起"的原因之一就是创造了辉煌灿烂的文化，我们有什么理由不自信？然而，现实状况却有令人忧虑的地方："在当代中国，面对中国道路取得的伟大成就，有些人仍然缺乏自信。他们认为中国应该走世界人类文明发展的共同道路，走所谓世界文明之路。在他们看来，西方的道路是世界文明的普遍道路。中国特色社会主义道路脱离世界文明，是沿袭自秦始皇以来中国封建社会的专制主义之路，是自外于世界

---

[1] 中共中央宣传部编：《习近平新时代中国特色社会主义思想三十讲》，学习出版社 2018 年版，第 194—195 页。

潮流的道路。为什么西方资本主义道路就是世界文明之路，就是世界人类的共同道路，而一个有自己的历史传统、自己的文化传统、自己的国情的中国，为什么就不能走自己选择的道路呢？"[1]仔细分析我们会发现，这些人将西方的标准作为"真理性、唯一性"的标准，这不过是近代时期一些"以西方之是非标准为是非标准"的现代延续或者现代再生。那么这个问题的根源是什么？就是文化不自信。有论者曾经将这种"文化不自信"做了一个评论："鞋子穿在自己的脚上，合不合适，自己最清楚。别人有什么权力评论我的鞋子是否合我自己的脚？我们为什么要把评价鞋子是否合脚的话语权，交给别人呢！以西方人的偏见来衡量中国道路对错，实际上与用别人鞋子度量我脚上的鞋子是否合脚一样荒谬。"[2]因此，我们可以发现，文化不自信是道路不自信的根本内因，中国近代以来发生过很多"削足适履"的惨痛教训，就是这个原因。我们选择的是一条正确的道路，这条道路是由正确的制度予以保障的，避免我们偏离原本设定的路线，而理论则承担着讨论、研究、宣传、说明、指导实际道路选择、现实制度构建的任务。因此，对于今日中国而言，"四个自信"的根本在于"文化自信"，在于将是非对错的评判权和标准制定权重新拿回来并根植于我们的内心。我们的"四个自信"最终汇聚于"文化自信"，我们的"文化自信"也保障了"四个自信"的完整统一。

三、中国特色社会主义文化的真谛——大道之行　天下为公

（一）大道之行　天下为公系中华文化一以贯之的道统

"习近平总书记多次深情地指出：'博大精深的中华优秀传统文化是我们在世界文化激荡中站稳脚跟的根基。抛弃传统、丢掉根本，就等于割断了自己的精神命脉……'"[3]而在我们中华传统文化中，"大道之行也，天下为公"，这是中华文化传承下来的一以贯之的"道统"，在政治视角中亦不例外。"天下为公"就是中华民族的精神命脉，是中华民族立足于世界文化大潮中的文化根本。换言之，"公天下"是形成中国人的政治认同、文化认同、制度认同、道路认同、理论认

---

[1] 陈先达：《文化自信中的传统与当代》，北京师范大学出版社 2017 年版，前言第 5 页。
[2] 陈先达：《文化自信中的传统与当代》，北京师范大学出版社 2017 年版，前言第 5 页。
[3] 舒国滢主编：《中国特色马克思主义法学理论研究》，中国政法大学出版社 2016 年版，总序第 4 页。

同等诸多"认同"的必然要求，而"私天下"则是中华文化所反对的"道统的对立面"，而"礼法传统"则是此种"公天下"文化的有力保障。在美国学者亨廷顿的名著《文明的冲突与世界秩序的重建》中，对于文明冲突[1]的模式的关注和描述，其实从某个角度真实展现了"文化冲突"的样貌，同时更是让我们看到了文化作为民族精神命脉的根本性。当然，笔者非常赞同有论者一针见血的总结："美国学者亨廷顿提出'文明冲突论'的要义，其实也是鼓吹由西方文明对人类文明进行重塑，而文明冲突的根源乃是种族冲突。"[2]此种"文明冲突论"其实不仅是学术，更是政治；不仅是在分析"冲突原因"，更是在某种程度上"制造冲突"。如果在学术研究中，不能充分看清林林总总、形形色色的"学术"本质，那么就会成为"乌合之众"中的一员。当然，笔者更加想突出的一个结论是：如果放弃了一个民族的正统传承——就中华民族而言就是"天下为公"的道统——对该民族造成的后果一定是灾难性的，没有这样的忧患意识，实在是可悲的，因为这个世界不是永远的风平浪静，而是暗流涌动甚至危机四伏。因此，从这个战略高度和战略意义上来解读"天下为公"的"中国文化道统"，是对"道统"的正解。也正如本书在前文相关部分的论证表明：以"天下为公"的"道统"来解读诸项现代法治精神，我们才能赋予诸项现代法治精神真正的生命力，让诸项现代法治精神和谐且成为一个完美的理论体系，进而来指导实践。如果不建立一个纲领性的"道统"，不能做到纲举目张，则现代法治精神诸项内容就成为大箩筐，随意被解释、随意被利用，那么现代法治精神就成为虚伪的口号，进而成为国际意识形态领域斗争的"纯粹工具"，因为它们失去了一个终极性的根源。古往今来，能够恒久兴旺者，皆因一个"公"字，而"私"可收一时之功而绝无恒久之可能。"道"乃整一全体，"道"化生万物，岂可容一己之私而贪天之功？这是人类历史的基本经验。而中华民族历经数千年的风云变化屹立于世界而不倒，拥有恒久的生命力，其根本秘密在于"天下为公"的"道统"，在于以天下为己任的"弘道之中华民族"。

---

[1] 文明冲突的道义准则是文化。

[2] 何新编著：《统治世界：神秘共济会揭秘》，中国书籍出版社 2011 年版，第 13 页。

（二）中国特色社会主义的文化真谛亦在于天下为公

有论者曾经如是说：2017 年 10 月 18 日，在习近平总书记所作题为《决胜全面建成小康社会，夺取新时代中国特色社会主义伟大胜利》的党的十九大报告中，"大道之行，天下为公"即习近平总书记在党的十九大上向全党宣告的执政纲领。[1]笔者认为，我们虽然可以从多个不同角度来理解中国特色社会主义文化，但是归结于一点：中国特色社会主义文化的真谛在于"天下为公"。因此，中国特色社会主义文化与中国传统文化之间，存在这样一条无法割断、一以贯之的文化主线，而此种文化主线是中华文化在政治领域的文化命脉，也是中华民族在看待政治问题上的文化惯性与文化底蕴。因此，当今日我们看待弘扬中华优秀传统文化的时代命题的时候，就会发现，我们在找寻传统文化中已经深入中华民族骨髓的文化基因和文化密码，而此种找寻是意义非凡的，这是中华民族的一种文化宣言、一种政治宣言，是一种令人自豪的古今传承。从中国共产党的诞生到中华人民共和国的成立，从革命战争年代至社会主义建设时期，从改革开放到今日之中国特色社会主义的繁荣局面，我们可以发现一个主线，那就是"天下为公"。中国特色社会主义的各项政治制度和具体的制度设计，其初衷就是实现一个"公天下"的理想。无论是中华人民共和国建立社会主义制度及其中的人民代表大会制度、政治协商制度等根本、主体制度，毛泽东思想及其社会主义改造和社会主义建设理念，还是邓小平理论以及改革开放所致力于的共同富裕，还是江泽民同志"三个代表"重要思想，还是胡锦涛同志致力于构建社会主义和谐社会的"科学发展观"，直至今日习近平新时代中国特色社会主义思想以及其中的人民至上、以人民为中心等核心思想，整个主线与历史脉络都是围绕着"天下为公"而展开的。因此，我们可以说，中华传统文化的真谛在于天下为公，发展至今日的中国特色社会主义文化的真谛同样是"天下为公"。

笔者认为，今日我们已经提出了文化自信的目标，已经明确了将中华优秀传统文化作为弘扬中华文化的民族、文化、历史底蕴，已经高度重视马克思主义与中国传统文化的关系问题的研究，但是我们的很多理论在根本上还是有些滞后的。换言之，弘扬中华优秀传统文化作为实现文化自信的重要条件之一，这个目

---

[1] 吴稼祥：《公天下：中国历代治理之得失》（增订本），贵州人民出版社 2020 年版，增订序"天下为公与共生理性"第 i 页。

标确立了、路径确立了，但是理论上对这个问题的阐述还是严重不足的，很多理论研究是未能直抵根本的。当然，这也是一个正常的历史进程，其复杂的原因存在，导致这一局面的出现也是情有可原的。笔者认为可以提出一个既大胆又超前的想法，而且笔者认为这可能就是今后中国文化发展的主流趋势。[1]那就是，我们要在根本上找到中华优秀传统文化与中国共产党、与中国化的马克思主义之间的根本一致性。邓小平同志在谈到"马列主义要与中国的实际情况相结合"问题时说："朋友们提出：中国共产党党员的含意是什么？谁来决定国际古典的共产主义的原则中哪些是适合于中国的？关于这个问题，如果朋友们愿意详细了解的话，可以看看中国共产党第八次全国代表大会通过的党章，党章中总纲和党员两个部分可以回答这个问题。《关于修改党的章程的报告》也可以说明这个问题。中国共产党党员的含意或任务，如果用概括的语言来说，只有两句话：全心全意为人民服务，一切以人民利益作为每一个党员的最高准绳。"[2]这可谓对党和党员的根本含义、任务极其精辟而精准的概括。"全心全意为人民服务"就是以天下为己任的大公无私。那么，中国共产党人以"天下为公"为准则，以"大公无私"为自我要求，这种自我要求其实就是一种常人难以做到的"圣人境界"。中国共产党人只有在充分地实现了"心的觉醒"的前提下才能够实现这一目标要求。例如佛学，"佛者，觉也"，佛学就是在研究"人心觉醒"的学问，只有"觉醒"的人才可以做到"悲天悯人"，做到"大公无私"，做到"一心为天下苍生"。那么我们可以发现，实际上中国传统文化的追求，就佛学而言，与中国化的马克思主义具有高度的一致性：二者都是在"人的内心觉醒"这一最高和根本前提下来树立自己的目标、实现自己的目标。只不过二者在理论方式上有所差异，而此种差异不可对立起来看，而是要更加注重其互补性、一致性。其实，对于以儒、释、道为主要代表的传统文化而言，在最根本处都是要塑造"大公无私的人"，都是要塑造"以天下为己任的人"，而中国共产党的社会主义实践、共产主义理想，实际上其境界与儒、释、道的最高境界是完全一致的。对于佛学与中国化的马克思主义的文化根底的一致性刚才简要描述了一番，而对于儒学、道学，

---

[1] 需要说明的是，笔者此段论述不仅是"人微言轻"的问题，而主要是可能会给人造成一种"大胆妄言、不自量力、无有敬畏、傲慢狂妄"之印象。笔者只是认为：作为一个负责任的学术研究者，知无不言言无不尽，仅此而已。还望阅读者们宽容以待。

[2]《邓小平文选》(第一卷)，人民出版社1994年版，第257页。

本书在前面已经做了诸多具体的论述，此处不再重复，但是笔者此处要说明一个结论：中国传统文化的儒、释、道三学与中国化的马克思主义、与中国共产党的政党属性，具有高度的一致性。如果我们从理论上对这样的问题如此看待，顺着这样的方向进行努力，那么我们的"文化自信"就会消除诸多理论上的"矛盾"，实现"文化自信"的速度将大大提高。此处唯有一个重要问题需要澄清：笔者前文论述了为何"三学"不是"三教"，其目的在于避免引起误解，即认为研习或践行"三学"即"信仰三教"。习近平总书记曾经明确指出：共产党员不能从宗教中找信仰。有论者解读习近平总书记的要求的时候认为：之所以提出这样的要求，是因为例如佛教等所言之内容是迷信。[1] 此种论点，笔者不仅不能苟同，而且认为这是一个极其错误的解读。笔者认为：佛学不同于佛教，佛学绝非迷信，只不过此种认知过于超前，人们往往无法理解；但是，中国共产党党员的确不应该从宗教中找信仰，因为佛学不等于佛教，而且更重要的是，中国共产党人根本无须从宗教中找信仰，因为无论以何种宗教的形式出现，宗教的最高信仰都没有超出中国共产党人的共产主义信仰。为什么？中国共产党的"大道之行也，天下为公"的政治主张，中国共产党人"大公无私"的自我要求，实际上就是人生的最高境界，而宗教在秉承宗教之学问立身、立心的情况下，其最终极的追求也是"大道之行也，天下为公"，也是要达到"大公无私"的圣境。从这个高度、角度、根本性上来看，中国共产党人的共产主义信仰就是一种最高的信仰，因此根本无须从宗教中找信仰，何况在 21 世纪，所有的学问的确应该脱下宗教的外衣，展示其最根本的面貌，共同造福人类。而且，宗教的实践形式必定具有一定的局限性，如"佛教"对"出家""落发为僧"等形式的要求导致了其必然"狭窄"；[2] 但是，中国共产党通过执政行为来造福天下苍生，具有最广泛的涵盖性、具有最全方位融于广大人民群众日常生活的实践性、具有实实在在造福大众的直接性、具有看得见的效果性、具有最为快速的示范性和传播性。而从"三学"中寻找构建共产主义信仰的"人文原理"，笔者认为倒是有必要甚至是必不可少的。

---

[1] 笔者近年来最初看到这个观点是源自一位知名学者的文章，笔者在此处不是不便于引证原文，而是因为此种观点具有普遍性，所以不可将此观点仅仅安在一个人的名下，因此不再具体引证。

[2] 笔者在此处使用"狭窄"一词并无贬义，本书的论述更无贬低佛教的意思。另外，佛学或者佛教提倡的"在家居士"以及中国台湾地区的星云大师倡导的"人间佛教"，都是突破这种"狭窄"以及其带来的"效果局限"的方式；而且即使是形式上的"狭窄"，并不绝对影响佛教之"悲天悯人"情怀在社会上的广泛传播带来的良性效应。

真正理解了什么是共产主义信仰，真正理解了为什么要树立共产主义信仰，真正理解了共产主义信仰的"人文原理"，我们才能明白共产主义信仰的伟大和可贵之处及合理性与可行程度，然后我们才能更加主动地去弘扬这种信仰。总之，笔者此处只是想表明主题：中国特色社会主义文化的真谛亦在于中国传统文化的核心主张：天下为公。

第三节　中国特色社会主义法治文化自信论说
——现代中国之主体性视角

"我们"是谁？什么属于"我们"？"我们"依据什么成为"我们"？"我们"何以立足天下？这是每一个现代中国人都需要面对的问题，也是延续至今的中华民族需要直面的问题。归根结底，中国特色社会主义法治文化自信，最根本在于一个独立自主的主体地位明确确立的问题。这就是中国特色社会主义法治文化自信的主体性问题。如果失去了一个独立自主的主体性视角，那么无论如何是无法确立中国特色社会主义法治文化自信的。而确立中国现代法治精神的文化根基，首先是通过中西比较研究，确立中国现代法治精神于中国传统文化的历史路径的中国现代法治文化之文化正统性；其次是通过对马克思主义文化的研究，确立中国现代法治精神之政治正统性、时代正统性。从历史与时代的双重视角确立了中国现代法治精神的文化根基之文化正统性，即可从文化角度确立中华人民共和国实行法治的独立自主性，进而确立现代中国进行法治建设的主体性，亦即以法治文化凸显中国现代法治的自我主体觉醒，而不是对西方的模仿。唯有如此确立现代中国的主体性，才能进一步去谈法治文化自信的问题，并且以法治文化的视角、以法治文化自信作为根基，解决法治进程中的现实问题，达成法治建设的高远目标，走出一条中国特色社会主义法治道路，创新和完善中国特色社会主义法治理论，坚守并完善中国特色社会主义法治制度，并不断让中国特色社会主义法治文化成为中国现代法治的灵魂指引和最终归宿。

一、界说中国特色社会主义法治文化及法治文化自信

（一）中国特色社会主义法治文化的界定

法治文化当然是文化的一个组成部分，法治文化也必然与整体文化具有本质的一致性并具有其涵盖领域的特殊性。如果法治文化与整体文化在本质上具有差异性，那么文化从整体而言就不能当然认为是具备自信资格的。尤其是当今大多将法治文化视为"西来文化的启蒙与输入"的情况之下，在中国特色社会主义文化自信问题上，就必须厘清"法治文化"的真面目，也就是通过中国现代法治精神的文化追问来厘清法治文化的真谛，这样才能从本质上理解法治文化为何自信，以及法治文化自信与中国特色社会主义文化自信的契合与一致性，将法治文化自信作为中国特色社会主义文化自信的坚实基础之一。中国特色社会主义法治文化，它的属性首先是中国的，是具有中国特色的，是社会主义的，是文化而非其他的。笔者此处需要重点探讨的问题是：中国特色社会主义法治文化是内生的还是外来的，它的本质是什么。如果我们沿袭之前流行的仿袭西方的思路来定义并推进中国的法治文化，那么我们就会发现此类"法治文化"与中国特色社会主义文化存在严重冲突；如果此时我们再将西方标准作为法治的标准，那么就会出现"法治文化"背离"中国特色社会主义文化"的问题。如果我们认为中国特色社会主义法治文化是中国内生的，我们就需要改变以西方标准为标准定义法治、以西方文化学说为标准定义法治文化的思维模式。本书所做的研究工作，实际上就是破除了"以西方标准为标准进而再研究中国法治"的套路，而是直接从中国传统文化的"人文根本"处开始进行研究，再以"中国一贯的人文标准"作为标准来进行"中西比较"，再落到现实的中国国情，进而定位中国特色社会主义法治文化，并从文化真谛的论述上来发现、弘扬我们"法治文化自信"的真正资本、真正依据、真正解读。

因此，在界定"中国特色社会主义法治文化"的时候，我们需要注意的是主体问题、标准问题、评判权问题、文化真谛问题。对于主体问题，中国特色社会主义法治文化的主体是中国特色社会主义国家、中华民族，而不是将我们矮化为西方模仿者或者附庸。这恰如我们欢迎别人为我们自己家的房屋建设贡献智慧和力量，但是却不知道自己作为房子的主人应该如何自处，结果房屋建好了，房

屋的主人却不是自己，这就非常可悲了。中华民族作为中国特色社会主义法治文化的当然主体，具有独立自主的地位，这是必须首先明确的。接着就是本书所探讨的法治文化之标准制定问题。我们一个拥有悠久而灿烂的历史底蕴和文化传承，拥有十几亿人口，拥有强有力的执政党的领导，拥有政治、经济、军事等全面主权的泱泱大国，难道就没有能力和智慧来塑造一个我们自己的"法治文化标准"吗？在历史和现实清晰地展现在我们面前的时候，难道我们还不明白评判权必须掌握在自己手中的必要性吗？面对近代以来的中西文化冲突和文化战争，难道我们还不知晓坚守中国历史一以贯之的文化真谛、弘扬中国特色社会主义文化真谛的必要性吗？有论者说："时代不同、社会制度不同、文化底蕴和历史传统不同，因而中国文化自信的重建，完全不同于西方殖民主义的海盗文化。中国的文化是和平文化，而不是扩张文化。在被资本主义世界封锁的情况下，我们完全依靠独立自主、自力更生，依靠党的领导和人民的力量进行社会主义建设；在经济全球化的背景下，我们通过深化改革开放，在世界交往中继续推进社会主义建设。……中国走的是和平发展道路，没有殖民、没有掠夺，只有互利共赢；没有血与火，没有战争，而是构建人类命运共同体。中国文化自信的重建和中华民族伟大复兴，是增强世界和平、防止战争的力量，是促进世界和平发展的力量。这与西方现代化进程中所伴随的殖民、战争和掠夺迥然不同……"[1]这样的简要总结和分析，有助于我们真正理解中国特色社会主义文化的主体、标准、评判权、文化真谛四项内容回归自我民族和国家之意义、必要性和必然性，而且这也是真正地为世界人民做贡献。倘若我们将标准制定权与评判权交予他人，我们需要思考的是：交给了什么人？他们依据什么制定的标准？他们名义上说的标准、对我们的标准、与实际上的自我要求是否一致？他们评判的依据是名义上的标准还是自己的利益得失？他们的文化真谛是否有资格来作为制定标准并且进行评判的"裁判者"？平心而论，文化真谛上孰优孰劣？我们如若迷信或信奉他们，从历史经验和现实世界来看，我们最终会得到什么结果？这些问题，其实答案很明显，只是很多人往往被蒙蔽而不自知而已。因此，我们应该理直气壮地说：中国特色社会主义法治文化，是中华民族在中国特色社会主义这一全新的历史时期，以中国特色社会主义之"天下为公"的文化真谛为准则，由中国共产党领导全体人民

---

[1] 陈先达：《文化自信中的传统与当代》，北京师范大学出版社 2017 年版，前言第 4—5 页。

以"以文化人"为实质追求的、以依法治国实践为载体的历史进程中所倡导和弘扬的文化在法治领域的展开。

（二）中国特色社会主义法治的"四个自信"

依据党和国家提出的中国特色社会主义的"四个自信"，在法治领域自然涵盖了法治理论自信、法治制度自信、法治道路自信和法治文化自信的"法治的四个自信"。法治领域的"四个自信"的关系，与国家整体的"四个自信"的关系具有一致性。笔者认为，当下的法治制度自信与法治道路自信问题，无论此种自信程度如何，坚守中国特色社会主义制度并走中国特色社会主义法治道路已经是一个无须讨论的既成事实前提，关键在于法治理论自信与法治文化自信。法治理论与法治文化的自信与否，关乎对法治制度和法治道路形成正向合力还是造成思想混乱、观念分歧。而法治理论是法治文化的表象，法治文化是法治理论的真谛。曾经一度，在很多人士眼中，中国的法治理论、法治制度、法治道路、法治文化皆须"比附于西方"，西方被幻化为法治的鼻祖，本书所言诸项现代法治精神似乎也是西方文化的"专利"，因为法治似乎是他们的发明创造。本书通过研究得出的结论：中国现代法治精神是对中国传统文化的继承，是践行中国化的马克思主义的必然要求；西方近现代法治精神在很大程度上是儒学西传的结果，是西方因中国文化而找寻到人本主义的结果。这样的研究思路和最终的结论，其实在方法论上就是为了要消除"比附于西方""遵从于西方"的普遍现象和固化思维。很多人在观念中以西方标准为不可置疑的标准，以此来衡量和评判是非，此种状况之形成是近百年积累的结果，这种状况的改变也不是一朝一夕能够完成的，而是需要逐步改变的。

2014 年 12 月 20 日，习近平总书记在《关于〈中共中央关于全面推进依法治国若干重大问题的决定〉的说明》中明确指出：立足我国国情，从实际出发，坚持走中国特色社会主义法治道路，既与时俱进、体现时代精神，又不能照搬照抄别国模式。[1] 2020 年 11 月 16 日，习近平总书记在中央全面依法治国工作会议上的讲话再次指出："推进全面依法治国要全面贯彻落实党的十九大和十九届二中、三中、四中、五中全会精神，从把握新发展阶段、贯彻新发展理念、构建新

---

[1] 习近平：《论坚持全面依法治国》，中央文献出版社 2020 年版，第 90 页。

发展格局的实际出发，围绕建设中国特色社会主义法治体系、建设社会主义法治国家的总目标，坚持党的领导、人民当家做主、依法治国有机统一，以解决法治领域突出问题为着力点，坚定不移走中国特色社会主义法治道路，在法治轨道上推进国家治理体系和治理能力现代化，为全面建设社会主义现代化、实现中华民族伟大复兴的中国梦提供有力法治保障。"[1] 其实，我们从这样的总括性指导中就完全可以看出，法治道路、法治制度必须从中国实际出发、指向中国法治现实问题、确立中国法治现实路径、实现中国法治终极目标，而这些必然都是中国特色社会主义性质的。无论是从道路选择的必然性、正确性角度看，还是从我们实际取得法治成就的角度看，抑或从尽早实现我们的法治目标的角度看，我们对中国特色社会主义法治道路、法治制度，完全应该具有自信。而我们的法治理论及其所依据的法治文化根基，更是应该自信、必须自信，此种自信源自我们对民族精神、文化底蕴、历史经验、现实成就、未来目标的自信。因此，本书的落脚点在于论证中国法治文化自信，笔者认为这不仅符合中国特色社会主义总体的"四个自信"的要求，而且意义重大。中国特色社会主义法治的"四个自信"，是全面推进依法治国历史进程中的首要法治课题。

（三）中国特色社会主义法治文化自信的内涵

中国特色社会主义文化自信话题，必然包含法治文化自信的问题，而今日中国迫切需要法治文化自信，因为"法治文化不自信"带来的问题非常突出。而法治文化自信与中国特色社会主义文化自信之间的关系，在学术研究中却着实有不同的观点和看法。而目前一个比较普遍的倾向就是将中国特色社会主义文化与法治文化相分离，此种分离主要表现在：中国特色社会主义文化的很多内容不仅无法融入现有的法治理论框架之中，无法成为法治理论的研究对象，甚至很多时候成为法治理论批判的对象。此种状况的出现，其实在很大程度上是源于我们目前的法治理论及理论框架很多都是依据西方法治理论形成的"定论""通论"，而且大有以西方法治文化作为"新文化启蒙"的趋势。这就造成中国特色社会主义文化以及其中所包含的中华优秀传统文化与通论所追求的"法治文化自信"的理解出现了诸多差异。笔者在本书中以现代法治精神及其文化追问为切入点，行文

---

[1] 习近平：《论坚持全面依法治国》，中央文献出版社 2020 年版，第 1 页。

中就涉及了诸多"通论"之谬误，如中国有无法治传统、法治的源头是否在古希腊、"为政以德"和"为政在人"与法治的关系、现代法治精神的文化来源等诸多具体问题。仅就现代法治精神问题而言，中国传统文化一以贯之的追求完全涵盖了中国现代法治精神诸项内容，而且唯有中国传统文化的核心精神才能作为中国现代法治精神的灵魂，这样的研究结论所展现的事实鲜被学界认同、提倡。如果连一个最为基本的文化史事实都不被承认，连我们曾经拥有的辉煌的文化史都要被中国人自己忽视或者歪曲，那么我们何谈文化自信？因此，正视我们的文化史、认清西方的文化史，找到中国特色社会主义法治文化的来处和归途，在一个实事求是的基础之上，我们才能够真正地去谈论法治文化自信。如果还是继续以"削足适履"的方式来比较中西法治文化，将西方法治文化作为一个绝对的标准与最高的天花板，矮化甚至丑化中国传统法治文化，那么我们是无法奢望"自信"的建立的，能够避免近代史上的"文化臣服主义"就万幸了。笔者认为，是否能正视中国现代法治精神之文化根底这一问题，是中国法治文化自信乃至中国特色社会主义文化自信能否真正建立的标志、能否真正实现的标准，特别是在全面推进依法治国、致力于实现法治中国作为时代主题的当今时代。因此，笔者在本书行文中的一个主线，就是要将中国传统文化与现代法治精神之间重新架起一座历史上原本就存在的桥梁，这座精神之桥在近代已经支离破碎、呈现残垣断壁，我们需要恢复它的原貌。在提出了这些观点之后，笔者认为：中国特色社会主义法治文化自信，是中国特色社会主义文化自信的一个方面，其当代要义在于厘清中国现代法治精神的文化渊源、厘定中国现代法治精神的文化选择、明晰中国现代法治精神系中国传统文化一以贯之并由中华人民共和国继承的中华文化命脉，最终让中国现代法治文化民族化、时代化、大众化，形成以中华优秀传统文化为底蕴的中国现代法治文化，形成中国大众对中国现代法治文化的民族文化认同，形成中国现代法治文化作为中国化的马克思主义在新时代的自然结果，成为中国特色社会主义文化的和谐整体中的内核的一部分。

二、中国特色社会主义法治文化的核心属性思辨

"坚持从实际出发，就是要突出中国特色、实践特色、时代特色。要总结和运用党领导人民实行法治的成功经验，围绕社会主义法治建设重大理论和实践问题，不断丰富和发展符合中国实际、具有中国特色、体现社会发展规律的社会

主义法治理论，为依法治国提供理论指导和学理支撑。"[1]而法治文化问题，是体现中国现代法治的中国特色与社会主义属性的重要内容。中国现代法治精神的文化追问，一是法治与法治精神问题；二是其文化渊源与文化选择问题，法治与文化似乎在此种论述中是两个问题，但它们实际上是一个问题，也就是可以统一于"法治文化"问题。下文就是本书的落脚点之一：中国特色社会主义法治文化核心属性思辨。

（一）中国特色社会主义法治文化之领导力量

"中国共产党的领导是中国特色法治道路的政治保障，这是中国共产党的历史地位与现实功绩所决定的。"[2]在中国特色社会主义法治道路进程中，作为灵魂引领的法治文化，当然也必须由中国共产党进行领导、进行引领。这既是一种政治保障，更是一种政治责任和应有的政治担当。中国共产党作为中国特色社会主义法治文化的领导力量之资格、地位与使命问题，是无须过多讨论的，这是一个探讨中国特色社会主义法治文化的前提。在具体问题上，笔者认为有以下几点需要明晰。一是确立法治文化与党的宗旨的一致性问题。既然我们通过研究可以得出结论：中国共产党的文化追求是"天下为公"，而中国现代法治精神的文化真谛亦是"天下为公"或曰"天下归仁"，那么中国共产党的宗旨与中国特色社会主义法治文化就具有了一致性。倘若我们一方面认为党的宗旨是天下为公，另一方面却又追逐一种西方式的"个人利己主义"式的所谓"法治文化"，那么此二者的矛盾在理论上是无法调和的，在现实中亦是无法起到以法治文化引领社会进步的作用的。二是中国共产党的领导与文化的知行合一问题。人们常说"文化是不能强制的"。的确，文化发自人心，人心是无法强制的。但是文化讲求的是知行合一，中国共产党作为执政党，其全心全意为人民服务的实际行为即一种"知行合一"，这是党在现实中作为中国特色社会主义法治文化领导力量的根本要求和最佳方式。三是中国共产党的领导与宪法和法律关系的问题。依宪执政、依法执政是党中央提出的依法治国要求，中国共产党没有超越宪法和法律的特权。"宪法法律至上"的提法，亦如中国古代掌控权力者对"礼"的恪守一般，这是

---

[1] 习近平：《加快建设社会主义法治国家》，载《习近平关于全面推进依法治国论述摘编》，中央文献出版社2015年版，第31—32页。

[2] 姜小川：《司法的理论、改革及史鉴》，法律出版社2016年版，第127页。

执政者对自身提出的要求，"至上"是指绝对不能违背之意，这是党作为中国特色社会主义法治文化领导力量的基本要求。这也是中国共产党提出依法治国、建设社会主义法治国家，全面推进依法治国、实现法治中国之后，中国广大人民群众全力支持并且寄予厚望的主要原因之一。总之，党的建设和法治文化的建设、党的宗旨和法治文化的本质、党的执政功能与法治文化的功能，具有完全的一致性。这也是我们今日必须在党的领导下，大力推进和弘扬法治文化的深刻原因。

（二）中国特色社会主义法治文化之人法和谐

谈到法治话题，流行观念认为法治对于现代中国是一个新事物，认为法治建设任重道远，因此对于法治文化也几乎都认为这是一种全新的文化，一种全新的文化的普及是一件非常艰难的事情。实际上，今日所谈法治文化的内容，通过本书的分析，从来都没有超越中国传统文化，没有超越普通人的日常生活，而只是中国人几千年来文化的一个组成部分。这就涉及我们所认识的"法"是什么、"法"与人的关系的问题。当人们看到一些人以"我不懂法"为由破坏"律治"的时候，往往认为这首先和根本上是一个法律问题或者法律素养问题、法治文化问题。例如，哄抢大货车事故现场中大货车所载的货物、制造出售劣质食品药品、贪污受贿或坑蒙拐骗、以爱国之名将开日本品牌汽车的中国人砸成植物人，类似这样的现象，虽不能悲观地认为极其普遍，但是也需要负责任地说这绝非个别，此类社会大问题不胜枚举。[1] 而这一切和懂不懂"法律"没有必然的对应关系，这和良知挂钩，难道不懂法就可以成为贪污受贿或者坑蒙拐骗、为非作歹的借口吗？ 不是让所有公民和官员都成为"法律专家"或者随身带着法典对照生活来过日子才是一个正常社会、一个法治国家。所有人依据良心生活就可以完成遵法、奉法的要求，才是一个法治国家。不必总是感慨公民的法律素养差，因此法治文化应该如何如何。实际上，面对几乎所有的"乱法者"，我们发现，乱法的原因不在于不懂"律"，而是真的丧失了对"人心之法"的基本敬畏和遵奉，这样的人一旦"懂法"，其结果可能是更加肆无忌惮，因为其关注的是"法律的空子"。人与法的和谐，最根本的发端处不在于官员和公民掌握了多少法律知识，

---

[1] 笔者所言，都有近年来的社会热点事件作为所指，由于这些热点事件在社会大众中广为传播，因此不再进行具体的描述或者遵循学术规范化的引证。

而在于法律本身就是切合常识、常理、常情，大家自然应该做得到、能够做得到。当然，对于官员而言，熟知法律是当然要求，因为其职务行为是依据法律授权而为；其目的在于防止将法律授权的职务行为僵化、机械式地规则化、官僚化，以法律之名堂而皇之地滥用权力，如不作为。

在人心法则之外再人为构建出一套"法"将其包装成法治文化，并不明智。文化是人与法形成和谐关系的根本，法发乎人心、止于人心，人心法则即宇宙的终极法则，人与法在这个意义上是完美的和谐关系、一体关系。世间不存在一种外在于人心的法治精神，更不存在一种外在于人心的文化精神。法治精神归属于文化，文化就是人心问题。那种认为有一种外在于人心的叫"法治精神"的事物、有一种来自"悠久的西方法治传统"而带来的"法治精神启蒙"的看法，是不成立的；特别是当我们真正从中国传统文化角度解读明白了真正的文化与法治精神，就更不必在人心之外、在中国文化之外去寻求一种用以"启蒙"的"法"了。正是因为我们将根本性的中国传统文化根基丢掉了，因此才会出现这种畸形的"启蒙"思潮，其中的利害关系与利弊研究，非常重要，这是需要用大智慧予以全盘考量的。因此，在中国特色社会主义法治中，法治之"法"应该包括两层含义：一是宇宙的终极法则，这种宇宙终极法则就是人心之法、是仁爱之法、是文化之法，这种意义上的法治就是文化之治、文化主治；二是依据宇宙终极法则，即人心法则而制定的"律"，此种"律治"是实现法治的一个路径和重要方面，这就是"法律之治"而非"法律主治"。此种意义上的法治，追求的是以律治为主线之一、以文化主治为最高要求，全面覆盖所有人的法治。在此种法治中，不再有脱离于人心的至善追求的另外的最高法则，最高法则就在人心的至善追求中；也没有高于人的律治，律治是人的工具和人心法则的必然要求与底线要求。在该种法治中，仁心即最高法则，实现了人与法的完美合一；律治是仁心的当然要求，实现了人与律的完美合一。这样一来，就实现了中国特色社会主义中人与法的和谐。其实，中国现代社会的法律体系，实际上就犹如一条奔腾不息的河流的堤岸，堤岸的作用在于保障河流按照一个应当的方向奔腾不息地流淌，而其本身绝不能成为奔腾不息的水这一本体。奔腾不息的水，如果将堤岸当作本体和至上要求，那么要么会变为一潭死水，要么迟早会冲破堤岸而不可约束，而文化是活水的源头和本体。试图以一种规则化的设想替代生生不息的本体，就不是人与法的正常定位，一定会带来不和谐，而堤岸的设定，其本身是要考察文化之水的特性而设定的。"流水不腐""为有源头活水来"，这就是中国现代法治的要旨。"子在川上曰，逝者如斯夫，不舍昼夜！"（《论语·子罕》）时代之河已经随着时间奔涌到今天，而时代之河的源头和主线一直未变，那就是人心！今日之人与今日之法，就是以人心为源头、以法为尺度的一条河流，二者应该是如是的和谐关系。

（三）中国特色社会主义法治文化之人民属性

人民性是中国特色社会主义法治精神的最大特色，是核心属性。全心全意为人民服务是中国共产党的立党宗旨，以人民为中心是中国共产党人的自我要求，人民至上是中国共产党领导全国人民进行中国特色社会主义法治建设的必然原则。中国共产党人之所以能够提出全心全意为人民服务的自我要求，除了对社会历史规律的了解、对马克思主义方法论的应用等，从人文角度看，其义理在于将人性自身的"致良知"作为人性基础；而为什么中国共产党人要求将全体人民作为全心全意服务的对象，也是基于全体人民是人性本善的人民共同体。因为人文精神的一以贯之，中国特色社会主义法治具备的是完全的、纯粹的人民属性。追求至善的中国共产党人与追求至善的全体中国人民一道开展法治建设，是为了形成中国现代社会的全面至善。而所有的至善，最终都是人的至善、是人类的至善。由于法在人心，律合于法，因此法治与律治可以完美合一，成为中国特色社会主义法治的深刻内涵。因此，追求法治、建设法治就是追求所有人的幸福。

人性论和良知论，是中国特色社会主义法治的人民属性的文化底蕴。由于人性本善、良知即道，所以中国人民依据文化的指引，基于本善的心性，形成的是一种全社会个体良知集合而成的集体良知，集体良知便是最高的"法"，这就是中国现代的"法治"；而作为依法而治的"律治"，是以社会集体良知为基础、以维护社会集体良知为目标的"律治"。既然中国传统文化的人文精神已经为我们完全讲清楚了集体良知的义理，中国特色社会主义制度为我们提供了社会集体至善追求的制度保障，中国共产党为我们提供了追求社会集体良知的组织领导核心力量，全体人民由每个个体的良知组成的集体良知为法治提供了最为广泛的社会基础，那么，中国特色社会主义的法治和律治因为社会集体良知的中枢地位，就完美地实现了理论上的人民属性。孔子问道于老子之后感叹"老子犹龙"，因为"龙，合而成体，散而成章"。[1]这就是表述了"龙的传人"的真正奥秘：老子悟得的"道"是所有人良知的集合，以良知为集合即"合而成体、散而成章"的中国传统文化追求，也是中华民族几千年来家国情怀与天下观、大同理想的奥秘。在现代中国体现的人民至上、以人民为中心也正是源自对人文的深刻体悟，因为中国特色社会主义法治本自具足的人民属性绝非虚说而是实有。人的良知就是"道"的自有法则，因为"良知"是人心自带的，人们无须也无法去追问它产生与存在的原因，良知的产生和存在就是人的本身自有属性；而功利主义、人性之恶都是因为良知被蒙蔽，是需要通过回归良知加以纠正的；因此，人性表现之恶是可以追问原因的，所以"功利主义与人性之恶"不是不可追问原因的"道"。

经过本书的全篇论证，法治精神及其文化追问仿佛回归到了一个再平常不过、普通不过的层面——以社会良知作为最高的法、以社会良知作为法治的文化目标。但是在这种回归平凡的意义上，平凡并非平庸，而是极高明而道中庸。之所以法治变得看似平凡，是因为中国传统文化几千年来已经深刻地融入了中国人的民族文化基因和每个个体的骨髓，而且这就是人生的本真，所以这种平凡是因为中华传统文化道出了终极的道、终极的法，就在于人的自心、简化为人的良知。因此，法治距离每一个普通人不再遥远，法治精神及其文化根基就在每一个普通人的心中和生活的每时每刻、一呼一吸、起心动念之间、之中。这才是中国现代法治能够确立其文化根基和道义性、正当性、必要性、普遍性的人文原理。我们无须秉承西方神本文化的思路，在人之外树立一个更高的神权，让最高的"法"来自人之外、心之外，而是人们自己主宰自己。这样的道理，就是大道至简、道法自然、"百姓日用而不知"的"不可须臾离也"的道。现代道德的坚守和弘扬，是对传统道德文化的一种延续和保留，如果将传统道德文化的义理再次发掘和加深，则中国现代的道德文化将再次生辉。所以，一句"大学之道，在明明德，在亲民，在止于至善"可以完全为我们提供对人类至善追求的"道"的现实指引。而"大学之道"，也正是中国特色社会主义的"法治之道"，因此，法治之道止于至善。

---

[1]《庄子·天运》。

（四）中国特色社会主义法治文化之历史重任

在此，对于中国特色社会主义法治文化的历史重任应当予以清晰描述。全社会都对法治抱有极高的期望值，源于依法而治是中国现阶段必须坚守的底线，而法治文化是坚守此种底线的关键保障。法治和法治文化，是中国未来发展过程中文化全面复兴的底线和最佳切入点。法律是最为明确的行为规则，如果连最为明晰的行为规则的遵照都出现大问题，那么社会一切美好的理想可能都会幻化为泡影或者一种饰伪的说辞，甚至破坏社会法律底线的借口。以人心之良知法则制律，以律治推动法治，律治是检验法治的底线，法治是律治的终极目标。在律治与法治的进程中，逐步实现文化之治与文化主治。

律治的前提是依"人心之法"制律，而律治的关键是执政者的权力依法运行。"正人者必先自正"，这是亘古不变的道理。目前的法治进程，可能更大的问题在于我们往往会失守"法律底线"，而不是我们在一个牢不可破的底线已经确立的基础上追求着更高的人类理想社会目标。因此，法治对于中国目前而言，其历史重任在于坚守一个社会的基本底线的问题，这个底线还不是更高一点的道德底线，而是最低层级的法律底线；由法律底线的坚守升华为道德底线的坚守，在此过程中逐步再向高层级的人文目标迈进；在高层级的人文精神意义上的文化润养人心的全面铺开，引领社会对道德底线的坚守，至少不要对法律底线失守。这样的由最高向最低、由最低向最高的双向法治进程思维、战略和路径，才是我们应该明确的。如果不依据这样的双向会通路径，单向推进的话，无论是由高到低还是由低到高，最终都会举步维艰。而笔者认为，文化应该作为国家层面的整体战略、律治或者依法而治意义上的法治作为国家的基本治国方略，二者是必须互为表里、互相促进、和谐一体、整体共进的关系。而当下学界致力于研究的法治的推进，虽然大多以律治为落脚点，但是其意义恰恰在于坚守律治底线问题，这也是当下社会矛盾突出、社会问题重重的最佳突破口和切入点。但是，如果认为以律治为落脚点的法治研究，其路径是为了突出法律的至上性而排斥、否定道德与文化，以主观中的、实为律治理念的事物作为法治文化、代替真正的人文精神这一文化本体，则其效果可能事与愿违甚至南辕北辙。因此，法治文化任重而道远，一是指其完成律治任务的艰巨性和长期性；二是律治与人心法则在理论上和法治实践中结合的艰巨性。而后者艰巨性之克服，首先要清除人为臆想出来的人文、道德与法治精神之间的矛盾这一观念障碍；其次致力于使三者依次地成为一个和谐的整体。因此，中国特色社会主义法治文化，其历史重任不仅在于厘清人文、法律、道德的和谐关系，更在于以中国特色社会主义文化引领中国特色社会主义法治，以中国特色社会主义法治维护和推进中国特色社会主义文化，最终形成真正具有中国特色的社会主义法治文化、形成中华民族的法治文化、形成体现中华民族精神的法治文化、形成团结和凝聚亿万中华儿女的法治文化！

三、中国特色社会主义法治文化自信之观念纠偏

（一）中国特色社会主义法治文化与法治文化现代化思辨

有论者在探讨司法问题的时候提出了非常深刻的见解："这些年来，我们热衷于对于西方司法理念和司法制度的盲从，对中华法系及其所包含的司法理念和制度发掘不够，甚至用所谓的法律现代化否定马克思主义法学和传统中国法律文化。鸦片战争前，外国学习中国；如今，中国学习外国。相互的学习固然必要，但一个国家只有其主流价值观被他国输入才能说明这个国家富强。"[1]这个见解对于思考法治文化现代化的问题同样完全适用。当我们习惯于在一个观念被割断、现实被扭曲的历史观和文化观之中谈论问题的时候，我们会猛然发现：我们很难建立起我们的"文化自信"，这不仅是因为我们主动丢弃了本民族最为宝贵的精神财富和精神支撑，对历史的割断和扭曲、对文化的误解和曲解，本身也是一种不自信的表现，是造成现实中的文化不自信的内在因素。如果我们连正视我们的历史和文化传统的勇气都没有，连正确认知我们本民族的历史和文化的能力、智慧都缺失，那么我们只能在一种浑浑噩噩的状态下裹足不前、步履维艰，最终不仅无法带来各家各派所主张的大众幸福，反而最终一定会造成极大的混乱，而这个混乱及苦痛最终却是由人民大众来直接承受的。而在这一点上，"现代化"在人们的观念中就往往扮演着双重角色：一方面，现代化是历史的必然，而且现代化也是现实的幸福之依托，是我们在现实中不断奋斗的动力和目标；另一方面，现代化又往往会让我们忘却历史甚至盲目地以现代化的"优越感"去鄙视历史。而实际上，现代化并不意味着否定自己民族的历史，否定了自己民族的历史

---

[1] 姜小川：《司法的理论、改革及史鉴》，法律出版社 2018 年版，第 123 页。

就意味着失去了立足的根本。忘记历史就意味着背叛，盲目否定本民族的历史和文化，亦是一种不负责任的背叛。当我们习惯于"线性历史观"的时候，当我们习惯于"社会进化"的时候，往往会习惯于"以现代性否定传统中所蕴含的永恒精神"。在中国现代法治精神与法治中国的实现这一个问题上，我们发现：以现代化否定中国的法治历史和法治文化的现象不仅带有普遍性，而且往往是根本性的否定。造成这一现象的历史和现实原因多样而且复杂，但是根本上是因为"现代化偏见"的存在，这一点我们必须警醒。物质发达与人文衰落，是如此严重失衡，这是现代社会的一个通病。我们所看到的"现代化偏见"在很大程度上也是源于这种物质发达与技术进步带来的"现代优越感"。其实，坐着马车周游列国的古代的孔子，与坐着飞机满世界观光的现代人之间，是无法用马车与飞机的先进性对比来比较人生境界的高下的。而在法治文化现代化的过程中，我们现在最为欠缺的恰恰是中国古人孔子坐着马车艰辛地周游列国时所传播的"人文"。中国特色社会主义法治文化，在法治现代化的同时，应该走出轻看历史的误区，将人文精神作为法治文化现代化至为关键的灵魂和核心要素。

（二）中国特色社会主义法治文化与法治文化国际化思辨

国际化不意味着否定自己的主体地位，抛开中国作为世界主权国家的视角去追求国际化，将自己之外的存在作为"国际化"的标准，将自己的标准设定为一种完全需要依据"国际标准"而改造的对象，实质上是一种自我否定的表现。谁是"国际"？国际是由一个个具体国家组成的，其中划分为不同的政治阵营、不同的种族民族群体、不同的文化与信仰群体、不同的生活方式群体，其中哪部分代表了"国际"？这正如近代西方强制推行的"万国公法"一般，他不是"万国"共同认同的，而是希望甚至强迫"万国"去认同甚至必须服从。对近代以来的所谓"世界分工""自由市场"之类的"国际化理论"，如果不能认识其本质，则会陷入一个无法自拔的陷阱，此种陷阱甚至可以让人们忘却历史真相，甚至形成诸多违背历史常识的认知，包括很多专业的"学术研究成果"在内。因为你认同了一个"国际化标准"作为必然的正确前提，而这个"国际化标准"往往是强权者要求他人的标准，而强权者自己制定的这个标准就是有利于自己的。例如"自由竞争理论"，看似一个引人入胜的理论，体现了激励性、公平性、道义性，但是在近代以来资本主义扩张以及现代社会的国际秩序构建中，我们从来都找不到一个所谓的"公平的自由竞争"的原型。例如，美国这个倡导"公平的自由竞争"的国家，实际上依靠的就是三大法宝：美元、美军、美媒。"美国统治集团无论谁上台，都始终如一地运用美军、美元、美媒这三大法宝，在世界范围内，有计划、有步骤地抢占战略要地，把持海上通道，控制战略资源的定价权和国际经贸规则的主导权，掌控尖端科技的垄断权和学术媒体的话语权，把世界折腾得昏天黑地。"[1] 这就好比 100 个人组成一个"国际社会"，其中有几个块头最大的人，且充满了无限的贪欲；当这 100 个人面对着有限的财富的时候，如何分配才是道义的、公平的？这几个"大块头"之外的诸多人士是绝对不会愚蠢到主张"自由竞争、物竞天择、适者生存"的，但是他们不得不面对这几个"大块头"的威慑而屈服于这种强权者定义的"公平的自由竞争"；除非这几个大块头在"内讧"的时候"两败俱伤"或者多数人达成共识：联合起来压制、反抗这几个贪得无厌的大块头，制定一个仁爱的分配规则。当我们回顾近代史的时候，从两次世界大战，到中英鸦片战争，到用坚船利炮手段完成的资本殖民，到以自由通商为名进行的资本掠夺，如果真的相信这是一个"公平且正义的国际化标准"，那么未免太过于天真了，甚至可以用愚蠢来形容。所谓的国际化，不是自我否定的理由，失却了自我的正确认同，只能是附庸化而不是国际化。在资本主义主导世界的几百年里，之所以我们无法在事实上看到一种"公平的国际化准则"，而大多数时候需要面对的是一种"丛林法则"，其本质原因在于资本的"逐利本性"与"利益最大化"的资本主义信条，而此二者都是一种"私天下"的典型表现和极致反映。因此，中国自古倡导的"公天下"与近代产生的马克思主义主张的"公天下"，才是解决这一问题的金钥匙。因此，社会主义与共产主义理想在近代才能得到世界上积贫积弱、备受欺凌的无产阶级的广泛拥护。[2] 近代之中国，在这种

---

[1] 江涌：《谁在操纵世界的意识：从苏联解体到"颜色革命"》，社会科学文献出版社 2018 年版，代序第 2 页。

[2] 此处申明一点：资本不等同于资本主义；对于资本主义的否定，不等同于对现实中的资本的单纯否定；例如，企业家的"资本"不等同于资本主义。依据真正的市场公平原则获取利益，天经地义；私有财产权亦是不当然违背"公天下"的理念，甚至必然是"公天下"的题中应有之义。本书所讲的资本主义，系指通过战争、舆论、掠夺、盘剥等多种手段控制政权、控制经济、控制舆论、控制人心，将大众视为劳动机器以及剩余价值压榨的对象的综合组织体。而本书所言的对"虚伪的自由竞争"的反对，系指"弱肉强食、物竞天择"之类的所谓"自由竞争"不具有道义性，特别是国家，更应该以一个公平的守护者、推动者的身份出现，这是现代国家的职责与使命，是现代国家存在的合理性之原因所在。倘若我们信奉了"弱肉强食"之类的"社会进化论"，那么世界上所有

"国际化浪潮"中，已经受尽屈辱、吃尽苦头，今日中国的强大才是在这种"国际化大潮"中不致再次重演历史悲剧的关键。而这一切，必须谨记一点：缺少了中国作为独立自主，甚至必须是强大的国际社会一员的事实前提，"国际化"就可能是一场被控制、被剥削，甚至被奴役的戏码。

以上对于"国际化"的讨论，是想明确一点：中国特色社会主义法治文化，如果谈论"国际视野""国际化"，必须同样有一个前提：中国是国际规则、国际标准中的制定者、参考样板之一，中国是一个基于强大实力而拥有足够话语权的强大主体；中国的法治文化是中国特色社会主义的法治文化，具有其民族性、历史性、时代性，其最终是需要体现中华民族的民族性和民族精神的，而不是对所谓"国际"的屈服与盲从。什么是对国际化的有效借鉴？以什么为标准来判断国际化的是非对错？需要一个文化自信的中国以及亿万文化自信的中国人，否则，我们连这个基本的判断能力和判断资格都没有。以上就是关于中国特色社会主义法治文化与"国际化"的一些浅见，是笔者在这个大话题中关注的要点，笔者也认为这是一个应该关注的焦点。作为值得中国人骄傲的、发达而完善的"中华法系"被称为"死法系"，究其消亡之原因，近代中国被迫"国际化"即其主要原因之一。这难道还不足以提醒我们"国际化"与"中国的主体性"之关系吗？我们无法改变已经过去的近代史，但是我们正在书写着我们的当代史。以史为鉴：中国特色社会主义法治文化自信，需要注意思辨"国际化"的问题。笔者认为更需要思考一个根本的命脉问题：如果有一天中国的传统文化和民族精神也"被国际化"了，那么我们还是我们吗？如果有一天，中华民族精神和中华文化成为"国际化"的主流标准之一，那才是值得中华儿女庆贺的"国际化"。

（三）中国特色社会主义法治文化的主体问题之独立自主

所谓独立自主，一为独立，二为自主；独立意味着不成为他人的奴役对象或

的不公平都将具有了"应然性"，如社会的贫富分化严重，岂不是"自由竞争"的结果？一个国家致力于缩小贫富差距甚至主张共同富裕，岂不是违背了"自由竞争"的基本理念？因此，以"天下为公"为使命的现代中国与中国共产党，对于自己职责使命的定位是具有最高的道义性的，这不是对"自由市场"理论的背反，反而应该成为引领世界走向的大势所趋。在这一点上，如哈耶克《通往奴役之路》之类的西方理论，是经不起认真推敲的，我们应该理直气壮地坚守"天下为公"作为判断一切是非的基准之一。

者精神附庸，自主意味着自己成为自己的主人。独立的目标是自主，自主的前提是独立，如果不确立现代中国独立自主的主体地位，一切法治问题都失去了最根本的基础，这是近代以来的历史留给我们最为深刻的经验教训。近代以来的法治历史与法治文化的发展，实际上与中国近代失去了独立自主地位密切相关。没有一种法治文化不是置于特定的历史背景中去实践的，而近代中国在国家主权与独立失去保障的情况下，一切的民主、自由、平等、正义、人权、秩序，都是水中浮萍。我们很难想象在坚船利炮、民族危亡的时刻，我们却接受着侵略者的"法治启蒙"与"民主自由的洗礼"，任人宰割的民族与国家，何谈民主、自由、平等、正义、人权、秩序？一个拥有数千年优秀文化的中华民族，何以被侵略者来"启蒙"？中华人民共和国之独立地位，是亿万中华儿女用生命和鲜血换来的，中华民族之独立与生存，不是别人赐予的。"不迁怒，不贰过"，[1] 是一个人的高远境界，也是一个优秀民族的必然要求。将近代之败迁怒于中国传统文化与民族之历史，则是对历史事实的错误认知，一种对历史教训的错误认知和对民族文化的错误总结，必然带来"贰过"。在对待近代史的反思的时候，我们出现了一种倾向：因为需要反对落后的封建制度，而将很多历史的成败简单归因于封建制度本身。例如，占据主流的观念往往说清王朝妄自尊大、夜郎自大，因而导致了失败。此种说法固然有一定道理，但是却往往掩盖了一个历史真相：中华民族几千年来的确取得了完全超越西方的辉煌成就，包括晚清时代亦具备领先世界的经济实力、军事实力、政治实力，而绝非毫无依据的"夜郎自大"。如果以这样的历史事实为出发点来研究问题，我们就会发现，很多今人对晚清真正实力的认知观念未必正确，今日在研究问题的时候，如果将近代之失败"迁怒"于晚清的"夜郎自大"，迁怒于中国传统文化的"落后"，那么就无法找到近代中国之败的真正原因，进而今人必然在当今的世界格局之中"贰过"。晚清并非在经济财富的积聚上"落后"，而是因为过于"富有"了，才遭到列强的瓜分。我们不能在一种人云亦云的说法中不加仔细研究，否则就会总结出一个错误的规律，顺着错误的历史经验总结，那么血泪的沉痛代价就白白付出了，而且今人一定会被大范围误导，甚至误导国策。清朝很富有，但是"一旦富与强无法保持同步前进，财富只能增加强盗的觊觎之心。财富永远无法保护财富，这是历史的铁律。甲午战争

---

[1]《论语·雍也》。

前，中国的 GDP 总值是世界第一，但毫无用处"。[1]而且晚清的军事实力本身是强大的，其败在文化的溃败，败在意识形态之溃败。"闭关锁国、落后挨打"这样的说法，是一种近代中西方意识形态之战的结果，而并非一种历史事实。不尊重历史事实、不还原历史事实，我们永远面临着在浑浑噩噩中"贰过"的巨大风险。例如，笔者在研读王元崇先生的专著《中美相遇：大国外交与晚清兴衰：1784—1911》[2]的时候，该书所展现的大量史实即颠覆了通行观念中的认知。本书所引用的许倬云先生、戴旭先生等专家、学者的相关专著，亦是表明了这一点。[3]这里面就至少涉及一个"富"与"强"的关系问题："富"是"强"的基础、标志、保障，但是"富"不等于"强"，更绝非"富了"即"富强"；"国富"不等于"民强"，"民富"亦不等于"国强"，形成一个强大的精神纽带才能真正实现"富强"，实现"国与民一体，富与强同步"。而国家与民族的"独立自主"才能带来真正的"一体化、同步的富强"。

今日中国，需要准确定位的是独立自主的源头，需要加强的是独立自主的能力，找准独立自主的源头是提高独立自主能力的前提，提高独立自主的能力是保障独立自主的源头永不衰竭的路径。今日中国人民已经在中国共产党的领导下，经过了艰苦卓绝的革命，历经伟大的现代化建设，实现了由站起来、富起来到强起来的历史性转变，中国已经确立了对内对外的独立自主地位，对内的独立自主体现为中国有足够的能力来追求全体人民的幸福，而不是成为外在力量的附庸；对外的独立自主体现为中国有足够的实力来抵御外敌并作为国际社会的重要一极来维系国际秩序的和平稳定，因此我们应该有足够的底气和自信来确立中国特色社会主义法治文化建设的独立自主地位。当今之世界秩序格局，是经过第二次世界大战之结果确立的一种国际秩序格局，此种国际秩序格局亦是在不断变化。战争确立的秩序，是世界所谓"法治格局"的前提和条件，而并非"法治"的结果。可以说，一种丛林法则曾经萦绕着世界近代史，决定着今日之世界秩序格局；在此种丛林法则之中，唯有文化法则可以成为取代丛林法则的决定性力量。

---

[1]《戴旭讲甲午战争：从晚清解体透视历代王朝的政治败因》，人民日报出版社 2018 年版，引言第 12 页。

[2] 王元崇：《中美相遇：大国外交与晚清兴衰（1784—1911）》，文汇出版社 2021 年版。

[3] 笔者的结论，乃通读全书之后形成的结论和观感，无法以具体的文字引证的方式纳入文中。

四、中国特色社会主义法治文化自信之意义

（一）文化兴国视角之法治文化自信

1. 文化共同体

什么是爱国？国家是由一个个具体的人所组成，不爱人，何谈爱国？父母双亲尚不能孝顺，何谈爱国爱人？伦理秩序、亲情秩序，是一个社会一切的基础；在此基础上推己及人，这才是一个正常的社会结构。爱国，就是爱人，视人如己，就是仁。我们经常问为什么有人不爱国？为什么有人背叛自己的祖国和人民？背叛一词的前提，首先是背叛者曾经将国人当成"自己人"，而关键是，什么因素使人们将国人视为同胞、当作"自己人"？那就是文化，共同的文化使人们互相认同，而文化确立人际观，确立什么是"自己人"；正确确立"自己人"的人际观前提，是"心性观"，明白了人的本质，才能明白人际观，在人际观中更加明确和实践"心性观"。而宇宙观的形成，是人际观和心性观最为终极的境界。个人的人格左右着个人的命运，个人组成的集体、民族、社会、国家、政党，会聚着志同道合的人，而集体人格决定着集体的命运。"文"源自人，通过"以文化人"造就文化共同体，将文化共同体作为国家、民族、种族等共同体的内在灵魂，才能形成真正的共同体。而法治文化，在中国的要义在于强调，作为文化共同体，如何确保其凝聚力和持久性，法律在于确立人们的行为底线，其根本在于对文化共同体之形成、稳定发挥保障、支撑作用。

2. 文化主治

一个民族、一个国家、一个社会，如果人们不再普遍相信良知的力量，无法促成至善力量的生成和凝聚，那么一切戒律、一切道德、一切法律，都会成为一种伪善的工具和束之高阁的摆设。那种迷信于"法律可以统治一切"的思潮，认为人们普遍遵法奉法即可形成一个法治国家、法治政府、法治社会，是完全不切实际的幻想。当一个社会的良知水准严重下滑的时候，亦即形成集体性道德滑坡的时候，法律不仅无法带来一种"法治理想"的实现，反而法律一定会成为既得利益者、操控法律者的工具，所谓的"法律理念主义"就会成为一种空想和空谈，法律不仅沦为"工具"，而且是乱法者的"工具"。如果不认识到这一点，那么法治理想的实现将会渐行渐远。如若我们真正找回文化的真谛，那么我们就会发现"文化主治"的必然性和必要性，发现其根本性、全局性、战略性。唯有如

此，我们才能让法治文化自信与文化兴国融为一体，实现我们的文化强国目标和依法治国目标的同步前进和同步胜利。从中华民族文化共同体之视角推进以法治文化自信助力文化兴国，诚须深入研究。

（二）文化认同视角之法治文化自信

文化认同视角下的法治文化自信涉及诸多方面，笔者主要就意识形态问题和国家安全问题展开探讨。

1. 意识形态问题

什么是意识形态？亦是见仁见智。有工具书认为："意识形态是历史唯物主义的一个重要范畴。与经济形态相对应，系统地、自觉地、直接地反映社会经济形态和政治制度的思想体系，是社会意识诸形式中构成观念上层建筑的部分。在阶级社会中，意识形态集中体现一定阶级的利益和要求。"[1] 这样的定义虽不能被普遍认同，但是从笔者对本书进行研究的过程中所关注到的范畴看，笔者赞同这种对意识形态基本内涵的界定。法治文化是不是一种意识形态？是否应该成为一种意识形态？法治文化是否在事实上已经成为一种意识形态？虽然这是一个见仁见智的问题，但是从意识形态的角度进行研究，非常具有必要性。法治应否、能否成为一种意识形态是一个见仁见智的问题。例如，有论者认为："20 世纪 80 年代以来，中国社会经历了一系列急剧的有时是戏剧性的变化，其中，在'社会主义法制建设'名目之下，法律在国家政治生活中作用的改变，法律向社会生活诸多领域的渗透，以及法律话语在知识阶层乃至一般民众当中的传布，尤为引人注目。不久前，中共领导人再次提出'依法治国'和'建设社会主义法治国家'的口号，从而开启了又一轮的'法律热'。作为一种主导话语权的'法治'，似乎正在成为一种新的意识形态。"[2] 该观点中的"前不久"系指 1997 年党的十五大前后。[3] 那么无论是"依法治国""法治"刚刚提出的二十几年前，还是在今

---

[1]《中国大百科全书》（第二版简明版），中国大百科全书出版社 2011 年版，第 8—568 页。

[2] 梁治平：《论法治与德治：对中国法律现代化运动的内在观察》，九州出版社 2020 年版，第 85 页。

[3] 该论者对原文的注释是："人们注意到，江泽民在中共第十五次全国代表大会上的这一权威性表述，是中共历史上第一次正式以'法治'一词来取代'法制'二字。"（梁治平：《论法治与德治：对中国法律现代化运动的内在观察》，九州出版社 2020 年版，第 153 页。）

日，人们依然需要思考法治与意识形态的关系问题。而不同的人得出的结论显然可能也是天壤之别。如有论者思考的内容是："法治的正当性所面临的挑战可以被归纳为由显而隐的三个方面：首先，在最显见的层面上，法治所面临的威胁来自政治上对'法治'的操纵；80 年代以来，'法治'（法制）口号的重新提出，可以被看成寻求新的合法性的努力；过去数十年间政治实验的失败，使得对一种新的具有合法性的意识形态的需求甚为迫切……其次，较政治上操纵法治更深一层的对于法治的挑战来自社会的变迁本身……最后，也是最难为人们意识到的，是法治在所谓文化层面上遭遇的挑战……"[1] 笔者认为该论者的观察分析非常深刻，对于问题的总结也非常精准。本书分析过，西方思维中的"民主自由型法治"一贯担心"政治操控法治"，而实际上西方的"政治操控法治"就是一个其"法治的本然状态和根本目标"，至多是"台上的总统"与"台下的资本家"之间角力或者一体之别，谁最终实现了操控之别，而大众只是这场"法治表演"中的"被操控的乌合之众"，这一点我们无须多谈了，因为看清了西方法治的本质，我们无须以西方模式来分析中国模式。但是，当今日我们回望二十几年的"法治"历程，就会发现：中国确实面临着上述三个问题，简言之就是"腐败破坏法治""人心不古的社会变迁""作为西方意识形态的西方法治理论、西方法治'文化'的传播力度远超中国内生的法治文化的普及"。因此，本书的研究主线其实皆涵盖上述三大"法治担忧"问题。而"现代法治精神的文化追问"就必须最终指向"法治文化""法治与文化"。其实，这些都是我们分析法治与意识形态的关系的时候必须首先要厘清的一条逻辑主线。

笔者认为，作为意识形态的法治，需要分析的方面大概如下：如若认同"法治西来说"进而推崇"西方文化中心论""西方文明先进论"，那么这是不是一种文化侵略或者文化扩张？这是意识形态必须考虑的一个重大问题。同时，抛开对西方意识形态或者文化侵略、文化扩张的考量，在一国之内将"法律信仰"作为法治的意识形态目标，是否适合中国？习近平总书记指出："我们不能做西方理论的'搬运工'，而要做中国学术的创造者、世界学术的贡献者……中国是一个法治国家，中国法治有中国特色，我们需要借鉴国外法治的有益经验，但不能照

---

[1] 梁治平：《论法治与德治：对中国法律现代化运动的内在观察》，九州出版社 2020 年版，第 139—141 页。

搬照抄别国模式和做法，最好不要用你们那套模式来套我们。[1]我们要坚持从我国国情和实际出发，正确解读中国现实、回答中国问题，提炼标识性学术概念，打造具有中国特色和国际视野的学术话语体系……"[2]如若不能从文化认同角度来厘清法治相关问题，那么我们将继续陷入近代以来"西方文明中心论"的泥淖中进行法治文化的推进，那么这是一种"外来文化同化"，而不是一种对"中国特色社会主义法治文化"的认同，因为被"同化"了，是没有文化主体地位可言的。

笔者认为，纵观古今中西的"法治理论"，法治几乎都以一种意识形态的方式存在，而且这种法治意识形态往往寓于文化之中。正如本书所分析论证的，西方古希腊、古罗马、基督教、自由主义、保守主义等法治，其实都是各自国度与各个历史阶段的意识形态。此种意识形态在一种冲突的语境下，扮演着决定冲突双方的道义性、正统性等角色，意识形态的成败代表着冲突的胜负。而且，事实上，法治作为意识形态，还存在一个内生与移植的问题。在近代中西文化冲突与西方的世界性殖民之前，中西法治意识形态在各自的轨迹上承担着意识形态的使命，而近代以来的法治意识形态却具有了一种文化竞争以及由文化竞争而导致意识形态话语权的意味。近代以来，西方"民主、自由"之法治理论，作为一种意识形态，在中国的土地上将作为中国传统意识形态的"仁义道德"文化体系取而代之，中华法系及其文化根基在很大程度上呈现了"礼失而求诸野"的命运，不再具有正统性，甚至不再具有合法性，至少不再是一种"文化的荣耀"。这种状况在近年来中央提出弘扬中华优秀传统文化的大背景下，正在面临着一个历史命运转折时代，这也被很多人称为"历史的三峡"。

单纯从一国内部来看，对待作为意识形态的法治理论，可以有不同的理解。如今日很多西方国家以"民主自由型法治"作为其国内政治运行的意识形态基础，这是其国家内部事物；而当西方国家将"民主自由型法治"对外输出的时候，又可能被输入国视为一种值得学习的文明类型或者应当警惕的文化侵略。因为对于意识形态意义上的法治文化的归属问题，当今在中国已经形成极大的门户之见，此种门户之见从积极的角度看，是一种"百家争鸣"的良好态势；然而从

---

[1] 系指"一些国外政要认为法治只有一种模式，就是他们搞的那一套东西，不亦步亦趋跟随他们搞就要被打上'异类'"。习近平：《论坚持全面依法治国》，中央文献出版社2020年版，第176页。
[2] 习近平：《论坚持全面依法治国》，中央文献出版社2020年版，第176页。

一种消极的角度看，甚至成为一种"道不同，不相为谋"的思想界的隔阂。而此种门户之见的形成，却有着极其复杂的原因。仅就学术研究而言，学科的划分，甚至每一个学科之中的研究方向的不同，都会造成一种"学术资本"引发的阵营划分甚至"自我学术利益维护"。例如，研究中国法律思想史与研究西方法律思想史的人，在对待中西法治文化的问题上往往出现对极认知。何况，社会的价值观多元、文化多元、利益多元、认知能力差异等，导致了人们因法治文化形成甚至水火不容的思想群体。

对于现代中国而言，无论是从执政党或者国家层面，还是社会层面，是否已经或者认为应该将法治视为一种意识形态？《中共中央关于全面推进依法治国若干重大问题的决定》中的表述："法律的权威源自人民的内心拥护和真诚信仰"，究竟如何理解？这与"法律信仰"或者"法治信仰"，抑或"信仰法律""信仰法治"是不是同一回事？或者说，法律或者法治究竟能否成为一种信仰？如果执政党与国家层面将法律或者法治确立为一种信仰，那么这无疑会让法治与法律成为意识形态或者意识形态的基础。但是，正如笔者本书所做的分析，将作为所有人行为底线的法律所形成的法律体系确立为信仰，这是否降低了信仰本身的意蕴和意义？以国家强制力作为保障的、对人们行为的底线要求，如果成为"信仰"，这本身就与"信仰"的内在意蕴相违背。正如中国政法大学的罗翔老师在一个电视节目上所言，"一个遵纪守法的人，也可能是一个人渣"。此言，话糙理不糙。一个人人秉承良知而行为的社会，一定是一个好社会；一个不讲求良知的社会，法律再健全也会失序；即使法律秩序再有效，也是一个丛林世界。而法治是什么？为什么应该厉行法治或者推崇法治？也就是需要解决一个法治的正当性的问题。这是近代以来法治理论必须回答的问题。有论者曾经指出了看待法治正当性的一种心理：在一种单线的和化约式的思想和表述方式中，"法治"，作为"现代化"事业的一部分、社会"进步"的一项伟大工程，不仅是可欲的，而且是必然的，其本身的正当性不证自明，而在这一"现代"取代"传统"、"进步"战胜"落后"的历史进程中，国家居于领导核心，负责整个"法治"工程的规划和实施，知识分子则担负着不仅是启蒙民众而且是（在可能的情况下和以不同方式）教导统治者的重要角色；这些看法和信念，或多或少地存在于他们的潜意识当中，支配着他们的言行；然而，正是这些基本预设，这些本身未经认真反省的看法和主张，使人们在一些重大问题上失去了提问的能力；着眼于这一点，我们可以说，"法治"正在成为我们这个时代的意识形态。[1]该论者对当下学术中几乎成为"主流"的"法治意识形态"的总结，其实是切中要害并且值得深入思考的。在笔者看来，今日中国主流的法治理论所主张的"不证自明"的"法治正当性"是不成立的，而此种"不证自明"实际上是在一种宏大的近代以来的历史背景中潜移默化进入人们内心世界的，实际上是经过了"无数次论证"的，只是人们将此类论证视为正确，所以在大多数时候形成"不证自明"的观感。而实际上，本书所论证的问题恰恰在于，通常流行的"现代化"与"进步"不仅无法证明法治的正当性，反而恰恰证明了社会的思想和文化根基在很大程度上的"退步"，而此种"退步"的形成，恰恰源于文化根基的缺失所导致的一个中西方都存在的、时间跨度数百年的文化迷茫，或曰文化困局、文化困境所致。而处于此种文化困局中的人，往往是无力去自我解脱的。正如哥白尼时代之前，人们相信地球是宇宙的中心，而哥白尼之后，当人们反思甚至嘲笑"地球宇宙中心说"的时候，哥白尼的"太阳宇宙中心说"同样将成为未来之后人的反思甚至嘲笑对象。社会总体的终极文化追求在一步步降低，在一个文化的谷底，人类才会将现代法律视为圣物，让法律成为时代的主宰、让作为人类工具的法律成为人类的主人才成为流行观念；法律不再依托神或者宗教让其具有神圣性，法律依托宗教的替代物的角色，被人为地赋予了不该有的地位。而诸如权力依法、守法，大众信法、奉法等最为基本的权力运行要求和社会基本秩序要求，在"法治时代"反而成为一个高远的理想目标。法律或者法治，绝不应该成为信仰，其只能是信仰的一种外化表现、信仰的保障方式，而不是信仰本身或者信仰的灵魂所在。而依据中国传统文化的心性观、人际观、宇宙观的"三观一体"，恰恰可以让信仰找到或者回归其本质属性。

2. 国家安全问题

习近平总书记指出："当前我国国家安全内涵和外延比历史上任何时候都要丰富，时空领域比历史上任何时候都要宽广，内外因素比历史上任何时候都要复杂，必须坚持总体国家安全观，以人民安全为宗旨，以政治安全为根本，以经济安全为基础，以军事、文化、社会安全为保障，以促进国际安全为依托，走出一

---

[1] 梁治平：《论法治与德治：对中国法律现代化运动的内在观察》，九州出版社 2020 年版，第 86—87 页。

条中国特色国家安全道路。"[1]形成以本民族、本国为主体的文化认同，是维护国家文化安全的重要前提之一。文化安全，事关以政治安全为根本安全的全部国家安全问题。就本书所探讨的自由、民主、平等、人权、正义等"现代法治精神"而言，其亦涉及事关"国家安全"视角的探讨，这是一个十分需要关注的重要话题。例如，有论者指出："马克思主义认为，世界上任何事物都是普遍性和特殊性的统一……所有价值观念都是历史的、具体的，都是由社会经济关系决定的，不存在永恒的、不变的、抽象的价值观念。自由、民主、人权、公平、正义等价值观念也都不是抽象的，而是有着具体的社会政治内容，也是随着社会条件的变化而变化的。从这个意义上说，所谓'普世价值'实际上是一个伪命题……普世主义是西方对付非西方社会的意识形态。西方某些国家把他们那套价值观念标榜为'普世价值'，把他们诠释的自由、民主、人权等说成是放之四海而皆准的标尺，极力在世界范围内叫卖和推销，台前幕后策动了一场又一场'颜色革命'，其目的就在于渗透、破坏和颠覆别国政权。"[2]该论者此番分析切中要害，指出了"普世价值"作为西方某些国家进行"颜色革命"的武器的事实，此时的"普世价值"的解释权掌控于他人之手，的确是一种"以其对普世价值的具体解释来代替世人对普世价值的合适理解"，这其实是一种"虚伪的道义外衣"之下的"文化霸权和政治霸权"。但是同时，我们如何来应对这样的情况？需要思考的方面很多，强国是第一要务，所谓"弱国无外交"，再合理的思考也无法"叫醒一个装睡的人"；但是同时，强国的精神要义在于文化，而"普世价值"诸项内容的解读亦在于文化，这也是本书对与"普世价值"相重合的"现代法治精神"进行文化追问的动力之一和目的之一。试想，当今中国，有多少人知晓笔者前文所提及的"张彭春——儒家思想——普世价值形成"之历史事实？虽然这段"历史"并不遥远！又有多少理论研究关注 16 世纪之后儒学西传对现代法治精神形成的意义和渊源关系？又有多少理论研究可以理直气壮地说出中国传统文化与现代法治精神之间的真正传承关系？这样的情况，原因诸多而繁复，但是近代以来中西文化碰撞之后果至今仍在延续，这恐怕是不可回避的主要原因之一。有友人曾言：此种状况之形成，历经百年有余，其改变亦可能历经几代人且百年之久。

---

[1]《习近平谈治国理政》（第一卷），外文出版社 2018 年版，第 200—201 页。

[2] 王伟光：《马克思主义中国化的最新成果：习近平治国理政思想研究》，中国社会科学出版社 2016 年版，第 180—181 页。

笔者认为，此种状况如若不加以改变，如若不对近代文化史的转向与转型进行深入研究和应该的澄清，那么"普世价值"也好，"现代法治精神"也罢——明明是一个需要我们弘扬的好东西，但是却始终无法摆脱那种观念上和现实中的隐忧和现实安全威胁——要么不知如何认清"普世价值作为西方意识形态的工具和武器"的真相；要么产生"向西归宗、向西求法"的西方文化同化；要么知晓"普世价值""现代法治精神"的本真，但是苦于没有话语权而"人微言轻"……形成对于"现代法治精神"的文化认同，本应是中华民族精神的传承和自我文化认同——此中道理的大众化、时代化，是从"国家安全"视角考察"现代法治精神"进而形成"文化认同"进而建立"法治文化自信"的必然路径，因为这样的路径是经得起"文化检验"的"文化史实"，其关键在于澄清"文化史实"后，我们怎么去实践，在实践中形成更广泛的文化认同，广泛的文化认同才能带来真正的法治文化自信。

（三）国家治理视角之法治文化自信

我们通常所言的国家治理，实际上就是政治。何为政治？"政"由"正、文"组成，"政"即"正人文"；"治"是由"治理"之过程求得"天下大治"的结果；因此，"政治"在词源意义上即"正人文而天下治"。而孔子说："道之以政，齐之以刑，民免而无耻；道之以德，齐之以礼，有耻且格。"[1]经过深入研究我们才能发现，圣人此言乃国家治理之高远见地，且是一种极高的政治智慧，更是国家治理成功的秘诀；凡逆此道而行之，必然事倍功半甚至徒劳无功。圣人之言不仅可以视作今日之法治文化努力的方向，而且可以视作今日之法治文化在国家治理视角上的学理指导，圣人所言的内容即法治文化的圣境，又是国家治理的智慧、策略和艺术，这是一种极其高明的国家治理方式。因此，为政的智慧积累，对古人智慧的传承不可或缺。"半部《论语》治天下"，虽其本意不是《论语》学一半就可以所向披靡地治理天下了，但是亦充分表明了《论语》中蕴含着的为政的根本和为政的大智慧，就是中国人的宝贵精神财富。传不习乎？以此视角来解读法治文化自信，极其关键。本书已经论证过：法律是道德的底线，道德是良知的底线。若弃人类普遍共有之良知准则，树法律为社会最高准则，此种意义上的

---

[1]《论语·为政》。

法治理论，不仅无法形成法治文化自信，反而在很大程度上会带来极大的负面影响，此种实为"律治"的"法治"，其带来社会秩序的平稳与权力的依法守法之设想不仅无法实现，反而会令社会之人心无法得到不断升华，国家依据此种"法治"进行国家治理，与法治文化自信的生成会渐行渐远。因此，本书在开始的部分即提出了一个"法治"与"律治"概念的区分问题。"不知晓人心者，不足以为政；不通透人心者，不足以善政。"法治文化，只有从人这一根本主体着手、从人心这一根本问题着眼，才能表达出法治文化对国家治理的实效之引领功能，才能让人们真正地去"信"。远离人心十万八千里的所谓"法治文化"，人们很难真正理解、更无法在真正理解的基础上认同。中国自古所强调的司法依据是"天理，国法，人情"，在今日我们看待法治文化的内核的时候，"天理、国法、人情"依然具有极高的指导意义，对于依法治国实践而言，我们的"依法治国"这一国家治理行为、战略、基本方略依然是实际上在考量与实践着"天理、国法、人情"。"人心是最大的政治"，国家治理其实可以归结为对人心的凝聚，那么法治文化一定也是用来凝聚人心的，凝聚起人心、激发起人性光辉的法治文化，才是我们建立法治文化自信的真正的法治文化。国家治理，是一门大学问，是需要极高的政治智慧方能完成的学问。今日法学通论中所倡导之"法治文化"，将"规则化"视为法治文化的首要和根本，依据"规则化"来推进"民主化"，如若依据此种观点推行"法治文化"，最终难以在现实中收效良好，而且很难形成广泛的法治文化认同，就更加难以确立法治文化自信。

五、中国特色社会主义法治文化自信之现实路径

"实践是检验真理的唯一标准。"文化自信的源泉是指解决实际问题的能力，文化自信的目的也在于解决实际问题。法治文化自信，其源泉和目的一是发现法治难题；二是解决法治难题；三是实现法治目的。

（一）找准中国现实法治难题

透过表象，寻找问题的症结所在，再分析症结产生的原因，继而针对原因来对症下药，这是一个完整的发现问题、分析问题、解决问题的逻辑路径，在法治中国进程中同样适用。因此，找准中国现实的法治难题，是实现中国特色社会主义法治文化自信的第一步。如果连问题都不能精准查找，或者不能正视问题的存

在、问题的严重程度、问题的实质根源，则问题无从解决，那么最终实现法治文化自信则无从谈起。而法治难题，则需要聚焦于社会整体的大问题，而不是囿于法学研究往往聚焦的所谓"法学问题"。任何社会问题，法律或者法治只是其中的一部分表现，而不可能越俎代庖成为问题的全部，虽然有时候法律或者法治是解决问题的关键途径。例如，中国目前普遍被诟病的教育产业化、医疗商品化或市场化、住房金融化、权力私有化、文化虚无化等一系列现象，皆是本末倒置的结果。所谓民生、民智、民主等话题的真正探讨，是必须直面这些法治难题方可解决的。而这些"法治难题"，实际上更是一种"政治难题"，需要以政治智慧来推进法治进程，而不是一种口号式的"法治理念"可解。目前之问题症结在于将手段作为终极目的，将终极目的当成手段。在此种情形下，人们往往活成欲望驱使的奴隶，此种情况被很多"看破红尘"者描述为"人生根本就没有意义，人就是一团欲望"；或者谋求生存的机器，亦即"哀民生之多艰"。而这一系列"本末倒置"的反常社会样态，皆系法治的难题，而此种难题必然要从文化上求解，此外是无解的。针对不同样态的人群，本书从权力主体和权利主体二分法的角度，分析中国当下法治难题的形成和表现形式，继而再分析成因。

1. 权力主体依法守法问题

此问题主要突出表现为腐败问题、表现为运用法律进行国家治理的能力问题。党的十八大以来，随着党中央对反腐败问题的空前重视程度以及随之而来的反腐败力度的空前提高，一大批腐败分子因为违反党纪国法而被追责、受到处理。从这里面，一方面，我们可以充分理解并坚决支持党中央的反腐败工作；而另一方面，我们却发现腐败问题的严重性，虽然原因复杂，但是与腐败分子理想信念的丧失高度相关。而理想信念的丧失，在本质上还是一个"德不配位"的问题，从本质上看还需要从文化处解决；而腐败问题的表现形式虽然繁多，但是基本上处于一种"将公权变私器，满足个人之欲望"的问题，而这个问题的本质就是前文所讲的"公权力私有化"的问题。这是一个法治的难题，更是一个法治文化应该面对的问题。这些问题的出现，其实就是对"天下为公"的权力主体之境界要求的违背，私欲吞没了公心。从这里我们就可以看到法治的重任、法治文化的意义。有一支廉洁的公职队伍，是国家治理最基本的要求；而一个有信仰、有能力、有担当、有情怀的公职队伍的形成，是国家治理走向成功的关键要素。在当下流行的法治理论中，突出强调一种"法的统治"，在权力守法、依法运行的意义上，是没有任何问题的，也是必须予以突出强调的；在公职队伍要善于运用法律进行国家治理的意义上，也是没有任何疑问的。但这是公职队伍的基本要求和基本素能，而不是一种国家治理成功的充分条件，这只是必要条件，此种必要条件在中国传统社会中从未缺失过，绝非现代人的"新发现"，更绝非延续西方法治思维带来的"新理念"。而且，在法治理论的论证中，期望出现一种"法的统治"带来的整齐划一的法治秩序，而在理论中排除了"人"的各种可变性和人的重要性，这往往是一种由美好的期望导致的"通过理论研究进行自我麻痹"，这种"理论成果"只能存在于主观的美好想象中，因此这种方式不可取。所以，本书称此种理论范式为"法治乌托邦理论"。其实，没有任何一个时代、任何一个国度、任何一个社会，可以出现或者做到"法的统治"而取代"人的治理"。这种"自我麻痹"所导致的后果，就是将法治进程中最重要的因素——人的因素——排斥在了理论研究的范畴之外，其结果并非理论家所期待的美好，反而是重大的理论缺憾。这也是当今法治理论在腐败问题、公职队伍素能问题上，出现了法治理论和选人用人理论"两层皮"的原因。

2. 权利主体守法奉法问题

社会上权利主体出现的精神家园的失守、物欲主义的盛行，是一个必须正视而不能文过饰非的问题。我们需要查找其原因并提出解决办法，而不是不认同其广泛存在。我们很难想象这样一个世界的存在：一个社会形成一个泾渭分明的人群划分，亦即如权利主体皆奉法，权力主体皆随时滥权。反而我们在反腐败的大量案例中几乎可以总结出一个规律：大多数的腐败犯罪，皆是权力主体与权利主体纠合而成一个以攫取非法利益为主要目标的利益共同体，也就是说，腐败的形成除了通常所言的腐败分子作为主角外，我们几乎随时可以看到"某些人民群众的一分子"更是不可或缺的腐败主角和获利者、腐败的制造者和推动者。权利主体是权力主体的摇篮，这是阶层不固化社会的常态。权力主体与权利主体都在一个社会和文化环境中长大、成长，只是权力主体面对的权力与财富的诱惑更大，而其公职性质要求其不可乱动私欲，一旦修为不足，则易腐败程度极高。因此我们才需要在权利主体中选贤任能来充实权力主体，在此基础上我们才可能、才需要对权力主体提出更高的修为要求。在同一个文化造就的同样的社会土壤中，没有人是超然于世的，因此，用文化造就沃土才是根本，这就是社会集体良知的本位意义。一个社会，如果相当大比例的人不择手段追求经济利益最大化，那么，一切法律、道德、良知都会被当成工具或者幌子。依据西方法学通行的权力与权利"二分法"来研究问题，需要避免其先将二者对立起来、必须将二者对立起来，进而再用此所谓的"理论框架"框定一切探讨问题。因为如果将一个事实上是"统一—对立—统一"关系的两类主体，只限定在一个"对立"关系来研究问题，在理论上无法成立，在事实上也只适用于西方社会那种贵族化的阶层固化时期、资产阶级以反对王权和神权为目标的时代。今日之时代，无论是中国还是西方，皆须跳出这种思维模式来真正面对现实，理论是用来研究事实再指引实践的，而不是承担一种"让人们在被虚幻的状态下将虚构当作真实"的任务，恰如卢梭的"社会契约论"一般，将自己的想象作为事实，此种虚构迎合了很多利益的需求，因此诸多利益方在一种强大的"包装力"推动下，让人们在心中认定了"社会契约的存在"。对于中国的法治现实局面而言，权利主体不守法不奉法的现象是非常严重的，这也是我们通过社会观察、司法数据分析等方式足以得出的结论。

（二）解决中国当下法治难题

解决当下中国法治难题在于以下几个方面：一是加强党的领导；二是重视文化灵魂；三是塑造文明之人。此三者与当前通论的解决法治难题的其他诸多主流观点共同发挥作用，而不是只简单地推崇加强立法、提高司法地位甚至西方式的司法独立、注重宪法权威、进行法治宣传等说法。因为我们现在迫切需要从"人"这个根本和核心的问题着手来研究问题。

加强党的领导，是当下中国法治难题的解决关键。我们说当下的关键问题，是加强党的领导，而非削弱党的领导，此问题的核心在于如何理解"加强"，以及如何"加强"。多年来，人们惯于探讨一个话题："党大还是法大"。这种话题的产生，有着深刻的现实原因，其中主要就是有些腐败的党员干部以行使党的领导权的名义，公然以权压法、以权谋私等。法律的权威在此时被破坏殆尽，人们不禁会对"加强党的领导"产生怀疑、不满甚至反对。但是在实质上，以"党的领导权"名义进行"以权压法""以权乱法"的干部，不仅不是在加强党的领导，反而是在削弱党的领导。党的领导，必须符合立党宗旨，那就是全心全意为人民服务；党的领导，必须在法律轨道上运行，党的执政行为必须是依法、守法的楷模。而有胆量、有机会、有能力"以权乱法"的人员的出现甚至泛化，实则是党的领导力下降的表现。因此，明确什么是"加强党的领导"非常关键——让党的执政行为符合立党宗旨、依照法律运行。

放眼当今之世界，究竟是一个"丛林世界"，还是一个"法治世界"？这是一个必须回答的问题。对于国际秩序、国际格局的深刻洞察，是看清当今之"法治乃世界大趋势"这一命题的本质目的与现实状况的前提条件。当今世界，依然是"二战"之后确立的一种世界秩序的延续，而且仍然是一种丛林秩序，这是由西方近代以来的文化对世界的影响、西方的政治结盟和军事霸权、政治霸权、金融霸权、科技霸权所导致的。倡导"人类命运共同体"，乃是从文化上改变世界之丛林秩序的一种切实的努力路径。法治到底是要塑造什么样的人？这个命题和文化的命题是一致的，那就是文化到底是要塑造什么样的人？前文已述，文化即"以文化人"，当人"明了"了"人文"，即"文明"；文化就是要塑造"文明之人"，这才是"文明"的正解，而并非近代在中西文化冲突和文化战争中所"创造"出来的"走了样"的所谓"近现代文明"。让人类越来越远离"人道"的，绝对不是"文明"，而是"反文明"，如生物进化论或者社会达尔文主义之意识形态。此种丛林世界之国际社会，如果中国不加强党的领导，国内一盘散沙，则中国人会成为无抵抗能力的猎物，近代史已经清楚地演示了一遍这种局面。

另外就是，当今人们普遍处于一种精神焦虑的状态，此种精神焦虑源自社会的"内卷"现象。这是一个我们不得不正视、不得不面对的问题，也是一个绝不可以粉饰太平的时代性、世界性的大问题，也就是后工业化时代人类普遍面临的大问题。"内卷"是近年来出现的一个网络词汇，其大意是指人与人之间在一种残酷的竞争法则之下，每个人只有拼尽全力才能求得在一种非残酷竞争环境下、通过悠然的生活状态即可获得的生存满足和精神满足。这就好比，原来每个人都可以走路从起点到达终点，而当今所有的道路都变成高速公路，走路不仅是快慢的问题，还涉及一旦慢下来就会被滚滚车流碾轧至无法生存的问题；尤其是没有汽车却不得不在高速公路上拼命前行的人群。此种"内卷"现象造成生存的压力增加、人际关系的变异、人生意义的迷茫；而此种内卷现象又表现在涉及亿万人生存的经济领域，尤其是金融现象泛化、金融领域的丛林法则、金融领域与社会主义目标的冲突等。人们基本的衣食住行都会衍生出金融产品，住房、医疗、教育以及商品生产严重背离了其本质属性，往往成为金融产品。在西方的资本主义社会，主导商品和市场经济的"剩余价值规律"，在新的时代背景下已经不再具有唯一性，甚至不再具有主导性；权力与资本之间的张力，已经演变为一种控制与被控制、手段与目的关系；而这样的情况已经不再是西方资本主义的专属，反而成为一种世界性的"经济大潮"；货币已经不再扮演商品交换中的一般等价物的角色，而货币本身就成为一种商品，甚至成为人生的终极目标；而货币此种角色的转换，绝非遵循一种被人鼓吹的"自由竞争"所遵循之"公平正义法则"，其根源问题才是法治中需要解决的最大问题——人类世界经济视角中存在的最大不公平。可以说，近几百年来，就是一个资本主导世界的时代，而中国近代历史的种种苦痛，亦是资本主导世界过程中的贪婪性和残忍性所致。当资本主导世界成为一种世界规则，其往往意味着在自由市场表象下的丛林法则的正当性确立。这也是我们耳熟能详的"经济基础决定上层建筑"的一种明证；并非物质丰富与否决定上层建筑，而是资本主导与资本的控制权决定了上层建筑，资本的控制权则为决定上层建筑的经济基础。而资本的控制权，取决于资本属于谁、对资本的规制权属于谁、资本与政治权力的理论关系与实际关系。在一种排斥资本控制权力的社会主义制度下，腐败之权钱交易、权钱一体化趋势，恰恰是资本控制权力的一种现象，是至为根本的大问题。一种真正公平的环境下，在经济领域依据才能各安其位，保障私有财产权、明确人们追求财富的正当性，这是没有任何问题的，也是一个健康的社会发展的必然要求，但是在资本主导的世界规则下，我们无法创造这种真正的"公平规则"。这是当前中国法治领域最为关键、最需要体现社会主义性质之人民至上的最大难题之一。当庄家的永远是少数人，大多数人成为所谓的"被割的韭菜"，在"内卷"中被宰割，承受着无法承受的生存之重。

前文引证的何新关于自由市场经济的论述，包括对李斯特的学说、亚当·斯密的学说的比较分析，我们完全可以看出：自由主义之市场自由化主张，实质上是一种权力的转移，是以一种自由市场竞争的名义，实现权力的转移。而如哈耶克者所论述的"通往奴役之路"对自由主义的鼓吹以及对集体主义的否定，我们从苏联留给我们的历史镜鉴就可以看清此种理论的真实目的。所谓"自由竞争"之"自由"，是强势群体或者既得利益者所鼓吹出来的神话，所谓"看不见的手"，是这只手的真正主人隐藏得很深而已，而所有的根本在于：将人与人之间的关系确立为一种"竞争关系"，本身就是对人的本质的严重背反，是社会达尔文主义和生物达尔文主义所共同犯下的错误，前者异化了文化之人际观，后者异化了文化之心性观。当今世界之政治统治，鲜有敢于公然以"弱肉强食"之武力论示人者；而经济领域的统治，却公然以"弱肉强食"之"竞争论"示人。这是一个非常值得深思的重大理论问题和实践课题。这样的情况，才是法治最应该介入与解决的；而目前的"权力—权利"对抗型法治理论框架，是完全无法解决这样的问题的；反而是对此种问题的一种公然辩护，其结果不仅无法生成对抗型法治模型理想结果，最终反而是问题制造者的辩护托词。这才是当前西方流行了数百年，亦已经风靡中国大地的法治理论框架的新趋势、真面貌。此点不察，则无法看清时代大势中问题的本质，更无法解决这些问题。

（三）造就文化引领法治态势

《中华人民共和国宪法》作为国家的根本大法，在依法治国与法治文化的建设中是一个实际的法律纲领，而宪法序言第一句话即"中国是世界上历史最悠久的国家之一。中国各族人民共同创造了光辉灿烂的文化，具有光荣的革命传统。"这样的宪法文本，充分体现了立法者的智慧，也在宪法开篇即开宗明义，突出了中华民族的主体性、中国的历史悠久性，而民族的主体性与历史的悠久性在于"光辉灿烂的文化"。依法治国，文化当然要成为一个总的引领，文化就是依法治国的灵魂所在。如若从根本上否定中华民族的辉煌历史与灿烂文化，不仅在理论上和事实上无法带来法治的实现，而且这本身就是违背中华人民共和国的根本大法——《宪法》的，还何谈法治的实现？本书的论证，其实无碍乎要突出一个核心结论之一，那就是：文化引领法治，中国现代法治精神是根植于中华民族文化的产物。

笔者前文已述，在执政党和国家层面，应该确立国家的总体、长远文化战略，来引领依法治国基本方略，这是一个非常关键的问题。有论者认为："随着党的十八大明确提出扎实推进社会主义文化强国的建设任务，我国的文化发展被摆上了更加突出的战略位置。"[1]可以说，从"战略"角度和高度来理解"文化强国"是一个正解。该论者还认为："建设社会主义文化强国，是一个复杂的系统工程，是一个渐进的历史过程……社会主义核心价值体系建设、精神家园的构筑、网络文化的引领、文化产业的振兴、文化民生的普惠、文化遗产的保护、教育事业的发展，以及中华文化国际影响力的增进、国家文化安全的维护，等等，

---

[1] 顾海良、沈壮海主编：《文化强国之路》，湖南教育出版社 2014 年版，第 3 页。

都是建设文化强国进程中至关重要、不可或缺的方面……"[1]其实，文化强国的方面可以无所不包，也应该无所不包；从国家角度而言，涵盖了内政、外交、军事、司法、执政、行政、经济、民生……因为"建设社会主义文化强国，首在强魂、本在育人、要在创新"。[2]一言以蔽之，文化就是关乎所有人的灵魂、在于培育何种人、在于如何让文化以恰当的方式化育人，一切的根本集中到"人"。而法治文化，亦只是国家整体文化战略的一个组成部分，而绝不应该成为"最高方略"。因为"法治"是"人的法治"，由人来生成理念、由人来设计道路、由人来推动进程、由人来行为实践、由人来承受结果、由人来评判优劣……而此处的"人"在于"文化"所铸就之魂、所化育之神，这样就必然要求形成"文化引领法治"的态势，这才是法治文化自信能够成功的关键，也是现代中国的"千年大计"。

可以说，"文化乃法治之体，法治乃文化之用"，而"体用无二"的文化与法治关系所产生的"法治文化"，才是一种完美的法治文化。因此，本书全部主题的核心，亦在于证明文化与法治的关系，或者说真正的文化与形形色色的法治理论的关系，进而探求文化与法治实践的关系。而所有的论证都可以从宏观和微观、历史和现实、理论和实践等各个角度推导出一个最为关键的结论：必须确立中国依法治国进程中的更为全局、更为上层、更为整体的全局性、历史性的国家文化战略。这才是实现中国和中华民族文化自信的一个极为关键的前瞻性和历史性战略和智慧。文化战略，不再如西方法治理论中作为所谓的社会控制手段，如学界耳熟能详的《通过法律的社会控制——法律的任务》的作者庞德，将法律、道德、宗教皆作为"社会控制"的手段，其认为"社会控制的手段主要是指法律、道德和宗教……在近代世界，法律成为社会控制的主要手段。在当前的社会中，我们主要依靠的是政治组织社会的强制力。我们力图通过有秩序地和系统地适用强力，来调整关系和安排行为。此刻人们最坚持的就是法律的这一方面，即法律对强力的依赖"。[3]文化战略，是社会正常运行的灵魂，也是人类社会发展之纲领，更是每个人人生的意义实现之引领。文化，可以成为，也应该成为统合

---

[1]顾海良、沈壮海主编：《文化强国之路》，湖南教育出版社2014年版，第358页。

[2]顾海良、沈壮海主编：《文化强国之路》，湖南教育出版社2014年版，第358页。

[3]（美）庞德：《通过法律的社会控制——法律的任务》，沈宗灵等译，商务印书馆1984年版，第9—10页。

法律、道德、宗教之分别思维形成的"领域"，文化是贯通一切的，文化不再是"控制手段"，而是一切人本来应该追求的人生意义。此时，没有一种"控制与被控制"的必然对立，只有"人文化"的共同皈依。如若不然，我们何以理解"无为而治"那种"无为而无不为"的智慧呢？

六、中国特色社会主义法治文化自信之底力

文化自信，在于建立人的自信，人的自信在于人心。古今中外，一切成功最终归结于人心，一切失败亦最终追溯至人心。而人心之力量，在于根植于悲悯之心与仁爱之心的凝聚力、向心力、行动力。中华民族因为文化认同形成民族凝聚力；现代中国因为中国共产党的领导形成民族向心力；作为以"天下为公""人民至上"为目标构建的社会主义制度的天然优势之保障力；中国人民因为文化凝聚力与执政党的向心力，作为文化共同体与利益共同体，方可形成最为强大的行动力。这是中国现代法治文化自信的四大底力。因此，中国现代法治文化自信之底力在于民族精神、执政党领导、社会主义制度优势、人民群众实践。

（一）民族文化底力

近代中国之屈辱历史，是一种政治、经济、军事、文化四大主权之整体失败，此种整体失败意味着中华民族永远无法忘却之历史伤痛。败者有两条道路可选，一是彻底接受失败或一蹶不振；二是痛定思痛继而徐图自强。虽近代之败局影响至今日，依然未消除，但是从中华民族大历史的角度看，我们需要思考的是，一个历史时段的暂时失败，是否意味着中华民族永远无法走出那段失败的负面影响？就这样在精神上被彻底打垮了吗？当然不是。那么，我们应该如何去思考和直面现代中国的再次崛起？首先和根本就是文化上的觉醒，文化上的觉醒才能带来真正的崛起。而文化的觉醒，于今日就是要大力弘扬中华民族的民族精神，正确认识中华民族的民族性。勇于、善于将贬低、侮辱中华民族性与民族文化之论调予以驳斥，再次加强民族精神形成的强大文化底力。

于现代中国而言，如何看待中华民族之民族性，如何思考因中华民族之一体性而实现现代中国的崛起，是一个至为关键的问题。中华民族乃炎黄子孙，世世代代繁衍生息于中华大地，其中凝聚人心之力量，除依靠血缘关系之外、除依赖于所形成之人群共同体之外，更有赖于共同的文化与文化信仰。中华民族之文化

信仰所形成之民族精神，是至为关键的底力。"勤劳、勇敢、善良"常常被解释为中华民族精神，而中国人民绝非在精神境界上仅限于勤劳、勇敢和善良，而是一种在心性观、人际观、宇宙观三个维度皆达到了人类文化、人类文明巅峰的至高文化境界，此种境界即"道"与"德"的境界，可以细化为"仁义、智慧、勇敢、刚毅"等诸多表述。君子境界乃至大人境界，是中华民族精神的具体展现，谓之"天行健，君子以自强不息；地势坤，君子以厚德载物""大学之道，在明明德，在亲民，在止于至善"。

中华民族是由多民族组成的，对于"中华民族"称谓之形成，需要进行一番学理考察。费孝通先生作为中国民族学奠基人之一，提出的关于"中华民族"是一个从"自在的民族实体"到"自觉的民族实体"的观点，广受赞同。费孝通先生在 1988 年提出了"中华民族的多元一体格局"，即"中华民族作为一个自觉的民族实体，是近百年来中国和西方列强对抗中出现的，但作为一个自在的民族实体则是几千年的历史过程中形成的"。[1]一个多民族国家，在受到事关所生活的疆域之领土主权、事关所在的家国之生死存亡的历史关头，为何能够团结一致抵御外敌、救亡图存？而非分崩离析或者苟且而活？诸多具体的民族之间，为何多元却能够结成一体？这是一个非常值得研究的大问题，而研究此问题的关键还在于文化。费孝通先生认为："中华民族这个多元一体格局的形成还有它的特色：在相当早的时期，距今 3000 年前，在黄河中游出现了一个由若干民族集团会聚和逐步融合的核心，被称为华夏，像滚雪球一般地越滚越大，把周围的异族吸收进入了这个核心。它在拥有黄河和长江中下游的东亚平原之后，被其他民族称为汉族。汉族继续不断地吸收其他民族的成分而日益壮大，而且渗入了其他民族的聚居区，构成起着凝聚和联系作用的网络，奠定了以这个疆域内许多民族联合成的不可分割的统一体的基础，成为一个自在的民族实体，经过民族自觉而称为中华民族。"[2]而对于"汉族"一词的形成费孝通先生认为"汉族这个名称不能早于汉代，但其形成则必须早于汉代。有人说：汉人成为族起源于南北朝初期，可能是符合事实的，因为魏晋之后正是北方诸族接触和混杂的时候。汉人这个名称也

---

[1] 费孝通：《中华民族的多元一体格局：民族学文选》，生活·读书·新知三联书店 2021 年版，第 478 页。

[2] 费孝通：《中华民族的多元一体格局：民族学文选》，生活·读书·新知三联书店 2021 年版，第 479 页。

成为当时流行的指中原原有居民的称呼了"。[1]因此，"汉族"本身并不是一个以"血统""人种"等生理特征和生物属性而形成的一个"单一民族"，而本身是指代"多民族"在漫长的历史过程中形成的一个民族共同体。那么，这个民族共同体为什么称为"汉族"？由于汉代作为一个朝代出现，对此，有观点认为不应该以汉朝这样一个朝代来称呼一个民族，即"汉族之称，起于刘邦有天下之后。近人或谓王朝之号，不宜为民族之名。吾族正名，当云华夏"。[2]吕思勉先生则认为："华夏确系吾族旧名"，而"汉字用为民族之名，久已不关朝号"；[3]"一国之民族，不宜过杂，亦不宜过纯。过杂则统理为难，过纯则改进不易。惟我中华，合极错杂之族以成国。而其中之汉族，人口最多，开明最早，文化最高，自然为立国之主体，而为他族所仰望"。因此，汉族虽最初为朝代之名号，然其后来之内涵已经超越了最初的"朝代称号"之含义。吕思勉先生还认为："民族与种族不同。种族论肤色，论骨骼，其异同一望可知。然杂居稍久，遂不免于混合。民族则论言文，论信仰，论风俗，其异同不能别之以外观。"[4]吕思勉先生的文字，解决了一个困惑，那就是：既然汉族并非一个血统属性单一的种族，为何作为多种族组成的汉族，还要与另外50多个"少数民族"相互独立而称彼此？当然，汉族与少数民族的区分，确实可以在理论上有待进一步探求并完善。而形成于汉朝的"汉族"之名号，其文化与信仰是什么？当然因儒学之功不可没，至晚发端于尧舜的"文体系"，在孔子时期以"儒学"之名示人，实际上还是上古的"文体系"的传承，但是确实是儒学将汉文化推上了文化巅峰。因此，汉族作为中国的主要民族、主体民族，其历史形成恰恰在于儒学作为代表的中国传统文化的凝聚作用。在实践中，孔子的"大同世界"并非一个空想，而是在多民族共同聚居、交融的时代，孔子已经在全面"以文化人"且"有教无类"[5]了，这是一种"大同理想"实践的依据。而整个中华民族之所以能够形成一个"民族共同体"，几千年来就是因为"以文化人"才不断地让中华民族这样一个自在的民族实体、自觉的民族实体不断扩大着自己的影响力，让多民族都在"文"之"化"下壮大

---

[1] 费孝通：《中华民族的多元一体格局：民族学文选》，生活·读书·新知三联书店2021年版，第486页。

[2] 吕思勉：《中国民族史》，江西教育出版社2018年版，第6页。

[3] 吕思勉：《中国民族史》，江西教育出版社2018年版，第7页。

[4] 吕思勉：《中国民族史》，江西教育出版社2018年版，第6页。

[5] 前文已述，"有教无类"之"类"，指代种族之别。

了中华民族，且这样一个一体化的中华民族能够延续几千年而不失其"以文化人"的本质特征。而且此种"以文化人"之世界影响有目共睹，如朝鲜近代以前一直以"小中华"自居，而清朝的诸多藩国，包括清朝之前的历朝历代，都形成一个"中华文化圈"作为一个国际文化联盟，进而发展成为国际政治联盟。这就是中华文化在历史上的影响力，更为重要的是文化对民族之形成的灵魂作用。因而中华民族这个称呼，是不存在疑问的。这就涉及更为前置的一个问题：何谓"中华"？何谓"华夏"？何谓"炎黄子孙"？这是一个非常重要的问题，是解读中华民族源头的一个关键的前置条件。吕思勉先生的考证认为：华夏系吾族旧名，源于《说文》曰"夏，中国之人也"等文献考证。[1] 此即一个从人种、种族、文化等角度综合考量中华民族的最初起源的问题，而这也是一个涉及时间更为久远、意义更为重大的问题。吕思勉先生认为源头之说："其较可信者，盖始三皇五帝……《尚书大传》燧人、伏羲、神农为三皇；《史记·五帝本纪》，黄帝、颛顼、帝喾、尧、舜为五帝之说为可信。"[2] 与世界其他民族将自己民族的起源来自深信不疑的神话、传说、宗教教义等一样，[3] 中华民族的最初源头之追溯，其实意义非凡，不容忽视。[4] 因此，当我们再次面对《山海经》《易经》《尚书》、三星堆等古籍经典或者历史遗迹的时候，当我们面对中国人关于人类起源的"道统"

---

[1]《书》曰"蛮夷猾夏"；《左氏》曰"戎狄豺狼，诸夏亲昵""裔不谋夏，夷不乱华""我诸戎饮食衣服，不与华同"；《论语》曰"夷狄之有君，不如诸夏之亡也"；《说文》曰"夏，中国之人也"。参见吕思勉：《中国民族史》，江西教育出版社2018年版，第6—7页。

[2] 吕思勉：《中国民族史》，江西教育出版社2018年版，第9页。

[3] 例如，日本的天皇被认为是"神族"，天皇家族之始与秦朝东渡的"徐福"是否为同一人，至今仍无定论；朝鲜民族认为自己的民族建国是由于中国人箕子；犹太民族认为自己是神（上帝）的选民……这些民族对自己的民族起源深信不疑，而一旦这种民族起源被推翻，则一定是引起巨大动荡甚至灾难之原因之一。世界各国各民族几乎都有着自己民族起源的历史传说……（相关研究成果颇多，本书不再赘述或者一一引证）。

[4] 民族起源与民族传承发展的历史轨迹，关乎方方面面，其中的政治考量就非常值得研究。例如，近代以来，包括中华人民共和国成立之后，似乎存在一个民族认定的过程，有过一个"华夏民族"还是"多元一体"的争论，后来后者胜出，于是乎才有了56个民族之"汉族与少数民族"的此般定论。此种结论，与近代孙中山"驱除鞑虏，恢复中华"之类的政治思路有关联否？如果认定皆系华夏民族，那么我们就无法认同孙中山革命口号的合理性，因为"鞑虏"本是中华民族之一部分；如果我们认同孙中山革命口号的合理性，那么又无法解释现在的中华民族由56个民族组成之合理性。一个民族认同问题，关联太多太多需要求解的问题了，这就是政治考量，历朝历代、古今中外，莫不对此视为头等问题予以政治考量。笔者此处之例证，在于论证民族认同对一个国家和人民全体之生死存亡攸关的意义。

传承的时候，切不可皆以"神话"或者"迷信"论，其中带给我们的可能就是一个尘封已久的中华民族的起源历史，不可不察。当然，这又是另一个层面的大问题了，也是本书在"道统""文化三向度"中所重点阐述的题中应有之义。在这些问题上，我们还有更广阔的研究空间。笔者根据自己多年的研究心得，赞同有论者的一个"破时俗之论"——"中国上古仅有真实的历史传说，而无虚构之神话。这是破时俗之论，使人猛醒，只有回到文化源头的人文真实中，才能重新打开中国人文历史的画卷——'认识你自己'。"[1] 我们的确有必要挣脱很多观念上的束缚，复原人类的本真、宇宙的本真，最终我们就会发现：作为中华民族这样的民族认同，是经得起历史检验的、牢不可破的民族认同，是中华民族立足世界至少已经数千年，甚至实际上已经历经百万年而"文化连续、民族团结"的根本原因。

在中国共产党人的革命和建设实践中，对于"中华民族"的民族认同之形成起到了不可磨灭的巨大作用，也真正起到了团结中华民族、带领中华民族的作用。在革命战争时期，"中国共产党的领导人特别是其高级领导人，又常常自觉或不自觉地去揭示各民族不仅在政治上而且在历史文化方面的整体性和一体性，清楚地表明对'中华民族'这一大'民族'共同体的自然认同。在这方面，毛泽东堪称典型代表……毛泽东在《论新阶段》《中国革命和中国共产党》《新民主主义论》等人们耳熟能详的名著中对'中华民族'概念的使用，就显示出这一点……1939年底出版的《中国革命与中国共产党》第一章第一节就题为'中华民族'。这也是中国共产党首次正式表达对'中华民族'具有模式意义的官方见解。文章一开篇就写道：我们中国是世界上最大的国家之一，它的领土和整个欧洲的面积差不多相等……从很早的古代起，我们中华民族的祖先就劳动、生息、繁殖在这块广大的土地之上……"[2] 时间发展至今，中国共产党人对中华民族的凝聚和认同、团结一如既往地重视，且让中华民族的认同进一步升华。习近平总书记指出："中国特色社会主义进入新时代，中华民族迎来了历史上最好的发展时期。同时，面对复杂的国内外形势，我们更要团结一致、凝聚力量，确保中国

---

[1] 劳承万：《中西文化交汇中近百年理论难题》，中国社会科学出版社 2018 年版，"本书阅读提示与思考"部分第 7 页。

[2] 黄兴涛：《重塑中华：近代中国"中华民族"观念研究》，北京师范大学出版社 2017 年版，第 342—343 页。

发展的巨轮胜利前进。各族人民亲如一家，是中华民族伟大复兴必定要实现的根本保证。实现中华民族伟大复兴的中国梦，就要以铸牢中华民族共同体意识为主线，把民族团结进步事业作为基础事业抓紧抓好。我们要全面贯彻党的民族理论和民族政策，坚持共同团结奋斗、共同繁荣发展，促进各民族像石榴籽一样紧紧拥抱在一起，推动中华民族走向包容性更强、凝聚力更大的命运共同体。"[1]习近平总书记认为："文化是一个民族的灵魂，文化认同是民族团结的根脉。"[2]这就对民族与文化的关系作出了最为直接、最为根本的论述，是中华民族因"文化"作为灵魂、因"文化认同"而成为民族、命运和文化共同体的根本要义所在。

（二）执政党领导底力

中国共产党的宗旨是"全心全意为人民服务"，这就是"大道之行也，天下为公"。因此，如果说中国传统社会的"道统"是什么、传统社会的"道统"在今日是否已经远离我们的问题，我们可以说："大道之行，天下为公"，这是中华民族一贯的道统，在今日仍然是我们的道统，此种道统最有力的引领者和实践者就是中国共产党。在此种天下为公的道统之中，我们才知道：原来，我们追求的现代法治精神之诸项内容，全然在"天下为公"的道统之中，且只有以天下为公之道统才能让现代法治精神真正焕发其应有的光辉，这就是中国现代法治精神的中国特质的一个文化奥秘。

习近平总书记曾经说："事实证明，不触动旧的社会根基的自强运动，各种名目的改良主义，旧式农民战争，资产阶级革命派领导的民主主义革命，照搬西方政治制度模式的各种方案，都不能完成中华民族救亡图存和反帝反封建的历史任务，都不能让中国的政局和社会稳定下来，也都谈不上为中国实现国家富强、人民幸福提供制度保障。在中国人民顽强前行的伟大斗争中，中国共产党诞生了。自成立之日起，中国共产党就以实现中国人民当家做主和中华民族伟大复兴为己任，为'索我理想之中华'矢志不渝，'唤起工农千百万'，进行艰苦卓绝的革命斗争，终于彻底推翻了帝国主义、封建主义、官僚资本主义三座大山，建立了人民当家做主的新中国，亿万中国人民从此成为国家和社会的主人。这一伟

---

[1]《习近平谈治国理政》(第三卷)，外文出版社 2020 年版，第 299 页。
[2]《习近平谈治国理政》(第三卷)，外文出版社 2020 年版，第 300 页。

大历史事件，从根本上改变了近代以来中国内忧外患、任人宰割的悲惨命运。"[1]历史和现实毫无疑问地表明：没有一个一盘散沙的社会可以兴旺发达，一盘散沙的社会更无法形成法治；中国共产党作为法治中国的中坚力量和当然的领导力量是毋庸置疑的。一个政党，只有践行其宗旨才能取得广大人民群众的支持。而政党是由一个个具体个人、依据特定的组织运作形式组成的，因此，政党成员的合力决定了政党的宗旨是否能够被高度一致地奉行。中国共产党是中国社会优秀的人群的集合体，与党外广大人士共同为中华民族伟大复兴而奋斗，这是应有的社会担当，也是一个社会兴旺发达的关键所在。中国社会自古就有一个对社会的发展、进步起到关键作用的阶层——士大夫阶层；士大夫阶层因以天下为己任而天下为公，因以黎民苍生福祉为目标而大公无私。而士大夫阶层之根本在于一种"天下归仁""人文化育"的文化精神。随着时代的变迁，传统意义上的士大夫阶层已经不再是一个显性意义上的词汇，但是这样一个社会阶层的社会意义和社会作用是无法替代的——天下之治乱兴衰系于此阶层之兴衰。而近现代以来产生的政党制度，可谓是自古有之的"士大夫阶层"的一个"替代产物"，其"替代"乃称谓有变、组织形式有异，但是社会功能之期许不曾变化。而中国共产党的历史证明，中国共产党就应该是由以天下为己任、大公无私的最优秀的人所组成的集合体，那么，中国共产党就应该成为现代意义上的"士大夫"，其社会功能不可或缺，而且天下兴衰往往取决于其自身的精神追求和实际功能的发挥。"温故而知新""以史为鉴"，我们就可以明白中国共产党作为一个政党组织，其应有的社会功能和历史使命之必要性和必然性。而作为全心全意为人民服务的政党，在中国传统文化之数千年的传承与实践到今日的情况下，必然如历史上的士大夫阶层般，在广大人民群众心目中是一个"应然存在的优秀集体"。因此，加强党的建设，塑造一支大公无私、"先天下之忧而忧，后天下之乐而乐"的共产党员队伍，是符合中国历史发展的一贯脉络和必然趋势的。而从政党中选拔最优秀的人来承担"天下为公"的职责，承担中华人民共和国的执政任务和使命，则是一种必然要求。中国共产党的领导，成为中国特色社会主义文化自信的执政党领导底力。

---

[1] 习近平：《论坚持全面依法治国》，中央文献出版社 2020 年版，第 68—69 页。

（三）制度优势底力

前文已经在相关部分论述过，中国共产党和中国人民之所以在近代选择了"社会主义"，就是因为"社会主义"是一种"公天下"的文化指向，在这样的总文化指向之下，就制度层面而言，建立了"公天下"的各项制度，各种制度合成社会主义制度。社会主义制度的具体组成，我们耳熟能详，如中国共产党的执政地位、人民代表大会制度、政治协商制度、各项民主制度等，本书不再赘述。当我们分析每一项制度时都会发现，其根本指向在于实现"天下为公"，而且在制度设计上和具体操作中高度注意抵制其异化成为"私天下"之工具的可能。例如，人民代表大会制度就是在"代议制"这种模式之下，让人民代表大会能够代表中国最广大的人民，而不是像西方的议会制度之"代言资本利益"。习近平总书记指出："在中国实行人民代表大会制度，是中国人民在人类政治制度史上的伟大创造，是深刻总结近代以后中国政治生活惨痛教训得出的基本结论，是中国社会一百多年激越变革、激荡发展的历史结果，是中国人民翻身做主、掌控自己命运的必然选择。"[1] 但是在现实中，我们当然需要正视一个问题，那就是这种公天下的制度设计有可能被异化，如近年来出现的"人大代表贿选"问题。我们通过宪法和法律来确立、确认、维护、推动这些制度的建立和实施，本身就是保障制度发挥"天下为公"功能的重要举措，这是我们主张坚决维护宪法权威，或者提出"宪法法律至上"的重要原因。笔者此处还需要表意：制度本身的设计是最符合中国人民利益的，这一点毋庸置疑；制度的具体设计当然存在一个不断完善的问题，而不能说每一项具体设计已经尽善尽美；而现实中被异化的情况，不在于制度本身的问题，而是制度操作的问题，而制度操作的问题之关键还是在于"人"。因此，全书反复论证了"为政在人"之永恒真理性。如果不明白这一点，不明白出现问题的真正原因及其性质，那么我们就可能错误地对制度本身产生怀疑，这是需要避免的。中国特色社会主义制度，是我们最大的制度优势，是一种致力于"天下为公"的制度设计，这是我们实现中国特色社会主义法治文化自信的制度底力。

优秀的文化生成优秀的制度，优秀的制度更加能够弘扬优秀的文化。或曰，制度是文化的产物、制度是文化的载体、制度是文化的弘扬路径，而文化是制度

---

[1] 习近平：《论坚持全面依法治国》，中央文献出版社 2020 年版，第 69—70 页。

的灵魂所在。如果不重视制度，或者说没有智慧来构建一个好的制度体系，或者说没有能力让一个好的制度体系充分发挥其自身的优势，那么我们就失去了制度优势。文化与制度，是一种经由智慧为桥梁的体用关系。而中国特色社会主义制度，在一种"天下为公"的道统之中，就是我们的文化与我们的制度的"体用关系"最完美的契合。

（四）人民实践底力

实践是马克思主义一贯秉承的改造社会的法宝，毛泽东的《实践论》是中国化的马克思主义对实践问题的经典论述，亦即中国共产党人一贯注重实践。脱离了实践，一切都是空谈。正如我们发现伪君子遍地的时代，所有人可能都大谈仁义道德，但是社会却岌岌可危，就是因为说一套做一套违背了实践的要求。我们判断一个社会的兴盛繁荣态势与衰败颓废态势，从实践观就可以得出结论。一个社会，空谈与唱高调成为普遍样态，而所谈的理想与口号在实践中完全不存在，那么这个社会就值得我们高度警惕了。这就是本书前文所谈的"知行合一""见地、修正、行愿"的道理。中国古人和中国传统文化，一贯的主流就是实践观，依据亲修实证、追求内圣外王，从未主张脱离实践的空谈。这个道理，毛泽东曾经在《实践论》中用一句极为通俗易懂的话来描述："你要知道梨子的味道，你就得变革梨子，亲口吃一吃。"[1] 就法治话题而言，并不是有一套"良法"摆在那里，人人都臣服于这种法律规则，甚至对其产生信仰才是法治。恰恰相反，人人皆备的良知，是广大人民群众创造良法的源泉，也是保障良法产生与良性运行的根本力量。我们绝对不能忽略良法产生的根本原因是在于人，在于亿万群众的良知形成的社会合力。当我们观察这个社会的时候发现，每当遇到巨大的艰难险阻的时候，中国人民永远表现出的是用实际行动诠释良知、展现大爱。这就是人人皆备之良知作为人民群众实践底力的光辉与力量。在法治话题中，我们应该清醒地发现：不是法作为源头成就了人的辉煌，而是人作为源头成就了法的辉煌。

文化是人作为主体的"文化"，是关乎人的本质、人际观的应然状态、宇宙观的最终极真相的学问，其根本在于塑造什么样的人。无论何种冠之以"文化"之名的学问，若其在本质上丢失了"人文"甚至是背反"人文"，则此种所

---

[1]《毛泽东选集》（第一卷），人民出版社 1991 年版，第 287 页。

谓"文化"即不是"真文化"，即"无文无化"；如若其讲求"人文"，然其种种学说、理论、口号皆将"人文"停留于语言文字中而非人们的普遍行动中和灵魂中，未能成为一种"知行合一"的"人文化育"，则此种"文化"为"有文无化"。而中国现代法治文化自信，其最根本的、最普遍的基础以及最终极的目标恰恰在于全体中国人之"知行合一"的实践，以实践为法治文化自信的底力。

　　人文灵魂与仁义追求，是人人可以实践、人人应该实践的主题；其绝非脱离或者远离人们的日常生活与社会实践，更非一种大众无法知晓其所指、大众无法知晓其要义、大众无法主宰其践行的存在。科学也好，哲学也罢，其文化传播方式往往以一种"居高临下"的姿态示人，大众无法成为科学家而至多成为科学主义的信徒，大众无法成为哲学家而只能"仰望或猜想"哲学的真谛。而作为心性观、人际观、宇宙观"三向度一体"的文化，则是人人必须亲自实践的生存必需、生活必需、发展必需。"百姓日用而不知"，因为"如入芝兰之室，久而不闻其香"。这才是实践的方向，也是法治文化自信之中国人民实践底力。什么样的中国人，成就什么样的中国。中国人民是一个弘扬人性光辉的民族，中国的未来一定是无比辉煌的，人性的光辉造就民族的灿烂辉煌、国家的繁荣富强，风调雨顺，国泰民安！

　　本章小结：中国现代法治精神的文化真谛在于以"人文化育"为内在灵魂、以"天下归仁"为目标；中国特色社会主义文化的真谛在于"大道之行，天下为公"；中国特色社会主义法治文化的本质则在于通过中国现代法治精神的弘扬来促成中国特色社会主义文化真谛的实现。中国特色社会主义法治文化，不是西方法治文化"启蒙"的产物，不是臣服于西方法治文化的结果，更不能在现实中屈从于资本主义一直以"法治文化"之名输出文化、进行文化战争，进而让现代中国屈从于资本主义所设计的世界秩序的"理论武器"之所谓"法治文化"占领中国人的精神世界。中国特色社会主义法治文化，就是中国几千年来一以贯之的"道统"在中国现代的必然继承，就是中国化的马克思主义的一贯主张。中国共产党的领导，中华民族的民族文化认同，优越的社会主义制度，中国最广大人民群众的支持、拥护和实践，就是中国特色社会主义法治文化自信的底力。

中国文化自信时代中的法治文化自信

本书正文内容一共包含六章，首先对中国现代法治精神的文化追问进行了相关定义和考量；其次分别对西方法治精神与中国传统法治精神进行了文化解析；随后对中国现代法治精神的文化渊源进行了考察，紧接着对中国现代法治精神的文化选择进行了论证分析；最后在归纳总结中国现代法治精神的文化真谛的基础上论述了中国特色社会主义法治文化自信的相关问题。根据本书的研究，我们完全可以得出如下结论：中国现代法治精神包含了平等、人权、民主、契约、秩序、自由、正义等诸项丰富完整的内容，是一个完善的价值体系；中国现代法治精神是中国传统文化的现代承继，只是由于近代以来中西文化冲突之原因，导致今人往往误以为中国现代法治精神系西方文化对中国进行"文化启蒙"之产物。笔者通过分别对西方法治精神与中国传统法治精神的文化解析反驳了此种误解，澄清此种误解就可以让我们真正看清中国现代法治精神的文化根基、让我们完美诠释并丰富和发展中国现代法治精神的具体内涵。在澄清中国传统文化之"道统"与中国化的马克思主义之一致性关系基础之上，笔者最终论证出了中国传统文化之真谛与马克思主义之真谛的一致性，发现了中国共产党之"大道之行也，天下为公""全心全意为人民服务""以人民为中心"等政治主张既是中国传统文化的继承，亦是马克思主义的当然要求。而基于中国传统文化底蕴基础上，经过马克思主义的时代发展与升华的中国特色社会主义文化，是引领中国发展和强大、引领中华民族文化觉醒和民族自强的文化根本。在中国共产党的坚强领导下，中华民族完全应该树立文化自信，而由中国现代法治精神所汇聚而成的中国特色社会主义法治文化当然与中国特色社会主义文化具有完全的一致性，并且是中国特色社会主义文化不可或缺的、举足轻重的组成部分。中国特色社会主义法治文化自信是中国特色社会主义文化自信的强力支撑；从法治文化自信到整体文化自信，就是文化强国战略的必然要求，是中华民族迎来再次辉煌的重中之重！

今日之新中国，已并非近代之中国。今日之中国，是一个已经由站起来、富起来到强起来的中国。中国的强大必然依赖于民族的觉醒，而中华民族的觉醒在最根本上是文化的觉醒，中华民族的强大在最关键处必然是文化的强大。习近平总书记指出："文化是一个国家、一个民族的灵魂。历史和现实都表明，一个抛弃了或者背叛了自己历史文化的民族，不仅不可能发展起来，而且很可能上演一幕幕历史悲剧。文化自信，是更基础、更广泛、更深厚的自信，是更基本、更深沉、更持久的力量。坚定文化自信，是事关国运兴衰、事关文化安全、事关民族精神独立性的大问题。"[1]而在法治的话题中，我们也完全有底气坚定法治文化自信，因为终极的"法"不在别处，恰恰在于人的自心，自心之"法"之所以是恒常之道，恰恰在于人文。因此，中国法治的最终极在于人文之"法"。通过本书的研究，我们完全可以得出一个结论：中国现代法治需要以人文精神引领法治精神，形成中国特色社会主义的人本法治信仰和人文法治精神。中国现代法治就是中国特色社会主义法治，中国现代法治是无须西方观念为我们设定标准的，更不需要以西方之是非为是非。中国特色社会主义法治，是独立自主的法治，是求真务实的法治，是以人文精神为底蕴的法治，是出发点在于人而归宿亦在于人的人本法治。人本法治对民族精神重塑的意义重大。我们经常说中华民族的民族精神是团结十几亿人的精神纽带，而中华民族的民族精神是什么？或者说，在习惯于对中国传统文化不断进行反思甚至极端地完全否定的一种惯性思维之下，我们还能否找到重塑民族精神之文化底力？或者说，很多人对本民族的历史充满了不屑甚至"仇恨"的心态，其原因是什么？这样的问题如若不重视起来，社会的撕裂程度会愈演愈烈。人们常说中华民族和中国人民是勤劳、勇敢、善良的，这能否涵盖整个民族精神的全貌？仁义、智慧、勇敢，这才是中华民族更重要的优秀品质。笔者以为，中华民族精神最伟大之处就在于人本，也就是人确立了自己的主体地位，而不是神的奴隶或者权力的附庸，而是"天、地、人"这宇宙三杰中顶天立地的大写的"人"，而之所以是大写的"人"，是因为中华民族数千年来主流的追求是最大限度弘扬人性的光辉与良善，致力于祛除人性的丑恶和阴暗。"天行健，君子以自强不息；地势坤，君子以厚德载物""富贵不能淫、贫贱不能移、威武不能屈""为天地立心，为生民立命，为往圣继绝学，为万世开太平"；在义

---

[1]《习近平谈治国理政》（第二卷），外文出版社 2017 年版，第 349 页。

利之辩中做到舍生取义、杀身成仁，在善恶相较中坚守并捍卫良知。

中华民族精神重塑之历史意义极其重大，而中华民族精神必然来自中国传统文化之历史传承。"今日中国是往昔中国的继续，今日的中国还置身于祖辈留下的文化环境之中。中华文化源远流长，早已内化在我们民族的血脉之中，有着自己的生机和活力。但在近代以来，我们外在的传统文化环境不断遭到严重破坏，被摧残、被曲解已经使之失去了整体的形象和内在的精魂，几近毁灭，让当今的国人处于极度尴尬与迷茫之中。"[1]冰冻三尺，非一日之寒。此种现状的形成经历了一个漫长的历史过程，是各种历史因素综合作用的结果；而此种状况的改变，也绝非急功近利可以实现，需要高瞻远瞩式的稳步推进。文化从来都是一个国家和一个民族的根本，文化也从来都是润物细无声的，文化养育人心、文化提升灵魂看似无踪无形，而实际上文化的强大才能从根本上促进国家的强大，"古来世运之明晦，人才之盛衰，其表在政，其里在学"。[2]此言诚实不虚、实乃洞见。反过来，国家的强大才能捍卫文化的话语权。在近代以来的"有强权无公理"的弱肉强食的丛林法则下，中国传统文化遭遇了别样的命运。在今日中国已经由站起来、富起来到强起来的历史新时代，我们有能力重塑中华传统文化在世界文化丛林之中的应有地位。中国传统文化是中国人的一个"心结"，这个"心结"是必须解开的，无论以何种具体方式来解开。如果不能解开，并正确解开这个文化心结，则未来中国文化自信之路注定异常艰辛，无论我们从何种既有立场和角度去思考。

重塑中华民族精神实现文化自信，这是中国化的马克思主义的题中应有之义，更是今日世界格局与国内现状所决定的必然要求。文化即人格，人格完善之象征即仁德；当一种文化在一个民族中深入每个人的骨髓，那么就成为集体人格，称之为民族精神；当民族以与国家一体的形式存在，就成为国格。个体人格、民族精神、国家品格，是一个整体与部分的关系，也是形成个人、民族、国家同质性的根本源泉，也是因为同质性而产生凝聚力的根本所在。当我们观察现实中的人格对于人与人之间的交往的作用和智慧的时候，会根据生活经验和人生阅历形成一个别具智慧的经验总结。当我们观察一个民族和国家的历史的时候，

---

[1] 卓泽渊：《我们与世界》，商务印书馆 2020 年版，第 313 页。

[2] 张之洞：《劝学篇》。

同样发现民族精神和国家品格只是个体人格的一种扩展和放大，其民族发展的历史规律、国家兴衰的历史规律，也无碍乎与个体人格对个体完满生活之意义类同。不同的文化会形成不同的民族精神和国家品格，在国际交往中的规则也类似于不同人格交往的规则。因此，个体人格是民族精神的基础，民族精神决定了国家品格，而所有这些，都是以文化作为灵魂。在国际社会交往中，包括本书对法治精神话语权的关注，其实最终要看不同的文化形成不同的法治精神，不同的法治精神就是不同民族精神和不同国家品格的一种集中展示。把握了这些原理，我们就应该知晓，正如一个独立和完善的人格对人的意义一样，属于本民族文化的法治精神和由法治精神完善的国家品格，对民族和国家的意义同样重要。因此，我们需要高度重视本书意义上的法治精神，更需要注重哪些法治精神的理解是适合现代中国的，而法治精神一定是需要融入整体文化进程的，而绝非在文化之外又出现了一个"石猴子出世"般的孙悟空式的法治精神，纵然可以七十二变，但是终究无非也是为了悟得"终极的法"而已。

将对中国现代法治精神的研究融入中国传统文化人文精神和智慧，以中国传统文化的法治精神和法治智慧为切入点，重新认识中国传统文化的当代价值，不仅具有融合中国传统文化与法理学的意义，更让我们可以看到中国传统文化就是我们应该据以文化自信的资本和智慧源泉，再以传统文化传承的文化底力，构建中国现代社会的法治文化自信，也就是法治话语权的回归和文化自信的推进，并且让法治和文化不再成为中国社会的裂痕，而是弥合中国社会撕裂的根本良方。而所有这一切理论推演，就根植于我们重新认识并重塑人文精神。中华民族之所以堪称伟大，中国现代人之所以可以自豪，就是源于我们有数千年的悠久文化史，中华民族之所以强大，就是在于中国现代人在传统文化的基础上，中国共产党带领中华民族务本并力求创新，实干兴邦！本书对中国现代法治精神所进行的文化追问，至此暂告一段落，未来的路还很漫长，还需要继续砥砺前行！路在脚下，法在人心！期待在中国共产党的领导下，在全体中国人民齐心协力的共同努力奋斗下，中华民族伟大复兴的中国梦早日实现！与君同行，诸君共勉！

参考文献

一、中国传统文化经典文献

[1] 周易 [M]. 杨天才，张善文译注 . 北京：中华书局，2011.

[2] 尚书全集 [M]. 唐品主编 . 成都：天地出版社，2017.

[3] 山海经全译 [M]. 袁珂注 . 北京：北京联合出版公司，2016.

[4] 礼记 [M]. 胡平生，张萌译 . 北京：中华书局，2017.

[5]（战国）孟子等 . 四书五经 [M]. 北京：中华书局，2009.

[6] 鸠摩罗什等 . 佛教十三经 [M]. 北京：中华书局，2010.

[7] 论语·大学·中庸 [M]. 陈晓芬，徐儒宗译注 . 北京：中华书局，2015.

[8] 孟子（第二版）[M]. 方勇译注 . 北京：中华书局，2015.

[9] 孔子家语 [M]. 王国轩，王秀梅译注 . 北京：中华书局，2011.

[10] 老子 [M]. 汤漳平，王朝华译注 . 北京：中华书局，2014.

[11]（春秋）老子著，（唐）吕岩释义，韩起编校 . 吕祖秘注道德经心传 [M]. 桂林：广西师范大学出版社，2014.

[12] 庄子（第二版）[M]. 方勇译注 . 北京：中华书局，2015.

[13] 六韬 [M]. 陈曦译注 . 北京：中华书局，2016.

[14] 商君书 [M]. 石磊译注 . 北京：中华书局，2011.

[15] 荀子全鉴 [M]. 孙红颖解译 . 北京：中国纺织出版社，2016.

[16] 韩非子 [M]. 高华平，王齐洲，张三夕译注 . 北京：中华书局，2016.

[17] 孙子兵法 [M]. 陈曦译注 . 北京：中华书局，2011.

[18] 墨子（第二版）[M]. 方勇译注 . 北京：中华书局，2015.

[19] 墨子译注 [M]. 张永祥，肖霞译注 . 上海：上海古籍出版社，2016.

[20] 神仙传 [M]. 谢青云译注 . 北京：中华书局，2017.

[21] 拾遗记 [M]. 王兴芬译注 . 北京：中华书局，2019.

[22] 春秋繁露 [M]. 张世亮，钟肇鹏，周桂钿译注 . 北京：中华书局，2012.

[23] 大唐西域记 [M]. 董志翘译注 . 北京：中华书局，2012.

[24]（唐）赵蕤 . 反经 [M]. 陈书凯编译 . 南京：江苏凤凰科学技术出版社，2018.

[25]（宋）朱熹撰 . 四书章句集注 [M]. 北京：中华书局，2011.

[26] 陆九渊集 [M]. 锺哲点校 . 北京：中华书局，2020.

[27] 张载集 [M]. 张锡琛点校 . 北京：中华书局，1978.

[28] 周敦颐集 [M]. 陈克明点校 . 北京：中华书局，1990.

[29] 二程集（全二册）[M]. 王孝鱼点校 . 北京：中华书局，1981.

[30]（明）王阳明 . 传习录 [M]. 叶圣陶点校 . 太原：三晋出版社，2019.

[31]（明）袁黄 . 了凡四训全鉴 [M]. 东篱子解译 . 北京：中国纺织出版社，2016.

[32] 劝学篇 [M]. 冯天瑜，姜海龙译注 . 北京：中华书局，2016.

二、马克思主义经典文献

[1] 马克思 . 资本论（第一卷、第二卷、第三卷）[M]. 中共中央马克思恩格斯列宁斯大林著作编译局译 . 北京：人民出版社，2004.

[2] 马克思，恩格斯 . 共产党宣言 [M]. 中共中央马克思恩格斯列宁斯大林著作编译局编译 . 北京：人民出版社，2014.

[3] 马克思，恩格斯 . 德意志意识形态（节选本）[M]. 中共中央马克思恩格斯列宁斯大林著作编译局编译 . 北京：人民出版社，2018.

[4] 马克思，恩格斯 . 马克思恩格斯论中国 [M]. 中共中央马克思恩格斯列宁斯大林著作编译局编译 . 北京：人民出版社，2018.

[5] 马克思 . 雇佣劳动与资本 [M]. 中共中央马克思恩格斯列宁斯大林著作编译局编译 . 北京：人民出版社，2018.

[6] 马克思 .1844 年经济学哲学手稿 [M]. 中共中央马克思恩格斯列宁斯大林著作编译局编译 . 北京：人民出版社，2018.

[7] 马克思 . 哥达纲领批判 [M]. 中共中央马克思恩格斯列宁斯大林著作编译局编译 . 北京：人民出版社，2018.

[8] 恩格斯 . 自然辩证法 [M]. 中共中央马克思恩格斯列宁斯大林著作编译局编译 . 北京：人民出版社，2018.

[9] 恩格斯 . 家庭、私有制和国家的起源 [M]. 中共中央马克思恩格斯列宁斯大林著作编译局编译 . 北京：人民出版社，2018.

[10] 恩格斯 . 社会主义从空想到科学的发展 [M]. 中共中央马克思恩格斯列宁斯大林著作编译局编译 . 北京：人民出版社，2018.

[11] 毛泽东选集（全四卷）（第二版）[M]. 北京：人民出版社，1991.

[12] 邓小平文选（全三卷）（第二版）[M]. 北京：人民出版社，1994.

[13] 习近平谈治国理政（第一卷）（第二版）[M]. 北京：外文出版社，2018.

[14] 习近平谈治国理政（第二卷）[M]. 北京：外文出版社，2017.

[15] 习近平谈治国理政（第三卷）[M]. 北京：外文出版社，2020.

[16] 习近平 . 论坚持全面依法治国 [M]. 北京：中央文献出版社，2020.

[17] 习近平 . 论中国共产党历史 [M]. 北京：中央文献出版社，2021.

三、中文著作

[1] 中共中央宣传部编 . 习近平新时代中国特色社会主义思想三十讲 [M]. 北京：学习出版社，2018.

[2] 全国干部培训教材编审指导委员会组织编写 . 发展社会主义民主政治 [M]. 北京：人民出版社：党建读物出版社，2019.

[3] 包刚生 . 民主的逻辑 [M]. 北京：社会科学文献出版社，2018.

[4] 陈来 . 儒家文化与民族复兴 [M]. 北京：中华书局，2020.

[5] 崔永东 . 中西法律文化比较 [M]. 北京：北京大学出版社，2004.

[6] 戴旭 . 戴旭讲甲午战争：从晚清解体透视历代王朝的政治败因 [M]. 北京：人民日报出版社，2018.

[7] 段秋关 . 中国现代法治及其历史根基 [M]. 北京：商务印书馆，2018.

[8] 费孝通 . 中国文化的重建 [M]. 上海：华东师范大学出版社，2013.

[9] 费孝通 . 中华民族的多元一体格局：民族学文选 [M]. 北京：生活·读书·新知三联书店，2021.

[10] 冯友兰 . 新原人 [M]. 北京：北京大学出版社，2014.

[11] 冯友兰 . 中国哲学史 [M]. 重庆：重庆出版社，2009.

[12] 傅佩荣 . 傅佩荣谈人生：哲学与人生 [M]. 北京：东方出版社，2012.

[13] 傅斯年 . 民族与古代中国史 [M]. 北京：北京出版社，2018.

[14] 范忠信主编 . 法治中国化研究（第一辑）[M]. 北京：中国政法大学出版社，2013.

[15] 付子堂主编 . 法理学进阶（第五版）[M]. 北京：法律出版社，2016.

[16] 高鸿钧 . 法治漫笔 [M]. 南京：译林出版社，2017.

[17] 辜鸿铭 . 辜鸿铭讲论语 [M]. 北京：北京理工大学出版社，2013.

[18] 谷春德 . 中国特色社会主义法治理论与实践研究 [M]. 北京：中国人民大学出版社，2017.

[19] 谷春德主编 . 西方法律思想史（第二版）[M]. 北京：中国人民大学出版社，2007.

[20] 顾培东主编 . 马克思主义法学及其中国化 [M]. 北京：社会科学文献出版社，2021.

[21] 郭光灿，高山 . 爱因斯坦的幽灵：量子纠缠之谜（第二版）[M]. 北京：北京理工大学出版社，2018.

[22] 公丕祥主编 . 马克思主义法学中国化的进程 [M]. 北京：法律出版社，2012.

[23] 何勤华 . 法律文化史谭 [M]. 北京：商务印书馆，2004.

[24] 何勤华 . 法治的启蒙 [M]. 北京：法律出版社，2017.

[25] 何勤华，等编著 . 西方法律思想史 [M]. 北京：科学出版社，2010.

[26] 胡适 . 容忍是自由的根本 [M]. 南京：江苏人民出版社，2015.

[27] 何新经济学讲义 [M]. 北京：现代出版社，2020.

[28] 何新 . 诸神的起源（增补本）[M]. 北京：民主与建设出版社，2018.

[29] 胡水君 . 内圣外王：法治的人文道路 [M]. 上海：华东师范大学出版社，2013.

[30] 胡玉鸿，等 . 法治解决道德领域突出问题的作用研究 [M]. 北京：中国法制出版社，2018.

[31] 黄美玲 . 法律帝国的崛起：罗马人的法律智慧 [M]. 北京：北京大学出版社，2019.

[32] 黄心川主编 . 世界十大宗教 [M]. 北京：社会科学文献出版社，2007.

[33] 黄兴涛 . 重塑中华：近代中国"中华民族"观念研究 [M]. 北京：北京师范大学出版社，2017.

[34] 江必新，等 . 深化依法治国实践：党的十九大报告法治精神研读 [M]. 北京：中国法制出版社，2019.

[35] 蒋庆 . 再论政治儒学 [M]. 上海：华东师范大学出版社，2011.

[36] 江平著，陈波，等编 . 法治天下——江平访谈录 [M]. 北京：法律出版社，2016.

[37] 季卫东 . 法治秩序的建构（增订版）[M]. 北京：商务印书馆，2014.

[38] 姜小川 . 司法的理论、改革及史鉴 [M]. 北京：法律出版社，2018.

[39] 李德顺 . 法治文化论：创造理性文明的生活方式 [M]. 哈尔滨：黑龙江教育出版社，2018.

[40] 李林主编 . 中国特色社会主义法治发展道路 [M]. 北京：中国法制出版社，2017.

[41] 李龙主编 . 西方法学名著提要 [M]. 南昌：江西人民出版社，2010.

[42] 李龙 . 中国特色社会主义法治理论体系纲要 [M]. 武汉：武汉大学出版社，2012.

[43] 李筠 . 西方史纲：文明纵横 3000 年 [M]. 长沙：岳麓书社，2020.

[44] 李强 . 自由主义 [M]. 北京：东方出版社，2015.

[45] 李尚全 . 正智与生活：30 年闻思佛学的心力路堤 [M]. 上海：东方出版中心，2010.

[46] 李秀清，于明编 . 法学名家讲演集：法律文化与社会变迁 [M]. 上海：上海人民出版社，
2014.

[47] 李亚凡编 . 世界历史年表（修订珍藏本）[M]. 北京：中华书局，2014.

[48] 梁启超 . 梁启超论中国法制史 [M]. 北京：商务印书馆，2012.

[49] 梁启超 . 先秦政治思想史 [M]. 北京：商务印书馆，2014.

[50] 梁漱溟 . 人生至理的追寻：国学宗师读书心得 [M]. 北京：当代中国出版社，2008.

[51] 梁漱溟 . 东西文化及其哲学 [M]. 北京：中华书局，2018.

[52] 梁漱溟 . 我生有涯愿无尽：梁漱溟自述文录 [M]. 北京：中国人民大学出版社，2011.

[53] 梁治平 . 为政：古代中国的致治理念 [M]. 北京：生活·读书·新知三联书店，2020.

[54] 梁治平 . 法辨：法律文化论集 [M]. 桂林：广西师范大学出版社，2015.

[55] 林语堂 . 孔子的智慧 [M]. 武汉：长江文艺出版社，2015.

[56] 刘军宁 . 保守主义 [M]. 北京：东方出版社，2014.

[57] 刘瑞复 . 马克思主义法学原理读书笔记 . 第三卷，法关系原理 [M]. 北京：中国政法大学出
版社，2018.

[58] 吕思勉 . 中国通史（彩图珍藏版）[M]. 北京：中华书局，2015.

[59] 吕思勉 . 中国民族史 [M]. 南昌：江西教育出版社，2018.

[60] 刘哲昕 . 文明与法治：寻找一条通往未来的路 [M]. 北京：法律出版社，2013.

[61] 刘哲昕 . 精英与平民：中国人的民主生活 [M]. 北京：法律出版社，2013.

[62] 刘作翔 . 法律文化理论 [M]. 北京：商务印书馆，1999.

[63] 楼宇烈 . 中国文化的根本精神 [M]. 北京：中华书局，2016.

[64] 马长山 . "法治中国"建设的理论检视 [M]. 北京：法律出版社，2017.

[65] 马长山主编 . 法理学导论 [M]. 北京：北京大学出版社，2014.

[66] 马国川 . 国家的启蒙：日本帝国崛起之源 [M]. 北京：中信出版社，2018.

[67] 马立诚 . 最近四十年中国社会思潮 [M]. 北京：东方出版社，2014.

[68] 马勇 . 重寻近代中国 [M]. 北京：线装书局，2014.

[69] 南怀瑾选集（全十二卷）[M]. 上海：复旦大学出版社，2013.

[70] 钱穆 . 文化学大义 [M]. 北京：九州出版社，2017.

[71] 钱穆 . 论语新解 [M]. 北京：九州出版社，2011.

[72] 钱穆 . 民族与文化 [M]. 北京：九州出版社，2012.

[73] 钱穆 . 文化与教育 [M]. 北京：九州出版社，2014.

[74] 钱穆 . 中国历史精神 [M]. 北京：九州出版社，2016.

[75] 钱穆 . 宋明理学概述 [M]. 北京：九州出版社，2019.

[76] 钱穆 . 孔子传 [M]. 北京：生活・读书・新知三联书店，2018.

[77] 瞿同祖 . 中国法律与中国社会 [M]. 北京：商务印书馆，2010.

[78] 苏秉琦 . 中国文明起源新探 [M]. 北京：生活・读书・新知三联书店，2019.

[79] 舒国滢 . 法理学导论（第二版）[M]. 北京：北京大学出版社，2012.

[80] 舒国滢主编 . 中国特色马克思主义法学理论研究 [M]. 北京：中国政法大学出版社，2016.

[81] 孙平华 . 张彭春——世界人权体系的重要设计师 [M]. 北京：社会科学文献出版社，2017.

[82] 史彤彪 . 西方法治思想精义 [M]. 哈尔滨：黑龙江教育出版社，2018.

[83] 沈宗灵主编 . 法理学 [M]. 北京：北京大学出版社，2014.

[84] 邰启扬 . 催眠术：一种奇妙的心理疗法（第三版）[M]. 北京：社会科学文献出版社，2018.

[85] 汤用彤著 . 汤一介，赵建永选编 . 会通中印西 [M]. 上海：东方出版中心，2012.

[86] 汤一介 . 瞩望新的轴心时代：在新世纪的哲学思考 [M]. 北京：中央编译出版社，2014.

[87] 王利明 . 法治具有目的性 [M]. 北京：北京大学出版社，2017.

[88] 王绍光 . 民主四讲 [M]. 北京：生活・读书・新知三联书店，2018.

[89] 王元崇 . 中美相遇：大国外交与晚清兴衰：1784—1911[M]. 上海：文汇出版社，2021.

[90] 王亚南 . 中国官僚政治研究 [M]. 北京：商务印书馆，2010.

[91] 吴飞 . 心灵秩序与世界历史：奥古斯丁对西方古典文明的终结（增订本）[M]. 北京：生活・读书・新知三联书店，2019.

[92] 吴钩 . 中国的自由传统 [M]. 上海：复旦大学出版社，2014.

[93] 吴稼祥 . 公天下：中国历代治理之得失（增订本）[M]. 贵阳：贵州人民出版社，2020.

[94] 武树臣 . 中国法律文化大写意 [M]. 北京：北京大学出版社，2011.

[95] 熊秉元 . 法的经济解释：法律人的倚天屠龙 [M]. 北京：东方出版社，2017.

[96] 徐向东 . 自由主义、社会契约与政治辩论 [M]. 北京：北京大学出版社，2005.

[97] 许倬云 . 中西文明的对照：精装珍藏版 [M]. 杭州：浙江人民出版社，2016.

[98] 许倬云 . 现代文明的成坏：精装珍藏版 [M]. 杭州：浙江人民出版社，2016.

[99] 许倬云说美国 [M]. 上海：上海三联书店，2020.

[100] 许倬云 . 中国古代文化的特质 [M]. 厦门：鹭江出版社，2016.

[101] 许倬云 . 中国文化的精神 [M]. 北京：九州出版社，2018.

[102] 许钦彬 . 解读《推背图》(修订本) [M]. 北京：社会科学文献出版社，2016.

[103] 严存生主编 . 西方法律思想史（第三版）[M]. 北京：法律出版社，2015.

[104] 严复论学集 [M]. 卢华，吴剑修编 . 北京：商务印书馆，2019.

[105] 杨念群 . 五四的另一面："社会"观念的形成与新型组织的诞生 [M]. 上海：上海人民出版社，2018.

[106] 姚大志主编 . 政治哲学论丛 .2017. 第 2 辑：平等主义 [M]. 北京：中国社会科学出版社，2018.

[107] 俞荣根 . 儒家法思想通论 [M]. 北京：商务印书馆，2018.

[108] 於兴中 . 法治东西 [M]. 北京：法律出版社，2014.

[109] 袁珂 . 中国神话史 [M]. 北京：北京联合出版公司，2015.

[110] 袁瑜峥 . 中国传统法律文化十二讲：一场基于正义与秩序维度的考量 [M]. 北京：北京大学出版社，2020.

[111] 张岱年，程宜山 . 中国文化精神 [M]. 北京：北京大学出版社，2015.

[112] 张凤阳，等 . 政治哲学关键词（第二版）[M]. 南京：江苏人民出版社，2014.

[113] 张晋藩 . 依法治国与法史镜鉴 [M]. 北京：中国法制出版社，2015.

[114] 张鸣 . 重说中国近代史 [M]. 北京：中国致公出版社，2011.

[115] 张松辉 . 道冠儒履释袈裟：中国古代文人的精神世界 [M]. 长沙：岳麓书社，2015.

[116] 张文显主编 . 法理学（第五版）[M]. 北京：高等教育出版社，2018.

[117] 张文显主编 . 良法善治：民主法治与国家治理 [M]. 北京：法律出版社，2014.

[118] 张小军 . 马克思主义法学理论在中国的传播与发展（1919—1966）[M]. 北京：中国人民大学出版社，2016.

[119] 张锡模 . 圣战与文明：伊斯兰与西方的永恒冲突（第二版）[M]. 北京：生活·读书·新知三联书店，2016.

[120] 张西平 . 儒学西传欧洲研究导论：16—18 世纪中学西传的轨迹与影响 [M]. 北京：北京大学出版社，2016.

[121] 张允熠，陶武，张弛编著 . 中国：欧洲的样板——启蒙时期儒学西传欧洲 [M]. 合肥：黄山书社，2010.

[122] 张允熠 . 中国文化与马克思主义 [M]. 北京：人民出版社，2015.

[123] 张耀南 . "大人"论——中国传统中的理想人格 [M]. 北京：北京大学出版社，2005.

[124] 张中秋 . 中西法律文化比较研究（第五版）[M]. 北京：法律出版社，2019.

[125] 赵敦华 . 圣经历史哲学（修订本）[M]. 南京：江苏人民出版社，2016.

[126] 赵敦华 . 基督教哲学 1500 年 [M]. 北京：商务印书馆，1994.

[127] 赵林 . 天国之门：西方文化精神 [M]. 长沙：湖南人民出版社，2020.

[128] 赵忆宁 . 探访美国政党政治：美国两党精英访谈 [M]. 北京：中国人民大学出版社，2014.

[129] 朱维铮 . 走出中世纪（增订本）[M]. 北京：中信出版社，2018.

[130] 张志京主编 . 法律文化纲要（第二版）[M]. 上海：复旦大学出版社，2020.

[131] 曾宪义总主编 . 中国传统法律文化研究（十卷本）[M]. 北京：中国人民大学出版社，2010.

[132] 周何 . 儒家的理想国：礼记 [M]. 北京：九州出版社，2017.

[133] 周永坤 . 法理学：全球视野（第四版）[M]. 北京：法律出版社，2016.

[134] 卓泽渊 . 法理学（第二版）[M]. 北京：法律出版社，2016.

[135] 卓泽渊 . 法治国家论（第四版）[M]. 北京：法律出版社，2018.

[136] 卓泽渊 . 法的价值论（第三版）[M]. 北京：法律出版社，2017.

[137] 卓泽渊 . 我们与世界 [M]. 北京：商务印书馆，2020.

[138] 郑永年 . 大格局：中国崛起应该超越情感和意识形态 [M]. 北京：东方出版社，2014.

[139] 冯天瑜 . 中国人文传统与中西人文精神讲演录 [M]. 长沙：湖南教育出版社，2010.

[140] 劳承万 . 中西文化交汇中近百年理论难题 [M]. 北京：中国社会科学出版社，2018.

四、外文译作

[1]（意）阿奎那．神学大全（第 1 集）[M]．段德智译．北京：商务印书馆，2013.

[2]（美）阿伦特．极权主义的起源（第二版）[M]．林骧华译．北京：生活·读书·新知三联书店，2014.

[3]（美）阿莉·拉塞尔·霍赫希尔德．故土的陌生人：美国保守派的愤怒与哀痛 [M]．夏凡译．北京：社会科学文献出版社，2020.

[4]（法）阿敏·马卢夫．阿拉伯人眼中的十字军东征 [M]．彭广恺译．北京：民主与建设出版社，2017.

[5]（英）阿姆斯特朗．轴心时代 [M]．孙艳燕，白彦兵译．海口：海南出版社，2010.

[6]（英）阿姆斯特朗．神的历史（珍藏版）[M]．蔡昌雄译．海口：海南出版社，2013.

[7]（英）爱德华·卢斯．西方自由主义的衰落 [M]．张舒译．太原：山西人民出版社，2019.

[8]（美）埃德蒙·福赛特．自由主义传 [M]．杨涛斌译．北京：北京大学出版社，2017.

[9] 薛定谔生命物理学讲义 [M]．赖海强译．北京：北京联合出版公司，2017.

[10]（英）安东尼·D. 史密斯．民族认同 [M]．王娟译．南京：译林出版社，2018.

[11]（英）安妮·鲁尼．爱因斯坦自述 [M]．王浪译．哈尔滨：黑龙江教育出版社，2016.

[12]（美）伯尔曼．法律与宗教 [M]．梁治平译．北京：商务印书馆，2012.

[13]（美）本尼迪克特·安德森．想象的共同体：民族主义的起源与散布（增订本）[M]．吴叡人译．上海：上海人民出版社，2016.

[14]（美）本内特，霍利斯特．欧洲中世纪史（第十版）[M]．杨宁，李韵译．上海：上海社会科学出版社，2007.

[15]（澳）彼得·哈里森．科学与宗教的领地 [M]．张卜天译．北京：商务印书馆，2016.

[16]（英）柏克．法国大革命反思录 [M]．冯丽译．南昌：江西人民出版社，2015.

[17]（英）柏克．法国革命论 [M]．何兆武，等译．北京：商务印书馆，1998.

[18]（古希腊）柏拉图．理想国 [M]．忠洁译．北京：红旗出版社，2017.

[19]（古希腊）柏拉图．法律篇（第二版）[M]．张智仁，何勤华译．北京：商务印书馆，2016.

[20] 柏拉图对话集 [M]．王太庆译．北京：商务印书馆，2019.

[21]（英）布莱恩·克莱格．量子纠缠（修订本）[M]．刘先珍译．重庆：重庆出版社，2018.

[22]（英）达尔文．物种起源 [M]．焦文刚译．北京：北京联合出版公司，2015.

[23]（英）达尔文.人类的由来及性选择 [M].叶笃庄，杨习之译.北京：北京大学出版社，2009.

[24]（美）丹尼尔·贝尔.意识形态的终结：50 年代政治观念衰微之考察 [M].张国清译.北京：中国社会科学出版社，2013.

[25]（美）德沃金.没有上帝的宗教 [M].於兴中译.北京：中国民主法制出版社，2015.

[26]（美）德沃金.民主是可能的吗？：新型政治辩论的诸原则（第二版）[M].鲁楠，王淇译.北京：北京大学出版社，2014.

[27]（美）杜威.自由与文化 [M].傅统先译.北京：商务印书馆，2013.

[28]（英）大卫·休谟.人性论（全 2 册）[M].贺江译.北京：台海出版社，2016.

[29]（法）伏尔泰.哲学书简 [M].闫素伟译.北京：商务印书馆，2018.

[30]（德）费尔巴哈.基督教的本质 [M].荣震华译.北京：商务印书馆，1984.

[31]（美）弗兰克·M.特纳.从卢梭到尼采：耶鲁大学公选课 [M].（英）理查德·A.洛夫特豪斯编，王玲译.北京：北京大学出版社，2017.

[32]（美）菲利普·霍夫曼.欧洲何以征服世界？[M].赖希倩译.北京：中信出版社，2018.

[33]（美）福山.历史的终结与最后的人 [M].陈高华译.桂林：广西师范大学出版社，2014.

[34]（美）范泰尔.良心的自由：从清教徒到美国宪法第一修正案 [M].张大军译.贵阳：贵州大学出版社，2011.

[35]（日）福泽谕吉.文明论概略 [M].北京编译社译.北京：商务印书馆，1960.

[36]辜鸿铭.中国人的精神 [M].李静译.天津：天津人民出版社，2016.

[37]（法）古斯塔夫·勒庞.乌合之众：大众心理研究 [M].李隽文译.南京：江苏凤凰文艺出版社，2017.

[38]（英）霍布豪斯.自由主义 [M].朱曾汶译.北京：商务印书馆，1996.

[39]（英）霍金.果壳中的宇宙 [M].吴忠超译.长沙：湖南科学技术出版社，2006.

[40]（英）哈里·狄金森.英国激进主义与法国大革命：1789—1815[M].辛旭译.北京：北京师范大学出版社，2016.

[41]（美）汉密尔顿，杰伊，麦迪逊.联邦党人文集 [M].程逢如，等译.北京：商务印书馆，1980.

[42]（英）哈耶克.自由宪章 [M].杨玉生，等译.北京：中国社会科学出版社，2012.

[43]（英）哈耶克.通往奴役之路（修订本）[M].王明毅，等译.北京：中国社会科学出版社，1997.

[44]（德）海德格尔.存在与时间（修订译本）[M].陈嘉映，王庆节译.北京：生活·读书·新知三联书店，2014.

[45]（美）黑尔.曾国藩与太平天国 [M].王纪卿译.太原：山西人民出版社，2017.

[46]（德）黑格尔.法哲学原理 [M].邓安庆译.北京：人民出版社，2016.

[47]（美）亨廷顿.文明的冲突与世界秩序的重建 [M].周琪，等译.北京：新华出版社，2009.

[48]（日）江本胜.写真：水知道答案大全集 [M].王维幸译.海口：南海出版公司，2013.

[49]（法）加尔文.基督教要义 [M].钱曜诚，等译.北京：生活·读书·新知三联书店，2010.

[50]（美）加来道雄.平行宇宙：新版 [M].包新周译.重庆：重庆出版社，2014.

[51]（法）基佐.欧洲文明史 [M].程洪逵，等译.北京：商务印书馆，2005.

[52] 康德论人性与道德 [M].石磊编译.北京：中国商业出版社，2016.

[53]（德）卡尔·雅斯贝斯.历史的起源与目标 [M].李夏菲译.桂林：漓江出版社，2019.

[54]（德）鲁道夫·冯·耶林.为权利而斗争 [M].刘权译.北京：法律出版社，2019.

[55]（英）洛克.政府论（上篇；下篇）[M].瞿菊农，叶启芳译.北京：商务印书馆，1982.

[56]（匈）卢卡奇.历史与阶级意识：关于马克思主义辩证法的研究 [M].瞿菊农，杜章智，任立，燕宏远译.北京：商务印书馆，1999.

[57]（美）拉塞尔·柯克.保守主义思想 [M].张大军译.南京：江苏凤凰文艺出版社，2019.

[58]（美）拉塞尔·柯克.美国秩序的根基 [M].张大军译.南京：江苏凤凰文艺出版社，2018.

[59]（法）勒鲁.论平等 [M].王允道译.北京：商务印书馆，1988.

[60] 林语堂.吾国与吾民 [M].黄嘉德译.长沙：湖南文艺出版社，2012.

[61]（法）卢梭.社会契约论 [M].李平沤译.北京：商务印书馆，2011.

[62]（法）卢梭.论人类不平等的起源和基础 [M].高修娟译.南京：译林出版社，2015.

[63]（美）鲁思·本尼迪克特.菊与刀：日本文化诸模式：权威全译本 [M].吕万和，熊达云，王智新译.北京：商务印书馆，2016.

[64]（美）罗尔斯.正义论 [M].何怀宏等译.北京：中国社会科学出版社，1988.

[65]（美）罗纳德·德沃金.自由的法：对美国宪法的道德解读（第三版）[M].刘丽君译.上海：上海人民出版社，2017.

[66]（英）罗素.西方哲学史（上卷)[M].何兆武，李约瑟译.北京：商务印书馆，1963.

[67]（英）罗素.西方哲学史（下卷)[M].马元德译.北京：商务印书馆，1976.

[68]（英）罗伊·波特.启蒙运动 [M].殷宏译.北京：北京大学出版社，2018.

[69]（法）孟德斯鸠.论法的精神（全二卷）[M].许明龙译.北京：商务印书馆，2012.

[70] 孟德斯鸠论中国 [M].许明龙编译.北京：商务印书馆，2016.

[71]（德）曼海姆.意识形态与乌托邦 [M].李步楼，等译.北京：商务印书馆，2014.

[72]（德）马克斯·韦伯.新教伦理与资本主义精神 [M].郁喆隽选译.杭州：浙江大学出版社，2018.

[73]（美）麦康奈尔.美国的宗教与法律：立国时期考察 [M].程朝阳译.北京：法律出版社，2015.

[74](澳) 米歇·戴斯玛克特.海奥华预言 [M].嘉心，尉迟蕙萊译.北京：作家出版社，2018.

[75]（美）牛顿.探求万物之理：混沌、夸克与拉普拉斯妖 [M].李香莲译.上海：上海科技教育出版社，2013.

[76](英) 佩妮·萨托利.向死而生，活在当下：濒死体验死亡哲学课 [M].李杰译.北京：中国法制出版社，2018.

[77]（法）让 - 雅克·卢梭.忏悔录 [M].陈筱卿译.北京：中国友谊出版公司，2019.

[78]（古希腊）色诺芬，柏拉图.读懂古希腊哲学的第一本书：苏格拉底 [M].黄颖译.北京：中国华侨出版社，2017.

[79]（德）施瓦布.古希腊神话与传说 [M].高中甫等译.北京：商务印书馆，2015.

[80]（以）S.N. 艾森斯塔特.犹太文明 [M].胡浩，刘丽娟，张瑞译.北京：中信出版社，2019.

[81]（英）汤因比.一个历史学家的宗教观 [M].曼可佳，张龙华，刘建荣译.上海：上海人民出版社，2016.

[82]（法）托克维尔.论美国的民主 [M].吉家乐编译.杭州：浙江工商大学出版社，2018.

[83]（法）托克维尔.旧制度与大革命（人人看得懂.经典易读版）[M].马晓佳译.长沙：湖南人民出版社，2013.

[84]（意）托马斯·阿奎那.论法律 [M].杨天江译.北京：商务印书馆，2018.

[85]（美）托马斯·斯坎伦.为什么不平等至关重要 [M].陆鹏杰译.北京：中信出版社，2019.

[86]（英）威廉·G. 比斯利.明治维新 [M].张光，汤金旭译.南京：江苏人民出版社，2017.

[87]（日）新渡户稻造.武士道 [M].朱可人译.杭州：浙江文艺出版社，2016.

[88]（古罗马）西塞罗.论共和国 [M].李寅译.南京：译林出版社，2013.

[89]（古罗马）西塞罗.论占卜 [M].戴连焜译.上海：华东师范大学出版社，2019.

[90]（古罗马）西塞罗.论神性 [M].石敏敏译.北京：商务印书馆，2012.

[91]（古罗马）西塞罗 . 论至善和至恶 [M]. 石敏敏译 . 北京：中国社会科学出版社，2017.

[92]（英）休谟 . 自然宗教对话录 [M]. 陈修斋，曹棉之译 . 北京：商务印书馆，1962.

[93]（古希腊）亚里士多德 . 政治学 [M]. 吴寿彭译 . 北京：商务印书馆，1965.

[94]（古希腊）亚里士多德 . 论灵魂及其他 [M]. 吴寿彭译 . 北京：商务印书馆，1999.

[95]（古希腊）亚里士多德 . 尼各马可伦理学 [M]. 廖申白译 . 北京：商务印书馆，2003.

[96]（英）约翰·B. 汤普森 . 意识形态与现代化 [M]. 高铦等译 . 南京：译林出版社，2019.

[97]（英）约翰·穆勒 . 功利主义 [M]. 徐大建译 . 北京：商务印书馆，2019.

[98]（英）约翰·密尔 . 论自由 [M]. 尹丽莉译 . 北京：煤炭工业出版社，2016.

[99]（英）詹姆斯·斯蒂芬 . 自由·平等·博爱 [M]. 冯克利，杨日鹏译 . 南昌：江西人民出版社，2016.

[100]（韩）赵景达 . 近代朝鲜与日本 [M]. 李濯凡译 . 北京：新星出版社，2019.

[101]（英）欧文·琼斯 . 权贵：他们何以逍遥法外 [M]. 林永亮，高连甲译 . 北京：中国民主法制出版社，2019.

五、中文刊物

[1] 邓航 . 法治观念的中西源流考 [J]. 探求，2018(4).

[2] 邓晓芒 . 中西法治观念比较 [J]. 中国大学教学，2002(9).

[3] 范忠信 . 中西伦理合璧与法治模式的中国特色 [J]. 法商研究，1999(2).

[4] 龚廷泰 . 法治文化的认同：概念、意义、机理与路径 [J]. 法制与社会发展，2014(4).

[5] 何家弘 . "美国式民主"之我见 [J]. 理论视野，2019(2).

[6] 胡克森 . 从德政思想兴衰看"五德终始"说的流变 [J]. 历史研究，2015(2).

[7] 姜小川 . 清末司法改革对中国法制现代化的影响与启示 [J]. 法学杂志，2012(7).

[8] 姜小川 . 中国传统法律文化中的司法公正观念 [J]. 中共贵州省委党校学报，2013(5).

[9] 姜小川 . 法治能力及其提升的理论与实践 [J]. 哈尔滨市委党校学报，2018(4).

[10] 金若山，吕世伦 . 法治理论体系建构刍议——以基本内容为视域 [J]. 求是学刊，2016(1).

[11] 李静 . 中国古代监察制度：人治与法治的二元对立析论 [J]. 贵州社会科学，2013(1).

[12] 李骥，龙倩 . 人治、法治和仁治的关系——基于孔子的政治思想 [J]. 延边党校学报，2013(5).

[13] 李龙 . 坚持马克思主义法学在深化依法治国实践中的指导作用 [J]. 法治现代化研究，2012(7).

[14] 李龙 . 中国特色社会主义法治体系的理论基础、指导思想和基本构成 [J]. 中国法学，2015(5).

[15] 李林 . 新时代坚定不移走中国特色社会主义法治道路 [J]. 中国法学，2012(7).

[16] 马长山，李金枝 . 公民精神理性成长的法治意义——基于新中国成立 70 年以来的历史回顾与前瞻 [J]. 知与行，2019(5).

[17] 缪蒂生 . 论中国特色社会主义法治文化 [J]. 中共中央党校学报，2009(4).

[18] 孟广林 . "王在法下"的浪漫想象：中世纪英国"法治传统"再认识 [J]. 中国社会科学，2014(4).

[19] 舒国滢 . "法理"：概念与词义辨正 [J]. 中国政法大学学报，2019(6).

[20] 舒国滢，王重尧 . 德治与法治相容关系的理论证成 [J]. 河南师范大学学报（哲学社会科学版），2018(5).

[21] 时显群 . 中西古代"法治"思想之比较——评析亚里士多德与法家法治理论的异同点 [J]. 江西社会科学，2002(2).

[22] 徐显明 . 新中国 70 年法治建设的十条经验 [J]. 公民与法，2019(11).

[23] 俞荣根 . 超越儒法之争——礼法传统中的现代法治价值 [J]. 法治研究，2018(5).

[24] 俞荣根 . 法治中国视阈下中华礼法传统之价值 [J]. 孔学堂，2015(2).

[25] 鄢晓实，倪春乐 . 中国现代法治理据的反思与重构 [J]. 甘肃政法大学学报，2020(6).

[26] 余延 . "法律"词源商 [J]. 汉字文化，2003(2).

[27] 张晋藩 . 体现马克思主义唯物史观的中华法文化 [J]. 法学杂志，2020(3).

[28] 张文显 . 坚定不移走中国特色社会主义法治道路 [J]. 党建研究，2020(4).

[29] 张玉梅 . 从汉字看古代"法""律"的文化内涵 [J]. 汉字文化，2002(3).

[30] 张中秋 . 中西法治文明历史演进比较 [J]. 南京社会科学，2015(5).

[31] 张中秋 . 中国传统法本体研究 [J]. 法制与社会发展，2020(1).

[32] 卓泽渊 . 全面依法治国的新推进 [J]. 中国领导科学，2019(6).

[33] 卓泽渊 . 国家治理现代化的法治解读 [J]. 现代法学，2020(1).

致谢与声明

历经数年寒来暑往的季节轮回，本书终于得以初成。在季节的轮回中，身心也仿佛在经历喜悦与痛苦的轮回。毕竟，写作的过程的确异常艰辛，尤其是面对这样一个需要学贯中西之人才能"真正"完成的题目，而我才疏学浅、实感无力胜任。这并非谦溢之词，实乃事实。然而，人生是一个自我修行的过程，并且这个过程实际上没有精神意义上的终点，体悟了活在当下的真意，也便能够明了永恒的所指。本书选择这样的主题，会导致研究成果不仅无法以"学术定论"的面目示人，反而可能对各家各派的评价多有失公允，甚至难免因主题之"宏大"而导致知识性错误频出；或者文章虽具备提出问题的价值而无解决问题的效果。但是，如不以功利心去写作，而是将写作当作探求人生意义的思考，便可以无欲则刚、看淡荣辱。所以，也便不需要再担心自己的浅薄之见会贻笑大方，而可以将本书看作与诸多前辈和同仁共同探索真理的一份努力和贡献。相较于求索宇宙这一"其大无外、其小无内"的存在，相较于"求道"这一"与天地准"的人生目标，本文所述及的所谓中西之争、古今之辩、各家之言，只会增添宇宙与人生的精彩绚烂，而非将此等人类求索进程中的辉煌思考以及泽被寰宇的人性光辉矮化为狭隘偏私的敌对观念之争、意气用事之辩。否则，学术研究最终沦落为将自我与外界更加对立、将自心引向更加的"小我"之"自以为是"，而非向文章主题追求之"大我"迈进一步，那真可谓"作茧自缚"了！如此思考时，内心方得一丝安慰！不过，也的确应该如此思考、如此生活。若如此，则内心应该是波澜不惊的。

写作过程虽艰辛甚至有些煎熬，但却因为有幸得到诸位师长、亲友、同仁的指点和帮助而倍感仁爱之乐。回首时，经历的这些似乎比实际更加漫长的时光反而显得如白驹过隙，写作的过程反而值得回味了！在此，首先要感谢我的博士生导师姜小川先生几年来的悉心指导，先生在学术上治学严谨、为人上光风霁月，不仅使本书能够得以完成、本书观点得以不断修正、本书写作水平得以提升，而且让笔者更加领悟了学术本身的无限魅力和入世价值、学者应有的博大胸襟和道义担当。感谢在中共中央党校（国家行政学院）度过的几年美好时光中所遇见的各位老师、同学的谆谆教诲和无私帮助。同时也要特别感谢妻子毛志宇在我求学过程中的支持和对家庭的操劳，使我得以全身心投入本书写作中。更要感谢广大的学界前辈和同仁，是大家的研究成果给了我无限的启迪，让本书汲取到了各位的智慧结晶！也要感谢母校这个平台，让我能够在一种浓厚且宽松的学术氛围中、在丰厚的学术资源中，进行学术研究并不断成长、提升。在校学习期间能够有幸聆听中共中央党校（国家行政学院）诸多老师的授课，得到智慧启迪，学习广博的知识，实乃人生幸事。

于笔者而言，本书旨在探求文化是至上性的，就是探求人的至上性，亦即探求人生的真谛；文化在于明确认知并体悟践行心性观、人际观、宇宙观，此三者合于一处，即求道。"大学之道，在明明德，在亲民，在止于至善。""明明德"即宇宙观之大彻大悟，"亲民"即人际观之最高境界，"止于至善"即心性观之终极所致。宇宙之深邃浩瀚，时空之亘古延绵，生存之世间百态，生命之存乎一心，此皆文化！写作期间付出的辛劳自不待言，而其间所体会的读书、做学问的乐趣亦是难以忘怀，每每感觉有所发现、有所感悟、有所提升，则欣欣然。然本文之文字看似洋洋洒洒、志在纵论古今中西，然其根底在于对自心的审视，在于对自心的磨砺。虽说"天将降大任于斯人也，必先苦其心志，劳其筋骨，饿其体肤，空乏其身，行拂乱其所为，所以动心忍性，曾益其所不能"；但是本人自知难以堪当"大任"，此种身心磨砺似乎有些"浪费"了。因此，今日回望成文之过程，于笔者而言，乃命运提供了一个似王阳明先生所置身的"龙场"，而笔者之福德尚浅，纵然尽力走进古今中西之诸位圣贤与学人之精神世界，亦无法断除内心之种种迷惘，而只能继续探求"龙场悟道"之真谛，准备迎接人生的下一个"龙场"，而"龙场"无所不在、无时不在。"人生本为大梦一场，何须在意春夏秋冬。"平心而论，笔者今日尚为一个迷途小生而已，本文亦只是一篇阶段性的人生心得。至于笔者的此种心得表达为论文，于他人处造成何种观感、于外界造成何种影响，实难预测与掌控。唯须自我省察一点：今日所言，虽不求如真理般表达着"不易之道",但求表达着人生此阶段之真实感悟,行文无有伪善、出言不愧自心。

知识是"术",文化是"道",知识可以有价甚至廉价,文化必定无价且绝不可妄言。秉承善心善念做学术,是一个学人的基本自我要求,也是必须努力坚守的基本原则。虽未达"先天下之忧而忧、后天下之乐而乐"之高远境界,亦不具立"为天地立心、为生民立命、为往圣继绝学、为万世开太平"之宏愿的资质与智慧,然而"位卑未敢忘忧国""天下兴亡、匹夫有责""穷则独善其身、达则兼济天下"始终萦绕心头、挥之不去。知行合一,而里仁即合道!在未来的人生道路上,以实事求是的学术研究为中华民族伟大复兴之实现贡献自己的一份力量,就是我心中的"学术道义"!子曰:人能弘道,非道弘人!文章文章,人文之华章,纵曲独和寡,又何陋之有?何况,未来世界,大同可期!诸君共勉!